U0960962

中国农民负担史

第二卷

半殖民地半封建社会中国的农民负担

（1840 年—1949 年）

中华人民共和国财政部
《中国农民负担史》编辑委员会 编著

中国财经出版传媒集团
中国财政经济出版社

图书在版编目（CIP）数据

中国农民负担史．第二卷，半殖民地半封建社会中国的农民负担：1840 年—1949 年 / 中华人民共和国财政部《中国农民负担史》编辑委员会编著．--北京：中国财政经济出版社，2020.12

国家出版基金资助项目 “十三五”国家重点出版物出版规划项目

ISBN 978 -7 -5095 -9642 -5

Ⅰ.①中… Ⅱ.①中… Ⅲ.①农民负担 - 历史 - 研究 - 中国 - 1840 - 1949 Ⅳ.①F323.8

中国版本图书馆 CIP 数据核字（2020）第 030309 号

责任编辑：闫　娟　　　　责任校对：胡永立
封面设计：陈宇琰　　　　责任印制：刘春年

中国农民负担史　第二卷

ZHONGGUO NONGMIN FUDAN SHI　DI ER JUAN

中国财政经济出版社出版

URL：http：//www.cfeph.cn

E - mail：cfeph@cfeph.cn

（版权所有　翻印必究）

社址：北京市海淀区阜成路甲 28 号　邮政编码：100142

营销中心电话：010 - 88191522

天猫网店：中国财政经济出版社旗舰店

网址：https：//zgczjjcbs.tmall.com

北京时捷印刷有限公司印刷　各地新华书店经销

成品尺寸：170mm×240mm　16 开　42.5 印张　605 000 字

2020 年 12 月第 1 版　2020 年 12 月北京第 1 次印刷

定价：148.00 元

ISBN 978 -7 -5095 -9642 -5

（图书出现印装问题，本社负责调换，电话：010 - 88190548）

本社质量投诉电话：010 - 88190744

打击盗版举报热线：010 - 88191661　QQ：2242791300

《中国农民负担史》第二卷
编辑委员会

顾　　　问	江东平　李成瑞　骆耕漠
主任委员	项怀诚
副主任委员	蒋乐民　吴坤龙　吴建武　宫成喜
委　　　员	（按姓氏笔画排列）
	李文彬　李宏略　汪雁题　张恩绶
	陈靖华　邵　治　柳国钦　顾仲民
	郭书春
执行主编	汪雁题　李宏略

《中国农民负担史》第二卷
撰稿人及协助审稿人名单

主　　编	叶振鹏
参加撰写人员	徐世钜　陈光焱　陈明光　黄文模 王晓光　刘孝诚　李碧如　李炜光 李祖基　丁长清　李克仁　薛智平
总纂人员	叶振鹏　陈明光　黄文模　王晓光
参加审查定稿人员	汪雁题　柳国钦　叶振鹏　陈明光 黄文模　洪　钢　李秋鸿　王晓光

总　　序

《中国农民负担史》是一套专史。它着重从国家与农民的关系上，总结处理负担问题的历史经验教训，阐述中国社会各个历史阶段的农民负担演变过程及其发展变化的规律。

农民负担，诸如捐税、贡赋、摊派、劳役、地租、高利债息、工农产品交换不等价等，都是一定历史条件下一定分配关系的产物。农民，作为社会成员，作为社会的生产者或经营者，要完全摆脱这些负担，是不可能的，也是不符合历史唯物主义观点的。但是，国家对这些负担的处理必须适当，政策要公道，制度要得法，负担要适度；否则，不论在任何社会制度下，都会影响农业生产力的发展，甚至成为爆发社会、政治危机的导火线。

我国是个历史悠久的农业大国，从古至今，处理农民负担问题的正反两方面的经验是比较丰富的。在漫长的旧中国，各种形式的农民负担都是地主、官僚、军阀、资本所有者直接或间接地吮吸农民血汗的罪证，其剥削性是无疑义的。但是，从社会理财的观点考虑，从改革的角度观察，从赋役制度本身看，有许多东西却给后人留下了一份可供借鉴的历史资料。在新中国，从新民主主义革命到社会主义初级阶段，在处理农民负担的问题上，积累的正面经验是主导的。人民政府不仅发动群众，有步骤地消灭了剥削制度，废除了旧社会的苛捐杂税和劳役制度，而且根据中国共产党在各个历史时期提出的总方针、总任务和农村经济发展情况，制定了与之相适应的经济政策和负担政策，建立了一套新型的农村税收制度，当然，在某些问题上也有失误。所有这些经验，不论是古代的、近代的或现代的，也不论是正面的或反面的，都是我国宝贵的文化遗产和社会精神财富。古语说："殷鉴不远，在夏后之世"；"前车覆，后车戒"；"前事不忘，后事之师"。我们在实际工作中，必须高度重视历史经验的研究。

马克思在《〈政治经济学批判〉导言》中指出政治经济学的研究方法有两条道路："在第一条道路上，完整的表象蒸发为抽象的规定；在第二条道路上，抽象的规定在思维行程中导致具体的再现。"① 我们认为，这同样是历史学研究方法的两条道路。我国历史学者在第一条道路上已经走出很远，他们按照原始社会、奴隶社会、封建社会、半殖民地半封建社会、新民主主义社会和社会主义社会的历史发展阶段写成了好几部古代史、近代史和现代史；尽管在历史分期方面依然"聚讼纷纭"，就是在许多重大历史事件方面也是"莫衷一是"，但他们的成就是无可怀疑的。相形之下，专史的研究还是一个比较薄弱的环节。但是，我们相信，有相当多的同志正在冲上第二条道路，在不久的将来，一定会取得丰硕的成就。就我们而言，编纂《中国农民负担史》这套专史是一项开拓性的工作，困难是不少的。但是，我们觉得财政部编纂这套专史是义不容辞、责无旁贷的。

编写这套专史，必须坚持历史唯物主义的观点，坚持实事求是的态度。同时，必须对农民怀有深厚的阶级感情，也就是心目中要有农民。在旧中国，各种负担的实质是剥削。我们写旧中国的农民负担，要批判地叙述，反映农民的悲惨处境；但也不能一概否定，对历史上带有民主性、进步性、改革性的东西，像轻徭薄赋、抑制豪强、休养生息、改革赋役制度等有利于发展经济的政策措施也要加以肯

① 《马克思恩格斯选集》第二卷，第103页。

定。正如毛泽东讲的，中国现时的新政治新经济是从古代的旧政治旧经济发展而来的。因此，我们必须尊重自己的历史，决不能割断历史，要给历史以一定的科学地位。但是，绝不能无批判地兼收并蓄，要把古代统治阶级的一切腐朽的东西和多少带有民主性、进步性的东西区别开来。对于今天有益的东西，要有批判地继承，做到古为今用。写新中国的农民负担则有所不同。新中国各种负担的实质是农民对中国革命、对“四化”建设的伟大贡献，我们应当热情歌颂，大书特书农民对国家对社会的贡献。同时，对于处理农民负担问题出现的缺点和错误，也必须实事求是揭露，不避讳，不掩过。总之，要用可靠的史料，据实直言，为世人为后代留下一套科学的信史。

“中国一切政党的政策及其实践在中国人民中所表现的作用的好坏、大小，归根到底，看它对于中国人民的生产力的发展是否有帮助及其帮助之大小，看它是束缚生产力的，还是解放生产力的。”① 因此，本书围绕农民负担这一主题，对农业生产发展状况及当时影响、制约农业生产力的主要因素，包括政治、军事、土地制度等方面的因素，也择要作了一些分析。这不是多余的笔墨。因为孤立地去分析农民负担问题，政策的社会效应就反映不出来，总结经验教训的目的也难以达到。

本书共分四卷编写：第一卷写中国封建社会的赋役制度与农民负担；第二卷写中国半殖民地半封建社会的赋役制度与农民负担；第三卷写中国新民主主义革命时期革命根据地的农民负担；第四卷写过渡时期和社会主义初级阶段的农村经济与农民负担。（本书最初编写了四卷，2006 年又增编了第五卷，写中国全面改革开放和建设社会主义市场经济体制时期的农民负担。本次五卷内容一并出版。编者注）

---

① 毛泽东：《论联合政府》（1945 年 4 月 24 日），载《毛泽东选集》第三卷，人民出版社 1966 年版，第 1028 页。

社会主义中国的历史还在发展。我们总结的历史经验教训，只能当作往前行进的跳板，不是一成不变的。我们不要重复过去的错误，也不能为成功的经验所束缚。我们期望更多的实际工作者和专家学者，都来关心农民负担问题，把中国农民负担史的研究，推向新的境界。

这套专史是中华人民共和国财政部组织编写的。谨以此书献给中国八亿勤劳勇敢的农民，献给从事财政税收和农村工作的实际工作者、教学工作者、理论工作者，献给国内外关心或对中国农民负担问题感兴趣的朋友们。

《中国农民负担史》编辑委员会

1987 年 12 月

目　录

导言

一

本卷是以近现代（1840—1949 年）农民负担为研究对象的专门史著作。

农民负担又是个经济范畴，具有分配关系的属性。而农民负担作为一个历史范畴，在不同的社会形态中其性质和内容必然会有所不同。因此，在不同的社会形态中，乃至在同一社会形态下的不同历史时期，由于政治经济条件的变化，农民负担的性质及其内容都会发生变化。

在漫长的中国封建社会里，农民的负担大致来自三个方面：一是封建地主凭借土地私有权而进行的地租剥削以及超经济剥削。二是由封建国家凭借政治权力加予的财政性负担，主要是赋税和力役，此外还有“寓税于价”的专卖、利用货币发行权搞通货贬值等。三是高利贷资本的剥削和商业资本通过贱买贵卖的剥夺。封建社会的主要矛盾是封建地主阶级与农民阶级的矛盾，无论是哪一种负担，其性质都只能是封建性的。

1840 年中英鸦片战争的炮声宣告了中国从此一步步由古代封建社会进入了半殖民地半封建的近代社会。农民负担的性质也逐步演变为半殖民地半封建性质。

众所周知，半殖民地半封建社会是一个特定的社会形态，具有其特定的政治和经济内涵。自第一次鸦片战争以来，帝国主义列强多次对中华文明古国进行明火执仗的武装侵略，迫使腐朽的清政府妥协投降，签订了一系列丧权辱国的不平等条约，使中国面临着沦为帝国主义殖民地的危险。然而，由于中国人民对侵略者始终进行着不屈不挠的抗争，打破了帝国主义瓜分中国的梦想，加上帝国主义之间的错综复杂的矛盾与斗争，使得帝国主义列强没能实现对中国进行直接统治的目的，而是通过清政府这个“洋人的朝廷”进行间接的统治。因此，清代后期是中国的半殖民地半封建社会形态基本形成的阶段。辛亥革命推翻清朝的统治，但胜利的果实被袁世凯所窃取，建立起北洋军阀政府。北洋军阀统治时期，各派军阀在帝国主义各国的支持和操纵下，连年混战，中国社会的半殖民地半封建化进一步加深。及至蒋介石篡夺了国共合作进行的北伐战争的胜利果实，建立国民政府，中国的半殖民地半封建社会性质仍在加深。尤其是从北洋时期以来，日本帝国主义一再企图独占中国，终于在1931年发动九一八事变，利用国民政府当局的对外妥协投降政策，武装侵占了中国的东北三省，中华民族的民族危机进一步加深。在中国共产党的抗日民族统一战线政策和第二次国共合作建立的推动下，以及在国民党政府中的爱国将士奋起抵抗的现实面前，以蒋介石为首的国民党政府当局不得不宣布进行抗战。在艰苦卓绝的抗战中，中国农民承受了空前沉重的负担，作出了可歌可泣的巨大贡献。然而，抗战胜利之后，蒋介石统治集团在帝国主义的支持下，不给农民稍有喘息的机会，又发动了反共反人民的内战，使农村经济处于崩溃的边缘。因此，从政治上看，近代中国社会半殖民地半封建化的渐变过程，也是农民负担性质和内容渐变的过程。

从经济关系来看，所谓半殖民地半封建社会，指的是由于帝国主义的入侵，加快了中国封建的自给自足的自然经济的解体进程，促进了城乡商品经济的发展，并且产生了在很大程度上受制于帝国主义的资本主义经济关系，中国的社会经济结构不再是单一的封建性结构。在近代中国，资本主义经济成分包括帝国主义在华资本和本国资本两大部分，后者又由官僚买办资本与民间私人资本两部分组成。

帝国主义对近代中国的经济侵略形式，经历了由商品倾销到资本输出的发展过程，无论是采取哪一种形式，都是凭借他们强迫中国政府赋予的在华特权而进行的。因此，帝国主义在华资本的增长，是近代中国半殖民地半封建化的一种标志。

近代中国资本主义的发展状况，既与帝国主义的对华经济政策有密切的关系，也与本国政府的对内对外经济政策直接相关。以官僚买办资本为例，这种资本的基本特征是紧紧依靠政治特权，甚至直接与国家政权相结合的。官僚资本在晚清的洋务运动中已经出现雏形，在北洋时期有所发展；到国民政府统治的前10年，官僚资本首先在金融部门实现垄断，逐渐向国民经济其他部门发展；在抗战胜利之际，官僚资本急剧膨胀，垄断了国民经济的一切重要部门。官僚买办资本的发生和发展，既有以农民和其他小生产者为剥夺对象的原始积累过程，也有利用政治特权和垄断地位对农民的盘剥。此外，民族工商业者的资本增殖过程，也在一定程度上是以农民负担的加重为代价的。

总之，从经济角度来看，近代中国社会的半殖民地半封建化的过程，也是农民负担的性质和内容发生变化的过程。

本卷既然是以近代中国农民负担为研究对象的，阐明社会形态演变与农民负担性质变化的联系，便成为贯穿本卷始终的基本线索。

二

由于社会性质即社会主要矛盾的变化，帝国主义、封建主义和官僚资本主义成为农民负担的三大主要来源，近代中国农民的负担构成便具有前所未有的多样性，所以，本卷的论述内容也将比论述封建社会的要丰富得多。归纳起来，近代中国农民负担大致有以下几类。

第一，财政性负担。

诸如田赋及其附加，关税、盐税、厘金（后演变为统税），外债和内国公债，财政性的通货膨胀，等等。其中，有些是在封建社会的负担基础上的发展变化，如田赋及其附加、盐税、财政性通货膨胀等；有些则是近代社会所特有的，如外债和内国公债。它们与农民负担的关系都具有前所未有的新内容。

例如财政性的通货膨胀对农民的掠夺：

国家利用货币发行权人为地搞通货膨胀以应付财政困难，古已有之。特别是当北宋产生了“官交子”——纸币之后，在两宋和元朝，滥发楮钞成了弥补财政赤字的重要手段，它对社会经济的破坏性影响大大超过流通贱金属货币的前代。但是，在钱楮兼行的货币流通形式下，尤其是在自然经济占绝对地位的广大农村，商品货币关系相当弱小，即使是利用纸币搞财政性通货膨胀，其对农民生计的影响仍然十分有限。但是，到了近代，由于帝国主义的入侵，中国农村经济被强制性地卷入世界市场，“男耕女织”的自给自足的自然经济缓慢地不断解体，农民无论在生产方面或是在消费方面，与国内外市场的联系都空前地增强了。换言之，在农村商品货币关系较封建社会有了空前发展的条件下，财政性通货膨胀对农民的掠夺程度就逐渐引人注目了。特别是自1935年11月国民政府实行“法币政策”，将不兑现的法币作为唯一的法定货币之后，政府的财政性通货膨胀政策更给广大农民造成难于逃避的间接负担。

再如外债和内国公债与农民负担的关系：

举借外债始于清代后期，在北洋军阀时期几成挹注中央财政的主要来源，到国民政府时期仍是弥补国家财政赤字的重要手段。从举借外债的担保条件及其用途，可以看出外债是近代中国社会及财政的半殖民地半封建性的一种鲜明体现。因此，近代中国历届政府为偿付外债本息而对农民的加重赋税征收，既是农民负担程度加重的表现，也是其负担性质变化的一种表现。

在中国历史上，国家向私人（主要是贵族或富商）借钱以应付一时财政困难的现象，亦是古已有之。但在“率土之滨、莫非王臣”的前资本主义社会中，债务人与债权人之间绝不可能有权利和义务平等的债务关系，那时所谓的借债最后都成了变相的勒索。如唐代德宗建中三年（782年）为筹措战费而在长安“借富商钱”，实际上成了“括率商户”。至于受西方资本主义财政思想和形成的影响，中国无论是形式或是内容都接近于资本主义时代的内国公债，则产生于清朝末年。但是，由于近代中国历届政权都具有浓厚的封建性，他们往往不顾债信地滥发公债，摊派及于贫苦农民，从而给农民带来前所未有的一种财政性负担。

通过上述分析可知，在近代中国，农民的财政性负担，无论形式还是内容都比封建社会的要复杂得多，而且具有阶级性特点。

第二，地租负担。

在近代中国，由于土地兼并仍在激烈进行，尤其是民国以来，以大小军阀和官僚为主体的新地主成为兼并土地的生力军，所以封建地主土地占有制一直是农村中的主要土地占有形式。同时，由于资本主义的经营方式在农村未能顺利发展，所以，封建租佃关系仍是农村中占主导地位的剥削关系，地租仍然是佃农的主要负担。

值得注意的是，此期广大佃农不仅承受着私人地主所加予的沉重的地租负担和种种超经济的剥削，而且还得承受地主转嫁的一些赋役负担，特别随着国家的赋税征收政策的调整变化（如清末的“着佃完粮”，抗日战争时期改行田赋征实后的“佃农扣谷完粮”），佃农的田赋负担就有所增加。此外，地主还将其他负担如兵差乃至通货膨胀所造成的损失设法转嫁给佃农。这些都是近代中国农村中佃农所承受的负担的新形式或新内容。

第三，中外各种资本的剥削给农民造成的负担。

在古代，由于商品经济不发达，高利贷资本和商业资本对农民的剥削方式比较简单。高利贷资本的增殖主要靠“取倍称之息”。商业资本的增殖主要靠利用地区差价和季节差价的贱买贵卖。

到了近代中国，随着外国资本的涌入和本国工商业资本的发展，农村商品经济的空前发展，农民所遭受各种资本的盘剥方式也空前多样化了。帝国主义资本通过不平等交换在中国农村倾销商品和掠夺原料农产品，通过资本输出在中国直接经营农业，掠夺中国的农业资源和劳动力；中国官僚买办资本和民间私人资本的原始积累，工农产品“剪刀差”的产生和扩大，等等，都是直接或间接地增加农民负担的剥削方式。即使是农村的旧式高利贷资本，处于商品经济空前发达的新的经济环境中，其剥削方式也不像封建社会那么单一了。本卷各章在论说高利贷与农民负担的关系时，为了叙述方便，往往把它和商业资本分开来说，实际上两者在剥削活动中常常互相结合、互相转化。

早在20世纪30年代，有人经过在浙西农村的调查，对高利贷资本和商业资本的互相转化就有了很好的说明，如图0－1所示。[①]

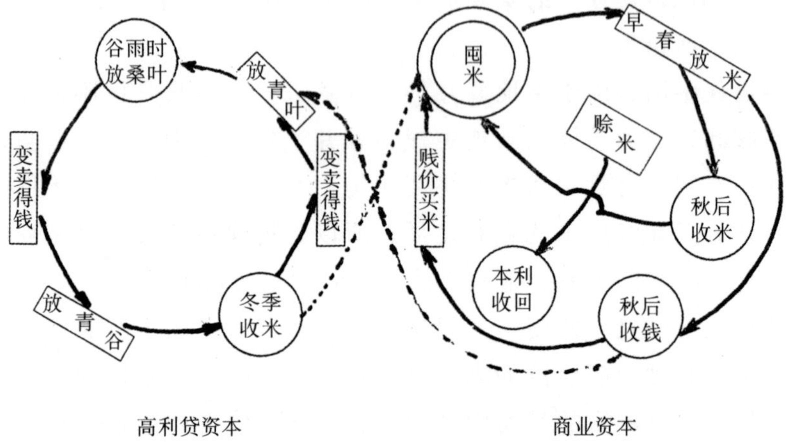

图0－1　高利贷资本、商业资本循环示意图

第四，力役负担。

力役负担包括兵役和徭役两部分。在封建社会，随着征兵制度逐渐地被募兵制度取代，农民的强制性兵役负担逐渐地消失；农民的徭役负担则一直曲折地向转化为代役金的方向发展，及至清朝雍正年间实行“摊丁入地”，农民的无偿徭役负担按理也消失了。

到了近代中国，主要是由于内乱外患频仍，兵连祸结，农民不得不重新被强制承担种种无偿的力役负担，而且这种负担因吏治的腐败而加重。

总而言之，由于近代中国是一个半殖民地半封建的特定社会形态，农民深受帝国主义、封建主义和官僚资本主义三座大山的共同压迫，要全面地真实地描述他们的负担状况，我们的视野必须更加开阔，笔触所及必须更加广泛。所以，本卷将尽可能地涉及与农民负担相关的内容，而不仅仅局限于赋役方面。

① 韩德章：《浙西农村之借贷制度》，载《社会科学杂志》1932年第3卷第2期。

三

同样地，受社会性质逐渐演化的制约，加上各个历史阶段的政治、经济、军事背景的变化，近代中国农民的负担具有鲜明的特点。

说到近代农民负担的特点，如前所述，其负担来源和性质不同于封建社会，就是最本质的特点，即封建社会农民的负担只是来自地主阶级及其政权的封建性负担一座大山，而近代农民的负担来源则在封建主义之外增加了帝国主义和官僚资本主义两座大山，具有半殖民地半封建的性质。此外，负担形式的多样化，也是明显的外部特征。不过，结合近代中国历史的具体进程来看，关于农民的负担特点似还可以概括出以下几个特点：

第一，尽管近代中国有过几次政权更迭，但农民的负担一直很沉重。

在封建社会，一般来说，每当王朝更迭之际，新的统治集团为了笼络人心，巩固其统治地位，往往采取“轻徭薄赋”政策，使农民的财政性负担比前朝有所减轻。农民负担的加重经常发生在一个王朝的中期或后期。

在近代中国，虽然几经政权更替，农民负担却没有出现这种明显的波浪式的轻重变化，而一直是沉重的。究其主要原因，大致有两点。其一，从农民负担的来源看，帝国主义对中国的政治、经济、军事的侵略活动一直在加剧，1937—1945 年因日本大举侵华而达到高潮；官僚买办资本在近代中国也呈现直线上升的发展趋势，到抗战结束之后到达其顶峰；封建地主土地所有制一直没有受到触动，而且出现数次土地兼并高潮，因此农民的负担有增无减。其二，由于在一百多年的近代历史上，对外的反侵略战争（以清代后期和抗日战争时期为典型）以及内战（以北洋军阀时期和国民政府的前 10 年及后 5 年为典型）绵延不断，众多地区不断地被卷入战乱之中，历届政府的财政经常处于战时财政状态，列入预算的军费支出有增无减，不列入预算的人力物力索取（如兵差、夫役）更是诛求无厌。处于这种客观的军事环境中，农民负担显然难以得到减轻。

第二，受国内政局演变的影响，在相当长的一段时间内，农民的负担有地方化的倾向。

导致这种倾向的主要因素有三：其一，中央集权的削弱，地方割据势力的发展。清代后期在镇压农民大起义的过程中，逐渐出现了督抚专权、中央集权衰落的政治趋势，袁世凯就是作为一个清末地方军阀势力的代表而篡夺辛亥革命的胜利果实，建立北洋军阀政府的。但是，北洋政府无力实现全国的统一，各派军阀在外国列强的操纵下割据一方，相互混战。及至蒋介石建立国民党政府，实际上也未能真正统一全中国，即如西南地区一直到抗战爆发之前仍处于地方军阀的控制之下，在那里，中央政府的政令难以得到贯彻执行。因此，农民的诸多负担，如田赋及其附加乃至预征，厘金之类的苛捐杂税，包括公债在内的各种摊派，兵差，力役，等等，其实际征调程度往往取决于地方军政当局的旨意，而非中央制定的有关制度。其二，财政收入结构和财政管理体制的变化所致。在近代中国，随着帝国主义经济侵略的加剧，随着本国资本主义经济的发展，间接税如关税、盐税等日益成为中央财政收入的主要来源，与农民负担直接相关的田赋这一传统的直接税的地位逐渐下降，中央政府对田赋及其附加的征收状况的实际关注程度也下降了。到国民政府建立后的前10年，在划分国家财政与地方财政收支管理体制时，索性将田赋及其附加明令划为地方财政收入，这其实是对长期以来田赋及其附加的征收地方化的事实的承认。同时，财政管理体制的变化也促使了农民负担地方化的发展趋势。清代后期的财政管理体制表面上仍是中央集权制，实际上由于督抚专权局面的生成而出现财权下移之势。民国以后，北洋政府和国民政府先后都进行过划分国地收支界限，明确国家财政和地方财政各自权责的财政管理体制改革。不过，无论是划分成中央、省、县市三级体制，或是抗战期间划分为国家财政、自治财政两级体制，上一级财政都尽可能地控制大宗的财源，使得县市财政缺乏可靠的足够的财源，而责令地方承办的事务日多，这是引起地方滥征捐税以及摊派现象愈演愈烈的重要原因之一。其三，地方吏治腐败。这是出于近代历届政权的阶级属性而产生的痼疾。从晚清到国民政府垮台为止，贪官污吏和地方土豪劣绅都是狼狈为奸，假公济私，为中饱私囊而不断加重对农民的勒索。

第三，农民的间接负担空前加重。

这里说的间接负担包含三个方面的内容：一是指某些间接税，如可以转嫁给消费者的商税，像晚清和北洋时期的厘金和盐税、国民党政府的统税和盐税（抗战时期改为“寓税于价”的专卖）等。二是某些非税收形式的财政性负担，如从晚清以来屡见不鲜的财政性通货膨胀，抗战时期对一些农产品的统购统销等。三是指中外资本通过不等价交换和商品倾销对农民的剥夺，如工农产品“剪刀差”的产生及其扩大，帝国主义国家对中国的农产品倾销所造成的农民收入一时严重下降等。农民的上述三个方面的间接负担往往是同时存在的，尤其是中外资本在农村活动所造成的无形负担，随着近代中国社会商品经济程度的提高而不断加重。

第四，农村封建性的地租剥削和高利贷剥削更加苛刻。

就封建地主和高利贷主的唯利是图的本性而言，他们在封建社会或半殖民地半封建社会并没有什么差别。不过，随着近代中国的政治经济条件的变动，他们追逐利润，盘剥贫苦农民的手段更加灵活和苛刻。例如地租的剥削形式，近代中国的地租形式仍是实物地租、货币地租、力役地租三大类，而以实物地租为常见；随着商品经济的发展，地主为了满足日益增长的奢靡欲望，征收货币形式的押租和地租的情况逐渐增多。但是，当社会经济生活中出现严重通货膨胀时，他们又会把货币地租转为实物地租，以保证其地租剥削量不会减少甚至有所增加。同样的，高利贷主的放贷也会因社会经济形势的变化而采取对自己更为有利的形式，如在通货膨胀形势下多采取实物贷款形式，或者缩短货币贷款的周期，大幅度提高其利率；在农村经济日益凋敝，自耕农大量破产的时期，以田宅为抵押的抵押贷款愈加普遍，凡此都反映着高利贷剥削程度的加重。

第五，农民负担的地区不平衡性因社会形态的演变而加剧。

农民负担的地区不平衡性在封建社会已经存在。这种不平衡性，从经济上看，主要是由于封建自然经济发展水平的地区差别而造成的农民负担能力的强弱所致；从财政上看，是封建财政收支布局不均衡所致；从政治上看，则与地方吏治好坏有关。总之，在封建社会，由于政治结构和经济形态比较单一化，导致农民负担不平衡的原因比较简单明了。

而在近代中国，受半殖民地半封建社会这种特定形态的制约，造成农民负担的地区性不平衡的原因相当错综复杂。

首先，从经济上看，鸦片战争以来帝国主义以武力为后盾的经济侵略，是从沿海沿江逐渐向内陆深入的，因此中国自然经济的逐步解体，城乡商品经济的扩展，农产品的商品化生产的规模，农民对市场依赖程度的高低，资本主义工商业的发展布局，等等，都具有明显的地域差别，即沿海沿江地区一般高于内陆地带。这就是说，处于半殖民地半封建社会形态下，地区间的经济差异内容要比在单一封建经济形态下的复杂得多，由此引起的农民负担的不平衡性，其内涵显然要比封建社会来得复杂和深刻。例如，仅就负担的来源而言，在自然经济仍占统治地位的内陆地区，农民承受的负担无疑主要来自封建主义；在资本主义经济成分发展较快的沿海沿江地带，对市场的依赖程度较高的农民所承受的来自帝国主义和官僚资本主义的各种负担显然要更多一些。

其次，从政治上看，近代中国的地方割据势力不仅代表封建地方势力的利益，而且代表某一个或几个帝国主义的在华利益，因此，农民在地方割据势力统治下负担的加重及其地区不平衡性，其政治内涵也比封建社会的要复杂得多。

综上所述，半殖民地半封建的近代中国的农民负担史，是一部农民遭受封建主义、官僚资本主义、帝国主义共同的压迫、剥削和掠夺的血泪史。来自三座大山的空前沉重的多重负担，严重地束缚和破坏着农村生产力，使农村经济一步步走向崩溃的边缘，使广大农民终年辛劳却不得温饱，乃至妻离子散、家破人亡。因此，从清代后期以来，不堪重负的农民阶级不得不前仆后继地奋起反抗，几经失败，终于当工人阶级登上近代中国的历史舞台之后，在中国共产党领导下，通过武装斗争而推翻了三座大山，建立起工农当家作主的新中国。所以，研究近代中国农民负担史可以从一个侧面说明为什么农民是新民主主义革命的主力军。

无论是在古代、近代或是在社会主义的现代，中国都是一个农业人口众多的国家，农民负担的轻重从来就既是一个经济问题，又是一个政治问题，农民的生产和生活情况怎么样，是最重要的具体国情，值得深入研究，慎重对待。所以，全面地、具体地反映近代中国农民负担的状况，探讨其不断加重的原因，政府对策的得失成败，无疑也可以发挥“以史为鉴”的作用。

四

从以上论述中不难看出，在中国古往今来的农民负担史上，近代农民的负担问题及其性质最为复杂，其头绪也最为纷繁。这或许就是迄今学术界尚未有一部中国近代农民负担史专著的一个重要原因。尽管在客观上存在着很大的困难，但是，为了提高这部尝试之作的质量，我们在篇章结构的安排和研究方法方面，仍然尽可能作了一些努力。

在篇章结构方面，清代后期在中国近代历史上具有重要的地位。这不仅是因为在109年的近代史中它就占去了71年，更重要的是它是中国近代半殖民地半封建社会基本形成的历史阶段。为此，本卷设置二章详细叙述这一历史阶段的农民负担问题：第一章专门阐述清代后期社会剧变与农民负担性质变化的联系；第二章论述当时农民负担的具体内容；第三章则选择一些地区进行个案分析，其中包括太平天国农民起义中的农民负担问题。北洋军阀统治时期是近代中国政局最为动荡的时期，本卷设专章论述此期的农民负担。本卷也以三章的篇幅阐述国民政府统治22年的农民负担问题。因为此期虽然不长，但帝国主义、封建主义、官僚资本主义三座大山对农民的压迫都达到空前沉重的程度，其中1937—1945年的日本大举侵华和中国人民的反侵略战争，使农民负担的性质又有所变化。近代中国农民负担的不平衡性不仅表现在经济发展水平不同的地区（如沿海与内陆）之间，也表现在内地与边远少数民族地区之间。为此，本卷专门设立一章对近代中国少数民族地区的农民负担状况作了概述。近代中国具有性质截然不同的多种政治经济成分，既有半殖民地半封建的政治经济，也有殖民地的政治经济，也有新民主主义的政治经济。新民主主义政治经济条件下的农民负担问题，由本书第三卷作专论。本卷对殖民地的农民负担状况，选择伪满、汪伪作了考察，是为附录。我们认为，这样的论述框架不仅覆盖面较广，而且有利于读者进行比较分析。此外，为了便利读者查阅，我们选编部分重要资料作为附录。

为了比较全面、深刻地反映中国近代农民负担的轻重程度及其原因，我们运用了以下几种研究方法。

第一，注意综合研究。中国近代农民的沉重负担无疑是来自三座大山的压榨。不过，帝国主义和官僚资本主义对农民的压迫与榨取仍然有个逐渐加重的过程，就是封建地主对农民的剥削，受半殖民地半封建的客观社会环境的影响，其手法也有所翻新；特别是国家政权加予农民的财政性负担，在不同的历史时期，其表现形式和负担程度更是与当时的政治、经济、军事、财政诸因素直接相关。因此，我们不是单纯地就农民负担谈负担，而是将其放置于凸显的社会背景之上加以观察，从相关的政治、经济、财政等方面进行综合研究，力图揭示不同时期农民负担的内容与程度。

第二，整体研究与个案分析相结合。由于近代中国农民负担具有明显的不平衡性，如何在描绘其全貌的同时，也揭示其差异及典型之处，是一个难题。为此，我们试作个案分析或说明，庶使论述更为深入。这种研究方法不仅集中地体现在第三章，而且也散见于其他各章节。

第三，注意运用历史唯物主义的方法分析问题。古往今来，农民负担都有必要负担与不必要负担之分、合理负担与不合理负担之分，如何区分近代中国农民负担的上述内容，显然也是一个难点。为此，我们注意运用历史唯物主义的方法，把一定的历史问题放在其特定的历史条件下加以分析，采取实事求是的态度，力求不带偏见地摆事实讲道理，作出公允的评价。例如，对于抗日战争时期农民负担加重的事实，我们一方面指出中日民族矛盾上升为中国社会主要矛盾的历史条件下，国民政府所采取的战时经济政策和战时财政政策的必要性，说明农民负担加重的不可避免，同时也分析国民政府有关政策的失误以及吏治的腐败，使农民承受了不必要负担。

第四，定性分析与量化分析相结合。农民负担史研究的又一个难点是分析其轻重程度，从而对其合理性和不合理性作出判断。这要求进行量化分析。然而，在近代中国，尤其是清代后期和北洋军阀统治时期，由于政府管理手段的落后、政局的动荡、地方割据等多种原因，关于农民负担的官方统计资料残缺不全且可靠性不足。幸好自19世纪20年代以来，不少社会工作者对农民负担问题做了一些实地调查，公布了一批地区性数据。尽管多数可供量化分析的资料缺乏完整性与连续性，但对于分析某一时期某一地区的农民负担程度仍弥足珍贵。因此，我们在作定性分析的同时也尽可能地运用他们的调研资料作出量化说明。

尽管作了上述努力，由于研究对象的复杂性，我们掌握占有资料不足，同时，限于时间和人力，我们在史料内容的编排以及观点阐述等方面一定还存在着这样那样的不足，敬祈读者批评指正。

第一章

清代后期（1840—1911年）社会巨变与农民负担性质的变化

1840年6月爆发的第一次鸦片战争，是中国近代史的开端。这场英国资产阶级“旨在维护鸦片贸易而发动和进行的对华战争”①，以腐败的清朝妥协投降而告终。清廷于1842年8月被迫签订了第一个不平等条约——中英《南京条约》。此后，随着西方资本主义列强的步步入侵，清代后期（以下亦称晚清）的中国社会逐步沦为半殖民地半封建社会。受社会形态巨变的影响，晚清农民负担的性质也由此前单一的封建性质逐步演化为半殖民地半封建性质。本章拟从政治、经济、财政等方面对此加以简要的阐述。

第一节　清代后期政局的变动

清朝自乾隆末年起国势转衰。进入嘉庆、道光两朝，封建统治阶级的贪婪、残暴、寄生性和腐朽性与日俱增。吏治极为腐败，正如当

① 《马克思恩格斯选集》第2卷，第28页。

时有人指出的："今天下之吏亦众矣，未闻有以安民为事者，而赋敛之横，刑罚之滥，竭民膏而殃民命者，天下皆是。"[①] 而军队的腐朽无能之状，同样令人怵目惊心。据道光十五年（1835 年）鸿胪寺卿黄爵滋在《敬陈六事疏》披露，京城的八旗兵，"三五成群，手提雀笼雀架，终日闲游，甚或相聚赌博。问其名色，则皆为巡城披甲，而实未曾当班，不过雇人领替，点缀了事"。[②] 外省军队也是兵备废驰，战斗力甚低，"论者至比诸松糕"。[③] 对于这种苟且偷安的末世之态，龚自珍在鸦片战争爆发前夕已有揭露，指出："自乾隆末年以来，官吏士民，狼艰狈蹶，不士不农不工不商之人，十将五六。……自京师始，概乎四方，大抵富户变贫户，贫户变饿户。四民之首，奔走下贱。各省大局，岌岌乎不可以支月日，奚暇问年岁？"[④]

正当中华文明古国在清朝腐朽的封建统治下内部危机日趋严重的时候，富有殖民扩张经验的西方资本主义列强早已虎视眈眈，处心积虑地要把"非资本主义的古老国家卷入世界经济旋涡之中"，即成为它们的商品市场和原料掠夺地，否则它们"就不能存在和发展"。[⑤] 例如，英国兵船对中国进行明火执仗的侵扰，早在明朝末年就已开始；荷兰则于明末清初强占过我国台湾；沙皇俄国从清朝前期开始就对中国北部边疆垂涎欲滴，伺机而动。中国实际上处于落后将要挨打的地位。

面对西方殖民者日甚一日的海盗式侵扰，从 18 世纪中叶起，清朝陆续制定了一些限制中外往来的规章制度，并在嘉庆、道光两朝屡经重订。其主要内容包括：外商只准在广州一地进行交易，而且只能与官方特许的"公行"开展买卖活动；外商只能在规定的贸易期（五月到九、十月间）在广州居留，到期必须离开；外人不得雇人传递信件至内地；对出口货物种类和数量加以限制（如茶叶每年出口不许超过 50 万担，不许外商携出银两），等等。其基本精神在于限制外人与中

① 刘蓉：《养晦斋文集》卷三，《致某官书》。

② 《黄爵滋奏疏许乃济奏议合刊》，第 47 页。

③ 张杓：《上杨侯陈善后事宜书》，《磨甋斋文存》（学海堂丛刻本），第 36 页。

④ 《西域置行省议》，《龚自珍全集》上册，中华书局 1959 年版，第 106 页。

⑤ 《列宁全集》第三卷，《俄国资本主义的发展》，第 545 页。

国人之间的交接来往。早在18世纪初，英国即曾派出使团，向清政府提出开放口岸，以至割让岛屿等无理要求，但未能得逞。在正当的中英贸易中，英国的工业品难于对华倾销，中国的茶叶、生丝等则在海外占有广大的市场，因此中国一直处于出超的有利地位，直到19世纪二三十年代，中国每年还有二三百万两的出超，英国不得不运白银来支付这个差额。西方入侵者为了掠夺和毒害中国人民，便采取了罪恶的鸦片走私活动。与此同时，英国资产阶级发现利用东印度公司走私鸦片，可以造成中国白银外流，英国政府还可在印度从鸦片贸易中征收到大量税收，于是确立了卑鄙的对华鸦片政策，即积极支持向中国大量走私鸦片，1795—1799年平均每年输入中国的鸦片为4000多箱，1825—1829年平均每年为12000多箱，1835—1836年增到26000多箱，到19世纪30年代末，每年达35000箱至136000箱，① 比前增加了8倍多。

鸦片输入的激增引起中国白银大量外流。有人估计，在1807—1809年，平均每年约有170万两白银流往当时的英属殖民地印度，1825—1829年，平均每年流出的白银增至256万两，1830年以后的数年间，平均每年流出白银达420万两以上。② 以后仍继续增加。鸦片战争爆发前的20年内，中国外流的白银约有1亿两，平均每年流出四百余万两，相当于当时清朝财政收入的1/10。由此引起中国社会经济状况趋于恶化。由于清政府放纵走私和吸食鸦片行为，从京都到地方官员，八旗到绿营官兵，商民士子到娼优，吸食鸦片者众。据记载，道光十五年时，全国吸食鸦片者已达200万人之多，③ 其身心健康受到严重摧残。林则徐曾上疏警告说："当鸦片未盛行时，吸食者不过害及其身……迨流毒天下，则为害其巨，若犹泄泄视之，是使数十年后，中原几无可以御敌之兵，且无可以充饷之银。"④ 魏源也揭露说："今则蔓延中国，横被海内，槁人形骸，蛊人心志，丧人身家，实生民以

① 许涤新主编：《政治经济学辞典》（中册），人民出版社1980年版，第204页。

② 参见李伯祥等：《关于十九世纪三十年代鸦片进口和白银外流的数量》，载《历史研究》1980年第5期。

③ 中国史学会编：《鸦片战争》Ⅰ，神州国光社1954年版，第537页。

④ 《林则徐集·奏稿中》，中华书局1965年版，第601页。

来未有之大患，其祸烈于洪水猛兽。”[①] 清朝的国力因此而进一步衰落。

鸦片的泛滥引起中国人民的强烈义愤。他们把罂粟视为“妖花”，称外国鸦片贩子为“洋鬼”“老鼠”。来自民间的禁烟呼声日益强烈，内地民众甚至要求割去烟鬼的上唇，以防止其再吸食。清廷中有识之士如鸿胪寺卿黄爵滋、湖广总督林则徐等也相继上疏，主张采取严厉措施坚决禁止鸦片的输入和吸食。

在朝野上下普遍高涨的禁烟呼声的推动下，面对鸦片泛滥所带来的“兵弱银枯”的统治危机，道光帝几经犹豫，终于不得不任命林则徐为钦差大臣，前往广州查禁鸦片。

广州人民纷纷起来，积极投入禁烟行动。虎门渔民自动组织起来，截击走私鸦片的“快蟹”。广州城乡各地不断出现群众袭击烟馆的事件。在人民群众的推动下，林则徐禁烟的信心大为增强，遂采取强硬措施迫使英国等鸦片贩子缴出两万余箱鸦片，并于1839年6月3日在虎门滩头举行了大快人心的销烟行动。虎门销烟表达了中国人民反对贩毒以及外国侵略者的坚强态度，是对西方殖民者的一次沉重打击。

不甘失败的英国殖民者以此为借口，发动了第一次鸦片战争，以武力强迫腐败的清廷签订了《南京条约》以及《中英五口通商章程》《虎门条约》等第一批不平等条约，法、美等国也随即迫使清王朝分别签订了《黄浦条约》《望厦条约》。上述一系列不平等条约破坏了中国主权。其主要表现在于：(1) 割让香港给英国，破坏了中国领土的完整和主权的完整。(2) 协定关税，即中国海关对进出口货物的税率无权自行确定，必须与英国共同议定，破坏了中国的关税自主权。(3) 确立了领事裁判权，使中国丧失了依靠司法对外侨实行约束的权利，破坏了中国的司法自主权，等等。美、法、葡萄牙、比利时等西方国家也趁火打劫，要求分沾利权，清政府也一一允准。

《南京条约》是中国从封建社会开始走向半殖民地半封建社会的标志。从此，中国开始丧失政治上的独立自主地位，领土主权的完整

① 魏源：《道光洋艘征抚记》(上)。

遭到了破坏。

英、法等国为了进一步侵略中国，扩大第一次鸦片战争中所得到的权益，又于1856年发动了第二次鸦片战争，强迫清廷于1858年7月签订了《天津条约》，于1860年签订了《北京条约》。这批不平等条约进一步破坏了中国的主权，主要表现在：（1）割九龙司给英国。（2）外国公使驻北京，成为西方入侵者从政治上控制清政府的一种手段。（3）中国海关由英国人“帮办税务”，并削减税则，使中国的关税自主权丧失殆尽。（4）外国传教士可以在中国内地自由传教。（5）强迫中国开放的通商口岸增至16处，地区从南到北，从沿海到长江中下游沿岸。中国的领海权几乎全部受到侵犯，内河航行权也开始遭受破坏。由此加速了中国的半殖民地化的进程。

在第二次鸦片战争前后，清朝国内政局发生两个重大事件：一是自1851年以来爆发了震撼神州大地的太平天国革命，各族人民反清起义风起云涌。西方列强利用清期的统治危机，迫使清朝统治集团就范。二是1861年那拉氏发动政变，夺取了最高统治权，开始了清朝封建政权买办化的进程。随后中外反动势力便勾结起来残酷地绞杀了太平天国革命。清朝出现所谓的“同治中兴”，即是中外反动势力结成同盟的产物。曾国藩在1870年说：“皇上登极以来，外国盛强如故，惟赖守定和议，绝无更改，用能中外相安，十年无事。此已事之成效。……以后仍当坚持一心，曲全邻好，万不得已而设备，乃取以善全和局。”① 所谓的“善全和局”就是清廷以对外妥协投降来保全自身地位的媚外政策。

《天津条约》《北京条约》等的签订进一步暴露了清政府软弱无能及卖国苟且的面目，美国、德国、沙俄、日本等争先恐后地加入武装侵略中国及周边国家的角逐。美、日觊觎台湾；沙俄侵犯新疆，强占了帕米尔地区；英国侵犯云南、西藏；法国侵略越南，窥伺云南、广西；日本征服朝鲜，进逼中国。中国出现了边疆危机。

1894年9月爆发的中日甲午战争，是日本军国主义发动的蓄谋已

① 《曾文正公全集·奏稿》卷三五。

久的侵华战争。清朝战败后被迫签订了空前屈辱的《马关条约》。除了支付日本 2 万万两的空前巨额赔款之外，清廷割让台湾、澎湖列岛给日本，扩大帝国主义在华的通商特权，给予日本在中国各通商口岸的权利。《马关条约》是清代后期一个划阶段的卖国条约，标志着帝国主义列强侵略中国新方式即资本输出的开端，也标志着中国半殖民地半封建社会的基本形成。随之而来的是列强在中国的割地狂潮和投资竞争。中国面临着被瓜分的严重民族危机。

自鸦片战争以来，中国人民与外国侵略者之间的矛盾已成为晚清社会的基本矛盾，尤其是甲午战争之后，中国人民的反帝情绪空前高涨，因而爆发了中国农民自发的反帝运动——义和团运动。这场轰轰烈烈的反帝斗争，由于帝国主义的联合镇压和清廷的无耻出卖，终于遭到失败，但也打破了帝国主义瓜分中国的美梦。而投降卖国的清政府则与俄、英、美、法、德、意、奥、西、比、荷等 11 国签订了空前的卖国条约——《辛丑条约》。其主要内容除支付四亿五千万两空前规模的赔款之外，规定：帝国主义各国在北京东交民巷设立使馆区，“中国人民概不准在界内居住”，帝国主义可在界内“常留兵队，分保使馆”；从北京到山海关的铁路沿线的 12 个战略要地，允许帝国主义驻扎军队；拆毁大沽炮台和大沽到北京沿线的所有中国炮台；天津周围 20 里内，不得驻有中国军队；清政府必须切实负起严厉镇压中国人民的反帝活动的职责。这就使中国的主权几乎丧失殆尽，清政府完全处于帝国主义的军事控制和监护之下，成为“洋人的朝廷”。《辛丑条约》是清廷的卖身契，标志着中国封建统治者完全投降了帝国主义，中国半殖民地半封建社会完全形成。

总之，帝国主义以武力为后盾，通过一系列不平等条约攫取了大批在华政治、经济特权，不断地破坏中国的主权，一步一步地把中国变成半殖民地半封建社会，而这一过程是通过与中国封建主义相结合方得以实现的，构成清代后期政局变化的最大特征。所以毛泽东指出：“帝国主义和中国封建主义相结合，把中国变为半殖民地和殖民地的过程，也就是中国人民反抗帝国主义及其走狗的过程。”①

封建社会的主要矛盾，是农民阶级和地主阶级的矛盾。进入晚清半殖民地半封建社会，这个主要矛盾仍然存在并且在加剧。所以，晚清农民阶级在政治上受到外国资产阶级入侵者的间接统治及本国封建地主阶级的直接压迫，其负担性质已由单一的封建性质变为具有半殖民地半封建性质。

晚清社会伴随着西方资本主义的入侵还出现了买办，出现了由买办或封建地主、商人转化而来的民族资产阶级，出现了官僚资本的雏形，这些也使晚清农民负担的性质发生了变化。

首先来看清朝统治集团内部出现的所谓洋务派及其洋务运动。

19 世纪 60 年代初到 90 年代的 30 多年间出现的“洋务派”及其洋务运动，是关系到旧的地主阶级和农民阶级的分化，新的资产阶级和无产阶级的产生和形成等重大问题的复杂历史事件。洋务派的政治成分并非单一纯粹的，其主观目的和客观效果也不尽一致。洋务运动的发展路线和经营体制在前后期也有很大变化。因此，以“求强”“求富”为口号的洋务运动的性质及其影响也不便一概而论。不过，有不少学者认为洋务企业具有官僚资本的初步性质，例如夏东元认为，“洋务企业是中国近代社会官僚资本的胚胎，洋务派是中国近代社会官僚资产阶级的雏形。”② 吴承明也论述说：“我们把洋务派企业作为官僚资本的原始形态，或其最初阶段，因为在这个阶段，它还不具备完整的国家资本主义的性质，它是依靠国家政权建立的，但这时的国家还是封建国家，它的创办人李鸿章、张之洞等还是属于大地主阶级。和同时代日本明治维新的‘殖产兴业’‘文明开化’的要求不同，他们的口号是‘中学为体，西学为用’，也就是要求把资本主义生产方式纳入封建制度。这就决定了洋务派企业必然走向失败。”“1895 年以后，在盛宣怀主持的洋务派经济活动中，力求与商人合作，他经营的企业，封建性有所减轻，也取得了一定的成绩，但受到帝国主义的压力，依靠外国资本，企业的买办性加强了。结果，除有的企业通过商

① 《中国革命和中国共产党》，《毛泽东选集》第二卷，人民出版社 1991 年版，第 632 页。

② 夏东元：《晚清洋务运动研究》，四川人民出版社 1985 年版，第 51 页。

办逐渐转化为民族资本外，大部分变成了帝国主义经济势力的附庸。盛宣怀可称为中国官僚资产阶级的第一个代表人物。”①

买办资产阶级也是鸦片战争以来中国沦为半殖民地半封建社会的产物。这一新的社会集团势力是由受雇于外国洋行的买办以及与洋商有密切联系的买办化商人所组成的。买办阶级是中国早期资本家的来源之一。

此外，有些旧式商人、少数地主也介入了投资或经营近代新式企业的活动，成为中国早期资本家的来源。据有的学者研究，早期中国资本家的来源如表 1－1② 所示。

表 1－1

	户数	创办人或主要投资人					
		总数	地主	商人	买办	华侨	其他
	1872—1913 年						
棉纺业	25	41	26	5	10	…	…
面粉业	28	43	11	15	15	2	…
轮船业	12	15	9	2	4	…	…
其　他	80	103	67	15	21	…	…
合　计	145	202	113	37	50	2	…
百分比		100	55.9	18.3	24.8	1.0	…

由此可见，“一部分的商人、地主和官僚是中国资产阶级的前身。”③ 概言之，由于中国资本主义的发生，晚清出现了早期的资产阶级和无产阶级，这构成当时阶级关系变动的重要内容。

总之，正如毛泽东所指出的：“帝国主义和中华民族的矛盾，封建主义和人民大众的矛盾，这些就是近代中国社会的主要的矛盾。当然还有别的矛盾，例如资产阶级和无产阶级的矛盾，反动统治阶级内

① 吴承明：《中国资本主义与国内市场》，中国社会科学出版社 1985 年版，第 119—120 页。

② 黄如桐：《旧中国的资本主义生产关系》，人民出版社 1977 年版。

③ 《中国革命和中国共产党》，《毛泽东选集》第二卷，人民出版社 1991 年版，第 627 页。

部的矛盾。”[①] 因此，从政治上看，晚清农民负担具有前所未有的多重性，从而引起其性质的演变。

第二节　清代后期经济关系的变动

众所周知，在第一次鸦片战争前夕，中国社会的经济结构仍是封建性的。其基本特征在于：（1）“自给自足的自然经济占主要地位。农民不但生产自己需要的农产品，而且生产自己需要的大部分手工业品。地主和贵族对于从农民剥削来的地租，也主要是自己享用，而不是用于交换。那时虽有交换的发展，但是在整个经济中不起决定的作用。”（2）“封建的统治阶级——地主、贵族和皇帝，拥有最大部分的土地，而农民则很少有土地，或者完全没有土地。农民用自己的工具去耕种地主、贵族和皇室的土地，并将收获的四成、五成、六成、七成甚至八成以上，奉献给地主、贵族和皇室享用。这种农民，实际上还是农奴。”（3）“不但地主、贵族和皇室依靠剥削农民的地租过活，而且地主阶级的国家又强迫农民缴纳贡税，并强迫农民从事无偿的劳役，去养活一大群的国家官吏和主要是为了镇压农民之用的军队。”[②]

不过，自明朝后期以来，“中国封建社会内的商品经济的发展，已经孕育着资本主义的萌芽，如果没有外国资本主义的影响，中国也将缓慢地发展到资本主义社会。”[③]

自第一次鸦片战争之后西方资本主义入侵以来，清代后期的社会经济结构发生了重大变化，自然经济逐步解体，产生并发展了资本主义生产关系，形成半殖民地半封建的社会经济。

清代后期农村自然经济的逐步解体主要表现在两个方面：一是由耕织结合到耕织分离；二是农产品商品化的加速发展。而且，这种变化具有阶段性，与中国社会性质的逐步演变基本上同步。

---

①② 《中国革命和中国共产党》，《毛泽东选集》第二卷，人民出版社 1991 年版，第 631 页，第 623—624 页。

③ 《中国革命和中国共产党》，《毛泽东选集》第二卷，人民出版社 1991 年版，第 626 页。

1840—1864年两次鸦片战争期间，清朝的自然经济开始缓慢解体。前已指出，中国自然经济在生产方式方面的重要特征在于个体农业与家庭棉纺织手工业的紧密结合。此期则出现了农民家庭棉纺织手工业开始破产的耕织分离现象，始则是19世纪60年代末的洋纱代替土纱——纺织分离，继而是70年代的洋布代替土布——耕织分离。

第一次鸦片战争后，中国个体小农经济对外国商品的侵袭进行了顽强的抵抗，使得英国等西方资本主义国家不如所望。英国输华棉纺织品的价值，在1841年达到58万英镑的水平，而到1857年只上升为170万英镑，16年间增加不及两倍。[①] 这正如马克思所说的："（英国）对华进口贸易迅速扩大的主要障碍，乃是那个依靠着小农业与家庭工业相结合的中国社会经济结构。"[②] 但是，此时清朝"男耕女织"的经济结构仍有所松动，表现为在五口通商的附近一些地区因外国商品的输入而稀疏地出现耕织分离的情况。如上海、苏松地区、厦门等地都出现了有关"许多织布机停了下来""松太布市，消减大半""江浙之棉布不复畅销，商人多不贩运，而闽产之土布、土棉，遂亦因之壅滞不能出口"之类的报道。[③]

第二次鸦片战争之后，西方入侵者完全打开了清朝的大门，他们攫取了更多的在华倾销商品、掠夺原料等经济特权，使通商口岸深入中国腹地，对中国自然经济结构的冲击向纵深发展。同时，西方主要资本主义国家在19世纪60年代先后完成了产业革命，劳动生产率迅速提高，纺纱织布的成本急剧下降，加上苏伊士运河的开通，航程缩短，运输成本下降，进一步促进了轮船航运的普遍运用，"机器产品的便宜与交通运输业的变革……是夺取国外市场的武器"。外国机制纺织品在中国的价格大幅度下降，仅棉纱价格就下降了1/3以上。[④] 因此，中国农民的家庭棉纺织手工业不可避免地要因外国廉价的机制纺织品的倾销而趋于破产。

---

① 汪敬虞：《十九世纪西方资本主义对中国的经济侵略》，人民出版社1983年版，第79页。

② 《对华贸易》，《马克思恩格斯选集》第二卷，第57页。

③ 李文治编：《中国近代农业史资料》第一辑，三联书店1957年版，第490—491页。

④ 严中平：《中国棉纺织史稿》，科学出版社1955年版，第72页。

1856—1894 年为清朝自然经济加快解体的阶段。此期耕织分离现象继续发展。洋布代替土布的趋势不可阻挡。如江苏松江地区，到 1883 年已“洋布充斥，而女红之利减矣”。[①] 浙江的嘉定，“自洋布盛行，土布日贱，计其所赢，仅得往日之半耳”。[②] 到 1893 年，时人惊呼：“中国之织妇机女束手坐毙者，奚啻千百万人！”[③]

与此同时，农产品商品化有明显的扩大，表现为经济作物和粮食生产商品化程度的提高。

第一次鸦片战争之后，中国农产品商品化就有所扩大。如生丝出口量在 1843 年只有 1400 多担，到 1845 年则超过 1 万担；茶叶出口在 1843 年为 130000 担，到 1844 年则上升为 530000 担。[④]

第二次鸦片战争后，中国不少农产品及其加工品的输出急剧增长（见表 1－2）。[⑤]

表 1－2　1870—1894 年主要农产品及农产制品输出数量统计　单位：担

品目＼年代	1870—1874	1875—1879	1880—1884	1885—1889	1890—1894	共　计
茶	8174745	9377546	10255027	10543670	8761244	47112322
丝	310086	366650	345159	383265	477200	1882360
棉	159632	143473	158319	885613	2486699	3833736
油	294547	21037	28915	178848	477791	1001138
烟	43044	65522	69180	234211	503975	915932
豆饼	925788	251690	638231	343838	6651491	7811038

可见，中国已逐渐成为外国资本主义的原料供应地。

再看粮食生产的商品化。据对 1865—1894 年上海、天津、广州和汉口等四埠米、麦、豆进出口量统计资料的分析，“四埠合计，1865—

① （光绪）《松江府续志》卷五。

② （光绪）《嘉定县志》卷八。

③ 薛福成：《庸庵海外文编》卷二。

④ 汪敬虞：《十九世纪西方资本主义对中国的经济侵略》，人民出版社 1983 年版，第 78—79 页。

⑤ 杨端六：《六十五年来中国国际贸易统计》。转引自严中平主编：《中国近代经济史》，人民出版社 1989 年版，第 965 页。

1869 的 5 年间，米、麦、豆的进口量共计 1362859 担，出口量共计 1292363 担。1890—1894 年的 5 年间，米、麦、豆的进口量增加到 53154423 担，增加了 39 倍；出口量增加到 36146661 担，增加了 28 倍。国内粮食贸易量的增长，是粮食生产商品化进一步发展的具体反映。"①

1895—1910 年是清朝自然经济加剧解体的阶段。甲午战争后，资本输出逐渐成为帝国主义对华经济侵略的主要手段，同时商品输出和原料掠夺也继续发展，从而促使中国农产品商品化加速发展。表 1－3② 说明 1900—1910 年东北三省的大豆商品化生产，主要是提供给世界市场的。

表 1－3　　1900—1910 年东北三省大豆输出统计表

输往国别	数量（吨）	占比（%）
日本及高丽（朝鲜）	263275	43
欧州及美国	270182	44
国内输销及其他	81977	13

表 1－4③ 的统计包括渔产、林产，但不包括丝、茶，仍足以说明清末农产品商品化速度的加快。

表 1－4　　清末农产品输出统计

年　份	农产品输出值（千元）	指数（1910 年＝100）	对出口总值的%
1873	2866	1.2	2.6
1893	28423	12.3	15.6
1903	89496	38.6	26.8
1910	231957	100.0	39.1

这个时期农产品商品化速度加快的原因，还包括国内资本主义工

① 严中平主编：《中国近代经济史》，人民出版社 1989 年版，第 988—990 页。
② 屈维它：《现在的满洲经济》，载《前锋》第三期（1924 年 2 月）。
③ 章有义：《中国近代农业史资料》第二辑，三联书店 1957 年版，第 146 页。

业的发展。例如棉花的种植，此期随着外国资本主义在华开设的棉纺织厂和中国私营资本主义棉纺织厂的增多，原棉需求增长，其种植面积也就更加扩大。不仅原来产棉较多的省份如江苏、浙江、河北、山东等的植棉面积继续扩大，以前种得不多的地区如湖北、江西、安徽、陕西、河南等省的一些州县也开始大规模种植。

总之，自鸦片战争以来，在外国资本主义的经济侵略之下，清朝的自然经济开始广泛解体，农民的家庭棉纺织手工业遭到严重破坏，其他城乡手工业也受到不同程度的破坏，广大农民的日常生活用品和生产资料不得不更多地依赖于市场；同时，在外国资本主义掠夺原料的刺激之下，农产品商品化也迅速扩大，中国农村经济被强制性地卷入世界市场，广大农民既是世界市场的购买者，又是世界市场的原料供应者。由此构成晚清农村经济的半殖民地半封建化的特征，并且引起农民负担性质的重大变化。正如有的论著所指出的："鸦片战争后我国农村自然经济的加速分解，主要不是由于生产力的发展和相应的社会分工造成的，而是由于资本主义列强的商品入侵和出口贸易的需要促成的，是一种被动的、强制性的分解。这种分解，虽然也有利于商品经济的扩大，但它未能触动封建土地所有制，未能改变小农经济的生产方式；并且，由于这种分解所形成的商品市场是一种半殖民地型的市场，商品量和价格水平都要受国际市场支配。因而，自然经济分解的结果，农民生产的经济效益鲜有增进，反而增加了生产的不稳定性，增强了对商业资本的依附性。也可以说，农村小生产者在封建剥削之外，又加上了资本主义的剥削。"①

毛泽东指出："外国资本主义对于中国的社会经济起了很大的分解作用，一方面，破坏了中国自给自足的自然经济的基础，破坏了城市的手工业和农民的家庭手工业；另一方面，则促进了中国城乡商品经济的发展。"② 1895年后，中国的资本主义经济成分有了显著发展。这构成晚清经济关系变动的另一个重要特点。

从资本形态看，晚清资本主义经济的发展包括两大部分：一是外

---

① 严中平主编：《中国近代经济史》，人民出版社1989年版，第260页。

② 《中国革命和中国共产党》，《毛泽东选集》第二卷，人民出版社1991年版，第626页。

国在华资本，二是民族资本（包括国家垄断资本和民间私营资本）。无论哪一种资本形态的发生和发展，都经过原始积累的过程，即用暴力掠夺小生产者（主要是农民）的过程，从而在加重农民负担的同时，也改变了农民负担的性质。

外国在华资本的原始积累主要通过劫夺式殖民地贸易和暴力掠夺两条途径。如暴力掠夺就包括鸦片走私、苦力贸易等内容。

据外国学者估计，“鸦片战争以前的半个世纪中，英国对华的鸦片‘贸易’，为数达 5 亿元，其中有 3 亿元是利润。”① 同样地，对于美国，“鸦片贸易就像奴隶和酿酒厂一样成为许多美国大资产的基础。”②

自 1845 年中国出现第一批契约华工开始，整个 19 世纪的上半期，出国的华工估计为 32 万人；而在 1850 年以后的 25 年中，猛增到 128 万人，比前期增加了将近 8 倍。③ 19 世纪 50 年代后期，一名中国苦力在智利的卖价是 110 元，而在中国的购买价格不过 8 元。19 世纪 60 年代后期，一个中国劳动力的单位价格不超过 80 元，即使包括旅费、服装费及其他各项开支在内，也不超过 150 元；而在秘鲁的卡亚俄的价格却可以达到 350 元到 450 元不等。④ 足见西方人口贩子获取的暴利是何等的惊人！

甲午战争后外国在华资本迅速增长。当时西方主要资本主义国家处于向帝国主义过渡的阶段，它们对中国的经济侵略日益注重于资本输出。《马关条约》签订之后，列强攫取了有利于资本输出的诸多特权，如在华设厂权、修筑铁路权、采矿权等。由此引起外国在华资本的剧增。从表 1－5⑤ 可以看出其增长的速度。

①② 汪敬虞：《十九世纪西方资本主义对中国的经济侵略》，人民出版社 1983 年版，第 61 页。

③ 汪敬虞：《十九世纪西方资本主义对中国的经济侵略》，人民出版社 1983 年版，第 117—118 页。

④ 汪敬虞：《十九世纪西方资本主义对中国的经济侵略》，人民出版社 1983 年版，第 130 页。

⑤ 许涤新，吴承明主编：《中国资本主义发展史》第二卷，《旧民主主义革命时期的中国资本主义》，人民出版社 1990 年版，第 1055 页。

表 1-5　　**1894 年与 1914 年外国在华资本估值**　　单位：万元

项　　目	1894 年	1914 年
A. 工业资本	2791	37690
（1）制造业	2587	21236
（2）公用事业	204	5107
（3）矿冶业	—	11347
B. 交通运输业资本	2615	64435
（1）航运	2615	8347
（2）铁路	—	56064
C. 产业资本合计	5404	102125
D. 商业资本	9284	67968
（1）外贸业	8220	27379
（2）其他业	1064	40589
E. 金融资本	6680	14515
F. 外国资本总计	21370	184608

与此同时，外国在华金融业也适应资本输出的要求而大为发展。外国侵略者很早就在中国设立银行，但到甲午战争前只有 8 家，有 16 所分支机构，[①] 势力还不太大，其主要作用在于为外国商品输出服务。甲午战争后，各帝国主义国家纷纷在中国设立银行。“帝国主义时代银行的作用已根本改变了。它的主要任务已不是替工商企业担任支付的中介，而是与工业垄断资本融合在一起，成为财政资本统治的中枢。这也使得它们在中国的银行变成了帝国主义垄断资本输出的指挥机构和执行机构。它们的任务是：掌握中国政府的借款、控制中国的财政；投资于铁路和矿山；在中国吸收存款、发行纸币来壮大自己的资本，削弱中国的资本；操纵金银、外汇，控制中国的贸易和金融。”[②] 帝国主义还在中国造成由中国的大小银行、钱庄、商人、高利贷者构成的一个金融网，为其推销商品、掠夺原料服务，从而给中国农民身上加上新的有形和无形的负担。

① 吴承明：《帝国主义在旧中国的投资》，人民出版社 1956 年版，第 40 页。

② 吴承明：《中国资本主义与国内市场》，中国社会科学出版社 1985 年版，第 19 页。

晚清的官僚资本雏形指的是洋务派军事工业的资本。洋务派军事工业的经营具有浓厚的封建性和买办性，但其资本仍带有一定程度的原始积累性质。有学者对 1863—1894 年洋务派军用工业的经费（开办费和经常费）作了统计，苏州洋炮局、江南制造总局、金陵制造局、福州船政局、天津机器局、山东机器局和湖北枪炮局等七个大的和较大的企业的经费来源如表 1－6 所示。

表 1－6

经费来源	银两	占总数%
海关洋税	35831110	83.70
地方拨款	3369028	7.86
捐罚款等	1090000	2.54
户部拨款	1000000	2.34
洋商借款	1000000	2.34
军　费	525657	1.22
总　计	42815795	100.00

同时指出："过去各地举办军用工业的经费，都是来自政府的财政拨款。封建政府的财政收入，是封建土地所有权的实现。无论是田赋、丁赋、盐斤和各项杂课，都是来自农民的剩余劳动，都不外是地租的转化形态。还有官吏捐廉、绅粮报效，以及各种形式的勒索，也属同样性质。商税（常关税）虽征自商人，也是一种封建赋税，因为这时的商品主要是土地生产品，商业利润是来自对农民剩余劳动和对消费者双方的剥削，而后者的消费基金也主要是地租的转化形态。这些封建收入，都丝毫不具有资本积累的性质。……洋务派军用工业的经费，也是来自当时封建政府的财政拨款，但其内容和性质，与过去不同了。……我们可以把户部拨款、地方拨款、军费连同捐款、罚款等，都视为过去一样的纯封建收入；但这几项加起来，还占不到经费总额的 12%。经费总额的 88% 是海关洋税和洋商借款。撇开洋商借款（借贷资本）不说，占 85% 以上的海关洋税（包括进出口税、内地子口税、船钞、鸦片税）就已经不是封建收入，而是一种新式财源，一种近代税赋了。它不是凭借土地所有权按量（按田、丁或产品量）征

收的，而是从贸易中按价值（原则上从价 5%、2.5% 等）征收的。它的实质，已不是封建地租的转化形态，但也不完全是剩余价值的转化（分割）形态。这是因为，中国的对外贸易是一种殖民地型贸易，包含不等价因素，并且进口和出口都是由具有特权的在华洋行垄断，它们的利润，从而关税收入，相当大部分是来自中国的农民和其他小生产者，带有资本原始积累的性质。”①

甲午战争后，洋务派企业经历了官办、官督商办以及由军用到民用的经营方式与经营方向的变化。据估计，1894 年官僚资本总额约为 4757 万元，1911 年增至 52296 万元。②

中国第一家民间私营资本主义企业产生于清代后期。不过有的人认为是 1866 年在上海创办的发昌机器厂，有的人认为是 1873 年创设于南海的继昌隆机器缫丝厂。1866—1894 年近 30 年间，已出现私营的大小工矿企业 100 多家。③ 但大都规模较小，资本都在 10 万元以下，投资总额不过 500 万—600 万元。④ 据估计，1894 年的民营资本总值约为 87592 万元。⑤

中国近代工业中的民间私人资本同样有个原始积累的过程，其中来自买办和官僚地主的资本，其原始积累的性质尤为明显。

毛泽东指出：“为了侵略的必要，帝国主义列强从中国的通商都市直至穷乡僻壤，造成了一个买办的和商业高利贷的剥削网，造成了为帝国主义服务的买办阶级和商业高利贷的剥削网，造成了为帝国主义服务的买办阶级和商业高利贷阶级。”⑥ 买办资产阶级在充当外国侵略者的帮凶的活动中，通过分取侵略者的余沥，同时利用其充当买办的有利条件，自己经营商业和其他企业，从而加速了自己的资本积累。其主要途径有三：一是充当洋行的买卖活动的代理人所得的佣金收入；二是自立行号的利润收入；三是周转资金的利息收入。从鸦片战争以

① 许涤新，吴承明主编：《中国资本主义发展史》第二卷，人民出版社 1990 年版，第 373—375 页。

② 许涤新，吴承明主编：《中国资本主义发展史》第二卷，人民出版社 1990 年版，第 1058—1059 页。

③ 孙毓棠：《中国近代工业史资料》第一辑下，科学出版社 1957 年版，第 1166—1173 页。

④ 黄如桐：《旧中国的资本主义生产关系》，人民出版社 1977 年版，第 8 页。

⑤ 许涤新，吴承明主编：《中国资本主义发展史》第二卷，人民出版社 1990 年版，第 1066 页。

⑥ 《中国革命和中国共产党》，《毛泽东选集》第二卷，人民出版社 1991 年版，第 629 页。

后到甲午战争前这 50 年间的买办收入，如按进出口贸易佣金、推销鸦片佣金、工厂买办收入、外债经手回佣、银行买办间盈利、轮船保险及房地产买办收入等项目估计，如表 1－7 所示。买办的发财“并不是单纯运用经济规律进行经济活动所取得的利益，其中包含着相当成分的暴力强制性。他们依仗洋人势力行动的这种暴力强制性有时猖狂得和外国人并无二致。”①

表 1－7②　　1840—1894 年买办收入的估计

项　目	估计根据	估计标准	估计收入金额（单位：千海关两）
1. 一般商品进出口佣金	进出口贸易总值 550000 万两	按总值 3% 计算	165000
2. 推销鸦片佣金	鸦片进口约值 174000 万余两	按价值 10% 计算	174000
3. 外资在华工厂买办	累计服务年限 1892 年	每年收入按 1 万两计	18920
4. 经手外债借款收入	清政府共借外债 4600 万两	按债款 15.24% 计算	7010
5. 银行买办	累计服务年限约 300 年左右	每年收入按 2 万两计	6000
6. 其他买办	包括轮船、保险、房地产等业	每业按 500 万两计	15000
合计			385930

至于来自官僚地主的投资，也并非纯属封建地租的转化。他们往往是具有大官僚和大地主双重身份，如盛宣怀曾任天津海关道、商务大臣、邮传部大臣等要职，在经办洋务企业和经理外债中搜括和贪污 6000 万两家财，并将一部分投资于洋务派民用企业，成为洋务派大官僚中最大的工商业资本家。其资本的原始积累性质是不言而喻的。

概言之，中国资本主义经济的三种资本形态的原始积累过程，就

① 严中平主编：《中国近代经济史》，人民出版社 1989 年版，第 382—394 页。
② 黄逸峰等：《旧中国的买办阶级》，上海人民出版社 1982 年版，第 70 页。

是晚清农民的负担加重及其性质变化的过程。同样的，这三种资本形态后来的资本积累，也离不开对广大农民的各种盘剥，如抑价收购原料、利用工农产品剪刀差等。

在揭示晚清由于外国资本主义的入侵所引起的经济关系变动的同时，还应该指出，中国幅员辽阔，无论在政治还是在经济方面都存在着地区间的差别。因此，自然经济解体的程度，即耕织分离、农产品商品化的程度，南方与北方、沿海沿江与腹地仍有区别；资本主义经济成分的发生和发展，主要也在沿海沿江的一些大中城市，在工业、交通运输业、商业和金融业等部门，农业中虽然开始出现富农经济和资本主义方式的农垦公司，毕竟微乎其微。在广大的农村，自然经济仍占主导地位，封建地主经济仍占主要成分。来自封建地主阶级的经济剥削和超经济强制，仍然是晚清农民的最沉重负担。

总之，从经济关系的角度来看，由于外国资本主义入侵而引起的诸多变化，晚清农民在原有的封建性负担之上又增加了来自外国的和本国的资本主义性质的新负担，其负担性质从单一的封建性演变为半殖民地半封建性。

第三节　清代后期财政结构及其性质的演变

清朝的财政在鸦片战争爆发之前仍是封建性的结构。兹以乾隆三十一年（1766 年）的收支概况为例（见表 1－8）。

从收入结构来看，田赋即地丁和耗羡总数为 3292 万两，占岁入银两总额的 67.5%，加上未计入表中的漕粮约 600 万石，以小农经济为基础的田赋在财政收入中所占的比重更大。这说明封建性的田赋收入是当时财政的主要支柱。关税一项包括常关税和粤海关税，这是以商品经济为基础的税项，但其中以内地常关税为主，粤海关税收入不到 100 万两，说明此时进出口贸易尚不发达，国内商税在财政收入中也不占重要地位。因此，这时的财政收入结构是基于自然经济的封建性

表 1－8　　乾隆三十一年银两岁入岁出要目[①]　　单位：万两

岁入要目	数额	岁出要目	数额
地　丁	2992	兵饷	1704
耗　羡	300	官俸及养廉银	534
盐　课	575	皇室及中央常费	122
关　税	542	地方行政费及杂支	720
杂　课	101	河工岁修银	380
常捐输	300	—	—
合　计	4880	合　计	3460

结构。

从支出要目来看，用以维护封建统治机构的费用即军费、官俸和行政费等占支出的绝大部分，可视为生产性开支的河工费只占岁出的8.7%。因此，此时仍属于传统的封建消费性的财政支出结构。

从财政管理体制来看，鸦片战争前仍采取高度中央集权的存留起运制度。根据中央户部的统一指令，布政司将代户部掌管的一省钱粮分为两大部分：一是留存，包括留支即代户部经理的常例开支，以及留储即代部库存储的款项；二是起运，亦称京饷、协饷，即将存留之余悉数解部（京饷），或由户部指拨邻省（协饷）。因此，地方政府没有可自行征收和支配的税源，也就是说没有财政的自主权。

鸦片战争以来，随着中国一步步地沦为半殖民地半封建的社会，晚清的财政体系相应地也逐步具有了半殖民地半封建的性质。

第一，财政收支结构及其性质的变化。

关于晚清财政收支结构变化的现象，光绪十年清廷已有人述及，指出："自咸丰、同治年来，各省出入迥非乾隆年间可比。近来岁入之项，转以厘金、洋税等为大宗，而岁出之项，又以善后、筹防等为巨款。"[②] 这些现象其实显示了性质的变化。

所谓洋税即海关税。晚清的海关税额呈增长趋势。据刘岳云的

① 《清史稿：食货志》。

② 《清朝续文献通考》卷六六，《国用四》，第 8227—8228 页。

《光绪岁入总表》记载，从光绪十一年到光绪二十年的10年间，“洋税”税额多在1000万两以上，最高年份将近2000万两，[①] 是地丁银的5—8倍。另据有的学者统计，1885—1894年海关税收占清朝岁入总额的比重如表1－9所示。[②] 而海关税恰恰是晚清财政的半殖民地性质的最明显体现。

表1－9　　1885—1894年海关税收占岁入总额比重表　　单位：库平两

年　份	岁入总额（A）	海关税收（B）	比置B/A（%）
1885	78276237	14717356	18.80
1886	82304116	15400623	18.71
1887	85786844	20888549	24.35
1888	93598031	23559429	25.17
1889	86186851	22192584	25.75
1890	92465148	22367962	24.19
1891	95393557	23915476	25.07
1892	89814078	23072499	25.69
1893	88669741	22360919	25.22
1894	93263762	22904254	24.56

根据不平等条约而订立的关税税则是所谓的协定关税，只对外国列强有利，损害了中国的主权和经济利益。值百抽五的固定税率是极不合理的税制，使中国完全失去对进出口商品的调节权利，使民族工业处于极不利的地位。尽管海关税收总量不断增长，但它是建立在外国对华进行商品倾销以及掠夺廉价农产品进口的不平等贸易的基础上的，是以损害中国关税自主权为代价的，是半殖民地地位的一种体现，也是晚清财政的半殖民地性质的表现。

此外，晚清财政收入的新增项目还有鸦片烟税，即所谓洋药税和土药税。订立《南京条约》时，清廷对鸦片进口一事，“既不敢明申前禁，又未便擅定税率，遂置此款不议。”[③] 鸦片走私进口遂源源不

① 《清朝续文献通考》卷六六，《国用四》，第8227—8228页。

② 戴一峰：《中国近代海关与财政》，厦门大学出版社1993年版。

③ 夏燮：《中西纪事》。

断。后来贩卖鸦片的外商极力怂恿清朝对鸦片课税，使鸦片贸易合法化。经第二次鸦片战争的武力胁迫，清朝在《天津条约》中对鸦片以“洋药”的别名准许进口，并议定每百斤纳税银 30 两。从此，洋药大量合法进口，其税额也从 1866 年的 200 万两，逐步增加到 1905 年的 571 万两，这也反映了晚清财政的半殖民地性质。

厘金是晚清新增的一项封建性的恶税。它虽是以商品经济发展为前提，却由各地政府随意征收，病商病民。其中土药（国产鸦片）厘金是重要的一项。随着清廷对鸦片的驰禁及鸦片进口的合法化，各地自种鸦片之风日炽，各省便开征土药厘金，其税额也不断增长。至 1897 年，各省土药产量约达十余万担，远高于当时进口的洋药数量。有人估计土药税厘和洋药之税的总额当在 1500 万两以上。[①] 则土药厘金总数当在 1000 万两上下。厘金不仅在征课方面，而且在使用方面都表现出浓重的封建性。表 1－10[②] 显示，厘金用于军费（协款主要是协济各省军饷）的占了绝大部分，而且主要是用于“就地筹饷”。随着督抚专权局面的逐渐生成，厘金成为地方军阀割据的财政基础之一。

表 1－10　　1869—1872 年各省厘金收入用途比较　　单位：%

省份	军费	协款	中央用款	本省用款
江苏	67.23	16.62	4.15	9.87
浙江	60.68	17.68	7.92	13.72
湖南	89.98		6.02	4.00
湖北	95.58		3.36	1.18
江西	94.81		4.24	3.46
安徽	98.17			1.83
广东	38.00	55.00	7.00	
福建	38.41	31.51	28.38	1.61
陕西	59.92			40.08
山西	100.00			
山东	29.37		70.63	

① 彭雨新：《中国近代财政史简述》，载《中国经济史论文集》，中国人民大学出版社 1987 年版，第 411 页。

② 参据魏光奇：《清代后期中央集权财政体制的瓦解》，载《近代史研究》1986 年第 1 期。

再从各省收入构成来看。以山东、河南、江苏和广东这南北四省为例加以比较，如表1－11所示。[①] 不难看出，西北内地各省，农业税仍是主要财政收入，但工商杂税所占比重也有所增加；东南沿海沿江各省，各种工商杂税已成为其财政收入的主体。

表1－11　　1892—1894年南北方四省收入构成比较　　单位：银万两

省份	农业税收入		工商杂税收入		全省总收入	
	数额	%	数额	%	数额	%
山东	305	81	71.5	19	376.5	100
河南	261.6	77	77.7	23	339.3	100
江苏	391.8	34	778.2	66	1170	100
广东	160	33	320	67	480	100

从全国来看，工商税源的不平衡性也十分明显。光绪初年，“每岁年征洋税、厘金二三千万两，在南方约十之九，在北方仅十之一。”这是由于各省受外国资本主义入侵的程度不同，自然经济的解体和商品经济发展程度的不同而造成的，因而也反映出晚清财政性质的半殖民地半封建化。

清人所谓善后支出，其实就是赔款。从《南京条约》到《辛丑条约》，外国入侵者向清朝多次勒索巨额的战争赔款，使晚清财政支出增加了一个前所未有的项目，成为农民负担加重的一个重要原因。它同样反映了晚清财政的半殖民地性质的加深。

所谓筹防支出，当包括洋务费、练兵费和新政费等。洋务费不仅包括洋务派军用工业的经费，而且包括北洋海军的筹建费和经常费。北洋海军的经常费，据李鸿章在光绪十八年（1892年）和十九年（1893年）的两次奏报，每年报销额都在200万两以上。此外，涉及与资本主义国家关系而支出的费用也称洋务费，如驻外使节的外交费，举办同文馆及派遣留学生等。练新军是清末各省推行“新政”的一项重要内容，此外还有设巡警、办学校、办自治等。所需的大量经费，多由地方自筹，从而引起各地纷纷加税，加重了农民赋税负担。这些

---

① 参据魏光奇：《清代后期中央集权财政体制的瓦解》，载《近代史研究》1986年第1期。

新增的支出项目，具有一定的资本主义改良色彩，也反映了晚清财政支出性质的半殖民地半封建化。

外债更是鲜明地反映了晚清财政收支的半殖民地的依附性。清朝开始举借外债是在镇压太平天国和各族人民大起义期间，其中大部分是为了对内镇压，对外被迫作战而借的。到甲午战争前基本还清。甲午战争期间及战败之后，为了筹措战费和偿付对日赔款二亿三千余万两（包括“赎辽费”），清廷共举借了 7 笔外债，至 1900 年，每年本息偿付额达二千四百九十余万两，成为常年的财政支出项目。及至 1901 年签定《辛丑条约》，对于外国勒索的四亿五千万两白银，清廷根本没有财政支付能力，被迫申算为债款九亿八千二百余万两，从当年起每年偿付二千八百多万两。这又成为清朝向农民加重税收的一个直接原因。

到宣统三年（1911 年），清朝最后一次编造预算单、全部支出估计为银近 3 亿两，其中属于咸丰前原有的“旧例”支出项目不过 4500 万两，其余全是以前没有的“新例”支出。足见其支出结构发生了多大的变化。

至于捐输、捐纳之类卖官鬻爵的封建性财政收入手段，在晚清财政收入结构中仍占有重要的一席之地。这也直接或间接地成为农民实际负担加重的原因。

总之，晚清财政收支结构及其性质的变化，必然引起了农民负担性质向半殖民地半封建化转变。

第二，财政管理体制的演变。

首先是财权外移。主要表现为：（1）海关行政管理权被洋人侵夺，洋人控制了中国的总税务司。此后又由海关兼管常关，给封建性的常关税制打上了半殖民地的烙印。（2）关税成为外债的担保品，即关税的支配权也被外国控制了。由于关税在晚清财政收入中占有越来越重要的地位，帝国主义由此开始控制了清朝的财政命脉。

其次是财权下移。晚清财权下移开始于镇压太平天国起义的过程中。随着地方性地主武装如湘军、淮军及团练等的对内镇压职能的加强，督抚专权的局面逐渐形成。同时在中央财力短绌的情况下，各省须多方自行筹饷，财权下移遂不可避免。

关于当时的财政危机与财权下移的关系，时人指出："军务初起，朝廷颁发帑金，动辄数百万，若由户部运解，或由邻省协拨，军营安坐以待支放。师久而财日匮，东南各省蹂躏无遗，户部之解款，邻省之协饷，力皆不能自顾，偶一办理防堵，捕剿土匪，左支右绌，无可为计，其势又不能坐听其决裂，故虽艰窘如广西、贵州，亦须经营筹划，自求生理，……此又筹饷之一变局也。"①

曾国藩也说："我朝之制，一省所入之款，报明听候部拨，疆吏亦不得专擅。自军兴以来，各督丁漕等款，纷纷奏留，供本省军需，于是户部之权日轻，疆吏之权日重。"②

不仅作为国家税的田赋曾被截留，更严重的是田赋附加也日益成为督抚自筹军饷的重要手段。到1884年办理海防，清廷竟然"准各省开捐"，"拨归该省粮台军营实收实销"，从而把捐纳之权下放给地方，进一步加重了地方的财权。及至清末，凡属督抚掌握的捐税，如田赋附加、厘金、捐输捐纳等，各地都各自为政，清朝统一的中央集权的财政管理体制完全被破坏了。由此出现了农民财政性负担地方化的端倪。

第四节　清代后期农民负担性质及其构成的变化

如前所述，在清代后期，中国一步步地沦为半殖民地半封建的社会，处于这种环境之中，农民负担的性质不可避免地要发生变化，其构成也趋于多样化。

关于此期社会形态巨变与农民负担性质变化的关系，本章前三节已作了简明的论证，概括地说，在政治上，晚清农民受到本国封建地主阶级的直接统治和外国资产阶级的间接或直接的压迫；在经济上，

---

① 《清朝经世文四编》卷十八，《详陈厘捐源流利弊折》。

② 《曾文正公全集·奏稿》，《江西牙厘请照旧征收折》。

随着自然经济的逐步解体，资本主义经济成分的增长，晚清农民对市场的依赖程度前所未有地加强了，他们承受的经济剥削除旧有的封建形式外，又增添了资本主义性质的新形式；从农民与国家财政的关系来看，随着晚清财政收支结构及其性质的变化，农民所承受的财政性负担的性质也相应发生变化。总之，清代后期农民负担的性质逐步地由封建性演变为半殖民地半封建性。

此期农民负担构成的变化，表现在如下几方面：

在地租负担方面，由于农村中封建土地占有关系依然占统治地位，因此，地租仍是农民的一项主要负担，但随着经济的动荡，地主阶级的剥削方式有所变化（如押租制的进一步发展），加上清朝在不少地方推行“着佃完租”的田赋征收形式，佃农的租赋负担内容比以前也有所变化。

在田赋负担方面，其构成的明显变化有二：一是在财政困难的情况下，清廷为避破坏“永不加赋”之名，田赋的加征主要采取加征附加税（如征收义谷、厘谷、“随粮津贴”等）的手段，且附加税额逐渐超过田赋正额；二是由于吏治愈来愈腐败，地方胥吏与土豪劣绅勾结进行的浮收勒折，通常也超过田赋正额，构成农民实际田赋负担的一个主要部分。

在商税方面，一是旧有的盐税采取盐斤加价的加征形式，加重了农民的日常消费负担；二是厘金的创设并恶性发展，由于农村商品生产的进一步发展，以及农民在生产和生活方面对市场依赖程度的提高，厘金严重影响了农民的生计，既降低了他们的负担能力，又增加了他们的消费负担。

在力役方面，由于内战外侮迭起，不仅兵役负担加重了，军事性的夫役、兵差、差银等也成为有关地区农民的沉重负担。

在间接负担方面，其内容更加多种多样，例如清政府的财政性通货膨胀政策，紊乱的币制以及不同货币比价波动的影响，中外商业资本的各种盘剥方式（如外国资本与高利贷活动相结合的赊销和贷款预约农产品、工农产品“剪刀差”的初步出现等），都给农民造成诸多无形的或间接的负担。

第二章

清代后期农民的负担

第一节 地 租

一、土地占有状况与租佃关系

(一) 土地占有状况

清后期的土地占有状况有三个特点。

第一，人均占有土地较少。清前期人口增长很快，到嘉庆十七年(1812 年)，已由明末清初的五六千万人发展到 36000 万余人。及至咸丰元年 (1851 年)，达 43600 万余人。中经清军镇压太平天国革命等长年战乱，人口大减，只有 3 亿人左右。到清末又发展到 4 亿多人。至于清前后期耕地总面积与人均耕地面积的变化，有的学者定为 7—9 亿余亩。如朱贤枚在《中国历代田制概述》中推算 1812 年为 7.915 亿亩，1833 年为 7.420 亿亩，1887 年为 9.119 亿亩；三个年份的人均耕地面积分别为2.19亩、1.85亩、2.41亩。[①] 有的学者认为全国耕地面积1812年为10.502亿亩，1851年为10.768亿亩，1887年为11.259亿亩；三个年份的人均耕地面积分别为2.87亩、2.47亩、2.99亩。[②] 就是说，清后期人均耕地面积为2.41—2.99亩，是当时世界上人均耕地面积最少的国家之一。人均耕地面积少，对佃农不利，尤其是在那些地少人多之处，农民佃种地主的土地时，必须付出更高的代价。

第二，封建土地占有比较集中。清前期的封建土地占有已日趋集中，乾隆十三年（1748年）湖南巡抚杨锡绂说："近日田之归富户者，大约十之五六，旧时有田之人，今俱为佃耕之户"。[③] 清后期，地权集中的状况没有改变，至太平天国革命爆发前夕，40%—80%的土地集中在10%—30%的人手中，而60%—90%的多数人则没有土地[④]。不过，各时期、各地区具体情况仍有所不同。

从鸦片战争开始到太平天国革命前的十余年间，土地兼并激烈。这一时期，由于天灾人祸，小土地者为生计所迫，不得不出卖土地，这就为豪绅、富商造成土地兼并的好机会。

太平天国革命期间，在革命势力强的地区，官僚地主被杀或逃亡，农民自发地占有其土地。如有的地方，"各佃户认真租田当自产，故不输租，各业户亦无法想"。[⑤] 此期农民占有土地的比重有较大的增长。

太平天国、捻军等农民起义失败后，清政府实行"田归原主"的政策，地主阶级反攻倒算，他们夺田追租，大肆兼并土地。如曾国藩的弟弟曾国荃在镇压太平天国的战争中，"每克一名城，奏一凯战，必请假还家一次，颇以求田问舍自晦"。郭松林参与镇压了捻军后，"出军中资获，置田宅值十余万金"。李瀚章、李鸿章等兄弟六人在安

---

① 《赣南师专学报》1982年第3期。

② 章有义：《近代中国人口和耕地再估计》，《中国经济史研究》1991年第1期。

③ 《清朝经世文编》卷三九，第8页。

④ 参见《太平天国革命前夕土地问题》，载《中山文化教育馆季刊》第三卷第1期。

⑤ 罗尔纲：《太平天国史事考》，三联书店1979年版，第208—209页。

徽合肥县“每人平均约10万亩，在外县者，更无论矣”。[1] 地权越集中，失去土地而沦为佃农的农户就越多。如表2－1[2]所示，清后期封建土地占有确实比较集中，佃户及无地户在农户中所占的比重仍较大。佃户为了种上土地，不得不忍受地主高额地租的剥削。

表2－1　　　　各省佃户及无地户所占比重

地　区	资料年份	佃户和无地户所占比例
江苏金山县	1877	农家占总户数的80%—90%，其中佃农占50%—60%。
江阴县	1878	同上。
苏州	1884	佃农占农户总数的80%—90%。
浙江杭州	1888	佃农占农户总数的50%—60%。
江西新城县	1871	农户占总户数的90%，其中无地者占70%。
湖南巴陵县	1891	农民之中有60%是佃农。
广东澄海县汕头彭复村	1888	全村共约300户，无田户占70%。
直隶西宁县	1873	全县200村，地主佃庄占33%。
武清县	1888	佃农占农户总数的30%。
望都赤灰村	1905	全村共200余户，无地户占50%。
山东莱州	1888	佃农占农户总数的40%。

第三，一部分土地被外国列强侵占。外国列强通过强迫清政府签订不平等条约，除在中国设租界、建工厂、修铁路、建码头外，还通过传教士和洋教堂侵占农村大量的耕地。如中法《北京条约》第六条规定：“前谋害奉天主教者之时所充之天主教堂，学堂、茔坟、田土、房廊等件，应赔还交法国驻扎京师之钦差大臣转交该处奉教之人”。教士据此到各省任意索取较好的房屋抵给教堂。江苏、江西、湖北、四川、直隶、山东、山西、陕西、河南、奉天、广东等省都发生教士以还堂名义霸占田产的事件。教士还用其他办法霸占田产。如英国教士在福州乌石山圈占公地，美国教士在登州强租民房。“宁夏磴口以

① 李文治编：《中国近代农业史资料》第一辑，三联书店1957年版，第178—179页、第182页。

② 李文治编：《中国近代农业史资料》第一辑，三联书店1957年版，第195页。

北，三圣宫一带数百里地方，素为天主教势力范围，西人仅年纳租金2000元予蒙王，遂拥有该处土地，年可获利40万元。”其他各省也有许多土地被占。其中土地被占的情况往往是：教士强迫中国人民信教，中国人不信，与之发生矛盾，酿成所谓“教案”后，教士通过官府强迫当地人民赔款。如光绪年间，四川璧山县群众将教堂的瓦门打烂，后来被迫赔银重修，每处四五百两，教堂用此款买了1000石田。[①] 在无款可赔时，则以土地抵押。

外国侵略者对中国土地的侵占，给清代后期的土地占有关系打上了半殖民地的烙印。

（二）租佃关系

清后期的租佃关系仍以封建性质为主，但有一定的变化。

就租佃关系的类型而言，主要为官田之租和民田之租。所谓官田指由皇室、宗室、八旗官军及各地官府支配的不纳税的土地，如庄田、旗地、学田等属此类。这些土地出租给农民耕种，地租收入分别归有关业主。官田之租反映的是佃户与清朝贵族、官府之间的分配关系。所谓民田，指由私人占有而应交纳赋税的土地，又称民赋田。民田之租反映的是佃户与地主的分配关系。地主所纳的周赋是地租的再分配。清后期，有的地方政府责令佃户代地主完纳田赋，即“着佃交粮”，这一形式反映了佃户与国家、地主三者之间的分配关系。此外，中国的一部分土地被外国教堂占有出租，其地租反映的是中国农民受外国侵略者剥削的关系。

就地租形态而言，清后期主要是实物地租，但随着商品经济的发展和地主剥削需求的增长，货币地租逐步扩大。

就佃户对地主的人身依附关系而言，清后期有所松驰，主要表现为永佃制的扩大。所谓永佃制是指佃农对其租种的土地有永久性耕种权的一种租佃制度，其基本特征在于土地的所有权同使用权永久分离。在永佃制下，土地被分为田底、田面，或田骨、田皮两部分，地主对土地的所有权只限于田底或田骨，佃农对田面或田皮有永久的使用权；

① 李文治编：《中国近代农业史资料》第一辑，三联书店1957年版，第233—243页。

地主不能任意撤佃或收回自种，佃农则可以转让、抵押或出卖佃权（即田面或田皮）。

永佃制在鸦片战争之前已出现，到清后期则有所发展。其发展原因相当复杂，兹略举数端：（1）在有些田少人多的地方，佃耕土地竞争激烈，有的佃户为谋求佃耕的稳定，通过向地主交佃头银而获得永佃权。（2）太平天国失败后，有些地区人口锐减，土地荒芜，如安徽，“地主以荒芜之地，无以利用，乃令佃农设法垦殖，允其有永佃权”，“以安其心”。[①]（3）有些自耕农（如湖北）为环境所迫，“每愿以低价将田地售于地主，惟保永久耕种之权”。[②]（4）为农民革命斗争所促成。鸦片战争以来民族矛盾和阶级矛盾不断尖锐化，仅第一次鸦片战争之后的10年间，就爆发过100多次农民起义。特别是在太平天国革命的鼓舞下，农民的反抗斗争意识有所增强，封建租佃关系受到很大的冲击。即使大起义被镇压了，很多地主也难于恢复或维持原有的租佃关系。有些地区因战乱人口大量死亡，土地抛荒，由外地农民流入就垦，从而打破了该地区以往聚族而居的局面，削弱了地主的宗法统治对佃农的控制，促进了永佃制的发展。（5）商品经济发展的结果。第二次鸦片战争后，外国列强加紧对中国的经济侵略，洋货的进口和土货的外销，使中国的商品经济加速发展，商业成为趋利者的热门，于是地主兼营商业的风气越来越盛。与此同时，地主迁居城镇之风也日益普遍，有的是为了躲避战乱，有的是为了经商，有的是留恋城市的奢靡生活。无论是经商还是城居，地主都不能像过去那样经常干预佃农的生产经营。如苏州，城居地主“皆以田面者为滑田，鄙弃不取，而壹取买田底，以田面听佃者买之”。[③] 可见城居地主感到只要田底权还方便些，乐意接受永佃制。

永佃制在安徽、浙江、江苏、江西、湖北等省出现较多，但从全国看，还只能说是在部分地区流行。即使在流行区，田面权也不一定都掌握在佃户手中，为二地主所占者不少。这种佃户既要向有田底权的地主纳租，又要向有田面权的二地主交租。但总的来说，掌握田面

---

①② 李文治编：《中国近代农业史资料》第一辑，三联书店1957年版，第251—252页。

③ 陶煦：《租核》，第11页。

权的佃户数量毕竟比清前期多了，这类佃户同没有永佃权的佃户相比，对土地的支配权扩大了，受地主的操纵减少了。因此有的地主叫嚷："田土悉被佃户把持，不能操纵由我，故刁佃有所挟持……百般刁狡"。[1]

在指出清后期封建租佃关系有松驰趋势的同时，也必须注意到，在某些地区也有逆转现象。特别是农民大起义失败后，地主夺田追租、逼租虐佃更凶，并力图恢复和强化宗法统治。清政府则多方支持地主对佃户的封建控制，尤其是用政治强力帮地主收租。因此，主佃之间的斗争非常激烈。不同地区由于阶级力量对比的不同，主佃斗争的方式与结果也不同。

总之，清后期的租佃关系有所松驰，但未能导致它的瓦解。

二、地主加重地租剥削的手段

（一）增加正租和额外浮收

第一，增加单位面积的租额。这是地主常用的增租形式，尤其是在人均耕地少、地价高、佃户求地迫切的地区。如广东番禺县，因"田稀佃众"，于是"租约渐增"。湖南攸县则是因地价上升而引起地租额增加。各地租额上升的幅度不一。如安徽亳县于 1869 年和 1870 年先后将两起"逆产"充入书院，租额分别由原来的 20 千文和 87 千文增加到 24 千文和 135 千文，增加比例分别为 20% 和 55%。1858 年起归直隶广平府收租的护城河鱼藕租，原租额为三四千文至八百千文不等，后增至每年 12000 千文。[2]

地主还通过提高土地等则来增加地租，把佃农在长期耕作过程中对土地的投资与改良掠为己有。如湖南临湘县有一宗学田，原来是旱地或中、下则水田，后来佃农将旱地辟为水田。太平天国革命失败后，官府进行清查，将所新辟水田和原来的部分中、下则水田统统改成上则水田完租，租额由原来的谷 22 石 5 斗和银 8 钱提高为谷 47 石 4 斗

---

① 《申报》，光绪五年十二月二十二日。

② 严中平主编：《中国近代经济史》，人民出版社 1989 年版，第 896—897 页。

和钱 8 千文[①]。

地主在不能迫使原佃户增租时，往往通过撤换佃户增加租额。如福建永安一个姓邓地主，有田一处，原租 2 石，1877 年撤佃后，租额增至 3 石。四川成都马厂官田原为旱地，佃户辟为水田，官府为了增加租额，以佃户垦辟坡地“匿不报明，实属蒙混”为罪名，于 1881 年撤换全部佃户，将旱地租改为水田租，租额由 305 石增至 437 石。德阳有一学田，原租钱 270 文，1871 年通过换佃，增加租钱 100 千文。

在永佃制下，佃农“惟以其田面为恒产所在，故虽厚其租额，高其折价，迫其限日，酷烈其折辱敲吸之端，而一身之所事畜，子孙之所依赖，不能舍。”[②] 就是说，在小农经济生产力水平极端低下的条件下，佃农既已取得田面权，为了生存不得不忍受残酷的地租剥削，而不愿随便易主。地主则利用这一点，“厚其租额，高其折价”。可见，在一定条件下，永佃权也会成为地主借以增租的一种手段。

第二，虚增征租面积。地主为了加租，有的把田头地角和山边林畔等非耕面积计入征租面积内，有的干脆采取“虚地实租”的办法扩大租额，如湖南善化县“流卖田亩，相习以少作多”，地主则以虚报面积作为出租面积，结果使得佃农“多形拮据”。[③] 苏州不少地方也因“亩窄地硗”以致土地收成“实恒不足”，佃农地租负担沉重。官田、旗地也通过加大征租面积的办法增加租额。如吉林省在 1887 年通过清丈嘉庆末年以来招垦的官荒，加大征租面积，岁增租银 10 万余两。清末，对原允准“永不勘丈增租”的蒙旗地进行清丈，结果增加征租面积 146000 余垧（一垧在东北多数地区为 15 亩，在西北为 3 亩或 5 亩），新增面积超过原来的面积 1 倍多。[④]

第三，选择有利可图的地租形态或征收方式。实物地租与货币地租，分成计租与定额计租，哪一种对收租者有利，地主就采用哪一种，因此加重了佃户的地租负担。

① 熊兴杰等编：同治《临湘县志》第 5 卷，《学校志·书院》，第 20—21 页。

② 陶煦：《租核》，第 11 页。

③ 光绪《善化县志》卷一六，《风俗》，第 10 页。

④ 严中平主编：《中国近代经济史》，人民出版社 1989 年版，第 898 页。

地主往往在佃户完租前提高地租折价，而新谷登场市价下跌，农民卖谷交钱就受很大的损失。如光绪六年报载："苏郡（苏州府）米价极贱，以新谷登场。……农人粜米还租，苏地收租者多系折色，应完一石者，得一石六七斗方能符额足数"。[①] 光绪九年，江苏省"夏秋雨水盛涨，……每亩不过一石七八斗。而城中租栈折价甚昂，每石定价二千二三百文不等，适值新谷登场，米市骤跌，每石不过一元七八角，洋价短至一千零七十文。乡民载米出粜，持洋完租，以洋作钱，三过其门，吃亏不少，大都挖肉补疮，但顾眼前残年催逼，食用所需几无升斗以馌妇子。"[②] 皖南黟县一家地主有租田二宗，曾先后由谷租变为钱租，但过一二年后又改成谷租，经此变动，谷租额增加15%—27%。[③]

一般来说，地主往往企图在生产下降，农业歉收的年份，改分成租为定额租，使租额不因产量下降而下降；在生产上升，五谷丰登之年改定额租为分成租，使租额随产量增加。

第四，浮收。浮收的手法很多。有的增大量器。如苏州娄门外永仓"某绅乃自置巨斛，每斛五斗，须盛六斗有余方满。因之佃农心殊不甘，啧有烦言"。[④] 有的地主量租谷时以"淋尖"浮收。有的地主则在正租外加附租。如广东番禺县"佃户交租，必以鸭副之"。[⑤] 福建永安一个邓姓地主在佃契上规定佃户除完正租外，每年还必须送"冬牲""食牲"。有的地方向佃户索规费。如苏州、松江一带农民租种地主的土地，立契约时，除给地主司租交"汇租费"（每亩七八百文或数百文）外，还要满足地保之需、中人之需，"赁田一亩，已费数千文"。及至交租，司租又有所谓"盘钱费"或"看洋钱"，催甲则索"例米"，某地主一租栈账房从佃户手中搜括的浮杂费，几年内就"数

---

① 《申报》光绪六年十月廿五日。

② 《申报》光绪九年十二月廿八日。

③ 中国社会科学院经济研究所藏《孙居易堂租簿》，转引自严中平主编：《中国近代经济史》，人民出版社1989年版，第899页。

④ 《申报》光绪六年十月廿九日。

⑤ （同治）《番禺县志》卷五四，《杂记》，第13页。

逾千金”。[①] 表 2－2[②] 提供的是有关地主正租额和浮收租额增长的一份个案。

表 2－2　　安徽休宁县某地主 1854—1860 年对一佃户浮收的租额

年份	原定租额（石）	实收租额（石）	浮收额	
			石	%
1854	11.40	12.00	0.60	5
1855	10.18	10.80	0.62	6
1856	8.06	10.00	1.94	24
1857	21.13	22.40	1.27	6
1858	30.00	31.60	1.60	5
1859	30.00	31.60	1.60	5
1860	29.24	33.60	4.36	15

清人陶煦在《租核·重租论》中指出，苏州一带，地主“纳租收钱不收米，不收米而故昂其米之价，必以市价一石二三斗或一石四五斗之钱作一石算，名曰折价。即有不得已而收米者，又别有所谓‘租斛’，亦必有一石二三斗作一石。”

官田旗地的地租额外浮收也同样严重。江西万安等地学田，佃农除交正租外，还要请“租饭”和送鸭、鱼、酒等。有一宗面积 11 亩的租田，规定佃农交租 12 箩，另外负担“酒饭一餐，鸭二只，鱼六碗，老酒八壶。”[③] 设在顺天、直隶的王庄，员弁下乡收租，无不恃势勒索，“择肥而噬，贪索无厌”。[④] 直隶交河县征收旗租，正租之外，有供印发收租串票的所谓“串票钱”，数额由胥役决定，开始收 20 文，后增至 70 文。[⑤] 奉天各地旗地，正租外，收“仓差规费”，其数额开始为三四千金，继而五六千金，到同治、光绪之际，已增至八九

① 严中平主编：《中国近代经济史》，人民出版社 1989 年版，第 902—903 页。

② 李文治编：《中国近代农业史资料》第一辑，三联书店 1957 年版，第 262 页。

③ （同治）《万安县志》卷六，《学校志·学田》。

④ 《皇朝经世文续编》卷三八，第 12 页。

⑤ 程蓉苏：《燕鸿爪印》，交河爪印，第 34 页。

千金。①

（二）实行押租制

押租指佃户租种地主土地前，要预交一笔押金。清代前期已见出现。太平天国农民大起义失败后，地主为了收租的可靠，普遍要佃户交押租，先交银后种地。押租的名目繁多，有押租银、押佃银、批田钱、上庄钱、揽庄钱、佃价、压桩，等等。

押租的轻重视土质优劣、租额多寡和佃农对土地需求程度为转移，一般都高于一年的地租总额，有的相当于地租的好几倍甚至二十几倍（见表 2－3②）。

表 2－3　　押租额所占租额的百分比示例

地区	资料年份	租地面积（亩）	押租额	地租额		押租为地租%
				谷（石）	折合银钱	
直隶天津	1869		3000（两）	400	500（两）	600
湖南善化	19 世纪 70 年代	10	30（两）	10	9.1（两）	330
江苏常熟	1878	3070	每亩 5 元	1 亩 450 文	0.41（元）	1220
四川灌县	1878	511	4320（两）	411	582（两）	742
四川灌县	1878	564	6424（两）	436	624（两）	1046
吉林敦化	1879	（每垧）	3300（文）		660（文）	500
台湾	1888		125（元）	62.5	98（元）	128
湖北利川	19 世纪 90 年代		510（千文）	10.6	19.9（千文）	2563
四川新都	1890	300	1600（两）	530	637（两）	251
四川汉州	1890		510（千文）	155	484（两）	105
台湾	1892		200（元）		160（元）	125

地主收取押租后，本应根据押租额的利息相应扣减地租额，但许多地方的地主还是照原额征租，这实际上等于提高了地租率，加重了对佃户的剥削。光绪后期，四川江油县“每年城隍庙共收田租七十

① 《清史稿》列传，卷五二，第 43 页。

② 严中平主编：《中国近代经济史》，人民出版社 1989 年版，第 907 页。

余担，又共收租钱一百三十余串”。对“租谷一项，加取押钱”，无疑是增加了租额。[①]

押租本来只是起保证收租的作用，在终止租佃关系时，理应如数退还。可是地主常借故扣吞，也很少归还。如湖北东湖一带，押租很重。佃户除交“正庄钱”外，还交“溜庄钱”，一个姓罗的地主勒令佃种数十年的佃户退租搬家，而又不退还溜庄钱。官司打到县衙，县令判决：原溜庄钱134千文，除已退45千文外，再退45千文，余下44千文“即作罢论”。其理由是佃户种田已久，溜庄钱“不能全得”。另一赵姓地主撤佃，不退还溜庄钱，该县令判原溜庄钱400千文只退300千文。这两家佃户均被勒令限期搬家，否则“传案重究”。[②]

押租不仅使地主有可靠的地租收入，而且为其创造增租的条件，在有押租的租约中，通常写上“欠租不交，任凭扣押另佃”的条文。有的甚至规定佃户“尽力耘壅，及时粪溉；如有荒芜，照数赔租。”[③]佃户为了不让地主扣吞押租，就必须努力耕作，为地主输送不断增长的地租。

押租佃户占佃户总数的比重各地不同。如在1905年，江苏昆山县有押租佃户占佃户总数的25.5%，南通县占72.9%。[④]

押租制实行后，对生产力的不利影响是很明显的，因为佃农财力有限，交纳很大一笔押租后，就削弱了投资生产的能力，一般很难再有余力发展生产。

（三）由佃户代纳田赋、捐税

清后期，特别是太平天国起义被镇压后，许多地主为了逃避官吏征田赋中的勒折苛扰，而官府则为了田赋征收的可靠，都愿意由佃户代地主交粮。即“令百姓田，种者完粮，派胥役下乡，就佃编户。”[⑤]实行“着佃完租”较多的是江苏昆山、新阳、常熟、昭文、华亭、金

---

① 李文治编：《中国近代农业史资料》第一辑，三联书店1957年版，第256页。

② 熊宾：《三邑治略》卷五，堂判，三联书店1957年版，第25—26页。

③ 黄伯禄：《关于中国财产的技术概念》，三联书店1957年版，第154页。

④ 李文治编：《中国近代农业史资料》第一辑，三联书店1957年版，第258页。

⑤ （光绪）《兰溪县志》卷二，土田，第7页。

山、江宁，浙江嘉兴、严州、兰溪，安徽歙县等地。佃户因代地主交纳田赋而加重的负担各地虽有不同，但佃户因此受官吏的勒折浮收之苦则是相同的，从而加重了一些额外负担。就地租负担而言，佃户有的代地主完粮后，由地主相应减租，但更多的是完粮多而减租少，或根本不减。如苏州昆山、新阳一带，佃户完粮时，胥吏不给凭串，“佃户不敢向役索串”，既无法凭串向地主要求减租，又难免重征。广东南海、番禺、东莞、香山、顺德、新会等地的沙田佃农，除照额完租外，仍与地主一样按成纳捐。同治、光绪年间，广东多次筹办沙田捐，地主负担八成，佃农负担二成，而且佃户一经完粮，地主之勒索未除，粮差地保之浮收又至。如昆山、新阳一带，悍吏横行，地保助虐“每逢差至，骚扰一乡，佃户唯唯从命，苟一龃龉，则拥至舟中，无名之费倍于正额，不待闻于业主已任渠勒索矣。”在嘉兴地区，每到冬季，各庄书“开收使用零费，不问庄田自户，按亩勒收，少则钱数十文，多则百文、百数十文一亩，米则少或半升，多至一升二升不等。田无论肥瘠，只视种户之盈绌，以为差别，一不得欲，凶于虎狼”。[①] 可见佃户代纳田赋，其经济负担一般都由于官吏与地主的共同勒索而增加了。

三、佃户承受的地租剥削量分析

地主为增加租额使用的种种搜括手段，无疑会加重佃户的地租负担。但佃农的实际地租负担并不全凭地主一方的贪欲决定。地主的增租手段尽管毒辣，但并非经常奏效。佃农的反抗斗争和农业生产状况常使地主增租的主观愿望不能得逞。特别是当农民斗争处于高潮时，地主不得不降低租额。即使农民斗争处于低潮，反动势力很强，租额的增加一般也必须以生产的发展为前提。因此，清后期各地地租率并不一致。不过，各地地租额和地租率究竟如何，以及佃农负担的总体状况如何，现在仍无从作出精确的统计。这里只能根据零星的资料作些地区性、分阶段的说明。

① 《申报》，同治十二年九月十九日。

同其他历史时期一样，清后期各地的地租量和地租率差异很大。有的学者就所收集到的直隶、陕西、湖南、山东等 23 个地区近 2000 宗地租资料进行分析比较，发现南方和北方每亩租额通常相差 1—3 倍，最高和最低租额相差几百倍乃至几千倍。如陕西某些地区，平均每亩租额只有小米三四升，而江南一些地区，地租额高达每亩稻谷三四石。湖南衡山有的学田租每亩高达 6.25 石，相当于陕西最低额的 200 倍左右。陕西靖边县的蒙旗地租，每亩平均租银 0.001 两，而山东莱州每亩最高达 2.66 两，相当于前者的 2600 余倍；陕西定边蒙旗地租，每亩平均 0.83 文，而江苏、松江等地的折租，每亩高达三四千文，后者相当于前者的五六千倍。① 不过，在农业生产水平大致相同的地区，租额一般比较接近。

南方稻产区大致“亩田石租（米）”。据统计，在江苏、浙江、安徽、江西、福建、广东、广西、湖南、湖北、四川等 10 个主要产稻区的 1109 宗地租资料中，每亩 0.5—1.5 石的有 766 宗，占 69.1%，且其中大部分租额为 1 石（米）上下；安徽、广东、广西、湖北大部分租额不到 1 石，而江苏、江西、湖南等省有相当一部分地租超过 1 石。②

北方地区以及云南、贵州一带，每亩租额一般在 5 斗以下，而以 3 斗上下最多。据直隶、山西、山东、辽宁、吉林、黑龙江、陕西、甘肃、宁夏、云南、贵州等 11 个地区的 144 宗租田资料中，租额 5 斗以下的 97 宗，占 67.3%，5 斗以上的 47 宗，大部分属云南、贵州两省产稻区。③

南北的钱租额差异不如谷租大。北方每亩制钱二三百文或四五百文。白银一钱至三四钱的情况较多。南方产稻区，水田亩租一般为制钱一千文左右或白银五钱以上。江浙一带亩租二千文上下。旱地亩租一般制钱四百文或白银四五钱以下。④

各地的地租率（租额占产量的百分比）同样高低不一。最低为

---

①　严中平主编：《中国近代经济史》，人民出版社 1989 年版，第 921 页。

②③④　章有义，刘克祥：《太平天国失败后地租剥削问题初探》附表二，载《中国社会科学院经济研究所集刊》第 4 辑。

10%—20%，最高超过80%。一般地说，南方高于北方，稻产区高于麦产区或杂粮区。从全国范围看，相当一部分地区通行的租率是“租取其半”或“平分其粮”，但各地区有差别。山东、安徽、江西、贵州、宁夏等地多在50%左右；直隶、山西、热河、东北、陕西、台湾等地大多不到50%；而江苏、浙江、湖南、湖北、四川等地大多超过50%（见表2-4、表2-5）。①

表2-4 直隶武清、山东莱州各等田地的货币地租及占产值的百分比（1888年）

地区	田等	每亩产值（银、两）	每亩租额（银、两）	地租占产值%
直隶武清县	上	3.00	0.60	20.0
	中	1.50	0.50	33.3
	下	1.00	0.30	30.0
山东莱州	上	5.40	2.66	49.2
	中	3.40	2.00	58.7
	下	1.00	1.50	150.0

表2-5 各省实物地租占产量的百分比

地区	资料年份	租额占产量%	备注
湖南零陵县	1876	50	亦有十取三四者
江苏苏州	1883	70+	租米1.4—1.5石，另麦租2—3斗
江苏	1884	60—75	
江苏镇江	1888	40	
浙江	1883	70	每亩产谷4石，完租2.8石，春花归佃户
浙江绍兴	1888	50	
江西	1888	50	
湖北广济	1888	40—66.7	
广东汕头	1888	50	
福建福州	1888	50	

① 李文治编：《中国近代农业史资料》第一辑，三联书店1957年版，第273页、第267页。

续表

地　区	资料年份	租额占产量%	备　注
贵州贵阳北	1888	50	
直隶武清县	1888	40	中等田
热河建平	1892	20—50	
山东莱州	1888	40	中等田
益都县	1888	50	
山东	1910	50—66.7	
宁夏	1888	50	
东北	1888	33.3—42.8	
奉天	1908	14.3—47	

当农业生产低落，产量下降时，即使租额随产量同一幅度下降，虽然地租率维持不变，但佃农所受的剥削并未减轻。因为产量越少，剩余产品越少，甚至接近于零，即使是低额的地租他们也负担不起。例如陕西榆林、绥德、延安一带，在19世纪80年代租额减少到每垧（合3—4亩）1斗上下，租率低至20%，但当地每垧产量不过5斗上下，扣除种子，所得无几，所以20%的租率对佃农仍属沉重负担。何况如表2-4所示，全国的货币地租率普遍高于20%，多数在50%，甚至有高达150%的。可见，清代后期佃农的地租负担都很沉重。

四、重租下佃户的困苦与抗争

（一）佃农的困苦生活

佃农生产规模小，生产力水平普遍低下，受到地主的重租剥削，必然入不敷出。对此可作些量化分析。

据1879年的记载，安徽芜湖一户八口之家的佃农，租种30亩土地，农产收入137400文，副业收入65000文，合计202000文；地租支出27000文，余175400文，而雇工及家庭生活费需194600文，即使生产资料的补偿略而不计，业已净亏19200文。

据《租核》一书所述，苏州有一户有10亩田面权的佃农，春秋两季农产收入共61000文，扣除地租25800文，下余35200文，而生产资料费为8200文，工食费33200文，收支相抵，净亏6200文。这还未包括佃户交的田赋。苏州的惯例是“佃户与田主各完半粮”。姑且按照这些明显偏低的数字计算，地租相当于剩余劳动的132%，也显然侵及了佃农的必要劳动。

另据1888年的记载，广东汕头一个五口之家的佃农，佃种10亩水田，农产收入150元，生产资料支出40元，生活费用92元，地租60元，收支相抵，净亏42元。

再据1883年的记载，直隶一佃户五口人，佃种30亩，农产收入90元，生产资料支出12元，地租45元，仅余33元，人均生活费只有6.6元，显然不能满足起码的生活需要。而当地多数佃户只能佃耕到10—20亩地，其人均生活费则更低。①

佃农长年窘困，各地皆然。例如：

在江苏，金山县“农民输租，大田者稍有余粒，小者仅存糠秕”。松江府佃农“还租而外，更去工本，所余无几，实不足以支日月”。崇明县佃农“除完租外，几不能储数月之粮，比比皆是，乡间谓之熟荒。”

四川井研县的“佃户终岁勤动，仅仅自食其力。值歉收，虽罄所有，不足以输租税。”②

安徽婺源县土地瘠硗，佃家生活普遍困苦。县志称：“子妇拮据，……冬月多掘蕨根以充食。至夏麦登，则屑籺杂米，名曰干粮，戴星负薪，走市觅米，妇子忍饥以待，不幸为负租家所夺，则数腹皆枵，农之苦孰有如婺者。”③

直隶望都县“近城旗地居多，其租大于上地之半。……丰年才可糊口，凶年即粜其田而不足。”④

有田面权的佃农，在重租下生活同样贫困。如“苏州之田，向分底面，而租户与田主各完半粮。而纳租最苦，计一亩之田，须纳麦租二三斗，租谷一石四五斗，歉岁则递之。……乃益以麦租与漕粮之半。

① 严中平主编：《中国近代经济史》，人民出版社1989年版，第930—931页。
② 李文治编：《中国近代农业史资料》第一辑，三联书店1957年版，第280—282页。
③ 汪正元等：（光绪八年）《婺源县志》卷三，风俗。
④ 陆保善：（光绪三十一年）《望都县乡土图说》，第6页。

佃户得无苦饥而况田主设庄收租，依势作威，动辄送官追欠。……宜其家无担石，而借妇女之佣资以补贴男子坐食也。”[①]

（二）地主、官府逼租虐佃

佃户交不起租时，地主就勾结官府，威逼佃户。官府则认为佃户不纳租，影响官府向地主征田赋，遂施用种种刑罚，逼租虐佃。这种情况普遍存在。例如：

《申报》光绪二年十二月初十日载：“（江）苏之业田者，遇有佃户欠租，无不送官追比，击其臀复枷其颈，或三日一比，或五日一比。比时或笞八百，或笞一千，惟业田者之所欲。”

安徽太平府湖池地方，有一佃户欠寺田租钱，该寺住持僧屡次催索，佃户外出借高利贷，但没有借到，“正莫可为计，寺僧又来索负，……大声斥辱”。佃人“因受辱不堪，羞忿交集，且回肠九曲，实在无力偿负，穷窘异常，遽萌短见，取紫霞膏吞食，逾时倒毙”。[②]

光绪初年，江苏金匮县“陈墓举人张倬堂，薄有恒产，其待佃户甚虐，凡积欠者，私加非刑，以两大藤拷笆，实人其中，笆口故有四耳，两笆共八耳，相合牢缚，抛置厅事，家人共为地戏，东西南北随意踢滚，人在其中，哭声不顾也。有老佃所亏甚，张尽拔其须，其暴如此。”[③] 实在令人发指。

有的地方，官府还应地主要求设有“收租局”，帮地主收租。地主言明，收租事务如能顺利完成，可以抽出部分补贴官用。地主与官府狼狈为奸，胥吏下乡逼租，一不如意，则掌责鞭挞。

各地刑罚佃农的手段很多。苏州地区仅鞭笞就有“枷比”“一见血”“带血比”等名目。带血比，“谓受笞之后，两腿尚血液淋漓，复加重笞，使其痛上加痛也。受此刑者，即使壮盛之年，强悍之辈，亦必致肢躯萎顿，筋骨受伤。”[④] 本来，按清律规定，对佃户欠租的惩治是杖八十。然而，各地却是：“其杖也不计百而计千，其杖也不用轻

---

① 《申报》光绪九年八月初七日。

② 《益闻录》第一千七百号，光绪十六年十月初四日。

③ 李文治编：《中国近代农业史资料》第一辑，三联书店 1957 年版，第 291 页。

④ 《申报》光绪十四年十月二十三日。

而用重”。[①] 足见地主、官府逼租虐佃之凶残。

（三）佃户的抗租斗争

在地主与官府残酷的逼迫之下，众多佃户陷入绝境，不得不奋起反抗。其抗租方式是多种多样的。如江苏、浙江、安徽、江西等地的佃农，有的自行减少交租成数，有的拖欠不交，“屡经催索，粒米无还”[②] 浙江等地的佃农大都自定交租数量，而不受地主原定租额的约束。南浔佃农租米由起义前的每亩八九斗或一石，自行减至六七斗，“顽佃或仅输三四斗”。[③] 又如，安徽建平县的客民佃农曾群起反抗县令提高租价；吉林长春、农安交界处蒙旗佃农反对官府清丈增租。进入 19 世纪 80 年代以后，各地有组织的较大规模的抗租斗争更是风起云涌。1880 年，在湖北蕲州发生的要求减免庄钱（押租）的武装暴动，参加的佃农有数百人，暴动者把该州崇居的“三乡富户，抄毁一空”，并搜出地主团练军械，与前来弹压的官军对峙，围打官军营盘，致使官府大为震惊，1889 年和 1890 年，江苏、浙江等地的佃农，曾多次进行有组织的反对地主灾年勒租的暴力斗争。如长洲等三县佃农，捆绑、殴惩勒租、逼租的县官、粮书、租吏，撕毁催租文书，锯断收租船只，“数其催租急迫之罪”。[④] 事实说明，上述各种形式的抗租斗争，在一定程度上限制了地主的无厌贪欲，使得佃农能够在极端艰难的条件下勉强维持农业生产。

第二节 田 赋

一、田赋的不断加重

清后期的田赋制度是在前期的基础上发展变化而来的，其主要的

① 《字林沪报》光绪二十年九月十五日。

② 《申报》光绪十四年十一月初五日。

③ 周庆云：民国《南浔志》卷三十，《农桑一》，第 3 页。

④ 严中平主编：《中国近代经济史》下册，人民出版社 1989 年版，第 940—948 页。

正税仍是地丁与漕粮两项。此外还有名目繁多的杂税和附加税，并有超过正税的趋势。为了便于比较分析，兹将清代中期各省份田赋加征的情况示如表2－6，[①] 作为比较清后期田赋附加增长的基数。

表2－6　清代中期各省田赋随征耗表

省别	耗银（分）	耗米（升）	省别	耗银（分）	耗米（升）
直隶	5—15	10	浙江	4—9	
盛京	10	3—10	湖北	11	3
山西	5—13	2—4	湖南	10	
河南	10—15		陕西	15	3
山东	14		甘肃	10—15	15
江苏	5—10		四川	15	
安徽	7.5—10		广东	17	10—16
江西	10		广西	5.7—10.5	10
福建	10		云南	20	3
台湾	7		贵州	10—15	10—15

清后期政府不断加重农民的田赋负担。不过，各个历史时期加重的原因和方式仍有所不同。

（一）1840—1850年田赋的加重

这一时期清朝加重农民田赋负担的原因，除了旧有的普遍性的官吏浮收勒折和营私舞弊之外，还有为筹付第一次鸦片战争后的巨额赔款。

当时根据《南京条约》的规定，清朝要向西方入侵者赔付白银共1470万两，分四期还清。承受筹偿任务的广东、江苏、浙江和安徽四省，不免要加重对农民的榨取。例如，江苏省的地方政府曾因负责筹付第一期赔款以及为筹还借拨赔款的库款，就被允许可以不惜多方设法对人民进行无情的搜括。像在苏州和松江两府地方的官吏，在征收钱粮方面便采用了加重对纳税者额外勒索的办法。到1845年底赔款已付清，却又出现其他名目的附加，据官府报告透露，在松江府一带地

① 李文治编：《中国近代农业史资料》第一辑，三联书店1957年版，第299页。

方，“近来物力多艰，地方元气未复，又迭次捐输，如海塘工程及防堵保卫，……民力不无拮据。”这就是封建官府因加重赋税榨取使人民遭到极大苦难的证明。①

同时，在战争期间，农民还受到封建官府利用对外作战的机会所加予的各种额外的摊派科敛。各省地方官“每于近海之区，借防堵以派费；于征兵之境，借征调以索财，以及道路所经，辄以护送兵差、供给夫马为名，科敛无度。”如在湖北、湖南、安徽、浙江、直隶和山东等省，这种“加派勒捐”往往是“按户需索，计亩征求”，“所出反倍于常赋”，因此使得当时“民之贫者愈窘，民之富者愈贫”。②

至于在其他省份，尤其是在有漕粮之省，这一时期田赋加征的普遍形式是浮收勒折。对此，本书第三章将有详述。

关于这个时期清政府所加重的田赋征收总量，时人曾作过总体估计，认为“道光朝的后 10 年（1841—1850 年）和前 20 年（1821—1840 年）相比，增加到 2 倍，与嘉庆年间（1796—1820 年）相比，增加到 3 倍。”③

（二）1851—1870 年田赋的加重

此期清政府加重田赋的主要原因有三：一是军费大量增加。1851 年，太平天国革命爆发，此后有捻军起义、西北回民起义、云贵苗回起义。清政府为镇压农民起义，共消耗军费近 4 亿元。二是英法等侵略者发动了第二次鸦片战争。清政府耗战费和赔款近亿两。三是“同光新政”，即洋务运动，开办近代军事工业，需要大量资金。清政府在原有支出的基础上，增加这几项新的开支，本来已困难的财政就更艰窘。在入不敷出的情况下，只有加重向人民搜括，美其名曰：“借资民力”，其中包括加征田赋。在太平天国占领部分省区的情况下，清王朝搜括的对象减少了，这也是它加重对控制区的田赋征派的一个原因。其加征的方法是：

①② 彭泽益：《十九世纪后半期的中国财政与经济》，人民出版社 1983 年版，第 19 页、第 21 页。

③ 严中平主编：《中国近代经济史》，人民出版社 1989 年版，第 45 页。

1. 明令加重附加。此期间，四川推行“随粮津贴”与“按粮捐输”，是明令加重负担的典型，拟详述于后。

1854 年，江苏扬州、通州两府举办“亩捐”，照地丁银数加抽，大致每亩 20—80 文不等。其后江南各州仿行，有的称为“田捐”，作为本地的团练经费。同期，安徽也因“各州县支应兵差，款项无出”而举办“亩捐”，每亩有的捐钱 400 文，有的捐谷二斗。

1868 年，云南为“添资军食”，征收所谓厘谷，规定按州县大小和年成丰歉，“酌量征派，通省一律举行”。贵州于 1861 年开征厘谷，名义税率为 10%，实际征收往往“私加至十之四五”。二年后，厘谷因太重农民负担不起而被迫停征。但改征义谷，实是换汤不换药。

1862—1863 年，广州府东莞、香山等县举办沙田捐，正赋之外每亩加征银二钱，由地主和佃农按“主八佃二”的比例分缴。广东其他州县举办捐输，有派捐，有包捐等名目，“大率按亩派捐，事同加赋”。①

2. 勒折浮收加重。这一时期，勒折浮收比过去更多。如山东漕粮“倍蓰加收并立样盘名目，纵容蠹役，格外剥削”。如征折色，“浮收之数，与完米增至数倍者无异。”② 直隶如京城附近的通州、三河、平谷、密云、顺义等县，当地银价每两值制钱二千七八百文，官府征田赋时，“浮增折价，每银一两，竟加至制钱四千七八百文者。”③ 山西钱粮，额征银一两，“几完至四、五两”。④ 广东征收折色，按正耗每石不过银二两上下，实际上加收很多。如广州府各县征银多达八两以上，少亦七两；新安县“略为轻减”，每石折五两八钱，“亦浮收甚重”。⑤

3. 田赋预征。1853 年，清政府曾下令四川、山西、陕西三省预征田赋一年，以济军需，因遭地主的反对而没有实现。其后田赋预征变换形式，各省“每籍口军饷紧急”，不照例限“先期催征”。从 1870

① 彭泽益：《十九世纪后半期的中国财政与经济》，人民出版社 1983 年版，第 161—163 页。

② 《清朝续文献通考》卷三，《田赋三》。

③ 清代抄档，咸丰四年十一月二十九日御史隆庆奏。

④ 《申报》光绪六年二月初九日。

⑤ 《清穆宗实录》卷一九〇。

年诏谕各抚督“务令仍按上下两忙征收，不得违例预征，以纾民困”,[①] 看来，普遍存在的预征已成农民的沉重负担。

（三）清末田赋的加重

清末，田赋加重最为突出。关于加重的原因和附加的形式，《清史稿·食货志》略云：光绪“二十年，中日之战，赔兵费二万万。二十六年，……复赔各国兵费四万五千万。其后练新军、兴教育、创巡警，需款尤多，大都就地自筹。四川因解赔款，而按粮津贴、捐输之外，又有赔款新捐。两江、闽、浙、湖北、河南、陕西、新疆于丁漕例征外，曰赔款捐，曰规复钱，曰规复差徭，曰加收耗羡，名称虽殊，实与加赋无大异也。”可见清末田赋的加重，主要是甲午中日战争赔款和《辛丑条约》强加的赔款以及清政府新增的开支引起的。此期附加是在原已附加的基础上实施的，使得田赋名目更多。光绪末年，吴贯因论曰：“今中国之田赋，名目如鲫，举其著者：一地丁，二漕粮，三租课，四粮折。而漕粮中复分三种：一实征粮（此仅行于江浙），二漕折，三漕项。似此纷歧，已非理财之道，况额外加增漕粮外，尚有所谓漕运银，恶税一；正供外有耗羡，恶税二，此犹经中央认可；又有起于官吏之舞弊者：一称平余，谓补库平之不足，恶税三；一杂派，谓补各种之费用，恶税四；亦为政府所默认。名目之多至此，中国之田赋，不当名为一种租税，当名为十种租税矣”。[②] 清末农民负担大幅度增长的情况，可参看表2－7。[③]

表2－7　　清末部分地区田赋加重百分比示例

年份	地区	田赋标准	未加派前示例		加派后赋额		增加%
			单位	额数	单位	额数	
1877	四川各大县	地丁银	银，两	1.0	银，两	10.5	900
	各小县	地丁银	银，两	1.0	银，两	5—6	400—500
1906	福建莆田县	税银	银，两	1.0	钱，文	500＋	?

① 《清穆宗实录》卷285，第3页。

② 《清朝续文献通考》卷四，《田赋四》。

③ 李文治编：《中国近代农业史资料》第一辑，三联书店1957年版，第307页。

续表

年份	地区	田赋标准	未加派前示例		加派后赋额		增加%
			单位	额数	单位	额数	
1908	江西南昌县	地丁银	银，两	1.0	银，两	1.8	80
	江西南昌县	地丁银	银，两	1.0	银，两	1.9	90
1908	江苏上海县	地每亩	钱，文	13	钱，文	70	438
1908	河南浚县	地每亩	银，两	0.037	银，两	0.096	159
1908	河南新乡县	地每亩	银，两	0.054	银，两	0.216	300

二、部分地区田赋的减免缓征

清朝统治者在普遍加重田赋的同时，对因天灾人祸造成民不聊生的部分地区也出于巩固统治的目的，实行田赋减免缓征，并将此举视为惠政。鸦片战争以后，内忧外患，国力维艰，但鉴于“祖宗成例具在，对于因灾荒而清蠲缓者，则援案办理”；“官吏视田赋之蠲缓为惯例，百姓视蠲缓为当然”。[①] 可见，清廷在财政困难的情况下遇灾年仍蠲缓田赋，也是迫于传统救灾观念的不得已之举。

清后期，田赋的减免缓征，较大的几次是：

（一）道光二十二年（1842 年），对江浙两省沿海州县的豁免

在鸦片战争中，英国侵略者对沿海骚扰抢劫，农民在战乱中损失很大，故道光皇帝下旨：“此次逆夷滋扰江苏、浙江两省，沿海州县被其蹂躏。转徙流离，耕耘失业。……转瞬将届刈获之时，该农民当失所之余，输将无力，何堪更事催科……所有江、浙两省被兵州县，除定海，鄞县、镇海三厅县本年钱粮业经有旨豁免外，其被兵各州县本年钱粮、漕米，均著加恩悉于豁免；至邻近州县虽未被兵，又恐有妨农业，并著该督抚等分别查明请旨，酌减十分之二三，以昭体恤。”[②]

（二）咸丰元年（1851 年），咸丰帝下旨对 1841 年以来十年的田赋积欠加以豁免

① 《田赋史》（下），正中书局 1944 年初版，第 527 页。

② 《清朝续文献通考》卷七八，《国用十六》。

诏称："自（道光）二十一年迄今，又届十稔，民间续又积欠。……所有各省节年民欠正耗钱粮及因灾缓征、带征银谷，并借给籽种、口粮、牛具及漕项、芦课、学租、杂税等项，即著各该督抚、将军、府尹等，将道光三十年以前实欠在民者，详悉查明，按照该省所属之某州某县银谷若干，速行开单具奏，候朕以次降旨令行豁免。"[①]

（三）太平天国革命时期，清朝对长江中下游六个省份实行过减赋[②]

除上述几次较大范围的减免田赋外，小范围的因灾减赋的次数较多。如光绪六年蠲免直隶遭水灾的东明、长垣等州县新赋及永平等十四府厅旧欠租银；"陕西被旱之咸阳等五十七厅州县旧欠额赋；湖南被水之安乡等八州县新旧钱粮，芦课，……浙江被水之富阳等二十七州县丁漕、学租等项银米"。[③] 光绪九年，蠲免直隶省同治四年至光绪五年通州等二十八州县旧欠。[④]

但是，朝廷减免或缓征田赋，农民未必能得益。因"吏风日颓，乘机舞弊者，固不乏其人，而绅权日盛，挟制官府而资分配者，复所在而尽是"；往往"免赋者不必有灾，而受灾者未必免赋"。"其实惠不能及于百姓，甚且于征收以恶劣影响者，其积弊由来已久矣。"[⑤]

总的来说，减赋同加赋一样，作为清廷是从统治利益出发的，却给地方官吏、豪绅、地主造成谋私利的机会，加赋时，他们加紧浮收或转嫁负担；减赋时，他们将减赋的好处留给自己，使自耕农和佃农得不到减赋的多少实惠。"国赋三升民一斗"，揭示了晚清农民田赋负担的实际程度。

三、自耕农田赋负担加重的程度

清后期自耕农田赋负担的加重状况，可从以下几个方面考察。

---

① 《清朝续文献通考》卷七八，《国用十六》。
② 参见本卷第三章第三节。
③ 《清朝续文献通考》卷七八，《国用十六》。
④ 《清朝续文献通考》卷八十，《国用十八》。
⑤ 《田赋史》（下册），第527页。

（一）从政府征收的田赋数额看

第一，从中央政府掌握的田赋总量看，田赋增加的幅度似乎很小，如表 2－8 所示。[①]

表 2－8　　　清末历年田赋银收入总数表　　　单位：两

年　代	田赋收数	年　代	田赋收数
道光二十一年	29431795	光绪十六年	33736023
二十四年	32813340	二十年	32669085
同治十三年	27394065	二十五年	32004000
光绪初年	26960000	二十九年	38860000
十一年	32356700	三十二年	30600000

第二，从地方政府实征的田赋量看，田赋增加的幅度很大。如表 2－7 所示，最少的增加 80%，最多的达 900%。而表 2－9[②] 有关直隶定县的统计数字，却说明自耕农、半自耕农的田赋负担以附加增长的形式在加重。

表 2－9　　　直隶定县 1858—1911 年每亩税额及指数

年份	正　税		附加额	
	额数（元）	指数（1899＝100）	额数（元）	指数（1899＝100）
1858	0.04224	100.08	0.011185	100.01
1874	0.04221	100.00	0.011178	99.95
1875	0.04221	100.00	0.011178	99.95
1880	0.04221	100.00	0.011178	99.95
1899	0.04221	100.00	0.011184	100.00
1900	同上	同上	0.015468	138.30
1901	同上	同上	0.015043	134.50
1902	同上	同上	0.015543	138.08
1903	同上	同上	0.015409	137.78
1904	同上	同上	0.015452	138.16
1905	同上	同上	0.015640	139.84

① 《田赋会要》（下册），正中书局 1944 年版，第 426—427 页。

② 冯华德：《河北省定县元田赋》，《政治经济学报》，1936 年第四卷第 3 期，第 487 页。

续表

年份	正　税		附加额	
	额数（元）	指数（1899 = 100）	额数（元）	指数（1899 = 100）
1906	同上	同上	0.015288	136.70
1907	同上	同上	0.039810	355.95
1908	同上	同上	0.037141	332.09
1909	同上	同上	0.035717	319.36
1910	同上	同上	0.036115	322.92
1911	同上	同上	0.035926	321.23

（二）从自耕农交纳田赋的实际情况看

地方官吏在征收田赋中，往往不是按科则和纳税人的负担能力进行的，而是与豪绅富户相勾结，让有钱有势者少交、平民多交。加上官吏的浮收，自耕农的实际负担更为沉重。如《申报》光绪六年四月廿四日载，浙江“大吏严催，改荒增熟。而富户恃势，胥吏作奸，譬如有田百亩者，报荒五十亩；有田十亩，征足十亩之粮。一旦增熟，则百亩者仍只纳五十亩，而十亩者按成加征。以所升之荒田，匀摊于小户全完之内。”而后胥吏“匿熟为荒”，“利归于吏，而官之所得大减于前。”因此，从官府统计的田赋征收额中，并不能如实反映出小户的实际田赋负担。表 2 – 10、表 2 – 11、表 2 – 12[①] 对农民的实际田赋负担大大高于名义税额的情况，作了有力的统计说明。

表 2 – 10　　农民对地丁银的实际负担

资料年份	地　区	地丁原额	折交额	
			单位	数额
1855 年前	湖南	银 1 两	银，两	数两
1857	山东	银 1 两	钱，文	4000 +
1862 年后	直隶雄县	银 1 两	钱，文	2400—3000
1876	江西临川县	银 1 两	钱，文	2682
1878	山西孝义县	银 1 两	银，厘	120
1880	浙江桐乡县	银 1 两	钱，文	2280
1888	江苏上海县	钱 600—700 文	银，元	1—2
1902—1903	安徽涡阳县	银 1 两	钱，文	2700

① 李文治编：《中国近代农业史资料》第一辑，三联书店 1957 年版，第 348—350 页。

表 2－11　　农民完纳漕粮本色的实际负担

资料年份	地　区	每石漕粮实征米额	
		单　位	额　数
1853	江苏	石	2.5—2.6
1853	江苏	石	3.0—4.0
1855 年前	湖南	石	数石
1857	湖北	石	1.5—3.0
1865	浙江	石	1.7＋

表 2－12　　大小户对漕粮负担的比较——江苏大小户负担示例

资料年份	地区	大户完漕情形	小户完漕情形
1853	全省	漕粮 1 石，实交 1.2—1.3 石	实交 3—4 石
1867	北部	或“一文不交”或每石折交钱 2000—3000 文	每石折交钱 6000—16000 文
1867	通州	每石交钱 2800 文	每石折交钱 6000—18000 文

（三）从自耕农的生活状况看

清代后期自耕农由于遭受长期战争的折磨，耕地面积既有限，又缺乏耕牛、农具，水利条件较差，生产能力下降，加上自然灾害频繁，负税能力很差，一般交纳赋税后，入不敷出，即使略有结余，也不能供日常生活所需，沦于困窘境地。对此时人多有述及者。例如：

道光三十年（1850 年）四月二十九日，大学士卓秉恬等奏：“臣闻民间终岁勤动，仅足供上下忙（指夏秋两次交税）之费而无余。是以虽值屡丰，不免冻馁，遇水潦，相继流亡。国课之所以岁逋，民生之所以日蹙，胥（悉）由此也。”①

据载，同治后期，江南有田 10 亩的农户，如果耕种上好的土地，遇到丰收的年成，每亩收麦 1 石、稻 3 石，共收 40 石，合米麦 25 石。八口之家，壮劳力一天食米麦八合，老幼食四合，一年共食米麦 17 石 2 斗，约剩麦 4 石、稻 7 石，按中等价格出售，麦每石卖 1200 文、稻每石卖 800 文，共得 10400 文。赋税按每亩 500 文计算，10 亩共交

① 户部档案抄件，中国科学院经济研究所藏。

5000 文，余 5400 文，而“制衣服、买犁锄，时岁祭祀、伏腊报赛、亲戚馈赠、宾客饮食、嫁妇娶妇、养生送死之费，皆出其中。而当凡物皆贵之日，其困固宜。”如果这种家庭“耕不及十亩，或值瘠土遇歉，又处赋役繁重之区，而当谷贱之时”，他们的生活必然更加困苦。① 在北方，即使因地宽“可耕数十亩，而所入尤薄，故愈困。”②

在江苏无锡县，自耕农田多的不过十几亩，田少的仅几亩。同治年间，据说是“严禁官吏浮收”，田赋“定为征十加三，……而折价则每石四千五百文。……今年秋收中稔，米价不过二千余文。”可见折价与市价相差二倍，以致自耕农“终岁勤动，本不足供八口一年之食，……完漕之后，小则号寒啼饥，大则卖男鬻女。”③

据湖南《醴陵县志》载：“农夫八口之家，耕不过二三人，田不过十数亩，收不过数十石，完官租，应公役，又私自戚里往来，庆吊相仍，其所赢无几。一家男女长幼衣食嫁娶皆出其中。其俭者，析薪数米，尚足自给；其稍耗者，左支右绌，已不免剜肉医疮之患。岁值水旱，家口嗷嗷，操券已贷，出倍称之息，或仰求无门，于是卖田宅、鬻耕牛以度祲岁者矣。”④

据光绪年间的记载，安徽贵池全县有粮户四万五千余家，其中“穷窘不能自存者，不下三万家。”可见该地自耕农多数入不敷出。⑤

光绪后期，云南富民县的“可耕地，平均而计，每人尚不足一亩，即令概属上则，而一种之耕，收谷仅二石零，二石之谷，变价仅五两零。完粮于斯，纳役于斯，仰事俯畜者亦于斯，济与不济，盖不须辨而已明矣。”⑥

同治、光绪年间，山西许多地方的农民“终岁勤动劳，一年所入”，上不足以完国课，下不足以养家糊口。⑦

---

①② 强汝询：《求益斋文集》卷四，《农家类序》。

③ 秦湘业等：《无锡金匮县志》卷二八，艺文。

④ 江普光：（同治）《醴陵县志》卷一，风俗。

⑤ 王源翰：《贵池清赋刍言》卷下，第 6 页。

⑥ 叶新藻《宦滇略存》卷上，第 6 页。

⑦ 《曾忠襄公全书·奏议》卷十。

据《嘉定县志》载：光绪时，该县土产，“以棉布为大宗。纳赋税，供徭役，仰事俯育，胥给于此”，但是由于货滞价贱，“故民日困”。全县有田六千四百余顷，除房基坟墓外，还有六千顷，好年成亩收棉百斤，按时价计算可换钱四缗，“除半抵工本赋役外，亩赢钱二缗。”以此乘以田数，再按全县四十万人均算，人均得钱三缗；但富户高于此数，故一般农户“欲其不穷，庸有冀乎？”[①]

以上所引不同地区自耕农的收支状况足以说明，在荷重的赋役压迫之下，大多数自耕农在正常年景甚至丰收之年，都不能依靠农田收入维持一家人的日常生活。若遇到天灾人祸，必是艰窘难支，乃至倾家荡产。

四、官府逼赋与农民的抗争

清后期州县官吏的主要职责已不在所谓劝农桑、安百姓方面，而是致力于催征赋役。这既与当时清朝国家财政长期困窘、急需筹款有关，也与地方官吏图谋个人升官发财有关。地方官吏平时“不理民事，不问疾苦，动辄与民为难”，[②] 一到催粮，“州县以粮书为爪牙”，“粮书以黎庶为鱼肉”。[③]“民之完纳愈苦，官之追呼愈酷”，“吏役四出，昼夜追比，鞭扑满堂，血肉狼藉”，其巧诛横索“或本家不能完，则锁拿同族之殷实者，而责之代纳，或锁其亲戚，押其邻里”[④]。胥吏为满足浮收的贪欲，常对粮户擅施刑杖。豪右包揽丁漕，私收私用，以致粮差重向粮户追索。知州、知县常亲带兵勇征粮，催逼、拷打粮户，甚至逼死粮户。

由于赋税太重，不堪负荷，无力完纳的农民只有抗交。其形式主要有：

第一，逃避升科。大多发生在官府招客垦荒之外。封建政府原以为招垦可以变荒为熟，征赋有望。可是客民采取一到升科年限即弃地

---

① 杨震福：（光绪八年）《嘉定县志》卷八。

② 道光二十三年耆英奏，见《史料旬刊》第三十五期，第 291 页。

③ 《胡文忠公遗集》卷八五，《抚鄂批札》，第 1 页。

④ 《曾文正公全集・奏稿》卷一，第 42 页。

他往的方式对抗。安徽、江苏、浙江、陕西、山西等地都发生过这种情况。如安徽有些客民“春种秋收，虚来实返，地非本产，册无户名”，官府“无从究诘”，很难责其纳粮。[①]

第二，拖欠田赋。如直隶省永年县北乡一些村庄，自咸丰以后一直“抗差欠粮，与胥吏为仇。”1868年初，户部奏称，近十年间所收地丁钱粮，每年“十不及四五”[②]。如此严重的短征虽然大量是来自“大户”的拖欠，但各地自耕小农拖欠田赋者也并非少见。

第三，向官府请愿，要求减赋。如1842年，湖北崇阳诸生钟人杰等聚众达2万多人，“抗粮不完”。浙江缙云县胡喜芹等聚众挟制地方官发布减价完粮告示。[③]

第四，暴力反抗横征暴敛的地方官吏。如1844年，湖南耒阳县段、阳两姓，抗交粮赋，由阳大鹏“纠众至千人之多”，“夺犯攻城”，“拒伤官兵”，“哄堂塞署，挟制减粮”；“凡充户书、粮差、里差者”，家产都被抄抢一空。[④] 1850年，湖北通城王志尚等聚众抗粮，伤官殴差。1873年，福建漳浦县有官员“至乡落征收粮务，该处顽民，不特不愿输纳国课，且纠率强徒，将官肆殴，并杀毙差役二名”。[⑤] 农民的暴力抗赋虽然被官府镇压下去，但它表明重赋所激发的阶级斗争的激烈程度。

第三节　差　徭

差徭仍是清后期农民负担的重要内容之一，丁银在清前期已摊入地亩征收，农民既交纳了地丁银，本应别无差徭。可是各县在需要差

① 朱寿明编：《光绪朝东华录》，中华书局1958年版，总3771页。

② 清代抄档：《户部尚书宝鉴等折》，同治六年十二月初十日。

③ 《清实录》，宣宗朝，卷三六四，第12页，卷三五六，第15页，卷三六六，第22页、第24页。

④ 《清实录》，宣宗朝，卷四〇六，第4—7页。

⑤ 《申报》同治十一年九月二十一日。

徭时，往往借口“不能猝应”，以临时摊派为名征派差徭，多次摊派之后则沿为定例。清后期由于战事多，加上吏治腐败，差徭征派频繁，有的地区农民的差徭负担超过田赋。

清后期各地差徭的名称不一，同一地区也有几种不同的差徭，如河南新安县有“兵差”“流差”“杂差”等名称。[①] 各地差徭名称虽异，归纳起来不外乎是征派人力和钱物，主要是满足战争期间以及平时官府对人力、财物的需要。农民除这两种负担外，还要承受战乱的损失，亦兼述于此。

一、兵差

清后期，农民起义风起云涌，前仆后继，规模较大的有：太平天国起义，捻军起义，陕、甘、新疆回民起义，云贵回民、苗民起义，义和团运动等。清政府为了应付内忧外患，特别是镇压农民起义，就大量征兵。

清政府原有的常备军如八旗军、绿营军，长期养尊处优，变成一批只会扰民不能作战的军队。如贵州、四川的绿营军，据曾国藩讲：“大抵无事则游手恣睢，有事则雇无赖之人代充，见贼则望风奔溃，贼去则杀民以邀功。”[②] 太平天国农民起义后，绿营军遇到太平军一战即溃。清政府便大量招募或强征农民补充营伍。实际上，镇压农民起义的主力是重新组建的军队。如与太平军长期作战的是曾国藩营建的湘军和李鸿章编练的淮军，镇压西北回民的也主要是湘军，镇压捻军的主力则是僧格林沁统带的蒙古骑兵。

1852 年，清政府动员各地地主阶级大办团练。团练是一种“以本地人筹防本地事宜”的非正规的军事组织。团丁一般不脱离生产，“有警则奉官传唤，一呼云集”，无事则“暂散归农”。这种“寓兵于农”的组织形式，被清政府视为“至善”之法。因为它一方面可以维持统治秩序，镇压人民反抗；另一方面又无兵丁征调之繁，无粮饷转动之费，即把部分军费负担转嫁给农民。当时团练“几遍十八省”，

① 《清朝经世文编》卷三九，第 49—50 页。

② 《曾文正公全集·奏稿》卷一，第 25 页。

先后受命的团练大臣就有一百几十个。团练的编制，以广西为例，大致是：省、府、州、县设团练局，四乡设大团，圩、镇设小团。团丁每户出一人，年龄为25—50岁，准雇人代替，各县团丁数量因县大小而不等。湖北有的州县数千、有的数万。安徽凤台县有团丁1万余人。浙江新登县有五六万人。湖南平江县约15000人。“如果按这些县平均扯算，乘以十八直省约1500个州县，总计团丁达2000万人上下”。[①]

此外，清政府还让临战区的地方政府招集或强征丁壮，组成脱离生产的“练”“勇”之类的保安队伍。

在镇压太平军和西南、西北起义军后，清政府曾议裁军，拟“以裁军之饷加给存养之兵”，想在不增加军费开支的基础上增加军饷，即汰弱留强。但裁军之令未收到实效，各省督抚以各种理由少裁或不裁。结果是增兵增饷，除原有的经制兵仍旧保留并得到充实外，又增加了一批巡防军。太平天国起义前，八旗绿营军总数不超过90万人，镇压太平天国后，净增20万人以上。19世纪90年代初，共达110万人以上。原来岁饷不过2000万两，19世纪60年代后军饷增至3000多万两。

团练在镇压农民起义后基本上延续下来。有的地方曾一度废弛，但随着封建统治危机的加重，在官府的督促下加以规复和整顿，成为维持地方封建统治秩序的一支不可缺少的武装力量。

军队的不断扩充和团练的长期存在，其兵源主要来自农民，这既影响了农业生产，又增加了农民的力役负担。

二、夫役

农民除服兵役外，还有夫役负担。一类是为官府服务的夫役，主要用于官员游玩巡视所需的车夫、纤夫，为官府喂马、看门、看监、扫地等。这种差役对人民的苛扰是严重的。例如，据《清朝续文献通考》卷二八高延第《挽船记》载：“某大吏过境，其舟容与中流，久而稍前，颇怪牵者多而行之缓也。及近而察之，则数百人中，偻者、

① 严中平主编：《中国近代经济史》，人民出版社1989年版，第621页。

眇者、跛者、胫大如股者、病而呻者、饥而啼者、号寒而无裈（裤子），十居其九。或行数步而仆，或疲不能步而以肘加缆听人曳之而后举足，或脱挽络下堤而奔。伍伯二人执仆，先后督之，惰者挞之，逃者追且呼之。于是唱者、呼者、啼者震沸于路。去官舟百许步，舟中人寂然若弗闻也。”这是一片多么凄惨的景象：“饥寒交迫的残疾人，哭啼着为官舟拉纤，衙役嫌慢对他们催逼责打，船中的官员视民如草芥，心安理得地游乐享福。”这种不顾人民死活的力役差派，各地并不少见。如在江西，“大差过境，又勒令添雇乡夫，非惟不给夫价，差反从中需索，轮值者无不破家荡产。”①

清朝政府有时也不得不承认夫役是农民的沉重负担，如说：“夫马之役最为病民，其弊在地方官之苛派。各府厅州县平时肩舆旗锣伞扇，以至看堂看门看监卡押犯，下至洒扫刍牧，派用民夫。因公晋省或新旧赴任去任，用夫更多。派夫之外，又复派马，……加以经营夫局这不肖绅董，串同胥役，暗地加派，图饱私囊。文武绅士、衙门兵差概不支应，所支应者，止力作穷民。”②

另一类是战争期间为过境的或驻扎的军队提供的夫役。如 1851 年，大学士赛尚阿率都统巴清德、达洪阿带兵从北京开往广西镇压太平军起义，沿途苦役农民，“一卒需舆夫两名，骑卒需夫一名，肆扰特甚。”“巴、达尤悍戾，视知县如犬豕，供给丰，犹不餍”。农民不仅要供其吃、住，还要运送武器、衣被、履笠。“军万人，役夫不啻数万人”。③ 有人写诗描述农夫受夫役骚扰之苦，曰：“哗言官兵至，连夜声呼号，长吏督民役，沿路烹豚羔。……纷纷奔若狼，……不念耕夫劳。哀哉离乱民，身命轻鸿毛。”④

夫役的征派，全国都比较重。《清史稿·食货志》称：“田赋职役，本有经制，大率东南诸省，赋重而役轻，西北赋轻而役重”。事实上，东南也不轻，因战争在东南持续的时间较长，临战区征夫派役

① （同治二年）《贵溪县志》卷三之一，第 4—5 页。
② 《东华续录》光绪朝，卷五一，第 8 页。
③ 湖南《祁阳县志》卷二，事略志，咸丰元年条。
④ （光绪元年）《井陉县志》，卷三六，第 67 页。

势在必行。如曾国藩说："因连年用兵，差徭甚重。大户则勒派马车，供支柴草，小户则摊派钱文，掳充长夫"。①

三、差银

战争期间临时性的筹款措施，在战争结束后往往转为农民的固定差银负担，甚至超过正供。故史称："咸丰时，粤西役起，调征不时，不得不藉民力。粮银一两，派差银数倍不等。事定，差银繁重如故"。田赋在灾荒之年还会有减免，"差银则歉岁仍征"。②

光绪八年，山西巡抚张之洞说："晋省州县虐民之政，不在赋敛，而在差徭"；"向来积习所派差钱，大县制钱五、六万缗，小县亦万缗至数千缗不等，按粮摊派，官吏朋分"。此外，有的州县还在路途"设立车柜、羸柜，追集四乡牲畜，拘留过客车马。或长年抽收，或临时勒价，一驴月敛一百，一车动索数千"。③

四川总督丁宝桢说，同治初年，"各处征兵防剿，地方供给兵差，始设夫马局"，征派钱物。但战争结束后，"各厅州县积习相沿，仍借支应兵差名目，任意苛派，夫马盈千累万，有较正供浮多加至数倍"。④

农民的差银负担本已繁重，而官吏在征收中又营私舞弊，进一步加重了农民的负担。如同治四年，周恒祺在《请整饬吏治疏》中说："河南直隶、山东等省差费甚重。尝有税银一两而差费派至制钱五、六串者"。究其差费甚重之由，原来凡州县官之子弟亲友，无不擅用差车，上站出一印帖，或拨溜单，下站即如数应付。甚至家丁之丁、幕友之友，俨然乘传往来，相习成风。⑤ 刘典在同治八年上疏说："查祸乱之兴，大半由于贪吏，而陕省民力之竭，苦在差徭。役车载道，摊派频仍，官吏借此开销，书役从而需索。脂膏竭矣，追呼

① 《曾文正公全集·奏稿》卷二七，第68页。
② 《清史稿》卷一二八，《食货志二》。
③ 《张文襄公奏稿》卷三，第21页。
④ 《清朝续文献通考》，卷二八。
⑤ 《清朝经世文编》，卷二三，第2页。

如故。"[①]

官员假公济私，如地方官府定期给官吏和候补人员以查驿站、收税和缉捕之类的差事，让他们借机搜刮，已成惯例，称为"例差"；官吏若因私回籍，则给予办公事的名义，如给缉捕、催饷等印札，让他们沿途需索，节省盘费，称为"借差"。由此也加重了农民的差徭负担。

四、差徭的征派不均

同田赋一样，差徭的征派在富户与贫户之间也是严重不均的，主要落在贫困农民身上。如直隶省，凡生监捐职及得有"功牌"者，可免派差徭，于是地主富户纷纷捐纳功名，以图巧避。有的同族或比邻集钱合买了一个职衔或监生，"藉为护符，抗差不出。"甚至有包揽一村的赋税差徭的，从中取利。州县官吏也不愿得罪绅衿，遂将一县之差徭"尽派于无告之穷民"。[②] 又如在陕西，1874 年地丁银一钱按时价折合制钱一百余文，农民所摊差钱却高至四五百文，有的超过千文；而城中士绅，每地丁银一钱，只摊差钱一百余文，有的绅衿大户勾结官府，减免差徭，将其加派到农民身上。这样，"大户减则弱户增"，[③] 弱户即自耕小农的差徭负担就更加繁重了。

征派差徭的依据，各地也是自行其是，"偏枯不公"。如："直隶力役之征，有按牛驴派者，有按村庄派者，有按牌甲户口科者，间亦有按地亩者。然富者地多可以隐匿，贫者分厘必科，杂乱无齐，偏枯不公。其尤甚者，莫如绅民两歧，有绅办三而民办七者，有绅不办而民独办者，小民困苦流离，无可告诉。"[④]

繁重的差徭负担落在贫弱的农户身上，必然造成"民膏竭""困苦流离"，甚至死亡。如光绪五年（1879 年），阎敬铭上疏指出："山、陕地势高燥，田利本薄，农民终岁所入，纳赋、应差、牛力种籽外，实无所余，甚且赔累。户鲜积粮，尽粜卖以应追呼……一遇旱

---

① 刘典：《刘果敏公奏稿》，卷七，第 9 页。

②③ 严中平主编：《中国近代经济史》，人民出版社 1989 年版，第 826 页。

④ 《清史稿》卷一二一，《食货志二》。

荒，死亡无数，……上年死亡遍野，……推原病根，一由罂粟流毒，一由差徭繁重。”[①]

五、战祸损失

清后期战事繁多，农民在战争中除服兵役、力役和交纳财物外，还要承受抢劫、烧杀等生命财产损失，后者虽不在赋役征派的范围之内，但其祸害往往超过前者。

（一）遭受抢劫之祸

前已述及，外国侵略者在沿海一带抢劫民财。这连侵略者有时也供认不讳。如19世纪50年代，英国驻宁波的领事说过，外国水手和其他不法之徒“戴着假面具，在夜晚出来，抢劫中国人的住宅和身上的财物。”[②] 英国驻上海领事阿礼国也说：“来自各国的这群外国人，生性卑贱，无有效的管束，既为全中国所诟病，又为全中国的祸患，他们放纵强暴，乃是欧洲各国的渣滓。”[③] 这些抢劫者不仅抢走贵重财物，连鸡、蛋都抢，给中国人民财产造成重大损失。

清军抢劫民财也很普遍。镇压云南回民起义的清军总兵张名泰部在所过之处“搜刮殆尽”。[④] 其他各部也“敲磕善良，毒害城乡”，致使人民“困苦流离，毫无生计”。[⑤] 镇压太平军的清军“凡克城之后，兵勇大掠”，“大邑五天，小邑二天，不能禁也。”[⑥] 1860年5月，江南大营溃勇奔无锡、江阴，“所过村庄，则肆淫掠”。[⑦]“溃勇千百为群”，“纷纷而来，彻夜不绝，村民大扰”。[⑧] 因此大失民心。清朝统治集团内部有人指出：“军兴十年，兵顽济以勇，冀杀贼卫民也。淫掠或倍贼，民苦其来。”“甚者，旌麾所过，村落为墟，致使民之畏兵甚于畏

① 《清朝续文献通考》卷二八，《条陈山陕差徭苦累拟设法减轻疏》。

② 达维斯：《美国公文汇编》第一辑，卷八，第250页。

③ 莱特：《中国关税的自主斗争》，第56页。

④ 杨琼：《滇中琐记》，第3—4页。

⑤ 《回民起义》第2册，第413页。

⑥ 李任等纂：《寿昌县志》卷10，《拾遗志・兵事》。

⑦ 《东南纪略》，第506页。

⑧ 《丛编简辑》第3册，第140页。

贼。”[①] 还有人将义军的筹饷与清军作了比较，说：“‘贼’之打劫，尚分物之贵贱、人之贫富。官兵……之打劫，值钱者不待言，贱至破衣、铁钉、女鞋亦收去；富者姑勿论，穷至三升、二升者亦不留。”[②] 可见清军给穷苦农民造成的损失更为惨烈。

（二）死于兵疫

首先是遭受杀戮。清军在战乱中肆意屠杀农民。如谭嗣同称：湘军在镇压太平天国起义中，“一经湘军之所谓克复，借搜缉逋匪为名，无良莠皆膏之于锋刃。”[③] 曾国藩竟然训导其弟说：“断无以多杀为悔之理。”[④] 难怪他们率领的湘军特别残忍好杀。其他部队也是如此。如镇压捻军的清军“专以杀戮为功”，每攻破一圩一寨，均滥加诛戮，“不留遗种”。[⑤]

其次，死于饥疫。1864 年，左宗棠入浙江时说：“人民死于兵燹，死于饥饿，死于疾疫，盖几糜有孑遗。”[⑥] 凡战祸惨烈之处，农村人口都大量死亡、流亡。例如长江中下游各省经太平军与清军的对垒攻杀，人口减耗极为严重。苏州一府人丁，1830 年为 3412694 人，到 1865 年只有 1288145 人，35 年间不仅没有自然增殖，反而减少 200 多万人。[⑦] 据王定安《湘军志》卷六载：战乱中，“皖民之（被）掳杀、流亡、死伤以百万计。”

据估计，在 19 世纪六七十年代农民大起义与清军镇压期间，全国人民直接、间接地因战乱而丧生者，“总数为 7000 万人”。[⑧] 农村人口的大量死亡、流亡，严重地破坏了农业生产力，战区农村呈一片荒芜凄凉景象。特别是沿长江一带，数百里“不闻鸡犬声，惟见饿民僵毙于道。”安徽从安庆到宿县、亳县一带，“千余里间，人民失业，田庐

① 《捻军》第二册，第 274 页、第 277 页。
② 《近代史资料》，1982 年第四期，第 7 页。
③ 《谭嗣同全集》，第 345 页。
④ 《曾文正公家书》，第 66 页。
⑤ 《捻军》第六册，第 96 页。
⑥ 《左宗棠书牍》，家书，卷上，第 34 页。
⑦ 严中平等编：《中国近代经济史统计资料选辑》，科学出版社 1955 年版，第 366 页。
⑧ 严中平主编：《中国近代经济史》，人民出版社 1989 年版，第 649 页。

荡然。”“终日不过行人，百里不见炊烟。”① 足见战祸对农村破坏之烈，农民的负担能力因此急剧下降。

第四节　厘金与盐税

一、厘金

厘金是清代后期开设的商业税。在农村自然经济逐步解体、农产品商品生产程度进一步提高、农民与市场的联系趋于密切的历史条件下，厘金的课征给农民增加了新的负担。

厘金是清朝筹措镇压太平天国起义的直接产物。1853 年，在扬州帮办军务的雷以諴试行捐厘之法。“厘”指所捐甚少，为一钱的百分之一。最先在扬州附近的仙女庙、邵阳、宜陵等镇“劝谕米行捐厘助饷，每米一石钱五十文计”。② 由于积少成多，很有成效，他就奏请江苏各府州县仿行。经清廷首肯，此法很快风行全国。多数省份开征了厘金。可见，厘金最初只是一种临时筹款措施。清廷原拟在镇压了太平天国之后停办，但发现它对解决国家财政和地方经费困难很有帮助，便改变初衷，把它变成正式税收。

厘金又称厘捐、厘金税。就其课征品种的不同，可分为百货厘、盐厘、茶厘、洋药厘、土药厘等。若按课征地点划分，可分为三类：一为出产地厘金，即在出产地对所产物品抽税，有出产税、土产税、落地税等名称。二为通过地厘金，即以货物从某地至某地的一次搬运行为为对象，称为活厘或行厘。三为销售地厘金，有坐厘、门市厘、铺捐、日捐等名目。

为征收厘金，各省、州县乃至镇到处关卡林立，加上税制混乱，官吏浑水摸鱼，给农民增加了极大的负担。主要表现在以下几方面。

---

① 严中平主编：《中国近代经济史》，人民出版社 1989 年版，第 633 页。

② 罗玉东：《中国厘金史》（上册），上海商务印书馆 1936 年版，第 18 页。

（一）征课繁琐苛刻，严重危害农民生计

农村中所征的出产地厘金，多数征之于农民。农民以少量农副产品交换生活必需品，手工业者靠自产自销维持生计，都要通过关津和市场才能实现，而厘金局卡不问巨细，课及百物。“只鸡尺布，并计起捐，碎物零星，任意扣罚。”[①] 稻谷、大麦、小麦、荞麦、高粱、红豆、豌豆、蚕豆、芝麻、柴、炭、竹、木、牛、羊、鱼、蔬菜、瓜果、布料、衣物、手帕、荷包、扇子，举凡贫富人民自出生到死亡、日用所需之物，无一不在被课之列。征课对象如此广泛，势必给农民造成沉重的负担。

同时，各地关卡林立，一物数征。如湖北，自1855年以后全省曾设局卡480余处，1868年加以裁撤，仍有86处。江苏在1863年前后，仅江北里下河一带的厘局捐卡就有大小100余处，“有一处而设数卡者，有一卡分数局者。”加上各军私立厘卡，“未经入奏者极多”，以致“一县之货除入境收厘之外，或由东而西、由南而北，又尚须再行征收者。”[②] 小本经营、利微本小的农民哪经得起如此重征？时人或说：“民间土货则逢关纳税，遇卡完厘，……土布出自穷乡妇女，机杼寒灯，厘税重则成本多；成本多则货价贵，以故销路愈滞，杼轴多停，谋食愈难，生机益蹙。”[③] 或说：“抽厘之弊，尤不忍言。一石之粮，一担之薪，入市则卖户抽几文，买户抽几文，其船装而车运者，五里一卡，十里一局，层层剥削，亏折已多。”[④]

不仅如此，各地又自定税则，而官吏在实际征收又不按税章办理，恣意征收。如据《申报》光绪六年6月28日载：江苏“有乡人以柴船经过，船中有二豕，巡丁扣留其船，以为豕必捐也。乡人虽知捐章必五豕起捐，然胆怯口讷，无如之何，乃输钱三百文，又加十倍之罚三千文。”同治元年，贵州有人说：“委员任意推广，即村农肩负一竹

① 《清朝续文献通考》卷四九，《征榷考·二十一》。

② 彭泽益：《十九世纪后半期的中国财政与经济》，人民出版社1983年版，第157—158页。

③ 刘岳云：《农曹案汇》，布棉税厘，第30页。

④ 尹耕云：《心白日斋集》卷二，第15页。

一木，无不输钱，不过借以肥己，于经费毫无裨益，而徒使小民愁叹。”①

农民既是生产者又是消费者，厘金课及百物，一物数征，农民无论是卖还是买，都要遭受损失。尤其是穷困的农民受厘金引起的物价上涨之害最深。当时有人就说：“厘金之设，病穷民独多。……富民乘风居积，一切不难预筹，穷民日计不足，何暇远谋？故物价腾贵，穷民受害独酷。……数文钱足致穷民死命。”② 即使是比较富裕的自耕农，在“有厘金之抽，凡民间日用所需，无不暗中输纳”的状况下，也难以为生。时人叹曰：“既出米，复出钱，而又计其家资多寡，按日捐输。闾阎骨髓，曾有几何？至再至三，将谁堪此？……至百金之家，为田不过十亩耳，终岁勤动，收获无多，一家衣食出此，地丁出此，厘金出此，又何能按日捐输乎？”③

（二）对洋货土货征课不均，摧残农村的商品生产与流通

第二次鸦片战争是西方资本主义列强为扩大其在华经济特权、加强对华的商品倾销而发动的。厘金出现之后，在外国列强的干预下，也被打上了半殖民地的印记。外国列强为加强对中国的商品倾销和掠夺原料，强迫清政府减低或免除这一所谓“不知名的、无限制的内地课税”。1858 年的《天津条约》即明确规定：外国商人在中国内地贩运货物，只须交纳一次值百抽二点五的子口税，其他各子口概免征收。从此获得免征厘金的特权。19 世纪 70 年代，清政府又进一步满足侵略者的要求，免除了贩运洋货的中国商人和各口岸租界的厘金。这种在中国领土上只征诸华商、不征洋商，只征土货、不征洋货的厘金制度，对中国的商品生产和流通的危害是很明显的：第一，使中国商品成本骤增、价格上涨、降低在市场的竞争能力；第二，由于官卡胥吏的留难勒索，造成商品的运时过长、运费增加，在市场上陷入被动；第三，各关卡巡查检验，“颠囊倒箧，破毁器物”，使商品成色、数量和在市场上的信誉受到损失。总之，使中国商品在与洋货竞争中处于不利的地位，使商业利润多归洋人，中国商品生产者、经营者则遭受

①③　《春星草堂集·偶存》，第 17 页、第 22—23 页。

②　徐乃昌等：（民国十三年）《南陵县志》卷四一《艺文》，第 97 页。

很大的经济损失。

同时，由于土货、洋货征税差别大，就出现了土货冒充洋货的情况，洋人或者出卖子口税单，或者以洋船运土货，坐收渔利。有的中国商人将土货绕道过香港，然后运内地，冒充洋货，以避厘金征收。可见厘金的征收，不利于鼓励本国商品经济的发展，却助长了洋货在中国占领市场的活动。

厘金开征后，给农村商品生产带来的损失是很明显的。如茶叶是中国传统的出口商品，无论在本国出口贸易或世界茶叶市场都占有主要地位。但此后因日本、印度、锡兰等国茶叶的竞争，中国茶叶出口量逐渐减少。其重要原因就是厘金的征收加重了成本。“中国茶叶自出产之地，沿途经过关卡，至抵轮船装载出口时，所完税厘几及市价25%。别国所产之茶叶，如印度、锡兰等处者，税厘全免。”① “茶叶一衰，而种茶者不能易此种彼，而人亦因之失业。”② 四川有的地方因有茶税，“种者伐之，以免催科。卒至茶去税存。”③ 广东南海县也因“茶业失败，山人往往将地售作坟墓，所产茶株比前百不存一。”④ 再如对土布的影响。土布“每匹约市钱五百文，除去棉本外，以为粥之资者已属无几，又加之以水卡一捐，每匹钱二三文至五六文，落地一捐，每匹四五文至八九文，再加以不奏明、不咨部之运脚津贴”，土布的成本增加不少。而洋布“税轻价贱”，这就造成中国“（土）布积如山，无人顾问，纺织之户，十停八九”⑤ 的困境。

（三）厘金的用途反动，祸国殃民

在清朝镇压太平军、北方捻军、西北回民、西南苗民起义中，厘金是清政府镇压农民革命的主要财源。据刘岳云《光绪岁入表》统计，从光绪十一年到光绪二十年，清政府每年收入8000多万两银，其中厘金即有1400万到1600万两之多，占总收入的17%—20%。1874—1898年，占全国厘金收入大部分的苏浙皖等11省，仅协饷、

① 《通商各口华洋贸易总册》下卷，1891年版，第27页。

② 《皇朝经世文新编》卷十下，第64页。

③ 陈步武:《大竹县志》卷一二，第6页。

④ 《南海县志》宣统二年卷四，第31页。

⑤ 《上海县续志》卷七，田赋下，第7—8页。

水师军费、地方军费三项，每年共支出800多万两，占11省厘金总支出的70%左右，此后有所减少，但也在50%左右。厘金还用于对外赔款和还外债，成了满足侵略者掠夺要求的财源。厘金也是各地方政府的重要财源。它从一开始就被看作各省自行筹款的途径，地方各自为政，中央绝少过问。多年的惯例是除一部分报效中央外，很大部分留作地方开支。光绪二十三年，户部奏："各省厘税实收之数，竟数倍于报部之数。"① 督抚靠这一收入供养和扩充带有地方色彩的武装，如湘军、淮军等。此外，地方还利用厘局差委这一肥缺安插部属，酬劳冗员，上下串通，借以谋私。史臣指出：商民"以什输公家，所入三四而已，其六七皆官私所耗费，而鱼肉之于关市，为暴客于国家，直盗臣耳。大抵有厘捐之省，殆无不舞弊之委员，无不染指之大吏。其款皆外销，即责令报部，亦止总数，固无不花私费之报销也。"② 说明厘金很大一部分是被贪官污吏吞没了。

厘金在政治上、生产、生活上都给农民带来巨大危害，也使中国的民族利益受到损害，因此，一直遭到朝野爱国之士和广大农民的反对。

二、盐税

食盐是农民的生活必需品。清后期，在财政困难的情况下，政府把增加盐税作为补充财政收入的重要手段，盐价不断上升。盐商则与官吏相勾结，通过垄断盐利以致富，盐民和食盐消费者即广大农民因此深受其害。

（一）食盐加价的原因

1. 盐税的加征。清后期的盐税包括盐课与盐厘两个部分。盐课分为：（1）正课，即对盐商运销盐所征的税，以"引"为纳税单位，每引含盐的斤数及税率，在不同的时间、不同的地方各有不同。（2）杂课，即附加税，名目繁多，征收率也不固定。杂课征收额有的上报户部，有的不上报，由总督巡抚决定。杂课名目通常有：领告费银、帑

---

① 《清朝续文献通考》卷五十，《征榷二十二》。

② 《清朝续文献通考》卷四九，《征榷二十一·厘金》。

利银、盐业税（此项又分为三种：一为壮丁税，按制盐丁数课征；二为灶地税，按盐田面积课征；三为灶锅税，按灶锅数量或大小课征），还有缉私费、盐务官署行政费、捐输（捐输又分为经常捐输，如兴学、育婴、救贫、治河等费；临时捐输，如赈灾救荒等费），等等。至光绪年间，又有土盐加税，行盐口捐、杂捐等名目。（3）包课，即对各省边远偏僻之地居民自制土盐所课的税。

盐厘创行于咸丰年间，其后财政地位日益重要。史载："道光以前唯有盐课，及咸丰军兴，复创盐厘。……盐厘分出境税、入境税、落地税。……加价之法兴，于是盐税所入与田赋国税相埒"。[①]

盐厘的征收各省也各自为政，主要有四种抽厘方式：（1）入境抽厘。如湖北运进川盐，在宜昌设局抽厘。（2）出境抽厘。如川盐运销湖北，川省在夔州设卡抽厘。（3）境内抽厘。如广西当局在桂平、梧州、平乐等处设卡抽厘。（4）过境抽厘。如粤盐运销贵州，途经广西，广西设卡抽厘。所过卡数越多，抽厘的次数就越多。如淮盐，每经过一卡，每包一百斤，正课外加征盐厘制钱五百文，每引四万斤，即为二千文；以制钱五百文折合银四钱换算为一两六钱。[②] 约与正课（每引一两五钱）相等。通过二卡、三卡，即相当于正课的二倍、三倍。运盐越远，厘金越增，盐价就越高。据统计，1865—1874年，两淮盐税总收入中，盐厘占92.9%—74.3%，盐课只占7.1%—25.7%，[③] 其他如四川、浙江等地，情况大致相同。清朝镇压农民大起义后，盐税的增加，主要是开征盐厘的结果，政府为了增加盐税，或把盐课摊入地丁中征收，如陕甘部分池盐；或强行推销盐额，为改变引滞课绌的状况，以盐引的畅滞定官吏之考成；或改变盐课征解制度，将原来的先运盐后纳税改为先纳税后运盐，责令盐商垫交盐课。盐厘本为临时性的筹款措施，可是在镇压太平天国革命后仍然抽厘，并扩大推广范围。有的地区的盐由官府专卖或官运商销，采用加价的办法增加官府收入，寓征于价格之中。由于食盐是人民生活的必需品，

---

① 《清史稿》卷一二三，《食货志四》。

② 吴兆莘：《中国税制史》下册，商务印书馆1937年版，第56页。

③ 严中平主编：《中国近代经济史》，人民出版社1989年版，第589页。

而盐税又是一种间接税，官府的掠夺为买卖行为所掩盖，容易欺骗人民，正如骆秉章所说的："小民唯知买盐，不知纳课，较之地丁漕米，尤无追呼征比之烦"，[①] 是进行掠夺的好途径。所以，清政府为对付财政困难，常加征盐税或斤盐加价。

清后期盐税不断增长。道光二十七年盐课为750余万两。光绪末年，课厘共2400万余两。宣统三年，度支部预算，盐课岁入约4500万两。[②] 由此可见农民食盐的负担成倍增加。

2. 官商勾结垄断盐利。盐价的增高，农民食盐负担的增加，除清廷的加征外，还有另一重要原因，即是盐商与官吏相勾结，垄断盐利，盘剥农民。这与当时的盐务管理制度有关。清前期，实行引盐制，即少数盐商垄断食盐的运销，盐商富敌王侯。贫民因盐价太高多淡食。道光年间，两江总督陶澍在淮北改引盐为票盐，任何商贩，只要交纳赋税就可领票买盐，运销各地。在行引盐时，盐商固定，运销地盘也固定。官府只认在册的盐商，其他商人要贩运盐，得通过在册的盐商转让，需付出一笔很大的费用，所以他们售盐时就提高价格。行票盐后，因减少了一道环节，盐商的成本降低了，售价降低，销量增加，盐课收入也相应增加。故票法称善一时，其他地方也相继推行。同治初年，曾国藩、李鸿章整顿两淮盐务，在瓜州设立盐栈，制定盐的出场价格；在泰州和大通设立招商总局，招商领引，缴课运盐；在各省销盐口岸设立督销局，办理督销和抽厘事务。在整顿票法中，通过提高起票限额，淘汰零贩，专招大商，由大商循环转运，作为世业，不另招新购等措施，重新确认盐商专利。其他地区也对盐务进行了整顿，浙江恢复引商制，山东既有官办也有商办，河南、陕西由专商运销改为设局督销，四川实行官运商销，云南井盐实行官办制。通过整顿，官府加强了对食盐运销的控制。[③] 官员凭借其管理盐务的权力，营私舞弊。盐商为了获得厚利，常向主管官员行贿，以取得偷税或专利或盘剥消费者的好处。官商勾结，营私舞弊，增加了人民的负担，减少

---

① 《骆文忠公奏议》卷三，第30页。

② 《清史稿》卷一二三，《食货志四》。

③ 严中平主编：《中国近代经济史》，人民出版社1989年版，第588页。

了国家的税收。他们："专其利以病民，百病为之丛集，出之于场灶，是偷漏有弊，夹带有弊；验之于监掣，则掌称有弊，捆包有弊；运之于中途，则换驳有弊，改包有弊；行之于口岸，则加卤耗有弊，加三带有弊；售之于小贩，则搀和有弊，轻称有弊。甚至船户、商厮交相勾串，江湖险阻，捏报淹销。故盐法之弊始于船商，成于运商，而民之私日以起。"[①] 如曾国藩在同治元年四月的奏折中说："四川成绵道钟峻，甫出督署，即权首府，总领官票局，把持市价，忽起忽落，罔利无遗。"[②] 由于舞弊，引起了私盐泛滥。而私盐偷税，官盐完税，又造成二者价格高低不一，于是官府强迫人民购买官盐。如江西为淮盐引地，而"边境之地每为浙私粤私所侵入。"私盐色洁而价廉，人民当然愿意购买私盐。在官盐滞销的情况下，淮盐督销道制员就定"认销章程，大致强民购买"。[③] 光绪年间，山东自筹畅销法，"大要有三：一曰缉私贩，二曰杜大包，三曰禁短秤"。"而大包短秤之弊则官办商办在所难免。"盐商完一引之课，暗中装两引之盐，运盐到岸卖给百姓时，或八两或九两或十二两算一斤（旧制十六两为一斤），"又掺泥带水"，两包捆作一包买来，一包抵作两包发卖，"一包本可获四包之利"。[④] 可见，官商勾结营私舞弊大大增加了农民的食盐负担。

（二）各地农民的食盐负担示例

清后期，随着盐价的上升，农民的食盐负担不断加重，但各地加重的时间和方式有所不同。

在湖北，同治年间盐价"较承平时已属腾贵，一由盐厘之过重，一由银价之过昂，均以京外饷需紧迫，未能减轻售价。民间既以盐贵为苦，局中又以销滞为患。"[⑤]

在安徽，据光绪三十一年兵部尚书铁良调查，两淮盐务皖岸清单载，安徽督销局盐厘加价款目有：（1）盐厘，每引征收库平银三两八

---

① 《清朝经世文编》卷四九。
② 《曾文正公全集·奏稿》卷十五，第75—76页。
③ 华北泽：（光绪三十年）《阁抄汇编》，卷三十三，第20—21页。
④ 邹钟：《志远堂文集》卷五，第22—23页。
⑤ 《曾文正公全集·奏稿》，卷三十，第19页。

钱；（2）新盐厘，光绪十五年起每引征收库平银八钱；（3）海防加价，光绪二十年起每引收库平银一两；（4）安徽练军加价，光绪二十七年起每引征收库平银一两；（5）偿款加价，光绪二十七年起每引征收库平银二两四钱；（6）续添安徽偿款新加价，光绪二十九年起每引征漕平银一两一钱二分五厘。[①] 在10多年的时间内，安徽就加价六次，每引加价10两多银，可见加价之繁重。

在山西，王锡纶在《晋省盐法利病策》中说："盐者，天地之利，本以宜民，至官商共结为一，以把持市重。……官运官销似可有利无害矣，不知昔之害在一家一人，今之害乃在百千万家。何也？夫官不能运不能销也，必假手于市肆之人，市肆之乐与衙署为缘者，必非温良恂谨不谋非分之财者也。……往（咸丰前）商运每斤不过十六七文，未几而二十文、二十四文，或三十文，至于今三十四矣。至其所以为斤者，初不过十四两，后渐至十三两、十二两。或论升，则初三十六文，后至于五十文。数年前，乡民纠众，始减为四十六文。而初进升重斤半，久之为斤四两，近则仅一斤矣。"[②] 此为咸丰、同治年间的情况。光绪十八年，"晋省官运官销，每斤制钱三十五文，然短折秤两，掺和泥水，实仅得六、七两，则且七八十文矣。"[③] 就是说，除官方直接加价外，商人还用短折秤两、掺和泥水办法变相加价。

再以直隶省文安县为例。其食盐按引疏销，原价每斤二十三文。咸丰八年，因"海防善后案"，加价二文。同治十三年，因芦纲受灾，加价二文，"以恤商艰"。光绪二十一年，因"中日交战，军费浩繁"，户部奏请每斤加价一文。光绪二十八年，八国联军攻陷北京，为筹付赔款，户部奏请每斤加价四文。光绪三十一年因"整顿盐价"加价四文。光绪三十三年，"因抵补药税"又加价四文。宣统元年，因筹"津浦路款"又加价四文。此时盐价每斤已达四十四文。[④]

① 徐乃昌等：《南陵县志》卷十五，食货，第21页。
② 《怡青堂文集》卷三，第28—30页。
③ 《经世博议》卷一，第6页。
④ 李兰增等：《文安县志》卷十二，第34页。

长江流域诸省的盐价更高。光绪十八年，陈虬说："湖广、江西、安徽之食淮盐，市价每斤制钱六七十文。……其实，出产之盐本不甚贵，（各处文报，皆仅一二文），层层盘剥，始有此数耳。"[①] 时人称："各省盐价奇贵，所加不止数十文，而奏章仅加四文。"[②]

由于盐价太贵，贫民宁淡食而不买盐，于是有的地方出现官府"挨户硬摊，计口强售"；[③] 有的则把盐摊入粮之中，"凡沙田升科，屯田变价，有米即有盐。"[④]

（三）农民的反加价斗争

许多农民家庭本来入不敷出，即使略有结余，也不过几百文，而盐加价后一斤几十文，数口之家一年食盐就需多几百文，对贫苦农民无疑是雪上加霜。农民无钱购盐，只好淡食，但又被官府强迫购买，而在购买中，官盐商盐不是加价就是短称，或者渗泥水，这势必激起人民的不满，各地都发生反加价的斗争。例如：

光绪十七年，福建永春州德化县因"官场盐价加增，小民艰于淡食，用事群情不服，拟向官场叩求减价，官不准理，民愈汹汹，遂相率揭竿攻城"，后被官府派兵镇压下去。[⑤]

光绪末年，直隶永平符口外一带农民因生活贫困，加之盐价高，激起不满，有"三四千人"，"先焚抢盐局，并将与盐局来往者一律焚毁，后到县要挟减价，须由地方官具结勒石永不加增，若不允许，即到府到津等语"。抚宁县也有类似的情况。"双山子盐店，昨来数千人复抢"。"乐亭分局被抢，抚宁分局被焚，各子店被抢三四十处，所失盐斤至三百余万之多，相持至十余日之久，殴官劫财。"农民总结了斗争经验，事先不让官府有准备，"突然聚众要挟减价，竟敢先吃会，临时点名，又从边外入手，……迹其举动，均袭从前故智。"[⑥]

① 《经世博议》卷一，第 6 页。
② 《己酉大政记》卷二，第 1 页。
③ 王尚臣：《虱隐庵杂作》，第 14 页。
④ （宣统三年）《东莞县志》，卷二三，第 19—20 页。
⑤ 《益闻录》第 1114 号，光绪十七年十月初三日。
⑥ 李文治编：《中国近代农业史资料》第一辑，三联书店 1957 年版，第 966—967 页。

第五节　货币、金融、物价对农民负担的影响

一、币制混乱和货币贬值加重了农民负担

（一）清后期的货币制度

清代自开国至道光以前（1644—1820年），基本上沿用明末的货币制度，即白银与铜钱一起流通，而以白银为主，铜钱只作零星支付。道光年间，特别是鸦片战争以后，货币制度开始复杂化，流通中的货币既有银两，又有银元，既有制钱，又有铜元，既有国内纸钞，又有外国银行钞票，繁复混乱，显示出半殖民地半封建社会货币制度的特点。它为外国资本主义和清政府对中国农民进行经济掠夺创造了条件。

清代银两的名称、种类和成色各地不同，即使同属一两，因各种秤的标准不一样，重量也有微小的差异。清末各地使用的平砝（秤）不下百余种，其中主要的为库平、关平、漕平、市平四种。库平是清政府征收各项租税时使用的官平，为全国纳税的标准。关平即海关所使用的平砝，是根据中外通商条约规定的标准重量，较中央库平稍大。漕平是漕米改征折色以后所用的标准秤，较其他平砝小。市平是各地通用的秤，名目繁多，如北京、天津等地用公砝平，汉口等地用公估平，广东用司码平。

外国流入中国的银元有几十种，其中主要有西班牙本洋、墨西哥鹰洋、英属银元、日本龙洋。1887年，中国正式设局自铸银元，由广东省造，清政府下令作为中国的法币，所有钱粮、关税、厘捐等，均得用此种银币。此后，湖北、江苏、福建、直隶等省也铸造银元。

清代对本朝所铸的钱通称为“制钱”，以区别前代的“古钱”。制钱的单位为文，千文为一串（或称一吊、一贯）。但后来不按此标准，有的地方以一百几十文或四五百文为一吊，各地无统一标准。咸丰年间铸过大钱，很快失败。1900年，广东开始铸造铜元，在流通中受到

欢迎，其他各省也纷纷铸造，后因滥铸而贬值。

清代通货中还包含两种性质的纸币：一是政府发行，强制通用的纸币，如清后期发行过“官票”“宝钞”两种纸币；二是由典当业等发行的银钱票。

（二）银贵钱贱时，租税征银加重了农民的负担

前已指出，第一次鸦片战争前，由于鸦片的大量输入，中国白银大量外流。五口通商后，除鸦片继续输入外，洋货大量输入，又加上战争赔款，中国的大量白银落入侵略者之手。因此，鸦片战争后的10年，银贵钱贱的现象特别突出，可以作为观察农民负担问题的典型时期。[①]

本来，银钱的法定比价是银一两换制钱1000文左右。到鸦片战争爆发时，每银一两易制钱1600余文。1842年，一般银一两换制钱1400—1700文。1845年后，银价涨风甚炽。1846—1850年，“南方银一两皆以二千为准，北方更增于此。”[②]

银贵钱贱加重了农民的负担。农民出售农产品和手工产品，一般都收进制钱，但他们交纳赋税、交付税银、添置农具，却必须支付白银，或以钱折银，在一收一支中便遭到双重损失。

在商品经济发达的江南地区，鸦片战争后就闹“银荒”。“农夫织妇，毕岁勤动，低价以售之，所得之钱，不可输赋”。[③]“蚕棉得丰岁，皆不偿本”。[④]“自谷帛贱于银，而农桑之利夺矣”。[⑤]道光末年，四川有些地区虽“连年丰稔”，而“谷贱伤农，每岁所得，不敷工本。”[⑥]

咸丰年间，曾国藩说：“昔日两银换钱一千，则石米得银三两。今日两银换钱二千，则石米仅得银一两五钱，昔日卖米三斗，输一亩之课有余，今日卖米六斗，输一亩之课而不足。朝廷自守岁取之常，

---

① 参据彭泽益：《鸦片战后十年间银贵钱贱波动下的中国经济与阶级关系》，见《十九世纪后半期的中国财政与经济》，人民出版社1983年版。

② 包世臣：《安吴四种》卷五一，第36页。

③ 求自强斋主人编：《皇朝经济文编》卷五一，第36页。

④ 包世臣：《安吴四种》卷二六，第37页。

⑤ 徐鼒：《未灰斋文集》卷三，第4页。

⑥ 清代抄档：咸丰三年十一月初十日许乃普、何彤云奏。

而小民暗加一倍之赋”。[①] 这种情况在全国比较普遍。如广西，1847年官府报告说：“民间完纳钱粮，必须易银投柜。银贵钱贱，较以前输纳之数，几加一倍。粤西民贫土瘠，生计维艰。”[②] 1850年，官府报告山东农民纳税以钱折交，道光“十八年至今”，每两税银“已交至二千八九百文矣。十余年间，多增至一倍，或曰银价过昂所致耳。”[③]

银贵钱贱同样增加佃农的负担。地主因银贵钱贱而多交的田赋，往往通过加重地租剥削来弥补。正如包世臣所说的：“近既银贵米贱，则饶户之脂膏亦竭，必诛求于佃户。”[④] 地主有的提高折价收租，有的还要佃户代交赋税。“佃户终岁耕作，收获本属不丰，且须以谷卖钱，以钱易银，赴官交纳，银价较乾隆年间增至一倍有余，以致佃户力不能办。”[⑤]

（三）清政府滥发货币使农民遭受损失

1853—1868年，清朝出现一次通货膨胀，主要是因筹措镇压农民起义的军费而滥发票钞和滥铸铜铁大钱引起的。

咸丰初，在“急筹国用”声中，因白银短缺，铸造制钱的铜铅原料不足，掌握货币铸造权的清廷便把通货膨胀视为“生财经常之至计”。从1853年起，开始滥发大量面额巨大的各种新币。一是发行当千、当五百、当五十、当十的铜钱和当十、当五、当一的铁钱。铜、铁大钱的面值愈大，铸造净利就愈多。如当千铜钱，规定每枚等于制钱1000文，而所用的铜金属价值，实际只等于制钱38文，强制增值962文，每枚可使户部增加铸造收入886文。二是发行纸币银票（即“户部官票”，面值分别为一两、三两、五两、十两、五十两）和宝钞（即“大清宝钞”，面值分别为五百文、一千文、一千五百文、二千文、五千文、十千文、五十千文、一百千文）。咸丰三年至咸丰十一年间，大钱、票钞全部发行量共合银60249千两，同期银库收入86673千两，前者约为后者的69.5%，说明户部利用发行通货取得了巨额的

① 《曾文公全集·奏稿》卷一。
② 缪梓：《缪武烈公遗集》卷一，第11页。
③ 清代抄档：道光三十年四月初二御史李维翰奏。
④ 《安吴四种》卷二六，第5—6页。
⑤ 刘坤一：《刘忠诚遗集·奏疏》卷八，第9—10页。

收入。

根据当时法令规定，铜大钱、铁钱仍按制钱计算，每二千文折银一两；银票一两抵制钱二千文，宝钞二千文抵银一两，与大钱、制钱“相辅而行”。实际上，银两、制钱和票钞、大钱在市场上并没有按法定的比价流通，各地区比价不一致，而且波动很大。一种商品相对于银两、制钱、大钱、钞票就有多种价格，从而引起混乱，助长了投机行为。

由于新发行的货币没有准备金，根本不能兑现，加之面值和发行量皆过于巨大，而官府又是多放少收，甚至只发不收，所以在实际流通中“大钱出而旧钱稀，铁钱出而铜钱隐”。[①] 劣币驱逐良币后，不可避免地出现金融和币制的混乱，加速票钞、大钱的贬值和崩溃。市肆始而对票钞、大钱“抗不收用或任意折算”，“继而重铜轻铁”。因为大钱、票钞“市肆折算日贱”，不断贬值，旧制的铜钱人们公认实际价值较高，必然被收藏或熔化而退出流通，市场上就越来越少。贬值的货币，人们总想脱手抛出，就越来越贬值，最后发展到人们“视钱票几同废纸”。各种铜大钱发行不久，当千的只作七八百文或五六百文售用。1854 年 7 月，政府把当千、当五百的收回，当二百、三百、四百的同时停铸。当一百、五十的也于 1855 年停铸。其后只有当十、当五的大钱流通。1857 年，商民对当十铜钱“百般挑剔”，“每大钱一串，可用者不过二三百文”。1859 年，“竟至以十当一”。铁钱于 1854 年发行后，很快即崩溃。1857 年，“各店买卖已视当十铁钱为废物”。至 1859 年，连当一的铁钱也因市肆拒用而没有行市了。官票、宝钞发行后也不断贬值。到 1861 年，“民间所存官票，互相惊疑不用，几同废纸”。宝钞在京城竟跌到每千“仅值当十钱一百余文”。

1900 年广东闹制钱荒，总督李鸿章首先在广东造机制铜元，整齐精致，在流通中受到欢迎，官府也大得利益。于是其他各省也开铸。1905 年，开铸的有 17 省。各省贪图铸造利益而乱铸，又导致铜元贬值。1902—1905 年，铜元 90 枚换银币一元，1908 年铜元一百二三十

① 清代抄档：咸丰五年十月十日掌山西道监察御史宗稷辰奏。

枚才能换银币一元。铜元贬值引起物价上涨。农民日常收支均用铜元，因此又受很大损失。各地铸铜元多从日本进口铜饼，铸币的赢利首先被日本占去一部分。

通货膨胀引起物价腾贵，时人称百物“无不增昂十倍”，使“民难谋生”，“贫民困苦已极”。“贫民负苦终日，所得数百文不能一饱”。许多人流为乞丐，“倒毙者益多”。[①]

清政府则通过通货膨胀，向人民搜括了大量的钱财，官吏也乘机中饱私囊。按1854年规定，各省地方官府和有关税收机构征收税课，应按一定成数搭收钞票、大钱，税款上缴时也按一定成数搭解。但各地方官将这一规定“皆秘不示人”。有的州县“小民将钞票、大钱赴官交纳，粮房书吏百般抑勒，……多方刁难，必不使其搭交而后已。”官吏向上解交税款时，“以私购之官票抵换百姓之实银”，以饱其私囊。由于通货贬值，银价上涨，各地征收赋税时折勒浮收严重，给广大纳税人——主要是农民造成了“无形重敛”。外商则利用通货膨胀，投机掠夺，如收购制钱，抬高洋银价格。当官票滞不流通，贬值到十分之一时，“欧美商人乃贱价购之，以五成纳海关关税，悉照原票价目计算”，“官吏无以难也”。[②]总之，清末紊乱的货币制度和通货膨胀只有利于中外剥削者的掠夺，广大农民则深受其害。

（四）清末金银比价变化给农民带来的损失

19世纪70年代以后，世界金银比价发生异常的变动。由于金产量变动不大，银产量稳定增长，加上英国、葡萄牙、德国、罗马尼亚、日本等国先后采用金本位，引起对黄金的需求大量增加，对白银需求减少，金银比价差距越拉越大。当时，中国以银两为主要货币，其国际汇价与国内物价随之波动，在财政、金融等方面受到极大的影响。1870年金银比价为1∶15.57，1910年则为1∶39.29。1900年后世界银价暴落，对于用银的中国来说，等于中国货币对外贬值。1870年，中国关平银一两，对英汇率合6先令7.1便士，到1900年，只合3先令

①②　彭泽益：《1853—1868年的中国通货膨胀》，见《十九世纪后半期的中国财政与经济》，人民出版社1983年版。

1.3便士。[①] 以银折合英镑付巨额赔款，使中国又受到重大损失，当时称为“镑亏”。“镑亏”随汇价而转移，每年损耗金达数百万两，使本已十分窘困的清末财政更陷入绝境。清政府最终只有靠搜括人民来应付，人数众多的农民首当其冲。当时，国内由于银价下跌，铜钱相对金的比价下跌幅度比银小，加上各省停铸制钱，于是出现钱贵而少的状况，这给广大人民生活带来许多不便。1895年，两江总督张之洞在一份奏折中说：“窃查各省停铸制钱以来，市用铜钱日见其少。……小民生计艰难，商贾即多折阅（即亏本）。民间完纳丁漕厘课，大为苦累。百事窒碍，民情惶忧，时值岁暮，生事可虞。”[②] 可见这一问题的严重性。

二、中外资本利用金融手段对农民的盘剥

（一）外国侵略者利用金融手段对中国农民的盘剥

外国侵略者利用金融手段对中国农民的掠夺可分为间接掠夺与直接掠夺。间接掠夺表现为损害中国权益的各种金融活动，如在中国设银行，对中国金融市场进行控制；对华进行资本输出；经管中国的对外赔款和借款；垄断中国的国际汇况和对外贸易等。毛泽东指出：“帝国主义列强从中国的通商都市直至穷乡僻壤，造成了一个买办的和商业高利贷的剥削网，造成了为帝国主义服务的买办阶级和商业高利贷阶级，以便利其剥削广大的中国农民和其他人民大众”。[③]

外国侵略者利用金融手段对中国农民的直接掠夺，主要表现为利用高利贷剥削网，向农民高价推销洋货和低价采购土货。

洋商的购销活动不是直接同农民发生联系，要经过中间环节。从资金渠道来看，要经过外国银行和中国钱庄，从商品输送渠道来看，要通过买办和商贩。

洋商为了推销洋货，普遍采取赊销的交易方式。赊销是一种信用关系。承销洋货的商人可以约定一个信用期限偿付货款。这对缺乏资

---

① 石毓符：《中国货币金融史略》，天津人民出版社1984年版，第248页。

② 《南皮张宫保政书》第九卷。

③ 《中国革命和中国共产党》，《毛泽东选集》第二卷，人民出版社1991年版，第629页。

本的华商很有吸引力。外商以此利用华商扩大洋货贸易。买办向洋行承销的货物向华商转销，及批发商向零售商转销，也有一定的赊销信用。赊销信用的期限及利息负担随不同地区而有所差异，但最终通过价格转嫁给广大消费者——主要是众多的农民负担。赊销洋货的开展和子口半税的特权，使洋货得以占领从前土货的行销之地。洋人由此从中国获得厚利。

与洋货内销渠道一样，土货由产区到口岸，即由直接生产者到出口洋行之间，也有各种不同名目的中间商人。如生丝先由丝农卖给丝行，再转售于缫丝行，然后转售于丝庄，再由丝客人运往口岸丝栈待售。茶由茶贩在产地零星向茶农购买，积数较多后转售茶庄，再由各庄（行）运送茶栈转销洋行。外商通过买办建立起一套相当完整的中国出口货物收购网，不再像通商初期那样派买办携现金到内地采购或直接设点收购，而是利用中间商人和银行贷放业务，实行层层贷款，预约定购。以贷款购货，不仅保证了出口商的货源，而且形成对农村广大农民的高利贷盘剥网。

这种由外商贷款给买办再贷给中间商贩，最后贷给生产茶、丝、糖等出口产品的农民的层层贷款关系，使外商得以利用利率来操纵市场，控制物价，从而取得高额利润。外商利用贷款利息的高低和贷款期限的长短，直接影响市场的盛衰。以茶为例，如利息上升，办茶商不愿借款收购茶，内地茶无人收购，生产者和内地茶贩就不得不降价求售，外商于是乘机压价；另一方面，如果降低利息率，又会吸引“办茶者”借款购茶，在大量收购形成积压后，照样得降价求售。可见外商不管在什么情况下总是有利的。中间商人固然受到外商及其买办势力的盘剥，但毕竟处于中间地位，他们所受的盘剥可以转嫁给直接生产者，最终遭受沉重剥削的仍是广大农民。洋商的联合与买办的助纣为虐，使农民在市场上完全处于被动地位，任其摆布。农民在借到高利贷后，实际上沦为买办商人、高利贷者的依附农。例如琼州地区，“种蔗之家，专恃本地富户借给资本。成糖之后即缴存富户，堆存栈内，以待香港买客前来购运。”[①] 再如山东莱州府出产草帽辫，“这一行业为富有者所组织，他们常给小耕作者预付贷款，从而取得他们的制造品，并且还使他们经常负债”。[②] 总之，农民在与中外商人进行交换中，不仅受到不等价交换的盘剥，还受到高利贷的敲榨。

（二）农村的豪绅、地主利用高利贷盘剥农民

农村的高利贷是以农民的贫困为前提的。农民无力缴纳租税或为生计所迫，不得已而借高利贷，而高利贷的盘剥又使农民贫困化加剧。

有少量土地的自耕农，一旦跌进高利贷的陷阱，就很难爬出来。地主豪绅放债时，迫令借贷人将抵押契约写成“绝契”，“图以贱值得产”。四川井研县盛行指田借贷之风，“钱家重出贷，其息什二，或百千称息二石、四石，非有保住质田不得予”。[③] 陕西同样有指田借贷的习惯，地主利用高利贷可以以低价兼并农民的土地。如三原县蒋姓地主购田时，“亦效市井之法，贷钱于民”。[④]《申报》光绪元年十二月初一日载，江浙许多自耕农在高利贷的压榨下，以绝卖祖遗地亩为结局。光绪年间，河南泌阳有的农民指田借粮，因无力清偿，只得以土地折给债主。大量的记载表明，晚清到处都有自耕农以土地为抵押借高利贷，最后无力偿还而沦为佃农。

佃农为了“贷银偿租”或筹措生产、生活资金，也被迫借贷。江苏、浙江、安徽等地每年秋冬季节，佃农常“检点农具、衣被，向典铺押钱”。大小典铺因质典人太多而应接不暇，甚至有因拥挤混乱而失物伤人的。[⑤] 直隶望都县一个上百户村庄，除三五户自给外，“余皆负债之户”。[⑥] 有的地主将佃农的欠租直接转为高利贷，使佃农在丰收之年也完不了欠租。苏、浙、皖、鲁、陕、直隶等地的地主都兼放高利贷，他们不仅“坐食其租”，而且以“倍称之息”对佃农进行高利

① 《贸易报告》（光绪二十九年）下卷，琼州口，第 101 页。

② 威廉逊：(1870 年)《华北游记》，第 132 页。

③ （光绪）《井研县志》卷八，第 4 页。

④ 刘光贲：《烟霞草堂文集》卷四。

⑤ 《益闻录》第 324 号，光绪九年十二月十五日；第 1120 号，光绪十七年十一月二十四日。

⑥ 陆保善编：《望都县图说》，东路，第 18 页。

贷剥削，使佃农遭受双重盘剥。

（三）在高利贷盘剥下农民贫困加剧

农民在中外商人和豪绅地主的高利贷盘剥下，贫困加剧。例如：

浙江长兴县“南乡，富户放钱，无论冬底春间贷去，总算蚕前，至蚕毕小满日为期，每千钱偿息二百文”。至于“无门可贷者，鬻钗质衣，典铺拥挤”。在高利贷盘剥下，“农家举室终岁勤动，徒为富家作牛马，每至衣食不给，殊可叹也。”①

光绪初年，山西兴县“闾里放债，其息有多至四、五分者”。利息之所以这么高，是因借债的人多，而“荒年什物田产皆价廉，富者买之，均较丰岁有数倍之利”，高利贷者拿放债和买田作比较，故不愿低息。② 可见贫富两极分化之严重。

江苏江阴县青黄不接时，农民缺粮，“牟利之徒乘其急乏，贷以米石，而故昂其值，谓之放黄米。一俟新谷登场，按月计利清偿，至有数石之谷不足偿一石之米者。”③

光绪十六年，张之洞说：“湖北省城质当十余家，均系三分取息。汉阳汉口城乡二十余家。公典二分五厘取息，余皆三分。利息过重，穷民深以为苦”。④

光绪初年，四川射洪县放债者“每月以三分取息”，并且以成色不足的“低银行使”，每两较市价约低数十文，而农民取赎时又须用钱换成色足的银子“每两又较市价加增数十文”。借债农民受到多重盘剥。⑤

各地小押的押息更为苛重。如扬州府下，各乡镇开设有小押店，分官私两种。“私押以百日为满，每日一分取息，出钱九五串，入钱足底（即一百串）。如押物得钱九百五十文，一月往赎即须一千三百文。官押则各衙门皆有陋规，为费既多，扣利更重。”⑥ 江西九江小押

---

① 《长兴县志》（光绪十八年补刊），卷八，第13页。
② 《曾忠襄公全集·批牍》卷四，第46页。
③ （光绪四年）《江阴县志》卷九。
④ 《张文襄公公牍稿》卷二八，第3页。
⑤ 钟体志：《澡雪堂文钞》卷八，第28页。
⑥ 丁日昌：《抚吴公牍》卷三一，第8页。

店，“声言押金银不押衣物，照月四分取息。十二个月为满”，下户无金银的，想得到现款也束手无策。[①] 由于高利贷利息过重，欠者还不起，债主遂依势威逼，“有以一钱之本，放借不及一载，竟伸数十倍之利，或捉其猪，或牵其牛，作为还欠，甚至掳捉妇女，任意凌虐。欠者畏其凶横，竭力变质，还清重利，始得收赎。”[②]

《申报》光绪二年二月十九日载，农民在受灾之后，仰赖借贷度日，无限辛酸：“典衣易粟供朝夕，穴井求泉掘市河。一朝盼得嘉禾熟，债主蜂屯集场屋；半年辛苦为谁忙，坐看儿女吞声哭。仓米嗟无斗粒余，那堪门外又催逋！……转眼霜风穿四壁，待死拚将穷命敌。”

有的农民“银钱绝无所出，虽佣工莫酬半值，负担不获一钱。向年困苦，犹可典衣裳质农器，今则典质而已空矣。向年饥寒，犹可卖田宅，鬻儿女，今则鬻卖而莫售矣。惟是称贷豪家”。[③] 有的农民因棉被质尽，无力赎取，一家数口“互抱通宵”。有的避债外出逃荒。有的因债台高筑，索债者如狼似虎，走投无路，被迫自杀。种种惨状，难以言表。

三、中外商贾对农民的盘剥

近代中国的农产品商品生产，是在帝国主义垄断资本和买办商业资本支配下的小商品生产，帝国主义列强凭借在华的政治特权和经济特权，操纵中国农产品市场，榨取中国人民的血汗，其具体手法有：

（一）诈骗

中外商人诈骗农民的形式很多。有的蒙弊侮弄。如同治十三年修的浙江《长兴县志》载：“新丝出市，买丝者谓丝客人，开行代买者谓之丝主人，亦曰秤手。秤手口蜜腹剑，狡狯百出，遇诚实乡民，丝每以重报轻，价每以昂报低。俟其不售，出门时，又倍其价以伪许之，以杜其他处成交。”这是“进门一锤，出门一帚”的手法，“锤，言闷头打倒；帚，言扫绝去路也。”这种人理所当然被当地农民骂为“丝鬼”。

---

① 《申报》光绪十年初九日。

② 冒沅：《云门吏牍》，第20页，同治七年。

③ 安徽（光绪三十一年）《霍山县志》卷十三，第22页。

有的制造舆论欺骗农民。据报告，“汉口的中国茶商，主要是广东人，他们是生产者和外国商人之间的中介人，……他们把英俄即将发生战争的消息传入内地，并尽量渲染它对茶叶贸易的不良影响。生产者怕他们的茶叶卖不出去，因此廉价出售。广东商人因此获得很大的利润，据说不下两三百万两银子。”①

有的与官吏串通舞弊。如光绪年间，广西桂平等县，“有奸商把持桂皮行市，又诡称包税，抑勒价值，串通关书舞弊情事，穷民受累，厘税日减。”②

（二）贷款廉价预买农产品

中外商人为了货源的可靠和廉价收购的利益，实行预买农产品，农民则为了交纳赋税或为生计所迫，不得不低价预卖。

如四川（光绪）《井研县志》载：树蜡是农民一项收入来源。农民“倚为生产，与丝略同，利害亦侔焉”，然而，“奸巧大猾，挟厚赀，牟重利，贫户有所假贷，则先与之钱，指树蜡为券，减常贾而售之，俗谓之卖空仓”。贫户这种廉价预卖，有如“二月卖丝，五月粜谷”之类的“挖肉补疮”，实是不得已而为之。

外商也实行预买。如同治年间，英人德克来“深知茶叶有利”，从安溪搞来茶种，在台湾“劝农分植而贷其费，收成之时，悉为采买，运售海外”，③ 从而获得厚利。

（三）操纵农产品市场

中外商人通过操纵农产品市场，一方面抑价收购农产品，一方面高价出售所囤积的农产品或洋货。

安徽《霍山县志》（光绪三十一年修）载：“农民从很远的地方将茶叶送到茶行”，茶行的牙侩“每刻削茶户”，“银则溶解低色，秤则任意轻重，价则随口低昂，且多取样茶，茶户莫能与较。”

1887 年的《海关贸易报告》说：在中国的“外国茶商获得了极大的利润，特别是上等茶的经营，这些茶都是迅速运往需求殷切的英国

---

① 1885 年《海关贸易报告》（汉口），英文本，第 74 页。

② 《东华续录》光绪朝，卷二六，第 26 页。

③ 连横：《台湾通史》下册，卷二七，《农业志》，商务印书馆 1947 年版。

市场的。对于中国的生产者和茶商来说，本季的经营是极不利的，他们的损失估计足有一百万两。”

1890 年的《海关贸易报告》说：“由于去年的教训，茶行联合起来，对选出的茶商供给大量资本，并预先布置，防止彼此互相抬价。因此付给生产者的茶价从每斤 350 文降至 1889 年的 270 文和 1890 年的 280 文。”

外商操纵茶叶市场，使中国的茶农、茶商都受损失。光绪十一年，卞宝第奏称，湖北省武昌府所属的蒲圻、咸宁等数县，均为产茶区，而茶叶普遍降价，“推原其故，盖因洋商稔知山中售价（茶户卖给中国茶商的价格），开盘之初，抑价压秤，多方挑剔，不使稍有赢余，否则联络各帮，摈绝不买”。这样一来，不仅茶户，连华商也“连年亏折”。①

中外商人还操纵粮食市场，贱买贵卖，盘剥农民。如秋收时，农民因交纳赋税或购买物品，需出卖粮食，商人则压低粮价收购；荒处粮价紧缺，粮商则迟迟不卖，有意抬高粮价，形成谷贱伤农、谷贵亦伤农的局面。

据《申报》《益闻录》等载，光绪年间，江西、直隶、陕西、湖南、江苏、浙江等地粮价暴涨暴跌。“即有秋成，穷民挖肉补疮，概从贱粜。”“米价甚贱，故贫农有……入不敷出之慨云”。又载：“近年来生齿日繁，所收稻谷，入不敷所食，……谷价腾贵，利在富民，而日谋升斗之贫民则受其累”。“近以灾民数万口嗷嗷待哺，……而各处囤户皆坐拥居奇，以求善价，由是连日米价大涨，……贫民更难度日”。“盖商民见时势荒歉，以货居奇，遂使市上有绝粮之叹。”又载，英商在长沙“从事粮食投机”“抢购谷米”，加剧了当地粮食的紧缺。②

（四）不等价交换

中外商业资本对农民盘剥的另一个重要形式是不等价交换，亦即所谓的工农产品剪刀差。“剪刀差价”，指的是工业品的价格和农产

① 《卞制军奏议》卷五，第 45 页。

② 李文治编：《中国近代农业史资料》第一辑，三联书店 1957 年版，第 534 页、第 538 页、第 550 页、第 557 页、第 558 页。

品的价格在上涨或下跌时所形成的差额，一般是工业品价格上涨远比农产品的为快，在下跌时则比农产品要慢，这样，在统计表上的两条价格曲线就形成一个张开的剪刀形状，因而被形象地称为“剪刀差”。

清代后期的物价总趋势是上涨的。冯桂芬将同治年间的物价与清前期的作了比较，认为粮食“近年骤贱”，而“百物之贵皆视国初十倍上下”[①]。另据《松江府续志》载：自1860年以后，“凡服用之物，及一切工作，其价值莫不视从前加长。比年以来，惟粟及棉较平，其他不能称是。故历年农田尚称丰稔，而农日以病。”可见，农民所出卖的农产品价格上涨得慢，而他们所需购买的工业品价格却上涨很快，显然形成了剪刀差。

清末，日用百物的价格进一步上涨。以直隶景县为例，据表2-13[②]所示，其粮食价格上涨的幅度低于洋布等日用品价格上涨的幅度，这意味着农民在出卖同等数量的农产品之后，所能够买回来的洋布却越来越少，这势必进一步加剧农民的贫困。宣统二年八月，有人撰文指出：“今也以种种恶政之结果，以致百物腾踊，小民日用饮食所需，其价皆视十年前两倍。农民非仅恃食粟而他无所待于外也，衣服居室器用蔬馔之费，牛种粪溉之费，两倍于昔，必所入亦两倍，庶足以全其躯命。米价虽以同一比例以俱腾，既苦不给矣，而米价之为物，国家又常以特别之政策压制之，使其腾落不能悉剂乎供求之率，于是农益病。”[③]

表2-13　　清末直隶景县1880—1910年物价指数表

（以1880年=100）

类　别	1890年	1900年	1910年
麦子	108.3	141.7	230.0
小米	110.0	150.0	250.0

① 《显志堂稿》卷十二，第22页。

② 李文治编：《中国近代农业史资料》第一辑，三联书店1957年版，第563页。

③ 沧江：《中国国民生计之危机》，载《国风报》第一年21期。

续表

类　别	1890 年	1900 年	1910 年
棒子（玉米）	120.0	160.0	260.0
红高粱	137.5	200.0	275.0
白高粱	116.7	183.3	300.0
黍稷	166.7	233.3	300.0
绿豆	105.3	136.8	273.7
黑豆	110.5	151.2	279.1
芝麻	114.3	142.9	278.6
棉花	100.0	150.0	250.0
盐	115.0	170.0	300.0
醋	100.0	125.0	193.8
香油	150.0	300.0	450.0
酒	104.2	125.0	520.8
洋布	100.0	500.0	500.0

总之，由于清代后期农村自然经济不断解体，农产品商品化不断扩大，广大农民在卖出和买进之间，受工农产品剪刀差的影响，遭到不小的经济损失，从而降低了生产能力，生活更为贫困，其租赋负担能力也进一步减弱了。

第三章

清代后期农民的沉重负担与抗争的个案分析

第一节　太平天国的农民负担

一、广西农民的封建负担与太平天国起义的爆发

第一次鸦片战争爆发以来，中国社会的主要矛盾即地主阶级与农民阶级的矛盾更加尖锐，同时因帝国主义列强入侵而造成的民族矛盾也在逐渐加剧。因此，农民的反抗斗争从未间断，尤其是在长江以南地区，一场新的革命风暴正在酝酿之中。

1851 年 1 月 1 日（道光三十年十二月十日），在洪秀全、冯云山等的宣传、组织和领导下，经过多年秘密准备的“拜上帝会”会众近万人，聚结于广西桂平县金田村，正式宣布起义反清，国号“太平天国”，掀起了一场震撼全国的农民革命风暴。

广西成为太平天国运动的发源地并非偶然。广西素称“地瘠民贫”，多数农民是不堪封建地主压榨的贫苦佃农。例如，在桂平县，

“田多为富室所有，荷锄扶耜之伦，大半为富人之佃。”① 据近人调查，该县新墟附近的田地十分之八为昌、凌、陈、罗等几家地主所有；② 金田村居民“绝大部分无土地”，介垌村“全村人口约八百多人”，其中“六百余人全部没有田地”。③ 据王瑛的研究，广西和全国各地一样，大致是40%—80%的土地集中在10%—30%的人手中，而60%—90%的多数人则没有土地。④

广西佃农遭受的地租剥削苛重。贵县、平南、桂平一带每亩租额为谷3.5石，⑤ 有的“田租占收获净谷的百分之八十”，⑥ 远比其他省份的实物租额为重。据碑文显示，桂平县龙华寺庙田的地租，在10年间由谷3000斤增至11770斤，增长40%，⑦ 由此可见地租率增长之一斑。除田租之外，广西佃农还备受地主的种种无偿力役以及鸡鸭酒肉等额外勒索。

广西自耕小农承受的田赋之征也苛重不平。清朝对号称“地瘠民贫”的广西的民田所课征的平均赋额竟大大高于某些富庶的江南省份。据嘉庆《大清会典事例》的记载，如表3－1所示。⑧

表3－1

省别	民田每亩银额（分）	民田每亩米额（升）
广西	2.04—21.22	3.70—5.35
广东	0.81—22.32	0.65—2.29
江西	0.1336—11.7013	0.14—7.10
浙江	1.503—10.60	0.21—7.10
安徽	1.50—10.60	0.21—7.10
江苏	0.90—10.60	1.47—19.26

① （民国）《桂平县志》卷二九。

② 广西省太平天国文史调查团：《太平天国起义调查报告》，第二章《当时的社会情况》，三联书店1956年版。

③ 广西壮族自治区通志馆：《太平天国在广西调查资料汇编》，广西人民出版社1962年版，第13—15页。

④ 参见《太平天国革命前夕土地问题》，载《中山文化教育馆季刊》第三卷，第1期。

⑤ 《太平天国起义调查报告》第二章。

⑥ 《太平天国在广西调查资料汇编》。

⑦ 《龙华寺实在租粮并田丘永远碑记》，转引自郭毅生：《太平天国经济制度》，中国社会科学出版社1984年版，第8页。

⑧ 李文治编：《中国近代农业史资料》第一辑，三联书店1957年版，第298—299页制表。

倘若再考虑广西的“地瘠”与江南一年两熟或三熟的差别，表3－1所示的田赋负担的相悬实际上更大。

就广西各县之间比较，田赋科则亦轻重相悬。浔州府的桂平、平南、贵县、武宣四县是洪秀全、冯云山从事革命活动的地区。据府志记载，这四个县的官田一亩征米四斗，而按广西征赋通则，官田每亩征米为六升四合至二斗七合不等。可见，当地耕种官田的农民所承担的田赋在名义上也是他县的数倍。[①]

实际上，由于田赋征纳之中弊病丛生，胥吏恣意浮收勒折，自耕农交纳的田赋数量远比名义税额为高。例如，在邕宁县，包揽钱粮的“卯铺”之辈，“辄上下其手，有纳银一两，规取制钱至十余千者。又复巧立种种名目，苛收横索，数十倍于正供。稍一不遂，鞭笞之下，缧绁随之。”[②] 在灌阳县，“纳谷之时，数十百里，肩挑背负。及运至仓，书吏等又多索费用。虽极干圆洁净，亦故意挑斥刁措，有十日半月不能交纳者。……及其收谷，又不止淋尖、踢斗，并多斛外抛洒，仓中斗级之肆攫，不准小民拾回颗粒，稍不满意，即为挂欠，令其补纳。大约完谷一石，其耗费已需至数石矣。”[③]

沉重的徭役负担也令自耕农苦不堪言。例如，在永安州，举凡官府解犯、护饷、盘仓、递文、修葺及州官出巡等事所需夫役工料，皆无偿地向百姓征调。[④] 又据光绪《容县志》卷二八所述：“邑中素苦徭役，凡修葺城垣、公署、刑狱，砖瓦灰石派民供亿。而上司过境，勒派民夫，多至千数百名，枵腹守候，其苦异常。”许多自耕农“惧差役之累，立券书诡寄绅士门下，借以荫庇，而钱粮则自输纳。年远，豪强者遂夺其田，细民多愚弱，不敢校。即有讼于官者，官即据券书姓氏为证，而豪强又往贿遗鬻田者，使实其户，于是讼反不胜，而以无证受罪，吞声忍泣，莫可控诉。”[⑤] 可见繁重的徭役是促使自耕农破产的一个重要原因。

---

① 《太平天国史研究文选》，广西人民出版社1981年版，第29页。
② （民国）《邕宁县志》卷一四。
③ （民国）《灌阳县志》卷二一。
④ （光绪）《永安州志》卷二。
⑤ 李文治编：《中国近代农业史资料》第一辑，三联书店1957年版，第65页。

在租、赋、役多重苛征压榨之下，广西农村经济满目疮痍，破产农民只得借债度日，饮鸩止渴，从而使乡村典当业畸形繁荣，当铺遍布各圩场，仅浔州的江口、新圩、大圩和玉林州的桥圩等地，就各有二至五间的当铺。[①] 金田有的地主放债犹如敲骨吸髓，“通常春天借五十斤谷，到六月夏收时连本带利还九十斤。要是延到秋收后才还，本利要一百八十斤。要是再延到第二年还，本利又加一倍。”[②]由此可见，乡村典当业和高利贷的盛行，既是广西农民经济破产的直接反映，又成为加剧农民贫困状况的重要原因。

由此可见，太平天国革命之所以在广西爆发，是与广西当时社会矛盾极其尖锐直接相关的。然而，太平天国不是地方性的反贪官污吏的农民斗争，而是以整个地主阶级及其政权为打击对象的全国性的农民斗争，目的在于“反对封建剥削者与封建压迫者，争取农民自身的经济地位与政治地位的改变。”[③] 这场狂飙席卷 17 省，历时 14 年。义军从广西出击，进据长江流域，于 1853 年年初定都天京（今南京市），建立与清廷长期对峙的政权，制定了比较完整的政治、经济、军事制度，达到中国旧式农民战争的顶峰。虽然起义最终被中外反动势力绞杀了，但是，太平天国的英雄们首次描绘出使农民摆脱封建负担的理想蓝图，并且在实践中采取了某些旨在减轻农民负担的租赋政策，他们的理想追求以及实践中的经验教训，为中国农民斗争史谱写了不可磨灭的篇章。

二、《天朝田亩制度》反封建负担的革命性及其局限性

中国农民从祖祖辈辈的悲惨经历中，逐渐领悟到他们之所以不得不遭受封建压迫和剥削，其经济根源在于土地占有的严重不均，因而在明朝末年农民起义中明确发出了“均田”的呐喊。太平天国的创始人洪秀全（1814—1864 年）则进一步把农民“均田均赋”的传统“均平”愿望，与儒家的大同思想以及西方传来的基督教义的平等主张揉合起来，描绘出建立一个能使农民免除封建负担的理想天国的蓝

①② 见《太平天国在广西调查资料汇编》第一章。

③ 《光明日报》1951 年 1 月 11 日社论《纪念太平天国革命百周年》。

图。定都天京之后，太平天国发布《待百姓条例》，宣布："不要钱漕。但百姓之田，皆系天王之田，收取子粒，全归天王所有。每年（月？）大口给米一石，小口减半，以作养生……"① 这已勾勒出有关废除封建赋税制度、土地归公以及农产品分配等方面改革的粗略框架。不久，太平天国刊刻了天王洪秀全"旨准颁行"的《天朝田亩制度》，具体明确地描绘了他们所向往的"有田同耕，有饭同食，有衣同穿，有钱同使，无处不均匀，无人不饱暖"② 的理想社会图景。

《天朝田亩制度》（以下简称《制度》）的核心内容是土地分配制度、产品分配与管理制度。

关于土地分配，其前提是："天下皆天父上主皇上帝一大家，天下人人不受私，物物归上主"，"凡天下田，天下人同耕"，即土地公有。它规定把天下田按产量高低分为三类九等，就是：一亩早晚二季产粮 1200 斤者为上上田，产量减 100 斤降一等，直至年产 400 斤者为下下田。上上田一亩折合上中田一亩一分，折合其他各等田若干。具体分田方法为：凡分田，照人口不论男、妇，算其家口多寡，人多则分多，人寡则分寡，杂以九等。如一家六人，分三人好田，分三人丑田，好丑各半。

凡男、妇，每一人自十六岁以尚（上）受田，多逾十五岁以下一半，如十六岁以尚，分尚尚田一亩，则十五岁以下减其半，分尚尚田五分；又如十六岁以尚，分下下田三亩，则十五岁以下减其半，分下下田一亩五分。可知土地系按人口平均分配，只有年龄差别而已。

关于农业产品的分配与管理，《制度》规定："凡当收成时，两司马督伍长，除足其二十五家每人所食可接新谷外，余则归国库。凡麦豆苎麻布帛鸡犬各物及银钱亦然。"

同时相应制定了支用"国库"钱物管理办法，即：凡二十五家中，设国库一，礼拜堂一，两司马居之。凡二十五家中，所有婚娶弥

① 佚名：《金陵被难记》，见《太平天国》第 4 册，神州国光社 1954 年版。

② 《天朝田亩制度》，见《太平天国》第 1 册。

月喜事（实指丧事）俱用国库，但有限式，不得多用一钱，如一家有婚娶弥月（喜）事，给钱一千，谷一百斤，通天下皆一式，总要用之有节，以备兵荒。

此外，《制度》还包括农村社会组织的军事性建制形式、选官与黜陟、教育与司法等方面的重要规定。

不过，《制度》并未被付诸实施，其刊行数量极有限。尽管如此，从农民阶级反抗封建压迫和剥削的斗争史的角度看，它是中国历史上第一份旨在把农民的平均主义思想加以制度化与法律化的文件，在当时具有巨大的革命性，同时带有不可避免的历史局限与阶级局限。

《制度》包含着否定封建地主土地所有制的合理进步的内核。所谓“天下田天下人同耕”的矛头所向主要是针对给农民带来深重苦难的地主所有制，如果它被付诸实施的话，首先被拿出来分配的必然是地主手中的大量田地。因而《制度》的“均田”规定，实质上反映的是农民迫切希望改变封建生产关系的自发的阶级要求，在当时的历史环境具有反封建的革命性。

同样的，《制度》关于产品的分配方案也是对苛重的封建赋税和地租的否定，是旨在解除农民的封建负担的一剂药方，具有强烈的现实革命意义。

毋庸讳言，《制度》的思想基础是作为小生产者的理想原则的平均主义或平等思想，因而使这份文件具有两重性。一方面，就社会现实而言，平均是对贫富不均的否定，平等是对贵贱悬殊的否定，正如列宁所论述的：“在反对旧专制制度的斗争中，特别是反对旧农奴主大地主占有制的斗争中，平等思想是最革命的思想，农民小资产者的平等思想是正当的和进步的，因为它反映了反对封建农奴制的不平等现象的斗争。”[①] 另一方面，从人类历史发展规律来看，正如有的论著所指出的：“在人类历史上，只有极端贫困的原始社会，生产资料才是平均分配的。当生产力有所发展，出现了剩余产品之后，人类便永

① 《列宁全集》第十三卷，第217页。

远结束了平均主义分配的历史。”“原始社会是人类历史上最落后的社会制度，把平均主义分配制度作为美好的理想，并不是一种先进的思想，并不代表历史前进的方向。”① 再就农民切身的经济利益而言，“《制度》幻想每个农民都在分散的小农经济基础上永远保持一份平均的财产，这种平均主义的做法，即使实现了，也不可能使农民改进生产工具和耕作技术，不可能使农业生产大量发展。农民的前途还很黯淡。”②

归纳上述，“《天朝田亩制度》中所描绘的平均主义理想，达到了中国农民战争史上前所未有的高峰。平均主义是农民小生产者的最高理想，是农民对封建社会财富极不平均的自发的反抗，是革命本能的简单的表现”；“农民小生产者平均社会财富的要求，针对地主阶级是正义的革命的，针对农民、手工业者，针对商人则是反动的倒退的。”“劳动者不可能从‘人人不受私，物物归上主’的制度中得到任何好处。”③

三、圣库制度与定都天京前的筹饷方式

自金田起义开始，太平天国就创行一项独特的财政制度——圣库制度。其特点在于“一切所有缴纳于公库，全体衣食俱由公款开支，一律平均。”④ 创建该制的思想依据是拜上帝教宣扬的平等思想，是对“天下人人不受私，物物归上主”教义的实践，同时又是出于太平军将士往往是扶老携幼举家投营的实际要求，旨在使人无私心，无后顾之忧，增强团结，一心杀敌。这项产生于特殊战争环境的圣库制度，实际上是具有军事共产主义性质的军需供给制度，对太平天国运动的发展曾经发挥过良好的作用，也影响着太平天国财政与农民负担的关系。

圣库的供给对象先是太平军将士及其家属。及至1853年3月定都天京，根据分别男行女行的教义、男女分营的军制、官兵生活近乎平

①③ 王戎笙等：《太平天国运动史》，人民出版社1986年版，第133—135页。

② 范文澜：《纪念太平天国起义一百零五周年》，见1956年1月11日《人民日报》。

④ 韩山文：《太平天国起义记》，见《太平天国》第6册。

等的供给制度，以及分田、农村生活划一等制度和理想，太平天国在天京城内没收私产，将居民分别男女加以编制，[①] 实行统一的供给制度。故圣库的供给对象遍及天京全城人民。

为了保证圣库能有比较充足的物资来源，太平天国在定都天京前后，其筹饷方式有明显变化，与农民负担的关系和影响也有所不同。

从金田起义到定都天京之际，圣库的钱物来源于下述五种形式。

第一，会众“将田产屋宇变卖，易为现金，而将一切所有缴纳于公库。”[②]

第二，攻城略地所缴获的清朝官府仓贮库存。1851年秋，天王洪秀全在广西永安下诏规定：“凡一切杀妖取城所得金宝、绸帛、宝物等项，不得私藏，尽缴归天朝圣库，逆者议罪。”[③] 尤其是进军江南途中，太平军攻占过岳州、武昌、九江、安庆等30多座城市，缴获了大量的战利品。例如，1853年夏，萧朝贵率军沿湘东奔袭长沙，军需取之于敌，克醴陵时，“是城粮谷顿有，已得无数军装、红粉（即火药）”，兵临长沙城下，访知“州里城外，米谷甚多，目下查得粮有十万余，油盐足用”，便“欲往进攻。”[④] 清军惊呼：太平军“所向无前。乘风急驶，飘忽靡常，一日行数十里，处处使我猝不及防，所欲城池，不战即得，遍地金帛粮米……任其载运，声势炫赫。”[⑤] 及至太平军进入南京之时，“水面舟只万余，各尽满载粮食。”[⑥] 当时太平军只有十几万人，军需粮秣相当丰足。

第三，兵锋所及之处，剥夺官僚、地主、富商的资产。太平军将士自豪地宣布：“吾以天下富室为库，以天下积谷之家为仓，随处可

① 郦纯：《太平天国制度初探（下册）》（第二次修订本），中华书局1989年版，第649—668页。

② 《太平天国起义记》。

③ 《天命诏书》，中华书局1979年1版，第8—9页。

④ 《太平天国文书汇编》，中华书局1979年版，第8—9页。

⑤ 《太平天国》，第141—142页。

⑥ 罗尔纲注：《李秀成自述原稿》，中华书局1982年版，第107页。

以取给。"[1] 这种专门针对富豪而采取的经济剥夺行动，称为“打先锋”。[2]

第四，攻占某一城乡之初，收纳“进贡”。进贡亦称贡献，主要来源于城乡人民的自愿进贡，是对义军的犒劳与支持。其中也包括富室巨绅的贡献，则是他们归顺的表示。1853 年 1 月，太平军克复武昌时已见实行“进贡”的筹饷制度。据陈徽言在《武昌纪事》所述：“‘贼’僭设伪进贡公所，使民间进贡，凡金、银、钱、米、鸡、鸭、茶叶皆可充贡。且云进贡仍各归本业……于是人争趋之。时城中钱米富有者无几，皆捧盘米上压百钱或千钱；唯典商及素封之家，有贡黄金多至数百两，贡银铤累置案上，前后使四人舁之者，然亦寥寥可得而偻指也。……至伪公所，次第挤入，数长发‘贼’各以其汇，收讫予一纸，上钤伪印，大书‘进贡’二字；其贡金银者，给伪执照，署杨秀清、萧朝贵二逆左铺、右弼伪衔号。”[3]

建都天京后，城内居民“率皆纠聚进贡，或金银，或珠玉玩好，无不与收，给小条纸，并列名姓粘门上。”[4] 在城郊，则是“前村箪食，后巷壶浆，俱给执照，并小红旗竖村口，门贴顺字，夜可毋庸闭户矣。”[5] 可见，太平军对进贡物品的品种及数量均无强制性的规定，有些地方的“富厚之家，必千金数百金，谷米数百石，猪数口，鸡数十只，配以群物”[6] 来贡，成为当地“进贡”的重要来源。

第五，“科派”。据清方报告，太平军在已归顺的地区取办军需时，当地“于各村镇各举数耆老设一公所，贼至作黍，使耆老周旋其间，哀告贫苦，输纳钱数百千，求免穷搜。贼去则按田亩而摊之。此科派之始也。”[7] 去其诬蔑之词，可以看出“按田亩而摊之”的所谓科派，具有向征收田赋过渡的色彩。

显然，上述五种筹饷方式一般不会加重农民的负担。相反地，革命风暴席卷之处，广大农民却得到了革命的实际好处，封建负担一时

---

①② 《贼情汇纂》卷十，《贼粮》，见《太平天国》第三册，第 269 页、第 271 页。

③ 《太平天国》第四册，第 594—595 页。

④ 张汝南：《金陵省难记略》，见《太平天国》第四册，第 696 页。

⑤ 柯悟迟：《漏网喁鱼集》，中华书局 1959 年版，第 17 页。

⑥⑦ 《贼情汇纂》卷十，《贼粮》、《科派》。

大为减轻。究其原因在于：其一，义军所到之处，攻城略地，“凡陷一城，尽戕官吏”①，从而把当地官府的赋税征管系统打得稀巴烂，同时又宣传太平天国的“薄赋税，均贫富”或“不要钱漕”的口号。这就使众多自耕农暂时减轻或免除了封建田赋负担。其二，太平军所到之处，打击或镇压了大批官僚、地主分子，迫使许多地主如漏网之鱼举家迁避，众多佃户因此暂不交租。更重要的是，借助革命的威慑力量，佃农自发的抗租斗争更富有实效。例如，当太平军1854年3月攻占湖北黄梅县之后，佃农“多挟贼凌富，而田风大坏，舞弊名色多”，“阖邑皆然”。② 1854年3月间，安徽巡抚福济奏报安徽“愚民亦望贼来，即可不纳佃租，不完官粮，并可从中渔利，则有望风依附者”；“佃户藉端霸租，富家尽被劫盗。”③ 同时，太平军剥夺地主浮财的斗争也从经济上帮助了部分贫苦农民，苏杭流传的民谣说：“黄金家财殓薄包，穷人手里捏元宝，‘长毛’哂哂笑”，④ 生动地反映了这种事实。

总而言之，在定都天京之前以及定都之后兵锋初到之处，尽管太平天国尚未制定明确的田赋政策，但是广大农民仍然得到了革命的实际好处，封建负担一时大为减轻。不过，上述五种筹饷方式具有明显的临时性和不稳定性。

四、定都天京后的租赋政策与农民负担

太平天国定都天京之后，为了保卫天京的安全和保障供给，相继派兵攻占了长江中下游的大片地方，形成相对稳定的统治区域。与此同时，圣库支出也急剧扩大。仅天京一地的口粮，据清方的刺探所知，“每月约放米三十余万石”，而城内“屯贮截至癸丑年（1853年）终，共存谷一百二十七万石，米七十五万石”，“合计米谷足支四月。”⑤ 可

① 《贼情汇纂》卷十二，《杂载》。

② 邓文滨：《醒睡录》卷七，《卖脱父亲能脱课》。

③ 原件藏第一历史档案馆。转引自郭毅生：《太平天国经济制度》，中国社会科学出版社1984年版，第98页。

④ 冯氏：《花溪日记》，见《太平天国》第6册，第669页。

⑤ 《贼情汇纂》卷十，《口粮》。

见如何解决粮食问题，已成为太平天国财政的当务之急。因此，由临时性的筹饷方式转向实行统一、稳定的田赋政策已势在必行。定都之后，太平天国改变了以往的流动作战方式，“陷一城即守一城，陷一镇复守一镇”，[①] 着手建立省、郡、县三级地方政府。到 1854 年上半年，已建立江西省（曾占有 81 个府县）、湖北省（曾占有 43 个府县）、安徽省（曾占有 57 个府县）等，[②] 并且编组了各级乡官。这就为征收田赋提供了组织机构方面的必要保证。加之，有的太平军将领已在辖区内开征田赋。例如，1853 年 6 月，赖汉英等在南昌一带“计亩征粮”[③]；同年 9 月，石达开在安庆设置乡官，“征租赋”，[④] “令按亩收银粮”，[⑤] 取得一定的实践经验。因此，1854 年夏，杨秀清、韦昌辉、石达开等人计议后，向天王洪秀全上“本章”建议说：“建都天京，兵士日众，宜广积米粮，以充军储而裕国课。弟等细思安徽、江西米粮广有，宜令镇守佐将在彼晓谕良民，照旧交粮纳税。”

天王批示：“胞等所议是也，即遣佐将施行。”[⑥] 从此，“照旧交粮纳税”就成了太平天国的田赋基本政策。

1860 年 6 月忠王李秀成攻克苏州，在苏南地区建立以苏州为中心的苏福省，成为太平天国后期的主要根据地。同年 9 月，洪秀全采纳李秀成的建议，颁布“酌减征收舒民力”的诏旨。诏曰：“……朕览秀胞本奏，历述苏省所属郡县新附四民，前经胡妖抽捐税，竭尽尔等脂膏，厚敛重征……朕格外体恤民艰，于尔应征钱漕正款，今（令）该地佐将酌减若干。尔庶民得薄一分赋税，即宽出无限生机。”[⑦]

这是对“照旧交粮纳税”政策的重大修正，有利于减轻苏福省农民的负担。

---

① 《向荣奏稿》卷七。见《太平天国》第七册，第 350 页。

② 参见华强：《太平天国政区地名考》，载《太平天国学刊》第四辑（中华书局 1987 年版）。

③ 邹树荣：《蔼青诗草》，见《太平天国史资料》，第 72 页。

④ 李滨：《中兴别记》卷九，见《太平天国资料汇编》第二册，第 145 页。

⑤ 杜文澜：《平定粤匪纪略》卷二。

⑥ 《贼情汇纂》卷七，《伪本章式》。

⑦ 《太平天国文书汇编》，中华书局 1987 年版，第 51—52 页，第 118 页。

与此同时，太平天国乡官政权也对各地的租佃关系进行不同程度的干预。由于太平天国前后的租赋政策有所变化，加上地方佐将、乡官具体执行时政令不一、形式有异，就使得太平天国定都天京之后辖区农民的负担状况出现错综复杂的现象，既有时间和地区的差别，又有阶层之间的差异。

（一）自耕农的田赋负担

这里需要说明是何谓“照旧交粮纳税”。现存一份太平天国“前玖圣粮刘”某于1855年3月27日发布于江西都昌的布告，[①] 是很好的说明。布告说：本大臣恭奉王命，莅临斯土，催办钱漕，兼收贡税，田赋虽未奉其定制，尔粮户等，亦宜谨遵天定，暂依旧例章程，扫数如期完纳。……今值三月之期，正为应完地丁之候，所有一切应完地丁以及芦课、渔课等项，无论富户贫民，务宜一体完纳，不得迟延拖欠。

这清楚地说明，“照旧交粮纳税”就是依照清朝的“旧例章程”，农村的“富户、贫民”之间的阶级关系没有变动。换言之，“照旧交粮纳税”意味着承认封建土地关系的现状。由此也可见《天朝田亩制度》没有被付诸实行。另据清朝文人记载：“皖、楚、江右，沿江内外，逆匪所陷各省府县，亦照旧设立伪郡县。……其县伪监军系搜查从前征册，索取钱漕、渔、芦、牙税。”[②]

可知“照旧交粮纳税”政策是普遍执行于安徽、湖北、江西各省的。

从现存的太平天国征纳田赋的各种凭据看来，其田赋征收方式确实与清朝大同小异。他们也把正式田赋分为地丁银的粮米两色，一年分上忙、下忙两次征收。计税依据一般是旧粮册，先向“粮户”发出“易知由单”，收纳之后发给完银、完粮的“串票”“执照”或“纳照”“收照”。[③]

就现存资料考察，在太平天国的不少地区，自耕农原有的实际负

---

① 《太平天国文书汇编》，第118页。

② 涤浮道人：《金陵杂记》，见《太平天国》第四册，第642页。

③ 参见荣孟源：《太平天国有关土地制度的公据》，载《新建设》1956年第2期。

担（包括正额与浮收）曾经有所减轻。

据安徽省博物馆收集到的桐城县粮户朱浣曾的七份完粮“田单”和“执照”[①]分析，朱氏在咸丰五年（1855年）和咸丰七年（1857年）的春纳每亩赋银均为4分6厘弱，说明其田赋正额是稳定的；其咸丰七年的“春纳执照”写明有田三亩五分，而该年春纳、秋纳两次共交赋银三钱弱，平均每亩不足银一钱。最近还发现了安徽桂池县监军发给粮户汪一新等人的三份粮赋执照，其中的粮户致良堂“实田伍亩捌分，完太平天国庚申年份（1860年）正漕叁钱肆分壹厘”。可知该年每亩完纳赋银额为六分零。清制，安徽省民田每亩科银为一钱零六厘不等，可见桐城、桂池二地的田赋正额比清制有所减轻，而且太平天国剔除了清朝的浮收勒折积弊，故使当地自耕农的田赋负担比以前大为减轻。[②]

在江西，1856年清朝官吏雷寿南曾忧心忡忡地通报说，太平天国“赋又善取之，轻取之，民遂渐有乐于相向之意。”[③]根据敌方营垒传出的这种消息，我们完全可以断定当时江西自耕农的田赋负担也比以前大为减轻了。

关于太平天国在江、浙地区征收田赋的史料比较丰富。兹据郦纯的比较研究而制成表3-2，其结论是：“在吴江、海盐、桐乡、石门、奉化、太平芜湖一带等六个地区，除奉化及1862年度海盐赋额、1862年、1863年度桐乡征额觉比清方稍重外，其余都比清方轻，有的轻得很多，如1860年吴江赋额仅为清方的三分之一。其在较重的地区，也没有把清方的杂征计算在内，是重是轻，还不能完全肯定。”[④]

另外，现存不少太平天国在石门县征收田赋的“便民易知由单”。郭毅生按1861年、1862年、1863年三个年份各取10件，按地点加以排列并分析研究，得出四点结论。其一，“太平天国自1861年在浙江

① 《太平天国资料》，第5—7页。
② 郭毅生：《太平天国经济制度》，第168页。
③ 《雷竹安文书·禀骆中丞》。
④ 《太平天国制度初探》（下册），第453—475页。

表 3－2

地名	清朝田赋负担（亩）		太平天国田赋负担（亩）			
	法定赋额	实际征收量	1860 年	1861 年	1862 年	1863 年
苏州	1.1 斗	6 斗	1.75 斗			
吴江	1.1 斗	6 斗	2 斗	4.6 斗		
长洲	1.1 斗	6 斗	1 斗	2 斗	4.6 斗	
海盐	1 斗	2.5—3 斗		1 斗，因灾减为 0.4 斗	3.5 斗	
桐乡	1 斗	同上		2.1 斗	1.56 斗加上运费等	2 斗，另田捐等费
石门	1.23 斗	同上		1.6 斗	1.6 斗	1.9 斗
奉化	1.4 斗			2 斗		
太平芜湖	0.29 斗	0.75—0.87 斗		0.4 斗		

省石门县设治的三年间，每年征收漕粮数额，平均每亩皆在一斗六升左右，基本上是稳定的，尚未发现有逐年增加的现象。虽然 1863 年军务频繁，需粮孔亟之时，亦未逾额加征。这和苏浙大多数地方的田赋征收情况，是基本一致的。”其二，“太平天国在石门县征收漕粮，革除了清朝长期不能解决的浮收勒折诸弊端。”其三，“太平天国在石门县每亩征粮米数，比清方原额（浮收不计入）高”。其四，“石门县各户田地每亩所纳额基本相同，间或小有差异。”① 综合来看，石门县自耕农的田赋负担是比清朝来得轻而且比较公平合理的。

据方志和私家文献记载，太平天国治浙江双林镇时，“田税转轻于昔，仅依旧额取十之五六”。② 在海宁，1862 年征地丁银时，“限完半再折七五，投完络绎。”③

近年，苏州博物馆收集到吴县东山区农民珍藏的两件太平天国在东珊（山）县启征上忙银的“执照”，时间分别为 1861 年和 1862 年。

① 《太平天国经济制度》，第 187—197 页。

② 蔡蒙重辑（民国）《双林镇志》卷三二。

③ 冯氏：《花溪日记》，见《太平天国》第六册，第 708 页。

“执照”上除盖有主管官印外，另加盖有长方形红色钤记，印方楷体字两行为：“奉命减免一成，遵照九成完纳”。[①] 这两份执照确凿证明，在1861年和1862年，苏州征收田赋地丁银是遵照天王诏旨贯彻了减赋政策的。

为了杜绝征收田赋中的浮收行为，太平天国也制定了法令，并且要粮户共同监督。例如，今存1861年冬在海盐县征收田赋的一份“粮户易知由单”，写着：“照得该县大熟田亩，每亩应完额征干圆白粮每亩壹斗正”，中加盖木刻的红色钤记，印文宋体正书为：“灾免外每亩实完肆升正”。这说明海盐的田赋正额比清朝减轻[②]，并且实行了“灾免”制度。同时，这份易知由单上还写着“该监军等如敢浮收粒米，措串难阻截，许该粮户据实具禀，即行按照天法。”[③] 毋庸讳言，太平天国辖区内实际上未能根除浮收之弊。例如，在嘉庆，监军顾午花收漕粮时，“仍用故衙门吏胥，仍贪酷旧规，以零尖、插替浮收三石、四石不等，百姓大怒。又有陶庄举人袁姓，承伪命于陶庄收漕亦如此。”[④] 这种违法行为之所以发生，往往与地主分子和清朝旧胥吏混入乡官政权或参与田赋征收工作直接相关，是用人失当所致。

综上所述，太平天国的“照旧交粮纳税”政策其实是侧重于田赋征收形式而言的。太平天国的田赋政策实际上应概括为“轻赋”政策，表现在相当多地区征收田赋的正额轻于清方，征税手续比较合理，浮收勒索现象大大减少。这显然减轻了自耕农的田赋负担。另有一部分地区在一定时间内所征田赋比较繁重，但多半另有具体原因，与太平天国的田赋政策倾向无关。

（二）佃农的租赋负担

“照旧交粮纳税”，既意味着承认封建地主土地所有制的现状，佃农的经济地位在法律意义上就不可能有所改变。史料证明，太平天国

---

① 《太平天国经济制度》，第172页。

② 据《嘉兴府志·田赋》载，该地田赋亩额为1.07斗。

③ 《太平天国文物图录》，第68—69页。

④ 《花溪日记》，见《太平天国》第六册，第707页。

前期在湖北、安徽、江西三省，后期在江苏、浙江的广大地区，都是允许地主收租的。[①] 相应地，太平天国征收田赋也不得不遵循“佃户交租，业户（主要指地主）完粮”的租赋输纳旧例。实际上，由地主“收租完粮”的确是太平天国实施“照旧交粮纳税”的一种具体形式。但是，由于革命的影响，在不少地区要严格推行“业户完粮”形式又遇到诸多困难。主要是：第一，如前所述，许多城居或乡居地主遭受义军的打击，或死或逃，太平天国的乡官不能仍然按照旧粮册向这些“粮户”征粮，只好改变征粮对象。例如，在海盐，太平天国“以粮户迁避，无可征收，遂责佃户输纳。”[②] 第二，佃农自发的抗租斗争借助革命形势而普遍展开，在安徽桐城，地主文人哀叹道：“东庄有佃化为虎，司租人至攫其乳，西庄有佃狠如羊，掉头不顾角相当”，[③] 以致地主减收田租收入甚至“籽粒无收”，因而无力完粮。例如，在浙江桐乡，“因乡人不肯纳租，产户无所取给，粮米追征不齐。”[④] 第三，在一些地区，太平天国责令地主前来办理“取租办赋”的有关手续，而部分反动地主坚持敌对立场，拒绝予以合作。例如，在常熟，据佚名《避难纪略》记载，太平军“又令业户领伪凭，曰田凭，诱以领凭之后得以收租，实无应者。”[⑤] 当地另一地主文人也说，1861 年冬，“招业主认田，开呈佃户、田亩细数，每亩先缴米一斗，即给田凭，准其收租，无一应者。”[⑥] 在上述情况下，为了尽快征收到田赋，太平天国创造了“着佃交粮”即由佃户交田赋的征粮形式。其实施范围相当广泛，尤其在租佃关系盛行的江、浙地区，成为与地主“收租完粮”并行不悖的田赋征收制度。

就法权关系而言，“着佃交粮”无非是田赋征纳形式上的变通权宜，并非标志着地权由地主转移到佃农手中。现存一份“办理长洲军

① 参见吴雁南：《试论太平天国的土地制度》，载《太平天国史论文选》（上册），第553—582 页。

② 徐用仪：光绪《海盐县志》卷末《杂记》。

③ 方宗诚：《闲斋诗集》后编，《食新叹》。

④ 《太平天国史料丛编简辑》第四册，第 138 页。

⑤ 《太平天国史料专辑》，第 73 页。

⑥ 柯悟迟：《漏网喁鱼集》，第 55 页。

民事务”黄某的《告示》说：“照得粮从租办，理所当然……我天朝克复苏省，安抚之后，甫征之初，即经前爵宪熊推念在城业户流离未归，出示晓喻，姑着各佃户代完地粮，俟业户归来，照租额找算……”[①]

在桐乡，《钟良相布告》称：“住租屋、种租田者，虽其产主他徙，总有归来之日，该租户仍将该还钱米缴还原主，不得抗欠。”[②] 可见，在法令上太平天国仍然承认和保护地主拥有田产的私有权。因此，无论是“着佃交粮”，或是地主“收租完粮”，佃农负担是否比以前有所减轻，关键要看太平天国乡官政权对地租输纳状况如何干预。归纳有关史料，太平天国乡官政权对地租的交纳采取以下五种不同态度，影响着佃农负担的轻重变化。

第一，只管征粮，不管租米。例如，1861 年，太平天国在吴江黎里镇设局，“只管粮米，租米不管。”[③] 在常熟，“南乡粮租并收，其三乡但有粮局，业户几不聊生。”[④]在佃户抗租斗争蓬勃展开的客观现实面前，太平天国乡官“不管租米”无异于是对抗租采取默许的支持态度。因此，在不少“着佃交粮”的地方，佃农实际上是只交粮不交租的。在常熟，太平军 1860 年攻克后，即实行“照佃起征”制度，地主文人或称：“乡农各佃既免还租，踊跃完纳，速于平时”[⑤]；或称：“农民之力亩者，窃利租不输业，亦依违其间。”[⑥] 所以，有的地主文人写道：“中夜念业户二年无租，饿死不少，幸而降价鬻田佃农，十得二三，何以延命？”[⑦] 在绍兴，地主范城说：“去冬（1861 年）向佃户收租如乞丐状，善者给数斗，黠者不理或有全家避去者。”[⑧] 在无锡、金匮二县，1861 年 11 月，“各乡官随田派捐，以供‘贼’支，各佃户认真租田当自产，故不输租。各业户亦无法想，惟乡业熟悉田佃

① 《太平天国文书汇编》，第 145 页。
② 《太平天国史料丛编简辑》第四册，第 73 页。
③④ 《柳兆薰日记》，见《太平天国史料专辑》。
⑤ 汤氏辑：《鳅闻日记》，见《近代史资料》1963 年第 1 期。
⑥ 《太平天国》第五册，第 136 页。
⑦ 《自怡日记》同治元年八月记事，见《丛编简辑》第四册，第 460 页。
⑧ 范城：《质言》。

者，或可每石收一二斗不等。”[①] 在安徽，地主文人有诗曰：“指点累累饿莩堆，半属昔年富家子”。[②] 地主分子的声声哀音，正好说明佃农普遍地获得了抗租的实惠。

第二，公开支持佃农的抗租斗争。据《自怡日记》所载，1861 年 2 月，虽然常熟的太平天国地方当局发布禁止“霸租、抗粮”的告示，但“其所统官员，……又任佃农滋事，……与示正大相反”；次月，又有太平天国的高级官员来巡察，“倡免租之议，胆纵豺狠。”[③] 地主分子为此切齿咒骂，说明太平军部分官员曾旗帜鲜明地支持过佃农的抗租斗争。

第三，明令限制地租的征收额。在苏州，据《自怡日记》所述，1860 年 10 月 17 日，“伪帅熊、伪令徐同至黄棣安民，给示收漕，每亩定六升，连条银共一斗，业主收租五成，先自办米缴新赋”。[④]在苏州西北的长洲县，太平天国的乡官虽然限制地租的征收量，但起初对地租未作统一规定。到了 1862 年 9 月 18 日，长洲军政长官黄某发布了《酌定还租以纾佃力》[⑤] 的告示，指出：“照得粮从租办，理所当然。今昔情况是宜区别。向来地丁、漕粮、田捐、税契，无一不由业户自行完纳。每遇水旱借种借资，业户、佃户情同一室，彼此相顾。……本年入夏欠雨，车水秧，米价骤贵，工本数倍在田，而征正杂款项，大率出于佃户代完。现今下忙以及漕粮，通盘核计，为数已巨，若属实情，是宜量加体恤。今本爵宪酌定：还租自完田凭者，每亩三斗三升，佃户代完者，每亩二斗五升，高区八折，以抒佃力而平允。除委员率同各军乡官设局照料弹压外，合行出示晓喻。为此，喻仰在城在乡各业户、承种各佃户知悉，尔等各具天良，平心行事，均各照额还收，不行各怀私臆，无论乡官田产，事同一律。如有顽佃抗还吞租，许即送局比追。倘有豪强业户，势压苦收，不顾穷佃力殚，亦许该佃户据实指名，禀报来辕，以凭提究，当以玩视民瘼治罪。”

---

① 佚名：《平贼纪略》卷下，见《丛编简辑》第一册，第 279 页。

② 《徽难哀音·流民篇》，见《近代史资料》1955 年第 3 期。

③④ 《丛编简辑》第四册，第 369 页、第 377 页。

⑤ 《太平天国文书汇编》，第 145—146 页。

这份告示弥足珍贵，从法律的角度证实了太平天国乡官处理租佃关系的一种典型态度，即在允许并且保护地主收租的同时，明令降低地租，以照顾佃户。

在上述三种情况下，佃户得到不少减租或免租的好处。以苏福省的资料为依据，可示如表3－3。①

表3－3

年　份	县　镇	清方地租原额	太平天国地租额	减免比例（%）
1860	长洲县黄棣镇	十成	五成	50
	吴江县同里镇	十成	着佃交粮，业户不得收租	100
	震泽县梨里镇	15斗	4.5斗	70
1861	震泽县芦墟镇	15斗	8.4斗	45
	常熟县莘庄	12斗	约6.5斗	45.8
	常熟县北桥镇	十成	三成	70
	昭文县东乡	十成	着佃交粮，业户不得收租	100

第四，实行地权转移，废除租佃关系。1861年夏秋之际，在忠王李秀成的统一领导下，苏福省曾开展颁发田凭的工作。前已述及，颁发田凭本意之一在于让地主"收租完粮"，故又称"租凭"，是从法律上对地主土地所有制加予确认，是维护地主利益的错误政策。不过，在反动地主一再拒绝"认田领凭"时，个别地方的乡官曾断然实施地权转移。据载，吴江县在1862年，"伪监军提各乡卒长给田凭，每亩钱三百六十。领凭后，租田概作自产。农民窃喜，陆续完纳。"② 可惜那只是昙花一现，次年又见地主照旧收租。值得注意的，则是现存一件昭文县的"收照"。它是完纳上忙银的串票，文为：

照文县后营左师帅 今收到东（一）场廿四都（二）图（右）旅统下粮户（汪添发）承种田合（肆）亩（玖）分　厘应完本年尚忙公费钱（拾柒千玖百六十四）文正合给收照是实

太平天国壬戌拾贰年 月 日给

左字第七十三号

① 《太平天国经济制度》，第109页。

② 倦圃野老：《庚癸纪略》卷下，见《太平天国资料》，第104页。

文中括号为引者所加，其内为墨字书，其余均为印刷字。据此分析，汪添发“承种”四亩九分地，应是佃户而非地主。按旧例，只有在户名下写有“自置田”“自份田”或“业田”的人，才能称为“粮户”。但这份“收照”却把向太平天国纳粮的佃户称为“粮户”。显然是太平天国官方发给的文件上对佃户称谓的一大变化，加上“收照”格式是统一印刷的，表明应用范围甚广。因此，它说明在“着佃交粮”制度下，昭文县的佃农身份可能发生了向自耕农转化的过渡性变化。①

显然，在“租田概作自产”的场合，租佃关系被废除了，佃户不必交租，只须完粮，负担大为减轻。

第五，支持地主照旧额收租，包括代地主收租，禁止甚至镇压佃农的斗争。这种情况亦不少见。以无锡为例。据地主文人记载：1861年正月，“城贼黄和锦出示招募锡、金老书吏，设伪钱粮局于东门亭子桥唐宅，分业田收租完粮。令民自行投柜，随给伪串。城乡业田者俱得收租糊口。或顽佃抗租，诉贼押追。”② 随后，太平天国在城内设立“租赋总局”，“出传单招各业主将租册送总仓厅者代完粮收租。因照足额，以致各佃户聚众拆毁而废。”③同年，无锡安镇东市稍四图庄佃农“聚众抗租”，黄和锦竟派兵弹压，“焚村落”，后经“乡官调停，一律还租”。④ 在诸暨县，太平天国官员的一份布告宣称：“业户固贵按亩输粮，佃户尤当照额完租，兹值该业户粮宜急缴之候，正属该佃户租难拖欠之时，倘有托词延宕，一经控追，抗租与抗粮同办。”⑤

揆之无锡的史实，可知这份布告并非在虚声恫吓。难怪太平天国乡官在嘉善设局代地主催租时，有个姓赵的地主洋洋得意地秉告亲人：“此次收租，无论向例遥讨限收，各业户送票至局，由局盖戳，发旅帅等着佃送到业户处。”“以‘长毛’之威，不怕租米不还也。”⑥

① 《太平天国经济制度》，第159—160页。

②③ 佚名：《平贼纪略》，见《丛编简辑》第一册，第276页、第279页。

④ 佚名：《平贼纪略》，见《丛编简辑》第一册，第281页。

⑤ 见《太平天国文物图录》第53幅《忠天豫马丙兴谕刀鞘坞等处告示》。

⑥ 《赵氏日记》，转引自罗尔纲：《太平天国史事考》。

太平天国在不少地方设立官方或半官方的“租粮局”或乡官局，向佃农直接征收租米，扣除地主应完的粮米之后，将余租交还地主，这固然对防止地主“抗粮”有所作用；然而，当佃农抗租斗争风起云涌之际，设置“租粮局”代地主收租，实际上意味着太平天国乡官政权介入了佃农与地主的阶级斗争之中，而且站在保护地主利益的错误立场。在这种场合，佃农的斗争矛头不是直接指向地主，而是针对太平天国的乡官局或租粮局，因此发生了佃农毁局或殴杀乡官以及太平军进行武力镇压等悲惨事件，激化了太平天国地方政权与佃农的矛盾。在这种场合，佃农负担无由减轻。

太平天国某些乡官政权之所以公开支持地主照旧额收租，甚至镇压佃户抗租，从阶级斗争的角度来看，主要原因或是地主分子混入乡官政权，或是太平天国某些变节分子与地主相互勾结所致。当革命浪潮涌动时，总是泥沙皆下，尤其是太平天国建立乡官政权之际，留用了许多旧日的“富绅”“土豪”，使得地方政权内部的阶级成分驳杂不纯，不少重要的乡官为地主、吏胥或地主文人所窃据，从而给农民带来祸害。从经济学的角度来看，则是太平天国既要维持封建土地占有关系的现状，所确定的租赋比例又不合理。据研究，清代要维持“业户收租以供赋，佃户耕种以还租”的租赋分配体系，地租、田赋及佃农与所获之比当为3:2:5，即在全部农产品的分配中，业户得三成，国家得二成，佃农得五成。而在太平天国实行减租的地方，租、赋与佃农所获之比为0.5:2:7.5，即在全部农产品的分配中，业户得半成，天国政权得两成，佃农得七成半。田赋量占了毛租量的五分之四，纳粮之余，业户所剩无几。表面上看，这种失调的租赋比例大大减轻了佃户的地租负担。但是，实际上作为“业户”是不可能长久容忍的，他们或者设法向佃农征取旧额地租，或者千方百计规避田赋，抗欠钱粮，以求保障自身的地租收益。总之，太平天国所采取的地租额低于田赋额的租赋政策，或者引发了地主向佃农的反攻倒算，或者加剧了“业户”与天国政权的敌对倾向，减少了天国财政的田赋收入。由此说明，“太平天国的失败与其租赋关系上的弊窦以及由此而造成的粮饷匮乏关系是何等的密切。”①

五、杂捐税、差役与农民负担

由于存在大量规避、抗欠钱粮之弊，太平天国田赋收入趋减，加上开支增加，故太平天国也开征杂捐、杂税。尤其1860年之后，因长江上游辖区沦陷，军事力量活动地区局限于江苏、浙江以及安徽、江西部分州县，领土日蹙，而军费开支仍极浩繁，仅依靠田赋不敷应急，便加征各种杂捐税。以常熟、昭文二县为例，与农民负担有关的杂捐税示如表3－4所示。②

表3－4

序号	时　间	名　目	征　数	附　　注
1	1860.8	门牌费	每户2600文	每军发门牌12500张，征银洋12500元。乡官不论贫富概收2600文一张。《鳅闻日记》。
2	1860.10	役费	每亩70文	随田交纳。《鳅闻日记》。
3	1861.2	田捐	每亩50文	按田起捐。《漏网喁鱼集》。
4	1861.3	红粉钱	每亩100文	“派农民，按亩交纳”。《鳅闻日记》。《海虞贼乱志》记1861年春征红粉钱亩70文。捐同而数异。
5	1861年夏秋	“天王捐”	每亩银1两	《鳅闻日记》：“每田亩收（租）五六斗，又派捐银一两”。此一两捐银当即“天王捐”。《自怡日记》记此捐每图派三百千、四百千，种农田五亩以下者不捐，两个师交纳捐款达数千两。
6	1861.6	支应费	每亩100文	支应过境之太平军，“各乡市又派民间捐米五万”，除殷实之家勒捐一二百两外，“农民照田，每亩百文”。《鳅闻日记》。

① 参见杨天宏：《太平天国的租赋关系》，载《历史研究》1987年第5期。

② 引自王天奖：《析太平天国的“着佃交粮”制》，载《太平天国学刊》第一辑，中华书局1983年版。

续表

序号	时　间	名　目	征　数	附　　注
7	1861. 夏	难民捐	每户（2500）文*	“不论大小户，稍有饭吃者即要捐钱，或二三千，或五六千，或数十千”。《庚申避难日记》。现每一农户按 2500 文算。
8	1861. 7	万民伞费	每亩（10）文	“派田每亩□文”。《庚申避难日记》。假定为每亩 10 文。
9	1861. 8	盐捐	每户（730）文	“佃田户派出盐课银每日几文”。《庚申避难日记》。每日以 2 文计，一年合 730 文，《自怡日记》亦记按日计捐。
10	1861. 8	礼捐	每户（20）文	钱桂仁升主将，吴塔一军交礼费银洋 150 元。每军以 12000 户计，每户约交 20 文。《自怡日记》。
11	1861. 9	门牌费	每户（300）文	“换给门牌，再要费”。《漏网喁鱼集》。以补领门牌收费 600 文折半计数。
12	1861. 12	田凭费	每亩 125 文	“耕种自田者”所纳。《庚申避难日记》。
13	1862. 1	海塘捐	每亩 1460 文	每日收 4 文，《自怡日记》。
14	1862. 3	免冲钱	每亩 645 文	《自怡日记》。
15	1862. 3	礼捐	每户银（1）两	忠王寿礼，每师收 3000 两。《庚申避难日记》。以每师 2500 户平均计数。

此外，散见于各地的还有灶捐、房捐、军需捐、饷捐、柴捐、丁口捐等名目。这种杂捐的税率具有随意性，由地方乡官佐将自行决定。即使捐名相同，其征收额在各地之间往往不同。以门牌捐为例，1860年，常州是“分大户小户，大者洋钱三四元，少者一元。”溧阳每张一元。无锡“每张索钱数百至数千不等。”常熟则“按户缴费，量力多寡，并无极数。”①

在征收杂捐税时，有些地方的太平天国乡官能注意减少贫穷农民的负担，不一例征收。如在嘉兴，“惟银粮两□赋实取之田户，其余杂捐及海塘、听王殿等费皆系各镇殷户派股支应，其派及乡人者，犹

① 《太平天国制度初探》（下册），第 509 页。

暂而不常。”在桐乡，征田捐时，“乡人不能给，则镇人措派股捐以垫之，不必尽取之乡人也。”[①] 不过，如表 3－4 所示，杂捐税一般是随田计征或是按户摊派，成为加重农民负担的重要因素。有的田捐征于佃农，正如罗尔纲指出的：“昭文、无锡等太平天国地方政府征收亩捐，不要地主负担，而归佃农和自耕农负担，这对农民是不公平的。”[②]

因田赋、捐税收入有限，财力拮据，太平天国也捉差派役，加重了农民负担。例如在安徽池城、汇镇一带，常有太平军往来，“诛求饭食，勒派差役。……近市居民，不胜其苦，渐避深山”。[③] 有的地方“招农夫入城供役，各乡自敛米以偿佣值。有役毕即归者，有一入不能出者。”[④] 有的乡官“取乡人材木造屋造船，泥工木工皆捉官差，骄横颇甚。”[⑤]

综合上述，太平天国运动是中国近代史上农民反抗封建势力、争取改善自身的政治经济地位的一次伟大的实践。尽管革命曾在一时一地减轻过自耕农和佃农的租赋负担，但是，从根本上说，太平天国所做的减轻农民负担的努力失败了。究其失败的原因，主要在于三个方面：第一，受农民的阶级局限和历史的局限，太平天国领导人无法提出真正能解除农民封建负担的正确理论，所订的《天朝田亩制度》是难以实践的。第二，由于种种原因，太平天国没有打击而是维护地主土地所有制，这是太平天国在减轻农民负担的实践中最大的失策。第三，在战争环境中，迫于军事财政的巨大压力，太平天国采取“照旧交粮纳税”的田赋政策，同时允许地主“收租完粮”。这对于反对封建土地所有制而言是一种倒退，对于太平天国财政而言则是一项务实措施。在征纳钱粮的过程中，由于乡官良莠不齐，加上一些乡官政权采取偏激的租赋政策，过重地剥夺了中小地主的田租收益，最终或是殃及自耕农和佃农，或是损害了太平天国的田赋收入，促使杂捐杂税

① 《避寇日记》，见《丛编简辑》第四册，第 238 页。

② 《太平天国史事考·天朝田亩制度的实施问题》，三联书店 1955 年版。

③ 李召棠：《乱后所记》，见《近代史资料》总第 34 期，第 181 页。

④ 林大椿：《粤寇纪事诗》，见《丛编简辑》第六册，第 453 页。

⑤ 沈梓：《避寇日记》卷三，同治六年十二月七日。

兴起与加重。所以，太平天国的一些地区在一定时间内，农民的实际负担没有减轻，甚至有所加重，因而爆发了农民的抗捐抗税斗争，愈到后期愈形严重。

太平天国的失败再次证明，缺乏先进阶级的领导，农民依靠自身的力量并不能实现梦寐以求的推翻封建制度、彻底粉碎封建负担的沉重枷锁的愿望。

第二节　长江中下游六省农民的田赋负担

江苏、浙江、安徽、江西、湖南和湖北六省，位于长江中下游富庶之地，是清朝一大“财赋之区”。咸丰、同治年间，太平天国革命武装曾在此与清朝作过殊死搏斗，政治影响极为深刻。清朝在对太平天国进行残酷的军事围剿过程中，也在这些省份实行了“减赋”。那是清朝统治集团在特定政治、经济、军事和财政背景下，所采取的旨在调整地主阶级内部的分配关系，并且适当缓和封建政权与农民的尖锐矛盾的“自救”措施。本节拟以“减赋”为中心，描述长江六省农民的田赋负担在减赋前后的变化情况。

一、道、咸年间田赋征收的苛重

（一）“浮赋”与“浮收勒折”

道光、咸丰之际，长江六省农民的田赋极其沉重，深受“浮赋”与“浮收勒折”之害。

“浮赋”又称“浮粮”，屡见于清朝官私文献，指江苏省的苏、松、太、镇、常四府一州及浙江省杭、嘉、湖三府的田赋正额过高，农民因此负担过重。早在道光十三年（1833 年），江苏巡抚林则徐就上奏说，苏、松、常、镇、太仓四府一州方圆不过五百余里，但是每年征地丁漕正耗额银二百数十万两，漕米一百八十余万石，“比较浙省征粮多至一倍，较江西则三倍，较湖广且十余倍不止”；“况有一石之米即有一石之费，逐层推计，无非百姓膏脂。民间终岁勤动，每亩所收除完纳钱漕外，丰年亦仅余数斗。”① 后来，两江总督曾国藩、江苏巡抚李鸿章也奏报：“苏松太三属地方，为东南财赋之区，繁庶甲于天下，而赋额亦为天下最重，比诸他省，有多至一二十倍者。良由沿袭前代官田之租额，且自宋、明两代，籍没诸田，皆据租籍收粮所致。”② 同样地，浙江“杭、嘉、湖三府漕额之重，与江苏苏、松、太等。”③ 总之，由于沿承前代以租额当赋额之弊，江、浙田赋正额“浮多”太甚。对此，清朝官方亦不讳言，即如李鸿章所说：“漕粮为惟正之供，而苏、松独曰浮赋，见诸列圣谕旨及郡县志，不以为嫌，是知实有浮多应减之处。”④

江、浙农民于浮赋之外又遭“浮收勒折”。在江苏，漕米如征本色，经胥吏七折八扣，交米一石只能算为五斗四升至六斗，甚至只算为三、四、五斗，再加上水脚费、验米费等，“总须二石五六斗当一石”⑤；若折色征钱，当米价为一石二千文时，折价却高达八千至十八千不等。⑥ 在浙江，“向来收漕加耗每石一二斗至七八斗不等，各视花户贵贱强弱以定收数多寡。” 小户征折色时，“每石价至五六千文不等。”⑦

就赋额而言，安徽、江西、湖南、湖北四省不算重，然而，浮收勒折则在道、咸之际愈演愈烈，同样使农民苦不堪言。安徽“浮收之数，有数倍于正额者，且有私收折价至十数倍者。”⑧ 江西地丁银额赋一两，“征银一两七八钱，或征钱三千数百文。漕米每石折收钱七八千或银八九两。”⑨ 湖北“其征本色者，每石浮收米或五六斗，或七八斗，或加倍收，竟有多至三石重者。此外，又有耗米、水脚等项，分

---

① 《林则徐集·奏稿》，中华书局1965年版，第151页。

② 《清朝续文献通考》卷三，《田赋三》。

③ 《左宗棠全集·奏稿一》，岳麓书社1987年版，第562页。

④ 《李文忠奏稿》卷三。

⑤ 冯桂芬：《显志堂稿》卷五，《致许抚部书》。

⑥ 吴云：《两垒轩尺牍》卷五，《致潘季玉观察书》。

⑦ 《左宗棠全集·奏稿》，《议减杭嘉湖三属漕粮大概情况折》（同治三年十月）。

⑧ 缪荃孙辑：《续碑传集》卷二七。

⑨ 《刘坤一遗集》第一册，《奏疏》卷八，《覆陈丁漕改章现宜照办折》。

款另收，又有由单、券票、样米、号钱等名，多端需索。”[①] 湖南“地丁正银一两，民间有费至数两者；漕米一石，民间有至数石者。”[②] 例如在宁乡，民间需粜谷二十多石方能完漕折一石。[③] 因此，这些省份农民的实际田赋负担都相当沉重。

道、咸之际长江六省浮收勒折苛重的原因是多方面的。

首先是由于地方上官绅勾结从中渔利。据骆秉章奏称：“州县廉俸无多，办公之需，全赖钱漕陋规稍资津贴。缺分之优瘠，即视陋规之多寡为衡。此东南各省所同，不独湖南一省为然。湖南亦不独近日为然也，沿习既久，逐渐增加。……官吏既视钱漕为利薮，刁衿劣监即从而挟持之。每人索费数十两百两。人数多者，一县或至数十人，名曰漕口。少不遂意，则阻挠乡户完纳，或赴上司衙门砌词控告，甚至纠聚多人，闯署殴吏，酿成事端。州县于开征之时，必先将此辈笼络安置而后可期无事。”[④] 在江苏，“其刁生劣监平日健讼者则为‘讼米’，完纳各有成规，而‘讼米’尤甚，稍不遂意，非逞凶闹仓，即连名捏告，藉控为抗，包揽分肥，人数最多之处，生监或至三四百名，漕规竟至二三万两，实骇听闻。”[⑤] 而经办漕务的胥吏浮收中饱亦骇人视听。据估计，江苏有些州县每办一漕，通常门丁、漕书可各得万金；书伙十余人共得二三万金；正副粮差三五十人，共一二万金；粮书二三百人，共得三四万金，合计近十万两。[⑥] 在湖北，咸丰七年胡林翼上奏指出：“粮道有漕规，本管道府有漕规，丞卒尹尉各官俱有漕规，院署有房费，司署有房费，粮道署及本管道府署书吏各有房费，此冗费之在上者也。又有刁绅劣监包揽完纳，其零取于小户者重，其整交于官仓者微，民谓之曰蝗虫。更有挟州县浮勒之短，分州县浮勒之肥，一有不遂，相率告漕，甚或聚众哄仓，名虽为民请命，实则为己求财

① 《胡文忠公遗集》卷二三，《革除漕务积弊并减定漕章密疏》。
② 《骆文忠公奏议》卷一二，《沥陈湖南筹饷情形折》。
③ 李汝照：《镜山野史》。
④ 《骆文忠公奏议》卷一二，《沥陈湖南筹饷情形折》。
⑤ 《清朝续文献通考》卷二，《田赋二》。
⑥ 《显志堂稿》卷五。

也，官谓之蝗虫费。种种蠹弊，盈千累百，无不于州县取之。”[①]

在江西，由于浮收勒折，人称：“惟有加之实，无加之名，由是地方棍徒得以出而挟持，本户不完而包别户；不肖州县不得不与狼狈相倚，以取偿于良儒之民。”[②] 这种刁徒劣绅对浮收的分肥被叫作“红图米”，而刁生劣监的分赃则叫“棍子米”。[③] 难怪史官感慨地说：“漕务积弊，书不胜书。每届完纳，而污吏而劣绅而蠹书，上下其手，相与分肥，小民罄终岁之勤劬，犹不足衣食，乃典鬻一切，以宽追呼于旦夕。泰山之虎，永州之蛇，此岂仁人所忍言者!”[④]

至于“大户”的规避或转嫁田赋，也是有赖于官绅勾结方能得逞的，也是加剧浮收勒折弊病的一个重要原因。

其次是财政和税收制度的缺陷。清朝的田赋科则虽然规定甚详，其实均属名义征收标准，举凡经征胥吏的薪费、票据的开支，漕米的运输、装卸、存贮之费等众多完纳田赋、起解漕粮的必要费用，都不包括在内。这就为地方政府向纳税户摊征各种杂费提供了“合法”的借口。正如冯桂芬所指出的：“今江苏州府言漕务，辄曰：我非欲浮收勒折也，铺仓需费，起运需费，上下漕规需费，费自何出？不得不取偿于粮户。”[⑤] 对此，清廷在一定程度上也是认可的，即如道光七年的上谕所说的：“各州县兑漕需费，势不能不藉资津贴，只期足敷办公之费，并非准其任意增添。”[⑥] 道光后期，此类“兑漕需费”成倍增长。例如，道光年间漕船通过运河闸坝的使费，已由每船数百文增加至二三千文。[⑦] 抵达通州后的交仓使费，也由原先的每船数两递增到道光后期的数十两或数百两不等。[⑧] 为此，有漕州县不得不增加“帮费”。江浙有漕州县，每船帮费由原来的一二百元增加至道光后期的

① 《胡文忠公遗集》卷二三。

② 《刘坤一遗集》第一册，《胡家玉陈奏丁漕流弊据实复陈折》。

③ 《求阙斋弟子记》卷二八。

④ 《清朝续文献通考》卷二，《田赋二》“臣谨曰”。

⑤ 《显志堂稿》卷九，《均赋说劝绅》，咸丰三年。

⑥ 《清朝续文献通考》卷二，《田赋二》。

⑦⑧ 清代户部抄档，转引自刘克祥：《十九世纪五十至九十年代清政府的减赋和清赋运动》。

八九百元或一千数百元。通计苏、松、常帮费银达一百数十万，杭、嘉、湖帮费亦六七十万。① 同治四年，马新贻奏称："查从前浮收之由，始则河运之帮贴，继则海运之贴费，浙省自改办海运以来，津贴之多寡即视帮费之轻重为定，每运漕米一石，自三钱至七钱不等，统算约计五钱有奇。以银合米，每石须加米三斗以上，以全漕九十万石计之，计约收米三十余万石，方敷海运津贴之费。加以州县办漕用款，名目纷繁，内有绅衿大户，正赋之外，颗粒不加，甚有把持包揽等事；势不能取盈于乡曲之小户，以为挹此注彼之谋。……此完漕之不均、浮收之所自来也。"②

他所说的浮收原因是比较中肯的。

（二）大、小户田赋负担严重不均

清代的粮户有大、小户之别。时人或说："富豪之家与稍有势力者，皆为大户。"③ 或说："绅富谓之本户，庶民谓之小户。"④ 就是说，广占田地且有权势的官僚绅衿和世家大族是"大户"或"绅户"，中小庶民地主和自耕农、半自耕农则为"小户"或"民户"。在完纳田赋时，大小户的实际负担轻重悬殊，极不合理。其表现如下。

第一，大户少完或不完正额，官吏"以大户之短交，取偿于小户。"⑤例如在江苏，"绅衿大户，有正额外所余无多者，有仅交正额者，甚有颗粒不完者，则又不能不取偿于小户"；"小户以每石八九千之价偿之，是岁少完若干，即有若干小户竭数十百千之脂膏以奉我一家。"⑥ 在安徽，绅衿相率包抗短欠，或随意封送银两若干，"谓本年之应完粮，就此了结，余欠概不置理"；或但完正额而无火耗；或分文颗粒不缴。"⑦ 其所欠之额遂转嫁于小户身上。

第二，完纳本色或折纳时待遇悬殊。漕米完纳本色即纳米，不致于因银价变动而增加负担，而折色即纳银或钱，不仅要受制于银钱比

① 清代户部抄档，转引自刘克祥：《十九世纪五十至九十年代清政府的减赋和清赋运动》。

② 《皇朝道咸同光奏议》卷二七，《核减南漕浮收并禁革陋规疏》。

③ 《清朝续文献通考》卷二，《田赋二》，道光六年谕。

④⑤ 《清朝续文献通考》卷二，道光二十六年谕。

⑥ 《显志堂稿》卷九，《均赋说劝绅》。

⑦ 于宝轩：《皇朝畜艾文编》卷十八。

价的波动，而且须听任胥吏上下其手。道光中叶以后，出现了银贵钱贱米更贱的经济现象，导致的纳税负担成倍增长。咸丰六年，曾国藩在《备陈民间疾苦书》中说：“（钱粮）收本色者少，收折色者多。即使漕粮或收本色，而帮费必须折银，地丁必须纳银。小民力田所得者米也，持米以售钱，则米价苦贱而民怨；持钱以易银，则银价苦昂而民怨。东南产米之区，大率石米卖钱三千，自古迄今不悬远。昔日两换钱一千，则石米得银三两；今上两银换钱二千。则石米仅得银一两五钱。昔日卖米三斗输一亩之课而有余，今日卖米六斗输一亩之课而不足。”①

关于湖南，咸丰八年，骆秉章述曰：“从前银价，乾嘉年间，每银一两，易钱一千文；道光初年，每银一两，尚止易钱一千三四百文。自后渐次增长至二千文，近更增至二千三四百文。农民以钱易粮，完纳钱漕，暗增一倍有余之费……迨（五年）秋后，收成稍稔，每谷一石，仅值钱四百余文，尚苦无从销售。农民以谷变钱，以钱变银，须粜谷五石，始得银一两。”②

可见，在银贵钱贱以及米价下跌的情况下，折色之户客观上要遭受双重经济损失。因此，大户交本色，小户交折色，再加上胥吏人为地抬高漕米折价，小户的实际负担更沉重了。以江苏为例，咸丰三年，冯桂芬说：“今苏属完漕之法，以贵贱强弱为多寡……绅户多折银，最少者约一石二三斗当一石，多者递增，最多者倍之。民户最弱者折银，约三四石当一石，强者完米，二石有余当一石；尤强者亦完米，不足二石当一石。”③ 据江苏巡抚丁日昌的“访闻”，“苏属漕粮，各县有大小户之分，大户或至一文不收，甚有包揽小户者，小户则每石十余千或七八千，并无在六千以内者。”④

其他各省同此弊病。咸丰九年，胡林翼指出：“查天下漕弊，小户交折色，大户交本色。小户折色者，兴国及鄂省三十余有漕州县，均系以钱折米，未闻以银折米者。小户交折色，愚弱良善，书差欺压，

① 《曾文正公全集·奏稿》卷一。

② 《骆文忠公奏议》卷一二，《沥陈湖南筹饷情形折》。

③ 《显志堂稿》卷十，《均赋议》。

④ 《抚吴公牍》卷一九，《加函钞案致藩司》。

数至倍蓰，向来监利每石折至三十交串文，江夏每石折至十二三千文，其余每石九千至十八千、十九千者，积弊已百余年。至于大户，则以本色完纳，书吏不敢盈取。州县用费不足，则以小户之有余，暗为取偿，是湖北二百年之虐政，亦天下有漕省分之积弊也。"[①] 再以江西湖口县为例。曾国藩说：该县"兵米一项，大户多系实量本色，小户多系折色。量本色者一斗加六，新米上市时，每一石六斗不过合制钱三串数百文耳。折色则额米一升，须折钱六十六文，一石便须折钱六串六百文，与量本色之价多寡悬绝，未免大户便宜，小户吃亏。"[②]

第三，蠲免待遇不公平。灾免赋税是传统的一项救灾措施。但是，清代的"灾免"往往成为地方官吏营私舞弊、贪污中饱的一种手段。道光中期，江苏一带就出现所谓"活荒"的名目，"每图若干，以费之多寡，定荒之大小"，[③] 显然不是根据实际受灾程度而是按受贿金额多少而定的。这种"活荒"更进而演为"卖荒"。咸丰六年，御史钱以同上折请"严禁官吏卖荒"。他揭露说："江苏省苏松等属州县，每遇蠲缓之年，书吏辄向业户索取钱文，始为填注荒缓，名为卖荒。出钱者，虽丰收亦得缓征；不出钱者，虽荒歉亦不获查办，甚至不肖州县通同分肥。"[④] 灾免不实使小户倍受盘剥。一方面，小户受灾仍得完赋，不啻雪上加霜，另一方面，小户要代偿因大户"注荒"而成的"短征"，正如曾国藩所说的：江苏省"数十年来，绅户则无岁不歉，州县则以熟作荒，徒令小户浮收数倍，正供仍多缺额。"[⑤]

此外，小户的赋额既不多，便常有"奇零"尾数，这又成了胥吏盘剥的对象。例如在湖南，"每遇完纳银米，整数之外，又有奇零，则一并收作正数，如一分一厘则成二分，一升一合则收作二升之类，名曰收尾。小户穷民，尤受其累。"[⑥]

---

① 《胡文忠公遗集》卷六十，《致罗淡村方伯》。
② 《曾文正公全集·批牍》卷六。
③ 《漏网喁鱼集》，第 3 页。
④ 《清朝续文献通考》卷二。
⑤ 《曾文正公全集·批牍》卷五。
⑥ 《骆文忠公奏议》卷十一，《沥陈湖南筹饷情形折》。

由于地方官绅狼狈为奸，多方巧取豪夺，小户的完赋能力有限，不胜浮收勒折的盘剥，不能及时完纳，复遭催科之苦。咸丰初，曾国藩上疏说："州县竭全力以催科，犹恐不给，往往委员佐之，吏役四出，昼夜追比，鞭朴满堂，血肉狼藉……江西、湖广课额较轻，然自银价昂贵以来，民之完纳愈苦，官之追呼亦愈酷。"①

二、咸、同年间的"减赋"与影响

（一）"减赋"发生的原因

长江六省的田赋积弊既由来已久，朝野上下要求除病救弊的呼声亦不时可闻。但为什么直至咸丰、同治年间清廷才决心实行"减赋"呢？显然有当时的具体原因。归纳起来，不外是政治的和财政的原因所致。

从政治上看，清朝的"减赋"是在太平天国革命势力的威胁之下被迫采取的"收拾民心"之举。还在道光年间，长江六省农民的抗粮闹漕斗争就此起彼伏，已令清廷忧心忡忡。如道光二十六年的上谕就说，江苏"大户包揽小户，小户附托大户，又有包户之名，以致畸轻畸重，众怨沸腾，纷纷滋事。"② 及至咸丰初年，"州县浮收激变，多以抗粮滋事为词。"③时值太平天国革命风暴席卷至长江流域，因而清方的探子秉报说："蚩蚩之民，竟为贼卖，甚至贼至争迎之，官军至则罢市。此种悖惑情形，比比皆然，而以湖北为尤著。"④ 由于太平天国在辖区曾采取过减少田赋正额和革除浮收勒折的措施，与此前清朝的积弊形成鲜明的对照，因此受到广大贫苦农民的拥护。湖北巡抚胡林翼认为："小民贫困，流亡逋逃，或敢于抗粮，或甘于从贼"；"湖北之民，揭竿而起者，不必粤匪之再至，而将盗弄潢池矣。"⑤ 在镇压太平天国的军事行动中，不少疆吏大臣上奏请求"收拾民心"，并为此而行"减赋"。如丁寿昌在上折请求核减江苏、浙江的浮赋时指

① 《曾文正公全集·奏稿》卷一，《备陈民间疾苦疏》。

②③ 《清朝续文献通考》卷二。

④ 《贼情汇纂》卷十，《虏掠》。

⑤ 《胡文忠公遗集》卷二三，咸丰七年十月十四日疏。

出："欲寒今日之贼胆，必先收今日之民心；欲收今日之民心，必先减最重之粮额。"[①] 曾国藩、李鸿章等人均有类似的说法。可见说"减赋"是对太平天国发动的一种政治攻势，[②] 无疑是正确的评论。

从地主阶级内部的租赋分配关系来看，长江六省田赋征收的严重弊端也大大侵犯了中小地主的经济利益。按曾国藩的计算，"苏松常镇太钱粮之重，甲于天下。每田一亩产业自一石五六斗至二石不等，除去佃户来分之数与抗欠之数，计业主所收牵算不过八斗，而额征之粮已在二斗内外，总之以漕斛，加之以帮费，又须去米二斗，计每亩所收之八斗，正供已输其六，业主只获其二也。"[③] 就是说，田赋占去地租收入的75%，地主只得地租的25%，占亩产量的13%—10%，远远低于通常的30%的比例。这自然激起中小地主阶层的不满。当太平天国奋起反清时，如何安抚中小地主，促使他们踊跃输纳田赋以支援镇压太平军的军事行动，也成了清朝封疆大吏不得不认真考虑的"收拾民心"的内容之一。

在财政方面，"减赋"则是迫于筹措镇压太平天国的军饷之巨大压力而采取的。从清朝的财政计划安排来看，太平天国革命爆发前，长江六省的地丁银额征为1255万两，占全国的37.5%；其漕粮额征总为419万余石，占全国的87.3%。然而，六省的实征额远远低于定额，形成严重的短征现象。兹据王庆云的《熙朝纪政》卷四所载，将道光后期六省地丁征收情况示如表3－5。

表3－5　江苏等六省1841—1849年地丁征收情况表　单位：两

省别	额征	实征			
		1841年	1842年	1845年	1849年
江苏	3625814	3563686	2531320	2891023	1879614
浙江	2808718	1887046	2160861	2320222	1608401

① 《浙江省减赋全案》卷二。

② 参见刘克祥：《十九世纪五十至九十年代清政府的减赋和清赋运动》，载《中国社会科学院经济研究所集刊（7）》，中国社会科学出版社1984年版。

③ 《曾文正公全集·奏稿》卷一，《备陈民间疾苦疏》。

续表

省　别	额　征	实　征			
		1841 年	1842 年	1845 年	1849 年
江　西	2249330	2292360	2249330	2237133	2163282
安　徽	1809563	1877285	1798800	1797332	1630191
湖　北	1144208	528486	640675	743203	334179
湖　南	912643	871377	885631	899864	825748
合　计	12550276	11020240	10266617	10888777	8441415
短征之百分比		12.2%	18.2%	13.2%	32.7%

造成短征的原因，一方面是在地方官绅勾结分肥的层层勒索下，自耕农、半自耕农的完赋能力急剧减弱。迫于重赋，小户或是破产逃亡，或是屈服于“大户”兼并势力，从而使清朝在长江六省的财源渐趋短缺。这正如《清朝续文献通考》卷二所记载的：“各州县费无所出，自必取偿于乡曲之淳良小户，为牵长补短之计；而穷民不堪朘削，乐于诡寄粮名大户、生监等，包揽愈多，盘剥并吞，势所不免，将至小户之粮田日少，办漕之经费日绌，不酿成巨案不止。”“小户之良田日少”，大户又规避田赋，纳赋对象趋减，所谓“民欠”就益多。咸丰三年的上谕就说：“国家征收赋税，各有定额，岂容不肖贪吏，于正供之外任意勒折浮收，以至民力告匮，民欠日多。中饱在于吏胥，而亏损在于国课。”①

“民欠”积累愈多愈无望追征，清帝只好宣布“蠲欠”以示“皇恩浩荡”。据载，“江南赋甲他省，……道光十六年豁欠五百六十余万，计十年蠲一年之额；二十六年（1846 年）豁欠一千余万，计十年蠲两年；及咸丰二年（1852 年）豁欠一千三百余万，十年几蠲三年。”② 其实，“民欠”中有大量是地方州县的侵挪中饱。道光二十六年的一道上谕，针对江苏总督请求豁免各州县“历年垫完民欠”之奏，指出：“国家蠲免钱粮，总期实惠及民。果属民欠，虽巨万不惜

① 《清朝续文献通考》卷二，《田赋二》。
② 《清史稿·王庆云传》。

蠲除，如系官亏，即丝毫不容混免。官垫民欠，久为江苏锢弊，此项若邀豁免，将来州县侵挪，毫无忌惮，且书役包揽，以完作欠，种种弊端，必至日甚一日。”[①] 咸丰七年，胡林翼的密疏指出，湖北“各州县虽勒折浮收间有所得，半皆耗于上下冗费之中，而国家维正之供，往往征不足数，则相率捏报灾歉，借缓征为腾挪。”[②] 可见，“短征”额并不能作为衡量农民实际田赋负担的可靠参数。它们反映的只是清朝赋额即所谓“维正之供”的减损程度而已。决定农民实际负担程度的主要是浮收勒折。对于此间的真实关系，胡林翼在一份密疏中剖析得甚清楚。他说：“鄂省漕粮弊窦太深，数十万元正额，征收不满一半，数十年之积弊，浮勒至于十倍，皆由漕蠹、包户、册书、里差任意侵蚀，肆无忌惮，有米一石折价十二三千到十五六千文者。一县之中，册书、里差多至千余人，维正之供，概归中饱。小民穷困，流亡逋逃，或敢于抗粮，或甘于从贼。州县无策催科，捏报灾伤，不自咎其浮勒太过，致失民心，而因循废弛，坐视不理。”[③]

可见“浮勒太过”上亏国家财政收入，下失人心，得利的只能是“中饱之蠹”。在镇压太平天国的过程中，清军尤其是湘、淮军的军饷必须根据“就地筹饷”的原则，在长江六省搜括解决。然而，在重赋与浮勒的长期祸害下，加上兵燹之灾，六省农村经济更形凋弊，清廷惊呼：“东南财富之区，半遭蹂躏”。[④] 因此，田赋短征现象进一步加剧。江苏苏松道所属漕粮，到咸丰年间只能收到四成。[⑤] 浙江杭嘉湖的漕粮也不过收到五六成。[⑥] 湖北在咸丰四年，“征解漕额不及十之三四。”[⑦] 湖南的短征同样有增无减。例如湘潭在1854年只收到钱粮四千余两，不及定额的十分之一。[⑧] 一方面是财源枯竭，一方面是“军饷浩繁，无款供支”，如咸丰七年，湖南清军“应拨口粮，有积欠至

---

① 《清朝续文献通考》卷二，《田赋二》。

②③ 《胡文忠公遗集》卷二三，《革除漕务积弊并减定漕章密疏》。

④ 《清朝续文献通考》卷二，咸丰三年谕。

⑤ 《显志堂稿》卷九。

⑥ 《浙江省减赋全案》卷二。

⑦ 《胡文忠公遗集》卷三一，《奏陈漕务章程办有成效疏》，咸丰八年六月十六日。

⑧ 《骆文忠公年谱》上卷。

数月者，实属无款发给，枕戈待哺，饥溃堪虞。”[①]

在这种情况下，若继续采取横征暴敛、竭泽而渔的筹饷手段，显然非但解救不了军费匮乏的燃眉之急，反而会造成新的政治危机。因此，由长江六省督抚主持的“借减赋之名，为足赋之实”的“减赋”便陆续展开了。

（二）“减赋”的内容与影响

长江六省推行“减赋”的时间及所采取的具体措施有所差异。兹按时间先后次第述之。

最先实行“减赋”的是湖南。咸丰四年（1854 年），湖南境内的太平军已遭清军镇压，但是由于钱漕弊重，民情汹汹，清朝的统治尚不稳定。“其时腹地土寇蜂起，又须征应邻省援兵饷械，湖南一贫弱之区，支五省兵事，羽檄交驰，兵饷两绌”，[②] 实在令湖南巡抚骆秉章焦虑。咸丰五年，他采纳湘潭举人周焕南等人拟定的章程，由左宗棠主持进行“减赋”。

湖南实施“减赋”的原则有两条：第一，仿照湘潭之例，“许地方士绅条陈积弊，具陈自拟款目，以为征收之准”，再由巡抚根据“官民相安”的原则加以调整裁决。例如，湘潭拟定的完纳标准为：地丁每两加四钱，漕粮折色照部章每石纳一两三钱，加纳银一两三钱助军费，又加纳钱四钱作县费，其他浮收一概废除。第二，根据新章，限本年内将咸丰四年、五年的钱粮“扫数全完，不准蒂欠。”[③]

重新核定钱漕完纳标准之后，大大减少了浮收。仍以湘潭为例。按湖南旧章，地丁每两加五钱，新章减去一钱；漕粮折色每石收银六两，[④] 新章减去三两，减赋幅度相当可观。据此推算，湖南全省地丁浮收减去九万余两，漕粮折色减去四十万余两，合计近五十万两，约当全额二百十六万余两的四分之一。[⑤]

湖北的减赋，是在咸丰七年（1857 年）由巡抚胡林翼实行的。前

① 《骆文忠公年谱》上卷。

② 《骆文忠公奏议》卷十一，咸丰七年十月折。

③ 《左文襄公年谱》卷二。

④ 《骆文忠公年谱》卷二。

⑤ 夏鼐：《太平天国前后长江各省之田赋问题》，载《清华学报》第 10 卷第 2 期。

已交代，在太平天国革命中，湖北农民由于田赋弊重，对太平军的支持和拥护是最踊跃的。咸丰六年十一月，清军攻占武昌，逐渐消灭了湖北境内的太平军势力，胡林翼恐怕湖北之民再次揭竿而起，便决心从“减赋”入手收拾民心。

根据湖北浮收勒折的情况，胡林翼认为：“今严禁浮收，当必先尽除冗费。”[①] 遂将各级衙门的“漕规”“房费”等一概废除，并删除州县的部分冗费；宣布禁革所有由单费、串票费、样米、号钱等浮费，以清理漕政积弊的源和流。经此厘革，“统计有漕州县，民间共删减浮收钱一百四十八万千文”；[②] 州县删减冗费银约二十八余万两。[③] 同时，他又仿效湖南之法，令各地绅民呈递完纳章程，由藩司“核其向日浮收之数及地方肥瘠，产米之多寡，米价钱价之低昂高下，以明定折价之等差”，从而限定漕米折价每石只能在四千文到六千五百文之间，[④] 比原来降低 15%—75%。又废除大小户之别，“一例改折，大户小户，是绅是民，较若画一。”[⑤]

据考订，湖北各县减漕钱额可观，示如表 3-6。[⑥]

表 3-6　湖北减漕表

县别	漕粮每石向来收数（文）	减赋后每石折色收数（文）	本县漕额（石）	全县裁减总数（文）
江夏	8000—13000	6500	7550	30200000
武昌	5400	4400	14993	14993000
咸宁	7600	5500	6330	13293000
嘉鱼	15000	5500	2849	27065500
蒲圻	5860	5000	9750	8385000
崇阳	6000	4000	5164	10328000
通城	6000	4000	6720	13440000

①③④ 《胡文忠公遗集》卷三一，《奏陈漕务章程办有成效疏》，咸丰八年六月十六日。
② 《胡文忠公遗集》卷二六，密折。
⑤ 《胡文忠公遗集》卷六十，《致罗淡村方伯》。
⑥ 夏鼐：《太平天国前后长江各省之田赋问题》，载《清华学报》第 10 卷第 2 期。

续表

县别	漕粮每石向来收数（文）	减赋后每石折色收数（文）	本县漕额（石）	全县裁减总数（文）
兴国	6400	4100	18119	41673700
大冶	14000	5000	6562	59058000
通山	5000	4800	959	191800
汉阳	8000	5000	9568	28704000
汉川	9000	4200	2333	11198400
黄陂	10000	5800	11113	46674600
孝感	12000	5800	7565	46903000
沔阳	12000	4000	12778	102304000
黄冈	9600	4500	25656	130845600
黄梅	6800	4500	2893	6653900
蕲州	7960	4500	18900	65394000
罗田	9600	4500	6943	35409300
蕲水	9600	4500	30832	157243200
广济	7000	4500	13969	34922600
潜江	7500	5000	4854	12135000
天门	9600	5000	11233	51671800
安陆	9000	5600	2086	7092400
云梦	9700	5800	1713	6680700
应城	9000	5800	3151	10083200
随州	12000	6500	2272	23496000
应山	9000	6500	3089	7722000
江陵	16000	5000	14353	157883000
公安	7500	5000	4300	10750000
石首	10000	5000	2791	13955000
监利	20000	5000	7137	107055000
松滋	7500	4500	2019	6057000
荆门	7500	4800	16858	45518600
合计	—	—	297412	1645980800

江西的减赋措施实行于咸、同之际。咸丰十一年（1861 年）秋，曾国藩镇压了江西境内的太平军之后，采纳粮道署理布政使李桓拟定的减赋办法，规定地丁正耗减定为二千四百文，漕粮折征每石减定为三千文，所有州县办公等费，一概包括在内。同治元年（1862 年），曾国藩与沈葆桢、左宗棠、李桓、丁日昌等反复咨商，将减赋办法改进为：（1）地丁每正耗征一两一钱，实收库平银一两五钱。（2）南昌等十府漕米折价，每石定为一两九钱。（3）浮收较重的广信府属七县漕米每石折收钱 4800 文，折合银三两。[①]（4）禁革包户名目，无论绅庶，应完钱米，一律照章折纳，不许稍有低昂。[②] 清廷于同治四年正式批准江西减赋章程。经此裁减，江西全省“约计丁漕两项，每年核减浮收银数，不下百万有奇。”[③] 减赋前，江西每年额征地丁银一百五十五万余两，漕米七十六万余石，当时每石米价约为银二两余，则丁银米合计不过三百余万两，而经减的浮收竟达百万余两，足见此前浮收之弊何等严重！

安徽的减赋章程厘定于同治三年（1864 年）。其主要内容是：（1）漕米每石除部价一两三钱外，另加八钱左右为司库提存之款。（2）废除陋规捐摊之费，另加“丁漕余资”，以为州县办公之费，但“多者不得满万串，少者三千串。”[④]（3）漕银折征钱的定价，据原折价七折或六折，[⑤] 每石折收钱在四千文到六千五百文之间。[⑥] 据推算，安徽所核减的浮收总数约有一百二十三十万文。[⑦]

浙江、江苏两省的减赋包括裁减“浮赋”与“浮收”两个部分。其动议始于同治二年（1863 年）即太平天国失败前夕，奏定于同治四年。

在浙江，经闽浙总督左宗棠以及马新贻等人的奏请，清廷批准核减十府的浮收钱银数目，示如表 3－7。[⑧]

---

①④　《曾文正公全集·批牍》卷六。

②　《宝韦斋类稿》卷十一。

③　（光绪）《江西通志》卷八五。

⑤⑥　（光绪）《安徽通志》卷七七、卷六九。

⑦⑧　夏鼐：《太平天国前后长江各省之田赋问题》，载《清华学报》第 10 卷第 2 期。

表 3－7

府别	共减去浮收钱数（千文）	共减去浮收米数（石）
温州	40500	300
绍兴	221420	361
宁波	104870	867
嘉兴	255638	285387
杭州	69215	64653
湖州	205501	136866
金华	156161	521
衢州	103929	65
严州	61986	—
处州	6833	125
总计	1226053	489145

注：尚有处州府属减去浮收银洋八千二百五十四元，未曾列入。

另外，又核减杭、嘉、湖三府的漕粮正额，裁减比例为原额征总数的三十分之八，即减去米二十六万余石。实施时按各科则分成量减，原额重者减数多，轻者减数少，以求均平。夏鼐曾将这三府各县减征漕额数及其对于原额的百分率作了统计，兹将其表移录为表 3－8，以供参考。①

表 3－8　　浙江裁减漕额表

地名	原征本色米数（石）	减征米数（石）	减征百分率（%）
仁和	53038. 0747	9470. 9534	17. 856
钱塘	22400. 2531	2894. 5192	12. 921
海宁	53387. 4278	9247. 4978	17. 321
富阳	6946. 7126	677. 9870	9. 731
余杭	11653. 9584	1281. 8165	10. 998
临安	6796. 8794	1031. 1315	15. 170
新城	4169. 8268	577. 5315	13. 850
於潜	3029. 9448	327. 8976	10. 821
昌化	2142. 9125	226. 1535	10. 553

① 夏鼐：《太平天国前后长江各省之田赋问题》，载《清华学报》第 10 卷第 2 期。

续表

地名	原征本色米数（石）	减征米数（石）	减征百分率（%）
杭州府合计	163565.9896	25735.4880	15.800
嘉兴	101344.0280	28351.4885	27.970
秀水	85922.3860	28593.2472	33.277
嘉善	97701.4404	34405.8576	35.215
海盐	54657.9749	12187.7828	22.298
平湖	56923.1700	16542.9974	29.061
石门	51742.7807	14941.1466	28.875
桐乡	43984.3210	10393.7809	23.630
嘉兴府合计	492276.1010	145416.8019	29.500
安吉	8541.7154	845.3811	9.897
归安	98118.3738	31369.3850	31.970
乌程	114515.8809	38960.6064	34.022
长兴	54945.2664	7803.2471	14.201
德清	56132.4914	15042.9835	26.799
武康	12313.0120	1592.2699	12.931
湖州府合计	344576.7399	95613.8430	27.700
三府合计	1000418.8305	266765.6329	26.666

对照二表可知，“浙江所减漕粮正额，远不及裁减浮收之巨；换句话说，裁减浮收才是这一次减赋运动的主要部分。”①

与此同时，浙江还宣布：“不准有大户小户之分，其一切摊捐名目及道、府各署陋规，概行禁革”，但“仍视各县旧征多寡，每两酌留平余，以为各该厅、县、场办公之用。”② 漕粮“海运费每石定以八钱为额。”③

江苏减赋运动的内容包括：第一，裁减漕粮浮额。同治四年确定的具体办法为：（1）常、熟二属不分科则轻重，一律核减十分之一。（2）苏、松、太三属分别原额轻重，按新定科则递减，示如表3-9。④

① 夏鼐：《太平天国前后长江各省之田赋问题》，载《清华学报》第10卷第2期。

② 《左宗棠全集·奏稿》，《核减宁波府属浮收钱粮折》。

③ 《左宗棠全集·奏稿》，《议减杭、嘉、湖三属漕粮大概情形折》。

④ 刘克祥：《十九世纪五十至九十年代清政府的减赋和清赋运动》，载《中国社会科学院经济研究所集刊（7）》，中国社会科学出版社1984年版。

（3）苏、松、太三属的沿海瘠区可蒙“优减”，但与第2项通扯计算，所减数不得超过原额的三分之一。

表3－9　　苏、松、太三属田赋科则递减表　　单位：升

原科则	递减至新科则	原科则	递减至新科则
20以上	统减为11	7.73—6.66	7—6
19.65—16.26	11—10	6.60—5.15	6—5
15.72—10.47	10—9	5.13—5.03	5.0—4.99
10.40—9.28	9—8	5以下	不减
9.21—7.80	8—7		

根据上述减赋办法，苏松常镇太五属减赋前后漕额可比较如表3－10所示。①

表3－10　　苏州等五属减赋前后漕额比较表　　单位：石

府州别	原　额	核减额	新定额	核减率（%）
苏州	877565	326632	550933	37.2
松州	427461	116545	310917	27.3
太仓	153433	42878	111555	27.9
常州	355981	35598	320383	10.0
镇江	214735	21474	193262	10.0
合计	2029175	543127	1486050	26.8

与此同时，曾国藩与江苏巡抚李鸿章还奏准清理漕政积弊。其措施为：（1）酌定漕粮折价，每石折价年内以四千五百文为率，年外为五千文为率。计苏松常太四府共减去浮收漕折钱（包括海运津贴及陋规）一百六十七万六千余串。地漕各项，条银每两折价以二千文为率，计减去浮收条银折价钱四十万余串。（2）漕米征收本色时，每石余耗三斗为率，不准多取。计苏松常太四府州共减去浮收米三十七万四千余石。（3）不准立大小户名目，禁革包漕、索规等弊端。②

归纳上述六省减赋的内容，可以看出除江、浙两省裁减了部分其特有的“浮赋”之外，六省减赋的着重点都在于治理浮收勒折之弊，

① 夏鼐：《太平天国前后长江各省之田赋问题》，载《清华学报》第10卷第2期。

② 《李文忠公奏稿》卷十，《减漕未尽事宜折》，同治五年六月三十日。

为此而采取厘定漕米折价标准、革除陋规浮费、酌定州县办公费用、废除大小户之分等具体措施。就时弊而言，应该说上述厘革措施仍是对症下药的，若切实推行，自可发挥补偏救弊的一时之效，可使“小户”的实际田赋负担有所减轻。兹将上述减赋前小户遭受浮收勒折的程度，与可资比较的减赋章程的规定作一对照，示如表3－11，以资参考。而且从上述六省减赋总量甚巨推断，“小户”应该能得到一些实惠，实际田赋负担比以前有所减轻。

表3－11

省份	减赋前小户遭受浮收勒折程度			减赋章程		
	漕额米一石		地丁额银一两	漕额米一石		地丁额银一两
	征本色	折色		征本色	折色	
江苏	2.5—2.6石	8—18千文		1.3石	4.5—5千文	
安徽	数石	高于时价数倍至十数倍			4—6.5千文	
江西		8—9两或钱7—8千文	1.7—1.8两或钱二千数百文		银1.9—3两或钱3—4.8千文	1.5两或钱2.4千文
湖北	1.5—3石+	9—36千文			4—6.5千文	
湖南	数石		数两		约3两	约1.4两

清朝的减赋措施毕竟是在不触动封建生产关系的前提下所采取的治标之方。其裁抑浮收勒折的成效实际上取决于吏治状况。由于晚清中央集权趋于衰弱，随着督抚专权局面的形成，财政收支重心下移地方，财政也呈下移之势，加上吏治腐败已病入膏肓，所以清朝中央裁抑浮收勒折的谕旨往往形同具文。曾国藩在减赋运动方兴未艾之际就说：“减浮收则无十年不弊之法”,① 对改革的效力能持续多久表示了悲观的看法。事实上，长江六省各州县贯彻执行减赋章程的时间长短不一，实施程度参差不齐，视如具文者不少。同治六年（1867年）的一道上谕针对山东省浮收漕粮之弊指出：“其浮收之数，与完米增至

① 《曾文正公全集·书札》卷二八，《复史士良观察》。

数倍者无异。即或经该管上司查明减成定价出示申禁，各州县并不张贴，浮收如故。山东省如此，他省皆在所不免。是浮收之弊，例禁虽严，而不肖州县，仍敢视若具文，诛求无厌。"①

在江苏，同治后期已有人揭露州县"公议浮收，尤属坦然无忌。减赋初行，弊已若此。"又说："前日之漕难清者，有帮丁之勒索，豪猾之包揽，生监之陋规，绅户之抗欠，上浮之馈遗也，今诸弊皆革，仍浮收若此……闻前四年昆新常昭零星乡户，有以八九百钱完一斗者"。② 就是一石折价八九千文，比减赋章程规定的折价高出三千五百文到四千文。在江西，同治十二年七月，巡抚刘坤一奏称，自减赋以来，"迄今十有余年，民间裁减浮收不下千万，各衙门无馈赠陋习"。③ 但是，一个月之后，《申报》披露，江西"名为十年减千余万之浮收，实则每年加百数十万之赋额"，每年全省丁漕浮赋总数仍不下一百三四十万两。④ 在湖北，胡林翼曾雷厉风行地推行减赋措施，并惩治数位违章征收的知州，⑤ 颇见成效；但后来"风弊潜滋"，浮收之风变本加厉。⑥ 在湖南湘潭，"浮收勒折，自倍蓰至十百不止。"⑦ 至于大小户之别，虽被禁革一时，不久也故态复萌；有些地方甚至未曾加以禁革。总之，长江六省减赋章程的实施，是因时因地因人而异的。我们不能简单地根据条文规定去判断自耕农负担减轻的实际程度。应该强调指出，由于长江六省是租佃关系盛行的地区，而"减赋"并不触动地租额，因此广大佃农没能得到好处，则是可以断定的。

"减赋"对清朝财政带来了什么影响呢？首先可以肯定的是，它没有损害清朝国家财政的实际利益。理由有二：其一，尽管就名义税额而言，江苏、浙江两省核减"浮赋"，使户部每年"减少"约八十一万石的漕米收入，约占两省原额的27%；然而，如前所述，江、浙

① 《清朝续文献通考》卷二，《田赋二》。

② 《清朝经世文续编》卷三七，叶裕仁：《上王晓莲方伯论冬漕折价书》。

③ 《刘坤一遗集》第一册，《奏疏》卷八，《覆陈丁漕改章现宜照办折》。

④ 《申报》，同治十二年八月二十七日、二十九日。

⑤ 《胡文忠公遗集》卷二六，《请旨革提违章征收之知州疏》，咸丰七年十二月初六。

⑥ 《德宗实录》卷182，光绪十年四月辛酉条。

⑦ 李文治编：《中国近代农业史资料》第一辑，三联书店1957年版，第327页。

二省的田赋短征在减赋前已高达原额的50%—60%，所以，核减“浮赋”事实上并没有降低户部的实际收入。其二，六省减赋都着重于裁抑地方上的浮收勒折，而这一部分非法收入本在国家财政计划之外。相反地，减赋一时充实了清朝财政。曾国藩、李鸿章曾把减赋的财政作用概括为：“借减赋之名，为足赋之实”；或“于虚额则大减，于实征则无减。”① 这都是从增加国家财政的角度立论的。其奥妙则在于裁减长期无法征收的虚额以及地方性浮收中饱，减轻中小地主以及自耕农的实际纳税负担，使之努力完纳漕粮正额。这种“下恤民生，而不至上亏国用”② 的目的，在实行减赋之初是有所实现的。例如，湖南实行减赋后，骆秉章奏称：“自（咸丰）五年以来，湖南钱漕始稍有起色，而元、二、三、四等年民间积欠，率皆踊跃输将，国课不至虚悬，军储不至束手，州县办公亦不至十分拮据，而农民则欢欣鼓舞，举数十年之积累，一旦蠲之，稍获苏息矣。”显然，“厘剔钱漕积弊以济军饷”③ 的目的是达到了。在湖北，胡林翼于咸丰七年奏称：“自减定章程之后，通省周知，小民踊跃欢呼，输将恐后。”④ 次年又说：“现在各属俱已奉行，民情极为欢悦，完纳俱形踊跃。漕粮除缓征外，均已全完，南粮……今已完至九分，为数十年来所未有。”⑤

综上以观，可以说咸丰、同治年间清朝在长江六省实行的减赋曾收效一时，既使自耕农、半自耕农的实际田赋负担有些减轻，使社会矛盾有所缓和，也使国家财政在钱漕收入方面有所增加，稍纾艰窘之态。

三、清末田赋负担的进一步加重

减赋的成效不过是昙花一现。总体上看，从同治后期到宣统三年清朝灭亡的四十年间，清朝加在长江六省农民身上的田赋负担是有增

---

① 清代户部抄档，同治二年五月十一日两江总督曾国藩、江苏巡抚李鸿章奏。转引自前揭刘克祥文。

② 《曾国藩全集·奏稿六》，岳麓书社1989年版，第3422页。

③ 《骆文忠公奏议》卷十二，《沥陈湖南筹饷情形折》。

④ 《胡文忠公遗集》卷二六，密折。

⑤ 《胡文忠公遗集》卷三一，《奏陈漕务章程办有成效疏》。

无减的。概括地说，其原因有两方面：

首先，当时农民负担的轻重是与封建国家财政状况息息相关的。由于清末国家财政全局进一步恶化，危机迭起，清朝势必不断地加赋于民。例如，光绪二十六年（1900 年）筹措“诸教堂偿款及存恤教民之费”，因向各省摊派，“江西七十万，湖南三十六万，浙江二十余万，湖北最少，犹二万金，大半皆赋于民。”[①] 次年，又向各省摊派“庚子赔款”，江苏二百五十万两，浙江一百四万两，江西一百四十万两，湖北一百二十万两，安徽一百万两，湖南七十万两……。各省所采取的罗掘手法都包括田赋加征在内。

加上，清末筹办“新政”，大量的支出由地方自行设法解决，结果多是随粮带征。以江西为例，光绪二年有人上疏朝廷，指出：“（江西）前因筹解赔款，每地丁一两，捐钱二百，每漕粮一石，捐钱三百，名曰亩捐。田主力不能支，辗转典质而承空粮，佃夫力不能支，相率逃徙而营他业，荒芜满目，道殍相望，盖亦极颠沛流离之苦矣。今复（因办地方自治）于亩捐外每两地丁加征一百，每石漕粮加征二百，民间扶携老稚，哀泣求免，不见省纳。”[②]

清末长江各省农民不堪田赋加征之累的穷苦困顿之状大率如此。

其次，当时农民负担的轻重又是受封建生产关系制约的。长江六省是晚清封建大地主土地私有制发达之处，地主兼并势力十分强大和顽固，因此，豪绅地主向“小户”转嫁田赋的情况在清末愈益严重。加上，代表大地主、大官僚利益的清朝各级政权到清末已腐朽透顶，地方上官绅勾结起来进行浮收勒折的活动更为变本加厉。正如光绪三十年（1904 年）上海县知县汪某所承认的：“浮收中饱，由来已久，官民习以为常。故每办一漕，额多之州县官，立可富有数十万之巨资。”[③] 因此，清末长江六省的自耕农、半自耕农总是摆脱不了封建官绅的共同欺诈与勒索，实际田赋负担只能愈加沉重。

总之，在半殖民地半封建的近代中国，在封建生产关系处于主导

① 李文治编：《中国近代农业史资料》第一辑，三联书店 1957 年版，第 313—320 页。
② 李文治编：《中国近代农业史资料》第一辑，三联书店 1957 年版，第 323 页。
③ 李文治编：《中国近代农业史资料》第一辑，三联书店 1957 年版，第 326 页。

地位的情况下，希冀农民能在较长的时间内减轻田赋负担，不过是幻想。

第三节　四川田赋附加的恶性膨胀与农民负担

晚清农民负担加重的一个重要原因，是农业土地税的不断加重。清朝为了“避加赋之名，行加赋之实”，往往采取田赋附加的形式。四川的田赋附加的恶性膨胀，就是这方面的典型事例。

一、四川田赋的由轻转重

（一）清代前期四川田赋正额较轻的历史由来

在清代前期，四川田赋正额是全国最轻的，因而有“天下田赋，莫重于江南，莫轻于蜀”[①] 的说法。究其由来，在于清朝针对清初四川经济极其凋敝而采取了具有连续性的特殊优惠政策。

明末清初的四川经历了张献忠为首的农民起义以及清朝的军事镇压等长期战乱，满目疮痍。顺治十八年（1661 年）全省在册人丁仅有 16096 丁，[②] 承粮面积不过 11883.5 顷。[③] 可见，昔日的“天府之国”已变得何等荒凉！为了恢复四川经济，清朝制定了一系列优惠政策以招徕人口入川占垦，并且取得良好效果。其中，“轻赋”是一项关键性的“招徕开垦”措施。例如，当别省仍通行垦地三年起征之际，四川独行五年起征之制，而且起征时官府也不认真清丈田亩，只凭开垦者自报，故田地颇多隐匿。这就使农民的实际田赋负担大为减轻。对此，清廷却长期未作认真处理。康熙四十八年（1709 年），皇帝告诫四川巡抚年羹尧：“比年湖广百姓多往四川开垦居住，地方渐以殷实，

---

① 顾复初：《乐余静廉斋集》，转引自鲁子健：《清代四川财政史料（上）》，四川省社会科学院出版社 1984 年版，第 509 页。

② 《清朝文献通考》卷一九，《户口一》。

③ 《清朝文献通考》卷一，《田赋一》。

为巡抚者若一到任即欲清丈地亩，增加钱粮，即不得民心矣。”[①] 可知，容忍隐漏田亩是康熙皇帝为刺激四川经济的复苏所采取的特殊措施之一。康熙五十一年，颁布“滋生人丁，永不加赋”之诏。当时四川仍沿用明制计亩征粮，此外又征丁粮。在四川人口不断增加的情况下，这项诏令固定了丁税总额，使四川获益尤多。次年，康熙皇帝又说：“今四川之荒田开垦甚多，果按田起课，则四川省一年内可得钱谷三十余万；朕国用已足，不肯加征。”[②] 康熙末年，四川与广东等省率先试行“摊丁入地”改革，“田载丁而输纳，丁随田而卖买，公私称便。”[③] 康熙帝的一系列轻赋政策，使四川田赋总额较低的状况得以延续下来。

雍正五年至七年（1727—1729 年），鉴于四川田地隐漏严重，清廷派出京官大员入川主持清丈，结果丈得田地 45.5 万余顷，比原额多出一倍多。不过，在对隐田计税时，雍正帝保留了康熙朝的宽缓精神，起科仍从轻则。计税办法一般为按亩征银，丁、条、粮合并计算。根据表 3－12 可知，四川在雍正七年的承赋田地总额是明万历年间的 3.4 倍，而赋总额仅为万历年间的 40.6%。[④] 此即四川省田赋正额较轻的有力证明。再就民田科则而言，据《大清会典事例》卷 138 记载，四川民田田赋科则每亩银额在 0.159—8.491 分之间，其上限与下限的额度在全国 24 省中均属于最低的级别。[⑤] 这也说明农民分摊的田赋正额实是不多。

表 3－12

时　期	明万历年间（A）	雍正年间（B）	B:A
总顷亩额	1348.67 顷	459027.83 顷	3.4
总赋银额	1616600 两	656426 两	0.406

① 《清圣祖实录》卷二二九。
② 《东华录》卷一八，康熙五十二年十月丙子“上谕”。
③ 王庆云：《石渠余记》卷三，《记丁随地起》。
④ 彭雨新：《清代土地开垦史》，农业出版社 1990 年版，第 117 页。
⑤ 李文治编：《中国近代农业史资料》第一辑，三联书店 1957 年版，第 298—299 页。

乾隆中叶，四川共有民田 460071.26 顷，征银 66.091 万两，粮 13440 石。[①] 比雍正七年额增长甚微。因此，光绪元年薛福成上疏指出："川省古称饶沃，国初定赋，以其荐经寇乱，概从轻额，故其地五倍江苏，而钱粮不逮五分之一。"[②]

（二）晚清四川田赋附加的加重

四川的田赋附加，在清代前期已经出现。除了"火耗""平余"之类全国普遍存在的田赋附加之外，四川还有地方当局为补充军需而实行的"津贴"。嘉庆元年到九年（1796—1804），川、楚、陕三省爆发以白莲教为组织形式的农民大起义。为筹措镇压经费，四川总督进一步征派津贴。嘉庆五年，署理四川总督勒保奏称："川省办理军需，虽有民间津贴之事，但所谓津贴者，止如运粮脚价以及台站夫马等类官价不敷，则由该百姓出资帮贴。……惟是此时军务紧要，粮运夫马既不能停，自不能不仍资民力。所幸本年雨水应时，收成丰稔，而川省民田宽广，赋则比之他省较轻，如量加津贴，尚属可行"。因而制定了《征派津贴告谕》，采取"按粮摊征"的方式，并获得朝廷批准实行，[③] 这可视为四川"民间津贴"的扩大化和进一步合法化。到道光后期中英鸦片战争爆发之前，"川省地丁额征六十余万两，加以津贴，较原课几增两倍。"[④] 说明田赋附加已经超过正额。不过，由于"始初定赋本轻"，即使加上成倍的"津贴"，四川田赋"历系年清年款，并无蒂欠。"[⑤]

晚清咸丰初年，四川又加重"按粮津贴"。当时继对外战败屈辱赔款之后，国内太平天国起义风起云涌，清朝财政捉襟见肘，遂于咸丰二年（1852 年）令四川、山西、陕西、河南等省"劝谕官绅士民量力捐输，以济要需。"[⑥] 其外，又于咸丰三年（1853 年），令"山西、

① 《清代四川财政史料（上）》，第 275 页。

② 《皇朝道咸光奏议》卷一，《治法类·通论》。

③ 嘉庆《四川通志》卷六六，《食货·徭役》，转引自《清代四川财政史料（上）》，第 272—273 页。

④ 《清史列传》卷三七，《何凌汉传》。

⑤ 宋育仁等纂《四川通志》卷二九，转引自《清代四川财政史料（上）》，第 276 页。

⑥ 《文宗显皇帝圣训》卷一〇六、一〇七，《筹饷》。

陕西、四川三省咸丰四年（1854 年）钱粮，即行借征一年”，即预借一年，“按年递推，一俟军务告竣，国帑渐裕，即将该省应征额赋停征一年，以舒民力而复旧制。”[①] 在实施中，四川总督裕瑞奏称：“体察川省民情，惟有仿照成案，劝谕绅民按粮津贴，请免借征。”[②] 经咸丰帝批准，本属“预征”性质的“借征”转化为“按粮津贴”，增加了田赋附加。

咸丰、同治年间，清朝为了镇压波澜壮阔、彼伏此起的太平军、捻军、回民起义、西南、两粤、闽台各族人民起义，费时二十余年，耗费巨额军资，军费奏销总额达银 4.22 亿余两（尚有一大部分未入奏销），加上每年的养兵常费 1700 万两，平均每年的军费开支为 3400 万两，由此造成前所未有的国库空虚。[③] 国家财政的空虚，引起四川财政地位发生重大变化。同治二年（1863 年）四月，四川总督骆秉章上奏说：“伏查川省额赋本轻，岁入有限，在承平时，无不借资邻省。迩来频年用兵，库藏益竭，饷项岁增二三百万之多，而邻省又皆自顾不遑，难期协济，势不能不就地设法，勉强支撑……故捐输亦属万不得已之举。”[④] 这就是说，四川本属留协省份，但是由于清朝财政全局性恶化，调拨给四川的协饷不至，加上四川本省军费支出大量增加，加重田赋附加税遂成势在必行的就地罗掘手段。当年，四川于以往的“按粮津贴”之外，又“奏办捐输，以济军用，按粮多寡摊派……亦遂成为固有之岁入矣。”[⑤]

对该项捐输的“正额”化，四川地方志多有述其来龙去脉者。如民国《绵阳县志》卷三记载：“咸丰间，洪杨之变，军需浩大，征榷繁兴。朝廷避加赋之名，随粮附征银，曰津贴，每正粮一两加一两。不足，复劝民捐输助饷，名曰捐输，加银二万九千两。廷议本谓军务平时均必取消，及同治六年粤寇灭后，清廷取销各省上项各捐，以昭

---

① 张寿镛，宋澄之等编：《皇朝掌故汇编》，内编，卷九，《田赋一·直省赋制》。

② 《文宗显皇帝圣训》卷一〇六、一〇七，《筹饷》。

③ 彭泽益：《十九世纪后半期的中国财政与经济》，人民出版社 1983 年版，第 123—137 页。

④ 清代抄档，捐输题本 264，四川，同治二年四月二十五日御批骆秉章奏章。

⑤ 《四川财政考》，引自《清代四川财政史料（上）》，第 320 页。

大信，独四川督臣奏，川民乐捐，不愿取销。而津贴、捐输遂独存川省矣。”①

民国《长寿县志》卷三亦称：“津贴、捐输两项，原议事平即止。及事即平，各省均奏准停办。吾川大吏对于上则曰‘民乐报效’，对于下则曰‘再累一年’。沿袭延宕，遂永为田赋正额。”②

四川总督何必如此“瞒上欺下”呢？其实则在于地方财政入不敷出，无法取消田赋附加。光绪十六年（1890 年）川督刘秉璋在一份奏疏中追述了“按粮津贴”“按粮捐输”长期保留的财政原因，指出：“四川向系留协省份，岁入留支不敷应用，故由部拨给别省之款以协济。自咸丰初年，军务繁兴，协饷不至，始则勉自支撑，继反协济邻省。于是每年除边瘠偏灾州县之外，奏请办理按粮津贴一次，所入约数十万。嗣因京、协各饷岁有加增，于是每年又奏请劝办按粮捐输一次，所入约百数十万或百余万不等……迨军务肃清以来，通省绅耆时以恳停津贴、捐输为请。当告以川省每年应解京饷、固本兵饷、东北边防经费、甘肃新疆要饷、各省协饷二百余万，大半取给于津捐，较诸捐备军饷尤为重人，一经停止，饷即无出。”③

可见，四川田赋附加的“正额”化，乃是晚清财政全局性恶化的必然结果。

到光绪年间，四川地方当局对津贴、捐输的依赖更大。光绪十一年（1885 年）川督丁宝桢奏称：“查川省度支，向本入不敷出，从前须待邻省协济。军兴以后，不惟协饷不至，而由川省协济各省以及各路军营者愈出愈多。所赖以周转者惟在津贴、捐输、厘金三项，综计每年一切收款共约四百余万，每年支发则需五百余万，实属入不敷出。”④

上述入不敷出者仅是藩司的度支，州县各种杂费尚在其外。所以田赋附加有增无减。光绪四年，张之洞上奏指出：“查四川之捐输与他省异。咸丰中叶，军饷无出，计臣议于四川钱粮之外加收津贴。津

①② 《清代四川财政史料（上）》，第 373 页、第 377 页。

③ 《东华续录》，光绪 99。

④ 《皇朝道咸同光奏议》卷二六上，《户政类·理财上》。

贴者，按粮摊派，正赋一两则津贴亦一两矣。咸丰末年，更议于津贴之外加收捐输。捐输者，亦按粮摊派。川省一百六十州县，除最瘠数十州县外，余皆派及。或一年一派，或两年三派，由藩司临时斟酌，大约每县地丁五六千金者，捐输派至万金上下，而钱粮最少之户不及正赋一两，则捐输并不止一两矣。此皆报部充饷之正款也，而耗羡、解费不与焉。不特此也，川省杂费最多，若夫马局，若三费局，有者十之八九。此外地方公事各局，名目不一，皆取之于民，皆派之于粮，局绅官吏敛之。大率每地丁一两，合之津、捐、杂派，大县完多将近十两，小县完少亦须五六两。”①

光绪二十七年（1901 年），清廷责令按省份大小摊派“庚子赔款”，四川又奉命“于原派捐输之外，按年加派亩捐银一百万两。各新加捐输，原议如筹集有款，即为停减，以纾民力。嗣以无其他税法可以补充”，遂因循不改，“每年援案摊派”。②

兹将晚清四川省田赋总额与由布政司统一征收的附加税年常岁额示如表 3－13。③

表 3－13

项目	始派时间	停派时间	常年征派总额（银库平两）	%
地丁正耗	顺治十一年	宣统三年	669131	100
闰　银	康熙九年	同上	23290	3.48
火　耗	雍正二年	同上	平年 100107	14.96
			闰年 103599	15.48
津　贴	咸丰四年	同上	540000	80.70
常捐输	同治一年	同上	1900000	283.95
新捐输	光绪二十七年	同上	1000000	149.45
合计平年			4209238	629.06
闰　年			4236020	633.06

① 《皇朝道咸同光奏议》卷十七，《刑政类·律例》，第 10—11 页所载张之洞：《四川东乡县案是非未明疏》。

② 《四川财政考》，转引自《清代四川财政史料（上）》，第 330 页。

③ 《清代四川财政史料（上）》，第 801 页。

正因为田赋附加已逾正额数倍，成为农民田赋负担的主体部分，所以官府在催科时，强迫“粮民交纳者，先完杂费，继完津、捐，然后许完正赋。杂费不完，串票不可得；无串票则官得治以抗粮之罪”。对此张之洞亦不免感叹“其术亦巧而毒矣。”[①]

清末四川的田赋附加又有“昭信股票”的按粮摊派，如成华县每粮一两，派五两六钱；巴县则按正粮一两，纳库平银八两。又有“川汉铁路租股”的按粮摊派，各州县每粮一两，多派至四两以上。此外有团练费、义卷费、亩捐、粮票捐、田税捐、自治费、教育经费、警察经费、实业经费等苛捐杂税，无不随粮附收，极大地加重了农民负担。

二、田赋附加恶性膨胀对农民负担的影响

如上所述，晚清四川田赋附加恶性膨胀，常年加派已是正额的6倍，未计入的浮收通常是税额的倍数。即使在这种情况下，晚清四川的田赋及其附加的征收，却一直是“年款年清”。光绪十一年十二月，皇帝有谕曰：“近年各省短征之数，据奏以安徽及江苏之江宁为最多，苏州、江西次之，河南又次之，其余各省，除四川全完外，均亏缺一二分不等。”[②] 光绪十六年七月，川督刘秉璋也标榜说：“川省非特地丁正供年清年款，即津、捐亦从无拖欠。其先公后私，恐甲于天下之江浙未必如斯踊跃，实收实解，成效昭然。”[③]这说明田赋及其附加是晚清四川农民每年必须当年完成的真实赋税负担。而且，农民的实际负担又要比税额规定的沉重许多。

清代四川农民有一个由自耕农居多转为佃农居多的阶层分化过程。清代前期，数以万户计的外省农民入川落户开垦。雍正六年（1728年）清廷规定：各省入川民人，每户酌给水田30亩或旱田50亩；若有子弟成丁者，每丁水田增15亩或旱地增25亩；一户内实在老少丁多不能养赡者，临时酌增。[④] 因此，清廷在四川实行“招徕开垦”政

① 前揭张之洞：《四川东乡县案是非未明疏》。

②③ 《东华续录》，光绪74、光绪99。

④ 光绪《大清会典事例》卷166，《户都·田赋·开垦一》。

策，确实扶植了一大批自耕农。但是，在封建社会里，地权相对集中化是不可避免的客观趋势。及至清代后期，四川和全国各地一样，由自耕农转化而来的佃农在农民阶级中的比重甚高。例如，在涪州，“州属有田之家能自耕种者十不过三四，大抵以田取押钱佃人耕，而岁分其谷，所谓租谷也。”① 在温江县，“农家自田者为粮户，僦耕者为佃户；一男子有田百亩以上为上粮户，三十亩以上为中粮户，三十亩以下为下粮户。综邑之业田者，上粮户十之一不足，中粮户十之二，下粮户十之三有余，佃户十之四。”② 在泸县，“耕者多为佃农，自耕者少。”③

受租赋关系的制约，四川田赋附加恶性膨胀对于自耕农与佃农的影响仍有所不同。

（一）自耕农的实际田赋负担

就全国范围而言，“捐输”主要是地主阶级内部权益再分配的一种形式，即富户豪绅自愿或被迫出钱粮资助清朝财政，清廷则给予一定的名爵奖叙。但是，四川的“按粮捐输”的性质却有所不同。尽管清廷对四川的“捐输”仍有“议叙”（给封典、虚衔）和增广文武学额、中额的优待，四川地主阶级从中得到了某些补偿。可是，由于其“捐输”是由藩司确定总额，随粮摊征的，其来源就不仅仅是富户了。正如张之洞所指出的：“非若他省捐输偶一为之，即有勒派，止累富室而已。川省捐输之数，由藩司派定，照文征收，无可加减……非勒捐富户也，乃加赋也。”④ 至于“按粮津贴”更属名副其实的加赋。按官样文章所示，藩司的“办捐”时或有免征点的规定，如光绪十八年曾重申：“自载粮八分起，凡八分以上者，概行收缴；其零星小户粮在八分以下者，一律免捐，以示体恤。”⑤ 然而实征时，地方却常自行降低或取消免征点，累及小户。如在云阳县，“民田分柱，柱有大小，一钱之小柱居其大半。津贴向无溢额，惟先后捐输，迭次所增数逾十

① 《涪乘启新》卷三。
② 民国《温江县志》卷三。
③ 民国《泸县志》卷三。
④ 《清代四川财政史料（上）》，第513页。
⑤ 《清代四川财政史料（上）》，第330页。

倍，仍依正额，不分大小柱，一律匀摊。”[1] 据鲁子健的研究，晚清四川省 37 个州县按粮津、捐的摊派方式及摊派幅度如表 3－14 所示。即使宣称“大小粮户一体通摊”，实际上大户仍可贿匿。[2] 所以，只有拥有少量田地的广大自耕农是“津、捐”的无法逃避的主要承担者。

表 3－14　　四川省 37 州县按粮津贴捐输摊派幅度　　银两标准：库平

年　代	州县名	田赋正额（两）	按粮津贴（两）	按粮捐输			按粮津贴捐输合计（两）	田赋每五额一两增派津捐幅度（两）
				起征点（分）	常捐输（两）	新捐输（两）		
光绪二十八年	华阳	8196	8196	2	27000	17000	52196	6.37
宣统二年	新都	3610	3510	5	23800		27310	7.57
光绪二十七年	温江	5909	5909		16300	9000	31209	5.28
宣统一年	巴县	6781	6657		31000	20000	57657	8.50
光绪三十四年	长寿	3029	3029		8800	5000	16829	5.56
宣统二年	大足	4097	4015		19885	12000	35900	8.76
宣统三年	江津	5996	5996	按粮升合一律抽收	35500	15200	56696	9.46
光绪二十八年	合州	4998	4998		37500	24000	66498	13.30
光绪末	涪州	5373	5373		40000		45373	8.44
宣统一年	南川	2462	2400		14000	9000	25400	10.32
光绪末	丰都	2493	2493		11600	6000	20093	8.06
光绪末	云阳	1542	1500	大小粮户一体通摊	8800	5000	15300	9.92
光绪二十八年	资阳	7655	7655	5	28500	20000	56155	7.34
光绪末	简阳	10253	10253		62600		72853	7.11
光绪二十八年	乐至	6048	6048		57800		63848	10.56
宣统三年	达县	9019	9019	粮6合	22000	14500	45519	5.05
宣统一年	大竹	13224	13224		30000	10000	53224	4.02
光绪二十七年	渠县	6458	6458		19500	13000	38958	6.03

① 《清代四川财政史料（上）》，第 575 页。

② 《清代四川财政史料（上）》，第 652—654 页。

续表

<table>
<tr><th rowspan="2">年　代</th><th rowspan="2">州县名</th><th rowspan="2">田赋正额（两）</th><th rowspan="2">按粮津贴（两）</th><th colspan="3">按粮捐输</th><th rowspan="2">按粮津贴捐输合计（两）</th><th rowspan="2">田赋每五额一两增派津捐幅度（两）</th></tr>
<tr><th>起征点（分）</th><th>常捐输（两）</th><th>新捐输（两）</th></tr>
<tr><td>光绪三十四年</td><td>东乡</td><td>2981</td><td>2981</td><td>常 1
捐输
新 3</td><td>8600</td><td>6000</td><td>17581</td><td>5.90</td></tr>
<tr><td>光绪三十三年</td><td>南充</td><td>9012</td><td>9012</td><td>4</td><td>15000</td><td>3000</td><td>27012</td><td>3.00</td></tr>
<tr><td>光绪末</td><td>苍溪</td><td>1772</td><td>1772</td><td></td><td colspan="2">2800</td><td>4572</td><td>2.58</td></tr>
<tr><td>光绪三十一年</td><td>广安</td><td>9809</td><td>9809</td><td>粮 9 合</td><td colspan="2">59000</td><td>68809</td><td>7.01</td></tr>
<tr><td>宣统三年</td><td>武胜</td><td>4276</td><td>4276</td><td>5</td><td colspan="2">27000</td><td>31276</td><td>7.31</td></tr>
<tr><td>光绪二十九年</td><td>峨眉</td><td>5373</td><td>5052</td><td></td><td>14000</td><td>6000</td><td>25052</td><td>4.66</td></tr>
<tr><td>光绪二十九年</td><td>彭山</td><td>4345</td><td>4345</td><td>5</td><td>10000</td><td>6000</td><td>20345</td><td>4.68</td></tr>
<tr><td>宣统间</td><td>眉州</td><td>10309</td><td>10260</td><td></td><td>29000</td><td>16000</td><td>55260</td><td>5.36</td></tr>
<tr><td>宣统二年</td><td>富顺</td><td>12366</td><td>12366</td><td></td><td>45000</td><td>26000</td><td>83366</td><td>6.74</td></tr>
<tr><td>光绪二十七年</td><td>泸州</td><td>12670</td><td>12667</td><td>粮 8 升</td><td>50600</td><td>33000</td><td>96267</td><td>7.60</td></tr>
<tr><td>光绪二十七年</td><td>江安</td><td>3969</td><td>3969</td><td></td><td>10000</td><td>15000</td><td>28969</td><td>7.30</td></tr>
<tr><td>光绪二十八年</td><td>合江</td><td>5830</td><td>5830</td><td></td><td>19500</td><td>13000</td><td>38330</td><td>6.57</td></tr>
<tr><td>光绪末</td><td>南溪</td><td>6135</td><td>6135</td><td></td><td colspan="2">36000</td><td>42135</td><td>6.87</td></tr>
<tr><td>宣统二年</td><td>绵州</td><td>8299</td><td>7748</td><td>2</td><td>29500</td><td>19000</td><td>56248</td><td>6.78</td></tr>
<tr><td>宣统一年</td><td>安县</td><td>5184</td><td>5184</td><td>2</td><td colspan="2">27000</td><td>32184</td><td>6.21</td></tr>
<tr><td>宣统二年</td><td>中江</td><td>9504</td><td>9504</td><td></td><td>32400</td><td>19000</td><td>60904</td><td>6.41</td></tr>
<tr><td>宣统二年</td><td>蓬溪</td><td>10774</td><td>10774</td><td></td><td colspan="2">49600</td><td>60374</td><td>5.60</td></tr>
<tr><td>光绪三十二年</td><td>绵竹</td><td>7298</td><td>7298</td><td>4</td><td colspan="2">51800</td><td>59098</td><td>8.10</td></tr>
<tr><td>光绪末</td><td>遂宁</td><td>20153</td><td>20153</td><td></td><td colspan="2">59847</td><td>80000</td><td>3.97</td></tr>
</table>

还要指出，表 3－14 所载田赋配额仍不足以反映农民的全部实际负担。因为在配赋与征纳之际，农民还要承受种种额外负担。据当时一个在藩司多年经理粮台的官员说，四川的“按粮津贴”是“按现年正项”“倍取浮收”，而且“分公、私两层”，以致纳赋人“一年而输四年之赋”。[①] 其“公、私两层”之说，颇值得玩味。史料说明，“公、

① 李桓：《宝书斋类稿》卷五一，尺牍二三，第 13—14 页。

私两层”的浮收勒折手法是多种多样的。

按四川各州县每年征收丁粮的惯例，“先由官集绅协议，每正粮若干，实上银若干；虽各属轻重不同，而实际已皆不无浮羡。”① 例如，光绪十年二月，巴县捐输局绅罗葆之等议定：“正粮六千六百两，每两收银三两五钱”，其中除地丁、津、捐之外，每两多收银七钱五分，以作“申解藩宪添平、补水、串票、册费、局费、借款月息、书役伙食”等项之用。② 到了光绪二十四年，该县地丁每正粮一两，实收至银六两九钱，除地丁原额、津、捐外，“所有加平、火耗、鞘匣、绳索、领解串票及局中一切用费并还垫借等银一并在内”。③再过三年，巴县每两正粮实收银六两四钱，其中经各项浮费为名的浮收已达一两四钱。④ 又过三年，该县列于浮费名下的浮收竟达每两正粮加征银二两三钱。⑤

在此类堂而皇之的“公费”加征中，其实包含着不法胥吏与绅衿的贪污中饱。例如，在富顺县，“历年相沿，加征四钱五分，名为耗羡，以当解鞘、纸笔、印红、房书辛力、奏销册费开销。其实则例征之一钱五分，一切开支尚属有余，是每年浮收之三分，概为粮吏所得。故邑粮房在户科别设典吏，补缺者纳质万金。粮无论轻重，于地丁、火耗外，先征银一钱五分，一钱以上按粮递加，名为戥实，年额一万有奇。”⑥ 在眉山县，光绪年间，“户科各弊甚重，于人民完纳止供外，每户苛派银一钱八分，名戥头。官胥窃其羡余，上下相蒙，阅二十年不革。”⑦ 在巴县，光绪二十八年，当地一些乡绅向重庆府控告户吏彭焕彩、彭泽膏父子在光绪十七年到二十五年之间，利用经理粮赋之机，每年贪污银一万六七千两。据讼状揭露，彭氏的手法有七：其一为“抬收”。当粮户以钱折银完粮时，“于正粮不满一厘者”，一概抬作一分算，折合钱130文，由此“每年共浮收钱三四千串”。其二为“浮平”。即在银两的称量工具上做手脚，私自加大砝码，由此每年浮收

① 《四川省咨议局决议第十一案呈请文》，转引自《清代四川财政史料（上）》，第582页。

②③ 《巴档抄件》，详见《清代四川财政史料（上）》，第338页、第340页。

④⑤ 《巴档抄件》，详见《清代四川财政史料（上）》，第340—341页。

⑥ 民国《富顺县志》卷五，《食货·田赋》。

⑦ 民国《眉山县志》卷九，《职官志》。

得近千两。其三，“查津捐旧章，每百两票银准扣水三钱五分，该吏等概勒收票银，并不加水。计每年银水共一千二百余两”。其四，“查每一户口填粮票一张，旧章取钱四文，该吏等勒取每张钱四十文。合计户口四万有余，每年浮取粮票钱一千八百串”。其五，“查津、捐二项，既除使费银二三千两，凡火耗、绳索、鞘匣、夫价均在其内，已属有赢无绌。该吏等又另报绳索、鞘匣、夫价银每年五六百两。既报此等解费，又报汇兑费亦五六百两，是申解一项，每年已三报解费矣。合计每年亦一千二三百两。”其六，“查每年征收津捐两项不过数月之久，该吏等既报伙食、杂费银两，又报席桌、茶、烟、纸张、笔墨等费至二千余两；且自户房代收后，并未另设公局，亦并无绅粮经理，该吏竟报局绅伙食银四五百两。合计每年共二千七八百两。”其七，“查本邑只完正粮，免上杂派之田，合计不过正粮二三十两，该吏等辄报至一百数十两。照近年正粮一两递加至九两零扣算，则每年浮冒亦有一千数百两。”加上在征收契税时的浮收勒取，“总算每年浮吞银约一万五六千两，浮吞钱七千余串，实为巨款。”[①]

时人刘愚在《治蜀问答》中指出“各州县藉办差名目，照粮派捐，以充私囊。有一州、县一年派至万余金之多者，而地方不肖绅衿，从中把持分肥，所在皆是。”[②]揆之巴县彭氏案例，刘愚不是故作危言耸听，地方官绅的浮收中饱确实骇人听闻。

在实际征纳环节，官府胥吏与“土豪地棍”狼狈为奸，对自耕农、半自耕农等“小户”恣意敲诈勒索，极大地加重了这些农户的赋税实际负担。

首先，是书吏“征收丁粮给票不填明实收项目，藉便浮收”。宣统元年（1909 年）四川咨议局专门为此立案，其呈请文说，各地议定实收赋银多少时，“实际已皆不无浮羡，经收书吏复从中勒取，乡民良懦，往往有正粮一分或勒取至二三分不等。如给票不填明实在收纳数目，尤其弊之最大者也。盖丁粮既定以银完纳，而实际以银完纳者，必属大粮，各州县大粮率居少数，零星小粮大半皆以钱完纳，书吏因

①② 《巴档抄件》，参见《清代四川财政史料（上）》，第 577—580 页、第 547—548 页。

之任意抬价折合，其给票存粮，并不实填完纳数目，仅填某乡、某人正粮若干；并于应加火耗数目下，乡民任其折算纳付，其实在应收之数既无从确知，又以书吏积威有素，不敢与较。而各处故习，复于丁粮扫解时，凡迟未上纳者，地方官辄饬差抬垫，差以给票未填明实收之数，又复肆为逼索，有数倍其抬垫之数而犹不止者。……查此项首蒙其害者，尤专在乡里小粮之人。"①

其次，是"抬垫"之害。时人称："蜀省民俗敦厚，并无积欠丁粮。而坐催粮差，每串里牌甲首，预为包揽。延不完纳，一经抬垫，必较原额加增十余倍，捏禀抗粮，任意讹索。小民何堪此苦。"②

"粮差"是官府胥吏，"预为包揽"者则往往是土豪地痞，二者牟取的多为强行"抬垫"之利。对此，《达县志》有详细的叙述，兹移录于下："旧有包揽上粮者，曰粮贩，每值开征之时，粮贩预先措备银数百金缴纳于柜以为压金，于是指定某保某甲并某邻场之花户，所有串票悉行裁压，且约以后上银取票；即有花户亲身投柜完纳者，不得攫票以去，而为柜书者乐粮贩之踊跃，图手续之省便，孰不乐于将事也哉。至捐输各由富绅预垫，取利最厚，征额较正粮加数倍，而花民更须托粮贩代完。在富家以专丁赴柜，则往来之费用殊多，既有代完之人，而我仅略酬辛劳亦属计之得者。其在贫乏之户，值青黄不接之时，深惧追呼，以为粮贩代完，则取偿之时日或宽；讵知粮贩握票在手，多一日即多一日之利，若久不取票，必至串通粮差锁押勒索，不倍蓰不止也。若夫垫粮之差，其贪酷尤甚，每年撤柜之后，必有若干小户拖欠不还者，则悉由差役垫缴，柜书割票与之，差役下乡询知为某某之粮，而拘而执之，锁而辱之，索取之金钱恒超正数什百以上；其他开链有费，口案有费，舆马鞋脚又有费，一任其剥削敲诈而莫敢谁何。国课苟不早完，其受害乃至于此。"③

所谓抬垫，即代粮户代缴赋银，是要收取利息的。四川旧规为"每月照三分行息"，利息本已沉重，而粮差包户，往往逾规恣意重

① 《清代四川财政史料（上）》，第581—582页。

② 胡寿昌：《蒙寇志略》，转引自同上书，第628页。

③ 《清代四川财政史料（上）》，第630—631页。

索。光绪二十九年二月，署理四川总督岑春煊指出："川省差役抬粮重索利钱，私押旅店，往往数十文能完者，磕取至数十百倍之多！……（巴县）现在完粮三四百文者，索银至十两，完粮千文者，索银至三十两。"[①] 当时，据举人高志霖等的告发："巴县差役以抬粮为利薮。扫数[②]之次日完粮者，即加十倍、八倍，为日愈久，加数愈多……今年抬粮二百余两，合银三千余两，花户数万金不能了，十余年不能结算，流毒无尽也！"[③] 在蓬州，据光绪三十年知州李龙彰所说："近年，各场各里均有包户，甫经开征，包户先将捐输一款抬完，据票在手，向粮户索取重利，稍有不遂，即肯票不揭，致使粮户无票持验，欲完不能，势必满其欲壑而后已。"[④]

第三，是不合理的纳税手续所造成的种种额外负担。对此，可以蓬州为典型加以说明：光绪三十年，知州李龙彰归纳出八项征纳中的弊端：其一为包户抬垫，已见上述。

此外一户公产，子孙分居，延至三世四世，犹是一户公粮，俗名曰口袋粮。一户不完，则九户不能扯票。设有一户萧条，不能完粮，众户皆观望迟延，一听包户之垄断。故凡遇口袋粮，其殷实之户无不受包户勒肯；其贫困之户则鬻妻变产，继以逃亡。其弊二。

蓬州地丁、津捐，向分三处完纳。因户房逼窄，在禹王宫征收地丁，在天圣宫征收津贴，三费局征收捐输。乡民完一粮，扯一票，即须耽搁一日，若统完三项，必须耽搁三日。甚至书吏舞弊，故意勒肯叠算，直有迟至四五日始能完纳者。其弊三。

完银完钱，本应听民自便，乃书吏高下其手，收银则大其平码，而任意低昂之弊，更不待言；收钱向以一千七八百文合银一两。绅粮大户，自不受此亏损，惟彼蚩蚩小民，正供之外又困诛求，脂膏几何，而能当猾吏之剥削。其弊四。

兄弟分爨，同载一粮，其间贫富不同，境地各异。有欲先行完纳

---

①④　《巴档抄件》，转引自《清代四川财政史料（上）》，第635—636页。

②　"扫数"，即纳税期限截止日。

③　《四川官报》，光绪三十年三月下旬，转引自《清代四川财政史料（上）》，第590—591页。

分立粮名者，向来陋规，每分一粮给钱二千至七八千不等，民间以花费太重，拨粮则剜肉补疮，不拨粮则代人受累。吏书勒肯，则请好事劣绅代为调停，虽可减省公费，又为劣绅开需索之门，种种民情，最为可悯。其弊五。

每户完粮，持银一锭，譬如丁粮四两、津捐六两，本可通融办理。只以三局分立，既完此项，而所余银两竟不能通融拨完。若竟将银分剖，即为碎银，又致吏书卡肯。其弊六。

津捐、地丁分作三局，各自为谋，每户纳粮扯票三张，每票吏书纸笔费银二分。大户出此微款，尚属易易，惟升合小粮，正供不过一二十文，而票费竟逾正赋，穷黎多出三分、五分，即觉为难之事。其弊七。

三局均用吏书，每局必须十余人，三局共须五十余人，加以绅粮二十人，分处办事，则糜费太多，而薪工亦巨。无以养吏之廉，自不免格外取求，取求之数，悉出自民。其弊八。[①]

综上以观，由于田赋附加恶性膨胀以及完纳中官绅的贪污中饱，自耕农、半自耕农的田赋负担极其沉重，无力负荷。据民国《南充县志》记载，光绪末年有人上书县令指出，该县“四野乡民，均以业农为生活计”，“但每年土产出货，惟米、麦、蕃薯、苞谷、高粱为大宗，货本平常，售无昂价。除输纳国库外，而家人妇子衣食与丧葬庆吊，及一切日用杂费，俱利赖焉。以一岁之所入供一岁之所用，平均合计，有羡余者寥寥无几，而不足者十居七八。况南充自遭水、旱、冰雹、虫蝗各灾后，元气大损，未易复还。比练费、捐输筹定征纳，而路政租股现已抽收”，因此出现小民“破产从公”的惨景。[②]可见田赋负担大大超逾自耕农的农业生产力，是晚清四川自耕农陷入贫困乃至破产的一个重要原因。

（二）田赋附加恶性膨胀对佃农负担的影响

一般而言，自耕农一经沦为佃农，其直接负担就是地主的地租剥削与人身役使。对此，四川方志多有述及，例如，光绪《井研县志》

①② 《清代四川财政史料（上）》，第589—590页、第651页。

卷八说："县民既少地著，农民则恃分田而耕，名曰佃户。田主初取交质钱，曰押租，岁收田息分二等；曰水租，曰干租。水租以谷，干租以钱。岁租亏欠，则田主抑扣其交质本钱。然佃户终岁勤动，仅仅自食其力，值歉收，虽罄所有不足输租税。"①

《涪乘启新》卷三述曰："（涪州）有田之家能自耕种者不过三四，大抵以田取押钱佃人耕，而岁分其谷，所谓租谷也。无押之佃必另与主认息，良善田主或少有通融，其刻者无论押息必求取盈，即荒岁租谷亦难望升合之让。又其甚者，视佃户如奴隶，役佃户若牛马，借贷不稍通（融）矣，或取倍乘之息，额租与息不足则扣押钱，扣至尽则收田别佃，而前佃失业，主不恤客，富不怜贫，仇怨所积，或生祸端……"②

由于"赋从租出"，在田赋附加恶性膨胀的情况下，相当多的佃农乃免不了承受地主转嫁的田赋负担。表现为：

第一，在清朝苛重赋敛剥削以及私人地主的兼并之下，大量自耕农、半自耕农由"粮户"或"业户"而沦为佃户。但是，他们在出卖田产后，因诸多原因却"产去粮存"，即仍旧承担田赋，例如《云阳县志》载曰："愚弱之子，但求脱卖，主嫌粮重，迫令减载，初则田少而粮重，驯至田尽而粮存。"修志者指出，此乃"古今通习，列县大同，不仅近时一乡一邑也。"③ 这可证于巴县档案。例如，光绪元年十月，县民陈国安等控告地主陈光兴，状称其父陈明山"业卖光兴，粮应光兴上纳"，但光兴却串通保人，"捏称（明山）抗粮"，逼死明山。④ 光绪四年三月，63岁的寡妇张赵氏控告地主淦祥兴，诉称："故夫先年置业一契，粮册注名张荣兴，载粮三钱八分三厘，张辅堂载粮一钱一分七厘"，她于同治十二年将此田业卖与淦祥兴，殊不知祥兴"仅将荣兴册名更换祥兴，而辅堂册名不更"。光绪三年，祥兴只完荣兴册注之粮，辅堂册粮未完，以致粮差执票来催，使张赵氏"业卖反

---

① 李文治编：《中国近代农业史资料》第一辑，三联书店1957年版，第282页。

② 《清代四川财政史料（上）》，第667页。

③ 《清代四川财政史料（上）》，第648页。

④ 《清代四川财政史料（上）》，第645页、第646页。

受条粮之累”。[1] 光绪二十七年四月，巴县西里粮差禀报册名全福堂的粮户冯元吉连续两年“抗粮”，县令传讯冯氏，冯氏辩解道：“光绪二十五年，小的负债无偿，请凭中证程平斋、常墨斋们为中，将业扫卖与冯香圃承买，议价三千二百五十两正。小的户口全福堂，原载条粮三钱余，殊中证舞弊飞粮，契注七钱余，小的概不知情，串把小的户口未能划拨。今有甲差岑盛来场清粮，说小的抗粮不上，小的知骇！业卖粮尽，何有抗粮不纳？……”

幸亏冯氏的辩词得到里正的佐证，并经里正调解，由地主冯香圃“给资揭回两载粮票（竣事）”，冯元吉方免遭田赋转嫁之苦。[2] 可见“产去粮存”是地主转嫁田赋负担于佃农或自耕农的一种常用手法。

第二，地主通过“明佃暗当”的特殊租佃方式，把田赋负担转嫁给佃农。光绪末年，在南充县，中下户迫于赋税繁重，“至无可奈何时，有将产业尽行当与他人耕种，而租无颗粒者；有将产业当与他人复或佃回全股或佃回半股耕种，而当户转得多敢租者；有将产业分股当与他人而或自留数挑、自留十余挑田亩耕种者；有将产业佃与他人耕种而收租极少者，是为明佃暗当……如此之类，阖县计之十居五六。所以近日业主之户，其名虽有田亩地亩若干，因以出当于人，无租可收，多流为窭，实则佃当户不若也。至于每岁完纳派捐各项，惟产业粮户当之；而当户安然无累，故多有积金数千以至巨万，仍以当户自居，不肯出余资购业，以冀幸免征徭。”[3] 据此可知，南充县十之五六的“业户”实际上已沦为佃农或半佃农，却由于“明佃暗当”而仍旧承担田赋，足见地主转嫁田赋的手法之隐蔽。

第三，地主通过加押转嫁田赋负担。据巴县档案记载，光绪十年十月间，巴县正里粮差某向县堂禀报业主刘旭亭“户口载粮五钱九分，自光绪五年起至今年止，共七年未上”，由他“挪银数十两抬垫完纳”，屡次催讨不还。刘旭亭供称因“负债无偿，已将田业”“佃

① 《清代四川财政史料（上）》，第 646 页。
② 《清代四川财政史料（上）》，第 467 页。
③ 《清代四川财政史料（上）》，第 650—651 页。

与”杨新亭、杨文炳等，“取押银一千二百两”。县堂遂裁断由“业主刘旭亭”向“佃户杨新亭加取押银一百两，每年少焉租谷五石”，以偿还田赋欠账。[1] 这个案例说明该破落地主的田赋负担是通过加取押租而转嫁给佃农的，无疑一时极大地加重了佃农的负担。

当然，地主加押转嫁田赋负担的企图不见得都能得逞，在一定程度上要遭到佃农的抵制或反抗。例如，光绪三十二年八月，“粮户”郑福珍控状称：她“每年应纳粮银一钱八分”，田业佃与彭尊五耕栽，“年仅收（租）六升，靠收上粮，致民连年未上”，而彭尊五“坚不容民加押”。其实，郑氏另有田业佃与郑姓佃户，年收租四石，并非真的无力完粮，其“加押完粮”无非是转嫁田赋负担的藉口而已。[2] 这个案例从另一个角度说明加押是地主转嫁田赋的手法之一。

随着田赋附加的纷繁以及社会经济状况的恶化，及至清末，地主加押成为普遍现象。如在南州县，因“谷价骤昂，旧押太轻，纷纷加取，为临时一大进款。至有与卖价相埒，概不收租，曰大押佃”。[3]

第四，地主抗粮不上，却嫁祸于佃户。例如，光绪十三年七月，巴县佃户杨三顺上告，说他于同治九年租佃周氏地主二处田土耕种，加押后的押租共为银 170 两，“年议租钱一钏”。“连年民将租钱亲交（周）天顺收领。”但周氏抗粮不上，嫁祸于佃户，致使杨三顺遭粮差拘押。[4] 又如，光绪十六年四月，巴县忠里七甲“业主”魏泰成有田“载银一分七厘”，却“奸诡漏粮”，谎称他往江苏当幕僚，托佃户蒋玉顺“将每年租谷变卖存手，代民纳粮。殊玉顺乘民远外，抗不完粮。”佃户蒋玉顺辩称：“泰成父子仅收田谷四斗，连年收清无存，出有票据朗凭。民属佃耕，何能包上伊粮？且泰成年均在家，合境咸知，伊词捏称幕游，亦系子虚。”当时，同里监正义峰等四人具状证实蒋玉顺之词，但是县堂却偏袒魏泰成，责令蒋玉顺与魏氏“算明托上八年条粮银两，如数给清完事，毋任违延干咎”。[5]

---

① 《清代四川财政史料（上）》，第 650—651 页。
② 《清代四川财政史料（上）》，第 643—644 页。
③ 民国《南川县志》卷四，《农业》。
④ 《清代四川财政史料（上）》，第 641—642 页。
⑤ 《清代四川财政史料（上）》，第 642—643 页。

总之，受“赋从租出”的产品分配关系的制约，当四川田赋附加恶性膨胀之后，地主总是千方百计地试图把一部分负担转嫁给佃农，从而加剧了佃农的贫困状况。不过，另一方面，同样受租赋分配关系的制约，地主向佃农转嫁田赋负担在客观上必然有个限度。当佃农的地租负担过重以致无法维持生活时，或是退租另谋生计，或是奋起反抗。因此，地主不可能随着田赋负担的增长亦步亦趋地把增长部分都转嫁给佃农，自己仍不可避免地要承担一部分经济损失。正因为如此，四川地主对田赋附加的增加也是怨声载道的。

综上所述，晚清四川田赋及其附加有个由轻变重的发展过程。加上征纳环节弊端丛生，自耕农与半自耕农备受其害，佃农亦蒙受诸多地主转嫁田赋负担之苦。晚清四川田赋附加的恶性膨胀严重地破坏了社会经济生活，正如光绪三十二年一份报告所指出的：“四川虽然以殷富闻，自咸同以后，地丁而外，津捐各款，名目繁多。近年来兴学、练兵、办警察、筹赔款，竭泽而渔，势已不支。而外洋货物，充塞内地，工徒失业，农商亦因此受亏，生计艰难，迥异昔日。疮痍满目，乞丐成群，节衣缩食，卖儿鬻女而不足以图生活、供丁赋者比比然也。凡我川人环顾故乡族友，岂非一落千丈、十室九空，富者渐贫、贫者且死乎！”①

第四节　清代后期台湾省农民负担的变化

台湾自古以来就是中国的一个组成部分。元朝至元年间开始在澎湖设立巡检司，隶属于晋江县，并在那里征收盐课。② 这是中国政府首次在台、澎地区建立行政机构，征收赋税，行使统治权。其后大陆与台湾的关系日益密切。明朝后期，台湾曾一度沦为荷兰的殖民地，

---

① 《川汉铁路改进会报告》，光绪三十二年第一期，《改良川汉铁路公司议》。转引自《清代四川财政史料（上）》，第700—701页。

② 赵汝适：《诸番志》。

历时三十八年（1624—1662 年）。后来由郑成功收复。郑氏政权治台，历经二十二年（1662—1683 年）。康熙二十二年（1683 年），清朝统一了台湾，设一府三县，以后随着土地的开发，地方建置屡有增设。1885 年中法战争结束之后，清廷正式决定台湾建省。由抗法有功的刘铭传任台湾巡抚。全台行政区划也扩充为三府十二县五厅一直隶州。建省后，刘铭传对台湾的防卫、行政、财政、生产、交通和教育等各方面进行广泛的改革，台湾的面貌大为改观。因此，晚清台湾农民负担状况可以建省为界标分前后两个时期进行比较分析。

一、台湾建省前的田赋与农民负担

荷兰殖民者统治台湾时，把所有耕地收为已有，同时诱劝大陆农民来台，替其种植甘蔗和稻谷。季麒光在《诸罗杂识》记道："自红夷至台，就中土遗民令之耕田输税。以受种十亩之地为一甲，分别上、中、下征粟。其陂塘堤圳修筑之费、耕牛、农具、籽种皆红夷资给，故名王田，犹中土之人受田耕种而纳税于田主之义，非民自世其业而按亩输税也。"[①] 此时汉族农民实际上沦为东印度公司的佃农。

郑氏政权治台时期，台湾的田地分为三种：第一种为官佃田园，由没收原荷兰殖民者所谓的王田而来。即如《诸罗杂记》所说："及郑氏攻取其地，向之王田皆为官田，耕田之人皆为官佃，输租之法一如其旧。"第二种为文武官田。即"郑氏宗党及文武伪官与士庶之有力者招佃耕垦，自收其租而纳课于官，名曰私田，即伪册所谓文武官田也。其法亦分上中下则。"第三种为营盘田。即"镇营之兵，就所驻之地自耕自给，名曰营盘。"[②] 实际上这是郑氏政权为解决军粮供应困难而采取的一种寓兵于农的屯垦制度。既然由士兵自耕自给，当然不必缴纳田赋。前两种田园的科则示如表 3－15。[③]

---

① 王瑛曾：《重修凤山县志·田赋志》。

② 余文仪：《续修台湾府志》赋役一，附考。

③ 表中资料来源于蒋毓英修《台湾府志》（陈碧笙校注本，厦门大学出版社 1985 年版，第 76 页）。原文文武官田园中则园赋则为 1.12 石，有误，今据有关资料订正。

表 3－15　　单位：粟石/甲①

田园地则	官佃田园科则	文武官田园科则
上则田	18	3.6
中则田	15.6	3.12
下则田 上则园	10.2	2.04
中则园	8.1	1.62
下则园	5.4	1.08

清朝统一台湾之后，随着郑氏宗党及其文武官员等被遣还内地安插，其官私田园便成为民业，归原来的佃户或耕种者所有了。② 这是台湾土地制度的一大变革。清廷同时还取消了官田和私田的征税区别，按照“官佃、文武田园通匀一例”及“酌减旧额按则匀征”的方法。重新厘定赋则。规定每甲上则田征粟八石八斗，园征五石；每甲中则田征粟七石四斗，园征四石；每甲下则田征粟五石五斗，园征二石二斗。③ 这一赋则与当时大陆各地通行的赋则相比有所不同。按首任诸罗县令季麒光所说，台湾田赋与中土异者有三：“中土止有田，而台湾兼有园（有陂塘贮水者为田，旱种者为园）；中土俱纳米，而台湾止纳谷；中土有改折，而台湾止纳本色。”④ 台湾田赋与内地相比，最大的不同是赋额轻重相悬。如季麒光所说：“田租之最重者莫如苏松等府，每亩输纳一斗五六升至二斗止矣。今田园一甲计十亩，征粟七石、八石，折米而计之，每亩至四斗、三斗五六升矣。民力几何，堪此重征乎？”⑤

不过，这并不意味着清初台湾自耕农的实际负担要比大陆农民来得沉重。究其原因，主要在于台湾是一个新开垦区，统治机构尚未健全，官吏人数有限，难以对民间报升的新垦田园逐一进行查勘丈量，所以民间私垦不报、垦多报少或以上则报下则的情况极为普遍。当时的台湾知府周元文曾据亲眼所见记道：“淡水港东西社，新垦甚多，一望无际，且多系有水源灌溉膏腴田地，其所报升者，十未有一，又

① 一甲相当于 11 亩 3 分。

②④⑤ 《诸罗杂识》。

③ 蒋毓英：《台湾府志》卷七，赋税。

俱以下园科则具报。”[①] 二位巡台御史也认为台湾“欺隐之田，竟倍于报垦之数”。[②] 由于大量隐田的存在，尽管赋率高，农民的实际负担却不会重。其次，清初大陆各地田赋大多折色征纳，其时正值战乱，粮价比平时要高得多，因而田赋折色也普遍比平时高。后来战乱结束，生产恢复，粮价大幅度回落，但田赋折价却不能随之下降，以致“小民以三、四石之本色，完一石之折色。”[③] 而台湾田赋全部征纳本色，农民因此可避免折色带来的额外负担。

不过，就清初台湾田园赋则本身来看，毕竟比大陆内地重得多，故广受世人诟病。台湾地方官也一再向上陈情。雍正九年（1731 年）清廷根据福建总督刘世民的题请，决定对台湾田园赋则进行调整。其原则是：“台属报垦田园及自首升科者，俱以雍正七年为始，化甲为亩，照同安例分别上、中、下征收银米。至改折田园，亦如所请，照台例将每亩所征钱粮统照三钱六分折粟一石核算，征输其本色，米石照一米二谷之例，折粟征贮。”[④] 经过折算，改定后台湾的上则田每甲征粟二石七斗四升有奇，中则田为二石八升有奇，下则田为一石七斗五升有奇；上园照中田，中园照下田，下园每甲征粟一石七斗一升有奇。[⑤] 改则之后，自雍正七年起报垦的田园所纳之赋尚不及原额的三分之一，纳赋者的负担大大减轻。不过，除了自耕农之外，受惠最多的当然是那些获得垦照、拥有大片田园被称为“垦户”或“垦首”的业主即地主，广大佃农并未受益。同时，这次改则对象仅限于自雍正七年起报垦和自首升科的新垦田园，此前升科的旧额田园仍按原赋则征纳，这就造成同一地区新旧两种赋则并存，纳赋人负担轻重不均的现象。由于旧额田园多集中于开发较早的南部地区，该地区农民的田赋负担比较迟开发的彰化、淡水等北部地区要重得多。这种状况一直持续到晚清前期。

---

① 周元文：《台湾府志·艺文志》。

② 巡台御史索林，尹秦：《访陈台郡田粮利弊折》，台湾文献丛刊第 300 种《雍正朱批奏折选辑》，第 43 页。

③ 蒋尹：《条疏奏稿》，康熙十五年二月初四日奏疏。

④ 王必昌修：《台湾县志·赋役》。

⑤ 余文仪：《续修台湾府志》卷四，赋役一，附考。

除了正供之外，台湾农民在缴纳田赋时还有耗羡负担，其比例为正供的十分之一，但须折银交纳，即粟一斗折银五分。耗羡银一般用于支付地方官的养廉银。①

如前所述，清代前期台湾田赋全部征粟。后来由于运输的困难以及地方商品经济的发展等因，有的县份，如台湾县亦有将田赋改征折色，规定每石折征番银二元二角。② 晚清前期由于内地食洋米而不食台米，台米的输出受阻，谷日贱，一石仅一元左右，③ 有时更低，“易谷十石才五六元。”而官定谷银价大大高于时价，所以田赋改折在无形中使农民负担至少增加了一倍以上。台湾南部实行旧赋额则的地区，农民的负担更是沉重。咸丰初年台湾府学训导刘家谋赋诗：“一甲征租近一车，赋浮那得复言加，多田翁比无田苦，怕见当门虎老爹。”④ 真实地描写了这一情形，并注说：“台邑地狭而赋视他邑为多。内地田一亩约赋银一钱，台地田一甲比内地十一亩三分一厘，上则田一甲赋粟八石八斗，每石折番银饼银二元二角，计每甲赋番饼银十九元三角六瓣。一亩赋十数倍内地不止。久垦，土田渐成硗瘠，每甲出粟上者不过三四十石，每石价不过六七角；　年所入，除各色费用之外，不足以供赋。追呼之惨，称贷之艰，有不忍言者矣。田地昔值百金者，今仅及半焉；鬻之则亏资，存之则受累，民亦何乐求田耶？台谷每十石为一车，班役之家皆祀虎，谓之‘虎老爹’，逋赋者拘押诸家，荼毒万状。”⑤

除了地区之间负担不均外，贫富间田赋的负担亦有差别，“富者田园日开日广，逋赋者多；而贫民坍塌漂没之粮，不得免焉。”⑥

二、台湾建省前的地租与农民负担

台湾在归清以前土地开发的范围主要限于南部地区。台湾真正大规模的开发实际上是从清朝才开始的。当时由于自然与社会环境的恶

---

① 余文仪：《续修台湾府志》卷四，赋役一，附考。

② 连横：《台湾通史》，第129页。原文为二元，据其他原始资料，还应加火耗十分之一，故为二元二角。

③ 周省人：《清代台湾米价志》，载《台湾银行季刊》15卷4期。

④⑤⑥ 刘家谋：《海音诗》，《台湾文献丛刊》第28种《台湾杂咏合刻》，第7—8页。

劣，单人独户的开垦不易进行，而多采取“垦首制”的开发形式。加上，台湾的土地除荒闲无主的官有地之外，还有属于土著居民所有的番地。而且，当时地方官员或各个衙门也曾自行招佃开垦。所以，清代台湾的租佃关系和土地制度显得十分复杂。为了对台湾农民的负担有一个更全面更深刻的了解，现将清代台湾的租佃关系和土地制度作一简要介绍。

（一）汉大小租

汉大小租产生于官有土地的开垦过程中。对官有地的开垦，户部则例中有成文规定，即“各直省实在可垦荒地，无论土著流寓俱准报垦，一地互报，尽先报者。凡报垦必开具界地土名，听官查勘，出示晓喻后五个月，无原业呈报，地方官即取结给照，限年升科……”①清代台湾官有地的开垦也依此成例办理，即所谓“台湾全郡尽属沙壤，地气长升不降，所有平原总名‘草地’，有力之家视其势高近溪涧淡水者，赴县呈明四至，请给垦单，召佃开垦。”②

当时台湾岛上不是莽莽森林即是茫茫草地，开垦时不仅需开辟道路，通导水源，还需设隘防番，所费资金巨大，故申请垦照者既有拥有强大资力的个人，也有由几个人出资合股而组成的垦号（公司）。垦户获得垦照后就取得了对荒地的开垦权。因其所请垦荒地范围广大，非垦户本身的力量所能完成，故大多招徕那些少资无地的农民（大部分是大陆的移民）前来开垦。前者称为“垦户”“垦首”，后者为“佃户”。垦户与佃户一般都订有契约，称为“给垦字”“给垦单”或“给佃批”。其内容主要载明给埔地的位置、范围、面积及佃户应交的租额。③ 其后垦户即把埔地交付佃户前去开垦，并向其收取租额，这就是汉大租的起源。其租率如是分成的，一般是“每百石业主得十五石，佃人得八十五石”；若是定额的，每甲田需年纳谷八石。④ 降至雍、乾之际，随着大陆移民来台者日众，土地垦辟年蹙，获得土地日

---

① 转引自王益滔《光复前台湾之土地制度与土地政策》，载《台湾银行季刊》15卷第2期。

② 巡台御史索琳，尹秦：《访陈台郡田粮利弊折》。

③ 台湾习称未垦的荒地为“埔地”。

④ 《清代台湾大租调查书》第二章《汉大租》，第一节“给垦字”第九号。

渐困难，而愿租种他人之田者日多，佃户把自己佃耕的土地擅自转佃于第三者的现象也更加普遍，于是在同一土地上就发生两种佃租，即垦户向原佃户征收之租谷及原佃户向现耕人征收之租谷，前者习称为“大租”，后者为“小租”。垦户因收取大租而称“大租户”，原佃户因收取小租而曰“小租户”。原来的租佃关系演变为大租户—小租户—现耕佃人的三层关系，也就是一般所说的一田二主制，或大小租制。这是清代台湾最普遍的一种租佃关系。实际上还有现耕人把土地再行转佃他人而产生一田三主现象。由于现耕佃人受大租户和小租户的双重剥削，故其田租负担相当沉重。据有的学者研究，在分成租下，小租户与现耕佃农的分配比率，“以五五分或四六分为最普遍；至定额租则以上田32石，中田24石，下田16石，上园24石，中园16石，下园8石为准，以此额与大租相较，约当其四倍。”[①] 不过，就我们所见到的招耕字等有关契约文书来看，现耕佃人所纳于小租户的田租似乎并未像大租那样有一个相对固定的租率。[②]

除了租谷之外，大多数的现耕佃人在向小租户佃耕田地时，还得交纳相当数额的无利“碛地银”，这其实就是押租，是佃农的一种额外负担。按契约规定，如佃户拖欠租谷时，业主即可扣抵碛地银，同时另招别佃起耕。

（二）番大租

“番”是清代对土著居民的习称。番大租起源于番地。台湾开辟初期，岛上除了无主的荒地外，大部分土地原来都属于土著居民所有，或为牧地，或作鹿场。有人说：“开发台湾，实际即是开垦番地。”[③] 此话并非言过其实。清初政府为了维护番民生计，防止汉番冲突，实行“护番保产”政策，严格限制汉人进入番地开垦。然而，由于大陆移民大量渡海来台，禁垦番地的命令形同一纸空文，大片的番地被汉人侵垦、私垦。民垦番地实际上已成为一种不可阻止的趋势。面对这

① 王益滔：《光复前台湾之土地制度与土地政策》，载《台湾银行季刊》第15卷第2期。（其单位为甲）

② 参见《清代台湾大租调查书》第二章“汉大租”第二节“噗耕字”第六号、第十四号、第二十二号。

③ 王益滔：《光复前台湾之土地制度与土地政策》，载《台湾银行季刊》第15卷第2期。

种情势，清廷终于采纳了有识之士的建议，于雍正二年下令："福建台湾各番鹿场闲旷地方可以垦种者，令地方官晓喻，听各番租与民人耕种。"[①] 这样便开始了汉番之间合法的土地交易，汉人要开垦土地，只要先与番约，岁纳其租即可。[②] 取得番地的汉人或自行开垦其土地，或招佃开垦。其自行开垦者，本人即为佃户，而番人则相当于垦户的地位。后来该佃户把田地再行转佃于现耕人，收取小租，该佃户即变为小租户，原来的番租即为大租，称番大租。其租佃关系变为社番—原垦佃（小租户）—现耕佃人的三层关系。至于取得番地后招佃开垦者，即处于垦首的地位，向佃户收取大租而成为大租户；其后原佃户又把田转佃于现耕农而收取小租，成为小租户，其租佃关系成为番社—垦首（大租户）—原佃户（小租户）—现耕农的四层关系。番大租的租额与普通的大租额不相上下，每甲田年纳粟约八石左右，其现耕佃农的负担也基本与汉大租的情况相同。

（三）养赡租与屯租

养赡租与屯租均来源于台湾屯制的设立。乾隆五十一年林爽文起义时，大将军福康安率军入台，曾利用番民协助官军作战。事平之后，福康安以番人堪用，乃奏请仿四川省屯练兵制度，在台湾设置屯制。为了支付屯丁的口粮，即把当时未垦荒埔地五千四百四十一甲，拨给屯丁每人一甲，屯弁每人三甲至十甲，作为"养赡地"，"令其自行耕种，照番田之例，免其纳赋"，[③] 养赡地虽然规定由屯丁自行耕种，但由于埔地离居地远涉，且屯丁不识垦务等原因难以自耕，大部分仍给汉人垦种，而收取田租，称养赡租。养赡租的租率一般与普通大租相同。这种租佃关系，初时公认以屯丁、弁为业主，承耕汉人仅有佃户权利。后来由于佃户逐渐握有土地实权，把自己的权利或典或卖，取得了与汉人小租户相同的地位；而屯丁也失去业主权，仅对养赡埔地有收租的权利，其结果是养赡租与普通番租无异。

---

① 《钦定大清会典事例》卷一六六。

② 除了纳租之外，汉人亦有用其他方式取得番地者，如"以水换地"，即汉人把修筑水圳引来的水分与番民灌田，番民把一部分土地交于汉人垦耕作为报偿。这种事例为数不少，参见《清代台湾大租调查书》第一章，第二节第九号。

③ 《清代台湾大租调查书》第十五章，第 1026 页。

除了拨与屯丁养赡地外，政府还把当时查出漏丈的汉人已垦田园三千七百三十余甲悉予没收，作为屯田，令原垦佃人耕作，于乾隆五十五年收取屯租，每租谷一石折番银一元收纳，发给屯丁，充作屯饷。这便是屯租的起源。当时屯租的租率示如表 3 – 16。[①]

表 3 – 16　　单位：粟石/甲

等则	田	园
一等	22	10
二等	18	6
三等	14	5
四等	12	4
五等	10	3
六等	6	2

在这种租佃关系中，原来官府为土地之业主，垦耕其地者不过是佃户；后来亦如普通大小租户的关系，屯田佃户取得土地实权，变为小租户，将屯田照民间之例自由买卖，完全占有业主地位，而官府则只有屯租权而已。

（四）隘租

隘是为防止“番害”，保护汉人开垦事业而设立的一种机构，一般设立于生番出入要处。隘一般有隘首一人及隘丁若干人，其职责主要为保护隘区内的安全，防范生番滋扰为害，俾使垦务得以顺利进行。台湾最迟在乾隆时已有隘的设置。隘的分布主要在北部与生番接壤处，以新竹、淡水、宜兰等地为最多。设隘需要经费，其中以隘丁口粮为最大开支，故隘费又称隘粮。根据隘粮来源的不同，隘又可分为两种：隘费由官府负担者称为官隘；由民间负担者称为民隘[②]。民隘的费用一般取自受益的土地，即为隘租。换言之，隘租是防番经费的分担。收隘租有多种方式：有的就地取粮，即“就新垦地亩按甲抽租，业户四成，佃户六成，由隘首派将友应，官不过问”。[③] 也有业三、佃七分

① 据《清代台湾大租调查书》第十五章，《屯租》。

② 亦有隘费由官民分别比例负担的官四民六隘，仍称官隘。

③ 《淡水厅志》建置志，隘。

摊的。也有在给垦制下的就地抽租，即垦户领取垦照后，把土地批给众佃户垦耕，同时设隘、筑庄，然后抽租以养隘。即如史料所载："窃沿山垦隘，系禀官给戳，自行招股津银，披荆斩棘，设隘防番，以极力垦成之粮，养极力垦成之隘，故历年隘粮，悉向垦内各佃抽收。"① 隘租的租率依据各地田园的肥瘠、耕作的安危等而不同。据《淡新档案》所载，大致上彰化县水田隘租每甲年须纳谷四石，园则减半；淡水县水田隘租按年征谷数斗至三石，平均约二石；新竹县竹北水田隘租按年每甲收谷八石至十八石；宜兰县水田隘租按年每甲征谷一石至四石，园则减半。②不管隘租的高低如何，它仍是一种额外的负担，最终还是落到现耕佃人身上。

（五）官庄租

就字面意义而言，官庄租乃对官有田庄所征之租。实际上官庄包括很多形式。《东瀛识略》卷二指出："官庄者，归官之业，庄乃处所也。有田，有园，有牛磨，有塭 ，有蔗车；所征有粟，有面，有鱼，有青白糖，有芝麻，皆按价折银以缴，惟淡水、噶玛兰止征粟"。官庄在清领台湾后不久就出现了，其来源主要由地方文武各官招佃垦种而成的。这种由地方官员自行招佃垦耕设立的官庄存在许多弊端，后来有关部门奏请革除，清廷便于康熙六十一年将官庄田园充公，由所在地方官府推举佃首或派胥吏承办经营，抽取租税。该年奉文归民征输的官庄共有一百二十五所，实征官庄租银共三万零七百二十两。③由于官庄分布遍及台湾各县厅，各地的租率不尽相同。以淡水厅的拳头母山及和尚洲二所官庄（一般称拳和官庄）为例，其官庄租前者田每甲征租谷六石，园三石；后者田每甲纳谷四石，园三石。④ 又彰化县马龙潭、镇平、饶年官庄一所未升科中下则田七十六甲七分，年征租银二百六十六两一分四厘，平均每甲田征银三两四钱六分多；南靖永定庄一所未升科中下则田三十八甲六分六厘，征租银一百五十七两七钱五分二厘，平均每甲征银四两零八分多，按每石谷四钱算，每甲

①② 《淡新档案水厅志》1732.9.34，转引自戴炎辉《清代台湾之隘制与隘租》。

③ 刘良璧：（乾隆七年）《重修福建台湾府志》卷八。

④ 陈培桂：《淡水厅志》卷三，赋役志，官庄。

约征谷十石以上。[①] 又台湾县官庄田园共二百八十六甲零，年征正供粟石，又纳糖粟、租糖、廊饷等项，共一千三十四两六钱零，每甲推算该银三两六钱。[②] 一般来说，官庄租与民间私租相差不多，但比正供要重。故乾隆三年巡台御史诺穆布等人曾奏请把官庄租赋照民则减收，但受到地方官的反对而未实行。

虽然官庄归公后其管业权属于官府，即以官府为业主，但后来由于时势变迁，恰如普通田园的大小租关系，官府对土地逐渐失去控制权，而佃户则可以自由转手典卖其官庄地，官府对此亦无法加以阻止，结果官府的权利变成普通的大租权。

（六）抄封租

抄封租也是一种官租，分叛产抄封与生息抄封两种。所谓"叛产"即叛乱分子的产业。乾隆五十三年清朝镇压林爽文起义之后，即把林爽文及其他参与者的田庄没收，编入官产，成为台湾抄封"叛产"的大部分，后又续抄陈周全、张丙、戴潮春、施九缎案内叛产。另外，从前台湾府道衙门将其库款10万两贷予富民，而收轻息，一遇有事则收回；遇仓卒难缴或凌夷无力者，官府则查封其田产，作为抵偿，此即生息抄封。官府把上述两种抄封的田产出佃所征之租，曰抄封租。抄封租由台湾府遴选佃首经征，抽出正供向县或其他地方机构缴纳，其余悉解府库，或拨支兵饷，或充地方办公经费。叛产抄封的主体有大租，有小租。抄封大租时，该抄封租不过有大租权而已，其土地的小租户仍不失其权利。反之，抄封小租者，如该土地附带大租，官府则继承负担大租义务。大小租一并抄封者，其土地全部归官府，俗称"连根抄"或"连底抄"。抄封租租率较高，一般上田每甲征粟32石，中田征粟26石，下田征粟20石，上园如中田，中园如下田，下园每甲征粟18石。[③]

此外还有隆恩租、水租等名目，兹不具述。

上述说明清代台湾的租佃关系和土地制度相当错综复杂，由于土地

---

① 《彰化县志》田赋志，附载。

② 巡台御史诺穆布等：《为陈台湾官庄赋重宜照民则减收事奏折》，载《历史档案》1987年1期。

③ 丁绍仪：《东瀛识略》卷二，《粮课》。

的多层转佃，形成了大小租制盛行和一田二主甚至一田多主的局面。大租户（大地主）、小租户（二地主）乃至三地主的层层剥削，大大加重了农民的负担；而这种大小租权的任意转让典买，又造成地权归属的混乱和纳赋人的不明确，加上私垦成风，隐田的数量相当庞大，政府田赋收入的增长与土地垦辟的情况极不相称。种种情况恰如雍正时闽浙总督高其倬在一份奏折中所描述的："台湾初定之始……其诸罗、凤山二县皆系未垦之土，招人认垦，而领兵之官，自原任提督施琅以下，皆有认占，而地方文武亦占做官庄，再其下豪强各户亦皆任意报占，又俱招佃垦种取租；迨后佃户又招佃户，辗转承受，层层欺隐。按其赋税，每田一甲，不过内地之十余亩，而纳八石有余之粟，似种一亩之田而纳十亩之粟，类若田少赋重；然佃户之下皆多欺隐，佃户之下佃户，又有偷开；至业主不能知佃户之人数田数；佃户又不能究其下小佃户之田数人数，实则种百亩之田，不过报数亩之田，究竟粮少田多。是以家家皆有欺隐之产，人人皆偷开之户。"[①]

三、刘铭传的清赋与农民负担的变化

刘铭传清理田赋是晚清台湾地方规模最大的赋役制度改革，对农民负担有重大影响。1885 年台湾建省后，刘铭传进行了一场大刀阔斧的改革，台湾面临着一种百废待举的局面，设防练兵，开山抚番，铺路开矿，兴办教育等各项事业，大大需款。而台湾因民间隐匿田亩，漏不升科的现象十分严重，有田无赋所在皆有，尽管垦熟的实在田园比清初扩张了数十倍，但因"久无报丈升科"，粮课的收入却所增无几。以台北、淡水地区为例，"田园三百余里，征仅一万三千余石，私升隐匿不可胜穷"。[②] 直至建省时统计，全台田赋仅"银八万五千七百四十六两，洋银一万八千六百六十九元，谷十九万八千零五十七石。"[③]致使地方经费极为困难，不得不求助于邻省的协济。为了增加地方的财源，达到"以台地自有之财，供台地经常之用"的财政自立

① 雍正朝《宫中档》第六辑。

②③ 刘铭传：《量田清赋申明赏罚折》，光绪十二年四月十八日，见《刘壮肃公奏议》卷七。

目的，刘铭传于光绪十二年，即台湾建省的第二年，会同福建总督杨昌浚奏请在台湾清查田赋。当时的做法，第一步是先编保甲。通令各府县自光绪十二年四月起限两个月之内将所辖户口编查报告，同时清查各户粮赋，即所谓的“就户问粮”，以作为清理田赋的基础。第二步为清丈田园。在台北、台南分别设立清赋总局，由知府督率办理，并公布“清丈章程”，宣称所有田地“无问民番，寸土皆关赋役，必须一律丈量。”① 第三步为改定赋则。如前所述，有清一代台湾的赋则曾几经变更，不同的赋则同时并存，造成人民负担轻重不一。为了清除这一不合理的现象，刘铭传于光绪十三年九月清丈基本完成之后即着手改定赋则，“将现丈田园，无论新旧，悉照同安下沙成例分则配征，化甲为亩，以一甲作十一亩，仿条鞭办法，删去浮征等名，凡地丁粮耗等款，并入正供，并化谷价折征，提充正赋”；“查银粮正供之外，向有补水、平余……台地通用番银，今赋则改照内地，应需纹银补水，每两随收一钱外，拟酌定平余银一钱五分，为升科各县办公之用。”② 现把其新定的赋则列表为 3－17。

表 3－17　　单位：两

等　则	每亩正耗	每亩补水	每亩平余	每亩合计赋额	每甲合计赋额
上则田	0.224408	0.0224408	0.0336612	0.28051	3.08561
中则田	0.183528	0.0183528	0.0275292	0.22941	2.52351
下则田	0.151312	0.0151312	0.0226968	0.18914	2.08054
下下则田	0.1210496	0.01210496	0.01815744	0.151312	1.664432
上则园	0.183528	0.0183528	0.0275292	0.22941	2.52351
中则园	均同下则田				
下则园	均同下下则田				
下下则园	0.0968396	0.00968396	0.01452595	0.121049	1.331539

资料来源：《清代台湾大租调查书》第一章第二节第16号；
程家颖：《台湾土地制度考查报告书》。

① 刘铭传：《整顿屯田折》，光绪十三年八月初二日，见《刘壮肃公奏议》。

② 刘铭传：《台亩清丈将竣，拟仿同安下沙定赋折》，光绪十三年九月廿四日，见《刘壮肃公奏议》。

刘铭传的清赋自光绪十二年四月开始至十五年基本结束，历时约三年。据有关规定，“无论屯田番地，皆宜切实丈量，归入清赋案内分别升科”;[①] 而且明文规定各种番租、屯租和隆恩租等一律改为大租，与汉大租一样适用“减四留六”之法，认汉佃户为业主，由其领单承粮。实际上这不但消除了民地、番地、屯地、隆恩地等各种田地的差别，将之归于一体，而且也大大增加了升科田园的面积，因而也增加了财政收入。据统计，丈量后的民业田园（官庄除外）为四十三万二千余甲,[②] 相当于清赋前升科田园的六倍。年额征银五十一万二千九百六十九两零，随征补水平余银十二万八千二百四十二两零，加上官庄租额银二万八千余两，全年共征银六十七万余两，除去补水平余银，比清赋前年征旧额银溢出三十六万余两。[③]

清赋后，除官庄及新垦辟的土壤贫瘠地区外，全台大部分的田地均按统一的新赋则征纳，使农民负担相对平均合理。表 3－18 比较了新旧赋则，从中可以看出清赋前后农民负担的变化。

表 3－18　　单位：两/甲

地　　则	雍正七年前报升田园	雍正七年起报升田园	新赋则
上田	13.1648	4.00904	3.08561
中田	11.0704	3.11168	2.52351
下田	8.228	2.629968	2.08054
下下田	—	—	1.664432
上园	7.48	3.11168	2.52351
中园	5.984	2.629968	2.08054
下园	3.5904	2.567136	1.664432
下下园	—	—	1.331539

注：清赋前的田赋按原征额粟 ×2.2 ×0.68 计算，其中 2.2 为每石粟折番银 2.2 元，0.68 则是每元番银重 0.68 两。

刘铭传清赋时，还对沿山、沿海、沿溪一带的瘠薄沙田另定较轻

① 刘铭传：《整顿屯田折》，光绪十三年八月初二日，见《刘壮肃公奏议》。

②③ 刘铭传：《全台清丈给单完竣核定额征折》。

的科则。如规定台北地区的一等沙田每甲征银一两六分五厘，二等的征银七钱四分六厘，三等的征银五钱三分三厘；一、二等沙园视二、三等沙田征银，三等沙园每甲征银三钱二分。以此稍舒民力，既免弃田乏粮之虞，又可广招徕续垦。[①]

清赋中，刘铭传把官庄田园剔存，另行清理，不与其他田园一并丈量升科。这大概是因刘氏认为官庄田园“系官租，不在民业之列”的缘故。[②]由于年代久远，官庄中原设的糖廍、蔗车、牛磨等均已毁坏，唯丈量得田园共计一万五千三百五十二甲多，多于旧额，这是佃户在官庄界内自行续垦的结果。由于官庄不适宜采用“减四留六”之法由佃户领单承粮，便删除各项名目，重新厘定租额，继续收租。新的租率规定上则田每甲征租谷五石，以下递减五斗，至下下田为三石五斗；上园视中田，以下递减五斗，至下下园征谷三石，每石谷按台章折银六钱，免征平耗。[③] 这种租率与新定的赋率不相上下。

关于新垦辟地区农民的负担。光绪元年日本侵略台湾的牡丹社事件发生后，清廷治台政策转趋积极，废除了人民渡台及进入番地的禁令，进行大规模的“开山抚番”，在中部设埔里社厅，南部设恒春县，东部设卑南厅（后归入台东直隶州），并于光绪三年设招垦局，派员前往汕头、厦门、香港等地招徕垦民，对秀姑峦、歧莱、恒春、埔里等原来禁止汉人进入的“番界”进行有组织的开发。招垦章程规定：垦民由招垦局免费用轮船接运来台，每十名置一什长，每百名置一百长，以资管束。垦民到地开垦之日起，每十人交予农具四副（估银二十元）、耕牛四只（估银一百元）、谷种（每佃配银二元）。头一年每人每日给银八分、米一升，什长加银四分，百长月给银九两、米三斗。后半年每名日减银三分，限以一年半为期。三年田园垦熟后复勘升科。其前领农具、耕牛、口粮、种子等费分为十成，向后每年摊还二成，以五年为期缴清，否则于正供之外另交官租若干。[④]

由于这些新垦田地沿山沿海，土壤瘠薄，非西部平原垦熟多年的

①② 刘铭传：《全台清丈给单完竣核定额征折》。

③ 刘铭传：《厘定全台官庄田园租额折》，光绪十五年十二月十九日。

④ 《台湾私法附录参考书》第一卷（上），第28—29页。

肥沃田地可比，故刘铭传清赋时特地奏请减等升科。“埔里社田园照同安下沙则递减一等升科，上田科中则，中田科下则，下田照下则核减二成；上园视中园，依次递减，匀丁粮米概免征配。其恒春县田园瘠薄，视埔里社尤甚，亦照下沙则减等升科，并免耗羡配征及匀丁粮米”。[①] 表 3－19[②] 为三个新垦区的田园赋则。

表 3－19　　单位：两

地　则	埔里厅	恒春县	台东直隶州
上田	1.0146	0.905905	
中田、上园	0.8862	0.791315	
下田、中园	0.709	0.63305	0.63305
下下田、下园	0.5672	0.50644	
下下园	0.45376	0.405152	

清赋的最后一步是核发丈单。丈单是业主永远营业的证明，所以核发丈单即是确定业主。这一问题因原先大小租和一田二主的盛行而显得十分复杂。原来小租户虽对土地拥有实权却不必承粮纳课；大租户虽有纳赋义务，但对土地却没有支配权。而且，在大小租制度下，大、小租权皆可自由分割买卖转让，引起土地法律关系的混乱，造成“强者有田无赋，弱者有赋无田”，以致国家赋税无着。如何处理这一积弊亦是刘铭传清赋的一项主要内容。刘氏原拟简化租佃关系，废除大租权，以小租户为业户，丈单由小租户执领，田赋亦小租户缴纳，以期田皆有赋，赋皆由田主承担，符合就田问赋之义。但是这一计划遭到大租户的强烈反对，台湾富绅林维源也代表大租户向政府陈情。刘铭传看到完全废除大租权的阻力太大，一时难以施行，遂不得不改变方针，采取折中方法，于光绪十四年正式规定所有隆恩官庄学租、拳和官庄正耗以及汉业户、番业户、番丁私口粮、屯丁养赡七款名目，自光绪十四年起，按照上年所收大租额作为十成，以四成贴与小租户

① 刘铭传：《埔里厅暨恒春县田园减等升科请立案折》，光绪十四年七月初八日。

② 屠继善：《恒春县志》，胡传：《台东州采访修志册》，周宪文：《台湾经济史》第七章赋税。

完粮，实收六成即向小租户收纳，仍令小租户向佃人将大小各租一并全收，以昭公允。这就是所谓的“减四留六”法。显然，佃人的地租负担并未能因此减轻。

四、丁银、杂税、番丁社饷与农民负担

除了田赋、地租外，与农民负担有关的还有丁银、杂税和番丁社饷等。

（一）丁银

荷兰殖民统治时期对台湾人民征收人头税，到郑氏时期演为丁银，“不分主客，计口算丁，每丁年征银六钱”。[①] 清领台湾之后继续郑氏旧制课征丁银，每丁征银四钱七分六厘。这一税则与当时大陆内地相比虽然较重，不过，按清代台湾的惯例，丁银征收的对象仅限于编为客户的“有室家者”，“单丁不与焉”，[②] 由于清朝前期台湾居民中多为单身男子，有家室者极少，所以缴纳丁银者实际上在人口中占的比例不多。截至康熙五十年止，共仅一万八千八百二十七丁。乾隆元年清廷降旨对台湾丁银进行厘革。其诏曰：“闻福建台湾丁银一项，每丁征银四钱七分，再加火耗则至五钱零矣。查内地每丁征银一钱至二钱、三钱不等，而台湾加倍有余，民间未免竭厥。着将台湾四县丁银，悉照内地之例，酌中减则，每丁征银二钱，以纾民力。从乾隆元年为始，永著为例。”[③] 减则之后，台湾每年征丁银共三千七百六十五两四钱。至乾隆十二年，台湾开始奉文推行“摊丁入地”政策，将通郡丁银分别上中下则科算匀配通郡田园亩数征收，由有田业户随同田赋一并缴纳（每亩加耗银七分并封平余银二分，共九分），无田之户可免负担。刘铭传清赋重新拟定赋则时正式规定把地丁粮等款并入正供，并化谷价折征，提充正赋。

（二）杂税

杂税之征，各地皆有。只不过清代沿承郑氏旧制税种税目与内地

---

① 蒋毓英：《台湾府志·赋役》。

② 周钟：《诸罗县志》赋役志。

③ 《大清高宗纯皇帝实录》卷二四。

略有不同而已。台湾杂税大致可分为陆饷及水饷两项。陆饷包括：(1) 街市店厝。瓦店厝每间年征银三钱零三厘八毫；草店厝每间年征银二钱一分七厘。(2) 牛磨。每首征银五两六钱。(3) 蔗车（制糖时用以榨取蔗汁的工具）。每张征银五两六钱。此外还有槟榔、瓦窑、菜园、当税等。水饷包括：(1) 采捕小船并渡船，按载重量计算，每担征银七分七厘。(2) 尖槽及杉板船，前者每只征银八钱四分，后者每只征银四钱二分。 (3) 蚝、港、潭等捕鱼处所每所征银不等。(4) 网、箔、罟、沪等捕鱼器具征银不等。(5) 采捕乌鱼旗（即采捕乌鱼的许可标识，白旗上刊刷“乌鱼旗”字样，填写渔户姓名，县印钤盖，插于船头、带网采捕），每枝征银一两零五分。

杂税的征收总额，据乾隆二十八年的《续修台湾府志》所载，陆饷为三千九百四十六两，水饷为三千八百十七两，数量并不多。然而，由于实际征纳中多采用包税制，存在不少弊端，远远超过这一数额。

（三）番丁社饷

所谓番丁社饷就是对土著所征课的赋税，其性质与丁银相仿。清朝收复台湾以后基本上沿用了郑氏旧制，对居住凤山县下淡水流域的已进入农耕社会的入社土著征收“丁口米”，而对其他仍以狩猎为生的番社征收“社饷”，同时也对番社的征纳作了若干厘革：第一，豁免了老疾男女小番七百五十三口的丁口米。第二，把番妇的征额从每口征米一石三斗减为每口征米一石。这样，丁口米对象由以前的四千三百四十五丁口减为三千五百九十二丁口，征收总额也由以前的五千九百三十三石八斗减为四千六百四十五石三斗，并按一米二谷的比例征粟九千二百九十六斗。[①] 第三，对以狩猎为主的三十八社土番征收的“社饷”，也减为银七千八百八十八两，相当于郑氏时期的一半。[②] 不过，由于社饷仍沿承郑氏旧制由“社商”代为收纳，即地方官授予社商与番社交易的垄断权，由社商代理征收社饷，因而产生种种弊端。如地方官在招商包输社饷时，往往索取花红陋规，社商则“转剥土

① 高拱乾：《台湾府志·赋役志》。

② 季麟光：《复议二十四年饷文》。

番，额外诛求”，以致“番不聊生”。[①] 更有甚者，加上通事、头家利用番民的无知，假公济私，指一课十，月朘日削，加派之数竟数倍于正供之额，以致番民陷入“举家老少，衣不蔽体，食不充腹”的悲惨境地。[②]

针对番民饱受社商、通事剥削一事，当时台厦道等地方官曾屡次出示禁革，虽收效不彰，但番民负担过重及由此引发的种种问题，终于引起了有关上司的重视。雍正三年，清廷议准原闽浙总督觉罗满保“请将凤山八社番妇一体免其纳赋”的奏疏，规定自雍正四年起，豁免凤山八社番妇一千八百四十四口的丁口米，共折粟三千六百八十八石；[③] 并把其余番丁一千七百四十八口的丁口米，按每石折价三钱六分改征，共征银二千一十六两九钱三分六厘。[④] 雍正十年又豁免大肚社饷银一百六十八两。[⑤] 接着乾隆皇帝在裁减台湾丁银的第二年（1737 年），又下谕裁减台湾番饷，谕曰：“向来台湾丁银重于内地，朕已加恩仿照内地之例酌中减则，每丁征银二钱，以纾民力。今闻台地番黎大小计九十六社有每年输纳之项，名曰‘番饷’，按丁征收，有多至二两、　两有余及五六钱不等者。朕思民番皆吾赤子，原无歧视，所输番饷，即百姓之丁银也。着照民丁之例，每丁征银二钱，其余悉行裁减。该督抚可饬地方官出示晓喻，实力奉行，务令民番均沾实惠。”[⑥] 这样凤山下淡水八社番丁一千七百四十八人，共征银三百四十九两六钱，而全台其他番社计有番丁五千零五十九人，共征银一千零一十八两。[⑦] 番民的丁银负担比原来大幅度减轻。

（四）清赋与番民负担的变化

乾隆二年减则以后番丁社饷的总额仅为一千三百余两，其象征意义远大于实际意义。刘铭传清赋时，为了进一步消除民番差别，宣布全部蠲除番丁社饷。这无疑有利于减轻番民的负担。不过，必须指出，

① 高拱乾：《禁苦累土番等弊示》，见《台湾府志·艺文志》。
② 陈宾：《条陈经理海疆北路事宜》，《陈清公文选》，第 15 页。
③ 《大清世宗宪皇帝实录》卷三八。
④⑤ 余文仪：《续修台湾府志》，卷五，赋役（二）。
⑥ 《大清高宗纯皇帝实录》卷三四。
⑦ 余文仪：《续修台湾府志》，卷五，赋役（二）。

清赋也有增加了番民负担的一面。按原户部则例规定，台湾番地除了卖断与汉人的须按同安下少例课征钱粮外，其余概不征赋，即使是佃与汉人耕种之地，也“同番社田亩，免其升科。”① 刘铭传清赋时则废除了番地的免课特权，规定：“无论屯田、番地，皆宜切实丈量，归入清赋案内，分别升科。”② 番地在清丈后，即以原来的汉佃户（即小租户）为业主，由其领单承粮。虽然田赋是由小租户交纳，但因采取“减四留六”法，须从番大租中扣去四成，补贴给小租户，因此田赋实际上仍是由番民负担。总之，清赋后，番民一方面免除了社饷负担，另一方面也增加了田赋负担。

五、外国商业资本的侵入，商业高利贷对农民的盘剥

（一）开港后外国商业资本的侵入与台湾地方经济结构的变化

第二次鸦片战争之后，清政府被迫开放台湾口岸。1871 年 7 月，英国首任驻台副领事抵达台湾。次年 7 月，位于台湾北部的淡水岸正式开关征税。按照强加给中国的不平等的《天津条约》规定，台湾开放的口岸仅台湾（即台湾府城附近的安平港）及淡水二口。后来，闽海关税务司美里登以多收洋药税款为由，禀总理衙门，“请以鸡笼口作为淡水子口，打狗港作为台湾府子口”，获部议准行。所以台湾实际上共开放四个口岸，南北各二。于是外商纷纷携款入台，开行设业，进行贸易活动。其中以英国商人的势力最强。外国商业资本的大量流入，垄断了台湾对外贸易大权，他们输入的是鸦片及纺织物等制造品，输出的是台湾土货，如糖、茶叶、樟脑等。台湾与全国其他地区一样，逐渐沦为西方列强倾销毒品和廉价工业品、掠夺原料农产品的市场。清代台湾农业原以水稻种植为主，所产米谷除自给之外，大量运销闽、浙等省，遇到荒年还调运到京、津、华北一带，故素有“中国之粮仓”的美称。开港后，在对外贸易的刺激下，台湾原有的农业生产结构发生了变化，那些供出口的经济作物如甘蔗、茶的生产畸形发展，出口量迅速增加；而许多稻田和种植其他粮食作物的田地被改作蔗田

① 《钦定大清会典事例》卷一六五。

② 刘铭传：《整顿屯田折》，光绪十三年八月初二日。

或茶园，稻米生产相对萎缩，其输出量呈下降趋势，以致年成稍有不好，就出现粮食不足的情况，后来台湾的粮食输出竟完全绝迹了。[①]

（二）西方商业资本的掠夺和高利贷剥削的加重

由于开港后糖、茶叶的出口量与日俱增，种蔗植茶对农民来说比种稻更有利可图，按理说他们的生活应该比以前有所改善才对，然而事实恰恰相反。由于西方商业资本的掠夺以及本国高利贷的剥削，晚清台湾农民的处境甚至比以前更糟。美国记者 J. W. 达维逊是这样描述他亲眼所见的 19 世纪 90 年代台湾茶农之状的："数以百计衣衫褴褛、双足赤裸、贫困不堪的茶贩，年复一年地挑着他们的茶叶来大稻埕售卖，但是他们卖茶得到的银子回家之后'一转眼'就不知去向了。他们的房屋同以前一样破烂陈旧，他们使用的农具同以前一样极为简陋，就连屋内跑出来向行人吠叫的狗也是同以前一样饿瘪着肚子。在这里丝毫看不到我们所熟悉的那种西方的繁荣。"[②]

自开港后到 1894 年，外国鸦片在台湾洋货进口总值中占的比例，最低的年份为 51%，最高的年份竟达 93%，在 1868—1894 年台湾地区洋货进口总值中占 68%，[③] 远远高出同一时期全国鸦片进口所占的比例。鸦片倾销不仅毒害了广大劳动人民的健康，而且还耗竭了土货出口所换来的大量资金。台湾兵备道徐宗干曾严厉抨击烟毒为患给台湾造成的民贫、商困及地方财政支绌的严重后果，指出："银何以日少？洋烟日甚也；民何以日贫？吃烟日多也；以每日每人约计之，须银二钱，就台地富贵贫贱良莠男女约略吃烟者不下数十万人，以五十万计之，每日耗银十万两矣。"[④] 1864—1894 年的 30 年中，台湾共输入鸦片 126627 担，平均每年 4085 担，以每担 550 元的价格计算，台湾每年光耗于鸦片的现金就达 224 万元以上。[⑤]在许多场合，鸦片被用来直接交换土货，"许多茶农卖茶后所得到的不是钱而是鸦片。"[⑥]

鸦片的大量输入给台湾人民造成严重危害，外国商人却从中牟取

① 《淡水海关十年报告书》（1882—1891 年）。
② 《The Island of Formosa》，P. 391。
③⑤ 李祖基：《近代台湾地方对外贸易》第三章，江西人民出版社 1986 年版。
④ 连横：《台湾通史》，第 359 页。
⑥ 《Commercial Reports》 Tamsui，1892；《Trade Reports》 Tamsui，1979。

暴利。据1865年11月16日德商美利士致函香港怡和洋行所称，贝拿勒斯鸦片在香港每箱价格为570元，运到淡水可卖到790元，两地差价竟达220元。据估算，自香港输入台湾的鸦片的边际利润相当于两地差价的20—30元，[①] 而上述220元的差价相当于边际利润的7—11倍，堪称是超高利润。虽然利润不可能经常有如此之高，但据英国领事商务报告所称，鸦片进口商的平均利润每箱不会低于80元。[②] 可见，即使是最低利润也比边际利润高出3—4倍。外国烟贩每年从台湾掠走的财富之巨可想而知。所以，尽管晚清台湾甘蔗、茶的种植发展很快，出口量很多，但“无如英国销售烟土于台地则利尤大银出尤多，则乃是台失利而英得利也。”[③]

其次，随着晚清台湾对外贸易的发展，农产品商品化程度的提高，台湾商业高利贷活动也空前猖獗起来。外商在贸易中的贷款预购和赊卖，除了扩大土货来源，拓展洋货销路进而控制进出口贸易外，另外一个重要职能就是进行高利贷盘剥。以茶叶贷款为例，汇丰银行以六厘的利息贷给洋行，洋行即以一分二厘的利息转借给“妈振馆”，“妈振馆”又以一分五厘的利息预借给茶行，[④] 茶行当然又以更高的利息贷于茶农。这样层层转贷，利息也层层加码，结果所有的利息都得由最终的借贷者茶农来负担。除了洋行之外，华人茶商也“以贷金之法，借予茶农，使其茶叶制成，必归该行定价，价平而息则奢”。[⑤] 茶农除了遭受高额利率、压价收购等各种盘剥外，在售茶时还要受到掮客秤头上的克扣。如“茶商品评茶质，各就农家购买，其中人则百五斤为入，百斤为出也。而大稻埕茶中尤狡，时以百五十斤或至百三十斤为入，百斤为出。轻重权衡，维持出入之利。”[⑥]

比起茶叶高利贷来，糖业高利贷对蔗农的剥削更加凶狠，所以台

---

① 《怡和洋行档案》，转引自黄富三：《清代台湾外商之研究——美利士洋行》，载《台湾风物》第三十二卷第2期。

② 《Commercial Reports》Tamsui，1863，P. 2。

③ 《万国公报》1893年1月，沪滨居士：《论台地宜兴商务》。

④ 东嘉生：《清代台湾之外贸与外国商业资本》，载《台湾经济史初集》。

⑤⑥ 《台湾茶叶说》，载《农学报》第22期，转引自李文治编：《中国近代农业史资料》第一辑，三联书店1957年版，第527页。

湾南部蔗农的境遇也就更加悲惨。台湾种蔗的全是贫苦农民，每户的产量自50担到500担不等。蔗农资金短缺，为了得到贷款，往往不得不在尚未收获之前将甘蔗抵押给代理人，这些代理人带着现金，专门等候这种机会。蔗农接受贷款须付很高的利息，一般为月息1.5%—2.5%。[①] 打狗糖区的贷款一般分三次贷予，其利率一般为年息18%—36%。[②]

由于蔗农很少有自己的糖廍，收获时大部分的蔗农须将甘蔗运到其债主所开设的糖廍中加工，这些高利贷者兼糖廍主便从中再加一层剥削。本来，如果蔗农在榨糖时提供牛只及赶牛的劳力，那么糖廍主只能抽取7%的榨糖作为加工费。但大部分的糖廍主坚持要用他的牛，这样就可以收取40%—50%的榨糖作为加工费。[③] 蔗农所种的地一般是租佃来的，除了债息和加工费用外，他们还得向地主交纳地租，租率为地价的15%—20%；在把糖出售给贷款者时还须交每担五分的佣金。[④] 扣除上述种种费用之后，蔗农所得无几。根据英国领事在商务报告中的估算，在最好的年景中，他们从所产每担糖中得到的最多不过3先令1便士到3先令4便士，平均仅有2先令10便士。[⑤] 按这样的水平所得的款子当然无法清偿全部债务，于是出现亏空。即使亏空很少，也因利息永远按复利计算，使蔗农“负债累累，年深一年，无以归款”，常常濒临破产的边缘。而这正是高利贷者兼糖商所希望的。因为蔗农还不起债，便须借债还债，即要不断地向高利贷商人借款，这样，高利贷者就能控制更多的糖货供应。到后来，这些高利贷糖商“不独挟制种蔗者，限其办糖多少到口，以为自定时价高低之计，且又能自指田亩，以为每年种蔗之区。”[⑥] 高利贷商人以此办法不仅控制了蔗糖的流通，而且也控制了蔗糖的生产。而蔗农在重重剥削之下，

---

① 《Commercial Reports》Taiwan，1886，P.4。

② 《Myers Reports》。

③ 《Trade Reports》Takow，1867，P.101。

④ 《The Island of Reports》P.448。

⑤ 《Commercial Reports》Taiwan，1890。1890年1海关两=5先令，2先令10便士=0.57海关两。

⑥ 《关册》光绪二十年，《台南口华洋贸易情形论略》。

不仅失去了自由出售产品的权利，同时也失去了讲价的资格，由原来形式上独立的生产者沦为高利贷商人的依附农民。正如麦耶斯在其报告中所描述的那样："台湾南部地区的蔗农受困于对几个资本家的债务，多年来处于悲惨可怜而显然又无法还债的状态，劳动年得仅能果腹，情况演变到现在，他们实际上比农奴好不了多少。"①

根据英国领事商务报告所提供的资料，晚清时外商也有在台湾糖业中发放贷款的。如 1879 年，台湾红糖每担售价为 3—3.80 元，而在口岸卸货时的成本每担为 2.50—2.60 元，生产者的利润每担为 0.85 元，但其中必须扣除外商贷款利息 0.10 元左右，每担实得仅 0.75 元。外商贷款期限一般为 6 个月，② 以每担 0.10 元的利息计算，台湾年出口糖数十万担，外商从中可获贷款利息十数万元。

洋行在售货时也常常采用赊货，以此吸引资金短缺的零售商。这种赊货也是一种重要的高利贷剥削形式。以美利士洋行为例，其每箱"New Benares"鸦片的批发价格，现金交易为 760 元，而一般赊货要 800 元，多出 40 元，贷期为一个月，月利相当于 5.3%，年利为 63%，实是超高利贷。即使是较低的月利也达 2.53%，仍然是高利贷。③ 零售商必然通过价格把利息负担转嫁给消费者，最终吃亏的还是广大劳动人民。

由上述可知，虽然晚清台湾甘蔗、茶等经济作物的生产发展很快，对外出口迅速增加，连年出超，但由于鸦片毒品倾销和高利贷剥削，生产发展和对外贸易所带来的大量财富，却以商业利润和高利贷利息的形式落入外商和高利贷者的腰包。台湾的洋行在很短的时间内就盖起了更好的办公楼和货栈，原来的帆船也换成了轮船。而台湾广大农民身受西方商业资本和国内外高利贷资本的双重剥削，不仅未能从经济发展中得到真正的好处，反而生活日益贫困，甚至连简单的再生产也难以维持。整个社会贫富悬殊，两极分化的现象加剧了。

---

① 《Myers Reports》。

② 《Commercial Reports》Taiwan，P. 228。

③ 黄富三：《清代台湾外商之研究——美利士洋行》，载《台湾风物》第三十二卷第 2 期。

第四章

北洋军阀政府统治时期（1912—1927 年）农民的负担

1911 年 10 月，中国民主革命的伟大先驱孙中山领导的辛亥革命，推翻了清朝的封建统治。1912 年元旦，孙中山在南京宣布中华民国成立。中国从此结束了两千多年来的封建君主制度。但是，资产阶级革命的不彻底性和软弱性，决定它不仅无力改变旧中国的半殖民地半封建社会的性质，连辛亥革命的胜利成果也很快被代表帝国主义和大地主、大官僚、大军阀利益的袁世凯所窃取。1912—1927 年，中国处于北洋军阀统治时期，帝国主义支持下的各派新旧军阀长期割据并进行频繁争战，充分体现了半殖民地半封建中国的特征。而这一特征也必然决定着北洋军阀统治时期在政治、经济、财政等方面的发展变化及其对农民负担的影响。

第一节　军阀割据混战下的中国社会

一、帝国主义操纵下的军阀割据与混战

（一）北洋军阀统治下的社会政治

袁世凯依靠北洋军的实力，在帝国主义的支持下，一手接过了清

室向他让出的“皇朝”，一手利用民主革命派的软弱性与妥协性，采用“和平谈判”的欺骗手段，接过了革命党人向他让出的“民国”。从而开始了北洋军阀政府的统治时期。

北洋军阀统治时期的中国，其半殖民地半封建的社会形态进一步加深。

在政治上，出现了帝国主义操纵下的军阀分裂割据与混战的局面。

袁世凯上台后，大举丧权辱国的外债，发动镇压革命党人和其他地方军阀的内战，实现了表面的“统一”。

1916 年初，袁世凯公然背叛民国，恢复帝制。在孙中山领导的中华革命党和全国人民反袁反帝制斗争推动下，以梁启超、蔡锷为首的进步党人，发起护国战争。袁世凯做了 83 天皇帝梦之后，被迫取消帝制，于 6 月初可耻地死去。

袁世凯一死，各派军阀争夺中央政权的斗争立即表面化。而帝国主义列强失去袁世凯这一间接统治中国的共同工具，便各自寻找和扶植一部分军阀来充当自己在华利益的代理人。受不同帝国主义国家支持的北洋军阀各派系你争我夺，但轮流控制北京政府的时间均不长。1916—1928 年，总统、执政、大元帅多次更换，内阁总理的更换就更加频繁了，12 年中就有 83 届内阁，最短的两届只有 6 天，使得政局动荡不安。而地方军阀也各自为政，称霸一方，相互争战。

总之，政局动荡，军阀割据，连年混战，是北洋军阀政府时期政局的最大特征之一。这也正是帝国主义各国的矛盾和斗争的一种反映。

北洋军阀是在封建势力依然严重存在，殖民化程度日益加深，资本主义又有所发展的背景下产生的。它不仅是封建势力的代表，而且也是帝国主义势力的代表。北洋军阀大多有帝国主义的背景和后台，有的军阀甚至完全成了帝国主义的统治工具。由于帝国主义势力大大强于中国的封建势力，所以军阀与列强的关系只能是依附关系　帝国主义向各自扶植的军阀集团供给军费、军火和军事顾问，各派军阀则靠帝国主义援助，积极扩张势力。然而历史的发展和变化是极其复杂的，北洋军阀各派系与帝国主义关系所表现的形式也是多种多样。有的在政治上、军事上、经济上与帝国主义密切勾结，公开露骨地出卖国家利益，如日本帝国主义支持的皖系军阀，就是乘欧美列强陷于第一次世界大战而无暇东顾，日本乘机得以在华大肆扩张其侵略势力的产物。另有一些军阀派系与帝国主义的关系则表现得比较隐蔽，不时还有矛盾或斗争。这是由于双方的政治利益和出发点有所不同，具体的国际国内环境有所不同而决定的。帝国主义有时从其侵略利益出发，鉴于当时具体条件，视其需要，并不是绝对地支持某一派军阀，对其所关心和支持的军阀派系的一些内政外交上的方针措施或消极观望，或激烈反对。而各派军阀有时迫于国内外舆论和人民反抗斗争的压力，为维护自己的统治地位，对其主子的侵略要求，也有所反抗和抵制。如英美与直系、日本与奉系的关系便各有不同特点。总之，帝国主义对投靠的各派军阀势力支持与否，主要是根据其在华侵略利益的得失需要为转移的。

北洋军阀统治时期是介于清朝封建专制统治和国民党官僚买办资产阶级统治之间的过渡时期。这个时期在政治、经济、文化、思想上充满着新与旧的矛盾和冲突。激化的阶级矛盾，政局的剧烈动荡，是这一时代的特点，可以说，这是辛亥革命后中国社会新旧交替的转折时期。民国初年，中国之所以出现政局动荡连年混战的军阀割据局面，其主要原因有二：一是帝国主义划分势力范围的分裂和掠夺政策；二是地方的农业经济。所谓地方的农业经济，是指小农业和家庭手工业相结合的自然经济，即封建主义的经济。民国初期，全国 90% 为农业人口，地区间交通不便，联系也不密切，除沿海地区外，内地各省均处于封闭半封闭状态，由于各地区均可自给自足的独立存在，这就为大、小军阀提供了割据一方的客观条件。他们在一省或一地区，闭关自守，政由己出，随心所欲，称王称霸，成为独立王国，将其统治的地盘，视作个人的私产，甚至形成世袭的封建家族式统治。

（二）帝国主义操纵下的军阀割据与混战

北洋军阀统治时期各派军阀割据与混战局面的形成，是帝国主义划分势力范围的分裂剥削政策实施的必然后果。因此，“中国内部各派军阀的矛盾和斗争，反映着帝国主义各国的矛盾和斗争”。[①] 帝国主

① 《中国革命和中国共产党》，《毛泽东选集》第二卷，人民出版社 1991 年版。

义通过操纵各派军阀，在中国攫取了大量权益，据日本大藏省统计，仅寺内内阁任内（1916 年 10 月—1918 年 9 月），日本的对华借款总额为 386450000 日元，“与寺内内阁成立时我国对华借款约 120000000 日元比较，仅两年时间增加了三倍”。[①] 日本在华获得了种种特权利益。寺内下台时曾自夸其对华侵略“功绩”说：“本人在任期间，借予中国之款，三倍于从前之数，实际扶植日本在中国之权利，何止千倍于二十一条。”[②]

表 4－1 和表 4－2[③] 说明了帝国主义支持下军阀的割据与混战情况。

表 4－1　　各派军阀在帝国主义支持下的割据情况

派系	割据地区	所依靠的帝国主义
奉系	奉天，黑龙江，吉林	日本
皖系	河北北部（包括北京），山东，绥远，热河，陕西，安徽，浙江，福建	日本
直系	河北南部，河南，江苏，湖北	英，美
四川	四川	
湖南	湖南	
山西	山西	
滇系	云南，贵州	英，美
桂系	广东，广西	英，美

表 4－2　　北洋军阀统治时期重大战争情况

年份	战争名称	参加者	发生战争省份	受影响省份	牵连省份总数	总人数	伤亡人数
1917	反复辟	张勋/段祺瑞	1	—	1	5.5 万	100
1918	湖南战役	皖系/湖南	1	4	5	10 万	1—2000
1920	直皖战争	皖系/直系	3	3	—	12 万	3600 左右

① （日）铃木武雄编：《西原借款资料研究》，第 353—354 页。

② 刘彦：《最近三十年中国外交史》，上海太平洋书店 1930 年版，第 116 页。

③ （美）齐锡生著：《中国的军阀政治》，萧延中、杨云若译，中国人民大学 1991 年版。

续表

年份	战争名称	参加者	发生战争省份	受影响省份	牵连省份总数	总人数	伤亡人数
1922	直奉战争（一）	直系/奉系	4	6		22万	近3万
1924—1925	直奉战争（二）	直系/奉系	5	9		32万	近2万
		江苏，浙江				1.4万	6000
1926	奉—国民军战争	奉系/冯玉祥	6	5		—	—

北洋军阀在帝国主义操纵下极力维护和强化其对外卖国、对内残害人民的反动统治秩序，并不断制造内战，其结果必然导致民族矛盾和阶级矛盾的激化。因此，1924年以来国民革命的兴起，北伐的胜利进军以及北洋军阀的彻底覆灭，是完全合乎历史发展规律的。

二、帝国主义加紧侵略和中国的社会经济

（一）帝国主义侵略的进一步加深

1. 关、盐两税被帝国主义控制。在辛亥革命前，中国海关关税已被外国人控制，但海关税收仍交中国政府指定的专门银行进行保管，不需经总税务司之手，甚至不须经过主管各条约口岸海关的税务司之手。

1912年，各帝国主义国家利用其“债权国”地位，组成“管理税收联合委员会”。委员会决定以汇丰、德华、道胜三家银行作为“上海存管海关税项之处”，各口岸海关税务司须将“净存税项每星期汇交上海一次”。[①] 这样，总税务司就彻底攫取了统辖中国全部关税的大权。此后的关税从征入到支出的全部过程，尽已脱离中国政府之手，而落入总税务司和外国银行手中。在北洋军阀时期，海关收入除支付债息和本金外，15%的税收被留作海关征税经费，这是个相当高的比例。至于为数甚巨的海关以罚款形式所收入的款项，悉为帝国主义占

① 王铁崖：《中外旧约章汇编》第二册，三联书店1959年版，第795页。

有。此项巨款的征收费与罚款的支用账目，海关从未公布过。[①]

袁世凯上台后，为镇压革命，排除异己，巩固统治，大举外债。1912—1916 年，共借款 47870 万元，重要的就有十余种。[②] 这些借款，往往附带许多苛刻的条件。1913 年 4 月，袁世凯匆忙与五国银行团签订善后借款合同，合同规定借款本息“除盐务收入……业已指定为以前借款债务之担保未经清廷者外，即以中国盐务收入之全数作为担保。”中国必须整顿盐务“并以洋员以资襄助”。在京设盐务署，署内设稽核总所，“由中国总办一员、洋会办一员主管。所有发给引票、汇票各项收入之报告及表册各事，均由总办、会办专任监理。”在各盐区设分所，设华员经济及洋员协理各一，二人职权等级平等。所有盐务进项“非有总、会办会同签字之凭据，则不能提用”。[③] 从而将中国盐务行政管理大权拱手送与外人，北洋政府只能依靠部分盐余作为收入。

关、盐两税是中国政府的重要财政收入来源，在民国初年财政收入中，是仅次于田赋的大项。1914 年盐税收入达 6844 万元，但扣除各项目费及偿还外债本息后，解交政府的只有 3130 万元。[④] 关税收入 1913 年为 4467 万元，1914 年为 4105 万元，[⑤] 政府只能得到其中很小一部分。尽管如此，1914 年，关盐收入占政府收入仍达 43%[⑥]，通过对关、盐两税的控制，帝国主义控制了中国财政。

2. 帝国主义对中国经济各部门的侵略。袁世凯利用民国初年“路权开放，利用外资”，“国号共和，国有民有无歧视”等社会舆论，将铁路大量收为国有，然后再出卖给帝国主义，以此为代价来大量抵借外债，导致帝国主义再次在中国掀起了掠夺铁路权益的高潮，帝国主义势力更进一步伸入中国内地。1911—1914 年，帝国主义共攫取中国

① （美）威罗贝著：《外人在华特权和利益》，王绍坊译，三联书店 1957 年版，第 471 页。

② 杨荫溥：《民国财政史》，中国财政经济出版社 1985 年版，第 15—16 页。

③ 《中外旧约章汇编》第 2 册，第 868—869 页。

④ 《中国近代盐务史资料选辑》第 1 册，第 447—450 页。

⑤ 海关总税务司公署统计科：《关税纪实》，1936 年版。

⑥ 《财政年鉴》，第 5 页。

路权达 18000 公里[①]，但整个北洋时期所筑不过 3400 多公里，[②] 其主要目的仅仅是通过获得某些地区的路权来巩固或扩大自己在华的势力范围，防止其他列强染指，并排斥中国商办铁路发展。

此外，帝国主义还大肆掠夺中国矿业，如英国以讹诈欺骗方式占有开滦煤矿大部权益；日本控制了长江流域最大的钢铁煤联合企业汉冶萍公司。

帝国主义还直接以企业投资形式加强对中国的经济侵略。20 世纪初期以来，帝国主义对中国的企业投资迅速增长，1914 年占其对华投资总额的 67.3%，[③] 除运输及矿业外，其资金在机械、造船、纺织、食品、水电各部门均有较大比例。在棉纺织工业中，1912—1914 年，外资纺织企业纱锭数由 23.9 万枚增至 46.5 万枚，而同期华厂纱锭数仅增长 9%[④]。外资企业的盈利和竞争能力也大大超过民族资本企业。如拾利纱厂 1913 年盈利率为 36.8%，而同期较好的大生纱厂不过 26%[⑤]。在这种形势下，民国初年的民族资本主义虽有较快发展，但在外资竞争的排挤下，处境仍很艰难。

第一次世界大战的爆发，改变了各帝国主义国家侵华力量的对比，也在一定程度上减轻了对中国的控制。这首先表现在对华贸易方面，据海关统计，1915—1918 年，外国输入商品总值每年都在 55500 万海关两以下[⑥]，其中英、法等国商品输出减少了 50% 以上。同时，中国的对外输出却在逐年增加，据统计，1911 年为 377000000 多海关两，1913 年上升为 403000000 多海关两，到 1916 年更上升为 481000000 多海关两，1916 年输出比 1911 年增加 104000000 多海关两，[⑦] 增加近 1/3。日、美两国则乘列强争战之机，占据了对华贸易的大部分并进行

---

① 吴承明：《中国资本主义与国内市场》，中国社会科学出版社 1985 年版，第 18 页。

② 严中平等编：《中国近代经济史统计资料选辑》，科学出版社 1955 年版，第 190 页。

③ 雷麦：《外人在华投资》，商务印书馆 1959 年版，第 50 页。

④ 严中平等编：《中国近代经济史统计资料选辑》，科学出版社 1955 年版，第 134 页。

⑤ 严中平等编：《中国近代经济史统计资料选辑》，科学出版社 1955 年版，第 168 页。

⑥ 《上海近代社会经济发展概况——〈海关十年报告〉译编》，上海社会科学出版社，第 350 页。

⑦ 《论历年国际贸易情形》，《东方杂志》第 15 卷第 2 号。

资本输出。以日本为例：第一次世界大战期间，它在中国加紧侵略，对华贷款在各工业部门均超过其他国家，在贸易上打破了英国对中国棉布市场的独霸。据统计，中国各通商口岸进口棉布价值两国比较如下：①

	日占	英占
1913 年	29.6%	33.4%
1914—1916 年	36%	33%
1917—1919 年	57.7%	29.5%

随着日本对华贸易的不断增加，又开始了对中国进行资本输出的方针，其中尤以对棉纺织业的投资最为显著。如日本三菱、三井财团等所属的纺织会社，在中国就开办了许多纺织厂，仅由三菱财团控制的纺织会社，在中国设有的纱布厂就达 14 所。不仅如此，日商还通过借款与投资，进而兼并华商纱厂，大肆掠夺棉花原料，由此逐步形成了对棉花的生产、收购与销售的完整投资体系，实力异常雄厚。

日本还以“中日合办”或借款等名义，将其投资伸向中国的矿业资源。1918 年第一次世界大战结束时，日本在中国直接或间接投资的矿产，计有煤矿 26 家，铁矿 13 家，炼铁厂 2 家。1919—1925 年，日本在华的投资与占有煤矿的开采量，不仅数量多，比重大，而且增长很快。至于铁矿，1912—1925 年，日本已全部控制了中国的铁矿，并通过投资或贷款等方式，使中国矿厂完全成了适应日本工业需要而提供原料的工具。

再看美国，到 1917 年第一次世界大战结束前，美国对华贸易已一跃而超过了英国。据资料统计，中美贸易之数超过中英贸易之数，4 年间，竟在 1 亿两以上，成为仅次于日本的第二大国。其进入中国的货物亦由最初的棉货、棉花、纸张，逐步转为钢铁、铁路货车、客车、汽车及各种机器。从 1917—1921 年，美国就在中国成立了五家银行，并通过其对华的资本输出，达到控制中国的财政经济命脉的目的。②

---

① 《中国棉业之发展》，第 140 页。

② 史全生主编：《中华民国经济史》，江苏人民出版社 1989 年版，第 108 页。

第一次世界大战结束后，各帝国主义国家纷纷卷土重来，进一步加紧了对中国的经济侵略，相互勾结以图瓜分中国。据统计，1918—1928 年的 10 年间，英国在华兴办公司洋行 33 家，其中包括烟、蛋、电业、碱、橡皮、机器、玻璃、纺染等行业[①]，对民族资本进行打击。外国资本的入侵，不仅使中华民族的危机日益沉重，而且给民族资本主义的发展设置了极大障碍。

（二）民族资本的发展和官僚资本的形成

1. 民族资本的发展。辛亥革命推翻了 2000 多年的君主专制政体，引起与之相联系的阶级关系、政策法令以及社会风气的巨大变化。政府在民国初年相继制订了一系列保护和鼓励实业的政策法令，刺激了资产阶级发展实业的巨大热情，资产阶级的社会地位在辛亥革命后大为提高，许多资产阶级的上层人物在各级政府中担任要职，他们广泛从事舆论宣传，利用手中权力鼓励倡导实业，使得“振兴实业”成为一股强烈的社会思潮。

1912 年 11 月，工商部为扭转国内市场洋货充斥，国货稀少的不利环境，在北京召开了全国临时工商会议，与会代表就保护工商业法律、修改税则等问题，提出多达 80 余项的有关议案。1914 年 3 月，在上海举行第一次中华全国商会联合会大会，各地代表提出议案 28 项 122 款，内容涉及商务法、税则、公司、矿务、盐业、贸易等各个方面。北洋政府的农商部曾电令各省都督查实各地实业的发展情况，并要求各省设立实业公司，专司其职。在农商部颁布的《公司条例》《商人通例》和《商会法》等法令条例中，除规定对工商业者的切身利益与要求予以法律保护外，还制定了一些扶持民族工商业发展的法令，在有关开采矿产方面也提出了一些取消清末以来有关开矿的若干限制及鼓励商人吸收外资，兴业开矿的相应条例；此外，在取消对企业发展有阻碍的专利垄断权，给予成效显著的商办企业以奖励等方面，都规定了具体政策与法令条例，从而在一定程度上为民族资本主义工商业的发展创造了有利条件。

---

① 陈真等编：《中国近代工业史资料》第二辑，第 20—28 页。

以辛亥革命前1903—1908年为例，新工业公司在旧商部注册的有265家[①]，年平均注册的企业约44家，而1912—1921年在北洋政府农工商部注册的企业则有749家，年平均注册的企业约80家，比辛亥革命前增加一倍。[②] 从投资额来看，辛亥革命前1895—1911年厂矿投资总额为一亿一千一百三十一万元[③]，而1912—1918年的投资总额即达一亿四千二百八十六万五千二百三十四元，这说明革命后的六年投资总额就比革命前十六年的投资总额还多三千多万元。[④]

当时中国的民族工业，尤其是纺织业和面粉业，发展较为迅速。以纺织业为例，辛亥革命前洋纱洋布充斥中国市场，每年进口大量棉纱棉布，致使中国纺织工业不能发展。辛亥革命后特别是第一次世界大战期间，由于帝国主义忙于战争减少了对中国棉货的输出，中国的棉纺工业得以迅速发展。1910年中国共有纺织工厂29家，其中除外商经营的7家外，华商经营的有22家，纱锭为五十二万四千零九枚；1916年华厂增到30家，纱锭亦随之增至七十二万一千一百零五枚。[⑤] 大战期间，面粉业由于欧洲需求增加得以迅速发展。1911年全国面粉厂家约有40家，到1919年增至120余家，资本由六百多万元增至四千五百万元。大战期间，中国的面粉畅销于英、法、俄、日及东南亚诸国。面粉贸易开始由1914年入超200万担，到1918年转为出超200万担，1920年出超300多万担。[⑥] 其他轻工业，如火柴、罐头、皮革、造纸、卷烟、针织、制盐、陶瓷、肥皂、榨油等部门亦有不同程度的发展。

中国的重工业，如采矿业、钢铁业、制造业等，历来是在帝国主义列强的控制之下，但自辛亥革命以后，随着世界形势的变化，民族资本乘隙在重工业方面增加了投资而使之得以发展。据资料统计，民族资本新开的煤矿，1912—1920年就有12家，投资额约1300余万元，机械开采的比重逐年增加。钢铁工业，1911年全国钢铁总产量为十二

① 《中国近代工业史资料》第二辑下册，科学出版社1957年版，第730页。

②③④ 李新主编：《中华民国史》第二编，中华书局1982年版，第379页。

⑤ 《东方杂志》第16卷第4号，76页表中数据。

⑥ 李瑚：《中国经济史丛稿》，第285—286页。

万一千多吨，1916 年发展为四十一万四千吨（其中含铁为三十六万九千吨），增加近两倍半。[①] 机器制造业的发展速度相对更快些，仅以上海的民族资本机器工业为例，1914—1920 年各类厂家共开办有 133 家。[②]

2. 官僚资本的形成与初步发展。与民族资本主义企业发展的同时，官僚资本主义企业亦有所发展。北洋政府的官办企业，大都是洋务派集团在甲午战争前后的一段时间里，亲自经办起来的。如其中较著名的江南制造局等军用工业，随着袁世凯继李鸿章出任直隶总督兼北洋大臣，全部转入军阀之手，并在一定程度上有所发展。与此同时，官僚资本还陆续开办了一些民用工业，如煤、铁开采和纺织、造纸、皮革等工业。据统计，1896—1913 年，全国资本在万元以上的新式工业厂家共设有 549 个，资本总额为一亿二千零二十九万七千元，其中官僚资本（包括官督商办，官商合办）开办的有 86 个，资本总额为二千九百四十七万六千元，约占新式厂矿资本总额的 1/4[③]。这些民用工业，到辛亥革命后，即成为北洋军阀官僚资本的重要组成部分。但由于官办企业多是军阀官僚凭借政权而兴办起来的，因而企业的经营权全部为军阀私人把持，这些军阀官僚们从中获得巨大利润。大战开始以来，银行业更成为北洋军阀投资的主要场所。其投资主要在京津地区，如设在北京的中国、交通等银行中，均有不少军阀、官僚私人的投资。此外，军阀、官僚还创办一些银号，如冯国璋开办的华通银号、江西督军李纯开办的义兴银号。一些重要的军阀都有自己的银号。由于军阀们竞相投资银行、银号，致使金融业发展很快。到 1925 年底，实存官办或官商合办银行 28 家，实收资本 7605.3 万元，商办银行 130 家，实收资本 9308.7 万元。[④] 金融业之所以迅速发展，这与北洋政府的财政政策有关。由于军阀连年混战，财政窘困，加之军阀与官僚滥支巨款，因此，除举借外债和对内增加税收以资应急外，主要

① 严中平等编：《中国近代经济史统计资料选辑》，科学出版社 1955 年版。

② 《上海民族机器工业》上册，第 199—280 页。

③ 《中国近代工业史资料》第二辑下册，科学出版社 1957 年版，第 869—919 页。

④ 唐传泗，黄汉民：《试论 1927 年以前的中国银行业》，见《中国近代经济史研究资料》第 4 辑。

方法就在于大量发行国内公债以补其不足。由于银行业的发展，在一些地区形成以若干大的银行为中心的财阀集团。主要有以京、津为中心的华北财团系统，以上海为中心的江浙财团系统。

（三）农村经济的变化

1. 封建土地关系在维持中的变化。辛亥革命没有能满足农民对土地的要求。因此，虽然封建帝制被消灭，但封建社会的存在基础——封建土地所有制依然存在。随着民国建立后社会政治经济的客观发展，封建土地关系在维持中开始出现某些新变化。这主要表现在以下方面：

第一，官公田的私有化，清代除官田外，寺观、会馆、宗祠也占有不少土地，俗称“公田”。民国以后，政府以承领和“丈放”方式将官田迅速变为私产。对于内务府官田，规定庄头管理地由庄头承领，丁佃分耕地由丁佃分领，典押地则由典押主承领。在法律上，庄头、庄丁的农奴身份被解除了。这种政策的结果，只是导致旧日的租佃关系原封不动地转移到庄头与佃农之间，成为民国政府保护下的封建领主制的翻版。1915 年 4 月颁布的《奉天全省官地清丈局章程》，规定土地的丈放价格为：每亩上等地大洋银七元，中等地五元，下等地三元。每亩另收册费二角。奉天省总面积为 7.3 万亩官庄土地，在同年绝大部分被丈放出去。①

1911 年以后的 20 年中，在吉林、黑龙江、热河、察哈尔等地丈放了大量土地。庙田、会田、族田等公田，则主要由大小军阀提卖或强占。四川省占总数三分之一的公田，自 1911 年以后，被官卖、私卖殆尽，使之完全加入自由买卖的商品化过程。②

第二，土地自由买卖。表现为宗法关系的束缚开始逐渐被打破。1914 年大理院判例上字第 63 号规定：“不动产所有人，于法令限制内，得自由处分其权利；而不动产之买卖既属处分行为之一则，其卖何人，系属所有人之自由。第三人欲向买卖不动产之买主无故声述异议，实为法所不许。”③ 这实际上是对已经大量出现的农村土地商品化

① 孔经纬：《东北经济史》，第 140 页。

② 赵德馨：《中国近代国民经济史教程》，高等教育出版社 1988 年版，第 183 页。

③ 章有义：《中国近代农业史资料》第二辑，三联书店 1957 年版，第 26 页。

的确认。此外，赎回制度的没落，也使得土地的买卖增加。民国以后，大理院又作出判定，“佃权人屡经催告，仍怠于支付佃租者，地主得令其退租”。有了法律上的依据，地主有恃无恐，更常逼迫佃户改立借种或借耕契约，并随便将土地收回。而永佃制崩溃更加速了民初土地商品化的进程。

第三，民国建立以后，北洋军阀和官僚兼并土地的现象愈演愈烈，一人往往独霸几十顷，甚至百顷以上的良田。官地进行清理丈放使大量官地（包括官荒、冢荒）向民地转化，军阀、官僚乘机圈占新垦区。如段祺瑞在东北圈占荒地20万顷。冯国璋除在河北河间占有大量土地外，还在苏北占地75万亩。其他地方军阀也都占有大量土地。张敬尧和倪嗣冲各在家乡安徽霍邱和阜阳占有七八万亩土地。曾长期在福建任职的李厚基在苏北占地200多顷。[①]

第四，帝国主义利用不平等条约强占中国的农田。早在第二次鸦片战争后，外国传教士利用在中国内地传教的自由，大肆侵占中国的土地和房屋，又转租给中国农民，坐收地租，成为一批洋地主。北洋时期，这种情况就更加严重了。

在对中国农田的侵夺中，帝国主义的商人也以私人或团体的名义加入抢夺的行列。如日本在东北专门从事对华土地掠夺的机构东亚劝业株式会社，仅1921年在东北即收买土地约200万亩。帝国主义对中国土地的掠夺手段也是多种多样，极具欺骗手法的。如河南许昌英美烟公司就是通过买办，在许昌西门外用永安堂的名义替英美烟公司半霸占、半收买，得到数百亩土地兴办起来的。再如1918年日本用给内蒙古巴林札萨克亲王15万元贷款的手段，取得该亲王旗内土地24万亩，用来经营畜牧业。[②]

封建土地关系的上述变化，必然导致土地的兼并与集中，从而强化封建土地所有制和封建剥削关系；在近代资本主义已经产生的情况下，它使大批的社会资金转入土地投资而不是转化为资本，因此严重地阻碍着中国资本主义的发展；它造成了广大农民的贫困，破坏着农

① 《东方杂志》，1930年第27卷第6号，第78页。

② 章有义：《中国近代农业史资料》第二辑，三联书店1957年版，第30—31页。

业生产力，导致了农业经济危机的发生；它不断加剧农民阶级与地主阶级之间的矛盾，成为新的农民起义和农民战争——即中国共产党领导的土地革命运动爆发的导火线。

2. 农村商品经济的发展。中国农村自给自足的自然经济，随着帝国主义列强进一步加深对华的经济侵略而日趋解体。这一客观后果，一方面使得中国的农村经济日益卷入世界资本主义的市场，大批农民为了购买生活必需品，不得不把自己生产的农产品用于市场交换；另一方面也唤起了人民对民族工业的重视，尤其在大战期间中国的民族资本主义工业又得到了进一步的发展，因此，农产品就日益成为工业发展所需的重要原料来源，中国农村的商品经济从此得以发展。

首先，由于中国的纺织业和面粉业在第一次世界大战期间发展很快，因此，需要大量的棉花和小麦为原料，给予及时的补充。结果，棉花和小麦作物的种植业随之迅速发展。据 1915 年 12 月的一份调查报告提供，江苏南通的农民，已把十分之七的稻田改种了棉花。不仅江苏如此，山东、直隶、山西、陕西、河南等省，也都将大片的农田改为棉田，以争趋其利。由于棉花需求量大，不少地区逐步推广优质棉种，以不断提高产量，及至 1918 年，全国棉花产量，据不完全统计，已达 400 多万担。棉花不仅能满足国内需要，而且还大量销往国外，当时中国棉花的出口一直呈上升趋势，由 1914 年的 675161 担上升到 1919 年的 1072040 担。①

中国面粉加工业的发展，促使了小麦生产商品化程度的提高。城市经济的发展和城镇居民口粮需求的增加，也使商品粮生产不断扩大。当时，东北是重要的商品麦生产区，除供本地区日益扩大的面粉加工业需要外，还销往日本和西伯利亚。据农商部统计，小麦种植面积由 1914 年的二亿七千多万亩，上升到 1918 年的五亿二千多万亩。而随着粮食商品化的发展，国内逐渐形成了一些较大的粮食集散基地，其中著名的有汉口、芜湖等地。

除棉花、小麦经济作物发展较快之外，尚有烟草、大豆、花生、

① 《上海近代经济发展概况论——〈海关十年报告〉译编》，第 369 页。

桐油等商品性作物的发展。

中国近代农产品商品化的发展过程，也就是帝国主义对中国掠夺加深的过程，其结果是中国社会经济半殖民地性质的不断加深。由于市场被操纵在外国资本家、买办商人之手，农民很难获得商品增值的好处；其生产方式本身，也是带有浓厚的封建半封建性的小商品生产，从而不能使资本主义性质的商品生产得以发展。这是由中国近代社会性质所决定的。

3. 农业中资本主义经营的发展。农村商品经济的发展，使更多的农民小生产者，特别是自耕农卷入了市场，加速了他们的分化过程。多数农民迅速破产为农村的贫雇农，少数上升为富农，使农业中资本主义成分得到发展。在中国按其土地占有关系和使用方式，又可分为旧式富农和新式富农两种类型。

新式富农即农业资本家或租地农场主，在 20 世纪初已出现在商品经济发达的地区以及大城市附近；进入 20 年代后又有了新发展，在农业的各个领域，诸如畜牧、林业、渔业、农村副业以及农业种植业的经济作物甚至粮食作物等部门，富农经济都有发展。在畜牧业方面，新式的畜牧公司在各地都有出现。在经济作物甘蔗的种植方面，广东等地资本主义的农业经营较为发达，在广东甘蔗产区，许多资本家从乡村的明伦堂租得公田，以契约的形式，雇佣若干长工，一般为 2—3 人，多的有 10 人左右，大规模种植甘蔗。雇工们从旧历一月干到九月中旬，除了在收获时要雇一些短工砍甘蔗之外，全部田间工作均由他们承担，收获的甘蔗直接卖给糖厂。[①] 从事这种农业经营的人们，实际上是租地农场主。这种类型的租地农场主不仅出现在经济作物生产领域，而且还出现于粮食作物生产领域。在湖南，手中蓄有数千元资本的富裕者，从地主那儿租得数十亩甚至二三百亩的田地，雇佣无地或少地而又苦于高利贷的农民，从事粮食作物生产，自己则完全居于监督的地位，每年收获除向地主缴纳地租，支付雇工工资外，余下的都为自己所得。这种经营者在湘潭、长沙附近大量存在。[②] 由此可见，

① 陈翰笙：《解放前的地主与农民》，中国社会科学出版社 1984 年版，第 52 页。

② （日）长野郎：《中国土地制度的研究》，第 431 页。

在20世纪20年代前后，典型意义上的资本主义农业经济——新式富农经济已经兴起，农业资本家或租地农场主已经存在，尽管数量不多，且带有一定的封建残余，但它毕竟说明了农业中资本主义的生产关系已有了一定的发展。

旧式富农经营是北洋时期富农经济的主要形式。这些富农除了将小部分土地租给一些贫苦的亲友耕种外，大部分土地是雇工经营，对雇工是按月支付工资。奉天、热河、绥远的富农，往往雇佣直隶、山东、山西之无业人夫，充为客作，其工银一年约30两。在湖北当阳有一种自作农兼地主的富农，即自行耕种，兼收田租之农民。这种富农是从佃农中分化出来的，在该县约占农民总数的四十分之一。据对安徽芜湖附近102个田场的调查，约有24%的田区雇有工人，平均每田区雇工1.7人。资本主义生产关系比较发达的广东地区，普遍存在着一种“半地主”的富农形式。这类富农自己有土地，但并不全部由自己耕种，而是把土地一部分租给其他农民耕种，余下来的雇工经营；同时，还兼营商业和高利贷。另外一种“二地主”的富农形式在广东各地也不少。这类富农，有充足的资金，租进较多的土地，再按有利的条件租给无地或少地的农民，兼营各种形式的商业和高利贷。①

富农经济的经营规模虽然比中农或佃农大，资金比中农或佃农多，有充足的劳动力，拥有较完善的生产工具和较多的肥料，也比较注意改良生产技术，而且生产率较高，但富农经济在各地的发展是不平衡的，即使在富农经济较发达地区也不过占农民总户数10%左右。由中国半殖民地半封建社会性质所决定，不仅富农经济微弱，且具有半封建的性质，而且它的发展方向并不是逐步失掉其封建性向纯粹资本主义农业发展，而是规模愈扩大，出租部分的土地也愈大，甚至最终完全变为地主经济。这几乎是旧中国富农经济的一种发展规律。

在近代中国带有资本主义性质的农业经济还有一种形式，即经营地主经济。这种经济形式与上述的富农经济有相似的一面，即也采取了雇工剥削和部分商品生产。所不同的是，无论是土地占有量、经营

---

① 章有义：《中国近代农业史资料》第二辑，三联书店1957年版，第442—447页。

量以及雇工量，都高于富农经济，而且经营地主不参加劳动，甚至不参加直接的生产活动而由他们雇用的“大伙计”或管家代为经营，自已过着地主式的剥削生活。

经营地主比租佃地主具有相对的进步性。在生产力上，由于采用规模比较大的生产和集中管理，劳动协作得到加强，劳动工具比较先进，所以单位产量提高，劳动生产率高于个体生产。在生产关系上，使用了具有自由或半自由身份的长、短雇工、工资用货币支付，劳动产品部分是商品。但是这种经济形式仍带有浓厚的封建性。因为整个生产并未完全摆脱自给自足的形式，只有部分产品成为商品，生产管理方式上存在着家长式的管理方式，劳动手段几乎全部为手工劳动。经营地主一般兼有租佃地主和封建商人、高利贷主三种身份。最后，雇工所具有的半封建性几乎与富农经济下的雇工一样。因此我们只能说，经营地主经济是处于从封建农业经济向资本主义农业经济过渡的一种经济形式，它虽带有资本主义的性质，但只是一种萌芽的形态。

此外，还出现过一些农牧垦殖公司。据江苏、安徽、浙江、山东、河南、山西、吉林、察哈尔八省统计，在 1912 年共有 59 家这种公司，资本总额约为 286 万元；到 1919 年，公司增为 100 家，资本约为 1245 万元。这种垦殖公司多建在垦殖区，其次是建在工商业比较发达或农业产品商品化比较高的地区。土地来源多为无主荒地与海、河滩地的垦殖区，由公司向国家申请领用土地。公司的投资者主要为军阀、官僚，其次为商人、买办、归国华侨及个别工业资本家。经营范围包括农林牧副渔五业，但以种植棉花、桑树等经济作物为多。

在近代农业资本主义发展过程中曾兴起了一种特殊的经营形式——包佃制形式。流行于广东、浙江、四川等省，其中以广东省的最具典型性。广东省各县乡村有大量的公田，它属于明伦堂，一些富商、地主、资本家乘机出资，合租包农公司，从宗族手里租进大量土地，有时多达几千亩或数万亩。[1] 但这不意味着他们会耕种或经营这些土地，而是将土地分成数份转租出去，有时直接租给耕种者，但更

① 陈翰笙：《解放前的地主与农民》，中国社会科学出版社 1984 年版，第 51 页。

多的是租给一批三地主，他们自己则变成了二地主或地产公司。三地主一般也将土地再直接租给佃农或经人转租，这样层层承租下去有时多达三四级。如中山县的清芬包农公司，由若干资本家合股集资 16 万元组成。该公司从宗族处租进大批土地，或将自己土地换上公司名义，再分散转租与佃农。其田租要比水田普通租额每亩 12 元还要高 33%。[①] 佃农租得土地后，有时也再以更高的租金转出去。这样，层层加租，使最后耕种者承受高额地租。这充分反映了中国富农经济的不发达性和向封建性逆转。

各地的包佃制形式是不一样的。在浙江南田，包佃者向业主承领田地，预先订立契约，规定租额和佃种年限，并预缴租钱若干；由业主出给允据，该包佃者按照每年应缴租额分作几期，每期预出租票一纸，共若干纸，交给业主保存；包租者每缴清一期租钱，即收回一张租票。然而包佃者一般不亲自耕种，而是转租给别人分散承种，收取租款，盈余归己。这种包佃形式，无论是田是地，对于业主皆缴纳钱租，而不缴谷租，这和广东的包田制颇为相似。

在四川合川县，一些富商地主集资购进土地，组织"庄田"营业，专以剥削佃农为目的。佃农向"庄田"主承租田地，须缴押金，收获后缴纳谷租。而"庄田"主们则分享"庄田"带来的利益。这实际上和封建地主没有两样。

总之，中国农业资本主义经营的发展是缓慢而曲折的。帝国主义的侵略造成了中国农村的落后，束缚了中国农业资本主义的自由发展，农村封建剥削关系的存在，则阻碍了地主经济向资本主义经济的转化，同时还经常促使富农经营形式向封建剥削方面退化。

三、半殖民地半封建财政性质的加深

（一）统一财政、税收征管的努力

南京临时政府成立后，由于国内政局不稳，各省自顾不遑，举凡以前京饷、协饷、洋款、赔款，均已停解。北洋军阀政权自执政起，

① 章有义：《中国近代农业史资料》第二辑，三联书店 1957 年版，第 379 页。

一方面完全继承了清王朝外债的重担，本身又作新的举借；另一方面岁入大宗来源的关税，依然被外国列强所控制，加之当时南方各省相继减免钱粮，地方各项税收又多为军阀所截留。因此，在中央财政拮据，待偿外债积欠累累以及军需浩繁难以筹措的危难情况下，袁氏北京政府下令整顿财政、税收，借以调整中央和地方的权力范围，并由此建立中央集权的财税体系。

依前清财政体制，虽财权名义上归属中央，但具体征管均由各地督抚实际负责，然后按一定数额上解中央。袁世凯篡权执政后，由于时局动荡，地方军阀割据势力的发展，财权完全掌握在地方手里。因此，为加强中央集权，1913 年 1 月 10 日，袁世凯批准了周学熙拟定的关于成立国税厅筹备处章程，并陆续任命了各省的国税厅筹备处的官员。国税厅的设立，实际上就是要由中央直接经管原由地方征收的国家税，将财权收归中央。而袁世凯本人也从 1913 年底起，开始直接控制财政事务。根据国家税与地方税法草案，列属中央征管的国家税有：田赋、盐课、关税、常关、统捐、厘金、矿税、契税、牙税、当税、烟税、酒税、茶税、糖税、渔业税等十七项；归属地方征管的地方税有：田赋附加税、商税、牲畜税、粮米税、土膏捐、油捐、酱油捐、船捐、杂货捐、店捐、房捐、戏捐、车捐、乐户捐、茶馆捐、饭馆捐、肉捐、鱼捐、屠捐、夫行捐及其他杂捐杂税等二十项。1914 年 2 月，袁世凯召集财政会议，着手全面建立北洋的财政体制。会上讨论了当时的财政状况，确定支出概算方针，削减各省原列预算，财政收支有余的省份承认向中央解款数额。同年 5 月 25 日，袁世凯还发布了有关此次会上核定三年度各省概算，军政、行政等费用业经限定支数不得逾越范围的命令。是年 6 月，袁世凯又公布了《财政厅办事权限条例》，规定各省财政厅长由大总统任命，直隶财政部，受财政部指挥，并特别命令："受巡按使之监督，在规定范围内，受巡按使之指挥"，[①] 而巡按使有关财政事务，一切当受命于财政部。国、地两税的划分，一方面使主要税源，悉归中央所有；另一方面地方税多属杂捐税，但

① 《政府公报》1914 年 6 月 12 日。

由于地方收入范围逐步扩大，地方上由此也有了较多支配收支的灵活性。北洋政府为进一步将这部分收入控制起来，遂将国税厅筹备分处与各省财政司合并为“财政厅”，属财政部，财政厅的分支机构均仿行财政部税收机构相应设置，各县亦相应设有财政局，以总管全县财税之征管。至此，袁世凯终于完成了全国统一的财税体系。

财政问题是北洋军阀政府最棘手的问题，尽管袁世凯以武力强化中央集权，但由于时局动荡不安，地方军阀又各自为政，中央权力很难驾驭地方。不过，明确国地两税权限之划分，毕竟较之于前清的封建财政制度向前迈进了一步，在中国财政管理体制史上确属一个具有重要意义的创始，它不仅使袁氏北京政府在欧战爆发前勉强渡过财政难关，而且亦为日后国地财权之划分产生较为深远的影响。

自袁世凯颁行国家税与地方税法草案之后，袁氏北京政府的财政曾一度出现了好转的势头。首先表现在此期间的费用支出有所减少。由于袁世凯直接经营财政，对支出亲自核定分配，并将北洋军队分布到南方就地筹饷，因而使中央军政费用得以减缩下来。1914年3月，袁氏“批军费定三百万元，政费二百二十万元；……是月军费仅支银二百九十九万余元，较原请之数实减六十五万余元。全年的约略推算，可减银一千二百余万元”。[①] 其次，根据1915年的收支情况看，也确实做到了财政赤字不大，是年岁入实收银元一亿三千零六十七万八千一百二十七元，支出银元一亿三千九百零三万六千四百五十四元。[②] 袁氏北京政府之所以在此期间做到财政基本保持稳定，除与实施明确国地两税权限之划分的举措直接有关以外，尚有其他几方面原因：

1. 随着袁世凯专制统治逐步加强，其势力亦随之发展到南方各省。因此，多数省份原来规定的解款，也开始得到部分的恢复，如1913年各省解款实收560余万元，而1914年就实收1400余万元。[③] 到1915年，仅直隶、湖北、江西、陕西、山西、山东、江苏、湖南、福

① 周自齐报告，见《民国财政史》上册，第1编，第218页。

② 周自齐报告，见《民国财政史》上册，第1编，第60—66页。

③ 周自齐报告，见《民国财政史》上册，第1编，第50—54页。

建、浙江、广东、四川等省，共计解数达2178万元，比1914年又增一倍。[①]

2. 在袁世凯实行专制独裁统治的同时，又对人民进行大肆搜括。1914年春，公布"规复旧税文"，下令各省官吏将旧税迅速恢复，新税一一进行。仅田赋改征银元一项，根据当时报纸揭露："民国三年（1914年）概算所载，直隶增收120万元，山东增收150万元，江西、江苏两省或增收130万元，或增收170万元，其他各省除浙江增收500余万元外，均增收4万—50万元至8万—90万元，均较前清增收倍数"。[②]

3. 盐税虽大都用来抵充偿付外债，但经袁世凯直接经管财政后，对盐税大加整顿，其收入仍有所增加。1914年上半年，袁氏北京政府因有各地解款，验契、常关收入及银行团拨还盐税余款，月收渐达700万元以上。据北京花旗银行的一份报告提供："中央政府每月的盐税收入达300万元，过去一月仅十几万元"。[③] 根据1914年中央预算收入统计，该年预算总收入为147356710元，其中拨还盐款为31304810元，约占全年财政收入1/4。[④] 显然，盐税收入增加，对保证本年度财政预算的执行，起举足轻重的作用。

4. 鉴于社会上滥发纸币现象日趋严重，袁氏北京政府自1912年起，即着手对全国金融进行整顿。2月7日公布了《国币条例》，规定：国币之铸发权，专属于政府，并以施行细则规定：凡公款出入必须用国币。1913年4月15日，参议院又通过公布了《中国银行则例》，将中国银行、交通银行收归国家所有，并准备以两行发行的兑换券，代替各地滥发的纸币。尽管币制统一进程发展十分缓慢，但通过整顿，对社会财政金融的紊乱现象，毕竟有所厘清。

5. 由于欧战爆发，欧洲各国相对放松了对华的资本输出，加之日本提出灭亡中国的《二十一条》后，立即激起中国人民的强烈反对，

① 周自齐报告，见《民国财政史》上册，第1编，第52—53页。
② 《中国近代史简明读本》，中国青年出版社1984年版，第355页。
③ 《清末民初政情内幕》下册，第200页。
④ 据《中华民国史》第二编第一卷，第442—443页。

因此，外债骤减和中外贸易长期处于入超的局面相对得以缓解。这对袁氏北京政府大体保持财政的收支平衡与勉强渡过难关，也起到一定的积极作用。

前已述及，1914 年袁氏北京政府的财政状况曾一度呈现“好转”的势头，这固然与袁世凯得到外国列强的巨额借款直接有关，但用外债作为镇压人民革命和发动反革命内战的赌本，进而对农民大肆搜括，亦是一个不容忽视的重要因素。

（二）财政的地方化

政局动荡，连年混战是造成北洋政府财政混乱的重要原因，袁世凯一死，财政的混乱则表现为地方财政的各自为政，为所欲为，恶性膨胀。

1916 年袁世凯的独裁统治宣告结束，北洋政府已失去控制全国各省的权力，加上连年军阀混战、财政混乱的局面日益严重，随着地方军阀割据局势的形成，地方财政最终分割了中央财政。这首先表现在任意截留中央税款或拒绝向中央解款。从此，各省财政纷纷独立，统归地方军阀自行支配。各地军阀不仅控制田赋、货物税，甚至连归入担保外债的盐税，在盐余略有增加时，亦常被地方军阀截留。其次，各地军阀凭借手中的权力任意加派各种捐税，视财政为个人的私库，从不履行任何申报手续，每征一种税，从征收办法、征收种类直至征收税率，均无任何限制，甚至是朝令夕改。因此，地方财政的分散与割据，不仅严重破坏了中央统一的财政制度，而且地方财政的各自为政，为所欲为又进一步加剧了国家的财政混乱。

地方财政的显著特点之一就是各地军阀凭借手中的军政大权，割断地方与中央在财政上的联系，使财政公私不分，财政制度荡然无存，结果公财的大部分均转入地方军阀的私囊。因为在军阀统治下的一省或一地区都是一个独立王国，而地方军阀头目实际上就是至高无上的国君，如此，财政如何安排，需增设哪些税，全凭各地军阀头目决断，任何人不得过问。地方财政，名为由中央统辖，实则各自为政。据有关资料提供：71 位北洋要人的私产总值，就高达六亿三千一百万元，其中为人们所熟知的大军阀如曹锟、张勋等 10 人，其个人私财竟达二亿四千七百万元。而这种凭借手中军政大权，采用种种贪污侵吞之手段，将公财转为私财，并恣意搜刮掠夺广大人民群众的结果，无疑大大强化了阶级关系中的封建因素，因而造成农村经济的破产，加速财政的半殖民地半封建的进程。

袁世凯死后，中国由皖、直系军阀交替执政。财政日益困难，仍旧靠借债度日。段祺瑞为向日本借款，竟不惜出卖东北、山东等省的森林、路矿主权，押去了电报、电话局的全部财产及收入，并接受日本顾问对交通银行进行营业监督。他为排除异己，借参加第一次世界大战，向日本借参战购置军械、军火款，为发动内战作准备。更严重的是与日本秘密缔结陆海军同盟协定，把中国的军权拱手送给日本帝国主义，从此，中国的财政金融、军事等均置于日本帝国主义的监视与控制之下。无限制地滥借国债使军阀政府无力如期偿还本息。日、法等国将借款利息作本，另成新债，以致新旧相加，负债累累。中国的财经命脉，通过出卖国家主权换取外国借款而牢牢地被帝国主义列强所控制。

此外，北洋政府除大量举借外债之外，同时又发行不少内债。1914 年北洋政府设立内国公债局，该局由海关税务司安格联负责办理公债出纳款的会计协理。可见，内债的还本息基金，从一开始就由外国财团来控制。北洋政府共发行 28 种内债，数额为六亿二千万元，同时发行短期国库证券、有奖公债等 60 种，数额约一亿零三百余万元，两者合计为七亿二千三百余万元，平均每年发行内债五千万元。

地方财政各自为政为所欲为的最突出表现就在于滥加捐税，对农民敲诈勒索。地方军阀不仅漫无限制地提高正常捐税，而且还绞尽脑汁增设繁多的苛捐杂税。

综观北洋军阀统治下的 15 年，它不仅是军阀连年混战，彼此不断角逐的 15 年，而且也是帝国主义列强不断加紧侵略和控制中国的 15 年，同时又是中国半殖民地半封建化程度日益加深的 15 年。反过来，财政的混乱以及地方财政的各自为政、为所欲为，又必然导致苛捐杂税的繁兴，农民负担的沉重。北洋军阀统治时期是中国近代史上最黑暗与最混乱的时期之一。

第二节　地　　租

一、地权集中趋势的发展和租佃关系的广泛存在

（一）军阀大地主的兴起

北洋军阀统治时期，私人大土地占有制仍在发展，地权继续趋于集中，封建地主土地所有制仍占据着绝对优势。封建地主大约占有全国耕地的50%，富农占有18%，他们除部分自己经营外（约占10%），其余绝大部分是出租给广大无地或少地农民经营的。据概算，在全国的耕地中，实行租佃制经营的约占到60%。

造成这一时期地权趋于集中的重要原因，在于军阀大地主的兴起。

这个时期，无论是控制中央政权的军阀，或是拥兵割据的地方军阀，他们一如晚清专权的督抚所为，无不利用权势和金钱在家乡或辖境大量占有土地。当时有人指出："军阀是一种新起的诸侯。……都占有很多的土地，几乎在有名的大地主中，找不出几个不是出身于军阀、官僚的。"① 袁世凯在河南的"彰德、汲县、辉县等地有田产四百顷左右"；② 赵恒惕在湖南衡阳占地一万亩以上。③ 一个外国人说，他在汉口时知道，"某督军在职八年，每年平均刮一千万元，共计造出八千万元的资产，即以这八千万元换买土地"，"在其故乡山东成为亘达四县的土地的所有主了。"④

（二）军阀大地主在新垦区大肆兼并土地，使地权集中趋势进一步加剧

民国初年继承清末的"边地放荒"政策，将蒙古、东北三省的荒地开放，允许移民开垦。这为军阀地主和其他地主大规模地兼并土地提供了新的机会。正如1916年有人所指出的："自辛亥以还，识者咸

①②③④　章有义：《中国近代农业史资料》第二辑，三联书店1957年版，第13—15页。

以移垦为当务之急，……办理或未尽合宜，致使豪强兼并，拥地自封，人民虽欲移垦而不可得。”① 所谓豪强，则以当地大小军阀为主。他们巧取豪夺的结果，加剧了这个时期地权集中的状况。据调查，当时在东北三省伴随着新垦地的大开放，军阀、官僚及与其相勾结的商业资本家用强力掠夺大片土地的事例屡屡发生。

就一般情况而言，1915 年有人撰文指出：“当放荒之际，有势力（行政官及巨绅）、有关系者（知事、放荒员及其戚友），择地之肥美而交通便利者，若者数百方，若者数十方。次则有所谓荒把者，竭其资力，领必数百方，置之数年，再行再售，领荒卖荒以渔利，非领荒开荒者也，故谓之荒把。至贫苦小民，实力垦辟者，其领荒之难，有若登天焉。”② 领荒过程中又有种种作弊手段。以后套临河县为例，有人指出，“垦务局成立（1915 年）后，向土地的占有者征收地价，发给地契，以巩固所有权。但这并没有减少土地集中的程度。反是巩固并发展了土地的集中。因为该地是很广漠的原野，已垦地的面积和全面积比起来是微乎其微的，而且并非集中在一处。地方的名称既少，而包括的面积又大，所以地契上所谓‘四至’所指的各方，非常广泛。只要买到两块土地，其距离远至十余里，其间所有的土地便实际上归于同一地主（此中多余所得的土地一般称为余地）。而且大地主们因种种优势，有许多并不出地价便可拿到地契。”③

（三）地价上涨，有利于富有者占有土地

这段时期的地价波动状况各地有所差异，其中不乏因农民贫困、兵灾匪祸等而下跌的现象，但是，总的来看有上涨的趋势。据调查，“在全中国看来，从一八六四至一九一四年土地的价格差不多增加到两倍，从一九一四到一九二三年增加到一倍半至两倍。广东从一九一六至一九二六年土地的价格涨了百分之六十至百分之三百。”④ 关于山西，1925 年有人指出：“晋省地价，近十年来，大为增涨。在前清末

① 《农商公报》第 27 期，第 4 页，（1916 年 10 月）。

② 章有义：《中国近代农业史资料》第二辑，三联书店 1957 年版，第 43 页。

③ 戴林：《后套临河县农村实况》，转引自章有义：《中国近代农业史资料》第二辑，三联书店 1957 年版，第 44 页。

④ 马札亚尔：《中国农村经济研究》，中译本，第 394 页。

年，上等水地，每亩不过七八十千文（以当时洋价约合七八十元），至近来最高水田之价，每亩有达一百七八十元者，其次者亦值一百二三十元。较之十年前，亦增至一倍以上。至平原旱地，增价比水田尤高，十年前普通平地，每亩值十元上下，近来已涨至三四十元。即以最下等之山坡地，十年前每垧（约合三亩）仅值一二千文者，今每垧亦涨至四五元或六七元。”①

引起地价上涨的原因大致有四方面。一是农产品价格上升，土地收益提高，引起富有者投资土地的强烈欲望。如山西“则以粮价日昂，地价亦随之而涨。而地价之增加率最高者，以南路河东各县之能种棉花地亩，及北路崞、代、五台等县为最。河东地价之涨，因棉花销路广而价昂，种棉花之利，比五谷为多。”② 二是新兴军阀地主的争购促成的。如山西“北路崞县、五台等县地价之涨，以近年军政要人，多为该处人士，经济渐裕，多向本籍购买不动产，买者多而卖者少，求过于供，其价昂亦当然之势。”③ 又如四川，从 1916 年以后，“新兴军阀官僚，风起云涌，以旧俗重产和工商不甚发达关系，均争买田产，至田价逐年高涨，比从前增至百分之五十。”④ 三是人口增长的压力造成的，如察哈尔阳原县，其上中下三等地的价格由 1912 年的每亩 100 元、30 元、15 元，上涨至 1926 年的 200 元、55 元、25 元。究其原因，主要在于该县“迄于民国，人数倍增，而田数仍旧，地值之贵，乃由人稠地窄，此固普遍原因也。”⑤ 四是战祸影响改变了富人的投资方向。如安徽涡阳，“辛亥以前，拥资者醉心商业，视置产为迂图。”到 1911 年冬，某军阀“屯军县垣，沿门饷索，继以威逼，窖镪发掘靡遗。县人知动产不足恃也，负郭土田，逐渐腾贵，不十年且倍蓰。”⑥

地价上涨之后，有能力购置大量土地的无疑只能是富有者，因此，地价的上涨就成为促使此期地权集中的重要原因之一。

（四）租佃关系的广泛存在

租佃关系的广泛存在，换句话说，也就是佃农阶层的广泛存在。

① 《晋省全省水田数目及地价增涨》，载《中外经济周刊》第 106 号（1925 年 4 月版）。
②③④⑤⑥ 章有义：《中国近代农业史资料》第二辑，三联书店 1957 年版，第 58—61 页。

在这一时期，主要表现在以下两方面。

第一，新垦区广泛出现的租佃经营。这是与新垦区放荒过程中的地权集中相应的。如绥远五原："放垦之时，土地多半为资本家领去，小民虽零星领之，则不可得。故全县居民，大概皆租地耕种，有不动产者甚少。"① 又如察哈尔地区"旧有七县之土地所有权，多操之于富商巨绅，大概少则数亩，多或数十亩，其在百顷以上或至千顷者，实不多见。迨后（从一九一五年起）增设新县，盛行放垦，因荒价甚廉，每亩至昂不过一元有零，于是各处之富商、巨绅、官僚、政客咸争先承领，尽力包购，一人领数顷者寥若晨星，领数十顷者乃其常事，领都百顷或千余顷者，亦复不少。……就全区农民计之，自耕农仅约百分之六，自种农兼租种农仅约百分之三，出租兼自种农约占百分之十二，而租种农竟占百分之七十九。"②

第二，自耕农破产现象的加剧。1927 年出版的《东方杂志》第 24 卷第 16 号刊载一组文章，报道了江苏靖江、无锡、宜兴等自耕农大批沦为佃农的情况。如靖江，"近年来农民因受国内军阀与各个帝国主义勾结作恶的结果，一方面推进他们的生活程度（按指生活费用），一方面遭土豪、劣绅、官僚、驻兵等肆无忌惮的侵夺剥削，农民们毫无抗拒的能力。比较上田亩菲薄的自作农，因为所入无多，而吮吸弥穷，逼着虽欲不变卖田产而不可得，因此自作农日渐减少，佃农增多"。③ 无锡"在昔自作农甚多。自生活（费用）增高以来。农民之经济日见支绌。于是田地均为当地富绅所吸收，至今日自作农恐十不存一矣"。④ 在宜兴，由于"镇中之富户，又往往出资吸收中小农民之土地，故中小农民之自作农，近日见减少也。试观圩乡之间，十户之庄，自作农殆不过一、二耳。"⑤ 不仅在江浙一带富庶地区如此，在内陆地区亦如此。如陕西，据一个外国人在 1927 年前后的研究，"十五年前至二十年以前，在陕西曾是自足的农民经济所统治，而租佃曾是极少的现象（按，此说恐不够准确）。现在在陕西的中部，约计百分之四十至五十的农民系军阀、官僚、商人和将领们的佃户。"⑥ 当时

①②③④⑤⑥　章有义：《中国近代农业史资料》第二辑，三联书店 1957 年版，第 55—56 页。

有不同的机构和个人对各地的调查资料作了统计，佃农在农民中所占的百分比如表4－3[①]所示。比起晚清的有关资料（参见表2－1），此期佃农在农户中所占比重有所增长。

表4－3　　1912—1927年各地农户中佃农所占百分比

地　　区	最低率（%）	最高率（%）	平均率（%）
广东：东江12县	—	—	65.5
中部5县	80	95	85.0
广州及其邻近	—	—	96.4
河南	—	—	94.9
广东大学调查之7县	60	90	70.0
岭南大学调查诸县	—	—	85.0
全省	60	96.4	70.0
江苏：金陵道	23	73	49.1
苏常道	45	93	78.0
淮海道	27	90	70.2
南通	—	—	87.0
昆山	—	—	92.0
仪征、江阴、吴江	48	76.2	67.4
安徽：宿县之一	—	—	56.0
宿县之二	—	—	49.9
浙江：鄞县	—	—	67.4
山东：30处地方	—	—	23.0
直隶：邯郸、遵化、唐山	2.9	17.5	10.7
绥远：毕克齐	—	—	30.0
察素齐	—	—	20.0
全国：37处地方	—	—	60.0

这一时期的租佃关系也有一定程度的变化，主要表现为永佃制的崩溃，租约形式由口头向书面契约演化，包佃制的出现。但是，这个时期的租佃关系主要仍是封建性的剥削关系。

① 章有义：《中国近代农业史资料》第二辑，三联书店1957年版，第55—56页。

二、地租形态分析

地租形态可以从不同的角度加以区分，因而从不同的角度反映出佃农被剥削的状况。

从地租的物质形态看，北洋时期仍存在着三种基本地租形态，即实物地租、货币地租和劳役地租，其中，实物地租仍占主要地位，货币地租次之，劳役地租主要存在于边远少数民族地区。

（一）实物地租

此期实物地租仍然有分成租和定额租两种形式。

分成租的特点是佃农须将租种地当年收获物按一个既定的比例数（一般称若干成）作为地租交纳给地主。主佃双方分成比例的大小，主要依据耕种过程中各方投入农本份额的多少而定。综合来看，当时大致有三种分租比例。第一种是一切农本都由地主提供，佃农只出劳动力，其收获物一般按二八或三七分成。地主分到的七成或八成，其中包括了地租、农本和利润，佃农所分到的二成或三成，实际上就是一种实物工资。因此，这种分成制又称“分益雇役制”。第二种是主佃双方各出一半农本，其收获物一般按对半或四六分成。第三种是一切农本全由佃农负担，其收获物一般按丰歉而临时议定。北洋时期分租制之所以还相当流行，主要原因是：第一，在土地贫瘠，灾荒常见的地区，实行分成制，佃农可相对减轻生产风险，易为佃农所接受；第二，实行分成制，地主往往可以通过高估产量和在丰年时占取额外收入，因而也可为地主所接受。此外，地主参与投入农本，改良农业经营，也有利于他增加收益。基于上述理由，地主们也乐于采用这一剥削方式。在实行分成制的情况下，地主往往要干预佃农的经营，因此，从历史发展的客观进程来看，这种租制是有碍于发挥佃农的经营积极性，限制生产力的发展的租制。

定额租是当时最流行的一种实物地租形态。据调查，它在各种地租形态中占 50% 以上。一般地说，土地肥沃，产量稳定的地方，如东南诸省，多采用这种租制。另外，一些非乡居地主也多采用这种定额租制。

（二）货币地租

货币地租亦称“钱租”。北洋时期货币地租还是很不发达的，它在很大程度上是实物地租的变形，即原规定的实物地租，在交纳时按市场价折交货币，成为通称的“折租”。

货币地租多流行于商品经济比较发达的地方，如大城市附近的郊区和经济作物区外。

此期也存在着货币地租向实物地租逆转的情况，即当物价上涨、货币贬值时，地主大都不太愿意收取货币地租，而把货币地租改为实物地租。值得注意的是，这时地主收取的实物地租，已不再注重其使用价值而自用，而是注重其交换价值或投入市场或囤积居奇待价而沽。

（三）劳役地租

劳役地租多依附于实物地租作为其补充而流行甚广。而纯粹的劳役地租只流行在边远地区，特别是少数民族地区，如西藏、内蒙古、云南、贵州、四川的西部地区。纯粹的劳役地租同实物地租比较，它对佃农的剥削要更野蛮和残酷得多。地主对佃农的强制和隶属关系也更为严格。这些佃户如同农奴一样。

（四）产前租与产后租

从地租交纳的时间来看，又可分为产前租与产后租二种。

产前租是指佃农租种地主土地，在耕种或收获之前所交纳的地租。产后租即在农产品收获后所交纳的地租。北洋军阀时期流行的大多为产后租。但自清末以来，在某些商品经济发达的地方产前租逐渐流行起来，而且一般为预租。预租交纳基本上采用货币形式。交纳时间多在播种以前，或在前一年秋收后，或在前一年冬季。

此外，可视为产前租的另一形式的还有押租。押租是佃户在租佃土地时，预先交纳给地主的保证金。押租实质上是正租之外的一种剥削，所以严格地说，它应该属于附加租的范畴。这种租佃制度通行于华中、华东以及西南等租佃发达佃农较多的省区，特别是交通阻滞、工业薄弱、佃农缺乏其他出路的地区。

三、各地佃农的地租负担程度

无论地租剥削采用何种形态，佃农的负担都是极其沉重的。在实行纯粹的劳役地租的情况下，佃农一如家奴，他们除耕种所租土地外，其余劳动时间，绝大部分要受地主支配。因此，劳役地租剥削是最野蛮无度的。

关于实物地租的剥削程度，分成租比较直观，其比率一般为主佃各半，但各地根据田土肥瘠，或耕牛、种子等生产资料由谁负责仍有若干差别。如对川黔两省 21 个县的调查，发现"分租比率，视田土之肥瘠而定。普遍田土地主得六成，佃农四成；惟上等田土如（四川）巴县、綦江、（贵州）桐梓、贵定、都匀等五县田土，地（主）所得有高至七成，佃农低至三成者。土壤过瘠薄之区，间有地主低至四成，佃农高至六成者。"[①] 而在绥远五原，"其牛具、籽种等出自佃户者，则地主分十分之三；出自地主者，则地主分十分之五。但一切负担，则随所分粮食时之比例数分担。"[②] 在甘肃，"佃田规则，凡籽种、农具、肥料由承佃者自备，地租于收获之后按四六或三七分算。"[③]

采取定额形式的实物地租，其剥削率则须与收获量比较而定。如表 4－4[④] 和表 4－5[⑤] 所示，各地的地租率仍是不大相同的，既有地区间的差别，也有丰歉年成的差别。

表 4－4　　湖南地租剥削率示例

地　区	收获（石）	地租（石）	地租率（%）
衡阳	3.0	1.6—2.0	53.3—66.7
衡山	3.5	1.2	34.3
临湘	4.0	2.5	62.5
邵阳	3.0—4.0	1.2—1.8	40—45

①②③ 章有义：《中国近代农业史资料》第二辑，三联书店 1957 年版，第 98 页。

④ 章有义：《中国近代农业史资料》第二辑，三联书店 1957 年版，第 103 页，地租率为原表所无。

⑤ 章有义：《中国近代农业史资料》第二辑，三联书店 1957 年版，第 100—101 页所载表改制，其中地租率为原表所无。

表 4-5　　江苏沪海道各县普通地一亩收获额和地租米量

地　　区		收获额（石）	纳米额（石）	地租占收获量（%）
上海	蒲松	（大豆）0.77（平年）	（大豆）0.70	90.9
松江	莘庄	3.6（丰）	0.80	22.2
	新桥	2.45（丰）	0.90	36.7
	亭林	2.3（不）	0.90	39.1
	枫泾	2.53（平）	0.90	47.5
	叶榭	2.00（丰）	0.95	44.5
	张泽	1.92（丰）	0.86	44.8
南汇	周浦	3.72（丰）	1.00	26.9
青浦	章练塘	3.00（丰）	0.90	30.0
	金泽	1.89（不）	0.90	47.6
	白鹤青村	2.15（不）	0.80	37.2
金山	东二	2.12（丰）	0.90	42.5
	金山卫	2.20（不）	0.50	22.7
	西二	4.03（平）	0.69	17.1
	张堰	2.20（不）	0.80	36.4
	千巷	1.80（丰）	0.85	47.2
太仓	太仓	1.16（平）	0.67	57.8
嘉定	第一	2.07（不）	0.60	30.0
	第七	1.40（丰）	0.70	50.0
崇明	协平	3.00（丰）	1.00	33.3
	北义	（棉）80.5 斤（丰）	（棉）12.00 斤	14.9

江西全省六十八县，除萍乡、梓山、铜鼓、分宜、宜春、鄠乌六县未详外，其他六十二县中实物地租对收获的比率如下：①

50% 未满………12 县　　65%……………1 县

50%……………22 县　　70%……………4 县

55%……………2 县　　75%……………2 县

60%……………16 县

货币地租的租额也是因地而异。如在湖南，岳阳每亩四元，南县

① 章有义：《中国近代农业史资料》第二辑，三联书店 1957 年版，第 99—100 页。

从每亩二元、五元到十元不等，湘潭为四至八元，湘乡为二元到五元，邵县为五、六元。[①]

在江宁等二十八县及南京一带，每亩货币地租最高者为9.68元，最低为4.97元，平均为7.23元。[②] 绥远五原，水田每顷年可得租价二十元左右，旱田则在七、八元以上。[③] 在甘肃“承佃农分租、佃二种，租则用钱，佃则分粮。山田、原田之租率，上地每垧三四串文，中地二三串文，下地一串或数百文不等，水田每垧六七串。”[④]

1924年在直隶调查得知各县每亩地的货币地租租额如下：

大兴县	上地	3.5元	新城县（地价低廉）	2.0元
	中地	2.5元	满城县（土地肥沃）	4.0—6.0元
	下地	1.6元	易县	3.0—2.0元
	水田上地	5.0元	宛平县（王官地多）	1.0元
	中地	4.0元	完县	1.5元
	下地	3.0元		

在北京近郊，每亩烟地为2.0元，水田为4.0—5.0元；在山西省，普通地每亩为3.0—4.0元，棉产地每亩为10.0元。[⑤]

表面上看，货币地租剥削似比实物地租剥削要轻些。实际上并非如此。因为，佃农在新谷收获后，由于急需交租，往往被迫在新谷充斥市场、商人压价最多的情况下出售产品，这样就得多受一层商业资本的剥削。如果货币地租的交纳还实行预交的话，那么，贫苦佃农往往还要因筹集现金而求乞于高利贷，从而又要受高利贷的剥削。因此，佃农的实际负担要高于货币地租的规定额。

上述三种地租形式的剥削率究竟有多高，还可以根据地租与地价的比率来判断。

以地租额同地价相比，在直隶、山东、江苏、安徽、浙江各地，“有时一年之租可能购得该田”。一般情况下，田租在“山东占地价

①②③④　章有义：《中国近代农业史资料》第二辑，三联书店1957年版，第99—100页。
⑤　章有义：《中国近代农业史资料》第二辑，三联书店1957年版，第99页。

18%，广东占5%—20%，江苏占8%，安徽一带普遍占10%—15%[①]，足见当时中国地租剥削之重。

在北洋时期，从晚清以来地租剥削增长的势头仍在发展。现以南通和宿县为例，列成表4－6[②]，可见不到20年的时间，江苏南通的上等地地租增长了近一倍半，下等地增长了一倍半多，安徽宿县在同一时期内，地租也增长了18%—60%。

表4－6　　南通、宿县地租增长（1905—1924年）

田别	南通			宿县		
	1905年	1914年	1924年	1905年	1914年	1924年
上等	100	117	220	100	81	118
中等	100	157	240	100	96	169
下等	100	174	255	100	64	160

在黑龙江呼兰县，从地租与地价的增长比率也可看出地租的增长速度，参见表4－7。[③]

表4－7　　黑龙江呼兰县地租与地价增长指数的比较

年份	钱租	田价	租价买田的能力
1905	100	100	100
1915	1058.8	272.7	388.2

同样的对江苏省金陵、苏常、沪海、淮阳四道的货币地租与地价的比率的统计，也说明了当地地租的增长。如表4－8所示。[④]

表4－8　　货币地租与地价的比较

地等	地价（元）	地租钱（元）	地价和地租的百分比（%）
上地	50.93	3.82	7.5
中地	34.51	3.02	8.8
下地	37.03	2.99	8.1

① 陈翰笙：《中国农业经济研究的重要》，转引自章有义：《中国近代农业史资料》第二辑，三联书店1957年版，第113页。

② 陶直夫：《中国地租的本质》，见《中国农村经济论》，第267页。

③ 陈翰笙，王寅生：《黑龙江流域的农民与地主》，转引自章有义：《中国近代农业史资料》第二辑，三联书店1957年版，第120页。

④ 章有义：《中国近代农业史资料》第二辑，三联书店1957年版，第99页。

同时，这一时期，某些地区地租率的高低与农田地等的高低呈现明显的背离，按一般常理，地等越高，土地的生产能力越大，其土地的租佃价格也就应该越高。但是，实际上在不少地区，却出现了地等高低与地租率高低相背离的现象。即“地主所收入，按田价百分率计算，田租之高低、与田地价值之高低，成反比例。易言之，即田地等级渐低，地主收入之田租，在地价中之百分率乃渐高也。”[①] 如辽阳、沈阳等地的情况即如此，参见表4－9。[②] 之所以出现这一特点，原因在于无地农民增多，而可租地有限，租佃竞争激烈，地主便借机迫使佃农接受苛刻的租佃条件，以换取经营一块劣等土地的权利。

表4－9　　辽阳、沈阳等地地租对地价的比率的变动

村名	项别	1916年			1921年			1925年		
		上地	中地	下地	上地	中地	下地	上地	中地	下地
辽阳大双树子	田租（每天地元）	45	30	25	30	25	17	75	60	40
	地价（每天地元）	400	300	250	700	600	400	1300	800	500
	比率（%）	2.25	10.00	10.00	4.28	4.17	4.25	5.77	7.50	8.00
辽阳小闯屯	田租（每天地元）	45	35	25	65	55	30	85	75	50
	地价（每天地元）	500	350	250	800	600	400	1500	1200	1000
	比率（%）	9.00	10.00	10.00	8.13	9.16	7.50	5.66	6.25	5.00
沈阳五里台子	田租（每天地元）	15	10	7	25	20	15	30	25	20
	地价（每天地元）	250	200	150	350	300	250	600	500	400
	比率（%）	6.00	5.00	4.66	7.14	6.67	6.00	5.00	5.00	5.00

上面所讲的仅仅是正租的增长势态。这还不足以说明佃农的实际负担程度。因为当时地主还采用如押租、预租以及种种附加租来增加剥削量。

北洋时期，佃农的押租、预租以及各种附加租的负担，随着商品经济的发展，地主阶级日益贪婪，也更加沉重。

① 章有义：《中国近代农业史资料》第二辑，三联书店1957年版，第118页。

② 章有义：《中国近代农业史资料》第二辑，三联书店1957年版，第120页。表中“天”为东北民间计算土地面积的单位，意指一牛力每日可耕亩数，“每天”约合市制6亩。

押租，在鸦片战争以前，往往是为了取得永佃权才需交纳。但是到了近代，押租作为取得永佃权的意义已日渐减弱，特别是到了20世纪20—30年代，它已变成了单纯的租佃保证金，甚至变成了地主剥削佃农的一个必然份额。所以押租在北洋时期已经分布很广，并且有发展的趋势。如江苏有押租的租田占租田的比重，1905年为25.5%，1914年为40.9%，1924年为61.8%。[①] 20年内有押租的田亩就增加了两倍半。押租的金额，各地高低不一，但仍有一定的规律。据在江苏的调查，大致是“土地越肥沃，人口越稠密，押金的额数也越高（从每亩2元到10元不等）”。[②]

预租一如押租，在北洋时期的实行范围有扩展之势，不仅在沿海地区有之，内地各省亦有之。贫苦佃农在耕种或收获之前就要交租，无疑要经常求告于高利贷者，受其盘剥，或者被地主直接将预租转为高利贷。如1926年有人指出：“河南凡城镇附近之园地，均预收钱租，称为‘支租’，每亩自三元至十二元。农民之无力缴纳者以借贷论，加息起利，每月利率二至三分为最普通。”[③]

这个时期的地租仍有正租与附加租之分。正租是指按租佃土地主要产品交纳的一份基本租额。而附加租则是指在基本租额之外的追加租额。附加租的存在是封建地租剥削加重的重要体现。附加租有的写在佃契上，有的只是口头约定，佃农必须遵从。其内容随各地习惯和地主的苛刻要求而不同，名目甚多。地主索取的附加租除土地的副产物外，还有许多是游离于土地生产物之外的劳役、飨宴及钱物等。属于副产物的有稻草、田塍豆等；属于劳役之列的有为地主家人抬轿、挑水、修房以及其他杂役等；属于飨宴之列的有交租饭（设备盛宴欢迎地主之称）、认东酒（租地主田地后得宴请地主一次，以示认土地之东家）；属于钱物之列的有加催甲费、脚米、过年钱（货）、交租鸡（鹅、鸭、鱼），等等。

---

① 田中忠夫：《中国农业经济研究》，上海大东书局1934年版，第169—170页。

② 章有义：《中国近代农业史资料》第二辑，三联书店1957年版，第118页。

③ 《中国农民生活概况》，北新书局1926年铅印稿。

四、佃农在重租下的生产和生活状况

佃农的生产条件是十分恶劣的，往往处于资金、技术、生产工具短缺之中。他们主要依靠自身劳力，年复一年地以极其粗放落后的耕作方式进行生产，其剩余劳动产品本来就很少。在沉重的地租剥削下，他们往往所剩无几，甚至处于入不敷出的艰窘境地。

例如，1922 年 6 月 23 日江苏无锡某报刊载了一份农家收支调查，[①] 据之可得出如下的计算：

稻麦田每亩收入（元）		稻麦田每亩支出（元）	
糙米	19.20	人工	9.22
稻柴	1.80	机器灌溉费	1.70
小麦	4.55	种子	1.12
麦柴	1.00	肥料	4.29
收入共计	26.55	农具消耗	0.30
		磨砻价	0.41
		地租	7.00
		支出共计	24.04

收支相抵只剩 2.51 元。

据调查江苏武进的一户租种 12 亩田的佃农，他一年的收入共计三百九十六元，“支出方面：田租一百四十四元，牛羊食料三十六元，肥料六十元，农具增补费十元，其他费用十元，共计约二百六十二元。收支相抵尚余一百三十四元，除柴草用以自给外，净余不过一百二十一元。每家以四口计算每日食料约需大洋五角，计约可支八个月。……若遇凶年，地租照旧缴纳，费用照旧消耗，而进益则反见缩减。”[②]

在黑龙江流域，对耕地十五垧以下的佃农的每垧收支情况作的调查结果如下：

---

① 陶直夫：《中国地租的本质》，转见《中国农村经济论》，第 268—269 页。

② 龚骏：《各地农民状况调查——武进》，载《东方杂志》，1927 年第 24 卷第 16 号。

（1922—1924 年）

（1）农产收入 …………………………………………………… 67.19 元

（2）生产资料支出 ……………………………………………… 12.32 元

（3）生活费用支出 ……………………………………………… 49.64 元

（4）田租 ………………………………………………………… 17.22 元

田租侵占必要劳动为 11.99 元，田租侵占必要劳动的百分率为 24.15%。[①]

在浙江嘉兴，1917 年当地绅士上书财政部，说该地“田地瘠薄，一亩之收，不过一石五斗，多至二石而止。每亩租额自七斗至一石以上，工本亩需五元，民间纳赋完租，已无剩余。故农家每种租田，必先向米店借米以糊口食，谓之债米，加五起息，往往白粲登场，已为他人之物，终年辛苦，不得升斗之沾。”[②]

广东惠阳农民口头常有：“不怕大水风扬，只怕薯芋无着”之谚，可见惠阳农民是耕而不得其食者。查普通佃农生活统计：

每家约五人，最多能耕二石种的田：

每石种的肥料 …………………………………………… 25 元

谷种 …………………………………………… 10 元

犁耙、铁搭、禾镰、蓑衣、笠帽、箩筐等 …… 5 元

（以上各种农具虽非年年要买，但每年亦必须修理或添补。）

牛租 …………………………………………… 5 元

以上约支出 ……………………………………………… 45 元

每石种的租谷——纳给田主 ……………… 中等田要 2500 斤

每石种的田可收获 3500 斤 …………… 每百斤谷值时价 4 元

每石种除纳租外可得谷 1000 斤值银 40 元

以上收入可得 40 元 ………………… 出入相抵不敷 5 元

至于说到儿女教育费、居住、衣服及丧葬、婚嫁与各种应酬费，除努力于副产品，如种地豆、蔬菜或挑担工作，仅足以维持常食用外，

---

① 章有义：《中国近代农业史资料》第二辑，三联书店 1957 年版，第 117 页。

② 章有义：《中国近代农业史资料》第二辑，三联书店 1957 年版，第 115 页。

则左支右绌，负债累累。[①]

总之，这一时期的佃农在封建租佃关系的严重束缚下，生活状况是很悲惨的。

第三节　田赋负担的加重

一、农民田赋负担加重的诸因素

（一）田赋“整理”与农民负担的加重

北洋政府成立后，迫于呼吁革除晚清田赋积弊以纾民困的舆论压力，同时也为了增加财政收入，曾经断断续续地采取过一些整理田赋的措施，[②] 主要有：

1. 整理地籍。整顿田赋，必自地籍的整理核定始，因为它是田赋征收的主要依据。1914 年北洋政府筹设全国经界局，1915 年设立京兆经界分局，次年设涿县、良县两分局，开始丈测土地，拟自京兆起，渐次推行各省，后因时局变化而中断。1920 年，复设全国经界局，不过数月后即裁撤。仅有黑龙江、江苏省的宝山、昆山、南通，浙江的黄岩、桐乡曾先后推行测量土地办法，但由于地主阶级的抵制，地籍整理成效甚微。

2. 归并税目。晚清田赋，税目繁复，如江苏有民赋、卫赋、租课等项。地丁项下，又有驿站、扛脚、俸工、漕项、仓项、清赋、耗羡等名目，漕粮又有折漕、南米、局粮、米价等名目，卫赋有屯折、贡舫、漕项、加津及屯抚米等名目。北洋政府遂将其归并为地丁、抵补金、租课、附加四大类。但是，这种归并只是税目的减少，原有的税负总额基本上没有减轻。

---

① 阮啸仙：《惠阳县农民协会成立之经过》，载《中国农民》1926 年第 3 期，第 18—20 页。

② 吴兆莘：《中国税制史》（下），第 184 页。

3. 减轻江苏、浙江部分地区的偏重赋额。清代各地的田赋定额轻重悬殊，尤以江苏、浙江的田赋特重。即以浙西钱塘道所属各县的粮额与其他道属相比较，各道属地丁最重的科则每亩不过五分，而钱塘道属却在一钱至一钱九分之间；漕粮在其他道属每亩不及一合，而钱塘乃自八九升至一斗三升有零[①]。1919 年浙江地区要求减赋的呼声日高，于是财政部转浙江省财政厅核办减轻田赋，财政厅以一斗为最高率，并以每亩科征正赋银米照国课折价合计，至多不过银元五角为度。其后江南苏松太各县亦行核减，分三等办理，规定征米在一斗以上者减为一斗，九升五合以上者减为九升五合，九升以上者减为九升，仍以每亩银米并计不逾银元五角为限。

4. 统一规定银米折价。清末田赋征收，纳银纳米，错综纷纭。其后币制改革，漕运停办，因而银米相率折征，但折合率并无统一标准，省与省异、县与县别，且征收中弊病很多。1914 年北洋政府财政部为划一币制，改良征收，通令田赋一律改征银元，规定纳银一两，折合银元一元五角。

5. 限制征收经费。清代丁漕正额之外，例有平余、火耗等名目作为征收经费，而各地征收时，又别定陋规，以供胥吏额外勒索。民国初年，耗羡、平余等一律化私为公并入正税。然而，在征收经费上各省仍自定办法，别图弥补，于是旧费虽经革除，新费增加更甚。1924 年，财政部通令各省，明定征收钱粮正额之外，准收相当于正额 10% 的款项为征收费。

6. 确定附加税额。田赋带征各款，晚清有耗羡、平余、漕折、捐输、津贴、粮捐等项。民国以来，或废或并。民初袁世凯咨请参议院厘定国地两税时，参议院以田赋为中央国税收入大宗，历史上久视为正供，乃定为国税，又恐地方反对并考虑其财政困难，遂规定地方有征收田赋附加税的权力，但规定附加税总额不得超过正税的 30%。

此外，还有取消遇闰加征，厘定征收考成，局部豁免，整理税册等措施。

---

① 吴兆莘：《中国税制史》（下），第 149—150 页。

上述田赋制度的整理措施对于减轻农民的负担并无多少实际意义。因为，旧的附加并入正税后又出现了新的附加；原作为附加税的征收经费并入正税后，整理中又规定了新的征收经费，这种并后加税显然使农民负担更为加重。整理中虽有减轻田赋的事例，但仅限于局部；清丈土地，整理税册等，其出发点虽好，却难于正常推行，反而变为扰民害民之举。特别是由于中央集权衰落，诸多规定形同具文。

与此同时，不少地方政府却借整理田赋之机加重农民的负担。其主要手段大致有两种：

一种是以清赋为名的加征。如在贵县，1915 年，省令清赋，原定章程，先行清丈田亩以定产谷额数，每产谷一百斤，征正赋毫币一角，并废除了丁银、民米各项复杂名称。但是，1916 年办理清赋时，却未实行清丈，只将原日粮额加三成后伸算银元，其应纳一角者，即定其田亩产谷为一百斤，所以人称："名为清理田赋，实则加赋也。"① 又如，1915 年，广西省府通令全省清理田赋。各县奉令后，即遵照原有旧粮额数加倍或加数倍征收，得以博取奖赏，故各县中，仍有有田无粮，无田有粮，重益加重之弊。武宣县奉令后，官绅协商办理，议在就近三年中比较收入，以何年实征得多收者为率，随调查最收入多之年是九千元，即决议照此额数加一倍，征收 万八千元，商定后，即成立清赋总局。② 农民的田赋正额因此大大增长了。

另一种是因"改折"而加重。自 1914 年北洋政府财政部为划一币制，改良征收，通令田赋一律改征银元以来，虽然苏、浙、皖、赣、闽、粤、湘、滇、黔、川、鲁、晋、冀诸省都改征银元，但是，各省银两、银元折合率参差不齐，山西、江苏田赋银两初折银元一元八角，有些地方高达八元。在漕米折银方面，各省折算差别也很大，如安徽漕米一石折银元二元五角，浙江漕米一石折银元五元，江苏漕米每石折银高达十二元。由于有些地方的折合率高出中央政府规定的标准许多，当地农民仅因折征就加重了不少负担。

---

① 梁崇鼎等：《贵县志》卷七。

② 庞赓辛等：《武宣县志》第 3 编，第 21 章。

因此，从改折后各省田赋收入总额的增加，可以看出农民负担的加重。据报载“闻自改折以来，各省田赋收入之数，据民国三年度概算所载，直隶增收一百二十万元，山东增收一百五十万元，江西、江苏两省，或增收一百三十余万元，或增收一百七十余万元，其他各省除浙江增收五百余万元外，均增收四五十万元至八九十万元不等，均较前清旧额增收倍蓰云。”[①] 各省田赋总额之所以增长，无疑是农民田赋负担增长的结果。如关于江苏省的地丁改折加征，据1928年全国财政会议上财政部税务司的报告：“江苏省的地丁，民国后，以向来的一两，改折为一元五角，另外加以省税二角五分，县税三角；冬漕一石改折为三元，另外再加以省税一元，县税一元。”[②] 这就使得田赋正额提高了。同时，在实际征收中，官吏仍可随意改折。1914年，有人自安徽亳州投书上海《字林西报》，说他日前曾会晤税务处办事人某君，问道：“苟有人民当纳银十两，彼以纹银缴纳，则受之否?”答曰：“否，人民纳税，当以铜元。”再问以银两铜元之价。答云：“每银一两，须缴铜元五千文。”可是，“市价每银一两，只兑铜元一千八百文，若以五千核之，则税额溢出原额三倍。”经询问，才知道这只是该县知事自己规定的比价。[③]

（二）田赋税率确定不合理及税率的提高

北洋政府时期的田赋税率，仍沿袭清代原定科则，惟有东北三省稍有改定。一般原则上先按田地的种类，次按土壤之肥瘠分为上中下三级，每级又分上中下三等（实则不止九等）。实际上，在定税过程中漏洞百出，税率很不合理。其主要原因，是税负与土地的收益、地价的高低及地权的转换相脱节。具体地说，一是杂赋的归并，致使税负提高。二是征收官吏作弊，即掌管田赋的书吏收受大户的贿赂后，巧为飞洒，将行贿大户的田产和赋税化整为零，分别写在贫弱可欺的农户名下，造成田赋负担的畸重畸轻。三是地力发生变化后，税率未能相应调整；或是地力不同，而税率却相同。如：“山东曹县属有五

① 《时事新报》，1914年12月12日。

② 章有义：《中国近代农业史资料》第二辑，三联书店1957年版，第560页。

③ 章有义：《中国近代农业史资料》第二辑，三联书店1957年版，第564页。

十二村，其中四十八村不同土地性质，上下忙平均四十六亩课银一两。境内地质既不相同，生产额且有差异，多者至二十八元，少者有六七元、三四元，而税率相同。”① 四是粮赋过割不实，也就是土地出卖后，田赋仍归原主，于是卖者税负加重而买者税负减轻。以上种种原因，造成确定田赋名义税率时税负的不合理现象仍相当严重。

此期田赋正税的税率仍有增长的趋势，以江苏省无锡县的田赋为例，其税率增长情况如表 4－10 所示。其他地区如表 4－11 所示。②

表 4－10　　　　无锡田赋正额的增长

年份	每亩赋额	增长指数
1923	0.626 元	100
1924	0.726 元	116
1925	0.648 元	108
1926	0.986 元	157
1927	0.936 元	149
1928	0.962 元	153

表 4－11　　四地田赋正税的公开税率（不包括丁漕附税）　　单位：洋元/亩

省	县	1912 年	1928 年	税率增长（%）
直隶	昌黎	0.015	0.023	53.3
山东	莱州	0.072	0.106	47.2
江苏	江宁	0.150	0.205	36.6
浙江	嘉善	0.247	0.297	20.2

（三）田赋附加加重

1. 田赋附加加重过程的个案说明。田赋附加税在晚清已相当繁多，至民国时则有过之而无不及。如光绪以来东三省的警学亩捐，安徽、浙江的丁漕加征，福建、四川、广东的加收粮捐，江苏、湖北的规复丁漕征价名目。及至 1914 年，山东、直隶因治河而自征附税。1915 年，因国家收入不足，中央便明令依山东、直隶之例，增加附

① 陈登原：《中国田赋史》。

② 冯和法：《中国农村经济论》，第 222—223 页。

税，以补财政上的不敷，共增加银 7883670 元。1915 年以后，经整理田赋，旧附加税并入正税，新附加税又有增加，农民的痛苦甚于往昔，所以舆论反对，主张限制，财政部乃有"附加税不得超过正税百分之三十"的规定。到 1919 年以后，各省独立于中央，各行其是，均以田赋的收入充省县行政的支出。政费浩大，附加税因之而增加。[①] 如 1925 年有人指出："福建省耕地的赋税极重。1923 年以前每亩田赋为二九一〇文。1923 年每亩加收教育捐五百文。为了筹集军费，福建省当局最近把田赋增加到每亩二元，共计每亩要纳捐五四一〇文。福建省当局希望通过这次加赋，从该省五十余县，每年获得一千万元以上的额外收入。"[②]

民国以来田赋附加的这种发展过程，可从山东临沂县得到个案说明。

据该县县志记载，该县民初田赋悉仍清制，自 1914 年以后，征收章制迭经变更，税率之规定，只有增加。自 1912 年起，至 1935 年止，可划分为若干时期，其中属北洋时期者如下：

（1）归并税目涓滴归公。1912 年秋，改组县公署，实行公费，所有地丁往年陋规，及旧有款项如举人车价、花红、公宴、黄丹例价、粮道米折钯脚价、水师兵饷、夫马工科，沂州营米折色等名目，计十三四种，悉行革除。每地丁征银一两，连耗银一钱四分，共收京钱四千八百文，征起之后，照市价购银解省。当时银价低廉，除正耗外，盈余尚多，名曰地丁羡余，悉数解省。所有征收人员饭费、纸笔费以及批解税款等费，准在征起税款内留支百分之三，名曰征解费。

（2）改征银元。1914 年上忙，遵照省令改征银元，根据京钱四千八百文改征国家税洋一元八角，当时（一元）洋价，京钱二千六百文上下；又附洋四角，作为省地方税。本年下忙，又奉令以改征银元案，弊端丛生，通饬每地丁银一两，收洋二元二角，不分国地两税，统名曰地丁正税。如以生银完纳，按六钱六分七厘折收；以铜元或制钱完

① 刘广惠：《中国田赋制度之回顾与整理》，转引自章有义：《中国近代农业史资料》第二辑，三联书店 1957 年版，第 567 页。

② 章有义：《中国近代农业史资料》第二辑，三联书店 1957 年版，第 565 页。

纳者，按逐日银、洋市价折收。

（3）县附捐滥觞。1914 年下忙，奉令以地丁既经改征银元，所有制钱每千补征底子钱一项，饬即停征。但此案又于 1925 年经地方请准，每征地丁正税及县附捐洋一元，作京钱八吊四百文，每吊补征底子京钱二十文。作城工岁修费，后减为每年征洋三千九百三十元，后列入县地方岁入预算，统收统支，成为定案，徒有城工岁修费之名耳。

（4）加征省附税。1915 年，濮阳黄河决口，由直、鲁两省筹款协修，奉令每地丁银一两，加征洋二角二分，合正税十分之一，名曰濮工附捐。原定五年为止；至袁氏称帝，中央集权，将前项濮工附捐改为田赋附捐，报解中央；至 1920 年废除。1922 年利津宫家坝决口，奉令规复河工旧案，上忙复行征收，名曰河工附税。自是，每地丁银一两，共征洋二元四角二分。1923 年下忙奉令：每丁银一两，加征洋五分，名曰教育附税，专款解省。自是，每丁银一两，征洋二元四角七分。

（5）横征暴敛。①随正税附征者。1925 年秋，奉令每丁银一两另征洋六分，由县留作津贴粮书、粮差之用，名曰手续费。1926 年，奉令银一两，加征临时附捐洋一元，又因李升屯黄花寺黄河决口，每丁银一两，加征李黄堵口附捐洋四角四分，总计当年每丁银一两，共征洋三元九角一分。1927 年，奉令每丁银一两，又加征临时附捐洋一元（连前共二元），河工特捐洋六角六分（连河工附税共八角八分），汽车路捐洋五角五分，赈济特捐洋一元，总计当年每丁银一两共征洋六元六角八分。②离正税特征者。1925 年秋，奉令按照地丁额数加征特捐一次，每丁银一两，征洋二元二角，名“地丁军事善后一次特捐”，由县印刷执照，由各区设法筹垫。1926 年秋，奉令又照地丁额数加征特捐一次，每丁银一两，征洋四元四角，名为“地丁讨赤特捐（即反革命军费）”，并仍饬各区长及商会设法先行筹垫，发给县印执照。1927 年 7 月，奉令又照地丁额数加征特捐一次，名“地丁军事特捐”，每银一两，征洋八元。[①] 该县在各不同时期的所谓“奉令”加征及其

① 章有义：《中国近代农业史资料》第二辑，三联书店 1957 年版，第 572—574 页。

名目，说明北洋军阀时期的田赋加征主要是省县的加征，反映了当时军阀割据加剧的时局特征。

2. 繁多的田赋附加示例。例如，在山东莱阳，1927 年每田赋银一两征收的正附税名目和税额如下：[①]

（1）正额	1.800 元
（2）省县附税	0.400 元
（3）省教育附税	0.050 元
（4）河工附捐	0.220 元
（5）河工特捐	0.660 元
（6）军事附捐	2.000 元
（7）汽车路附捐	0.550 元
（8）县教育附捐	0.099 元
（9）赈济特捐	1.000 元
（10）警备捐	0.330 元
（11）清乡费	0.050 元
（12）地方公款	0.150 元
（13）征收费	0.060 元
合计每亩	7.369 元

在四川，田赋附加税可由军阀政府、驻军、团甲随意加派，名目之多，耸人听闻。一般地区的附加税有 26 种之多，计有地方、学费、自治、司法、夫马、工本、票据、杂费、县志、助款、被服、司书、备丁、团费、党费、剿赤、公安建设、教育、部队、铁栅、电机、公债、伟粮、财科、职校等。其中南川县田赋附加税竟达 30 余种。

同样的，广东的田赋附加名目也相当繁多。1925 年 5 月广东省第一次农民代表大会的重要决议案指出："我们自耕农，用自己的劳力，耕自己的田地，原来比较佃农、雇农自由一点。但我们每年除纳正式田赋之外，还有各种额外的附加捐。如香山方面，计有广东大学费（即田土业佃保证费……）、军费、北伐费、自治费、保安队费、游击

① 陈翰笙：《中国农民担负的赋税》。

费、疯人口粮费、民团费、庚子赔款费、保卫团费、自卫总局费、自卫分局费、更夫费、沙捐费、捕费、附看费、沙骨费、沙夫费（指沙田）、鸭埠费、果木费……不下 30 种。而额外征收又有厘金等等之多”。[①] 1926 年 5 月，广东省第二次农民代表大会的重要决议案又指出：“中山、东莞、顺德等县，沙田甚多。……政府设有沙田自卫局，征收沙田保护费，但实际上自卫局变了征收机关，而非保护沙田之机关。又有所谓沙捐费、附看费、捕费、沙骨费、沙夫费、特别军费、县自治与游击队费、联团费、保护费、疯人口粮费、旧农会费、高中学校费等，名目甚繁。每皆由贪官污吏、劣绅土豪苛勒中饱，而使农民负担重大，日陷困穷。”[②]

二、农民田赋负担加重的程度及其特点

北洋时期农民的田赋负担究竟有多重，可以从不同的角度作些量化分析。

（一）田赋正额的加重

有人将北洋时期的田赋负担与晚清的作了比较，指出，“光绪十四年，广东、江西的田赋每亩合洋二角五分，湖北的三角，山西的二角八分，奉天的只有五分。光绪二十八年时，河南的田赋每亩三角二分；全国最好的稻田每亩赋税约四角。到 1925 年，四川每亩约二元五角六分，山西、河南每亩约三元，奉天每亩不以奉票计约现洋三元七角。如此则四十年内田赋约增十倍余，奉天且增至七十四倍！”[③]

据对 19 个省 115 个县的调查，1911—1927 年农民每公顷土地向县政府所纳税额的增长指数，如表 4－12 所示。[④]

①② 《第一次国内革命战争时期的农民运动》，第 183 页、第 235—236 页。

③ 陈翰笙：《中国农民担负的赋税》。

④ 卜凯：《中国土地利用》，中译本，第 453—454 页。

表 4－12　1911—1927 年农民每公顷土地向县政府所纳税额的增长指数

（1926 年＝100）

年份	小麦地带		水稻地带		
	冬麦小米区	冬麦高粱区	扬子水稻小麦区	水稻茶区	四川水稻区
1911	74	73	92	97	5
1912	79	76	95	82	6
1913	80	77	97	85	31
1914	87	77	86	90	26
1915	96	79	89	93	40
1916	96	83	87	97	44
1917	89	83	86	92	44
1918	90	85	84	95	44
1919	91	86	86	95	49
1920	92	91	87	95	53
1921	86	93	85	91	54
1922	86	94	84	91	61
1923	86	94	84	91	67
1924	87	94	88	91	72
1925	93	93	93	91	85
1926	100	100	100	100	100
1927	99	112	109	126	123

（二）田赋附加税负担超过正税

田赋附加超过正税，既是农民田赋负担加重程度的主要标志，又体现着此期农民田赋负担的特点。

首先，从正附税的税率比较来看，可以反映农民负担的加重。兹以河北定县为例，如表 4－13 所示。①

① 冯华德等：《河北省定县之田赋》，南开大学《政治经济学报》第 4 卷第 3 期，第 487 页。

表 4 - 13　　直隶定县历年正附税率指数

（1911—1927 年）　　1912 年 = 100

年份	正税税率	附税税率	年份	正税税率	附税税率
1911	100.00	106.53	1920	163.42	56.32
1912	100.00	100.00	1921	163.42	56.02
1913	100.00	167.77	1922	163.42	40.87
1914	163.42	57.91	1923	163.42	43.56
1915	163.42	76.32	1924	163.42	33.45
1916	163.42	88.99	1925	163.42	28.51
1917	163.42	89.14	1926	163.42	459.29
1918	163.42	85.38	1927	163.42	453.25
1919	163.42	83.77			

其次，从附加税本身税率的提高来看，也可说明农民的田赋负担的增加。兹以湖南长沙和云南宣威两地田赋附加税税率的变化为例，如表 4 - 14① 和表 4 - 15② 所示。

表 4 - 14　　长沙田赋附加税税率及其指数

（1915—1927 年）

年份	税　率（每两带征数）	指　数（1915 = 100）	年份	税　率（每两带征数）	指　数（1915 = 100）
1915	2.40	100.0	1922	1.28	53.3
1916	2.40	100.0	1923	1.86	77.5
1917	2.40	100.0	1924	1.20	50.0
1918	0.64	26.7	1925	2.94	122.5
1919	0.64	26.7	1926	2.94	122.5
1920	3.60	150.0	1927	3.94	145.4
1921	…	…			

①② 章有义：《中国近代农业史资料》第二辑，三联书店 1957 年版，第 569 页、第 571 页。

表 4－15　　　　云南宣威县田赋附加调查表

年份	田亩总数	升科后实征数	省附税每石若干元	县附税每石若干元	各项附捐每石若干元	陋规小费每石或每票若干元	加征共若干元
1912	51799.3 亩	粮 1919.41 石条税 421289 两	…	每粮一石或条税一两均征团费银三角	每粮一石条税一两征团费银三角	…	银 8689 元
1913	51799.3 亩	粮 1919.41 石条税 421289 两	…	每粮一石或条税一两均征团费银三角	每粮一石或条税一两征团费银三角	每石随征银二角	银 9090 元
1916	51799.3 亩	粮 1919.41 石条税 421289 两	夷粮每石收附捐银一元，大粮每石地税每两均收附捐银六角	每粮一石或条税一两均征团费银三角	夷粮每石一元，大粮每石或地费每两九角	每石随征二角	银 11050 元

其三，从田赋正附税的税额增长来看，先以 1912—1927 年江苏南通县的田赋银的正附税增长情况为例，示如表 4－16。①

表 4－16　　1912—1927 年南通田赋（上下忙）增长趋势　　单位：元

年份	合计	每两折合银元	附加税	年份	合计	每两折合银元	附加税
1912 上	1.805	1.8	0.005	1914 上	3.015		1.215
1912 下	1.805	1.8	0.005	1914 下	3.113		1.313
1913 上	2.405	1.8	0.605	1915 上	3.724	1.8	1.924
1913 下	2.405	1.8	0.605	1915 下	3.530	1.8	1.730

① 中央大学经济资料室：《田赋附加税调查》，第 159 页，转引自章有义：《中国近代农业史资料》第二辑，三联书店 1957 年版，第 561 页。

续表

年份	合计	每两折合银元	附加税	年份	合计	每两折合银元	附加税
1916 上		1.8	1.705	1921 上	4.473	1.8	2.673
1916 下		1.8	1.705	1925 下	5.443	1.8	3.643
1919 上	4.372	1.8	2.573	1926 上	4.443	1.8	2.643
1919 下	4.372	1.8	2.573	1926 下	6.473	1.8	4.673
1920 上	4.470	1.8	2.670	1927 上	4.373	1.8	3.073
1920 下	5.070	1.8	3.280	1927 下	4.073	1.8	2.823

再者，盐城的漕米附加增长情况也可说明问题，如表 4－17 所示。[①]

表 4－17　　　　1912—1927 年盐城漕米增长趋势

年份	（正附税）合计		每石折合银钱		附加税	
	元	文	元	文	元	文
1912		5652		5600		52
1913		5652		5600		52
1914			停征			
1915	5.60		5.30		0.30	
1916	5.30		5.00		0.30	
1917	5.30		5.00		0.30	
1918	5.30		5.00		0.30	
1919	5.813		5.00		0.813	
1920	5.813	390	5.00		0.813	390
1921	5.913		5.00		0.913	
1922	5.913		5.00		0.913	
1923	5.913	390	5.00		0.913	390
1924	6.413	390	5.00		1.413	390
1925	8.228	390	5.00		3.228	390
1926	8.913		5.00		3.913	
1927	7.413		5.00		2.413	

① 章有义：《中国近代农业史资料》第二辑，三联书店 1957 年版，第 562—563 页。

其四，从田赋正额与附加税额的比较来看。据1926年12月湖南省第一次农民代表大会决议案的说明："湖南田赋正供虽不很重，附加则重极了。据各地代表报告，茶陵附加超过正供一倍以上。宁乡每两正供，附加学捐、团防、路股、农林保管等共四元，又各都自治经费一元至二元不等。武岗附加超出正供二倍。湘阴每两正供仍一两连附加共完九元。新宁每两附加十二千余文。衡山附加虽由农协决议减轻，但每亩有二角八分七厘之多。长沙每两附加三元六角。常德每两附加四元八角。临湘每正额三元七角五分，附加团防、学捐、警捐等捐共五元。零陵每粮一石，附加团防二元五角。永明每两附加六元余。新田每两附加八元。丰县每两附加六元至九元。衡阳每两附加十元内外。祁阳每两附加十八元。蓝山每两附加小洋二十六元。宁远每附加一百余串。宜章每两附加近城团十五六元，白沙土团二十四元，黄沙团三十六元。以上各县均属超过正供远甚，从超过正供一倍至每两三十六元，骇人听闻至于此极。此外新化每两附加团防费二元五角。桃源、永兴每两附加二元四角。湘乡每两附加一元八角，郴县每两附加一元六角，犹为附加较轻的县份"。[①]

三、田赋预征

始自晚清的田赋预征，至北洋时期更加普遍。最初，军阀们为了某种需要，实行"借垫"，将所需之款项，按田亩之多寡进行摊派，规定以次年粮税作抵；或由豪绅地主"垫款"，允许在他们代征田赋时扣还，并给以"九五回扣"。这种"借垫"的款项，最初尚能偿还。后来就借而不还，干脆实行预征了。尤其是1920年之后，随着军阀混战加剧，军费支出激增，各地军阀滥行预征。

1920年以后各地军阀实行田赋预征情况，可举例如表4－18所示。[②]

① 《第一次国内革命战争时期的农民运动》，第344—345页。

② 陈翰笙：《中国农民担负的赋税》。

表 4－18

地　方	征收时期	田赋年份	预征年数
河南　——	1920 年秋	1921 年	1
山西　——	1928 年春	1929 年	1
山东　——	1927 年春	1928 年	1
陕西　渭南	1925 年秋	1926 年	2
山东　德州	1927 年秋	1930 年	3
广东　嘉应	1925 年秋	1928 年	3
河南　——	1928 年春	1932 年	4
直隶　南宫	1927 年秋	1932 年	5
福建　漳州	1925 年秋	1930 年	5
福建　汀州	1926 年秋	1931 年	5
广东　海丰	1925 年秋	1930 年	5
湖南　郴县	1924 年春	1930 年	6
福建　兴化	1926 年秋	1933 年	7
四川　郫县	1927 年秋	1939 年	12
四川　梓潼	1926 年春	1957 年	31

后来各地军阀的预征有加无减。如 1927 年有人指出："河南省钱粮（于一九二六年）已征至一九二九年，陕西已征至一九三一年。"① 再以四川为例。四川田赋预征最早约始于 1918 年 3 月，由钟体道在绵阳预征 1919 年正附税，普遍实行则是在 1923 年，直到 1935 年为止。以成都、华阳两县为例，示如表 4－19 和表 4－20（两表中的征额均未将附加计入）。

表 4－19　　成都田赋预征情况

年　份	征收年度	预征年数	每两粮征额
1924	1925—1926 年	2 年	27.6 元
1925	1927—1930 年	4 年	55.2 元
1926	1931 — 1935 年	5 年	69 元
1927	1936—1939 年	4 年	55.2 元
1928	1940—1942 年	3 年	31.4 元

①《北洋军阀》第 1 卷。

表 4－20　　　　　　　　华阳田赋预征情况表

年　份	征收年度	预征年数	每两正税
1925	1929—1932 年	4 年	56.6 元
1926	1933—1936 年	4 年	56.6 元
1927	1937—1940 年	4 年	56.6 元
1928	1941 年	1 年	14.4 元

预征加重农民的负担，表现在两个方面。其一，由于军阀的混战与拉锯，预征毫无限制，成为农民的额外负担。如 1927 年有人指出：广东梅县“近年来因军事的影响，农民受害不浅。某一军队辖境时，便由彼任意预征；有在民国十四年度，而即预征民十七的粮钱的。……而该军若受对方打败逃走之后，则该军所有一切预征，即归为不正当的征收，而复从事再征。农民受此一再征收，算是脂膏净尽了！”① 其二，为应付预征，农民不得不更多地受高利贷的剥削。如 1926 年有人指出：“湖南预征田赋在十四年（1925 年）有预征至十五年的，有预征至十九年去了的。……穷困的农民，为得要缴预征田赋自己没有余金，只好用高利息向地主们借了款项完此酷债。或者典当家常什物及拿了妻子的首饰等件在地主和富农的手里，转托他去完田赋。”②

第四节　盐税、厘金等与地方苛杂

一、盐税

北洋政府统治时期的盐税，分为“正税”和“附加税”两大类，而正税又可再分为“场税”（就盐场征税）和“岸税”（在食盐销岸

① 陈友鹏：《嘉应农民状况的调查》，载《东方杂志》第 24 卷第 16 号，第 67 页。
② 彭公达：《农民的敌人及敌人的基础》，载《中国农民》第三期。

征税）两种。在这一段时期内，中国盐税形式、收支管理状况，以及盐税对农民负担的影响程度，都与北洋政府的盐务政策及其对地方控制力的强弱有着密切的关系。大体来说，1913—1916年，北洋政府在全国范围内进行了一场规模较大、涉及面较广的盐税征收管理制度改革，此期全国盐税基本只有正税；1916—1920年，中央集权大力削弱，南方一些省份的地方军政当局开始截留盐税，不过，由于大部分地区还在北京政府控制之下，盐务稽核组织继续完备，盐税改革的一些措施还在全国（包括截留盐税的省份）继续实行；1920—1927年，军阀混战加剧，中央集权分崩离析，各省普遍截留盐税正税，滥征附加税。

总之，北洋政府的盐税管理状况随着政局变动，先后经历了统一、小乱、大混乱三个阶段，由此引起农民所承受的盐税负担形式和性质都有所变化。

（一）盐税“正税”的增长

从盐税正税收入（包括被地方截留数）来看，整个北洋政府时期基本上呈上升趋势，这主要是因为平均税率不断提高的缘故，同时也与初期盐务改革的成功有关。

北洋政府在善后借款谈判过程中，为了“内巩财政、外昭国信（即取得各国列强的信任）”，于1913年1月11日颁布“盐务稽核所章程”，加强了对盐款的管理。外国银行团为了确保自身债款利益，也要求中国整顿和改良盐税征收方法。善后借款合同签订后，北洋政府先后于1913年12月24日、1914年2月9日颁布了“盐税条例”、“盐务稽核总、分所（改组）章程”，并于1914年12月颁布“私盐治罪法”“缉私条例”，在全国范围内开展盐税改革。改革后全国盐税收入激增，1914年达到6800多万元，比清末最高年份的1300万两（约合2000万元）增加近5000万元，比1912年的不到1000万元增收近6000万元。1915年、1916年两年分别为8000多万元和9290万元。每年约递增一千一二百万元。这一方面是由于平均税率提高了，另一方面是因为中央加强了对盐税的管理以及堵塞了偷税逃税的漏洞。

1917年以后，全国盐税的平均税率居高不下。从表4－21中的

“全国平均税率”一栏可以看出当时全国盐税正税平均税率不断增高的趋势。

表 4－21　　1914—1927 年全国盐税、销量、平均税率表

年份	A 全国盐税（千元）	B 全国销盐量（千担）	销盐量指数（1914＝100）	全国平均税率 A/B（元/担）
1914	68483	37411	100. 0	1. 83
1915	80503	37174	99. 4	2. 17
1916	92933	37414	100. 0	2. 48
1917	89743	39588	105. 8	2. 27
1918	104030	42035	112. 4	2. 47
1919	114164	46196	123. 5	2. 47
1920	113964	42759	114. 3	2. 67
1921	113297	46998	125. 6	2. 41
1922	129775	48508	130. 0	2. 67
1923	121254	46881	125. 3	2. 54
1924	131376	46359	123. 9	2. 80
1925	124962	46622	124. 6	2. 67
1926	133989	45527	121. 7	2. 87
1927	106203	42117	112. 6	

1913 年善后借款合同签订后，帝国主义直接控制了中国的盐税收入。1913—1927 年，所收盐税正税总额累计达 15. 4 亿多元，除每年以 20% 左右作为盐务经费外，其余都被解交外国银行团（中后期各省截留去部分盐款），用以偿付各年需还的外国债款、赔款本息。

北洋政府时期需用盐款偿付的外国债（赔）款本息有 1. 7 亿多元，而外国银行团却以此为借口控制了高于此数几倍的中国盐税收入，借此不仅在经济上确保了他们既得的债（赔）款利益，还掌握了巨额低息或无息货币资本。在拨还北洋政府的 5. 2 亿多元“盐余”中，也有很大部分是用来偿付以“盐余”作抵押的外债的。仅 1916 年 9 月至

1921 年 12 月，北京政府所借的以“盐余”作抵押的外债就有 26 项，共约合银元 3000 多万元，同期盐余所担保的短期内债达 117 项，共计 7400 多万元。此后，北洋军阀政府于 1922 年 1 月和 2 月分别发行的“九六公债”及“一四库券”，也是以盐余为担保的，两项共计 1.1 亿元。[①] 从这里可以看出，北洋政府财政之困窘及其对“盐余”的依赖之深。由此也表明，这个时期农民的盐税（正税）负担的加重，也具有半殖民地半封建的性质。

（二）农民盐税负担的地方化

列强各国及其支持的各系军阀之间的矛盾和斗争，必然也反映在盐税问题上。因为当时关税、盐税是中国财政的两大重要来源，而盐税的征收相对比较分散，易被地方截留。各地军阀要扩充实力，急需增加军政费用，盐税自然成了他们极欲抢夺的目标。从 1916 年下半年起，北洋政府对地方的控制逐渐削弱，各地军阀用武力截留盐税和滥征附加的现象愈演愈烈，盐税逐渐成为他们闹割据的一个重要经济支柱。因此，在这段时期里，农民盐税负担的加重不仅表现在正税税率提高方面，更明显地表现在各省军阀滥征附加税方面。

首先，地方军阀加紧截留盐税的正税。1916 年前由盐务稽核总所征收各地盐税，统一管理各地盐税收支，虽然有些省份对此屡次表示不满，但除云南、贵州、广西等边远省份分得一些协款外，其余仍全数解交外国银行团，各省并无截留现象，“盐余”也全部拨交北京政府。1916 年起，受北京政府控制较弱的广东、云南、四川三省开始将当地盐税截留下来，为自己所用。第二年，湖南、福建又加入截税行列。至 20 年代后，政局更加混乱，混战加剧，军费开支大大增加，而北京政权一再更换首脑，对地方控制力大大下降，截留盐税的省份遂越来越多，并呈由南向北，由边远向中央逐步蔓延的趋向，至 1926 年，全国各省均截留盐税。每年截留的总额也由 1916 年的 1100 多万元增加到 1926 年的 3700 多万元（见表 4－22）[②]。至 1927 年 10 月，各省截留盐款累计已达 3.26 多亿元。

---

① 《盐政概论》第四章，第七节。

② 杨荫溥：《民国财政史》，第 8 页。

表 4-22 1918—1926 年北洋军阀政府盐税实收数以及各省截留数统计表

单位：百万元

年份	盐税实收数	各省截留	
		数额	占实收数的百分数（%）
1918	89.8	—	—
1919	90.2	10.8	12
1920	89.2	13.4	15
1921	94.3	11.8	13
1922	96.8	20.1	21
1923	94.7	26.5	28
1924	81.4	29.4	36
1925	73.6	不详	—
1926	64.3	37.4	58
合计	774.3	149.4	19

其次，地方军阀滥征盐税附加。北洋军阀统治初期，各地军阀有些人屡次欲加征盐税，但北京当局因担心列强借破坏“善后借款合同”为名进行干涉，同时也要维护自己的权威，所以对此竭力阻止，因而尚未出现加征盐税附加税之事。1916—1920 年，北洋政府对全国大部分地区尚保有一定的权威，因为连年战争使中央财政的军费开支越来越大，入不敷出，负债累累，于是在 1918 年 3 月颁发了“修正盐税条例”，借均税为名，将每百斤盐标准税率提高到 3 元。在这以后，虽然北京政府再没有公布全国性加税的条文，但由各地擅自加税加价的现象层出不穷，特别是 20 年代后，情况更严重。各地军阀不仅用武力向各地方稽核机构强行截留盐税，而且直接向当地商民强征附加税。虽然外国使团、各地商民及北京政府一再反对，但军阀们各霸一方，专横跋扈，征附加税有增无减，到北洋军阀统治崩溃前夕，附加税已在全国 21 省泛滥成灾，所用名目也五花八门，有什么护送费、护商费、某某防费、教育费、银行股本、整理金融捐、路捐、口捐、食户捐、地皮捐、伤兵抚恤捐，盐斤加价，甚至还有“乐捐”“消磨捐”，等等，举不胜举。据不完全统计，仅 1926 年新增的附加税就有二三十种。所征税额也是越来越高，不少地区附加税额已大大超过正税。以

四川省为例，所征盐斤捐税有 27 种之多，税额估计约有 124 万元。[①] 当时自贡盐运经三个军阀防区，每载（900 担）先后要交三次附加税，共 1250 元，长江沿岸江防费一类的捐税还不在内。川盐运往贵州，在川、黔两省各关卡缴纳正税每担 2 元 5 角外，还交杂税每担 11 元以上。由于节节抽收苛征暴敛，川盐价格大涨，外销量下跌，导致川盐正税收入降低。稽核分所费尽心计，多方交涉，毫无结果。[②] 再如湖南省，仅 1923 年 10 月一个月内，各军政机关就向盐商强行借款达 60 余万元。另外，据 1921—1923 年统计，湖南省每担食盐非法征收的附加税达 2.7 元多，1925—1927 年每担又新增 6.3 元附加税。[③] 至 1927 年底，湖南每担淮盐正附税共 13.5 元（其中正税 4.5 元），江西达 12.2 元，湖北、安徽也达 8.7 元。东三省过去的盐税较轻，奉天 1913 年每担盐税 0.7 元多，但到 1927 年，不但正税提高到每担 4 元，附加税每担也有 5.25 元；吉林、黑龙江附加税更达 6.2 元多。[④] 上述统计尚未把各地军阀临时强征、强借之款包括在内，例如 1924 年吴佩孚曾要长芦盐商和久大精盐公司一次交纳 150 万元的“报效”[⑤] 后因吴军很快败退，实收 20 万元。

这些名目繁多的附加税的征收对象，主要是运商和销商，此外还有场商和盐民等。但不论税款由谁来缴，最终总是通过盐价转移到老百姓头上。

除军阀强征苛捐杂税外，一些奸商和盐官也乘机浑水摸鱼，相互勾结，任意加价，坑害百姓，牟取暴利。例如，据当时报纸揭露，1924 年鄂岸榷运局局长及各分局长就屡次擅提盐税，舞弊私吞，而盐商们也乘机将盐价提高一倍多。[⑥]

据估计，1913 年盐税每百斤平均为 2 元 7 角，1928 年各省盐税的正税为 2 元 8 角 3 分，附加税为 4 元 7 角 8 分，共计 7 元 6 角 1 分，税

---

① 丁长清：《中国近代盐务史资料选辑》第一册，第 360 页。
② 丁长清：《中国近代盐务史资料选辑》第一册，第 359—363 页。
③ 丁长清：《中国近代盐务史资料选辑》第一册，第 364—366 页。
④ 丁长清：《中国近代盐务史资料选辑》第十册，第 351—352 页。
⑤ 丁长清：《中国近代盐务史资料选辑》第一册，第 349 页。
⑥《盐政杂志》第 40 期，记事。

额约是 15 年前的 3 倍，18 年前的 7 倍。1928 年的盐税约占其市价的 70% 以上。当时盐的成本费，每百斤在广东为 3 角 6 分，江苏为 4 角，福建为 6 角 5 分，而售价与成本费相比至少高 30 倍。之所以有如此大的差距，除加上运费和少量商业利润外，根本原因即在于盐税苛重，尤其是附加苛重。按当时盐税水平，以每人每年需盐 18—21 斤计算，则每人平均需交 1 元 5 角左右的盐税，其负担绝大部分落在广大农民身上。[①]

二、厘金

按民国初的规定，厘金是国家税。但是，由于军阀割据，地方军阀实际上对厘金仍有充分的管理权。在许多情况下，如果一个省的督军或省长地位转弱，就由这个地区内地位牢固的县长来征收该地区的税收。厘金成为地方军阀的一项重要财源。

此期，厘金的正税税率大大提高了，其税率原为 1%，但通行全国后，多数省份在 4%—10%，最高达 20% 以上。在 1918 年，棉纱等几种商品几乎是值百抽三十以上。同时，各种名目的厘金附加税也不断增加。[②]

同时，各地关卡林立，建立了许多新征税点。例如，在 1921 年，虽然正式的厘金站与晚清时期同为 753 个，但其分站和关卡却大量增加了。分站和关卡往往设在商品和车辆行人大量通过的铁路车站、水路和主要公路上。又如在 20 年代，在铁路上每 60—70 公里就设一厘金关卡。

厘金税率的猛增与关卡林立，严重地阻碍了商品流通。例如，1927 年 2 月间，驼绒和羊毛自西包头至天津的运费厘捐，其征收地点或征收名目及每担税额如表 4－23 所示。[③] 表 4－23 尚未将天津常关征税计算在内，包头至天津的通过税负担就如此繁多，而天津至纽约的运费，每担不过一元五角，相形之下更显国内厘金之重。所以天津出

① 陈翰笙：《中国农民担负的赋税》，见《中国农民问题与农民运动》，上海平凡书局 1929 年版，第 170 页。

②③ 陈翰笙：《中国农民担负的赋税》。

口的驼绒羊毛的数量逐年有所减少（见表 4－24），对于农民收入影响甚大。

表 4－23

征收地点或征收名目	驼绒	羊毛
塞北钞关	九角	六角
包头货捐局	九角	五角
西口货捐局	九角	五角
厘金避捐局	一角一分	九分
统捐局	四角八分	二角四分
丰镇纱关	一元五角	—
铁路货车运载	二元二角	二元二角
车辆加捐	三角八分	三角八分
保险费	二元	二元
普通运费	五元	五元
总　计	十四元三角七分	十一元五角一分

表 4－24　**天津驼绒羊毛出口数量表**　单位：担

类别	1924 年	1925 年	1926 年
绵羊毛	410747	383983	163171
驼绒	38349	37249	27872
山羊毛	24002	20221	11150

又如湖北砖茶，茶价每箱不过银七八两，约合洋十元至十二元，而税捐需纳三元有奇，几合值百抽二十五乃至三十之税率。至于沿途留难，需索小费种种，合计恐不免要达到值百抽四十乃至五十之税率。汉口茶叶一箱运至察哈尔，所捐税目和额数如表 4－25 所示。[①]

① 章有义：《中国农业近代史资料》第二辑，三联书店 1957 年版，第 284 页。

表 4－25

序号	税　名	税　额
1	湖北正税	大洋一角八分九厘
2	又附加一成	一分八厘九毫
3	湖北产税	一角零五厘八毫
4	又附加一成	一分零五毫八丝
5	金口茶税	一分二厘六毫
6	武昌羊楼峒货捐	五分
7	江汉关正税	一元五角七分一厘
8	河南马头镇抽账捐	二角六分
9	张家口正税	二角三分三厘
10	加税赈捐一成	二分三厘三毫
11	大境门捐	六角
12	又加税，长一成	六分
13	察区助警百货捐	六分
合　计		三元一角九分四厘一毫八丝

铁路虽属国有，除运费外仍加征通过税（厘金）值百抽 2.5—3。税率之所以增加，一因各军事当局为筹备临时军费增设各种征税机关，京绥路全线征税机关多至 82 种；一因路员私卖车皮，为军人察觉，因而借口化公为私，设立公司收取护运费。胶济路上税率额增十倍。京绥路附捐税率约等于全路运价的 76.6%。京门支路正附捐税率共等于运价的 480%。1928 年 2 月，新颁京汉路税率，亦未见低落。

厘金对农民的生计产生了很大的祸害。作为生产者，农民往往要承受收购商的转嫁。如 1914 年有人指出，四川糖厘征自晚清，至民国征收办法有所变通，征运商，不征制糖农民，白糖每包征税钱一千零七十五文，冰糖每包征税钱十八千七百五十文，白糖冰糖每包俱重一百五十斤，核计今时税例，白糖每斤征钱四文有零，冰糖每斤征钱七文有零，较清代之税增加。但“虽云之征运商，而运商坚不肯出，制糖农民无可如何，乃先行纳税，而运商始肯收买，是则税款仍出于农民矣！”[1] 如果农民自己承担农产品的运输，则更是直接因厘金而加重了生产成本。如在河南省境内，铁路通过税在食盐、丝、烟等的运价中占150%，在粮食大豆中占了70%。“北方河道甚少，农民运输货物，从前专恃铁路，近因捐税繁重，不堪其负，多赖大车骡销售农产，时间的损失，费用的增添，可想而知了。”[2]

由于成本增加，农民的生产受到破坏。如江西，“旧赣州府属，所产之糖，除销本邑外，并销湖口及［安徽］安庆、［湖北］汉口等处。近因厘金较繁，成本太重，销路阻滞，制糖种蔗之户，均渐次减少。”[3] 又如“安徽六安茶之产额，年在三十万篓左右（每篓重十斤）。其销路，以山东为最多，北京、天津等处次之。现时六安茶最感困苦者，即捐税繁多，最足以妨碍其发展。盖由原产地方运至蚌埠上火车，中间除原产地方之落地捐及正阳关税、蚌埠落地捐三道外，须经过卡十三道。每篓茶在原产地方须纳落地捐银四角，至正阳关纳至税银一角，蚌埠落地捐征洋二三分，沿途所经过之十三卡，每卡又征捐洋二三分不等。”

作为消费者，农民也因厘金而加重了消费负担。如1926年有人指出：“湖南因厘金征收太苛，物价乃大昂贵，十余年来，物价有贵至数十倍者。一般之消费群众，特别占消费群众百分之八十以上的农民群众，因农产品之涨价赶不上工业品之涨价，遂感受无穷之痛苦。综计厘金的影响，以农民受害最大。”[4]

三、牙税和验契税

牙税和验契名为“中央专款”，但因是由地方代征的，其实也是由地方为所欲为的。

牙行的经纪人本来是替农民及商人，对于棉花、食粮、牲畜等买进卖出，作居间之介绍，并代评价格，过斗过称，赚得百分之一介绍

① 《农商公报》1914年第4期，第12页。
② 陈翰笙：《中国农民担负的赋税》。
③ 章有义：《中国近代农业史资料》第二辑，三联书店1957年版。
④ 《第一次国内革命战争时期的农民运动》，第346—347页。

费。1911 年以后，北洋政府财政官员认为此为一大财源，“乃制定征收牙税章程，招商包办，统其名有七种牙税，举凡农村生活必需之物，无一不缴纳税金。”既采取包商制，地方上的土豪劣绅遂利用机会夤缘包收，然后加倍向农民盘剥。有人描述道：“如一县缴公之税额不过一二千元，而运动县长、科长之贿赂，其数即非一二千元不可，包商即出重大之代价而得承包，则不能不取之于农民身上。于是凡是农民卖出买入之物品，一概估纳牙税，所谓过斗过称，一切手续可以不办，直言之，第向买卖双方强迫攫取非法之钱而已。其所收之数，复无定额，纯视买卖双方之资财多寡而定。尤其游行抽税，如逢交易之期，包商即雇用许多抽税人，向市场小摊及农民售卖食粮家畜者，咨意勒索。又明系一项物品，而可以收税到五—七次之多。”①

所谓验契税，完全是北洋政府出于敛财目的而巧立的名目。因为在晚清宣统二年已经征收过田地的契税了，而 1914 年北洋政府举办验契时，规定各县不管旧契新契，统统呈送报验。在河南，“验费大概亦系每百元抽二元，全省实行，筹款至少在千五余万元以上。”在吉林蛟河县验契收得，“不啻银万两矣。”②

四、地方的苛捐杂税

在军阀割据局面之下，此期地方滥征的苛捐杂税比晚清有过之而无不及，成为农民的沉重负担。

地方苛杂的名目真是五花八门，因地因时而异。例如，截至 1926 年，在广东，“汕头市郊有猪只捐、女子出阁捐、牛只捐、鹅母捐、番薯捐、青菜捐、丁口捐等之征收。普宁有猪厘捐、糖寮捐、祠堂捐、戏厘捐、嫁女捐、糖沫捐、牛头捐等之征收。中山有游联队费、联团费、民团费、保卫团费、自卫团费、捕费、附看费、沙骨费、沙夫费、果木费、鸭部费、疯人口粮费、旧式农会费、中小学附加费等之征收。新会有游击队费、碉楼费、民团费、联团保安费、船卡费（内分上中

① 陈谦：《农村经济建设论》，转引自章有义：《中国近代农业史资料》第二辑，三联书店 1957 年版，第 584 页。

② 章有义：《中国近代农业史资料》第二辑，三联书店 1957 年版，第 585—589 页。

下三卡）、联航保安队费、联防保安费、勇费、商轮稽核所费、团警教练所附加费等之征收。惠阳有牛捐、屠牛捐、屠猪捐、花生捐、生油捐、谷捐、米薯捐、盐斤捐、梅菜捐、米麦捐、生菜捐、糖出口捐、杉木排捐、房捐、蚕茧捐、驳艇捐、黄豆捐等之征收。吴川有牛只捐、蒜头捐、蒜串捐、麻捐、壳捐等之征收。番禺沙河一带，有过路捐之征收，宝安有人头税之征收，韶关有粜谷捐之征收。诸如此类，不胜枚举。”至于征收机关，则“或为县分（公?）署征收，或为警区署征收，或为民团局征收，或为驻防军队征收。”这些捐税的征收，美其名为“维持地方行政”或“保护人民治安”，“其实则徒饷私囊，给人民以重大痛苦。”[①]

再如 1927 年有人为湖北西北的农民呼吁道：“他们对于没有公平原则的劣税的负担，更是可怜了！他们从街上挑一担油回来，要完印花税。一分印花两角洋钱，更是罕闻见的啊！他们自己造酒要付酒税，杀猪要付屠税，喜欢就少要，不喜欢就多要，又从哪里说起呢！其实那些地主们、富人们，什么由他们干，谁问他们要税?”[②]

鸦片烟税则是名副其实的地方苛杂，是地方军阀的另一项重要收入。尤其是 1920 年后，鸦片成为某些军阀最重要的收入来源。有人指出：“民国以来，中央政令不行，法律失去其效力，各省拥兵之辈，莫不力图扩充兵额，以图自固，而保地盘，然而苦于筹饷乏术，乃视鸦片为其绝大利源，于是包庇贩运，抽收烟税，明目张胆行之，甚而至于强迫人民种烟，借收亩捐，而裕饷糈。”[③] 从而给农民造成新的负担。表现在以下两方面。

第一，强迫种烟。如在福建省，1924 年的英文《中华年鉴》记载说：该省“表现着一种绝对的、普遍的退化现象：全省事实上是在军事强制下进行鸦片种植。靠鸦片税养活的有由五个将军统率的七万人左右的部队，还不算海军和舰队。这些在职的将军们筹集必要经费的唯一办法只有再预征一两年的田赋，或者征收一种只能取之于鸦片生

---

① 《广东省第二次农民代表大会重要决议案》（1926 年 5 月），转引自章有义：《中国近代农业史资料》第二辑，三联书店 1957 年版，第 585 页。

②③ 章有义：《中国近代农业史资料》第二辑，三联书店 1957 年版，第 585—586 页。

产的特捐。他们决定采取后一办法：只要是军队驻扎的地方，就盛行强迫种鸦片，知县出布告，士兵强迫执行，因此经常发生暴动，而且在许多地方有很多农民被枪杀，村庄被焚毁。”①

1925 年的英文《中华年鉴》写道：“四川是军阀割据的典型地区，鸦片种植极多而且不断增加，一切都服从于军饷的筹集。”“……一九二四年十一月四川第三军军长刘××建立了一种鸦片专利制度，由各知县提倡种烟人士以及鸦片督察处共同起草了极严厉的章程，其主要条文如下：所有土地一律按每亩五元纳赋；谎报种植鸦片数量须受处分；种鸦片者由军警加以保护；所有应纳鸦片税于收割前二十天内缴清”。②

当时强迫农民种鸦片的省份有福建、安徽、湖北、湖南、广东、广西、贵州、四川、河南、陕西、甘肃、新疆、辽宁等。

第二，苛征烟税。军阀强迫农民种烟之后，又依恃武力向农民苛征烟税，从而取得巨额收入。例如：

在福建，1926 年漳浦县正式征收的鸦片税额为六十二万元，与去年相等，但不包括收税人员的中饱勒索。估计每年要从农民身上搜刮一百万元左右。收税采用强制办法。在税吏来至时，很多人都已离家逃走，证明他们无力纳税。税额因不同的村庄和不同的人而互相悬殊。可能一家只要三元或四元，或者一个劳动力要收八十元。有钱有势的人纳税少，贫苦无靠的人纳得多。

在安徽合肥，从前烟税只有十万元，一九二七年忽增至百万元，但烟苗并不加多，所以每亩烟田已加税十倍了。“其收税方法，则不外威吓各乡区保董事先报若干亩，后再按照所报亩数加增一倍二倍，烟苗实数，则不过问，人民因此不堪其扰，并且检查员及地方绅士多方勒索，农民因此而流离失所者，不计其数。”③

贵州的烟税每年约六百万。在抽收烟苗税时，是以家为单位，无论种不种，都要纳捐，每家约四元至十元不等。④

陕西的烟税也是强征的，“大约每县自八百亩至二千亩不等。种

①②③④　罗运炎：《中国鸦片问题》。

烟而纳款的叫作‘罚款’，不种烟而纳款的叫‘白地款’。也有纳‘白地款’每亩至十三元者”。[1] 1926 年有人指出：“平均陕西之烟税约多出田赋三四倍。刘××督陕时直接管辖尚不过十数县，每年烟税总收入在一千五百万以上，这个数目已超过全陕田赋一倍有余。”[2]

地方军阀的强迫农民种鸦片和苛征烟税，严重地破坏了农民的正常生产和生活。以福建为例，据福建省人民致厦门拒毒会函：“烟已种，有限之田，均被毒弃，自无旷地可种良谷，亦无余力从事他项工作。不特谷价、物价非常腾贵，即工价亦因以抬高。……即种者亦劳力而伤财。自烟苗下种至于收获，当费半年工夫，此半年中，既无自耕之农产物，势必仰给他处；肥料、烟税、不容或缓，而军阀又从而设专卖局以敲剥之……鸦片卖出之钱均小洋，而纳税买肥料概须大洋，小洋因军阀争铸劣毫，源源发用，市价日跌，受损尤巨。所收鸦片卖出之价值，只供纳税一项，尚虑不足；其他之肥料费以及半年工夫都要牺牲矣。……去年（1925）因烟苗失收，征税加重，穷无所之，自杀者有之，典田鬻子者有之；强壮者散而之四方，老弱者束手无策。”[3]

第五节　兵差与兵灾

一、兵差的繁重

北洋军阀自袁世凯以后即分化为直系、皖系、奉系和若干小派系，他们各自投靠帝国主义国家，充当帝国主义侵略中国的工具，形成割据的局面。这些军阀为了争夺中央政权连年互相厮杀，各帝国主义国家则在后台加以操纵，从经费及军火上予以资助。各路军阀混战，必

① 罗运炎：《中国鸦片问题》。

② 武陵：《反奉战争期间陕西各方面之情况》，转引自章有义：《中国近代农业史资料》第二辑，三联书店 1957 年版，第 627—628 页。

③ 章有义：《中国近代农业史资料》第二辑，三联书店 1957 年版，第 626 页。

然要扩充自己的军队。全国陆军在1914年不过45.7万人，到1918年增至85万人以上。到1919年初竟达138万人（这个数字还不包括地方杂牌军在内）。由于军阀争相扩军，加上战争纷繁，战费激增，而财政收入又不足以养军，以致兵差繁重，结果这类摊派性质的兵差负担，便重压在广大农民身上。

兵差是以军事名义的临时派征，有力役、实物、货币三种形式。受军阀割据与混战的时局的影响，北洋时期农民的兵差负担比晚清要沉重许多。表现在：

第一，兵差的征调物品扩大了，数量也增多了。晚清的兵差主要是供应军队的过往，所谓“兵差系有兵事经过始行派摊。”① 所供应的只是人夫和车辆、牲口、船只等运输工具，偶尔有柴薪之物，也在少数。及至北洋时期，兵差成为筹措军需的一种简捷的办法。因为军队扩大，军饷不足，发下来的军饷又普遍为军官们所克扣，士兵们粮饷被拖欠多者几年，少的也有一年半载，因此军队衣食住行一切用品多要靠地方供应。总的来看，北洋军阀时期，力役和实物形式的兵差在数量上远远超过货币形式的兵差。例如，1927年11月至1928年5月，在山西雁北战区各县所出的兵差中，货币占0.94%，实物占99.06%。②

第二，无偿性的兵差比晚清大大增加了。如据《雄县新志》载：该县在晚清已有兵差，“然时犹云发价信雇募也。及民国九年直皖战役，十一年直奉战役相继而起，其征车马也，乃并此雇价而无之。及十三年九月第二次直奉战役起，军队过境，遂于城内设立支应局，供给军需物品，至十四年一月，共计币银一万一千四百二十六元零，除呈准由解库款内扣抵银四千一百零五元外，余皆民间负担。”

第三，因战争纷繁而加重。北洋时期各地大小军阀彼此不断厮杀，内战比晚清频繁。1916—1928年，战乱从未休止，战争一次比一次凶猛，战区一次比一次扩大。1916—1924年，平均每年战区所及达7省之多，1925—1928年平均增至14省左右。③

---

① 山西清理财政局：《山西全省财政沿革利弊说明书》上册，第15页。

②③ 王寅生等：《中国北部的兵差与农民》，南京中央研究院社会科学研究所1931年出版，第3—4页。

由于战区扩大，兵差所及的区域也一天一天扩大，战区自然有沉重的兵差，就是非战区也有兵差。

当省或县的官员遇到征调兵差，就把负担分配给县和村。如果一个地区遇到多次这样的摊派，负担就非常沉重。特别在军阀拉锯地区，更是如此。时人有言："民国以来，……武人干政，凡拥兵数千、号为师旅长者，皆得盘踞县邑，以为采地、大或连城数十，恣肆其间，兵力所至，闾里为墟。征刍秣，索供帐，非分诛求，动辄数百上万，一于县令呼取之；不应，则叱诃斥辱凌暴无所不至，甚者拘囚濒死，而以所亲信易置之者，比比然也。"①

就一般的情况而言，当混战时，北方战区的驴马多数必为军队取用，农村的损失非常重大，因失驴马而失业者到处皆是。南方很少驴马，行军更须拉夫。南方军队作战时，每有一兵须得二人去担任运输、建筑、厩役、洗衣等事，故五万人赴前敌，必拉十万人役去料理军务。此等夫役照例不给工资，甚至死于战争。劳力如此虚掷，耕种又因之抛弃，农民所受的危害可见！

至于实物和货币兵差的摊派，同样是相当沉重的，如据《阳原县志》载：察哈尔阳原县三区二十三个村历年由区派的兵差实物，其价值 1924 年为 3899 元，1925 年为 42900 元，1926 年 10318. 6 元，1927 年为 7076. 2 元。至于各村直接供应者，尚未计算在内。

据 1928 年 4 月 13 日《民国时报》载，张宗昌在山东时，军队所用的鞋袜由县分期交付，分文不给。在东北，张作霖军队中许多干草、稻柴、驴车、木材、军用电杆等，亦是勒索而来。1927 年至 1928 年半年以内，东三省供给军粮每月值 200 万元。1928 年 4 月 7 日，江西供给牲畜共 500 匹。

1924 年 10 月出版的《向导周报》报道了吴佩孚在山东拉夫抓车的情景，充分显示了封建式军阀向农民强制征调兵差时是何等残暴。文章写道：

"吴佩孚亲自北上指挥东北战争后，即饬令沿津浦路一带德州、

① 贾恩绂等：《南宫县志》卷二四。

平原、禹城、恩县、肥城、齐河等县共纳车四千辆，每辆随一人两骡。骡死于战场者有恤金五十元，人则一百元；并严令即时募集两千辆交付，骇得各县知事一时仓皇失措，乡民望风而逃。

拉夫的方法就是由县知事饬令各乡或各保派定，并须为该被派者具保证明其为良民，派定后即遣兵下乡围捉。

省长熊某奉命后，即令肥城县知事速募集三百辆大车上前敌。知事焦虑万状，因为以肥城小县，又值收豆种麦农家正忙时，即派兵围捉也很难捉到三百辆大车，因电熊请免，熊大怒，以撤差重办迫之……

德州平原一带抓车情形更凶，乡民流离失所，呼号之声，实在惨不忍闻。有自平原来人亲在车站见兵士捉人，并开枪示威等情状。

最近，有兵在齐河围捉四十辆大车上津浦路，一夜弃车和牲口逃走者三十人，此三十人竟不知去向；余十人被逼上车站又逃走三人，于是兵士急忙将七人捉上车，及车开时，又有二人从车窗中跳出，死一人。

听说吴佩孚拉车的用途是：先运子弹，子弹运到时，即将车箱的四壁撤除，载以柴草，带人和牲口都驱到战线之前，遇必要时即列队燃着车上柴草向前冲锋探险以触破地雷。乡民闻此情形，更惶恐万状，有的先期弃家逃跑；有的中途拼命脱逃（不多日直军尚在京奉路枪毙三十余逃人）。乡村富户有拿三百元买上代替人，也无一敢应者。”①

与此同时，地方官吏摊派兵差时，对农民百般逼迫，也同样是极为残暴的，如1924年6月出版的《向导周报》载文揭露河南卢氏县摊派兵差之酷，文章说，卢氏县城内驻扎着赵某带的一个团，城外则驻有郭某统领的一个营，“两部人马月饷及每日粮食、蔬菜、油烛种种公费，与长官私宅粮食铺陈，等等，完全由县署科派，民间供给。每月赵团正饷洋一万四千元，粮草杂项在外。郭统领每月供给一万五千元，粮草在外。县署令全县乡长、村正，查明人民不动产业，每值洋一百元者，月缴洋五元。产值五千元者，月缴洋五十元。县民缴款稍

① 硕夫：《直系军阀马蹄下的山东人民》。

迟，即拘县押追，狱中管押之户，常有百数十人。知事帮审员，及赵郭之军法官，日夜坐堂，严刑追缴，号呼之声，惨不忍闻。往往血肉横飞，因以毕命。”①

二、各地兵灾的情况

兵差是军阀混战带给农民的直接负担；兵灾即战祸损失，则是军阀混战给农民造成的直接损失。民国成立以来，各省连年战争不断，较大的如两次直奉战争，江浙战争以及直奉联军与西北国民军战争等，其他如四川、湖南、云南、福建、广东等省的战事也极为频繁。每次战争都给农民的生命财产带来重大损失。据估计，仅1924年东北、东南战争所造成的损失就约五亿元；又1924年9月至1925年底，十几个月之内北方战争的损失，部分地计算也在六亿元以上。这些巨大的损失，导致农民生活日趋困苦，负担日益沉重。②

具体一点说，如1924年9、10两月中，军阀齐燮元与卢永祥交战，集苏、浙、闽、皖、赣、鄂、鲁、豫八省军队10余万人于江苏、浙江交界沿太湖及沿铁路的区区九县中展开激战。“枪炮的子弹纵横突飞，军队于决生死争地方以外，行有余力，则就地抢劫，土匪乘机大起，人民的生命财产，真是不堪闻问了。

这次战事，直接受损失的，为松江、青浦、嘉定、太仓、宝山、昆山、金山、奉贤、上海等战区九个县份。这九县本来民物殷阜，为江南富庶之地，但经过这一次战事，已变成为“闾里为墟，居民流散”的情形了。战事初了时，黄炎培等为预备救济曾巡行战区，其报告书中有一节说：“……‘无辜良民，死于战时之炮火，已属可怜；因于战后之焚掠，万为奇惨。其间如浏河全市，弥望瓦砾，方泰一镇，洗劫殆尽，……妇女迫于奸淫，……’这种伤心惨目的情形，不仅以所举两地为限，战区各地，大抵如此。”③

① 仁静：《河南卢氏县人民对军阀之反抗》。

② 《第一次国内革命战争时期的农民运动》，第11页。

③ 《战后的江南》，转引自章有义：《中国近代农业史资料》第二辑，三联书店1957年版，第610—611页。

另一份报道也说："此次江浙战事，苏省苏沪一带，农民损失至巨，……据调查结果，战区内耕牛、农具损失极多，有至十分之六者，少者亦在十分之二三；农作物中，除各处田稻收获尚好外，棉田受损最巨，收获多者仅及六成，余则二三成左右。"①

再以地处江浙要隘的宜兴为例。1927 年有人作了调查后指出：1924 年发生战事，"正值秋收之时，农民于隆隆炮声中，实不能安心于田亩间，因而收获失时，损失不可数计。"1925 年又两遭兵灾："春天奉军南下，骚扰地方，以致五十里不见菜绿；秋天孙传芳兵过境，又值收获时间，农民畏兵如虎，潜逃避处，秋收更受影响。1926 年以来，军马倥偬，勇男不能力耕于田，农妇不能专心于织矣。最近联军退走，除城市有司令坐镇之外，四乡各村，几均被劫掠，损失之数，尚无统计。"前三次受军事影响而致农民损失之数如表 4-26 所示。②

表 4-26

战事期间	被灾区域数	死伤农民数	损失之总数	备　考
1924 年	九市乡	150 人	2000000 元	齐卢之战
1925 年春	七市乡	200 人	500000 元	奉军南下
1925 年秋	三市乡	100 人	40000 元	孙兵过境
合计		450 人	2540000 元	

第六节　滥发公债、货币与农民负担

一、公债的泛滥

有人称北洋政府的财政状况为"借债度日"，实是贴切。北洋军

① 原载《中外经济周刊》第 98 号（1925 年 2 月 7 日），转引自章有义：《中国近代农业史资料》第二辑，三联书店 1957 年版，第 611 页。

② 徐方干，汪茂遂：《宜兴之农民状况》，转引自章有义：《中国近代农业史资料》第二辑，三联书店 1957 年版，第 611 页。

阀大借外债，迫于帝国主义的各种压力，不敢不还；举借内债时，却是极力对本国人民进行欺诈和盘剥。

这个时期，由北洋政府即中央政府发行了大量的公债。据不完全统计，1912—1926 年，其公债发行总额将近 6 亿元，具体年额如下（单位：元）。[①]

1912 年	6248420	1920 年	121960450
1913 年	6842200	1921 年	115362248
1914 年	24970520	1922 年	83234910
1915 年	25970520	1923 年	5000000
1916 年	8770515	1924 年	5200000
1917 年	10516797	1925 年	15000000
1918 年	139363760	1926 年	15400000
1919 年	28358700	共计	586236521

此外，还发行国库证券，其发行额如下：[②]

1916 年为 644300 元，1917 年为 180000 元，1918 年为 5867267 元，1919 年为 3490298 元，1920 年为 11211474 元，1921 年为 22892400 元，1922 年为 3200000 元，1923 年为 8483750 元，1924 年为 81018 元，共计 56050507 元。

上述公债和国库券都是强迫人民认购或实行摊派的。但是，这些公债由于北洋政府财政信用破产引起价格大跌，一般公债价格平均跌落 30%，个别的跌落 80% 以上。

由各省发行的地方公债，其名称和数目都很复杂，迄今尚无完全的调查。如湖南一省发行公债票至少五次，有筹饷公债、地方公债、惠民奖票、定期有利金库证券、省库证券等。这五种公债到 1922 年底未偿还的有 577 万余元。而江苏 1924 年发行的省公债 700 万元，其利息亦没有偿还。[③]

滥发公债，使农民的负担有所增加。如 1926 年有人揭露说，广东第一次摊销公债票，遂为一般贪官污吏、土豪劣绅所利用，农民备受

①② 千家驹：《中国的内债》，北平社会调查所 1933 年版。

③ 陈翰笙：《中国农民担负的赋税》。

其敲索和压迫，他们不仅分摊到贫农身上，而且特别摊派给农民协会会员之类。[①] 同年，有人说，湖北在军阀王占元割据时发行地方公债200万元，到期本利不还；近年又发行金库券340万元，加印官票500万元，都是直接剥削地方，加重农民负担的行动。[②] 又有人指出，吴佩孚在河南发行400万有奖库券，分配于各县，强迫人民购买。一骗到手，则一切都不管了。[③]

可见北洋政府和各地军阀滥发公债结果是等于向人民收缴了一笔额外的捐税，农民的负担因此有所加重。

二、货币贬值及其对农民的影响

北洋政府和地方军阀还用滥铸硬币和滥发纸币的办法来剥夺人民，从而降低了农民的负担能力，同时也加重了他们的负担实际程度。

（一）滥铸硬币

北洋时期通用的金属货币不外银元和铜钱两种，其中铜钱又有单角和双角两种。光绪十六年至二十六年间，广东省造币厂铸银币值52310760元。其中十分之一为银元，十分之九为单角与双角的铜辅币。单铜子初行时，80—90枚可换银一元。清末民初，单铜子流行于市面已达12000万枚。双角较单角成本轻而获利更厚。光绪末年时双角即已流行于广东、福建、浙江、江苏、安徽、湖北等省。

铜钱与银元兑换数目的时常变更和兑换价格的日渐跌落，对于主要使用铜钱的一般农民，有莫大的影响，他们的进款和购买都须受兑价的支配。而兑价的高低则与辅币的数量和质量有直接关系。

1919年以后内乱加剧，滥铸铜子遂成军阀们敛财的不二法门。军阀们大量铸造了面值与实际含量不相符的铜子，强迫人民使用。这些辅币在兑换银元时的价值只相当于面值的一半左右。普通单铜子的价值只有兑价的58%，双铜子的只有48%，单铜子每百枚可获纯利至少

① 叔坚：《北伐声中广东之政治状况》，载《向导周报》1926年第170期。

② 《湖北的农民运动》，载《中国农民月刊》1926年第4期，转见《第一次国内革命战争时期的农民运动》，第391页。

③ 守愚：《直系余孽对河南民众之剥削》。

银一角余，双铜子每百枚可获利至少二角六分。1921 年时，陕西、四川两省不但有双铜子，并且当五十、当百、当二百文的铜子同样流行于市面。[①] 以后双角的成色愈减愈轻，以至 1927 年广东市面上拒用新铸双角值 300 万元。四川的情形尤其恶劣，在成都、泸州、潼川、保宁、重庆、万县，割据这些地方的军阀都在那里化银元为辅币，通过将一元重铸为半元的办法，从中取得 80% 的厚利。

上海每角的铜子兑价也因双角而差别，如 1926 年春，银元换单铜子 275 枚，银元换双银角 6 枚，双银角换单铜子 45 枚，双银角 6 枚换单铜子 270 枚。这样，进款不以银元计算的人必然要吃亏，每值一元的收入要短少铜子 5 枚。这便是差不多 2% 的变相税收。

军阀还采取收取良币而强制支付劣币的办法盘剥农民。如在江苏农村，所流行铜币以双铜子为最多，单铜子兑价比双铜子高，后来逐渐被吸收而为轻质的双铜元所代替。直、鲁军及孙传芳的军队屡进屡退，他们筹饷是银元，发饷是铜元及军用票。一个当五十的铜元的重量约是当十铜元的二个半。当百文的很少，分量更轻。这样农民售出其农产，收进铜元，等几天，以此铜元购买用品，已损失百分之几的价值了。在不知不觉间，被剥削的数目无可计数。[②]

因滥铸而造成通货贬值，物价上涨自然是如影随形，此期农民因对市场依赖程度有所提高，消费支出不得不增加。以四川为例，可以说明通货贬值是如何从消费这一方面增加农民的负担的。

1927 年有人指出，四川自袁 × × 据重庆鼓铸一当二百的大铜元以后，各县的割据者——师旅长也多自造大铜元，随之奸商土豪纷纷秘密铸造。不久，制钱与小铜元以至当五十或一百的，都快绝迹了。这时虽有纸辅币接济，但最小单位都以五十或二十文（各地不同）为限，数月而后，物价增高，由几倍而至十数倍。“铸铜元者妙想天开，又收买大铜元改铸小铜元，大如当十铜元者名以当百，大如当五十铜元者名以当五百。货币变迁（贬值）即如此其速（见表 4－27），物价

① 陈翰笙：《中国农民担负的赋税》。

② 章有义：《中国近代农业史资料》第二辑，三联书店 1957 年版，第 590 页。

自是一日千里，生活程度（即生活费用）岂有不增高的？”①

表 4－27　　四川货币变迁表

（以百分法表示，以各种货币总额为 100）

年份	制钱	银币	银锭	当十铜元	当二十铜元	当五十铜元	当一百铜元	当二百铜元	当五百铜元	纸辅币
1922	40	30	5	10	3	2	6	4	0	0
1923	35	35	3	6	2	3	10	6	0	0
1924	20	33	1	3	2	2	17	20	0	2
1925	5	30	0	1	0	1	20	35	0	3
1926	0	34	0	0	0	1	7	12	1	15

他接着说：“生活程度（即生活费用）逐渐增涨，农民的消费也就不得不沿着水涨船高的趋势增高起来”，其变迁情形如表 4－28。②

表 4－28　　四川每年每人消费统计表　　单位：元

		衣	食	修理农具	团练费	葺屋	交际	农忙特费	杂项	总计
上等	1927 年	6	30	7	5	8	5.0	9.0	5.0	75
	1922 年	4	20	3	2	3	2.0	4.0	2.0	40
中等	1927 年	5	25	4	3	5	4.0	6.0	3.0	55
	1922 年	3	16	2	1	2	2.0	2.5	1.5	30
下等	1927 年	4	32	3	1	2	1.5	1.5	1.0	35
	1922 年	2	14	2	0	1	0.5	0.5	1.0	20

由此可见由于货币贬值，物价自然抬高，对于不得不使用辅币进行购物的广大贫苦的农民，自然是一种无形的掠夺。

（二）滥发纸币

滥铸的辅币虽然其面值与实际价值不符，但毕竟还有一定的价值，北洋军阀为了进一步掠夺人民的钱财，又滥发本身毫无价值的纸币。这些纸币既无准备金，也无任何政府信用，绝大多数不予兑现，因而随发随贬值，有的最后则成为一堆废纸。滥发纸币的结果同样是物价节节上升，农民备受其苦。

①② 黄主一：《川北农民现状之一斑》，载《东方杂志》1927 年第 24 卷，第 16 号。

各路军阀纷纷滥发各种名目的地方纸币，以剥削农民。其中如东三省及山东、河北等地奉票的滥发，吴佩孚在湖北强迫通用加印官票、金库券、军需兑换券等，张宗昌在山东滥发军用票，都是著名事例。

以奉票为例。奉票的发行，始于晚清末年，当时奉天流通的货币为小洋（一分、一角、二角），故奉票所代表的货币亦为小洋，起初可以随时兑换。民国以后，因省支出浩繁，入不敷出，遂以发行奉票为一时弥补之策。以后发行愈增，准备金愈薄，到 1916 年官银号无法支持兑现，便限制兑现。到 1917 年春，因小洋来源已绝，无可再兑，乃改发大洋票，每大洋票一元，合小洋票一元二角，名曰“一二大洋券”。后来流通的奉票就是这种。奉票的价格，虽定为一二，实则一三或一四不等，这一来承担兑现的官银号损失益钜，后来只好免除兑现，奉票乃变为不可兑换的纸币了。据调查，1916—1926 年，奉票发行额的增加情况为：截至 1916 年底，共 10800 元；1917 年底，共 16935 元；1922 年底，共 36000 元；1924 年 3 月，共 51000 元；1924 年 11 月，233284 元，1925 年 11 月，513700 元。10 年总计发行 513723000 元。发行数额愈多，准备金愈弱，所以 1920 年起，奉票跌势猛烈。①

吴佩孚在湖北单通过官钱局发行的官票，其市面价值基本上在其面值的一半以下，如表 4 - 29 所示。②

表 4 - 29　　湖北一元官票价值的涨落状况

年份	最高价	最低价	年份	最高价	最低价
1915	0.516	0.480	1922 年	0.407	0.364
1917	0.495	0.450	1923 年	0.338	0.376
1918	0.510	0.465	1924 年	0.280	0.201
1919	0.490	0.413	1925 年	0.288	0.220
1920	0.487	0.407	1926 年		
1921	0.460	0.420	1—3 月	0.331	0.101

①② 子明：《各省滥钞祸民观》，载《银行周报》1926 年第 10 卷，第 20 号。

张宗昌在山东发行军用票之滥，比起奉票和鄂票有过之而无不及。他自1925年割据山东以后，即于秋间组织山东省银行，从事滥发省银行纸币及军用票。仅山东官印刷局先后奉令印刷的军用票，分别有：10元票10万张、5元票60万张、1元票300万张、5角票26万张、2角票52万张、1角票175万张，共计740.9万元。1年之间，军用票充斥于市，凡不见1元现洋或其他银行的钞票，因此军用票价格暴落，在1926年已跌至四折，甚至仅值二三折，闹得民怨沸腾。[①]

到1925年底，各省银行所发的纸币贬值情况如表4－30所示。

表4－30

省别	钞票名	发行总额	贬值程度
东三省	奉钞	五亿元	不足二折
湖北	官票	九千多万串	一折左右
河南	大洋票	四千余万元	二折左右
山东	军用票	七百余万元	二折左右
福建	台票		二折左右
直隶	军票		二折左右

关于军阀滥发各种纸币对农民的掠夺情况，当时人有不少揭露。

例如，1929年有人指出，各地军阀利用发行日益贬值的纸币，作为搜刮农民手中的现金的唯一方法。他们在奉天、吉林、黑龙江等地同时开了不少印刷所，日夜工作，发行了无数不兑现的纸币。再利用这些纸币来操纵豆价、垄断豆市，一转眼之间就换回了几千万元的硬币；再用这些现金去买枪炮军器作为内战的工具。经他们几年的搜刮，东三省的现金尽数流了出去，即等于将好几吨不兑现的纸币强制塞给农民和商人。作者指出："东省豆的出产，平均每年值五万万元，这每年五万万元的豆，在过去五年中，皆是由政府操纵，拿不兑现的纸币来换去的，别的出产不计，单算大豆一项，五年中所换进的纸币就有二十多万万了。"[②]

① 子明：《各省滥钞祸民观》，载《银行周报》1926年第10卷，第20号。

② 章有义：《中国近代农业史资料》第二辑，三联书店1957年版，第596页。

1926 年 12 月一份发自开封的报道说："河南省银行滥发行纸币约四千余万元。该行倒闭后，此四千余万元遂分摊于河南省各阶级的民众身上担负。河南民众因此倾家丧命者不知凡几。"[①]

有人指出，在黑龙江流域，"官帖的跌价就是变相的税捐，这种无形的税捐，1922—1923 年每垧平均合 1.91 元，每户平均合 4.47 元。耕作 10 垧以下的农户所受的钱法损失尚不止此数。雇农工资几全在夏日交付，雇主的出售粮食收入官帖大半在冬季，当地的物价夏日又较昂于冬季。因此雇农与雇主无不受币价变迁的打击。"[②]

总之，军阀通过滥发各种货币掠夺财富，是以全体人民为对象的，因此，商人、地主、富农自然要蒙受损失，不过广大农民深受其害更是毫无疑义的。

第七节　中外资本对农民的剥削

根据这一时期的政治经济特点，以下着重对高利贷资本和帝国主义资本对农民的剥削情况加以分析。

一、高利贷资本对农民的剥削

在代表帝国主义和封建主义利益的北洋军阀的残酷统治下，这一时期中国的社会经济进一步凋敝，农村资金严重短缺。农民为了完纳苛重的田赋和各种苛捐杂税，为了维持简单再生产和最低限度的生活，不得不相继投入高利贷的罗网，饮鸩止渴。高利贷者则落井下石，对贫苦农民进行敲骨吸髓的榨取。因此，这一时期的高利贷仍然是加重农民负担的重要原因，并且呈现利率增长迅速，居高不下的特点。

① 守愚：《直系余孽对河南民众之剥削》，载《向导周报》第 186 期（1927 年 1 月出版）。

② 陈翰笙，王寅生：《黑龙江流域的农民与地主》。

（一）高利贷类型及其利率

1. 高利贷的信用贷款。(1) 借钱还钱。如在陕西省扶风县，农民在夏收之前因缺乏资金而借贷现金，须由中人介绍，大概本金一吊，要付利息二百文；俟收获后，本利还清，谓之忙工钱。(2) 借钱还农产品。这种形式在各地都很盛行，但名称各地殊异。例如：在陕西省临潼县称为“粮债”，即农民于上半年征收上忙之际，因无钱纳税，便向商店以三分的利息借贷所需的金额，至小麦收获之时，即以小麦清还其本利。在安徽舒城县称为“稻债”，即高利贷者允许借债农民到秋收后以米偿还其债务。稻债又分两种：一种是本利分别清还，其利息大概为本金一元偿米一斗，利率高低视借款时间是年初还是年末而定；一种为春借秋还，借款之时，即将本利按比当时米价稍低的价格，换算为米额，至秋收时按该额以米清还，不另支付利息，即使至秋收时米价有变动，双方均不得有异议。在安徽五河县有一种“麦债”，多数是在荒歉之年，农民借入现金，谈定俟小麦登场后清偿。例如对于每一元的本金，谈定将来应还小麦若干。由于清还时的麦价一般比借贷时的麦价要低廉一些，所以借款虽仅八角，借据却须写为一元，每斗付息总在六升乃至八升。到清还的时候，即按市价以麦折价偿还。此外，还有“豆债”“菜债”“茶债”等名称。(3) 借粮还粮。农民在青黄不接、粮食缺乏之时，借入谷物，到收获季节，再以谷物如数清还，这种借贷类型在各地也有不同的具体形式。如在山西闻喜县称作斗儿账，即贫民于麦收获前，向商店借麦，至收获期，以加倍的麦清还，在陕西乾县称作加合子账，即青黄不接时，债主将麦子贷出，至收获期收回，每一斗约收利息二三升（加子麦）。在奉天洮安县有称为“抬粮”的，又分为粮加息与折价加息两种。两种的借贷期均为十个月。粮加息者，借粮一石，届期共还本利一石五斗或一石六斗。折价加息者，借贷时粮价若为每斗一元，必须作为每斗一元五角或一元六角，即目前借粮一石，届期须还十五元或十六元；若届时不能清还，再加复利。

2. 高利贷的抵押贷款。即借贷必须以农产物或土地、房屋、家畜为抵押。具体名目各地或有不同。如称钱锞，像在安徽省太和县，农民以土地作为抵押，借入现款，将来以麦、豆清还者，谓之钱粿。如称钱迟畜飞，像在山西省乡宁县，债权者收入家畜作为抵押品，而贷与现金，如到期债务者不能清还，债权者即将其抵押的家畜没收，谓为钱迟畜飞。[①] 如在江苏南通，“农民向私人借金者，除写借单外，以田契抵当，月利约为一分五六厘至三分之间，其间有过三分者。”[②] 在福建闽清，“抵借银钱，多凭契据，如至某年某月本利不还，即可照契营业。亦有欠利已满三年，即不准取赎者。”[③]

3. 高利贷的保证贷款。其具体贷款形式类似于信用贷款，只是必须有人替借贷者担保。如在浙东、浙西，农民借钱的利率，“其有充分抵押者，为一分五六厘；其无抵押者，多按月二分取息（如借十元，每年上利二元四角），乡僻有昂至三分者。其借贷者大概皆有居间人为介绍写立借据，言定还本付息期限，若到期不能清偿者，居间人只代为催索，不负赔偿之责。”[④]

4. 买青卖青，一名青苗利。这种类型可根据买卖的农作物种类而分为稻债、菜债等，都是高利贷者利用农民在未收获前急需款项之机进行的剥削活动。贫民向富户借款时，即指出中之稻或青苗为担保，预定每石的价格为若干，至收获时，不问市价高低，即照预定价格交割。预定的价格一般都大大低于市场价格，高利贷者因此从中牟利。

尽管借贷形式或有不同，但从利率来看，此期有增长的趋势。例如在松花江流域，1909 年前的农村借贷，普通是月利 1% 强，到 1922 年已经增长为 3% 以上，甚至有 6% 以上的。[⑤] 在黑龙江流域的一些地方，1909—1924 年，乡间贷庄的利率竟从月利 3% 增长到 15% 。[⑥] 在浙江嘉兴，由于连年歉收，农民生活困迫，多得借债度日，到 1926 年高利贷利率已从一分八厘或二分涨至二分五六厘，急需者甚至有付月

① 章有义：《中国近代农业史资料》第二辑，三联书店 1957 年版，第 537—538 页。
② 《农商公报》第 18 期（1916 年 1 月），第 9 页。
③ 《中国民事习惯大全》（1924 年）第二编第一类，第 19 页。
④ 刘大钧：《我国佃农经济状况》，第 79 页。
⑤ 徐仁轩：《北满松花江流域的农民经济生活》。
⑥ 陈翰笙，王寅生：《黑龙江流域的农民与地主》。

息三分的。[①]

（二）各地高利贷剥削程度示例

以上所说的不同的高利贷借贷形式，在各地其实是并存的。

关于高利贷对农民的剥削程度，1926 年 5 月发表的《广东省第二次农民代表大会重要决议案》对该省的情况作了详细的介绍，指出：

“龙川、曲江、仁化、惠州、河源、遂溪、海陆丰、佛山各地有‘借谷债’者，借银一元，到收获时，还谷四斗至五斗（约银三元）之重。广州市郊更有借谷银一元，利息以月递增者，如一月一元，三月三元，四月四元，五月五元，六月六元，而照银计算，以谷抵之。

英德、遂溪、罗定、海陆丰、德庆等县，有所谓‘按借’，有母钱一元，月利一角；或借九角而契约写作一元，月利以一角计算；或借一元，一日利一仙者；或借百元半年还利四十元者；或母银一两，月利五分者。其抵押之物为田园、房屋、猪牛等之动产、不动产。罗定更有以妻儿作抵押品于债主，如在债主家中怀孕者，则其子归债主，借债者得以母银赎回其妻，或常因过期不能赎回而断送其妻者……

海陆丰、潮安、饶平、英德、曲江、普宁、德庆、潮阳、遂溪等县、汕头市郊，有所谓‘借银’者，借母银每两月利三分至四五分者。遂溪有一元三天利息一分五厘，即月利一钱五分者，以三个月或四月或半年为限期，至期未还者，即转利为母次，名为‘复利债’。

紫金、乐昌之‘出九入十’即借银一元，支九角，每月利息一角。

瑶崖有所谓‘五钱市’，借一百元，月利七十五元。

惠阳、河源、紫金、海丰、罗定有所谓‘九出十三归’者，即借银一元，交九角，一个月后，还一元三角。

海丰有所谓‘圈仔利’，借银一元，十天结利一角，一年为限；

① 《中外经济周刊》第 182 号。以上均转引自章有义：《中国近代农业史资料》第二辑，三联书店 1957 年版，第 557—558 页。

至年终将母利共起来做‘租仔’每十元年利纳谷一石。

阳江有‘卖青苗谷’，借母银一元，每半年还利一元。又有‘私押利’，借银一元，月利一元五角。

海康有所谓‘借十交六’‘借十交八’，即借银十元，只交六元或八元与借者，月利三分至五分乃至十分者亦有之。

罗定有所谓‘干利’，母钱一元，月利五角；‘湿利’，母银一元，年利还谷二斗。

四会有所谓‘投钱’者，母银十元，年利由九元至十一元。

佛山有所谓‘逋桥利’者，借银一元，一天利息一角，五天为期，过期倍计，转利为母。”①

关于湖南的高利贷剥削程度，1926 年 12 月湖南省第一次农民代表大会的决议案指出：

“月息百分之十，差不多是全省七十五县普通的现象，谓之‘大加一’。又有借银九元，月息一元，名为‘九去十归一’。南县、安化、华容等县有月息百分之二十的，慈利、永明、城步等县，都是月息百分之三十。耒阳有‘九出十归外加三’之利息，即借本九元，一月后还十元三角。常德乡间通行的利息，为借洋七角，一月还洋一元。桃源有‘孤老钱’，每月一对本，如借洋一元，过月还洋二元，过两月还四元，以此类推。慈利谷息，每串钱年息一斗。岳阳之‘押利’，借洋四元，年还息谷一石。益阳等县，有五月间借出谷一石，八月间收谷两石的。郴县有水谷，即每借洋一元，年还息谷三斗。新宁有借钱十千，年出息谷一石的。衡阳有标谷利，即于上年四五月间借出谷一石，以最高价算为现钱，下年七八月间，以最低价算谷收入，除谷价之两次剥削外，仍算月息百分之六七。此种利息可说是在三个月之间，即可加三倍以上。临湘有每元每日利息一角，每满十天，即算复利，如此计算，借洋一元，满一个月须还本利共八元。城步有‘八斗九年三十石’的俗语，即借谷八斗，九年还谷三十石。

至于最低利息，在沅江、南县、常德、岳阳、芷江、慈利、安化

① 《第一次国内革命战争时期的农民运动》，第 225—227 页。

等县，每月利息百分之五。华容、桃源等县，为月息百分之四。湘乡、道县、新宁、临湘等县为月息百分之三。这些都是借贷利息的起码数。在以上各县中，要借比此更低的利息，是决借不到手的。”①

对自耕农威胁最大的是以土地为抵押的高利贷，往往使贫苦的自耕农因借债而倾家荡产，沦为债主的佃农。这种借贷方式各地都可见到。例如：

“福州乡间，有所谓借头卖尾之习惯者。例如甲向乙借用洋一千元，期订六个月履还，约定每月利息二分，则并算本息至履还期止，立一凭票，内书凭票支洋一千二百元字样（无分本利），为确保债权起见，又另指定不动产为抵押品，同时将该抵押品之原有契据付与债权人，为担保物，并立一卖契（其形式与正式买卖同），付与债权人收执，一面由债权人出给债务人批佃字一纸，以示债权人已取得该抵品之所有权，债务人对于该抵押品，只有批佃权之意，如至履还期，债务人不能偿还债务，债权人即可取销债务人之批佃权；是以借始，以卖终也。故习惯上对之称为借头卖尾。”②

在安徽太和，“债权人与债务人约明，以麦、豆履行钱债者，以地为抵押品，书立借券，谓之钱稞。其偿还期，多在阴历五、九两月之内，逾期不能履行，即由债权人收地管业，俟利偿清后，则仍返期原产。其利率每元每年交粮四升，麦、豆各半、以粮价每斗值银八角计之，约为本银一百分之三十；此就最普通者而言，甚有超过此额者。”③

“本安民间抵押不动产，有以麦、稻偿还利息之习惯。大抵每本银一元，以稻谷一斗或小麦五升作为息款，分别以五、八两月为付还之期，如逾期不履行，即由债权人持据向债务人追产执业，俟本利偿清，仍还原产。”④

“湖北的土地抵押借贷也很盛行。如潜江县的债务抵押，计分四种：第一，以田地契抵押，其田地仍归欠债人营业，不过照付利息；

---

① 《第一次国内革命战争时期的农民运动》，第 343 页。

②④ 《中国民事习惯大全》（1924 年），第 2 编第 6 类。

③ 《中国民事习惯大全》（1924 年），第 6 编第 2 类。

第二，以所抵押田地之禾苗与债权人分收；第三，以所抵田地认缴干稞；第四，每年认缴稞钱。以上四种，若过期不能还钱，则前抵押田地字据，易为典契，归放债人耕种，或转典他人。巴东县以田房仍归欠债人营业者，约内多载明一季息钱不清，任从上庄住种。京山县抵押债务，计分两种：一为欠债人将原约抵押，如不能偿还，放债人得照约收租；二为欠债人如借券另立卖约一纸，内载明本利不能偿还，放债人即准凭此约，税契管业。谷城县以田地契据抵借款项者，有照钱数认息，及照稞租认息两种，均有一定年限，如过期不能还钱取契，得由放债人将田收管自种，或核佃收租。……广济县习惯，……有以田地抵押，谓之押田（此系田地交放债人耕种，约内载钱不起利，谷不纳租，期满，欠债人只须返还原本）。有以田地书立绝卖契抵押，谓之红兼黑的契押钱（此种并交老契，俨如出卖惟于黑契年月外，另书还钱取赎，放债人不得执留，如过期不还，听放债人裁尾投税营业字样）。”①

“河北棉农借款的抵押品，只有耕地和住宅等不动产。价值百元的产业，大约可借款五十元。借款契约分两种：第一，一期本利齐归，如规定六个月期，届期本利不能清偿，则抵押品没收；第二，本利不必齐归，若照此办法，每到一期末，只要不欠利息，放款主即不能要求还本；惟连欠利息几次以上（普通规定为三次）则放款主可没收抵押品。抵押品没收，按理论并非主权完全移转，不过暂时归放款主占领，取得产业上的收益权而已，以后借款主如将所欠本利完全偿还，则可将产业赎回。但实际因本利宕欠太多，赎回早业转不如购置新业上算，故已被没收的产业，再赎回者很少。”②

高利贷者通过以上所示的各种敲骨吸髓的盘剥方式，很快地从农民身上聚敛得大笔财富。例如，有人在 1925—1926 年到江苏宜兴县对高利贷资本积累的方式和速度作了调查，情况如表 4 - 31 所示。③

① 《中国民事习惯大全》（1924 年），第 2 编第 6 类。

② 章有义：《中国近代农业史资料》第二辑，三联书店 1957 年版，第 554 页。

③ 章有义：《中国近代农业史资料》第二辑，三联书店 1957 年版，第 555—556 页。

表 4－31　　江苏宜兴县农村高利贷资本的积累方式与速度

放债数目	出放时间	方　法	利率
二十元	一个月	放钱收桑。一九二五年三月以银二十元放桑叶，言明每二元至四月底还叶片一担，共得十担，每担售洋四元，共得四十元。	合月利 100%
四十元	一个月	放钱收麦。卖得四十元后，即将放麦，订明五月底还小麦九担，计可售洋五十二元。	合月利 30%
五十二元	五个月	放钱收稻。五月底借款人未能偿还，将五十二元麦款改作稻钱，言明每稻一担作价三元二角，在十月底还稻二十担，每担售洋四元二角，共得洋八十四元。	合月利 12.3%
八十四元（买米待放）	七个月	放米（三月）十月底售得价后，即以收钱（四月）此款买进白米十石七斗七升，盛以待放；及至下年一月放米，每担言明至五月还洋十二元。届时照数算清，共得洋一百二十九元二角四分。	合月利 13.5%
一百二十九元二角四分		照上述方法再行出放。	平均月利 49.65% 平均年利 595.8%

必须特别指出，在北洋军阀统治时期，除了本国的高利贷资本之外，帝国主义在华机构或个人也对农民进行直接的高利贷剥削。据当时报道，山西没有一个教堂不放高利贷的。晋西有一个教堂和医院所投下的高利贷资本，便不下百万元，其中大部分是由当地的钱庄与银号，用 30%—40% 的年利向教堂医院借款，再以 60% 的年利贷给贫苦农民。所以这个教堂、医院的牧师、医生来山西不及十年便成为富翁了。①

在辽宁金县，1923 年以来当地有日本当铺 251 户，中国当铺 362 户，所出借金额，日本 131.9 万元，中国 82.5 万元；从事贷金业者，

① 章有义：《中国近代农业史资料》第二辑，三联书店 1957 年版，第 509 页、第 510 页。

日本人 45 户，中国人 14 户，所借出金额日方 3277.93 万元，中方 22.68 万元。[①]

二、商业资本对农民的剥削

（一）与高利贷结合的预买和赊销

这一时期商业资本与高利贷资本结合起来盘剥农民的情况仍在发展，即商人继续采取低价预买农产品和高价赊卖生产、生活资料的方法对农民进行双重剥削。

低价预买农产，即商人或地主在青黄不接时放债给农民，约定以收获后的农产品抵偿，但预定的农产价格要比市场价格低许多。

如在浙江，“贫困农民，每于旧历冬季需用款项，无法筹措，习惯上有指定期翌年所发之桑叶预行售卖者，俗谓之卖寒叶。寒叶价值，例照春叶减半。……嘉、湖各处习俗，贫农所卖之寒叶，至翌年不能剪解时，则须按照青叶时价，将欠解之数，折合银元，作为借款。青叶之价，较寒叶须增数倍，故贫农之卖寒叶，久而愈穷，永无清偿债款之日。”[②]

广东的烟农，“因困顿异常，终日辛劳，仅堪一饱，安有资本以种烟？当种烟时，所需资本，皆需借贷于富户。于是富户从中渔利，严定条约，即以当日所借出之资本，为预购将来之烟叶；其预约价格，须比时价低一半。”[③]

低价预买农产品的现象，不管是沿海地区或是内陆地带，不管是粮食作物种植区或是经济作物种植区，到处可见。

同样地，高价向农民赊卖生产物资和生活用品的行为也随处可见。例如：

在江苏无锡，“有一种投机者，常于春冬之间，赊放白米或布料等，约期以茧市清还。而其价值，则常较时值增十之二三，故俗称赊

① 章有义：《中国近代农业史资料》第二辑，三联书店 1957 年版，第 509 页、第 510 页。
② 《各地农民状况调查——无锡》，载《东方杂志》1927 年第 24 卷第 16 号。
③ 章有义：《中国近代农业史资料》第二辑，三联书店 1957 年版，第 529 页。

白米曰‘一粒米头’。盖言一粒米价，值一粒米也。”①

在察哈尔陶林，“民间习惯，终岁生活资料悉向铺户预收，以待秋成而偿。粮价每由商人预定，轻入重出，利市三倍，收垄断之利。民间终岁勤苦，不免穷困。”②

（二）外国资本对农民的掠夺

前已指出，帝国主义侵入中国，促使中国农村商品经济发展；而中国的农村商品经济越是发展，农民越是要受帝国主义垄断资本的奴役和压榨。20 世纪 20 年代前后，各帝国主义国家更加紧对中国农民的压榨，采用的手段可概括为“输出资本，直接经营农业；输出商品，打击中国农业；操纵价格，控制中国农产；利用特权，掠夺中国农产。”

先说所谓“输出资本，直接经营农业”。这可以东北地区为例。东北耕地广阔，土地肥沃，早为各国列强所垂涎，他们先后在东北投资经营农业，掠夺中国的资源。日本在这方面扮演了急先锋的角色，其在东北的侵略大本营南满洲铁路株式会社，便是经营农业的中心机关。“满铁”在所经营的铁路沿线，“开垦”的耕地达 60623 垧，生产的农作物达 11624193 公担。截至 1914 年，“满铁”投资于水田经营的资金为 20 余万元，耕地面积达 711 余亩。③ 在甜菜、烟叶、蚕桑等方面，他们也积极进行投资。1926 年日本南满制糖公司在奉天附近投资 1000 万元，设立甜菜种植场，1922—1927 年 5 年间，甜菜种植面积从 4 万亩增加到 6 万亩，每年收获甜菜 10 万担以上，最高的 1920 年达 45 万担。1923 年前后，日本在东北广设烟草试验场，其中奉天以南的凤凰城及复县的利得寺两个农场最有成效。凤凰城试验场面积约 8000 亩，利得寺约 1000 亩，产额以每亩 125 斤计算，全年产额不下 110 余万斤，产值不下 50 万日元（即值奉票 200 余万元）。所产烟草除一部分输出他国外，其余全运往日本东亚烟草公司做原料。中国农村的蚕桑生产一直是日本急欲榨取的对象，只是因为中国蚕桑中心在南方，且处于战乱之中，他们无从着手。后来日本便在其势力范围内的满蒙

①② 章有义：《中国近代农业史资料》第二辑，三联书店 1957 年版，第 533 页。

③ 章有义：《中国近代农业史资料》第二辑，三联书店 1957 年版，第 494—499 页有关资料统计。

寻找养蚕适地。1925 年，日本在旅顺、貔子窝及鞍山等地发现适宜养蚕，于是日本财阀片仓系的日华蚕丝公司便在这些地区开辟大片桑园，开始大规模的养蚕事业。

除了日本，其他各国也在中国开展农业经营活动。1916 年英、美资本家在黑龙江、松花江附近设立满洲农业开发公司。1925 年又有美国人在哈尔滨附近设立美国农业合资公司。在其他地区，有法国人在江苏青浦经营林业；英美烟草公司在山东等省购买土地成立农业试验所，试种美种烟草；德国人开办的爱理司洋行在中国各地创办试植场 200 多处，等等。

外国资本深入中国农村，直接经营农业，无论是租佃经营或是雇工经营，都是对中国农业资源和农村劳动力的直接掠夺。他们采取种种手段直接或间接地加重了中国农民的负担。

再看“输出商品”情况。在 19 世纪下半叶，资本主义列强对中国的商品输出主要以工业品为主。进入 20 世纪之后，外国资本主义对华输出的商品，除大量的工业品外，农产品的数量开始日益增多，从而加深了中国近代农业危机。据统计，洋米进口自 1900 年以来连年增加，1927 年已达 1277 万担以上，1922—1927 年每年平均在 1500 万担左右。洋麦进口在 1922 年前，平均每年不过数十万担，以后猛增，1923 年后已多达 300 万—400 万担。中国是一个农业国，帝国主义的农产品倾销，使中国农产品价格大跌，严重地影响了农民的收入，从而降低了农民的负担能力。

再看“操纵农产品价格”的情况。

首先，是结合在华投资办厂而操纵中国农产品原料价格。如中国的美种烟草的生产区、烟草价格完全操纵在英美烟草公司之手。1913 年，英美烟草公司曾经派人到湖北均州，分发美国烟种给中国农民，诱使他们种植，以便收购烟叶来满足其在华烟厂的原料需要。该年农民收获的烟叶为 4.5 万贯（合 1.575 万公斤），英美烟草公司悉数收购。这时，公司为了引诱农民继续多种烟草，故意提高收购价格，一等烟叶每百斤价 14 两，二等 12 两，三等 9 两。一时“农民得利较多，异常欣悦”。等到农民多种了烟草，公司便开始残酷压榨农民。第二年，公司收购烟叶时，以品质不良为口实，只收买3万贯，而且价格低于上年，一等烟叶每百斤14两，二等11两，三等8两。除此3万贯外，其余烟草悉被拒绝。农民被迫减价贱卖，无论一、二或三等的烟草，最高价格仅3—5两。①

英美烟草公司在山东潍县、河南许昌、安徽凤阳一带，也都采取同样的手段，先发放烟种，引诱农民种植，然后压价格收购，残酷剥削中国农民。

据估计，当时烟叶在产地的价格，一般只相当于上海市场价格的60%—90%，而农民所得的实际价格又远远低于当地的名义价格。如1919—1934年，山东潍县实际给予烟农的价格，仅为当地市场名义价格的45%—71%。河南在1929—1934年，实际给予烟农的价格仅为当地市场名义价格的12%—58%。②

特别是英美烟草公司还同中国的地方政府和官僚、士绅勾结一起，取得了一种超经济力量。他们垄断了烟叶的收购，不但迫使中国烟农无论什么价格都得把烟叶售给他们，而且还能够威胁中国农民，使之不敢拒绝把烟叶出售给他们。英美烟草公司成了中国烟农的主宰，中国烟农变成了外国垄断资本压榨的对象。

其他农产原料如棉花、大豆、蚕茧和苎麻的价格也多受外商操纵。如据1920年《华商纱厂联合会季刊》记载：日本资本家常在夏季派人深入产棉区，直接贷资于农民，每亩自二三元至七八元不等。农民受此定银，所产棉花，概由日商收买，已完全失去自由脱售之权。同时，中国的农产品价格还要受帝国主义国内市场价格的影响，如中国国内棉花的价格要受日本大阪市场行情支配，奉天柞蚕丝的价格，要受美国和日本的影响。③ 于是中国农村日益变成帝国主义的原料供给地。

其次，进行不等价的贸易。帝国主义与中国进行进出口贸易时，把对华输出商品的价格提高到中国国内价格水平之上，而把在华收购的农产品价格压低到市价甚至中国农民生产成本以下。如以1913年的

---

① 章有义：《中国近代农业史资料》第二辑，三联书店1957年版，第505页。

② 陈翰笙：《帝国主义工业资本与中国农民》，复旦大学出版社1983年版，第51—52页。

③ 章有义：《中国近代农业史资料》第二辑，三联书店1957年版，第500页。

进出口物价指数为 100，1921—1925 年，进口物价上升为 153，增加了 50%，而出品物价只上升为 133，仅增加 33%。[①] 这反映了帝国主义对中国倾销工业品和收购农产原料的不等价交换性质，即掠夺性质。

由于农村商品生产程度的提高和对世界市场依赖的增强，不少地方农民收成后的农产品多半由本地中间商人收买，转售于外地的买办商人，然后转运出口。据调查，河北盐山县从 1922—1923 年，农民收成后销售的各种物产占收获总量的比例为：玉米 100%，小麦 87.5%，绿豆 87.5%，高粱 80.3%，谷子 75.7%，黄豆 71.7%，枣 65.4%。[②] 可见该地农民的产品，绝大部分经过市场落入买办商和外国商人手中。然而，一般说来，农产品在内地原始市场售价特别低，而在沿海通商口岸等终点市场则特别高。如安徽生产的茶，每担价格为 1.5 元，而在上海市场一担茶可卖 14 元。这就是说，农民在农产品价格中取得的份额，仅为 17%，其中的 83% 均为中间商盘剥去了，而这些中间商人又大都为洋商和买办商人，他们利用压低原始市场价格的办法，从中获取高额利润。

再看帝国主义利用其在不平等条约中所攫取的经济特权，对中国农产品原料强行垄断掠夺出口的情况。

20 世纪 20 年代，中国棉纺织业发展很快，国内原棉需要量日增，据 1923 年华商联合会调查，中国年产棉花 600 余万担，国内棉纺织厂共需原棉 552 万余担，其中，中国资本的纺织厂需要 342 万余担，日本在华纺织厂需要 164 万余担，英国在华纺织厂需要近 46 万担。同时，出口原棉 97 万余担，其中输往日本 80 多万担，输往英国 1 万多担，输往美国 11 万担。[③] 由此可见，当时中国所产原棉仅够国内需要。因此，北洋政府为了保证军需和民用，曾一度禁止外国商人对米谷和棉花等农产品的采购和出口。

但是，帝国主义列强却依仗不平等条约中所攫取的经济特权，屡次向北洋政府进行抗议和威胁。北洋政府不得不取消对米谷、棉花等

---

① 《南开指数年刊》(1934 年)，第 80—81 页。

② 章有义：《中国近代农业史资料》第二辑，三联书店 1957 年版，第 520—521 页。

③ 章有义：《中国近代农业史资料》第二辑，三联书店 1957 年版，第 184—185 页。

农产品采购和出品的限制和禁令。帝国主义列强得以进一步廉价掠买中国的农产品，如在国内棉纺织业原料不足的情况下，中国却要大量出口原棉，仅日本在华纺织厂再加上运往日本的棉花就占了中国棉花年产量的40%左右。

中国其他一些重要农产原料也为外国垄断资本控制，如日商几乎垄断了中国的大豆、棉花贸易；英美烟公司几乎独占了美种烟草的产量；美商垄断了桐油、猪鬃的收购。

总之，帝国主义对中国农村的剥削和掠夺，使得中国农业生产日益陷入帝国主义殖民地市场的深渊，中国农民所受的来自帝国主义的负担进一步加重了。

（三）工农产品剪刀差继续扩大

在中外资本的共同掠夺下，这一时期的工农产品剪刀差继续扩大。据对江西南城县的调查，结果如表4－32所示。[①]

表4－32　　江西南城县工农产品剪刀差

（1907—1927年）　　（1926年＝100）

年份	农产品价格		工业品价格	
	棉花价格指数	早稻价格指数	盐价指数	煤油价格指数
1907	16	24	17	16
1927	100	107	148	139

又如北方直隶景县，1880—1930年，农产品的物价指数上升了10倍左右。而同期日用工业品的物价指数却上升了20倍。在这种情况下，农民以同样数量的农产品换回的工业品只及原先的一半。[②] 这反映了帝国主义侵略下中国农民所受剪刀差的剥削愈来愈重。

① 章有义：《中国近代农业史资料》第二辑，三联书店1957年版，第431页。

② 李文治编：《中国近代农业史资料》第一辑，三联书店1957年版，第563页。

第五章

国民党政府统治前期（1927—1937年）的农民负担

第一节　本时期政治、经济和财政的特点及其对农民负担的影响

为了反对北洋军阀对辛亥革命果实的窃取及其反动统治，以孙中山为首的国民党革命派采取联俄、联共、扶助农工的政策，继续进行资产阶级民主革命，并于1926年6月从广东发动北伐战争。正当北伐战争胜利在即之际，以蒋介石为首的国民党右派集团于1927年在上海发动了“四一二”反革命政变，血腥屠杀共产党人和爱国人士，于4月18日在南京建立了国民党政府。

以蒋介石为首的国民党政府口头上虽标榜奉行孙中山的新三民主义，实际上却背离了新三民主义，正如毛泽东在1928年10月一针见血地指出：“现在国民党新军阀的统治，依然是城市买办阶级和乡村豪绅阶级的统治，对外投降帝国主义，对内以新军阀代替旧军阀，对

工农阶级的经济的剥削和政治的压迫比从前更加历害。”① 在具有封建性和买办性的国民党政府的统治下，中国仍然是半殖民地半封建的社会。因此，从 1927 年 4 月到 1937 年 7 月全面抗战爆发之前，农民负担的半殖民地半封建性质并没有改变。这一时期的政局、社会经济、财政收支结构的特点，对农民负担的表现形式、负担的来源、负担的程度等仍具有具体而重要的影响。

一、内战不断的政局

1927—1937 年，国民党政府中以蒋介石为首的统治集团面对着三种性质截然不同的军事反对力量：一是国民党内部不同派系间的割据与混战；二是共产党人为反抗国民党统治集团的独裁统治而举行的武装斗争；三是日本帝国主义为侵占中国而发动的武装侵略。蒋介石集团为了维护其一党专政和个人独裁，为了维护大地主、大资产阶级的利益，采取了不同的对内和对外政策。

控制着国民党政府中央政权的蒋介石统治集团为了翦除异己，不断地和其他新军阀进行争战。同时，受不同帝国主义国家支持的新军阀不同派系之间也不断进行争权夺利的混战。正如毛泽东当时所指出的：“中国内部各派军阀的矛盾和斗争，反映着帝国主义各国的矛盾和斗争。故只要各国帝国主义分裂中国的状况存在，各派军阀就无论如何不能妥协，所有妥协都是暂时的。今天的暂时的妥协，即酝酿着明天的更大的战争。”② 仅在 1927—1930 年，国民党新军阀就发生过多次大规模内战，如 1927 年 10 月—1928 年 3 月的李宗仁、唐生智大战，1929 年 3—6 月的蒋桂战争，1929 年 5—11 月的蒋冯战争，1929 年 12 月—1930 年 1 月的蒋唐战争，1930 年 5—11 月的蒋、阎、冯中原大战。交战双方投入的兵力都是数十上百万。直至 1936 年，广东方面的军阀陈济棠等还在进行着激烈的反蒋战争。而各省军阀之间的混战更是屡屡发生。

对于共产党人的红色根据地，蒋介石集团从 1930 年开始到 1935

① 《毛泽东选集》第一卷，人民出版社 1991 年版，第 47 页。

② 《毛泽东选集》第一卷，人民出版社 1991 年版，第 47—48 页。

年先后发动了五次反革命的军事“围剿”，每次动用的兵力也是数十上百万人。

对于日本帝国主义的武装侵略，蒋介石坚持所谓“攘外必先安内”的反动政策，对外妥协投降，在1931年“九一八”事变时，实行不抵抗主义，把东北三省拱手让给了日本侵略者。当国民革命军的一些爱国将领接受共产党的团结抗日的主张奋起抗日时，如1932年1月十九路军在上海的抗战，1933年5月察哈尔民众抗日同盟军的崛起，蒋介石集团则加以破坏甚至进行军事镇压。

综观时局，当日本帝国主义的铁蹄蹂躏了东北三省，进逼华北之际，内战的烽火却燃遍了神州大地。对外投降，对内翦除异己，是以蒋介石为首的国民党政府这一时期政策的一大特征。

国民党新军阀不断制造的内战之祸，不但直接和间接地给农民加重了赋税、兵役和兵差等方面的负担，而且造成了巨大的生命财产损失，时人谓之兵灾。如1932年有人估计，在河南，“一九二九年比较严重的灾荒要算兵灾。从十月起到年底的三个月中间，蒋介石和冯玉祥、唐生智先后战于豫西、豫南四十五县境，各县所受的兵灾损失平均占农产常年产值20.4%。”1930年蒋与阎、冯作战，两军往返于河南各县，“兵灾的损失更浩大。根据有明确记载的各种报纸，洛阳等廿七县兵灾的损失平均竟占农产常年产值160.2%。”① 又如1930年的“中原大战”，死壮丁三十万，人民因之而流离失所者须加倍计之。② 再如1934年西北发生孙殿英与马鸿逵之战，“此次战事之损失，经实地调查，（宁夏）夏、朔、平、磴四县，被灾七万五千余户，灾民四十五万八千余人；炮火创伤，冻饿而死者，五千三百八十四人；牲畜、农具、米粮、财物、房屋等项之损失，计达千万以上；无种子、牛具，耽误春耕之地，计九十七万余亩。”③

二、半殖民地半封建经济的发展

虽然孙中山提出“平均地权”，使“耕者有其田”的主张，但是，

①②③　章有义：《中国近代农业史资料》第三辑，三联书店1957年出版，第4—6页。

以蒋介石为首的国民党政府实际上没有认真贯彻执行。在广大的农村，封建地主土地所有制不但没有被废除，反而由于以国民党政府军政人物为主体的新地主的兴起而继续发展。地租和高利贷仍然是这个时期农民受封建剥削的主要形式。

就国民经济全局而言，这一时期的显著特点是资本主义经济有了进一步的发展。

从外国在华资本来看，外国在华投资总额在 1914 年约为 17 亿美元，1930 年增至 34 亿多美元，1936 年增至将近 43 亿美元。[①] 在中外产业资本总额中，1936 年外国资本已占了 78.40%。这说明这一时期帝国主义进一步加强了对中国经济命脉的操纵，同时也表明外国资本对中国农民盘剥的加重。

从私营资本来看，1927—1936 年是中国私营工商业空前发展的黄金时期。这时期，资本主义生产关系的扩大颇为迅速。资本家增多了，产业工人也增多了，资本主义在生产部门上扩大了，在地域上也扩大了。据估计，1921—1936 年，本国工业资本增长一倍以上，增长的主要是民族资本，1936 年可视为民族资本发展的最高峰。其时中国产业资本估计如表 5－1 所示。[②]

表 5－1　　中国产业资本估计（1936 年）　　单位：万元

	合　计	外国资本	本国资本	官僚资本	民族资本
工矿业	429600	292000	137600	20600	117000
交通运输业	391400	351400	40000	23500	16500
合　计	821000	643400	177600	44100	133500

注：表中"本国资本"未包括东北。

至于私营的商业资本和金融资本，则又高于私营产业资本。据估计，抗日战争前的私营工业资本是 117000 万元左右，商业资本大约比它大 2 倍。而到 1936 年，私营金融业的资本有 287000 万元左右。[③]

---

① 吴承明：《中国资本主义与国内市场》，中国社会科学出版社 1985 年版，第 25 页。

② 吴承明：《中国资本主义与国内市场》，中国社会科学出版社 1985 年版，第 129—130 页。

③ 吴承明：《中国资本主义与国内市场》，中国社会科学出版社 1985 年版，第 63—64 页。

同时，农业中的资本主义经济成分有所发展。抗日战争前，地主雇工经营的土地，约占地主所有土地面积的10%，约占全国耕地总面积的5%左右。[①] 新式富农在20世纪20年代后期相当普遍。据1927年国民党农民部估计，当时全国有5600万农户（包括地主在内），每户平均以6人计，共33660万人口，其中有地30亩以上的富农、中小地主及大地主占14%。[②] 特别是在这一时期从事资本主义经营的经营地主和新式富农增多了，新式农垦企业也已出现。

总之，虽然此期农业中的资本主义经济成分所占比重不大，但毕竟是值得注意的一种经济动向，说明了资本主义经济关系在农村有所扩展。

在半殖民地半封建的社会环境中，私营资本主义经济关系的扩大，也是以农民负担的加重为代价的。以商业资本为例。旧中国的商业资本许多都兼有买办性和封建性，只是有的买办性多一些，封建性少一些，有的则封建性多一些，买办性少一些而已。买办性较多的商业资本多半是随着外国资本的侵入，为替外国洋行推销商品而发展起来的，它们很多原来就是外国洋行的买办。带有买办性的商业资本，主要是经营进出口物资和工业原料的，这些商业一般资本比较集中，以批发交易为主，它们主要是集中在沿海沿江的大城市。它们是造成近代中国私营商业资本分布不平衡的重要因素，吸引着货币资本从乡村流向城市，广大的内地则商业发展不足，许多农副产品不能及时销出，工业品价格昂贵，从而扩大了工农产品剪刀差，加重了商业资本对农民的剥削，加重了农民的负担。封建性较多的商业资本，主要是经营农产品和日用消费品，内地和较小城市的商业资本多属于这种类型。这种商业资本原是与地主经济结合在一起的，许多地主兼营商业，许多大商人又身兼地主，他们往往凭借封建势力，用杀价预买和高价赊销、扣斤减两、掺虚掺假等手法盘剥农民。这种商业资本又往往与高利贷资本结合在一起，通过向农民贷放粮食或现金，攫取高额利息。当然，

① 据丁长清：《试论中国近代农业中资本主义的发展水平》，载《南开学报》1984年第6期。

② 《第一次国内革命战争时期的农民运动》，人民出版社1953年版，第3—5页。

它们也具有买办性，替外国洋行推销商品，收购农业品和原料；它们一般不和外国洋行直接联系，但必然要同买办资本和沿海沿江大城市带有买办性的商业资本发生联系，成为外国资本和中国买办性资本剥削农民中的一环。[①]

应该强调指出的是，这个时期以蒋介石、宋子文、孔祥熙和陈果夫、陈立夫四大家族为核心的官僚资本虽已初步形成并有所发展，但纵观其整个发展进程，在抗战初期，官僚资本仅在金融业逐渐形成垄断，而真正使之成为国家垄断资本则是在抗战胜利之后，正如毛泽东在1947年12月指出的："这个垄断资本，和国家政权结合在一起，成为国家垄断资本主义。这个垄断资本主义，同外国帝国主义、本国地主阶级和旧式富农密切地结合着，成为买办的封建的国家垄断资本主义。这就是蒋介石反动政权的经济基础。这个国家垄断资本主义，不但压迫工人农民，而且压迫城市小资产阶级，损害中等资产阶级。这个国家垄断资本主义，在抗日战争期间和日本投降以后，达到了最高峰"。[②]

这一时期官僚资本的形成途径，主要有如下几条：

第一，在中外大资产阶级的支持下，靠军事夺权，靠政权掌握财权，从而聚敛财富。蒋介石发动"四一二"反革命政变前后，得到江浙财阀以及上海其他经济势力的大力支持。国民党政府用关税附加作担保发行的大量公债也主要是依靠上海的银行业和钱业踊跃认购承销，官僚资本和江浙金融资产阶级都从中得到很大的利益。蒋介石的上台又得到外国帝国主义的扶持。他不像旧军阀那样一般只得到一个帝国主义国家的支持，而是同时得到英、美、日等几个帝国主义的联合支持，不断得到他们给予的大量贷款。国民党政府还得到帝国主义的允许，实行一定程度的关税自主，提高了进口货物税率，使关税收入大增，成为中央财政的支柱之一。在英、美的支持下，国民党政府于1935年11月实施法币政策，控制了货币发行权，得以大量印发不兑现的钞票，为日后以四大家族为核心的官僚资本通过通货膨胀掠夺

① 吴承明：《中国民族资本的特点》，见《中国资本主义与国内市场》，中国社会科学出版社1985年版，第84—91页。

② 《毛泽东选集》第四卷，人民出版社1991年版，第1253—1254页。

人民财富打开了方便之门。由此也充分显示了此期国家垄断资本所具有的买办性。

第二，通过政治的和财政的手段完成垄断金融。国民党政府成立之后，通过加入官股、调整人事等办法，改组了过去以商股为主的中国银行和交通银行，使之成为具有国家银行性质的特许银行。又先后设立中央银行和中国农民银行。1928 年 11 月正式成立的中央银行是国内最高金融机构、享有发行兑换券、铸造与发行国币、经理国库、募集或经理内外国债等特权。1935 年 4 月由豫鄂皖赣四省农民银行改组而来的中国农民银行，是经营农村金融的专业银行。此外，又有 1930 年 3 月成立的邮政储金汇业总局，1935 年 10 月成立的中央信托局。中央信托局垄断各种出口物资的收购，经办军火进口等。此即所谓的“四行二局”，在全国金融业中占据垄断地位。近代中国的金融业带有浓厚的封建性、买办性、投机性，形成脱离工业而畸形发展的状态。因此，通过垄断金融，官僚资本迅速扩大。例如，1927—1937 年，国民党政府总共发行了 26 亿元以上的国内公债，主要用于筹集内战的军费。[①] 承购公债的折扣一般是五至六折，公债票面利息 6—8 厘，还本付息按票面十足计算，故承购银行可得 3—4 分的年利。四大家族控制的银行是公债的主要承购者，所以公债的大部分利息转化为官僚资本。

第三，初步垄断工业、交通运输业和商业。国民党政府接管了北洋军阀政府的一批官僚买办企业，又以各种手段接管或控制了不少私营的煤矿、电厂、纱厂等。1933 年，国民党政府设立棉业、粮食、煤业、蚕丝等统制委员会，进一步控制甚至吞并私营资本。此后又成立资源委员会，管理国防资源和重工业建设，到抗战爆发前，该机构已控制 80% 以上的钨锑生产和运输。至于铁路、轮船航运、邮政、电信、电话等也几乎被国民党政府逐步地独占了。在商业方面，他们也通过建立各种官办的机构和“商办”的公司，利用特权进行统购统销、买卖专营、贱买贵卖，排挤一般商人。

第四，购买军火，发内战之财。据估计，仅 1930—1934 年，平均

① 千家驹编：《旧中国公债史资料》，中华书局 1984 年版，第 23 页。

每年输入军火达 2100 万元。[①] 经办军火的人至少可得货价的 5% 左右的回扣，加上居中贪污中饱，牟取的暴利不下数百万，大部分转化为官僚资本。

第五，直接加重对广大农民和其他小生产者的赋税榨取。

上述诸种途径虽有不同，但殊途同归，其实最终都是主要地取自农民和其他小生产者。因为，此期分散的落后的农业和手工业个体经济仍在全国工农生产中约占 90% 以上。农民“在帝国主义、封建主义和官僚买办资本主义的压迫下，他们日益大批破产，但由于中国资本主义工农业得不到正常发展，他们不可能像早年英法等国的破产者那样转变为雇佣工人，只是更加走投无路，不得不继续广泛存在……他们不再是中国封建时代封建主义存在的基础，而变成了半殖民地半封建社会中帝国主义、封建主义和官僚买办资本主义存在的共同基础。他们继续从事农业和手工业，但已经卷入市场。他们受剥削更重，生活更加痛苦”。[②]

总而言之，尽管从国民生产全局来看，1927—1936 年这 10 年，工农业总产值比北洋军阀政府统治时期有较大的增长，但是，中国社会的半殖民地半封建性仍在加深，广大农民深受帝国主义、封建主义和官僚买办资本主义三座大山的压迫，他们负担没有减轻，生活状况普遍地更贫困化了。

三、为内战服务的财政收支结构

国民党政府成立之后，为了“统一财政”，于 1928 年完成了中央财政和地方财政的划分。在收入方面，划归中央收入的项目主要有关税、盐税、统税、烟酒税、矿税、银行税、遗产税、印花税、国营企业收益，等等。划归地方财政收入的主要是田赋、契税、牙税、营业税、当税、牲畜税、屠宰税、船捐、房捐等。而关税、盐税、统税成为中央财政的三大支柱，一般占其税项总收入的 90% 以上，1931 年甚

---

① 郑友揆：《我国近十年来国际贸易之研究》，《社会科学》1935 年第 6 卷第 4 期。

② 全慰天：《中国四大家族官僚买办资本的形成》，见孙健编：《中国经济史论文集》，中国人民大学出版社 1987 年版，第 353 页。

至高达 97.9%。[①] 如前所述，关税的增长，主要是国民党政府得到帝国主义的支持，实现了一定程度的关税自主，提高大量进口商品税率的结果。盐税则是通过整顿盐政和调整盐税税率，使全国盐产量有所增加，盐税随之大增。统税是对卷烟、麦粉、棉纱、火柴、水泥等机制产品征收的货物出厂税。它是国民党政府废除厘金之后为补偿损失而创立的新税。关、盐、统三税无一例外都是间接税，表面上是以指定商品为课征对象，由生产或贩卖这些商品的工商资本家缴纳的，实际上最终是通过提高商品价格的形式，大部分转嫁到消费者身上，广大农民因此加重了不少负担。

众所周知，财政收入是为了满足支出，而支出则体现着财政目的。这一时期国民党政府的财政收入主要是为满足内战军费的需求的。据统计，1927—1936 年国民党政府用于军阀混战和“围剿”红军等的军务费一般都占其年度总支出的 30%—40%，1928 年高达 50.8%，1932 年也高达 49.7%。[②]

国民党政府发行的大量国内公债和举借大量外债，主要也是为了打内战。例如，1933 年 5 月与美国签订的 5000 万美元的“美棉麦借款”，就是在“剿共”战争不断，军费开支激增的财政困难情况下成交的。当时，立法院对外宣称，借款收入的全部用途限于生产事业，“不得移充任何对内用兵或其他消费之用”。但是，8 月间，国民党中央执行委员会政治会议即通过“豫鄂皖赣四省剿赤军费，治标 180 万元，治本 1500 万元”的决定。次年 2 月 7 日，国民党中央执行委员会作出决议，“剿匪治本经费，准在美棉麦借款内动支”。据统计，棉麦借款直接用于反共军事的占 36% 强。[③] 至于国民党政府把国内公债用于内战经费，就更无所顾忌了。

从财政管理体制上看，由于中央将多数有利的税项划归己有，地方除田赋之外的合法财源不足。中央财政收入又主要用于军费支出，把许多支出项目推给地方承担，加上国民党政府维持的只是表面的统

---

① 杨荫溥：《民国财政史》，中国财政经济出版社 1985 年版，第 47 页。

② 杨荫溥：《民国财政史》，中国财政经济出版社 1985 年版，第 79 页。

③ 陆仰渊等主编：《民国社会经济史》，中国经济出版社 1991 年版，第 264—265 页。

一，许多地方中央政令不达，这就造成了这个时期农民负担因地方征收苛捐杂税而大大加重的突出现象。

总之，与内战不断的政局相应，这个时期的中央财政主要是围绕着解决内战军费需求而运营的，故有人称之为“内战财政”。因此，农民由于国民党新军阀的混战以及国民党政府发动反共战争而加重了诸多负担。

第二节　土地兼并与地租负担

一、土地兼并激烈的诸原因

国民党政府初期曾制定过一些有关土地关系的政策，但都因各级政府贯彻不力以及地方豪绅势力的抵制而成为几纸空文。这反映了国民党政府所维护的其实是封建大地主和官僚地主的利益。以《土地法》为例。虽然早在1903年孙中山先生就提出“平均地权”的主张，又于1924年提出：“农民之缺乏田地沦为佃户者，国家当给以土地”，以此作为国民党的重要革命政策之一。然而，国民党政府成立后，针对农村土地问题的《土地法》却迟至1930年6月底才公布。该法共5编，397条，包括土地行政、土地使用、土地税、土地征收等方面。可是，其总则又规定：“本法各编之施行日期及区域，分别以命令定之。”而“命令”迟至1936年3月才见颁布，但说前土地法“疏漏或欠当之处在所难免”，“且自公布迄今，虽仅数年，而此数年间之变动甚巨，不乏昔日视若适宜者，今已显然不适”。因此搞了个修正法，却只见报道，未见正式公布，从而使以前的《土地法》不攻自破。因此，这个时期的土地兼并浪潮实际上并未受到法令的约束。

在国民党政府的实际放任之下，当时的土地兼并活动更为激烈。其具体原因还有以下几方面。

第一，天灾人祸、沉重的债务及苛捐杂税迫使农民廉价出卖土地。

1927—1937 年，战祸不断，天灾频仍。每遇灾祸，稍有土地的农民不得不廉价卖地以求生存。例如，1928 年山东发生饥荒，出现地价暴跌。有人调查了五县的十个村庄，其地价下落率如表 5－2 所示。[①]

表 5－2　　单位：吊文/亩

县名	村名	平年	1928 年	下落率
曲阜	马厂	1300	400	69.2
章邱	步村	900	200	77.8
安邱	名庄	1000	500	50.0
安邱	潭家官庄	1000	500	50.0
安邱	坝庄	1000	300	76.9
安邱	朱子街	1000	200	80.0
安邱	马家寒庄	300	120	60.0
安邱	东阜庄	2000	700	65.0
蒙阴	高都庄	1600	160	90.0
肥城	孟家庄	1600	500	68.7

又如，1931 年发生洪灾，灾区地价跌落到惊人的程度，大批土地脱离农民，“地主、富农、商人及官吏等，在灾荒期内贱价收买田地成为灾区普遍的现象”。[②]

再如，1932 年陕西灾后，“关中小农大批出卖田地。单说咸阳、泾阳、三原、高陵、临潼五县，他们出卖的耕地已各占本县耕地总面积的百分之二十。”“咸阳农户五十亩以下的灾后减少百分之十五。当然多数的小农早已无地化了。……在凤翔，……因灾荒而完全失去耕地的农户就有二千二百八十户。这些无地化的农户求为雇农而不得。灾后凤翔农村中失业的人数增加了百分之六十二。当然许多失业的农

---

① 章有义：《中国近代农业史资料》第三辑，三联书店 1957 年版。

② L. Buck：*The 1931 Flood in China*，1932 年版。

民早已逃亡境外去了。”[①] 有人对此也指出：“地价之暴落，最低一亩仅达二元左右，有时尚无买主，即有买主亦不过为军阀、高利贷者，或商人与‘不在地主’者之收买。彼等更乘农民之急困，百般设计，抑勒地价。”[②]

有人视察了江西、安徽、湖南和湖北四省，看到所经地区大多数小自耕农“终年砺年粗衣、生活极苦，尤以油盐价奇昂，累月不得一食者比比皆是”。加上“近年连接荒歉，用度不敷”，“卖田之风，日渐盛行”。[③]

农民除因灾祸丧失田地之外，还常因债务和苛捐杂税而失地。如1935年编修的《阳原县志》称，当地因为“捐税无穷”，“生产折现，悉供赋杂，虽日有田可耕，实则无生可谋。故近数年来，地价一落千丈”。另据调查，江苏省盐城县沙沟镇，因为连年灾祸，1935年的田价由原来的百元或七八十元下跌到二三十元或数十元不等。“每值春荒不接之际，农民即向各处请托，抵卖田地，以维春耕，借活老幼。”“当其出卖田地之时，忍痛签字，亲哭妻啼，据为世代祖遗之田产，一旦过户他人，或雇佣于外，或买舟他徙。”“买主多为在外商人或高利贷者与官僚及地主等。兼并之风，复盛于今日。而买主伪言不买，故意勒价。某乡农人曾因此迫而自缢者。”[④] 又据调查，河北“1934年底时，因农村凋敝，经济恐慌，一般负债农民纷纷以田偿债，井陉农民也多于不得已时，只得贱卖祖宗所遗留之田产，以充必须之费用。”[⑤]

总之，以军阀、官僚为主的新地主带着强烈的贪欲参与土地兼并活动，加上天灾人祸不断，加剧了个体小农的破产，是造成此期地权重新分配与集中的主要原因。

对于这个时期农村各阶级占有土地的状况的总体估计，比较通行

---

① 陈翰笙：《崩溃中的关中小农经济》，《申报月刊》1932年1卷6号。

② 石笋：《陕西灾后的土地问题和农村新恐慌的展开》，载1932年7月22日《新创造》半月刊。

③ 陈庚雅：《赣皖湘鄂视察记》，上海申报月刊社1934年版，第109—110页。

④ 董成勋：《中国农村复兴问题》，第186—187页，（1935年）。

⑤ 田文彬：《最近河北经济之检讨》，《东方杂志》32卷12号（1935年6月），第34页。

的说法是：占乡村人口不到 10% 的地主、富农占地约达 70%—80%，而占乡村人口 90% 的贫农、雇农、中农和其他劳动人民，只占地约 20%—30%，即大多数土地被少数地主、富农占有，而占人口绝大多数的中农、贫农、雇农等则很少有土地或没有土地。

第二，新兴地主加紧对土地的兼并。

1937 年，有人撰文指出："目前在（河北）河间北乡的农村中，……显然的表现出旧土地所有者（纯农业经营者）的没落与破灭，新土地所有者的出现——其中，有兼营高利贷的，有兼营商业资本的……更有一部分系在外任事拿薪金的……军队中的师长、团长、营长等。……他们竞相投资土地。因而新兴的土地所有者，就成了这些人。"① 从各地来看，新地主中尤以出自军警政界者为多。例如：1935 年对四川的调查，"大地主所占田地不下千数百亩甚至数千亩，中地主所占不下数百亩，小地主不过数亩以致数十亩不等。近来大地主中，又分新兴地主和旧地主两种，新兴地主是军阀、官僚、豪强、高利贷一流人物"。对重庆十县的新旧地主占有土地状况的统计资料分析之后，得出的结论是："关于川东区重庆土地百分率的总和比较，计新兴地主所占土地为百分之九十，旧地主所占土地为百分之八。可见，旧地主的急剧没落和新地主的盛大膨胀。至于户数比较，新兴地主约占百分之三十一，旧地主占百分之六十九。只见新地主以百分之三十之户数，而占田在百分之九十以上；旧地主以百分之七十之户数，而占田反不及百分之十。土地集中之转移与情况，可以想见。新兴地主中，以军阀、官僚之户数最少，而占地最多，常以百分之一点八之户数，而占百分之三十九点九之田地。足见四川地主阶级之重心，与土地分配之情势。重庆如此，其他可想而知。"②

确实的，新兴地主中以军阀、官僚为主，各地皆然。例如，据调查，广东崖县在民国十九年和二十年的"两年中，田地交易共三百十四件，所有权移入军警政界者一百六十七件，占总数三分之一。成交

① 天津《益世报》1937 年 3 月 27 日所载刘亚生：《外力侵略下的河北河间县农村经济》。

② 吴济生：《新都见闻录》，上海光明书店 1940 年版，第 111—113 页。

地价总数四万九千八百九十七元，而军警政界者占二万七千五百零七元，约占总数二分之一。占第二位者始为商人。故工商业，（包括工商业资本及高利贷者资本）仍未取得较军警政界为优越之地位”。[①] 又如，陈翰笙指出，1932 年前后，关中灾后转移的田产 70% 集中在军人手中，30% 集中在文人和商人等手里；而且，旧地主没落的很多，旧地主兼做商人的已经很少，但商人兼地主的倒不少，军人政客兼商人地主的更多。[②]

以上说明，参与土地兼并的新兴地主，除商业新富之外，大部分为国民党政府的军政要员，他们利用权势和金钱所进行的土地兼并活动，比旧式地主更为凶猛。由此可见，《土地法》不过徒具其文而已，同时也反映出国民党政府的各级地方政权具有浓重的封建性，维护的确实是乡村豪绅阶级的统治。

第三，地价大幅度下跌。

20 世纪 30 年代初，中国农业出现深刻危机，表现之一为地价惨跌。以平湖为例，其地价下跌情况如表 5－3 所示。[③]

表 5－3　　浙江平湖历年地价的变动

（1912 年＝100）

年份	水田	旱地	荡地
1926	123.38	125.00	166.00
1931	75.32	116.67	124.00
1936	59.30	71.20	86.46

据陈翰笙在《现代中国的土地问题》中的揭示，1929 年以后，“中国各耕地价格一致跌落。”1933 年与 1929 年相比，“福州地价跌落 33%，浙江永康跌落 40%，江苏盐城跌落 70%，陕西府谷跌落 50%—81%，察哈尔之阳原跌落 60%，……河北数县（赵县、行

① 董成勋：《中国农村复兴问题》，上海世界书局 1935 年版，第 192—193 页。

② 《崩溃中的关中小农经济》，载《申报月刊》1 卷 6 号（1932 年 2 月）。

③ 章有义：《中国近代农业史资料》第三辑，三联书店 1957 年版，第 711 页。

唐、南和、固安、晋县、束鹿、保定）之地价跌落 33%—75%。”后者如表 5-4 所示。①

表 5-4　　河北数县耕地每亩平均价格变动统计

（1929—1933 年）

地名	每亩平均价格（元）		指数	
	1929 年	1933 年	1929 年	1933 年
赵县	90	60	100	67
行唐	150	100	100	67
南和	100	60	100	60
固安	50	20	100	40
晋县	100	40	100	40
束鹿	100	30	100	30
保定	80	20	100	25

可见，地价大幅度跌落是本时期的一个突出的经济现象。究其原因，畸形发展的商品经济对自然经济的进一步冲击，西方帝国主义国家为转嫁经济危机而对中国大量倾销农副产品，封建地租和税捐的苛重等交织一起，使得中国个体小农经济出现了深刻的危机。地价跌落正是自耕农加速破产的反映。而地价的大幅度下跌，无疑有利于富有者购置土地，加速了地权的转移和集中。

二、苛重的地租剥削

（一）国民党政府的地租政策

国民党政府的地租政策条文，以《租佃暂行条例》为典型。该条例是在 1927 年 5 月颁布的《佃农保护法》的基础之上，从 1928 年底开始拟议，至 1932 年基本形成。主要内容有：

第一，关于地租的物资形态。规定：“租课以征收当年当地之生

① 章有义：《中国近代农业史资料》第三辑，三联书店 1957 年版，第 714 页。

产物为原则。但业佃间订有给付他物或变价之特约时，从其特约，交租物之价格，依约定缴纳时当时市价折算。”

第二，关于地租额。规定：“缴租最高限度应不得超过当年正产物收获总额千分之三百七十五。”“正租以外，不得再有小租、杂税及一切陋规。”“副产物概归佃农所有。”所谓正产物，“指主要农作物之目的生产品。”所谓副产品，“指农作物原生产目的以外之附随生产品。”

第三，关于征租形式。宣布：“包租、包佃制及预收地租、收取押租制，应即废止。”

第四，关于保护佃权的详细规定。如：“佃农如能完全履行其义务，除地主收田自耕，或土地所有权移转于自耕农时，出租人不得任意撤佃。”“收回自耕之土地再行出租时，原佃农有优先承租权。”地主典当或出卖土地，佃农有优先承典或承买权。土地所有权转移时，除转移于自耕农外，佃农有继续承佃权。同时规定了业主可以解约撤佃的七种情况，但要求“解约撤佃时，业主应于一年前通知佃农。如佃农对于租地确有特别改良，尚未完全享得其报酬者，业主应偿还其损失。”

第五，关于地租的减免。规定：“凶年灾歉及其他不可抗力，致收获减少或全无者，应按歉收程度比例减少，或免除租额。”

第六，关于主佃的身份地位。宣布：“业主与佃农身份平等，业主绝对不得强课佃农以力役或供应。”

显然，从文字上看，该条例对佃农权益的保护规定是好的。这是佃农长期以来反抗封建租佃关系的斗争的法律成果。可惜的是，无论是《佃农保护法》或是《租佃暂行条例》，都和《土地法》一样，成了国民党政府用来装潢门面的东西，实际上并没有被认真贯彻执行。例如，广西省于 1930 年公布的《广西耕地租用暂行条例》也规定“田主不得预收地租，并不得收取押租”，但事实上广西至 1932 年仍普遍而公开地存在着收取押租的情况，即使是田租很轻的薄田，每亩也预收押租金 50 元上下。[①] 又如浙江省国民党党部和省政府直到 1937 年 12 月，仍然在其联席会议决议的“处理佃业纠纷办法”中写道：

“……佃方故意延宕不缴者，有押租金者扣押租金。”这说明收取押租不仅继续存在，而且受到国民党政府地方政权的法令保护。

国民党政府对封建租佃关系未能加以触动并非偶然，它与前述军阀、官僚作为新地主的主体，成为此期土地兼并活动的生力军是密切相关的。因此，这个时期尽管在形式上已有平抑地租的政策，也有一定程度的关心农民命运，为平抑地租奔走呼吁的社会舆论，但佃农的地租负担非但没有减轻，反而有加重之势。

（二）佃农的地租负担及其加重状况

据当时人的研究，20 世纪 30 年代全国平均地租水平如表 5－5 所示。[②]

表 5－5

田则	货币地租		谷租		分租	
	旱田	水田	旱田	水田	旱田	水田
上田	10.5	10.3	45.3	46.3	47.3	51.5
中田	10.9	11.3	44.6	46.2	45.3	48.0
下田	12.0	12.2	41.4	45.8	43.6	44.9
备注	分租与谷租的百分比，指田租占收获量的百分比。货币租的百分比则是指田租占地价的百分比。					

事实上，在不同地区、不同地力、不同作物以及不同地租形式下，佃农的地租负担水平差别很大。严中平在《中国近代经济史统计资料选辑》一书的第 303 页，绘制了《抗战前各省定额实物地租租额及其所占产量的百分比》统计表，他根据 11 种资料，列出全国 41 处在 1927 年到 1935 年间的实物地租剥削率，其中半数以上（28 处）超过产量的 50%，显然高于上述平均水平。而且，那只是指地租定额而

① 《中国农村》1935 年 1 卷 4 期，第 29—30 页。

② 《东方杂志》1935 年第 32 卷 1 号（农），第 82 页。

言，定额之外的榨取尚未计算在内。实际上，地主对佃农进行额外的剥削，几乎是当时中国农村的普遍现象。有人说："昔日地主所收租谷为二分之一，且限于水田中所生产之稻，其无水地中之产物及柴草，悉归佃农，押金亦甚微。演至今日，人口日繁，佃农增多，地主乃大事压迫。租期由五年而缩为四年，继复缩为三年。其押金则增加几乎与购买之地价相等，且须于押金之外，缴纳随礼一份。故佃农每三年必罄其积蓄，献之地主，以求保留其佃地之权。同时，地主所收之租课，亦复加重。稻课之外，复有所谓麦课、鱼课、鸭课、油课、棉课、柴课、草课等。总之，凡田中所产，家中所蓄饲，无一不按五均分。"①

此外，地主还用其他手法加重佃农的负担。常见的有三。一是向佃农转嫁田赋负担，甚至从中还要多加盘剥。如1934年在绥远临河，"一切地亩摊款，也按照丈青征收。丈青的时候，地主往往将其自种地并各佃户租种地，一并丈在地主名下，种十顷地，不过丈两三顷地，地主将应纳摊款，分派各佃户负担，其派出款额，往往超官厅应征数额数倍。"② 据国民党政府"全国经济委员会"1934年的报告，"最近数年中，许多省份带征附加税，遂使田赋增加数倍。依法律而言，地主应纳田赋，但在佃租盛行的地方，佃户反缴纳田赋及附加之全部或一部。例如甘肃佃户认缴田赋附加百分之六十。"③ 二是对佃农进行无偿的劳力役使。三是加重押租和盛行预租。以预租为例。当时钱租多为预租。1934年国民党政府主计处曾有所统计，当时普遍钱租定额为每亩3.6元，预租须提前一年缴付，高利贷按当时的普遍的月息3分计算，一年后佃农就等于实付了4.9元，比租额最高的分租（4.6元）还要高。至于地主收取实物租时普遍采取的"踢斛""淋尖"、加收"损耗"，以及大斗收进等手段，无一不加重了佃农的实际地租负担。这些事实，再次有力地证明国民党政府的《土地法》和《租佃暂行条例》不过是一纸空文，佃农所承受的地租负担有增无减。

① 田秋烈：《中国地租的形式和性质》，见千家驹编：《中国农村经济论文集》，上海中华书局1936年版，第92页。

② 曙明：《"蒙古江南"之临河县农村》，《新中华杂志》1934年2卷4期，第82页。

③ 《全国经济委员会报告汇编》第二集（1934年），第26页。

有关这个时期地租剥削加重的幅度，如表 5 - 6[①]、表 5 - 7 所示[②]。

表 5 - 6　1930 年各省各等水旱田地货币地租租额对地价的百分比

省别	水田				旱田			
	报告区数	上等	中等	下等	报告区数	上等	中等	下等
总计	360	10.3	11.3	12.0	372	10.3	11.0	11.5
黑龙江	10	13.0	14.0	1.4	6	24.0	23.6	29.6
吉林	10	8.7	8.7	8.4	15	14.8	16.6	17.6
辽宁	21	8.0	8.3	8.1	21	7.0	5.0	6.7
热河	1	5.0	5.0	5.0	1	5.0	5.0	5.0
察哈尔	8	11.1	13.0	13.9	6	11.2	13.4	14.3
绥远	2	13.0	16.5	23.0				
陕西	2	21.0	18.5	17.8	2	11.5	15.0	15.0
山西	51	13.3	15.8	17.3	43	12.5	18.0	17.8
河北	86	8.7	10.3	10.5	82	9.7	9.3	2.9
山东	22	13.0	11.7	15.6	71	9.5	8.4	12.1
河南	22	8.3	9.2	10.1	17	8.5	7.4	6.6
江苏	62	8.1	8.2	8.7	45	8.6	9.5	10.4
安徽					3	12.0	13.8	19.0
浙江	21	9.3	9.2	11.5	18	11.1	10.9	10.2
福建	1		25.0	17.0	2	17.5	16.0	14.0
广东	7	5.0	6.7	8.3	3	13.6	10.5	10.0
江西	13	11.7	13.4	15.3	16	12.4	12.8	12.1
湖北	8	17.0	17.2	15.3	6	15.1	14.8	18.5
湖南					1	13.0	10.0	10.0
广西	1	12.0	13.0	13.0	1	13.0	10.0	10.0
四川	11	20.3	19.7	18.9	11	9.0	8.6	7.6
云南	1	13.0	14.0	10.0	2	24.5	27.5	21.5

① 《中国经济年鉴》第 6 章，1934 年，第 63—64 页。原编者注：租额对地价的百分比，即地租的租率。

② 国民党政府主计处统计局编：《中国租佃制度之统计分析》，重庆正中书局 1942 年版，第 79—80 页。

表 5－7　　1934 年各省实物地租及货币地租剥削程度比较

省别	每亩普通租额（元）			普通田地之平均价格（元）	租额占地价的%		
	分租	谷租	钱租		分租	谷租	钱租
总计	4.6	4.2	3.6	32.6	14.1	12.9	11
察哈尔	1.9	1.2	0.8	27.4	6.9	4.4	2.9
绥远	1.5	1.8	0.8	12.5	12.0	14.4	6.4
甘肃	2.4	2.1	2.0	17.5	13.7	12.0	11.4
陕西	3.0	3.1	2.4	23.8	12.6	13.0	10.1
山西	1.8	1.7	1.8	29.0	6.2	5.9	6.2
河北	3.3	3.7	3.0	40.8	8.1	7.6	7.3
山东	6.1	5.5	4.7	29.3	20.8	18.8	16.0
江苏	5.6	3.4	3.8	43.7	12.8	7.8	8.7
安徽	5.4	3.1	3.1	33.0	16.4	9.4	9.4
浙江	5.9	4.6	4.3	44.7	13.2	10.3	9.6
福建	6.0	5.7	5.1	28.6	21.0	19.9	17.8
广东	6.1	7.5	6.7	39.5	15.4	19.0	17.0
江西	6.7	3.3	3.5	18.2	36.8	18.1	19.2
湖北	5.6	2.8	3.4	41.2	13.6	6.8	8.3
湖南	7.2	4.4	4.4	25.3	28.5	17.4	17.4
四川	8.3	7.1	5.6	49.1	16.9	14.5	11.4
云南	7.6	7.5	6.3	45.3	16.8	16.6	13.9
贵州	4.5	5.0	2.3	37.2	12.1	13.4	6.2

上述官方的统计资料说明 1930 年，地租与地价的最低比率为 10.3%，最高为 12.0%，到 1934 年，最低者为 11%，最高为 14.1%，四年间地租的平均涨幅在 10% 以上。但是，民间的调查结果往往高于官方的结论。例如，1927—1933 年，湖北一些地方的地租租价竟增加了 1—3 倍多。① 当时反映全国各地地租加重的报告屡见诸报端。②

① 章有义：《中国近代农业史资料》第三辑，三联书店 1957 年版，第 259 页。

② 章有义：《中国近代农业史资料》第三辑，三联书店 1957 年版，第 257—268 页。

（三）地租重负下佃农的困境

由于预租、押租以及其他形式的地租剥削加重，佃农往往被迫负债佃耕。如表 5－8 所示[①]，佃农的负债户比例大大高于其他农户。因此，佃农终年劳作，即使在正常年景也难得温饱，往往是入不敷出。1935 年前后的各种书刊频频披露各地佃农入不敷出的困苦状况。例如，在苏州，“佃农居租田主之田，每亩以收获二石计，苟以每石六元之价粜出，可得洋元十二元。此十二元中，计还租六元七角，付肥料、打水、人工等费至少四五元，一年辛苦结果，毫无所获，甚至每亩亏蚀数元者，比比皆是。”[②] 在浙江武义，佃农入不敷出之状如表 5－9 所示。[③] 在广西玉林，1933 年有人对 26 家佃农的平均收支状况作了统计，结果如表 5－10 所示[④]，也是入不敷出。同样地，1935 年对湖北黄安成庄的佃农收支作了调查，结果是不敷 9.56 元。[⑤] 1933 年有人对四川犍为的佃农在一般情况下的收支状况作了统计，若以每家 3 人租种 10 亩计之，“负数差额，竟达 7 元。若在荒年，所差尤巨。就中如耕作费用方面之农具修补费，生活费用方面之其他费用，尚未计之。”[⑥] 1933 年有人在河北宝坻调查得知，“普通为地主得四成，佃农得六成。……佃农分得自己所得六成高粱后，将如何分配用途呢？他若种十亩田，每亩收获以高粱一石五斗计，合为十五石，六成可得九石，每石以六元计，共得五十四元。支出方面，种子、肥料、人工、食用等项……约需六十五元，两相抵销也不敷十一元。”[⑦] 1932 年，来自天津东的北塘一个承种十亩地的佃农说，他一年收入的高粱和杂粮共值 90 元，支付地租 40 元后，再扣除生产成本 65 元，已赔累 15 元，

① 章有义：《中国近代农业史资料》第三辑，三联书店 1957 年版，第 761 页。

② 《银行周报》16 卷，44 号第 11 页，1932 年 11 月 15 日。

③ 《中国经济年鉴》续编（1935 年），第 7 章，第 141—142 页。

④ 千家驹等编：《广西省经济概况》，上海商务印书馆 1936 年版，第 55—56 页。

⑤ 张培刚：《成庄村的农家经济调查表》，载《天津益世报》1935 年 10 月 26 日《农村周刊》。

⑥ 西华近代文献征集处编：《四川农村崩溃实录：从农民生活形态上检讨四川农村贫困之强化》，1935 年 4 月 7 日。

⑦ 顾猛：《崩溃过程中之河北农村》，载《中国经济》1933 年 1 卷 4、5 期。

而且未将其一家人的生活费计算在内。①

表 5－8　　　　各地农村各类农户负债户百分率

（1934—1935 年）

农户类别	平均	河南	湖北	安徽	江西
平均	71	66	74	80	57
自耕农	63	66	74	80	42
半佃农	72	62	65	76	58
佃农	78	71	82	82	72

表 5－9　　　　浙江武义佃农收支预算表

（1935 年左右）　　　　单位：元

项别		金额	备注
收入	谷	86.40	种田 12 亩，亩收 300 斤，每百斤值 2.4 元计。
	小麦	5.60	种 2 亩，收 140 斤。
	油菜籽	7.20	种 2 亩，收 120 斤。
	大豆	6.84	种晚生大豆 3 亩，收 180 斤。
	猪	15.00	养猪 1 头，除小猪成本银外，饲料不计成本。
	其他	15.00	
	共计	136.04	
支出	膳食	84.72	全家 4 口，两大两小合计。
	衣服	12.00	全家 4 口每年各添衣 3 元计。
	农具	8.00	
	肥料	12.00	每亩以购用肥料 1 元计。
	种子	3.16	种田 12 亩所须种子费。
	租税	51.84	租田 12 亩，每亩缴谷租 180 斤，每百斤值 2.4 元计。
	其他	15.00	
	共计	186.72	
收支两抵		－50.68	

① 顾猛：《崩溃过程中之河北农村》，载《中国经济》1933 年 1 卷 4、5 期。

表 5－10　　广西玉林 1933 年佃农平均收支统计　　单位：元

收入	金额	支出	金额
农场收入	270.14	生活资料支出	66.85
家庭工业收入	3.24	内：种子	19.28
副业收入	13.53	肥料	22.78
共计收入	286.91	设备	5.15
		畜养	19.64
		生产资料支出	183.86
		内：家庭	177.72
		雇工或帮工	6.14
		地租	68.51
收支不敷			32.31

佃农的亏蚀原因，除了税捐加重，农产品价格下跌等之外，最主要的是地租负担过重。以当时的物价水平，即使按照佃农的最低生活消费计算，地租剥削都过多地侵占了他们的必要劳动，其比率各地有所不同，详见表 5－11，[①] 资料说明低者为 16.1%，高者竟达 75.7%，可见佃农的地租负担是何等的沉重！

表 5－11　　各省地租侵占佃农必要劳动示例　　单位：元

地区	资料时间	农户	1 产值	2 生产资料	3 生活资料	4 剩余劳动	5 地租	(5－4) /3 地租侵占 必要劳动%
江苏宜兴（1）	1927		54.00	29.00	37.00	－12.00	16.00	75.7
浙江武义（2）	1934		115.04	23.16	96.72	－4.84	51.84	58.6
河北北塘（天津）（3）	1934	1 家佃户	90.00	30.00	35.00	25.00	40.00	42.9
广西桂林（6）	1933	26 家佃农平均	270.14	66.85	183.86	19.43	68.51	26.7

① 严中平等编：《中国近代经济史统计资料选辑》，科学出版社 1955 年版，第 321 页所载《各省地租侵占佃农必要劳动示例》一表。

续表

地区	资料时间	农户	1 产值	2 生产资料	3 生活资料	4 剩余劳动	5 地租	(5-4)/3 地租侵占 必要劳动%
桂林（6）	1933	27家自耕农兼佃农平均	320.33	85.08	213.79	21.46	55.78	16.1
桂林（6）	1933	7家佃农兼雇农平均	165.93	32.82	143.90	-10.79	38.80	34.5

第三节　划归地方收入的田赋

一、农民田赋正附税负担的加重及其原因

田赋自古是国家税，而国民党政府鉴于全国土地问题复杂、田赋积弊沉重，于1928年将田赋作为地方税划归地方收入，这是中国田赋史上的一次大变化。田赋划归地方之后，农民的实际负担有增无减，表现在如下几方面。

首先，田赋正附税征收总额的不断增长。

据1939年出版的《农情报告》公布，对全国22个省的1020个报告县作了统计，1931—1936年平均每亩田赋正附税总额的变化指数如表5-12所示，[①] 是增长的，其中有三年增长幅度相当大。但这仅是就官方提供的资料而言，由于种种原因，其平均值有所偏低。从对湖南的另一个调查资料看来（见表5-13）[②]，其田赋正附税增长指数更高。

① 章有义：《中国近代农业史资料》第三辑，三联书店1957年版，第9—15页。

② 章有义：《中国近代农业史资料》第三辑，三联书店1957年版，第28页。

表 5－12　各省每亩田赋正附税总额（指数）之变迁（平均值）

年份	水　田	平原旱地	山坡旱地
1912	59	62	61
1931	100	100	100
1932	107	109	108
1933	108	111	111
1934	108	111	111
1935	101	103	104
1936	101	101	101

表 5－13　湖南省七十二县四年来田赋正附税总数增加情况

年份	绝对数（元）	指数	年份	绝对数（元）	指数
1931	13553689	100	1933	14598366	108
1932	15823578	117	1934	14944697	110

其次，田赋附加种类繁多，其税额超过正赋。

这个时期的田赋附加种类繁多。1934年有人统计了30个省份的田赋附加种类，共有673种，具体如表5－14所示。[①] 可以看出，除偏远贫瘠的少数几个省，多数省份的田赋附加种类都有几十种甚至上百种。

表 5－14　田赋附加的种数统计

省别	附加种数	省别	附加种数	省别	附加种数
黑龙江	15	四川	20	山西	30
辽宁	3	贵州		山东	11
察哈尔	8	西康		江苏	147
宁夏	4	福建	14	湖北	61
青海	1	蒙古		江西	61
陕西	9	吉林	3	云南	17

① 邹枋：《中国田赋增加的种类》，载《东方杂志》1934年31卷14号第312页。

续表

省别	附加种数	省别	附加种数	省别	附加种数
河北	48	热河		广西	15
河南	42	绥远		浙江	73
安徽	25	新疆	5	广东	25
湖南	23	甘肃	13	西藏	
共计	673				

从附加与正税的比率来看，如表 5－15 所示。[①] 据 1934 年的报告揭示，附加税超过正税的程度实在惊人。

表 5－15　　　几个主要省份田赋附加与正税的比率

（正税＝100）

省别	最低比率	最高比率	备　考
江苏	119.7	2603.5	
浙江	134.2	384.9	
安徽	48.1	287.2	大多数在一倍以上
江西	27.0	958.0	大多数在一倍以上
湖南	24.0	1280.4	一倍以下者仅五县
湖北	9.2	8600.0	一倍以下者仅六分之一
河南	15.7	1019.4	一倍以下者仅六分之一

再次，官绅勾结，对农民进行额外榨取。

主要表现在浮收、中饱和勒索诸方面。浮收、中饱和勒索在实际生活中参互一体，交相并炽。但是有其不同的表现：浮收即实际征收数超过应征收数。超收部分由征收的官绅私肥；中饱即少上报已征数或应减免征收者不予减免。从而私肥溢收数；勒索则完全是官绅狼狈为奸。强行向农民索求。这些行为毫无疑问形成农民的额外负担，而且还是一本黑账，无从稽查。

① 孙晓村编：《苛捐杂税报告》，载《农村复兴委员会会报》12 号，第 6 页，1934 年 5 月。

先看浮收。税粮折算是浮收最常见和最普通的一种舞弊行为。1933 年 4 月，“废两改元”以前，田赋税收都是以银两为计税单位的。而平时的实际征课所收现款却又是铜钱或银元。加之现金与银两的比价随银价随时变化。因此农民在缴交税捐时，只有听任征税官吏和乡绅在这种折算中浮收现款。据当时的调查，“浮收的情形，在田赋征收上是很普通的，因为农民很少识字，而且素怕官方。征收者或甚至粮柜收取超过票面的税额时，或多收而不找零，农民通常是不会发觉的。尤其是从前（现在除江浙等省外其他仍如此）。折算银粮（即田赋银两——引者注）为银元时，其弊情形，更无处不有”。其次是随时摊派时的所谓“穿靴”“戴帽”，穿靴即具体征收人在已拟好的派款花户名下于派款数后面加零头。如拟定某户派款 10 元。征收执行人则在 10 元后面加几角几厘；戴帽则是在派款数前面另加数字，戴帽往往使原数成倍陡增。这种押弊行为一般是“胥吏于造册，在数字上下预留空位。”① 不过摊派中的浮收，更多的是直接增加款额，因为摊派本无法定依据，自上而下都是随官吏主观臆定。派多派少，农民也无从察觉。即使察觉也欲告无凭甚至欲告无门。还有官府纵容包粮人或包税人浮收所谓“手续费”，下乡催征的胥吏加征所谓“草鞋钱”，等等。

浮收数额往往相当可观，表 5-16 是浮收的几个实例。②

表 5-16

花户	田地（亩）	串面银额（元）			实际支出（米麦已折合货币）（元）	相当于正税的百分率	相当于正附税的百分率（%）	浮收额（元）	相当于附税的百分率（%）
		合计	正	附					
甲	7.30	2.814	1.082	1.732	6.64	798	307	5.826	336
乙	2.50	2.002	0.770	1.232	4.80	623	240	2.798	227

① 孙晓村编：《苛捐杂税报告》，载《农村复兴委员会会报》12 号，第 20 页，1934 年 5 月。

② 翁祖善：《无锡东南乡农民的田赋负担》，见俞庆棠《农村生活义谈》，第 190—191 页，1937 年。

续表

花户	田地（亩）	串面银额（元）			实际支出（米麦已折合货币）（元）	相当于正税的百分率	相当于正附税的百分率（%）	浮收额（元）	相当于附税的百分率（%）
		合计	正	附					
丙	2.50	1.882	0.723	1.159	4.80	663	355	2.918	251
丁	7.50	4.640	1.785	2.855	14.40	806	310	9.760	342
戊	5.00	3.108	1.195	1.913	11.00	920	386	7.892	413
己	6.00	3.708	1.426	2.282	11.60	813	312	7.892	349
庚	8.50	5.255	2.021	3.234	15.92	795	303	10.695	337
辛	6.04	3.743	1.439	2.304	12.88	895	344	9.137	396
壬	9.16	5.665	2.179	3.466	18.50	845	326	12.835	368

次看中饱。如孙晓村所说："中饱情形，……当然更其普遍。南大（南京大学）调查河北十一县。发现这类情形，县县都有。"① 中饱行为一般采取瞒上欺下，对上司的隐瞒谎报且不论，而对农民的欺压苛剥则至痛，如遇灾荒，上司允予减免，胥吏依然照旧额征派，所收尽入私囊，如税户逃亡，花户取消。胥吏则将逃亡者的粮款"飞洒"到未逃亡户头上。所收同样尽入私囊。

再看勒索。在当时，盛行的敲榨勒索。地方官吏不以为弊，反视为正常。如青海，吏役"习于多年积弊。每下乡到民间时，便似虎似狼，向人民勒索，视若固然，往往政府征款一元。而人民须纳三元，勒索款项竟多至正项二倍，而人民也只能任其予取予求，盖不如是。则拷打俱来。"② 青海如此，全国其他地方也概不例外。下面略录几例当时各地的有关记录：

"河套农民。对暴吏催款，勒索备至。畏之如虎。垦局之放丈绳丈员，水利局之丈青员。索贿尤苛。否则沙梁碱滩，不为之去除。禾稼不佳，不为之折扣。……不仅此也，即委员之随从马弁，亦莫不胸

①② 孙晓村：《中国田赋的征收》，见《中国农村》1934 年创刊号，第 24 页。

满肠肥。”①

甘肃张掖黄泥霸居民们说，他们“迟早也逃到外方去了。这里‘款子’收得紧。没有钱，挨打受不过。而且不是今天‘练壮丁’就是明天‘编保甲’。弄得大家鸡犬不宁。他们村长自己家里有‘监’可以监禁他所管的百姓！一个妇人更愤愤地说，他家里欠村长三元款子没有缴足。十几只绵羊被村长赶去，成为他的所有。另外还借了每月二角五分利一元的大利款子三块大洋。缴了所欠的款子。才算了事！这几天黄泥霸的几家人已经弄得一无所有了。”（1936 年材料）②

“陕西农民每岁收获，常不足供公家‘烟亩捐’之半数。而县城税吏，百方搜括，竟将乡农所备下的寿木、衣裳，变价抵偿；烂衣、破柜、旧毡、残布，亦用以支付捐税；甚至农民唯一充饥的山芋与腌白菜，也被抢掠一空。府谷县的区长与乡长竟有‘活阎罗’‘土皇帝’的称号；他们每缘二、三元或五、六角钱，迫死人命。”③

“过去川省在防区时代，合川人民所纳粮税，每年多至七八次。每次正粮全县为十一万七千余元，附加为十七万余元。每两丁银年须纳洋二百余元，而粮差抬粮。额外勒索，又凭空增加人民不少负担。其抬粮办法，为人民不直接向县政府纳粮，某地区由某粮差包办。其中舞弊及敲诈，平均人民纳粮每百元要吃二三十元的暗亏。”（1935 年材料）④

（江苏宜兴）“去年既然遭了如此的水灾，使各户无引鸡之粟。当然希望今年春季的蚕业能够有好的收成，来维持气息奄奄的残命。救将要饿死的全家老幼。但是今年的蚕业，因天气关系，完全破产，与往年比较，只有十分之二三的收成；同时又因今春茧行多行倒闭，茧价惨跌，往年每担鲜茧的价格是百元左右，今年只有二三十元，甚至跌至十五六元者，农民这点希望竟完全成为泡影了，现在他们只有等着饿死。……”

---

① 孙晓村：《中国田赋的征收》，见《中国农村》1934 年创刊号，第 26 页。
② 长江：《中国的西北角》，1936 年版，第 221 页。
③ 许涤新：《捐税繁重与农村经济之没落》，见《中国农村问题》，1935 年，第 43 页。
④ 薛绍铭：《黔滇川旅行记》，1938 年版，第 181 页。

“政府不但对将要饿死的人民不加一点怜悯，对已破产的农村不加一点救济。反而荒谬绝伦惨无人道的强迫我们全县农民于一定的限期内缴纳三十万元的旧欠钱粮。目下县政府正在派遣吏胥在四乡催征。这些胥吏，狐假虎威。强榨乡民，稍有不遂，则鞭挞拘禁。使无辜的农民，受不白之冤，并且在应纳的旧欠以外，还要孝敬一定额的差费，所以粮差踏进大门后，就是大哭小喊，这是我亲眼看见的。离我几家的一家姓吴的，一家共六口，自从去年遭水灾以后到现在，素来是以树皮草根充饥；……在七八天以前，县政府来了三个粮差。强迫他缴纳前年的旧欠钱粮。在这种情形之下，他当然只有诉说苦楚，要求粮差原谅。但是结果终究把他和他的十七八岁的大儿子捉到县政府坐牢去了。”①

这几段记录，已充分表明。浮收、中饱、勒夺都是农民防不胜防，力不胜负的苛重负担。综上所述，造成这一时期农民实际田赋负担增加的原因，大致有以下几个方面。

（一）国民党政府对地方征收田赋状况干预不力

国民党政府曾试图从法令上对地方征收田赋有所限制。例如，1928 年修正公布的《划分国家收支地方收支标准案》中规定：“国家税地方税划分后，各自整理，不得添设附加税。”同时制定《整理全国土地计划》，着手陈报土地，为将田赋改为按地价的 1% 征收的地价税作准备。1928 年 10 月，财政部制定了《限制田赋附加八项办法》。1933 年 5 月，财政部又制定了《整理田赋附加办法十一条》。次年 5 月，在第二次全国财政会议上又制定田赋税则及附加章程 6 项。

然而，土地陈报工作阻力重重，进展缓慢，截至 1941 年底，全国只有 300 多个县陈报完毕。至于限制田赋附加的条令，地方政府多置若罔闻，中央也无可奈何。究其原因，一方面固然是因为田赋之弊积重难返，一方面是军阀割据势力的专擅，但更重要的另一方面是国民党政府各级政权的封建性和买办性，使得他们不可能真正努力去减轻农民负担。

① 《农村通讯》，见《新创造》1932 年 2 卷，1、2 期，第 265—266 页。

（二）财政体制的不合理

1928 年划分国家收支和地方收支标准之后，明确形成了中央财政和地方财政两级体制。从支出来看，按规定，地方应承担的支出范围是：地方党务费、地方立法费、地方行政费、公安费、地方司法费、地方教育费、地方财务费、地方农矿工商费、公有事业费、地方工程费、地方卫生费、地方救恤费、地方债款偿还费等项。但是，地方财政以省为主体，县附属于省，省控制了所有划归地方的税源，县没有独立的赋税收入。各县为了维持财政开支，势必自筹财源，主要是向农民加征。正如当时的评论所指出的："自十六年（1927 年）以来，……附加随着新政一天一天的加多。例如办党要钱，办自治要钱，修路修衙门要钱，甚至复兴农村也要钱。这些钱只好尽先向农民要。"① 同时，这也给地方官僚擅自加征田赋提供了机会。例如，报载："河北新城县于十八年（1929 年）增收亩捐二角，……事前并没有呈请省政府。"1930 年 2 月 5 日《申报》载："江苏沭阳县长董圣翰擅自带征每亩大粮二分五厘、麦粮二分。""青浦县十八年份冬漕，省令核准每石银七元零五分。开征的时候，县政府突然增加了八角。后来省政府虽然说要发还，但是县长置若罔闻。""陕西各县的横征暴敛更属不堪。洋县为了二十年度预算不够，竟于每两地丁加派地方费洋三元，后又准粮秣局的请求，每亩附加洋五角，农民全年的负担，增加八万元以上。"②

直至 1934 年，第二次全国财政会议通过《财政收支系统法》，将财政体制改为中央、省、县市三级制，从原属省收入的税源中划出一部分给县市财政，这才多少减少了促使田赋附加增长的财政体制方面的原因。

（三）征课中官吏豪强擅自加征

在田赋征纳过程中，地方官吏擅自加赋加课，甚至村社乡绅也能假名劫掠。例如，1930 年 1 月 21 日的《上海民国日报》披露："（浙江）绍兴秋湖村村副陈大华竟敢私收亩捐，自耕每亩五角，佃田每亩

① 何会源：《论田赋附加》，载《独立评价》1934 年 89 号，第 6 页。

② 李作周：《中国底田赋与农民》，载《新创造》1932 年 2 卷，1、2 期，第 126 页。

二角五分，如不缴纳，即拒绝土地陈报。”① 1931 年 7 月 30 日《河南民报》刊登来自宝丰的通讯，揭露“三区三团团总庞公敏接事四十日，每亩地派捐七十五文。”② 1934 年对陕西农村调查发现，“农民交纳税款，要经过粮头、庄头、甲长、村长、乡长、区长的手，才到县政府。这些经手人自然要得到些利益，由此农民身上又增加了一层负担。例如凤翔王召村一九三三年派水利奖券，全村五十六元，一甲不到六元，而村长每甲派八元。又如邱村的里长派富户捐二千元，交公家的仅一千。绥德县一九三一年和一九三二两年的田赋还未收齐，一九三三年春，县政府就将这两年未收齐的田赋交给包粮人包收，加征百分之二十作为包粮人的手续费。”③ “在福建龙溪、河南、淮阳都发生过私印串票，伪造县印，向农民征收的事情。有的地方，县政府不设征收处，由粮书向各户直接征收，更可上下其手，额外浮收。”1931 年，甘肃临夏某师参谋在征发籽种杂粮时，“其入也大升盘尖，每斗超过三升；其出也小尖用概，每斗仅有八升；一出一入盈余颇多。”④

总之，自清代以来征收田赋中官吏豪强的种种浮收勒折手段，在国民党政府执政的前 10 年仍是样样俱全，屡见不鲜，从而加重了农民的实际田赋负担。

（四）地主向农民转嫁田赋负担

这是自古以来农民的实际田赋负担加重的一个重要原因，此期也不例外。

1933 年 12 月 22 日的天津《大公报》援引的绥远省政府的一份公文说：“贫民小户负担苛重，而富豪劣绅田连阡陌，反不照额交纳。……甚至身为官吏，所种地亩，亦多不交粮赋。恶习相沿，几为各县普遍之风尚。而身为县长者，对于富户、官吏每多优予纵容，不肯认真催交。”⑤ 1934 年 11 月 17 日上海《申报》援引的南昌总司令部

①② 李作周：《中国底田赋与农民》载《新创造》1932 年 2 卷，1、2 期，第 126 页。

③ 农村复兴委员会编：《陕西省农村调查》，上海商务印书馆 1934 年出版，第 156 页。

④ 章有义：《中国近代农业史资料》第三辑，三联书店 1957 年版，第 93 页。

⑤ 钱亦石：《中国农村问题》，上海中华书局 1935 年版，第 11—12 页。

电令江、浙、皖、赣、鄂、豫六省主席文说："查各省田赋，近年附加重迭，超过正供，恒逾数倍。而同时田赋数额，则收数日短。究其原因，皆由各地显达豪强，凡拥有多数田产之地主，率多恃势滞纳，催科人员固莫敢谁何，地方官吏亦多所畏徇。积习相沿，俨同豁免。甚至彼辈之宗族亲属，亦皆托其包庇，假借挚力随同抗征。……故无论正供附加，只由薄田无多之驯弱小民独户苛重之负担，而豪强不与焉。此种现象几成各省通病，不特为地方财用枯窘之源，尤为农村破产、民生憔悴之主因。"①

除了公然的"恃势滞纳""假借势力随同抗征"之外，地主向农民转嫁田赋还有比较隐蔽的手法。如官绅勾结，隐瞒田产。有人统计了河北某县某村 100 户有产农民在 1932 年向县政府陈报土地的资料，我们从中看到，24 户实有田地 20 亩以上者共有土地 948.16 亩，只向县府陈报 503.14 亩，平均占其实有亩数的 53.06%。如村长实有田地 116 亩，只陈报 50 亩，其中有 7 户所陈报的不及其实有亩数的三分之一，最多的是实有田亩 34.84 亩，却仅陈报 1.8 亩，不及 5.3%。因为"呈报地亩数的权力系操于村长及少数士绅之手，因此与他们接近的农民，可以少报些。"另有平均实有田地 10 亩以下者 42 户，其有田 234.12 亩，报县 196 亩，占其实有亩数的 83.72%，其中竟有 17 户的报县亩数超过其实有数，最严重的一户实有土地 1.48 亩，报县数却为 6 亩，超过了 6 倍多。之所以如此，"据说是因为他们曾经把地卖给别人而说定卖主仍须负缴纳地粮的义务，因此他虽已无地而仍纳粮，故仍报其数，结果其报县地亩数反比实有地亩数为高。"从中可见，该村占地愈多者，其隐产比例越高，反之则越低，同时，"买主买进地后，可不必缴纳田赋。"② 这个实例清楚地揭示了地主通过隐瞒田产逃避或转嫁田赋的手法。

① 钱亦石：《中国农村问题》，上海中华书局 1935 年版，第 11—12 页。

② 冯华德：《农民田赋负担的一个实例》，转引自章有义：《中国近代农业史资料》第三辑，三联书店 1957 年版，第 56—58 页。

二、自耕农、半自耕农田赋负担加重的程度分析

《土地法》以及国民党政府颁布的一系列有关田赋政策的重要内容之一，是改旧田赋为地价税，其税率不得超过地价的1%。虽然从全国来看，地价税一直没有真正实行，但是，我们仍可以将此期的田赋负担量与地价相比，从而衡量出田赋负担比政府规定的高出多少。

首先，就官方编制的《农情报告》的统计资料来看。各省平均之后，田赋占地价的百分率都高出政府规定1—2倍，而且都高于北洋政府时期（见表5－17）。[①]

表5－17　　全国历年田赋占地价的平均百分率

（1912年，1931—1936年）　　各该年地价＝100

年份	水　田	平原旱地	山坡旱地
1912	1.69	1.80	1.99
1931	2.08	2.33	2.48
1932	2.39	2.48	2.74
1933	2.67	2.74	3.05
1934	3.05	3.26	3.46
1935	3.09	3.49	3.74
1936	2.88	3.21	3.51

同样的，由于各省报告的资料出于种种原因而有所不实，这些平均值仍是偏低的。1932年，李作周在《中国底田赋与农民》一文指出："拿田赋和地价来比，大多数地方已超过百分之一，多的已达百分之五。江苏武进和无锡，平均每亩地价八十元，田赋占地价约百分之一点三。湖北各县地价，近年来每亩平均不到四十元，蕲春、天门等县，每亩田赋在五角以上，约占地价百分之一点四。据秉山先生估计，在四川成都，山西、河南、辽宁这些地方，每亩地价平均以六十元至百元计，田赋就合地价的百分之三至五。……四川的田赋，依我

① 章有义：《中国近代农业史资料》第三辑，三联书店1957年版，第11—12页所引《农情报告》第7卷第50页有关表格改制。

们的估计，至少要在地价百分之六以上。江苏沛县，据立法院的调查，田赋竟占地价百分之十。”①

再以河北为例。在上述《农情报告》中，河北田赋占地价的百分率是最低的，最低者为水田的 1.21（1931 年），高者为山坡旱地的 2.84（1935 年）。但是，1935 年有人对作为全国模范县的河北定县作了调查，其历年田赋与地价的百分率，若以 1931 年为 100，则 1930 年为 87，1932 年为 125，1933 年为 175，1934 年为 319。② 说明河北田赋占地价的百分率不可能是全国最低的。1937 年又有人对河北农村经济作了实地调查，指出：“自民国成立以来，内战频临，尤其是河北省，无时无刻不在军阀践踏下生活着，农民负担之重已达极点。现在虽然整天高呼‘废除苛捐杂税’‘减轻农民的负担’种种好听的口号，但实则一同往昔。”③ 这也反映出当时河北农民的田赋负担不可能是全国最低的。

其次，可从每亩田赋正附税绝对数额的增长来看。例如，江苏宜兴的田赋忙银，“在民国初元，每两仅征一元五角，民犹以为苦，今每两已征银五元有余。吴淞每亩田，民国元年时，纳税四百文，……现在增至一元数角之多。”④ 无锡县 1927 年以来的七年每亩田赋的增长情况，可示如表 5－18。⑤

表 5－18

年份	每亩田赋	指数	年份	每亩田赋	指数
1923	0.626 元	100（基年）	1930	1.118	178
1927	0.936	149	1931	1.036	165
1928	0.962	153	1932	0.916	146
1929	0.948	151	1933	1.182	189

① 载《新创造》1933 年 2 卷 1、2 期。

② 冯华德，李陵：《河北省定县之田赋》，载《政治经济学报》1935 年 4 卷 3 期，第 492 页。

③ 常溥：《关于河北农村经济的几点实地调查》，载《中国经济》1937 年 5 卷 7 期。

④ 见《中国经济》1 卷 1 期所载马乘风文，1933 年 4 月。

⑤ 据章有义：《中国近代农业史资料》第三辑，三联书店 1957 年版第 22 页所录表改制。

在广东番禺，1928年以前，每亩所纳的税捐平均不过半元，到1934年已增加到将近一元半，“五年间税率涨高了三倍的光景。”近广州东郊的棠下，1926—1933年，每亩所纳之税由三毫半增加到一元四毫，加了四倍。[①]

1934年的调查发现，在浙江，杭州、嘉兴、嘉善、海盐、平湖即所谓浙西一带，每亩田赋平均在一元三角以上。永康较高，有一元九角者；浦江最高，有三元五角者。至如其他各省如广东潮、汕一带每亩有摊十元者。[②]

在四川，田赋正附税额同样逐年增长。以江津为例，1927年每粮一两征收银元3元，以后逐年加3元，到1930年为12元，1931年猛增到22元，1932年为26元，1933年仅上季就征收36元。[③]

再次，从每亩田赋正附税额占其收获量比例来看。在陕西汉中，“褒城、南郑、石泉一带的水田，一年虽然可收两熟，收入的总额每亩不过五元。今年（指1933年）新稻每担只值七八角。田赋正税的负担普通每亩就有二元，杂派和兵差每亩还要摊到四五元或七八元不等。一般农民断无力可以长久地支持这亏本的事业。[④]

在江苏，1933年的一份通讯报道：“灌云县田地每亩每年收入可得五元二角。此系按习惯每亩分夏秋两季收获计算。……而田赋及苛捐之支出，每亩共需银四元九角三分六厘。由岁入减去捐税支出，则每亩岁余仅二角六分四厘。而此二角余之收入，当不足以付成本，数亩之家的农民将何以为生？然此尚需以中稔之年为例。若稍遇灾歉，则并此二角之收入亦无有。”[⑤] 同年又有报载：“苏省江南一带，苏、锡、武、常、昆等十余县，……统扯各县每田一亩，即须纳税一元四角左右，正附税外，复有漕折特征，每石征收二元，过限后又加滞纳罚金，每田一亩，合计负担税负连同滞纳罚金，总在一元七八角左右。

---

① 陈翰笙编：《广东农村生产关系与生产力》，1934年版，第43—45页。

② 孙晓村编：《苛捐杂税报告》。

③ 西华近代文献征集处：《四川农村崩溃实录·四川农村赋税负担之概况》，1935年第3页。

④ 陈翰笙：《破产中的汉中的贫农》，《东方杂志》1933年30卷1号。

⑤ 孙晓村编：《苛捐杂税报告》。

大约良田一亩所入，支付成本、利息及贩运耗损等项约占百分之四十五，而偿付赋税则竟占百分之五十，所余者不过收入百分之五而已。”可见即使幸而为富庶县分的农民，其所负赋税之重，也使他们难以维持生活。①

在山西，1933 年有人指出：“山西数年以来，参加了内战的漩涡，人民之负担加重。据统计，水地每亩全年负担须洋八元，旱地四元，山坡及坡地，约在二元至三元之间。其他临时摊派之苛捐杂税，犹不在内。在此谷物跌价、金融枯窘之秋，倾人民之全部收入，不足供官府之剥削。”②

在江西，据官方调查，1933 年“米粮每亩产量平均四石，价格每石二元，即每亩所产价值八元，即在最优之地，其税额已达产额百分之二十，可称繁重矣。”③

在四川，在军阀刘湘的防地内，“每种一斗（0.5 亩），除纳正税六元外，另征军费三十元、附加税二十元、临时派款十元、烟亩捐六元二角、团费六元五角，共七十余元左右。而各区乡镇及牌甲，亦从而乘机剥削，挨次附加，有的一斗粮竟缴至九十余元或百余元者。查一斗田，丰年只能收谷二十余石，以市价计，每石售价六元，除缴捐税外，所得甚少。如遇歉年则不足以供榨取。”④

总之，各地的田赋正附税之重已大大超过了农民的负担能力。

再其次，从预征来看。四川由于军阀蜂起，拥兵割据，农民的田赋负担比江南更为沉重，尤其是军阀的田赋预征最为突出。1930 年到 1932 年期间，据重庆《商务日报》报道，四川各地预征年数最短的已达 5 年，最长的竟达 30 年，即在 1931 年已将 1961 年的田赋征收去了！⑤ 1933 年起，四川各军的预征变本加厉，如表 5－19 所示。田赋正附税增长又加预征，使四川农民不堪负担。在崇庆为例。崇庆居岷江上流，乃川西饶富之区，“以每粮一两五十亩计，平均产谷八十石，

① 马乘风：《最近中国农村经济诸实相之暴露》，载《中国经济》1933 年 1 卷 1 期。

② 许涤新：《捐税繁重与农村经济之没落》，见《中国农村问题》，第 50—51 页，1935 年。

③ 见上海《商业月报》第 17 卷 1 号所载《述江西省之农工业》一文，1937 年 1 月。

④ 李作周：《中国底田赋与农民》，载《新创造》1933 年第 2 卷，1、2 期。

⑤ 吕平登编著：《四川农村经济》，上海商务印书馆 1936 年版，第 478—479 页。

市价平均每石三元五角，收益总值不过三百元左右”。1934 年有人披露四川农民的田赋预征情况：“今田赋年征六年，三次附加税总额又近两年，以每两合银十四元计，田赋负担总额为百十二元；尚有其他临时附加，修筑公路，兴办水利等项，随加随减，总计田赋正附税总额约占土地总收益百分之五十左右。然此专就年征三次每次二年而论。今年当在四次、五次左右。于是田赋正附税负担总额已占总收益三分之二以上。是耕田五十亩之中等农民，除纳税二百余元以外，所余不过百元，一切成本并所以养生送死之资，皆在其内。苛敛一至于此，农村又安得而不破产耶？”①

表 5－19　　四川各军预征田赋比较表

军别	1933 年	1935 年	预征年度
21 军	4 次	6 次	1964 年
20 军	6 次	6 次	
24 军	6 次	8 次	
28 军	6 次	6 次	1980 年
29 军	5 次	7 次	1967 年
23 师	6 次	8 次	1960 年
新 6 师		5 次	1954 年
黔军		5 次	1935 年

不但在军阀割据下的四川有预征田赋的残暴事实，国民党政府中央直接能号令的各省也不乏预征的情况。据报纸的报道统计，1929—1931 年，有过预征的省份就有河北、山西、山东、福建、湖南、湖北、广东、河南、安徽、陕西等。② 据官方在 1934 年的调查，“陕西预征田赋，也是普遍现象。例如渭南北阎革预征在三年以上，大上庄一九二九年时预征至一九三二年，后来又从一九二九年征起。凤翔小

① 朱偰：《四川省田赋附加税及农民其他负担之真相》，载《东方杂志》1934 年 31 卷 14 号。

② 章有义：《中国近代农业史资料》第三辑，三联书店 1957 年版，第 39—40 页。

渭村的田赋，已预征至一九三八年。"①

综合来看，造成这个时期农民田赋实际负担不断加重的原因是多方面的，而附加税的繁多并超过正税，以及田赋预征，当是主要的因素，地主的转嫁田赋负担和官绅勾结中饱肥私，则使贫苦农民雪上加霜。

第四节　摊派、力役与苛杂

受国民党新军阀拥兵自重及相互争战的政局，以及地方财政膨胀、吏治腐败等的影响，这个时期农民肩负的不仅仅是沉重的田赋负担，还有形形色色的摊派、苛捐杂税，也有力役负担。这些负担的沉重程度，不亚于田赋负担。

一、摊派

这一时期各种名目的摊派，以兵差为最典型，亦最苛重。所谓兵差，指的是军队向农民无偿调发的钱物和夫役。国民党政府成立后，曾于1929年沸沸扬扬地闹过一阵"统一军队"，结果，各派新军阀互相牵制，非但没有裁减一兵一卒，反而"旅编为师，师更加多，编遣结果，适得其反。"② 兵员冗众，中央财政和地方财政都不堪负担，地方民众更无法避免其骚扰和摊派。因为，国民党政府军队仍一如北洋军阀，是以军阀个人为核心，以驻地为依凭，拥兵自重的，其军需除了政府给予的部分给养之外，大量是来自向驻地或行军所过之地人民勒索的"兵差"。所以，兵差调发范围之广泛，调发人力物力之繁多，以及负担之畸重畸轻，对广大农民的生计都产生了极大的危害。

---

① 国民党政府农村复兴委员会编：《陕西省农村调查》，上海商务印书馆1934年版，第153页。

② 《冯玉祥就国民党护党护国军西北总司令攻击蒋介石电》，见《中国现代政治史资料汇编》第二辑，第七册。

兵差的物品可谓无所不欲。1931 年，有人搜集了 1929—1930 年报纸上所见实物兵差的种类，遍及衣、食、住、行及其他方面，计有：

衣——军装、大氅、鞋、袜、布匹。

食——面粉、小米、麦、馒头、大米、干糇、小面、谷、腌菜、蔬菜、盐、油、醋、酒、猪、羊、鸡、鸭、水、厨刀、面杖、案板、大面盆、小瓦盆、大锅、小锅、水缸、水桶、煤灶、风箱、烟筒、炉条、铁铲、火铲、劈柴、秫秸、饭碗、筷子。

住——床、床板、稻草、旧棉花、麦秸、席子、被褥、桌、椅、凳、面盆、煤炭、木炭、洋烛、煤油、洋灯、扫帚、掸子、毛头纸、旧报纸、铅丝。

行——大车、小车、手推车、人力车、船、骡、牛、驮鞍、驮架、嚼子、辔子、绳索、绳套、谷草、麸、黑豆、红粮、茭子、玉茭、竹扁担、麻袋、抬筐、汽油。

其他——伤兵衣棺、电杆、木料、化妆品、海洛因等。[①]

这些物品的价值是很难准确计算的。如河北通县民间在 1934 年曾被摊“大车二千多辆，共值洋六十万元；柴草共一百五十万斤，约值万元。”[②]

兵差的钱款更是繁重。例如：

1931 年 2 月 9 日《中央日报》报道说，山西沁县在 1879 年全年每地丁粮银一两所摊各种差费总共约 900 文，等于当时小米 150 斤的价格；而 1930 年 11 月到 1931 年 3 月的 5 个月中，每粮银一两所摊兵差已是 128.63 元，相当于小米 1072 斤的价格，即五个月间仅兵差一项负担就是 1879 年各种差费总额的七倍以上。[③]

在山东，1928 年下半年，“各县的兵差最少的是 11445 元，最多的是 107878.86 元”；1929 年上半年，各县“最少的是 24773.16 元，最多的是 219832.94 元”。据估计，1928 年 7 月到 1929 年 6 月，山东的兵差总额“平均竟占到地丁正税的百分之二七四以上。”

在河南，对南阳一地的调查发现，该地“临时摊派，以兵差为

①③　王寅生等：《中国北部的兵差与农民》，南京中央研究院社会科学研究所 1931 年版。

②　董成勋：《中国农村复兴问题》，第 23—24 页。

主。它无定额地向农民按亩数摊款，而且不只是款，有时还要车，要牲口。这种事情一年里总有好几次，农民们出的款可以比税捐大上好几倍。兵差很多的年份，一亩地可以派到一元至两元。农民因兵差而终于卖地破产的不计其数。”①

在河北，以清苑为例，各村兵差总额，自 1929 年 6 月 1 日至 1930 年 7 月 10 日的 13 个月中间，第一次为 20912.36 元，第二次为 6000.83 元，第三次为 62578.60 元，共计 89491.79 元。该地全年地丁正税共 40775.97 元，兵差占地丁正税的 203%。但是，以上只是就县政府的征派而言。因此，“在这十三个月中清苑各村实际上究竟出了多少兵差，那就不得而知了。”②

兵差对农民的危害还表现在其流行的区域广泛。1931 年的研究者指出：“即就我们所找到的材料而言，仅仅在两年（1929 年和 1930 年）间，全国各省 1941 县中确实知道它负担过兵差的已有 823 县，……负担兵差的县份占所有县份的 44.13%。北方比南方更是普遍，北方诸县百分之七六点九四是负担兵差的，尤其是黄河流域的各省，负担兵差的县份竟达百分之八七点一二。”③

同时，其负担程度也有战区、备战区、战区后方等军事性的地域差别。战区后方的兵差负担已相当沉重。如“一九二七年下半年河南发生战事，陕西为战区后方，负责供应一切军需，单就八月至十二月，五个月中间所征收的小麦一项而言，它的总价值已占地丁正税的百分之九十七。”④

至于战区农民负担的兵差就更加沉重了。据估计：“十八年（1929 年）河南大战，各县被征兵差，计现金 10726177 元，粮食柴草共值 7131926 元，车辆牲畜共值 8523110 元，被军队拉夫而死亡者共 8966 人。十九年战祸又起，战时军队在各灾区征发之数，计派款项 40415 千余元，征发粮草合洋 48505 千余元，征发车辆牲畜合洋 44844

① 冯紫冈等：《南阳农村社会调查报告》（1934 年），转引自章有义：《中国近代农业史资料》第三辑，三联书店 1957 年版，第 69 页。

②③④ 王寅生等：《中国北部的兵差与农民》，南京中央研究院社会科学研究所 1931 年版。

千余元。”[1]

有人进而指出：“一九三〇年河南东部发生剧战，自四月开始至十月停止，这七个月中间河南商丘、郏县、柘城三县所负担的兵差，平均占地丁正税的百分之四〇一六，即四十倍于地丁正税。”[2]

再如，“一九二七年十一月至一九二八年五月间奉军在雁北作战，雁北各县所负担的兵差占地丁正税的百分之二二六〇二，比地丁正税竟大出二二五倍以上。”[3]

兵差对农民的危害，还因地主的转嫁而加重。一般来说，兵差的摊派方式有两种，一是按亩摊派，二是按户摊派，二者可交叉使用。如1934年的报告说：“临河的兵差，自四十一军到境以来，添粮两次，第一次按亩摊派，第二次按户征收。全县第一次共派麦子五千石、糜米一千石；第二次，麦子二千八百石、花料二千四百石、炒米二千二百石。”[4] 但是，兵差的实际负担主要是落在贫户身上。当时有人已指出：“兵差的征收虽然普遍按照地丁摊派，可是地主们是不受这个限制的，他们大半者不负担兵差尤其是一般不住在农村的较大的地主。……大多数不住在农村的地主，他们所应摊的兵差都由他们的佃农代出。”[5] 对河北清苑薛庄的调查发现，“全村租地耕种的人家共有二十家，这二十家所租种的地，其中最多只有三亩地是属于薛庄本村人所有的，其余的地主统不在本村。这二十家租种的人家中，明确地知道他不代替他的地主负担兵差的只有一家。”这十九家中，佃农为九家，代替地主负担兵差的有七家，既自耕又佃种的有十一家，代替地主负担兵差的有六家。[6] 至于一般住在村里的地主，其兵差负担也常常用提高租额的方法转移到佃农身上。1931年调查到的河南新郑地主的额外向佃农分取谷子秸便是其例。当地佃农们原来除把收获的谷物和可以代作燃料的高粱秆、芝麻秸等平分一半给地主外，其余的小麦秸、谷子秸等等都归他们单独享有。可是，“近几年来地主们因为要供给

① 邓云特：《中国救荒史》，上海商务印书馆1937年版，第105—106页。

②③⑤⑥ 王寅生等：《中国北部的兵差与农民》，南京中央研究院社会科学研究所1931年版。

④ 孙晓村编：《苛捐杂税报告》，第198页。

军草，对于这些秆秸亦要平分一半了。”[①] 此外，地方豪强少摊兵差的现象也不少见。如 1930 年报载，张家口的兵差，“富户惯例，反较贫户少摊，原因富户皆村中办公人，经手三分肥，出钱太冤枉，非有让贫户分担。”[②] 1931 年报载，甘肃甘谷对于军队的派款，“向以路分摊派，无一定标准，款多由贫民负担，富绅分文不出。”[③]

沉重的兵差给农村经济造成严重的破坏。如 1936 年有人考察了西北之后说：“（甘肃、青海、宁夏）三省之烟亩捐（鸦片种植税），多由省预拨驻军，以之受其任意摊派，军粮折价收之外，甚至每日之柴、草、油、菜、被服、鞋袜等物，无不取之民间。种种剥削，遂使多数村落，仅存断壁残瓦，寂无人烟，以致田地荒芜，其状至惨。”[④] 又如河北，自 1933 年 12 月起至 1934 年 3 月中旬止，为供应兵差，“全省计征发大车一万四五千辆，骡马四千余匹，多未发还；民夫征募亦达六万余人。因此，田园荒芜，供应俱穷，且时值春耕而无法下种。”[⑤]

除了兵差的摊派之外，地方公债的摊派也是农民的一种沉重负担。这个时期，各省市纷纷效仿中央，以发行公债挹注财政。

根据对十四省的很不完全的统计，1927—1935 年的地方公债发行额如表 5-20[⑥] 所示，呈上升之势。

表 5-20　　1927—1935 年地方公债发行额统计表　　单位：千元

年份	省发行	市县发行	统计数
1927	12020	510	12530
1928	8500	93	8593
1929	18885	4566	23441
1930	15615	4604	20256

① 王寅生等：《中国北部的兵差与农民》，南京中央研究院社会科学研究所 1931 年版。

②③ 周之章：《中国农村中的兵差》，载《新创造》1932 年 2 卷 1、2 期，转引自《中国近代农业史资料》第三辑，第 74 页。

④ 安汉等编著：《西北农业考察》，第 47 页，转引自章有义：《中国近代农业史资料》第三辑，三联书店 1957 年版，第 72 页。

⑤ 转引自章有义：《中国近代农业史资料》第三辑，三联书店 1957 年版，第 70 页。

⑥ 据章有义：《中国近代农业史资料》第三辑，三联书店 1957 年版，第 119 页表改制。原表中统计数与前两项之和有些不符。

续表

年份	省发行	市县发行	统计数
1931	33411	932	34144
1932	39493	6816	46309
1933	43850	347	44197
1934	73300	4090	77390
1935	166600	3420	177800

1933 年“农村复兴委员会”作了调查后报告说：“人民最直接感到征派及负担的苛重的，则是各省市所发行的地方公债。……各省地方公债之成为农民捐税外的负担，乃是显然的事实。而且发行之际，省向县摊派，县向区摊派，最后则通过当地乡绅胥吏手里，由农民负担，其向农民摊派时勒索恐吓的情形，每极人间惨酷之能事。而这一切，县政府是不置问的，因为在县长的地位只希望能如数派足解缴省府。公债债票大都起码五元一纸，而贫小农户断难认足，因此普通是农民只管出钱，出钱后公债票仍由向他们摊派的乡绅及胥吏拿着，而且农民当时只求能少拿出些钱，债票有无倒在其次，所以每次公债摊派，农民们便绝对地受一重支出，债票则大都落在从中摊派者的手里，政府还本息时，是还不到农民的。”因此，农民“对于公债摊派，简直是谈虎色变了。”①

此外，又有种种临时摊派。1934 年 5 月，“农村复兴委员会”对全国农村的摊派情况作了实地调查，报告说：“摊派情形，就省份言，如河南、河北、山东、山西、甘肃、绥远、察哈尔等省几乎无省不有，南方如湖南、湖北、江西等省也不能谓绝无。总之，凡交通不便、政治黑暗、农民知识幼稚，以及在军事时期中的区域，便有这类摊派情形的存在。……依据农村中实地调查的所得来论，则摊派这种办法，事先既无规定征期、数额、事后又不见公布用途，常有县府令该区摊一千元而区长则照二千元摊派者。所以这与其名为捐税，无宁叫做掠夺。”又说：“在中国北部诸省中，与田赋附加同为农民奇重的负担且

① 转引自章有义：《中国近代农业史资料》第三辑，三联书店 1957 年版，第 119 页。

有时更甚者，尚有临时摊派。附加税虽重，尚有一定限度，临时摊派则予取予求，漫无限制，所以说到华北农民的负担，摊派实在田赋附加之上。”① 这种结论是有根据的。据 1932 年 11 月的调查，河南省各县区长、联保主任、壮丁队每年均有各种名目的摊派。由区长征收的摊派款有九个名目，即经费、招待费、公费、伙食不敷费、夫役费、灯油费、制服费、财政保管处经费、开会费，全省共计三千八百万元；由联保主任征收的有七项，即经费、支应费、夫役、不敷费、灯油费、制服费、杂费，全省共计三千万元；由壮丁队征收的有六项，即经费、军装费、子弹费、公费、队丁费、不敷费，全省共计四千万元。三项合计一亿零八百万元，而全省正税总额才一千万元。② 1935 年 3 月 7 日天津《大公报》载：“据调查统计，一个农民全年的负担，省款占百分之二十，县款占百分之十五乃至二十，而区村的摊款要占至一个农民的负担百分之七十五乃至八十。”从一定的意义上说，“农民辗转呻吟于重负之下，所苦的实是区村摊款，而非省县正税”。此并非夸张之词。薛暮桥在 1937 年出版的《中国农村经济常识》中曾说：“苛捐杂税无论怎样还有个限度，至于无限制的摊派勒索，比较苛捐杂税还要来得残酷。财政部税捐整理委员会报告河南省的摊派情况：‘有由省令摊派者，有由县长呈请摊派者，有由县长擅行摊派者，并有由区长呈请摊派，及区长私自摊派者。而每一摊派又层层加重，层层剥削；省方若需款五千，人民所摊至少在一万元以上。’其实区长之外，民团也常强派款项。例如安徽当涂保安队长擅收过境米捐，每船六元至八元，约计侵蚀万元以上。陕西某县民团团长，曾向各村人民所养牛马驴骡，不分好歹，每头派洋十元，迫得农民多把牲畜牵到省会出卖。”③

可见那些纷至沓来的全无标准、毫无限制的地方摊派，确实使得农民无力负荷。

---

①② 孙晓村编：《苛捐杂税报告》。

③ 薛暮桥：《中国农村经济常识》，农业出版社 1980 年重印本，第 70—71 页。

二、力役

这个时期农民的力役负担主要来自两个方面，一是兵差力役，二是修路之役。

为军队提供的力役包括运输物品和战勤服务。前已指出，兵差的摊派有大量的实物需求，这往往要农民运送到指定的地点。如 1931 年 1 月 12 日太原《晋阳日报》载："（山西浮山）今骤驻客军一师，实际供不应求。即以水炭言之，饮水日需一千五百担，均汲取于五里以外之涧沟，炭一万数千斤，亦皆拨夫输送。"① 1935 年，有位记者写下了自己亲眼所见的四川江油农民应承兵差力役的惨景："（江油）农村已经破坏了，家庭里衣食全无着落，然而又要尽义务去修碉堡，甚至被拉去当民夫，送米上平武、松潘，一去就十天半月不能回家。其死于路途者，尤比比皆是。这时岷江之路不通，由成都至松潘，只有走江油、平武一道。平武、松潘方面军队所需之民夫，多仰给于江油，每师动索夫数百，以致江油全县，壮丁几尽，老弱亦以之充数，……记者亲见盲眼老者，与跛脚木匠，皆被派当夫。道路上呻吟叹息之声，不绝于耳。"② 平时驻军对农民的夫役征调尚且如此繁重，不难想见，一旦战事发生，战区及其附近地区的农民的力役负担将是何等的沉重了。

国民党政府成立后曾把修建公路列为国家经济建设的要政，但由于政局动荡，筹款无方，到 1931 年仅有部分计划中的公路开工兴筑。"九一八"事变后，蒋介石在"围剿"红军中以"每因交通及运输关系，影响及于军事"为由，于 1932 年在庐山召开"五省清剿会议"，决定"以修筑公路为主"。此后修公路大有进展，在 1933 年 11 月修成了苏、浙、皖三省联络公路。其后又扩大为豫、鄂、皖、赣、苏、浙、湘七省联络公路。经过数年的加快经营，到 1937 年 7 月止，全国公路网已基本形成，计有京闽桂、京黔滇、京川藏、京陕新、京绥、京鲁、冀汴粤、闽湘川、鲁晋宁、浙粤、闽赣、甘川、陕鄂、川滇等干线 21

①② 章有义：《中国近代农业史资料》第三辑，三联书店 1957 年版，第 65 页、第 72—73 页。

条，支线 15 条，公路总里程已达 109500 公里。[①]

如此巨大的公路工程，所需力役之巨是无法准确统计的。有资料指出，仅在 1935 年当中，服工役的人数“要在千万人以上，至于劳动日的计算已经是不可能。”[②] 而且，各地农民服役几乎都是无偿的。如川陕公路沿途经过各县所规定的征工办法就明文宣布：“实行按全县人口义务征工，不给工资伙食，其不亲身工作者得出代钱或雇工自代”；“民工粮食、锄头、畚箕、扁担、绳索由民工自备。”[③] 由于修筑公路带有强烈的军事目的，所以负责监造的往往是军事部门，其派工派差尤为严厉。如山西由绥靖公署主办修路“完全充满了军事色彩”，“按闾抽丁，不管农忙与否必得应征”，“限于若干小时以内要人或要车若干，必得如数交到，否则依军法从事。”[④] 施工中，农民又吃尽种种苦头。如贵州公路是由政府派民夫修的，所派的民夫又大半是穷人，修路是吃自己的饭，那些一天不赚钱就一天没饭吃的人，只得挨着饿去修路。还有修路的工具也是民夫自备，有很多人没有铁锤，用石头当铁锤打碎石，把手都打伤了，但这样工作，如稍懈怠，还得挨监工人的皮鞭。[⑤] 所以，当时“‘公路成，民脂民膏尽’这种沉痛的话，几乎喊遍了沿路各县。”[⑥]

三、盐税附加、附捐与地方苛杂

（一）盐税附加和附捐

前已指出，划分国地收支之后，盐税是国家税，其收入历年在中央财政概算中均占第二位。但是，在 1934 年之前，盐税的征收仍是相当混乱的，除了正税税率提高之外，主要是附加的税捐逐渐增加，从而加重了农民的食盐负担。1936 年有人指出：“（盐税）自十六年（1927 年）以后，直到现在为止的情形，则无论正税、附税，非但没有减少，反由中央和地方层出不穷地加征了许多新的捐款和正附税。

---

① 陆仰渊等主编：《民国社会经济史》，中国经济出版社 1991 年版，第 450—453 页。

②③ 章有义：《中国近代农业史资料》第三辑，三联书店 1957 年版，第 65 页、第 72—73 页。

④ 章有义：《中国近代农业史资料》第三辑，三联书店 1957 年版，第 78 页、第 81 页。

⑤⑥ 章有义：《中国近代农业史资料》第三辑，三联书店 1957 年版，第 80 页。

‘捐款’多半是临时筹集的，‘正税’和‘附税’，则是经常征收的。”① 所谓正税包括场税和岸税；中央附加税为军用加价、善后军费和外债镑亏等三种。而地方附加和附捐又名目繁多，如军政费军事费附加捐、协济军费军事附捐、附加军事特捐，等等。此外地方还有种种“陋规”，如以皖岸一岸而论，“其陋规如掣验费、请咨费、布告费、执照印刷费等，多者每票（四十担）四五十元，少者十四元。”②

关于农民的盐税负担，1934年有人指出，当时每斤盐的平均市价为15元，其中百分之八十六以上为盐税；以每个农民一年消费15斤盐计算，则他每年须纳二元以上的盐税。③ 同年，江西省政府经济委员会编的《江西经济问题》也指出：“若以江西较之，即只就中央及省税而言，每人年以消费十一斤计，每人亦须负担盐税一元八角之多”④。

1934年5月国民党政府举行的第二次全国财政会议，就整顿盐务通过了一些决议，如禁止各省地方在盐斤项下抽收附加，统一各省正附加盐税，由中央征收等。但实际上收效不大。

（二）地方苛杂

地方苛杂即由各省、县政府乃至区乡公所巧立名目而课征的苛捐杂税，主要征课于农副产品。1934年之前，地方苛捐杂税有多如牛毛之称。如1932年，“东北的税捐，种类很多，其中比较的与农民有直接关系的，有作谷税、搬出税、地方税、谷物税、卖谷税、检证税、剿匪税、哈尔滨特区警察税、大豆出产税、车捐、农会费（地主给佃户的一种负担）、粮捐、零担捐、横河捐，以及供应军队的种种形式的兵差等。”⑤ 及至1934年7月，有人进而指出：“各省单行的杂捐杂税，其多有如牛毛，就现时所知，河北有‘晓市摊捐’等二十七种，河南有‘老税’、‘活税’等三十种，山西有‘差徭捐’等十六种，察哈尔有‘食盐食户捐’等四十八种（一说一百余种），山东有‘牛

①②③　刘存良：《中国人民之盐税负担》，载《中国经济》1934年2卷2期。

④　章有义：《中国近代农业史资料》第三辑，三联书店1957年版，第109页。

⑤　张载华：《东北农村经济鸟瞰》，载《新创造》1932年2卷1、2期。

照捐’等十余种，陕西有‘代驴捐’等十七种。”① 在广东，“田税每亩有达十一元者，建筑公路之人头捐有达四元者，甚至店铺中屋梁一条捐二毫半，墟集上鸡蛋每百枚抽二三仙，生牛、生猪，出口有税，过境有税，屠牛、屠猪有税，牛皮有税。嫁女有税，再嫁亦有税，庵庙有税，斋醮亦有税，契据有税，中资亦有税。广东苛捐之繁杂，当亦不亚于他省。各县公安分局的警卫费及区公所乡公所的办公费，往往全靠墟集上临时征派，或在某势力范围内经常勒捐，一县之警察费每月三四千元，而其来源为二十九种之杂税。”② 在陕西，20 世纪 30 年代初的地方苛捐杂税本已“多如过江之鲫，最可痛者，灾民无法过，忍痛出卖自己妻子老婆，而省中军政当局反借此渔利，设立人市，抽十分之一的税收。于右任先生谓当时陕西省政府所收的出卖儿女捐有二百万元。”③

1934 年 7 月的第二次全国财政会议作出废除苛捐杂税的决定，各省纷纷响应，表面上似乎还有相当的成绩。薛暮桥指出：“1934 年十月十二日《中华日报》详载过去三个月中各省市废除苛杂数目，已有一千多种，税额约近一千万元（其中广东几占半数）。”但是，“这还只是苛捐杂税中间最苛杂的一小部分。例如江苏省在废除苛杂一百三十种后，财厅派员密查，据报各县苛捐杂税，至少还有二百多种。”④ 又说：浙江“所废除苛杂多至四百五十七种，但此四百五十七种苛杂征数仅有二十四万七千五百余元，最细小之捐税有年征二三元者，所以此类苛杂废除以后，对于政府和人民均无多大影响。”⑤ 其实是在做表面文章。

薛暮桥指出：“所可惜的，是旧苛杂虽然渐次废除，而新增税捐也并不少。例如北平开征筵席捐和房捐；福州征收房屋捐一月，店屋捐两月；邕宁开征商铺捐；江苏开征奢侈、消耗、娱乐、筵席等捐，

---

① 穆岩：《华北农村经济问题》，载《政治月刊》1934 年 1 卷 4 期。

② 章有义：《中国近代农业史资料》第三辑，三联书店 1957 年版，第 110 页。

③ 章有义：《中国近代农业史资料》第三辑，三联书店 1957 年版，第 113 页。

④ 《旧中国的农村经济》，农业出版社 1980 年版，第 80 页。

⑤ 莫乔：《减轻田赋和废除苛杂》，载《中国经济论文集》第二集，中国经济情报社 1935 年版。

并增耕牛过境税，每头自一元二角加至二元四角；湖北征收堤工捐；浙江征收交通附捐，并增屠税附捐；广州增收地税，汕头加征花捐……这些都是随手拾来的报纸新闻，自然挂一漏万，只能说是九牛一毛。有些地方所谓废除苛杂，实际只是改换名目，如厦门水果业营业税，为水果捐之变相；海味类营业税，为渔税之变相；杉木红料营业税，为杉木红料捐之变相……。”①

国民党政府废除地方苛杂的努力收效不大，究其原因，除了财政方面的因素之外，政治机构和征税部门的腐败也是主要的障碍。当时全国各地普遍实行的招商包税制度，就是加重农民负担的弊政。如在广东，“开标包税的制度就是制造土劣和增加勒索的最妙机会。往往税商所收，数倍或十倍缴纳于政府的。”“捐商每借口执行职务，维持税收，设立多数武装稽查或暗探等类，以为截缉走私漏税。此项稽查品流复杂，良莠不齐，动辄狐假虎威，横行乡曲，凌烁敲诈，层见迭出。”②

地方苛杂对农民的生活和生产的破坏性很大。例如，许涤新在1935年指出，广东的烟草生产，“因捐税繁重而衰落不振。计每担抽收生产费一元五角，教育基金附加税七角五分，特税一元，输出税五元，关税六元，共十三元上下。该税额较该商品本身成本高出二倍以上。因此，从前每年能出三万担的产量，现在便一年年低落下去了。”③

第五节　中外资本对农民的剥削

1927—1937年是中国有史以来资本主义发展最快的10年。但是，资本主义的快速发展不仅没有给中国农民带来进步和利益，相反，他

① 莫乔：《减轻田赋和废除苛杂》，载《中国经济论文集》第二集，中国经济情报社1935年版。

② 陈翰笙编：《广东农村生产关系与生产力》，上海中山文化教育馆1934年版，第39页。

③ 《捐税繁重与农村经济之没落》，载《中国农村问题》，第54—55页。

们却因为这种资本主义的发展而倍受压迫和剥削。10 年间，农村对于资本主义剥削感受最为直接的是中外资本势力的渗透，它们共同编织成一个遍布农村的剥削网，对农民进行残酷的剥削。

一、国内金融资本对农民的剥削

（一）国内金融资本向农村渗透

20 世纪 30 年代初，中国工商业受世界经济危机的冲击而凋弊，银行投资城市工商业往往无利可图，前景暗淡。因此一方面为“繁荣工商业的市场”——农村，另一方面为了谋求自身的发展，加上国民党政府中央的积极倡导和地方政府的参与，国内金融资本出现向农村渗透的新动向。此期以省或县为经营区域的以农工、农民、农业为号召的银行纷纷成立。截至 1935 年 4 月，全国有带农字的银行 23 家，资本总额约 1900 余万元。[①] 与此同时，一些商业银行也加入投资农村的行列，如上海银行、中国银行、金城银行、浙江兴业银行、大陆银行等，或独资，或联合，农贷款项少则几万元，多则数百乃至上千万元。

在 1936 年，中央实业部还联合银行界成立了一个以“调整农业产品”“流通农业资金”为业务的“农本局”，政府拨资 3000 万元作固定资本，银行界合凑 3000 万元作投放资金，用以支持“各农村创办农业银行、合作社、农民典当”，以经营农产品抵押放款和“代理农产品的买卖事务”。

各银行在农村的经营活动，一般是依靠以下三种基层金融机构而进行的。

1. 农业仓库。这是银行向农村放款的主要基层机构之一。虽然该机构晚至 1933 年才由政府倡导各县成立，但发展很快。先是要求农民银行在各县设农业仓库作为它的分支机构，几乎同时，中国银行、上海银行也积极参与，于是，江、浙、湘、鄂、冀、鲁、陕、晋等省普遍设立了农业仓库。农民将农产品质押于农业仓库以取得银行贷款，

---

① 吴承禧：《中国银行业的农业金融》，载《社会科学杂志》1935 年 6 卷 3 期。

银行往往只按农民的质押品的五成到六成的价格给予贷款，而且利率通常是月息一分，另加栈租、保险费、手续费每月共五厘，实际上贷款利息相当于每月一分五厘，并不低。

2. 信用合作社。这是当时盛行于农村的一种经济组织形式，由于国民党政府的推行和社会团体的协助，几乎遍及国民党政府所能控制的所有省份。据1937年发表的统计报告，截至1936年年底，全国已登记的合作社有37318个，社员达164万余人。[①] 合作社主要有两种：一为信用合作社；二为产销合作社，前者经理金融贷款，后者经营贩卖和运销。当时盛行的多为信用合作社。它以月息一分左右向银行取得贷款，然后以一分五厘左右的月息转贷给农民。信用合作社也经营农产品抵押贷款，但抵押贷款要加上栈租，其利息实际上高于信用贷款。

3. 农民贷借所。它往往附属于农业仓库或信用合作社，也有直接经营的，其规模小，分布面也不广。然而，银行通过贷借所对农民的剥削程度，却超过农业仓库和信用合作社。因为贷借所的放款十分之九是抵押放款，因此备有栈房，用于存贮由借款农民自己运来的抵押品，收取一厘、二厘甚至五六厘的栈租。这种贷借所实际上类同于典当铺，而利息不亚于甚至超过典当铺。如四川巴县，所谓的平民贷款所林立，但贷款月息五分，借贷时还须先扣除利息，人称："利息之高，较之典当之大利盘剥尤甚。"[②]

（二）农村金融资本对农民的剥削

当时的银行资本主要是政府资本，其投资农村时往往美其名曰"发展农村""振兴农业"。表面上看，各银行在农村的贷款利息，除贷借所外一致低于当地典当业和高利贷。据1935年发表的在浙江一带调查得来的资料，信用合作社、农业仓库的贷款利率与典当业、高利贷的比较情况，如表5－21所示。[③]

---

① 《农情报告》1937年5卷2期，第43页。

② 西华近代文献征集处编：《四川农村经济崩溃实录·四川农村金融变质之概况》（1935年4月）。

③ 章有义：《中国近代农业史资料》第三辑，三联书店1957年版，第205页。

表 5－21

类别	无锡	吴江	句容
信用合作社	1 分 2 厘	1 分	1 分 2 厘
农业仓库	1 分 5 厘	1 分 5 厘	1 分 4 厘
典　当	1 分 8 厘	2 分	2 分
高利贷最低率	1 分	1 分 2 厘	1 分 2 厘
高利贷最高率	2 分	2 分 5 厘	2 分

但是，仔细观察之后，便不难发现多数急需贷款的贫苦农民并没有从中得益，反而直接或间接地因银行资本的经营活动而加重了经济负担。这表现在几方面。

首先，从银行的资金流向来看，是“扶强不扶弱”。因为，其投资地域一般都选择或比较富庶，或交通便利，或农业经营条件比较优良的地区，尤其注重商品率较高的农产品生产基地，如棉花、桑蚕、烟叶、米麦等产地；越是贫穷落后的农村，越是没有银行前去投资。其贷款方式多采取抵押贷款，因此只有那些有田产、房屋、家什乃至粮食可作抵押者方可望取得贷款，而赤贫小民根本得不到贷款。

其次，在贷款季节上，重收获不重生产。当农民在生产中急需资金时，由于缺少抵押物，往往难以取得贷款。待到收获季节，农业仓库、信用合作社方大行抵押放款，抵押物往往指定为某些农产品，再以低于市价三四成的价格收押放款。贫困农民将产品抵押之后，很少有能力还贷取赎的，结果，放款银行既赚了放款之利，又低价收购了农产品，可谓一举两得。连蒋介石也说：“各银行常以贷款为由，自行派员赴各地劝诱农民组织合作社，……利用放款关系，贱价预购收买农产品，掠夺农民利润。”① 当时有人更为尖锐地指出：“事实上，农民需要资金，是在农作物生产之前，号栈和农业仓库对农民现金的供给是在收获之后，需要和供给背道而驰，农民哪能够领受仓库的利益。……因此，典当和仓库营业发达，而农民的贫困逾甚，农村破产

① 王承志：《中国金融资本论》，光明书店 1936 年版，第 171 页。

也更尖锐化。……豪绅往往勾结银行，将农民押存于仓库之农产品，遇高价时向外趸卖，一方面压低收买时农产品的价格，一方面抬高出卖时农产品的价格，从中渔利，以饱私囊。因之，农民之被剥削与愚弄，已是普遍的现象。”①

再次，贷款成为地方豪强盘剥农民的工具。由于农业仓库、信用合作社等基层金融多把持在区乡长吏或土豪劣绅手中，他们乘机把银行低息贷款变成盘剥农民的工具。1934 年《申报月刊》载文指出：“乡之强豪，常假名组织合作社，乃向农民银行借得低利之借款，用之转借于乡民条件之酷，实罕其见。”② 1935 年 11 月有人撰文揭露：“（河北）定县之各合作社，其经理权大都为村中之富农或村中有最大势力之人所掌管，银行对合作社所给予之低利资金，即往往被土劣自借或冒名借去，转以高利贷与农民，以达其剥削之目的。”③

同时，银行本身在收获时的收押放贷，也为地方政府征收田赋以及地主催租提供了某些便利。如江苏农业银行的农业仓库，“对于县政府的财政很有帮助，因为农民押款后用完粮者占百分之六十以上。”④ 有报道说，合作社是由乡长、村长组织而成的——据说农行规定，信用放款须有乡长、村长担保，可是通过他们放了一批批的款项之后，到收款时，许多农民申诉说并未领到放款，因此也无法偿还。经向乡长、村长们询问，得到的回答是：“某甲欠了什么税捐，某乙欠了什么摊派，某丙欠了某人的田租，某丁欠了某人的利息，所以他们领到银行放款已经抵偿完毕。”农民虽不愿意偿还未见过面的借款，可是被扣掉的钱已经追不回来了，而银行的钱却是必须归还的，因为政府会派警员来追索，“最后，晦气的当然还是农民。”⑤

所以，有人评价说：“银行资本与豪绅、地主、高利贷相结纳，在‘狼狈为奸’的行动下，实行封建式的榨取。”⑥确实揭示了在半殖

①⑥　王承志：《银行资本在农村中的活动》，载《经济评价》1935 年 2 卷 5 号。

②　《申报月刊》1934 年 3 卷 9 期，第 53 页。

③　符致逵：《商业银行对于农村放款问题》，载《东方杂志》1935 年 32 卷 22 号。

④　吴承禧：《中国银行业的农业金融》，载《社会科学杂志》1935 年 6 卷 3 期，第 503 页。

⑤　张益圃：《到处碰壁的生产教育》，载《中国农村》1936 年 2 卷 1 期，第 59—60 页。

民地半封建的社会经济条件下，银行资本剥削农民的一个特征。

二、国内工商资本对农民的剥夺

（一）农民对市场依赖程度的进一步提高

随着外国对华商品倾销的加剧，随着中国资本主义经济在这个时期的迅速发展，国内外生产的廉价日用轻工业品充斥中国市场，农村自然经济进一步解体，农民在日用消费品方面对市场的依赖程度明显提高。关于这方面的报道俯拾皆是。例如：

1934 年，有人指出，浙江象山过去因交通不便，商业甚为萧条，“近年来洋货充斥，农民多趋之若鹜。盖土货之粗劣，不如洋货之精巧也。故一般农民之日用品，大都已不能自给，而由商人供给矣。”①

1935 年发表的一篇题为《菏泽农村的写实》的文章写道：“以前农民吸旱烟，皆是土产。现在大多数吸洋烟，至少一村庄有一份卖洋烟的。以前农民点灯用自己的棉子取油、豆子取油、芝麻取油等等，现在都点煤油。以前农民取火用火石及火纸，现在都用洋火。以前农民用本地打的钉，现在好多用洋钉。其他如礼帽、台灯、化妆品、洋药房、种种洋货，不可枚举。”②

1936 年有人描写河北小农的生活状况，说邯郸、永年一带，“普通妇女头上的一切装饰品，男女较好的各种衣料、衣扣、洋灯、提灯、纸烟，以及其他一切零用品，大多数都是都市工业的制造品，已不是农村中手工业的制造品了。即时常出没于农村的小贩，满担子里洋货总占十分之八九。”在定县，“每个乡村里，都有洋货铺的设立与洋货小贩的发售。虽然远在几万里的英、美国家某一公司的出品，都可出运到这偏僻的农村来。”③

农民的日用品依赖市场而购进的结果，是他们必须更多地依赖市场而出售农产品。例如，对河北东光县的调查发现，“近几年来乡下农民，男的虽仍然是耕田，但女人多不从事于纺织。家中一切的用品

① 林味豹：《浙江象山农村经济概况》，载《新中华杂志》1934 年 2 卷 10 期。

② 何云龙：《菏泽农村的写实》，载《农业周报》1935 年 4 卷 4 期，第 488 页。

③ 田文彬：《崩溃中的河北小农》，见《中国农村经济论文集》1936 年，第 255 页。

多仰给于外货，以棉布、棉纱、煤油等为主要品，纸烟销售亦甚多。每家农家秋收后，不论粮食够食用与否，即贱价出售，用以还债或购买用品，待明年春季青黄不接的时候，再借债购买粮食吃。”[①] 据1935年对19个省148个县的调查，1929—1933年，农户于收获后立即出售农产品的占农户总数的55%，其比例以东南水稻地区和长江中下游平原为最高，其他地区稍次。[②] 同时，购买粮食和其他日用消费品的农户比例在地区上的分布，也与收获后即出售农产品的地区分布相对应。[③]

总之，这个时期农民与市场的联系空前密切，为中外工商资本上下其手操纵市场，加强对农民的剥削提供了极好的条件。

（二）国内工商资本剥夺农民的主要形式

1. 操纵农产品的销售和生产。以农产品为原料的轻纺工业，在中国近代工业中所占的比例最大。他们在与外国商品相互的激烈竞争中，为了降低成本、提高利润，除了在生产过程中尽量榨取工人的剩余劳动之外，同时也极力压低原料的收购价格，加强对农民的掠夺。工商资本经常相互勾结，由产业资本家出资，与商业资本家联手议定统制价格进行收购，农民迫于税捐、债务和生活的压力，常常即使是贴本也不得不出卖给他们。工业资本家还介入农民的生产过程，诱使农民按其需要种植作物，如烟厂资助种烟，纱厂资助植棉，缫丝厂资助养蚕，等等。农民一旦接受资助，农产品即受制于资助者，不仅不得不售于他家，而且价格也任由资助者抑压。

2. 操纵农产品的时令价格。这方面以粮食的买卖为典型：

1936年的一份研究报告说：“（浙江平湖）农民遭受商业资本之剥削，极为惨酷。例如在秋季收获之后，一般农民须缴纳田租、田赋、杂税或偿付债息，于是不得不出售农产品以应急需。一般米商视为获利机会，大贬农产品价格，以低价收买农产品；及至次年三、四月间农民发生食粮不足，纷纷购买食粮，米商又复提高农产品价格。如去

① 曲永凯：《东方调查杂记》，载《农业周报》1935年4卷3期，第84页。

②③ 参见章有义：《中国近代农业史资料》第三辑，三联书店1957年版，第309—310页所载《各地农产品出售情况》和《购买粮食及其他生活资料的农户百分率》二表。

年新谷登场时，糙米每石价七元，今年每石涨至八元；大豆去年每石价不及七元，今春涨至十元；棉花去年每担价七八元，今年则增至十二三元。”①

在经济衰落的宁夏，同样存在着这种“粮食投机的残酷交易”。“因为农民各种负担，使他们在秋收之后，不得不赶紧出卖其主要收获物之‘粮食’，以缴付税捐及偿还债务。供给多，则市场价格低落。故农民卖粮时，其粮价非常低小，所得无多。如白米一斗收获时仅值二三元。等到农村中的粮食都大半转到投机者手中后，只要经过冬季，到次年的春天，一般农民没有粮食吃了，都又要买粮过活，这时粮价立刻上涨，二三元一斗的白米，即刻涨到五六元的市价！一转手间，投机者可以得最少百分之百以上的利益！粮食投机的现象，在宁夏成为司空习惯的事体，但是一般农民之贫穷化，将因此而加速其程度了！”②

可见这种“粜平谷，吃贵米”的情况，无论是在富庶地区或是在贫穷省份，都是常见的。之所以产生粮商得以利用的“青黄不接”时的季节差价，主要是因为农民肩负着沉重的赋税和债务负担，时时处于入不敷出的困境。此外，年成的丰歉也会增加粮商盘剥农民的机会。如 1933 年有人研究了江苏武进的物价变化，指出：“近年来因金融之枯窘，物价季节性变化较前尤甚。例如一九二九年秋大旱，十一月至十二月米价每石为十三元三角至七角，此时农人不得不粜米以偿债；阅四月至次年四月间，米价一涨而至十七元五角，几骤涨百分之三十，农人又不得不举债购米以充饥。是年秋大熟，至十一月、十二月米价又跌至每石十元。农人粜谷偿债时，几乎需要两石白米始能抵补春间一石白米之旧欠，而按月二三分之重利，且犹未计入焉。一九三二年情形亦与此仿佛。因此富者愈富，而穷者愈穷，致成今日农村崩溃之现象。”③

3. 工商资本与高利贷资本相结合的抑价预买和高价赊销。抑价购

① 《平湖之土地经济》，转引自章有义：《中国近代农业史资料》第三辑，三联书店 1957 年版，第 321—322 页。

②③　参见章有义：《中国近代农业史资料》第三辑，三联书店 1957 年版，第 322—323 页。

买，是国内工商资本与高利贷资本结合起来盘剥农民常用的手段。粮食的预买行为是较常见的，估价常在市价的一半左右。如在东三省，“一般粮栈以为‘青苗买卖’是极其有利的，所以就把它推行到农村的各个角落。‘青苗买卖’的价格普通是市价的五成或六成。农民在当时所得到的又只是卖价的二分之一或三分之二，其余是在缴纳谷物的时候才支付的。”① 在陕西，“农人需款时，以自己田里的作物预卖于富农。如市价每担麦子 20 元，预卖每石不过 12—13 元。”② 在浙江长兴有所谓的“卖夏米”，“预卖的米价按夏米期间市价的一半估值。”③ 在广东的茂名、乐昌、阳山等地有所谓的“放谷花”，“谷价由地富商人估定，通常合市价三分之一。”④

在经济作物方面同样存在着大量的抑价预买行为。如水果，察哈尔怀来，“农人以极低价格向大水果行预卖果树园里的产品，如典花、典枝，其价格仅及收成时卖价的一半。”⑤ 如棉花，河南西部各县，“商人预买‘期花’，所出代价往往只及市场价格的三分之二甚至二分之一。”⑥ 如桑叶、江苏无锡的“卖青桑”，是在“旧历年底预卖明年的桑叶，仅合市价的 60% 左右。”⑦ 如桐花或桐实，四川万县“于桐花初开或桐实初生时，即行预售，价格约为上年普通市价之六折。”⑧

工商资本通过高价向农民赊销生产资料或日用品进行盘剥，其获利也高得惊人。例如，在山东鱼台，“用现款 20 元可以买到的牛驴，赊买即须 120 元。”⑨ 在浙江长兴，“织户赊丝，多系向丝行赊取，其价格约高于现买价格 15%。蚕毕还时，为期至多 2 期，须加月利 2 分。”⑩ 山东的烟农需要肥料或煤炭而无钱购买时，“只要有可靠的担保，便能向豆饼行或肥田粉商和煤炭行赊取，赊价与现买之间，有惊人的差异。例如豆饼 1 斤，现买只须 5 角 5 分，赊价须 7 角；煤炭每百斤现买只须 8 角，赊价须 1 元；赊欠的时期先后不过 6 个月。”⑪ 至于赊销日用品方面，在东三省，“农民向杂货店赊买日用品，价格全

①②③④⑤⑥⑦⑧⑨⑩　章有义：《中国近代农业史资料》第三辑，三联书店 1957 年版，第 333—337 页。

⑪　章有义：《中国近代农业史资料》第三辑，三联书店 1957 年版，第 334 页、第 333 页、第 337 页。

由店主决定，比平常的市价要高 30%。赊买通例每年都作三季（旧历五月、八月、十二月）清算，届时如不能清偿，就要附加 3 分利息。"[①] 在广西，"商人向农家赊卖食粮、日用品等，而以秋收用谷偿为条件，届时谷价约降低 40%，商人收账，再硬按市价压低 1—2 角，结果为时虽只 2—3 个月，却要因此吃亏一半。"[②]

可见无论是抑价预买或者是高价赊销，都是工商资本对农民的赤裸裸的高利盘剥。

4. 其他盘剥手段。如不等价的以物换物，即商人以少量日用工业品直接向农民换取大量的农副产品。这是商人在一匹瘦马身上剥两张皮的手段。在商品货币经济比较发达的中原地区，商人从这种交换中至少可以赚取 1 倍以上的利润。而在比较落后的少数民族地区，商人以此可攫取成百上千倍的暴利。如商人在贵州苗族地区以 30 根绣花针或 1 斤食糖，即可换得 3 张兽皮，1 斤食糖的成本不过 3 角，而 3 张兽可值 24—27 元。[③] 又如滥发不兑现的证券。商会、商号、不注册的商业银行、钱庄、当铺，甚至绅士个人都可以发行纸券流通。他们发行纸券的目的，或是为了购买农民手中的农产品，或纯粹是为了套取现洋（银元）或法币。这种土票子即使发行者能守信用，也只限于在极小的范围内流通，何况发行者很少守信用，因此农民持有土票难以按自己的需要兑得现金。更有一些流氓绅士或奸商故意滥印纸券，换取现洋，一旦赚饱私囊，即宣告倒闭或潜逃，坑害持有纸券的农民。

三、外国资本对农民的掠夺

此期外国资本掠夺中国农民的手法，除了一如以往的日用工业品和农副产品的倾销，廉价收购农副产品出口或就地加工等之外，最突出的是通过转嫁经济危机来掠夺中国农民。

1929—1933 年爆发了世界资本主义经济危机，为了应付和转嫁国内的经济危机，帝国主义加紧对殖民地半殖民地国家的经济掠夺，对

---

①② 章有义：《中国近代农业史资料》第三辑，三联书店 1957 年版，第 334 页、第 333 页、第 337 页。

③ 章有义：《中国近代农业史资料》第三辑，三联书店 1957 年版，第 337 页"贵州永从"条。

中国也不例外。中国农民因此而遭受巨大经济损失，间接或直接地加重了许多负担。

第一，帝国主义国家在经济危机中采取保护关税政策。它们鉴于本国农村经济衰落，纷纷提高原本低微的农产品税率，以限制外国农产品的进口。这给中国的经济作物生产和外销造成很大的损害。时人指出："当华茶在世界市场竞争剧烈的关头，许多销茶地带提高华茶关税，更足影响华茶销路。……此种课税之增重，实系国产茶叶之致命打击。"① 又如花生，1934 年的记载指出："山东花生之运往国外者，以法、荷、德、意为最多，英、美、日次之。近年因世界经济恐慌及关税增加之影响，外销呆滞，市价跌落。"② 同时，帝国主义各国还明令禁止中国的大批植物进口，限制蛋及蛋品等的进口。这些都严重破坏了中国众多农民的生计。

第二，对中国进行农产品的倾销。这以米、麦的倾销为典型：1934 年有人指出："据中国银行估计，米麦两种生产，如能改良运销，平均分配，不能谓不足。"然而，由于中国已被卷入资本主义国际市场，而且缺乏真正独立自主的关税政策，"洋米、洋麦、面粉、棉花等均有大量的进口，尤其在近六年来世界经济恐慌（农业恐慌亦已尖锐化）的影响下，进口的农产品都或多或少地具有倾销的性质，几乎完全霸占了中国的市场。"如洋米，1921 年以后，由此前的 1000 万担以下逐渐增长，到 1933 年已超过 2000 万担；洋麦以前每年平均总在三四百万担上下，1931—1933 年的进口平均数额突然激增至 1000 万担以上，其中 1931 年甚至达 2200 余万担，"开十余年来未有的新纪录，这显然是倾销的结果。"③

日本对中国的粮食倾销更是明目张胆。1933 年 4 月来自东京的电讯说："日政府为欲提高米价，救济农村，防止农民暴动起见，决取海外倾销政策。所剩米粮一千万余石中，先运一百五十万石，在我国长江一带及华北各埠削价倾销，其损失则由政府填补"；另由其殖民

① 李雪纯：《在死亡线上挣扎的中国茶叶》，载《新中华杂志》1934 年 2 卷 16 期。
② 《中国实业志》（1934 年编），山东省，第 204 页。
③ 章有义：《中国近代农业史资料》第三辑，三联书店 1957 年版，第 413—415 页。

地台湾运五十万石到广东、福建两省倾销，其损失由政府和农民均分填补。[①] 另有报道说，日本1933年产米过剩，“达一千九百二十余万石，政府为救济农家，并恢复在华市场，决计对华削价倾销。……其倾销办法，即拟由英、美商人出面，向中国米商兜销，价格照（中）国米每担减低半元，进口税由日方完纳。”此计划自1934年2月即开始实行。[②]

而我国在1932年和1933年连续两年农业丰收，正逢“谷贱伤农”之时，洋米的倾销更进一步加剧了“丰收成灾”的惨状。1933年江西省政府经济委员会在《江西经济问题》一书中指出：“我国自去岁丰收以来，长江各省米谷每担价格始终在三元上下；今岁又告丰收，价格更跌至二元上下。……我国米谷价值之所以如此惨跌不已，皆由于无市场为之销售。外国市场固无我国米谷销行之余地，乃本国市场亦为外米所侵夺，……专就米谷丰收之去岁言之，外米进口达二千二百四十八万余担之巨。”[③] 1933年8月25日，湘、鄂、皖、豫、赣五省主席联电中央，要求加征洋米进口税，电文指出：“上年各地丰收，谷米产量大增，外洋米、麦，同时输入倾销。……刻值新谷登场，收成又复丰稔，而上年存谷尚多，销路愈疲，价值愈落，农民所需耕种各费罄谷之值，不能抵偿。”[④] 关于河北，1933年有人指出：“河北省去岁秋收可称丰稔，辛苦终岁之农民，获此丰年，原可稍为舒展。……各地所产小麦，本可运津销诸粉厂，以博取现金，但美国与澳洲南部本年生产过剩，纷纷进口，削价倾销，以致价格频落，无法收拾，悉受外货充斥影响。”[⑤]

因外国农产品倾销而加剧的粮价惨跌，严重降低了农民的收入，削弱了他们的赋税负担能力，即他们的赋税负担相对加重了。如河北省，原来外销的棉花、干果等因世界经济危机而销路锐减，丰收的小麦又因洋麦的倾销而滞销，产品既无处宣泄，“乡农以终岁勤劳所得代价，几难供一饱之用；交通不便之区，运输维艰，市价尤廉，甚至

①② 章有义：《中国近代农业史资料》第三辑，三联书店1957年版，第413—415页。

③ 章有义：《中国近代农业史资料》第三辑，三联书店1957年版，第414页。

④ 董成勋：《中国农村复兴问题》，第79页。

⑤ 马乘风：《最近中国农村经济诸实相之暴露》，载《中国经济》1933年1卷1期。

售卖田园，举借高利贷以度日者，随处皆是。”[①] 1933 年 9 月，安徽米商通电响应五省主席加征洋米进口税之请时曾指出：“在业主方面，丰收之田，每亩收租一百四五十斤，次田七八十斤，再次田四五十斤，稻价每担值二元，然钱粮正供、地方附加以及一切收稻费用，每亩多至二元五六角，少亦一元七八角。……有田之家，无不感受痛苦，向之价值百元一亩者，今则贬价三四十元，亦无人承买。揆厥原因，实由洋米倾销谷价日贱之所致。”地主之家尚且如此，一般农民的痛苦就更不待言了。所以引起“农村破产，购买力弱，商场凋疲，金融停顿，劳工失业”等一连串不良后果。[②]

值得着重指出的是，当帝国主义列国刻意对我国进行农产品倾销之际，国民党政府却有为虎作伥之举，即签订了 1931 年的美麦借款和 1933 年的棉麦借款，严重损害了我国农民的利益。

1931 年 9 月，据说是为了赈济水灾区域，国民党政府向美国购买 45 万吨小麦，麦款分三期偿还，年息四厘。所购美麦的价格，加上运费、保险费等项，每担折合法币 8 元多，已高出本国市价 30%。结果造成什么经济影响呢？1932 年江西省农村协会在给行政院院长的电文痛陈道：“目下各种粮价之贱，已达极点，皖赣等省稻价只一元数角，米价只三四元，视耕种成本相去甚远，农民得不偿失，类皆破产，而对于城市商品无力上购买，百货委地，工商不振，金融恐慌，社会不宁，此大半由于去岁洋米、洋麦、洋粉进口太多之故也。统计去岁一年上海商民订购洋米、洋麦已属不少，讵意政府因有水灾，忽有赊借大宗洋麦、洋粉之举，查其数为四十五万吨，合中国有六百七十五万担之巨。虽曰充赈所需，然其数太多，迄今皖省赈粉犹有余积，充斥于市已逾一年。外国过剩之恐慌，移来我国，则今年粮食安得不贱，农民安得不破产！”[③]

1933 年 6 月，国民党政府又与美国签订一笔 5000 万美金的贷款，用以购买美国的棉、麦。且不说国民党政府因贬价脱售及扣除运费、杂费后实际上只得 3500 万美金的损失，单就这次借款对国内农商的破

① 马乘风：《最近中国农村经济诸实相之暴露》，载《中国经济》1933 年 1 卷 1 期。

② 董成勋：《中国农村复兴问题》，第 29 页。

③ 章有义：《中国近代农业史资料》第三辑，三联书店 1957 年版，第 438—439 页。

坏影响而言，比上次有过之而无不及。为此，上海市农会致电政府实业部长，指出："我国农产物，以棉、稻、豆、麦为主，年来价格低落，于今尤甚。按目下小麦市价，每担仅值一元九角，大麦更无论矣。于此社会经济不景气之秋，物价低廉，固有益于民生，惟农家种植工资、肥料以及日常所需消耗各品，非惟不见低落，抑且日有增加，今独贬其出产物之价格，相形之下，殊属不均。农民欲获其成本而不可得，如再以外麦倾销，本麦价格之继跌，固意中事，政府欲利之而适足以害之。"① 与此同时，全浙公会也致电立法院，指出："以吾国比年农产物之不振，农村经济已濒崩溃，而尤以吾浙米价之低落，为近十年来所无，浙民感受痛苦至深。益以蚕丝失败，其他农产副品，如菜籽、黄豆、小麦等，凡农民挟以入市求售者，莫不痛遭抑价。惟棉花一物，幸尚有相当之价格，社会金融，犹足稍资调剂。……如并此国棉销路而亦为输入大宗美棉以侵占之，市价必然骤跌，其结果殆将与丝、米同归于一途，而浙农苦痛益深矣。"②

第三，帝国主义列强还通过货币政策向中国转嫁经济危机。一是各国采取将本国货币贬值的方法，以大幅度跌价倾销的方式，增加商品输出，加紧对中国的经济侵略，结果迫使中国工农产品价格惨跌。时人指出："进口货物，在吾国市场之售价既已暴跌，则吾国产轻工业品之市价，不得不随之而降低。况如外国农产品，亦皆利用低廉之汇价，输入吾国市场，吾国农产价格因此而暴跌，农民之购买能力，因此而锐减。"③ 加上日本帝国主义侵占了东三省，又值自然灾害发生，中国的社会经济全面凋敝。据估计，中国国民生产毛值连年下降，1931 年为 353 亿元，1932 年为 288 亿元，1933 年为 242 亿元，1934 年更跌至 213 亿元，比 1931 年下降 40%。其中，农产品下降的幅度最大，从 1931 年的 244.4 亿元跌到 1934 年的 131 亿元，下降 46% 以上，④ 农民的收入大大降低了。二是 1934 年 8 月美国开始实行所谓白

①② 章有义：《中国近代农业史资料》第三辑，三联书店 1957 年版，第 441—442 页。

③ 章有义：《中国近代农业史资料》第三辑，三联书店 1957 年版，第 402 页。

④ 刘大均：《国民所得》，第 10 页，转引自（美）阿瑟·恩·杨格：《一九二七年至一九三七年中国财政经济情况》，第 244 页。

银政策，即人为地提高白银的收购价格，引起世界市场上银价大幅度上涨，从而导致中国白银如潮水般地外流，同时中国国内银价不断上涨，通货紧缩，银根奇缺，物价猛跌，销路呆滞。以上海物价为例。1932 年下跌了 11.4%，1933 年跌 7.7%，1934 年跌 6.5%，1935 年跌 0.7%，1935 年比 1932 年下跌 23.9%。[①] 工商业和金融业纷纷停歇倒闭，出口贸易减少，促使农产品价格进一步下跌。上海农产品价格指数，以 1930 年为 100，1934 年为 71.3，1935 年为 75.6。[②] 农村经济更加恶化。

银价上涨的同时是铜钱的贬值，而在"中国四万万庞大人口中，至少三万万农民阶级概以铜货为其主要通货，银价之高涨，不但不能增加其通货价值，反相对减低其购买力。"[③]

总之，帝国主义列国为转嫁国内经济而采取的货币贬值政策以及随后美帝国主义实行的白银政策，导致中国农民实际收入剧减，即降低了他们的负担能力，间接地加重了他们的负担。

四、工农产品"剪刀差"的扩大

工农产品剪刀差扩大，是此期农民负担加重的另一种表现，实质上仍是中外资本对农民的盘剥。

1935 年有人对前四年的农产品购买力下降情况作了统计，如表 5－22 所示。[④] 后来，他又以上海、河北为对象统计了 1932—1936 年的农产品购买力变动情况，如表 5－23 所示。[⑤] 从中可以看到，尽管存在着地区差异，这个时期农产品价格的总趋势是大幅度下降，其他生活品价格虽然也有下跌，但其幅度一般小于农产品。这从一个方面说明了农民购买力的下降。1936 年农产品价格虽然上升了，但生活品价格的上升幅度更高，因此农民的购买力仍未能达到 1932 年的水平。何况在许多地方出现某些农产品价格暴跌，而工业品价格却猛涨的情

① 国定税则委员会编：《上海物价年刊》。

② 王世鼐：《新货币政策实录》。

③ 章有义：《中国近代农业史资料》第三辑，三联书店 1957 年版，第 407 页。

④⑤ 章有义：《中国近代农业史资料》第三辑，三联书店 1957 年版，第 665—666 页。

况，这些地方农民的购买力大大削弱了。如江苏宜兴，1927—1934 年，“单盐一项就加价七倍，而猪肉呢？恰巧倒跌了七倍。凡是由农家劳力换来的东西，都不值钱。”① 又如在河北临城，1936 年有人指出：“年来农民所用之输入品，却与粮价作反比例而高涨，日用之必需品，如煤油、火柴、洋线以及其他一切自外输入物品，无不逐日涨价，陷农民于益加贫苦中。”② 同样的，在河北阜平，“农产物品价格狂跌”，然而农民“所必需的粗布、盐等物品，却并没有减价，反而异常昂贵：穿个布非有一元二三角不办，一块洋也只能买八斤盐。物价不减，食粮狂跌，这无异削弱了他们的收入，加重了他们的负担。”③

表 5－22　　1931—1934 年农产品购买力指数

年份	农产品价格指数	生活品价值指数	农产品购买力
1931	100.00	100.00	100.00
1932	89.76	93.20	96.31
1933	75.47	85.07	88.72
1934	70.30	84.08	83.31

表 5－23　　各地农产品购买力之变动

基年：1932 年

地区	年份	农产品价格指数	农用品价格指数	农产品购买力
上海	1932	100	100	100
	1933	84	97	85
	1934	79	98	80
	1935	89	106	84
	1936	103	125	82
河北	1932	100	100	100
	1933	78	84	93
	1934	73	84	87
	1935	91	109	83
	1936	120	127	95

①②③　章有义：《中国近代农业史资料》第三辑，三联书店 1957 年版，第 670 页、第 673 页。

可见工农产品剪刀差的扩大，是这个时期中外资本对农民进行巧取豪夺的一个重要方式，使农民在无形中降低了收入，从而导致负担能力的下降，即实际负担相对地加重了。

五、高利贷对农民的榨取

无论是农业仓库，还是信用合作社，其分布就全国农村而言都是微乎其微的。以信用合作社为例。据官方统计，到 1936 年，信用合作社有 20620 个，社员 90 万人左右，较之 3 亿农民，不啻九牛一毛。江苏是当时信用社社员最众的省份之一，在 1934 年其信用社社员也只占全省总户数的千分之六。[①] 其他省份更不待言。何况其统计数字颇有不实之处。1934 年是银行投资农村最盛的一年，其贷款额仅占全国农村总借款的 5%。[②] 因此，广大农民的借款仍主要来自农村的高利贷。这与当时中国的半殖民地半封建的社会经济结构是相一致的。

尽管国民党政府一再高喊“减租减息”的口号，如同实际上没有触动租佃关系一样，他们也没有能使高利贷利率降低下来。相反，这个时期由于帝国主义列强转嫁经济危机的影响，中国金融恐慌，农民尤其告贷无门，农村高利贷利率呈上升之势。据对河南、安徽、山东 127 村的调查，其高利贷利率增长如表 5－24 所示。[③]

表 5－24　　河南、安徽、山东 127 村利率增长指数

（1929—1934 年）

	1929 年	1934 年		1929 年	1934 年		1929 年	1934 年
河南中部			安徽北部			山东东部		
烟区	100	124	烟区	100	133	烟区	100	115
非烟区	100	108	非烟区	100	129	非烟区	100	116

① 《经济评论》1935 年 2 卷 5 号，第 6—8 页。

② 《农情报告》1935 年 2 卷 11 期。

③ 陈翰笙：《产业资本与中国农民》（英文本），第 66 页，转引自章有义：《中国近代农业史资料》第三辑，三联书店 1957 年版，第 362 页。

到 1934 年和 1935 年，因美国的白银政策而加剧了中国金融恐慌之际，农村高利贷对农民更是趁火打劫。1934 年有人指出："因农村破产，金融涸竭而促进高利贷业的猖獗这一事实，就是在一般民间上也同样可以看到。如在河南鄢陵，高利贷的势力和许昌竟不相上下，前三年三分利还可以借到钱，现在则非有三分、四分（月利）借不到了；五分、六分的也不算稀奇。再如四川南川，公私借贷利率竟已由三分增高到五六分有奇，而且一般贫苦农民就是出了如此高利，一时还不能借到铜钱，他们所受乡村中的富有者的欺凌和盘剥也特别厉害。如在河南辉县安庄，一般贫苦农民借钱到五元以上，就非用田地抵押不可。再如江苏南通近年以来，因为内地资金涸竭的影响，农民大有告贷无门之慨，而高利更以空前的残酷程度出现，常有农民重利借贷而偏与借主说妥，双方绝不对外宣布利息情形者。"①

受高利贷敲骨吸髓的榨取的主要是贫农和佃农（参见表 5－25）。②他们之所以饮鸩止渴，则是出于生活贫苦化的巨大压力。据统计，1934—1935 年各类农户借款用途如表 5－26 所示。③ 可见农民借的债绝大部分是用于非生产性开支，真是借债度日。而农民的赤贫，则又是遭受沉重的赋税、地租以及中外资本、高利贷层层盘剥的结果。

表 5－25　　各地负债农户阶层分配（抗战前后）

地区	资料日期	合计	富户	中农	贫农
河北定县	1933	100	13.0	24.0	63.0
广东番禺	1933	100	11.0	21.6	67.4
广西苍梧	1934	100	1.7	8.7	89.6
思恩	1934	100	4.6	10.6	84.8

① 骆耕漠：《近年来中国农村金融中的新事态》，载《中国农村》1935 年 1 卷 9 期。

②③ 章有义：《中国近代农业史资料》第三辑，三联书店 1957 年版，第 762 页。

表 5-26　　各类农户借款用途百分比

（1934—1935 年）

用途	平均	自耕农	半佃农	佃农
合　计	100.0	100.0	100.0	100.0
生产用	8.4	7.4	11.6	5.8
非生产用	91.6	92.6	88.4	94.2
伙食	42.1	25.6	43.9	60.3
婚丧	18.1	21.5	12.7	20.3
其他	31.4	45.5	31.8	13.6

总而言之，在帝国主义、封建主义、官僚资本主义三座大山的沉重压迫之下，加上自然灾害的不时侵袭，农民难于逃脱高利贷的剥削罗网。

第六章

全面抗战时期（1937—1945年）国统区农民的负担

第一节　抗战时期国民党政府的政治、经济和财政政策

一、国民党政府的抗日政策与战局的变化

自1931年“九一八”事变以来，国民党政府当局对日本帝国主义武装入侵所采取的妥协投降政策，并不能满足日本侵略者独占中国、灭亡中国的野心。1935年，日本帝国主义又发动“华北事变”，加紧对华北进行军事扩张和经济侵略。在中华民族危机进一步加深，中国人民与日本帝国主义的民族矛盾上升为中国社会的最主要矛盾的时候，中国共产党从1933年以来就发出停止内战、团结抗日的主张，并于1935年8月1日发出建立抗日民族统一战线的号召。此后，经过曲折复杂的谈判和斗争，以和平解决1936年12月12日发生的“西安事变”为契机，建立了国共两党合作为基础的抗日民族统一战线。

1937年7月7日，日本帝国主义发动“卢沟桥事变”，向华北大

举进攻，蒋介石被迫发表谈话，公开宣布应战。中国人民艰苦卓绝的八年抗日战争开始了。

不过，国民党政府当局推行的是只依靠政府和正规军，不愿意发动全国人民参加的片面抗战路线，加上仓促应战，尽管国民党军队在华北、华东、华中各主要战场与日本侵略军进行顽强的抵抗，但由于正面战场的战局从一开始就十分不利，北平、天津很快沦陷。同年8月，日军进攻上海。中国淞沪守军顽强抵抗，坚持到11月，上海才沦陷。淞沪战役打破了日军“速战速决”三个月灭亡中国的战略布局，对中国实行“持久战略”具有重大作用。1937年12月中旬，日军攻陷南京，进行了震惊中外的“南京大屠杀”。

1938年10月，武汉、广州相继失守。国民党政府迁都重庆。在此之前，国民党的正面战场仍是抗击日军战略进攻的主要战场。此后，抗日战争进入相持阶段。

日本帝国主义侵占武汉之后，开始改变侵华策略，对国民党政府采取政治诱降为主，军事打击为辅的方针，把作战重点转移到对付共产党领导的敌后战场。而国民党政府当局的对内对外政策也发生了变化。1939年1月召开的国民党第五届中央委员会第五次全会，决定了对日采取所谓有限进攻的消极片面的持久战略，保存实力，对内则确定了“溶共、防共、限共、反共”的方针。此后，国民党多次制造反共摩擦，直至发动“皖南事变”。随着抗日战争相持阶段的到来，特别是太平洋战争爆发以后，国民党政府当局认为可以稳操胜券，军事上更加消极避战，政治上日趋腐败。他们通过颁布《国民党政府组织法》，使蒋介石的个人独裁合法化；积极打击共产党和各民主党派，破坏民主运动；在农村继续推行严密的保甲制度，使国民党政府的基层政权进一步与当地封建势力勾结起来，加强对农民的压迫和剥削。

二、国民党政府的战时农业经济政策

抗日战争时期的国统区，也就是当时所说的大后方，指的是正面战场上我军军事第一线后面的广大地区，包括地处西南的四川、云南、贵州三省，地处西北的陕西、甘肃、宁夏、青海、新疆五省的大部分

地区，以及处于战区的湖南、广西、广东、福建、浙江、江西、湖北、河南等省的部分地区。1944年春，日军发动打通平汉、粤汉两条铁路的大进攻，国民党军队毫无抵抗能力，数月之间，河南、湖南、广西、广东等省又有大片土地为日寇所陷。所以，抗战时期稳定的大后方，实是西北和西南二隅。从地域的缩小来看，国统区农民负担的加重是不可避免的。

在战前，西南、西北地区是中国近代经济发展落后的地带。这不仅表现在其新式工业只占全国总数的6%，[①] 而且表现在广大农村仍处于落后的自然经济状态，相当一部分地区的农业生产方式还停留在刀耕火种阶段。据中央农业实验所的统计，当时西南五省人口占全国总人口的1/5强，但其18种主要农作物的种植面积还不到2亿亩，仅占全国耕地面积15%弱。[②]

为了发展经济，支持长期抗战，国民党政府于1938年3月在武汉召开临时全国代表大会，并通过了《抗战建国纲领》共23条。其中有关发展经济的内容，主要有以下几个方面：（1）经济建设以军事为中心，实行战时计划经济，扩大战时生产，注意改善人民生活；（2）推行以发展重工业为基础、鼓励轻工业、手工业同时发展的工业方针；（3）实施物品平价制度，严禁奸商垄断居奇、投机操纵，巩固法币以安定金融；（4）制定战时农业政策，注重开发西南、西北地区。国民党政府的战时农业政策包括增加农业贷款的投放，改良和推广新技术，鼓励垦荒，扩大粮棉种植面积，兴修水利，扩大灌溉等。经过一定的努力，大后方的工农业生产有了不少的进步。如国民党政府为了尽快恢复工业生产，不仅支持、鼓励工厂内迁，而且还先后拨出67.6万元作为迁移补助费，并制定一些优惠政策，包括沿途免验免税、实行征用土地免收印契附加税五成等。据统计，截至1943年底，后方工厂（包括内迁）已达5266家。[③] 此外，国民党政府还在鼓励资源开发、

① 《中国近代工业史资料》第四辑载，四川有工厂105家，湖南有55家，云南有42家。兹据此统计出所占比例。

② 《中国土地政策》，第87—88页。

③ 李紫翔：《从战时工业论战后工业的途径》，《中国银行月报》复刊号，第一卷第1期，1946年1月。

加强运输以及对原有工厂的扩建、为新建厂矿提供无息或低息贷款等方面，也相应采取过一些扶持政策。这些政策促进了国统区的工业发展。在农业方面，以西南的四川、广西、云南、贵州四省的稻、麦、棉产量为例，示如表6－1。[①] 该表说明，西南地区的土地利用率有所提高，农业生产得到了一定的发展。

表6－1　　单位：千市亩、千市担

年份	稻谷		小麦		棉花	
	面积	产量	面积	产量	面积	产量
1937	66887	200877	42996	64857	2050	644
1938	76714	288555	51026	105561	3727	971
1939	78753	286847	49478	103876	4816	1546
1940	73795	225902	49635	99903	6005	1450
1941	71885	216497	51432	90947	5397	1261
1942	73473	255320	57485	117878	5378	1629

但是，西南的农业发展毕竟很有限，并不能完全满足抗战所需的军食和民食。当时有人估计，1943年仅西南四省就缺乏稻米409万担，麦子67万担，玉米302万担，高粱59万担，甘薯76万担。[②] 因此，从农业生产力的角度来看，国统区农民在抗战期间的负担加重是不可避免的。

从生产关系来看，西南地区的封建租佃关系仍是农村的主要剥削关系。虽然国民党政府在《抗战建国纲领》《战时土地政策案》《战时土地政策大纲》等有关法令中，曾涉及土地分配和地租限额问题，在抗战之初也曾在山西、浙江等个别省份试行过征收地价税、贯彻“二五”减租原则等措施，但是，蒋介石又宣称，彻底推行土地政策的良好时机，乃在抗战胜利之日。因此国民党政府颁布的土地政策并没有真正在国统区实行。地主土地占有制仍在发展，广大佃农仍然承受着沉重的地租负担和其他额外负担。因此，当国民党政府采取有关战时

① 据《中华民国年鉴》，附表，1944年版。

② 赵连芳：《四川农村建设现状与推进计划》，《西南实业通讯》，第3卷，第1期，第15页。

财政对策（如通货膨胀政策、在田赋征实中实行“扣谷完粮”等）时，佃农负担也必然会加重。

三、国民党政府的战时财政对策

前文已指出，国民党政府建立以来，关税、盐税、统税是中央财政的三大支柱。到 1936 年，关税收入为 6.35 亿元，盐税为 2.47 亿元，统税为 1.31 亿元，三税占中央财政总收入的 95.9%。[①] 但是，这三种税源多集中于东南沿海地区。抗战爆发后，沿海沿江经济富庶之地及大城市相继沦陷，关、盐、统三税收入锐减。1939 年与 1936 年相比，关税减少 77%，盐税减少 56%，统税减少 89%。[②] 与此同时，军费支出却大增，平均每年占总支出的 68.79%。[③] 因此，国民党政府的财政赤字不断扩大。为了对付财政问题，国民党政府从 1938 年开始建立起战时财政体制，先后采取一系列的增收措施，包括增加货币发行量；举借内外债；调整税制，开征食盐附加税、货物税和直接税（包括印花税、所得税、非常时期过分利得税、营业税、遗产税五种）；中央接管田赋并征实；对食盐、糖、烟、火柴实行专卖；对棉花、棉纱、棉布等重要日用品，以及茶叶、桐油、猪鬃、生丝、羊毛等主要外销农产品实行统购统销，等等。这些措施对于国统区农民负担的加重都产生了直接或间接的影响。

以增加货币发行量即通货膨胀政策为例。战前自国民党政府统一法币后，虽然使国家的财政困难曾一度有所缓解，但抗战的爆发，由于军费支出不断扩大，财政赤字年有增加，因此，为了摆脱财政困境，国民党政府便采取以增发纸币来弥补财政入不敷出的办法。有关国民党政府在八年抗战期间增发纸币的情况。如表 6－2 所示。[④] 由此可见，国民党政府财政赤字的绝大部分是靠增发钞票来填补的。由此引起的通货膨胀在农民负担加重方面所产生的影响相当广泛。

① 杨荫溥：《民国财政史》，中国财政经济出版社 1985 年版，第 47 页。

② 栗寄沧：《中国战时经济问题研究》，中新印务股份公司出版部 1942 年版，第 136 页。

③ 董长芝，李帆：《中国现代经济史》，东北师大出版社 1988 年版，第 193—194 页。

④ 张公权：《中国通货膨胀史（一九三七——九四五）》，文史资料出版社 1986 年版，第 95 页。

表 6－2　　国民党政府战时赤字财政与货币增发额　　单位：百万元法币

年　份	亏　损	银行对政府垫款	钞票增发额
1937—1938	1276	1194	397
1938 年下半年	854	854	666
1939	2057	2310	1982
1940	3963	3834	3580
1941	8693	9443	7266
1942	18881	200081	19227
1943	38413	40857	41019
1944	133186	140090	114082
1945	1106696	1043257	842471

首先，长期的通货膨胀降低了农民的实际收入。据有人研究，1937—1943 年，中国各种劳动者因通货膨胀而引起收入的变化指数，以重庆一带为例，如表 6－3 所示。表 6－3 说明："早在 1940 年，公务员、教师以及士兵等的实际收入的 2/3 被通货膨胀所吞噬。工、农业的劳动者的实际工资下降了 1/3。但是非工、农业的劳动者，特别是运输行业的劳动者的实际收入却上涨了一半。到 1943 年，虽然所有的被雇佣者的实际收入都在下降，但比较起来，薪金收入者的情况最坏。"① 尽管情况不是最坏，农民相当大的一部分收入为财政性的通货膨胀所剥夺则是毫无疑问的。

表 6－3

年份	公务员	教师	一般服务员	一般工人	工业工人	四川农业劳动者
1937	100	100	100	100	100	100
1938	77	87	93	143	124	111
1939	49	64	64	181	95	122
1940	21	32	29	147	76	63
1941	16	27	21	91	78	82
1942	11	19	10	83	75	75
1943	10	17	57	74	69	58

① 张公权：《中国通货膨胀史（一九三七——九四九）》，第 43 页。

其次，在通货膨胀形势下政府采取的田赋征实政策也加重了农民的实际负担。

再次，通货膨胀引起土地兼并活动的加剧，地租剥削的加重，高利贷剥削形式的变化，利率的提高。凡此无一不直接或间接地加重了农民的负担。

综上所述，抗日战争期间，中日民族矛盾上升为中国社会的主要矛盾，为了支持长期抗战，国民党政府采取了一系列加紧征调人力物力的财政经济对策，其中很多是必要的，因此国统区农民不可避免地要加重许多负担，他们为了民族自卫战争的胜利，作出了巨大的牺牲和贡献。但是，由于国民党政府推行的是片面抗战路线，1938 年以后又采取消极抗日、积极反共的对外对内政策；由于国民党政府的战时财政经济政策存在着某些错误，加上国民党政府的吏治腐败问题仍在加剧，国统区农民也承受了诸多不必要的负担。

第二节　田赋的征实、征购、征借与自耕农负担

一、1938 年 7 月—1941 年 7 月地方对田赋的加征

1937 年 7 月全面抗战爆发以来到 1941 年上半年，田赋仍旧归地方征收。由于战争的影响和原来各省的自行其是，国统区自耕农的田赋正额负担仍在加重。仅从省级财政的预算数来看，如表 6 - 4 所示，[①] 多数省份都有不同程度的增长，其中，贵州、福建、湖北、陕西、广东、四川等省增长的幅度相当大。如果加上县级财政预算数的增长，则农民的田赋正税负担加重程度就更大了。以四川为例，如表6 - 5 所示。[②]

---

① 《国民党政府田赋实况》，正中书局 1944 年版，第 93 页。其中四川省数据引自表 6 - 5。

② 《国民党政府田赋实况》，正中书局 1944 年版，第 94—96 页、第 98 页、第 199 页。

表 6－4　　1937—1941 年国统区各省田赋预算征收数　　单位：元

省名	1937 年	1938 年（1—6 月）	1939 年	1940 年	1941 年
贵州	409757	204878	691118	1260327	1645394
河南	10224820	5112410	3481915	4428366	5283813
福建	5393540	12722067	4233482	4607106	23724601
湖北	2603200	1301600	3654538	3235900	6940694
陕西	5993114	2996557	5083086	5481360	11450000
宁夏	1797895	898947	2157156	2157156	1093655
广东	5286700	2643350	3829120	4185810	6255210
四川	19500000	31643470	30204828	27506374	53882564

表 6－5　　四川省 1937—1941 年省县田赋征收预算数　　单位：元

年份	省预算数	县预算数	合计
1937	19500000	10025435	20525435
1938	31643470	10025435	41668905
1939	30204828	13164468	43369296
1940	27506374	13881350	41387724
1941	53882564	34870486	88853040

与此同时，田赋附加也一如抗战前一样名目繁多，有增无减。例如，据调查，“广西省田赋附加在整理时期并未执行，抗战初期仍然维持旧习，计有省附加的有 40 县。省附加税低的为正税的八成（上都县），高的达二倍（迁江、平南、榴江、天峨等县）。县附加税的名称和混乱则过于省附加。”① 又如四川省的附加税，1939 年为正税的 4.97 倍，1940 年为 5.11 倍。② 其名目之多，可以巴县为证。巴县的田赋附加共计八类，三十四种，即：（1）正附加六种（县政府经费、囚粮补助费、县府俸公补助费、县府出差费、监狱建筑费、清共委员会费）；（2）保甲附加五种（联保办公费、保甲编查费、保甲经费、保

① 《国民党政府田赋实况》，正中书局 1944 年版，第 199 页。

② 《国民党政府田赋实况》，正中书局 1944 年版，第 98 页。

甲开办费、调查户口费）；（3）团务附加四种（招添练丁费、团务经费、团费、保卫团费）；（4）教育附加四种（教育经费、县教育经费、小学教育经费、乡村教育经费）；（5）财务附加五种（财务局费、财委会清理会费、还财政旧欠、填还粮款息票、填还抬垫无着欠粮）；（6）建设附加费三种（工厂费、乡村电话费、川黔路民工伙食）；（7）杂款附加四种（县局经费、改刊、预备费、夫站费）；（8）手续费三种（粮票费或借票费、团甲手续费、传达费）。这比江苏省崇明县附加的 22 种还多出 12 种，为全国之冠。[①]

至于因田赋征收过程中的种种弊端而加重了农民的实际负担，也一如其旧，此不赘言。

二、1941 年 7 月后的田赋改制

（一）中央接管田赋及改行征实的原因

在战争时期，粮食是关系着军糈民食的战略物资。尤其是抗日战争进入中期时，因战区扩大，军事失利，军队由分散转为集中，加上战区数以千万计的难民迁入后方，军民两方对市场上的粮食需求都大大增加。而由于交通受阻，市场粮食流通不畅，加上不法粮商的囤积居奇，市场粮食奇缺。与此同时，政府实行的通货膨胀政策也对粮价的猛涨起到了推波助澜的作用。自 1940 年 7 月以后，国统区的粮价发生突发性的飞涨。如成都，1937 年上半年的零售米价一石为 100 元，1940 年 7 月 9 日涨至 108 元，10 日涨至 115 元，到 10 月 1 日达每石 200 元。重庆米价在 1936 年为每市斗 1. 32 元，到 1941 年 6 月涨至每市斗 41. 87 元，增长约数 31 倍。[②] 粮价腾飞，一般物价也随之飞涨，人民的生活受到严重威胁。同时，国民党政府收购军粮的支出也随之激增，本已艰窘的财政更无力负担。

在粮价飞涨的形势下，有些省份采取了田赋征实的改革。如 1939 年冬，山西省为了解决购买军粮的困难，率先实行田赋征实，规定以

---

① 《国民党政府田赋实况》，正中书局 1944 年版，第 100 页。

② 《抗日战争时期国民党政府财政经济战略措施研究》，西南财经大学出版社 1988 年版，第 29 页。

田粮每正银一两改征小麦一石（155 市斤）为标准。山西一般 20 亩负担正银一两，则改征后每亩平均负担五升，尚称公允。此后又有福建于 1940 年 10 月 1 日起，浙江、陕西于 1941 年起，也开始征实。他们的做法收到很大的效果，得到中央的认可。

因此，在因粮价飞涨导致的财政经济困境面前，在有些地方业已实践的基础上，1941 年 6 月 16 日召开的第三次全国财政会议上，通过了中央接管田赋以及自 1941 年下半年度开始一律征收实物的田赋改革原则。此后，田赋的征收就采取征实、征购、征借三种方式（以下简称“三征”）。这是国民党政府战时财政改革的重大举措。

（二）征实制度

根据 1941 年 7 月公布的由财政部拟定、经行政院通过的《战时各省田赋征收实物暂行通则》，以及 1942 年 7 月行政院通过的《战时田赋征实通则》，田赋征实的制度要点为：

第一，征收目的。为调剂军粮民食，并平均人民负担。

第二，征收标准。各省田赋征收实物，按 1941 年省县正附税总额，以每元折征稻谷四市斗（原为二市斗），或小麦三斗八升，或棉花五市斤为标准（杂粮区得折征等价杂粮）。

第三，征收单位。概以市石为计算单位，其尾数至合为止，以下四舍五入。

第四，征收制度。采用经征经收划分的制度。凡经征事宜由经征机关负责（如粮食由田赋管理机关办理，棉花由花纱布管制机关办理），经收事宜由经收机关办理。由纳税人自己向征收处缴纳，不得由任何人或团体包收包办，但粮户自愿组织团体集中缴纳者则不限制。

第五，积谷与摊派。积谷系取“积谷防荒”之义，仍照旧征收，其他一切以土地为对象所摊派的款项悉予豁免。

此外，还有关于追缴旧欠，关于滞纳与匿粮等规定。

（三）随赋带征的征购

田赋征实所得粮食，按原有赋额计算为 3000 余万石。而据当时估计，全国军警公务员为 1500 万人，其需稻谷 7500 万市石，[①] 不敷一半。为此，1941 年国民党政府又决定采取向大户定价征购余粮的办法，即“征实之外，另行办理定价征购，每年参酌各省需要及当时粮价，分省核定征购数量、标准及价格，给付一部分现金，一部分粮食库券和储蓄券，于秋后随同田赋征实，一次征收”。[②]

不过，在实际执行中，所谓“向大户征购”却是“近乎摊派”据粮食部报告，“省以其估定之额，分摊于县，县以之分摊于乡镇，乡镇以之分摊于保甲。乡镇保甲长或自身即系大地主，或则不敢得罪巨室，于是豪绅大户之负担，转嫁于贫苦小民”。[③] 由于贫苦农民的各种负担本已沉重，哪有“余粮”供征购呢？因此 1941 年的粮食征购“成绩不佳”。[④] 有鉴于此，1942 年粮食部决定“本年度征购粮……以随赋带征为原则。”这个办法一直实行到抗战胜利。

“随赋带征”的不止“征购”一项，还有“县级公粮”。田赋被中央收管之后，地方财政尤其是县级财政失去来源，为此，1941 年在实行“征购”的同时，国民党政府还宣布：“各省县级公粮，过去由县级摊派者，亦规定限度，随赋带征。”这个限度，就是不得超过田赋原额的 30%。

（四）征购改为征借

征购粮食的支付办法是所谓“三七搭成”，即收购一市石粮食，付给三成的现金，七成的“粮食库券”。粮食库券的设计和发行，是为了减少国库支付购粮的现金支出，弥补财政赤字，减少通货膨胀。按规定，粮食库券于 1941 年 9 月 1 日发行，从征购后的第三年起，每年以面额五分之一抵缴田赋应征之数，五年全数抵清。

由于物价继续上涨，所谓“平价征用”所规定的粮食征购价格远远低于市场价格。不提高征购粮价，农民明显地受到很大的损失；要提高收购价，则战时财政又无力负担。因此从 1943 年开始，便有四川率先改征购为征借，即不再搭放现金，一律发放粮食库券。随之滇、

---

① 见延安《解放日报》1941 年 11 月 2 日。

②③④ 《粮食部工作报告》，转引自王洪峻编著：《抗战时期国统区的粮食价格》，四川省社会科学出版社 1985 年版，第 180—182 页。

康、陕、甘、闽、桂、粤、浙等省纷纷改征购为征借，安徽省进而改征购为捐献。到了1944年5月，经粮食部建议，国民党政府当局决定自当年开始，将各省征购一律改为征借，以减轻国库负担。

三、田赋“三征”与自耕农的负担

应该说，在战时财政体制下，国民党政府中央接管田赋以及先后实行的征实、征购和征借，其政策取向是正确的。所筹措到的大量粮食，主要用于军粮、公粮（供应各级官员和公教人员）和民粮（投放市场以调剂民食）三个方面，对于支持抗战，增强财力具有显著效果，在阻止粮价上涨及供应后方百姓食粮方面也有一定的作用。不过，广大农民为此承受了很重的负担，而且其中有些仍是不必要的额外的负担。

关于政府取得的“三征”总量，目前尚无精确的数字。若据当时的粮食部长徐堪后来所述，从1941年到1945年，全国田赋征实共得稻谷110489332市石，小麦2610956市石；征购共得稻谷51317816市石，小麦12716580市石；征借共得稻谷51514625市石，小麦7974740市石。三者合计为稻谷213321773市石，小麦46792286市石；谷麦合计达260114059市石。[①] 就来源说，田赋征实所得最多，约占总额52.5%，征购次之，约占总额24.5%，征借只占总额的2.3%。从地区来看，四川省出粮最多，5年中共征收了稻谷82285990市石，占全国稻谷征收总量的38.57%，占全国谷麦总量的31.63%。

“三征”在农民年收获量中所占的比重虽然有地区差别，但都不小，有的地区相当大。以1942年为例，在四川，每亩稻田平均收获四市石，其所负担的征实、征购、县级公粮、积谷以及按政府规定加征的百分之十五的“折耗”等，共计二石三斗八升，占其亩产量的59.5%；[②] 在湖南，以滨湖等十县为例，每亩负担为其产量的52.79%；在云南则达49%。[③] 另外，在陕西，自1941年以后，该省每年除负担六百万石粮赋以外，还要负担八战区代购、五战区代购、

① 见《近代中国》第51期，台北《近代中国杂志社》1986年2月28日出版，第99页。

②③ 杨荫溥：《民国财政史》，第121—122页。

二战区代购、空军食粮以及乡镇公所贴麦、县级公粮、省级公粮等。据西安《民众导报》载，陕西耀县中山乡 1944 年每亩旱田除缴纳粮麦二斗三升外，再出公款八千三百零七元，合麦四斗余，总计每亩负担在六斗以上。这一年关中大熟，每亩收成在二石左右，则粮款之征已占去三分之一，若在年成小熟或歉收，则农民负担就更重了。[①] 同时，农民的负担还有逐年增长之势。如四川，其 1941—1945 年度“三征”的增长情况如表 6-6 所示，[②] 四年中增长了三分之二。总之，广大农民为了抗战的胜利，作出了巨大的贡献。

表 6-6　　1941—1945 年度四川“三征”增长情况　　单位：百万石

年份	征实配额	征购或征借配额	合计	指数
1941—1942	6	6	12	100
1942—1943	9	7	16	133
1943—1944	9	7	16	133
1944—1945	9	11	20	167

但是，应该指出，由于国民党政府在制定田赋“三征”政策时存在着偏差，特别是在执行中存在着诸多弊端，因此给农民造成了许多不公平的负担和额外的负担。这里先就自耕农的情况加以说明。

第一，征实负担不公平。前已指出，田赋归地方征收期间，由于地方政府的自行其是，赋则不一，各地农民的负担不仅沉重，而且很不平衡。国民党政府在田赋改制征实时标榜要“整理田赋，清除积弊，平均负担”，实际上确定征实数额时基本上仍是沿袭旧额，以致负担依然轻重相悬。表现在：其一，各省之间田赋征实负担严重失平。如 1941 年度，河南省的征实税率，平均每市亩为三市升另五勺，而四川省每亩平均却为六市升二合三勺，[③] 相差一倍以上。其二，由于长期以来田亩承粮不均的现象没有改变，同一省不同地区之间的税负也很不平均。例如四川省，据对 1941 年度万县、长寿等 16 县每市亩各

①② 杨荫溥：《民国财政史》，第 121—122 页。

③ 中国第二历史档案馆藏国民党政府粮食部档案（八三）252，转引自《抗日战争期间国民党政府财政经济战略措施研究》，西南财政大学出版社 1988 年版，第 58 页。

等则田地征实额占租额的情况调查，最低者为长寿县仅占2%，最高者为三台县竟达43%。[①]

第二，“随赋带购”负担不公平。征购初行时，规定了对余粮大户实行累进摊征的原则，企图使“粮多者多征购，粮少者少征购”，这种政策取向本来是正确的。然而，实际执行中却是“近乎摊派”，“豪绅大户之负担，转嫁于贫苦之小民，其不公不平为尤甚。”结果征购所得不多。国民党政府从“得粮第一”考虑，决定改为“随赋带征”。“随赋带征”其实是对地主阶级转嫁征购负担的让步，使得农民与地主之间征购负担的严重不均合法化了。显而易见，自耕农与大地主相比，其收入扣除田赋征实之后所余粮食的数量是悬殊很大的。据对四川的调查，温江、成都、崇庆三县的自耕农，平均自耕10亩，其粮食收入约为27.7市石，缴纳田赋2市石，余25.7市石。而大地主的地租收入除缴纳田赋之外的余粮，在温江为804市石，在成都为917市石，在崇庆为506市石。[②] 可见“随赋带购”所谓“余粮”，其负担对于农民和地主是不可相提并论的。何况，所随之田赋正额，对于农民和地主的负担本来已是轻重悬殊的。例如，在四川，长寿县一个收入4500市石租谷的大地主，他缴纳田赋为150市石，占总收入的3%。在高县，一个收入10市石的自耕农须交田赋1.336市石，占总收入的13%强。[③] 在这种基础上的“随赋带购”，无疑进一步加重了自耕农的负担。

第三，附加禁而不止，有增无减。田赋改制征实之际，国民党政府明文规定“原有田赋正附各税应即台并征收”；“其他一切以土地为对象所摊筹派募之款项，悉予豁免”。然而事实上正如粮食部在1943年8月向国民党五届十一中全会报告工作情况时所说的：“地方政务繁兴，遇事筹款仍多以土地为对象，中央所颁法令，于有意无意之间，明定或暗示许其摊派者亦甚多。”[④] 而地方自行加征者也比比皆是。如1941年有两位国民参政员提出询问案，一说河南省除田赋征实及军粮

---

①② 彭雨新：《川省田赋征实负担研究》，商务印书馆1943年版，第65—81页。

③ 《论公平第一与得粮第一》，《新华日报》，1944年7月3日。

④ 参见《抗日战争期间国民党政府财政经济战略措施研究》，第59—60页。

派购外，尚有公教团警等平价粮之征购，驻军之摊派，种类达十余种之多；一说湖南除征购军谷七百万市石外，省政府还自行征收献粮、军米、保仓、国家粮仓、人民粮食公司等五种名目的粮食，“其派额超出军粮数倍”。[①]《新华日报》1945 年 2 月 20 日曾列举地近重庆的某县有较大的摊派项目五条二十二项，大部分以赋额为依据而摊收。[②]福建建阳的田赋附加有壮丁常备队费一项，按赋额带征一倍；抗敌自卫费、救济征人家属费两项各带征 35%，三项合计为正赋的 1.7 倍。[③]浙江兰溪县田赋正税每亩为 0.169 元，而附加有县附加 0.878 元，保安户捐 0.424 元，壮训费 0.65 元，建设特捐 0.859 元，建设附捐 0.124 元，抗卫事业费 0.02 元，[④] 共计 2.955 元，是正税的 17 倍。安徽屯溪县田赋正税，实征总额在 1940 年为 47657 元，附加实征总额为 62635 元，超过正税 14078 元。[⑤]

第四，征收中的浮收勒派造成了大量额外负担。国民党政府的吏治腐败必然造成粮政的弊病丛生。1942 年 9 月，一个粮食部的视察员在川南视察之后，上报说：“各地经办人员浮收勒派等影响之普遍，如未身临各地，几难置信。经职分在泸县、纳溪、古宋等地调查，五十粮户中，有三十七户，在浮收、冒斗、勒派三种方式之下，多上原粮之一半者六户，多上原粮之三分之一者十一户，多上原粮之十分之二者二十户。事实上有十分之五六的人民受痛苦。”所以他说：“三十年度（1941 年）我政府征购政策，本为人民极端拥护。以后各地经办人员浮收、冒斗、勒索等普遍影响，致使人民普遍受害，渐怨及政府征购政策。”[⑥] 这种状况不止川南如此，各地皆然，从而加重了自耕农的实际田赋负担。

---

①② 参见《抗日战争期间国民党政府财政经济战略措施研究》，第 59—60 页。

③④⑤ 《东南经济》1941 年 4 月号，第 95 页、第 119—120 页。

⑥ 国民党政府粮食部档案（八三）1443，中国第二历史档案馆藏。

第三节　佃农的租赋负担

一、国统区租佃关系的扩大

前文已指出，国民党政府制定了一系列战时农业经济政策，包括增发农业贷款，改良和推广农业新技术，鼓励垦荒，扩大粮棉种植面积，兴修水利等。以促进后方农业的增产。这些措施取得了一定的成效，特别是在西南地区，粮棉产量有一定的增加。但是，此时依靠改进生产技术所能提高的农业产量毕竟有限，因为当时国民党政府对于制约农业生产力发展的关键问题——土地占有不均，却没能采取有力的解决措施，以致土地兼并活动愈演愈烈，广大佃农日益贫困化，因而从根本上限制了后方农业生产力的发展。

国统区地权集中的趋势仍然在发展，尤其是在西南地区，由于地主、官僚用于购买土地的资金增加了，竟刮起了抢购土地之风。当时，由于市场需求的增长和法币的贬值，农产品特别是粮食价格上涨，地主从中获得了最大的收益。据统计，1937—1940 年，四川农民所得指数上升了 4.19 倍，地主所得上升了 19.29 倍；云南农民所得指数上升了 13.03 倍，地主所得上升了 23.11 倍。[①] 与此同时，在田赋征实之前，地主所纳田赋指数却因农产品涨价而下降了。如广西的田赋实征指数，以 1937 年为 100，1940 年降为 69。[②] 在成都县，1937—1941 年，每两田赋的税率指数虽然上升了 1.22 倍，但成都市每斗米的批发价格指数却上升 30.57 倍，则缴纳每两田赋所需米量由 19.39 市斗降为 0.78 市斗，以指数计即是由 100 降为 0.4。[③] 可见此时地主经营土地获得了丰厚的利润。加上法币贬值也刺激了地主把资金进一步投向

---

①② 凌舒谟：《中国农业所得税之商讨》（下），载《中央银行经济汇报》1942 年 5 卷 5 期，第 39—40 页。

③ 宋同福：《田赋征实问题研究大纲》，载《粮政月刊》1944 年 2 卷 1 期，第 16 页。

购买土地的欲望。尤其是退往大后方的军政官员和富商把所携来的大量资金投入购置土地，更是促进土地兼并活动的重要原因。时人指出："烽火中的暴发户以及……发国难财的丧心病狂者，……想到购买田地是最稳当的，大家不约而同地纷纷购买土地。从后方到前方，从东南到西北，弥漫了暴发户争购土地的氛围。"① 据对四川华阳县的调查，从 1937 年秋至 1941 年，买田者中，军政界人士占 34%，商人占 28%，地主占 15%。② 再如据对广西灌阳某村的调查，1939—1946 年新旧地主兼并土地的情况如表 6－7 所示。③

表 6－7　1939—1946 年广西灌阳地主官僚兼并农民土地情况

	卖者	买者		
	中农、贫农	新地主	旧地主	富农
买卖土地亩数占	109	69	27	13
全村转移土地%	100	63	25	12

新旧地主争相购地，引起地价上涨。如四川巴县，1937 年到 1942 年的田地价格指数，上等水田上升了 44.87 倍，下等水田上升了 37.33 倍；上等旱地上升了 42.74 倍，下等旱地上升了 38.32 倍；山地上涨 21.33 倍，荒地上涨了 27.57 倍。同期广西玉林的上等水田价格上涨 38.8 倍，下等水田上涨 20.42 倍，上等旱地上涨 23.44 倍，下等旱地上涨 29.5 倍，山地上涨 44 倍，荒地上涨 13.75 倍。④

随着新旧地主兼并土地活动的加剧，农民无地化趋势也加强了。据对江苏、浙江等 22 省的统计，1936 年与 1947 年对比，农民无地化趋势的发展如表 6－8 所示。⑤ 另据国民党政府的"农产促进委员

① 《大后方农村经济的特质和改善》，载《群众》1945 年第 8 卷第 12 期，第 321 页。

② 刘崇高：《我国农村经济之回顾与前瞻》，见《四川经济汇报》1948 年 1 卷 2 期，第 11 页。

③ 1948 年《中国经济年鉴》。兹引自严中平等编：《中国近代经济史统计资料选辑》，科学出版社 1953 年版，第 227 页。

④ 《中农月刊》，1943 年 4 卷 7 期，第 125 页。

⑤ 严中平等编：《中国近代经济史统计资料选辑》，科学出版社 1955 年版，第 276 页。

会”1942年编印的《战时各省粮食增产问题》一书的统计，国统区1940年佃农占农民总数的平均比率为42.7%。有些地区的佃农比率更高。如四川，该省农业改进所1938年对境内122个县作了调查，佃耕地占耕地总面积的40%以下的仅有11个县，占40%—50%的有18个县，占60%以上的有64个县。[①] 另外有人作了实地调查，在抽样范围之内的12万余亩土地中，全省平均承佃耕地约占耕地面积的79%。[②] 另有一个调查表明，至1940年为止，四川的承租耕地面积达81.31%。[③] 总之，随着土地兼并活动的加剧，租佃关系扩大了。

表6-8　二十二省农民无地化的趋势

年份	合计	自耕农	半佃农	佃农
1936	100	46	24	30
1947	100	42	25	33

二、佃农的地租负担

国民党政府在1938年提出的《战时土地大纲》中曾宣布：“地租额不得超过地价7%，并严禁任意撤佃抗租。”1941年又在《土地政策战时实施纲要》中作出地租不得超过报定地价的10.5%的规定。但是，实际上除了曾在山西、浙江等个别省份试行“二五减租”之外，对地租剥削并未认真加予干预。因此各地地主对佃农的地租榨取仍相当苛重。

（一）实物地租

实物地租的剥削率很高。以四川为例。1939年国民参政会第三届大会决定组织一个“川康建设视察团”视察川康各县。据他们的调查，川东各县，佃租普通者六成以上，高至八成左右；下川南方面，农田收入有主佃各半，或主六佃四等等；川西方面温江县佃农占农户

① 王聿均：《抗战间川康的经济发展》，载《近代中国》1942年第47期。
② 郭汉鸣，孟光宇：《四川租佃问题》，商务印书馆1944年版。
③ 赵崇明：《四川的租佃问题》，载《四川经济季刊》1947年4卷2—4期。

总数的70%，佃户秋收仅足付租，只有小麦收益归佃户，崇庆县租额约占大春收入之十分之八，乐至县租率为主七佃三，安岳县也大致如此；西康方面，天全县佃租率为主佃各半。[①] 根据这些材料，平均租率在60%以上。另有调查结果说明，“四川纳租习惯，向以水稻为主……佃农所得不过水田正产物总收获量十之一二以至十之三”。[②] 当时国民党政府粮食部长徐堪也说：“成都附近一带……农民所纳田租，最高的竟达到收获量百分之七十三，其他各地，大概要以百分之六十归地主。”[③] 因此，可以得出四川的实物地租率平均为60%的结论。

（二）通货膨胀下地租剥削的加重

通货膨胀引起的农产品价格上涨，对于农民和地主来说，虽然货币收入增加，但受工农产品剪刀差的影响，他们不久就发现入不敷出了。对于此中的真实关系，粮食部1943年8月“对国民党五届十一中全会关于粮食征实征购困难等情况的工作报告”，有所说明，指出：“社会人士不明实际情形者，每以为土地增值，农产价高，农民、地主获得意外利益，认为负担尚轻，不妨增益。不知物价初步高涨之际，生产者易于获利，经济上呈活跃之势，迨至物价不断上涨，则其所获利润不克追及再生产之成本，不免节节亏短，迫使减产，甚至不能生产。”[④]

地主为了转嫁损失，采取种种加重地租剥削的手段：

首先是，改变地租形态。在这一时期，全国各地出现了货币地租向实物地租逆转的现象。虽然程度有不同，示如表6-9。[⑤] 地主的改变地租物质形态的目的，不仅在于要保证其剥削总量不会因货币贬值而减少，而且还要有所增长。

---

① 《国民党政府参政会川康建设视察团总报告》，第50页、第142页、第257页、第258页、第352页、第442页。

② 郭汉鸣等：《四川租佃问题》，第92页。

③ 闻汝贤：《中国现行粮政概论》，正中书局1934年版，第76页。

④ 中国第二历史档案馆藏，国民党政府粮食部（八三）100-2。

⑤ 《农产促进会研究专刊》第二号，“抗战以来各省地权变动概况”，第24页。兹转引自严中平等编：《中国近代经济史统计资料选辑》，科学出版社1955年版，第317页。

表 6－9　　1941 年国统区货币地租向实物地租逆转百分率

省别	总计	钱租改为分租	钱租改为额租	仍保留钱租者
平均	100	19.1	17.9	63.0
四川	100	15.9	45.5	38.6
西康	100	50.0	—	50.0
浙江	100	25.0	50.0	25.0
湖北	100	50.0	—	50.0
湖南	100	8.7	13.0	78.3
云南	100	33.3	—	66.7
广西	100	8.7	13.0	78.3
广东	100	8.3	16.7	75.0
甘肃	100	5.2	21.1	73.7
河南	100	19.2	23.1	57.7
陕西	100	4.7	14.3	81.0
贵州	100	—	18.2	81.8

其次是，直接提高租额，否则以退佃威胁佃农。以每亩水田的钱租为例，1937—1941 年，四川由 14.47 元涨为 309.33 元，提高 21.38 倍；广西由 12.81 元涨为 69.69 元，增长 5.44 倍；云南由 14.67 元上涨为 86.67 元，提高 5.91 倍；贵州由 16.20 元涨为 75 元，涨了 4.63 倍。[①] 许多地主提高了分租成数，有高至七成、八成的。如 1941 年四川万县的谷租比例，“主九佃一者有之，主八佃二者有之，主七佃三者有之”。[②] 并于谷租之外，又加收旱地的苞谷，麦租，等等。据对四川佃农 1940—1941 年的农产品用途分配所做的调查，发现其稻谷有 71.12% 用于交租，玉米有 64.47% 用于交租。[③] 巴县、璧山一带甚至

① 章柏雨等：《中国农佃问题》，商务印书馆 1945 年版，第 114—115 页。

② 中国农民银行四川省农村经济调查委员会：《万县农村经济调查初步报告》，载《中农月刊》1941 年第二卷第 8 期，第 56 页。

③ 中国农民银行：四川省农村经济调查报告第二号：《四川省农场经营》（1941 年 11 月），第 40—41 页。

还有地租超过正产物总产量，佃农必须另买谷子来缴租的，这叫“乾加”。[①] 足见他们所受地租剥削的沉重。据对四川某县二十七家佃农的交租情况作了统计，如表 6－10 所示。[②]

表 6－10　　抗战期间四川一县二十七家佃农租额增加情况

年份	预定		实交	
	预定租率	指数	实交租率	指数
1938	44.0	100.0	48	100.0
1939	47.0	106.8	48	100.0
1940	47.0	106.8	52	108.3
1941	53.0	120.4	55	114.6
1942	56.0	127.3	59	122.9
1943	73.0	165.9	73	152.1
1944	79.8	181.4	94	195.8

再次是，提高押租金额。以 1937—1941 年西南地区的押租金额增长情况为例，如表 6－11 所示。[③]

表 6－11　　抗战时西南每亩押租金额统计　　单位：元

省份	1937 年	1938 年	1941 年
四川	12.83	32.35	121.06
云南	23.33	31.67	48.33
贵州	10.10	16.90	30.50
广西	10.50	19.25	46.67

三、田赋“三征”与佃农的田赋负担

由于地主的转嫁手法以及国民党政府田赋征收办法的改变，本来不应该有田赋负担的佃农，此期负担明显增多：

首先，国民党政府行政院在田赋征实之后曾于 1942 年 7 月通令：

① 《今天的农村》，载《新华日报》1944 年 12 月 29 日。

② 《商务日报》1944 年 8 月 28 日。

③ 章柏雨等：《中国农佃问题》，商务印书馆 1945 年版，第 120—121 页。

“耕地租赁契约缴纳实物或改征实物仍不敷交粮者，得以加地租。”这就为地主加租提供了合法的依据。因此，许多地主借口田赋征实而加重租额。佃农因而间接地承担了地主转嫁的部分田赋负担。实际上，田赋征实之后，多数地主仍是富有余粮的。据1942年对四川万县、长寿等六县收租总量在300市石以上的地主的收益量和交赋后所余量的比较，示如表6－12。[①] 可见几乎所有的地主在田赋征实后仍然有余粮，根本谈不上“不敷交纳”的问题。

表6－12　　四川六县收租300市石地主平均每户缴纳田赋后余粮情况统计表

单位：市石

县别	平均收益额	征实额	纳赋后余粮额
万县	478.6	133.86	344.74
长寿	452.1	10.85	441.25
崇庆	560.3	54.69	505.61
温江	878.3	74.04	804.26
成都	997.9	80.93	916.98
江津	1020.0	39.58	980.42

其次，佃农代缴田赋而承担大量的额外负担。田赋征实之后，国民党政府本着“得粮第一”的原则，推广四川省的“各田业佃户扣谷完粮”的做法，即规定：各业佃户，凡新谷收获后，应负责扣留部分，以便开始征购时代为缴纳，掣取收据凭向地主抵算；倘不扣谷完粮而将租谷全交业主，即以该佃户是咎。如此一来，完赋过程中大量的额外负担就“合法”地转移到佃农身上。四川省训练团于1942年对田赋征实后纳赋人的额外负担作过调查，计有如下15项，即：

1. 初度集中费。粮户运谷至征收处有每市石十六元者（资中），有十二元者（阆中）。

2. 斗升折耗。每市石有折耗半升者（资中）。

3. 车风折耗。每市石有折耗半升者（资中）。

4. 围席费。每保二百四十元，平均每户负担少至五元，多者三十

① 赵汝昌：《田赋征实政策之运用与改进》，见《财政评论》1944年第111卷第6期。

元（资中）。

5. 翻晒粮谷费。乡村自行摊派，每保约达二百元之多（资中）。

6. 代换粮票手续费。每户一元（资中）。

7. 代领券款手续费。每户粮银一钱以上者二元，二钱以上者三元，四钱以上者六元。此项手续费即在各粮户应领券款内扣除之（资中）。如自愿领三成券币，则须贴往返旅费（云阳）。

8. 田赋附加。每市石谷加费一元（资中）。

9. 再度集中补助费。再度集中费不敷，乡镇保甲向人民摊派（乐山）。所征民夫，每日除由主管部门所发口食外，每市石二角，须自垫八元（阆中）。

10. 票费（纸张）。每两粮三角（简阳）。

11. 通知单遗失请补费。一元（简阳）。

12. 缴谷手续费。二元（简阳）。

13. 招待费。保甲招待征收人员筵席费（宜宾）。

14. 加工工具损失费。以加工副产品（糠及碎米）补偿（隆昌）。

15. 代购谷运费。每市石十五元（剑阁）。①

上述各项多为当地乡镇保甲或征收单位自定的陋规，法无明文，不给收据，佃农支付之后却得不到地主的承认，成为额外负担。

此外，若佃农所居距离征收机关的路程较远，则他负担交纳田粮就费时更多，加上不能随到随收，以至其旅费所耗，常超过所缴纳粮食价值的数倍以上，成为佃农代地主缴纳粮谷的又一沉重的额外负担。

总之，由于国民党政府没有触动封建土地占有关系和租佃关系，因此，在战时财政经济形势下，佃农的负担不得不因直接或间接地承受地主所转嫁的种种负担而加重。

① 《四川省西充等十八县乡镇调查总报告》，第五篇，转引自《抗日战争时期国民党政府财政经济战略措施研究》，第 63—64 页。

第四节　“自治财政”下的苛捐杂税与兵差

一、“自治财政”下苛捐杂税的蔓延

前文已指出，国民党政府成立之后，将中央财政和地方财政作了划分，地方财政是以省为主体，县财政附属于省而缺乏独立的财源。由于县政府的职权不断扩大，费用日增，引起摊派、附加层出不穷，弊病丛集。因此各地要求补充县级财政的合法财源的呼声日高。1946年6月的第三次全国财政会议制定了改进财政收支系统的实施办法。1941年11月国民党政府公布了《改订财政收支系统实施纲要》，对中央财政和地方财政的划分作了重大调整。经调整，全国财政分为国家财政和自治财政两大系统，所有中央和省两部分的财政，统一为国家财政；县、市和县以下各级地方自治组织，统一为自治财政系统。从1942年元旦起，自治财政系统开始运作。

然而，自治财政系统缺乏足够的固定财源。按规定，县级财政的独占税源是房捐、屠宰捐、营业牌照税、使用牌照税、行为取缔税五种；此外，国家财政拨给15%的土地税，25%的遗产税，30%的营业税，30%的印花税。县级财政的独占税源中以屠宰税收入较丰，其他收入甚少；能从国家财政中分得的税收收入其实不多，加上物价飞涨，地方支出费用日增，县级财政比未改订收支系统之前更加困难，所以，从抗战以来就日见严重的地方性苛捐杂税，便在“自治财政”系统下继续蔓延。

从县级捐税来看，各地都是名目繁多，自行其是。如安徽屯溪的县级加征捐税计有：公产利息、学产利息、义教基金利息、学款存息、电台材料费、电话材料费、锡箔迷信捐、筵席捐、车捐、娱乐捐、房铺捐、客栈捐、住户捐等十三种。[1] 浙江兰溪的县级加征的杂捐计有：

① 《东南经济》第五期，第121—122页，1941年4月号。

店屋捐、住屋捐、旅店捐、茶店捐、屠宰附捐、置户捐、人力车捐、自由车捐、茶碗捐（以壶和碗计）、戏捐（以台计）等十种。[①] 福建建阳的县级加征捐税有：房铺宅地税、国民教育税、筵席捐、清道捐、迷信捐、旅馆捐、土产捐、工业地方补助费、茶叶乐输捐、战时地方补助费、非常时期地方补助费等十一种。[②]

如果加上乡镇、保甲的摊派，则“自治财政”系统下的苛捐杂税名目就更是五花八门了。据《财政年鉴》三编第十二篇的记载，当时县、乡、镇不顾法令，对辖区居民一律摊派的款项竟达二十种之多，即自治户捐、公教员警食谷、优待出征人员家属经费、补助办公费、行政区域县市之师范学生膳食津贴费、自卫队及义勇壮丁给养服装费、县市训练学员食粮、警察给养费、乡镇保甲人员生活津贴、修建公路费、地方建筑费、保安费、医药费、中心小学及保国民小学基金、电杆费、草鞋费、征工费、兵役费。同书还记载了县乡镇非法抽捐的情况，指出：“各县市乡镇以财政收支亏短，擅自设卡抽征捐税者仍未绝迹，其名目有下列数种：(1) 行政乐捐，(2) 交易佣金捐，(3) 平息捐，(4) 秤息捐，(5) 牲牙捐，(6) 特产捐，(7) 过境事务管理费，(8) 商捐，(9) 捕运渔船捐，(10) 摊担捐，(11) 蔗亩捐，(12) 碾榨捐，(13) 木筏捐，(14) 鸡鸭捐，(15) 鸬鹚捐，(16) 杂粮捐，(17) 牲畜捐，(18) 山地收益捐，(19) 土产捐，(20) 买卖双方手续费，(21) 学棉捐，(22) 富力捐。”

二、地方胥吏的勒索加派

在“自治财政”系统中，名义上乡镇是隶属于县市财政，但是，从组织财政收入来看，实际上县市是依赖于乡镇。因为，除了牙帖、契税、牲畜税、屠宰税是由县的经征机构税务局经办以外，其他的各种捐税都由县向乡镇摊派，乡镇向保甲摊派，最后由保甲向农民摊征。同时，抗战期间，乡镇、保甲都是地方自治机构，其所需经费也叫自治经费。这类经费既不用上报和上缴，其开征名目也无须经上级批准，

① 《东南经济》第一期，第 121 页，1941 年 4 月号。
② 《东南经济》第四期，第 96 页，1941 年 4 月号。

完全由乡镇长、保甲长“自治”，却又是打着政府的旗号向农民征收的。尤其是在交通和文化落后、消息闭塞的农村，农民只以为乡长、保长、甲长征税就是政府征税，加上乡长、保甲长都是一方之霸，农民不敢违抗他们的意志。这就给地方胥吏上下其手进行勒索加派提供了极大的便利，农民的实际负担大大加重了。

当时的报刊对此有大量的报道。例如，在甘肃、宁夏、青海和绥远等西北各省，“苛捐杂税名目之多，恐为全国之冠。但这还不算，在政治上老百姓还要负担比苛捐杂税还要多的‘中饱费’，……政府要老百姓负担一元钱，但老百姓要出二十元钱才能完事。其余十九元钱哪儿去了？一层层被‘中饱’了。……以普通情形而论，每个老百姓所负担的‘中饱费’，总在正当负担（指政府规定的）三倍以上。”① 在湘西，“抗战以后，地方上的捐款更加了许多，自治捐、自卫捐、航空捐、甲保捐、役捐，土匪来的时候，打死了壮丁，抚恤费、丧葬费，也出在农民身上。但这些还算是正式的，乡保甲长平时的私捐，那更了不起呢！像最近政府在湘西北征收杀猪税，省府下令要征多少，可不知道，县府下令就要在每乡征收三百元。乡公所拿到这一命令，他们也不给地方知道，只说杀一只猪要征三块钱，一乡大概一千只猪，乡公所就可拿到三千块，支了县府的三百块，多下来的二千七百块乡长和土豪劣绅分肥去了。”② 在四川重庆某县，“许多地方的基层人员为了要奠下他们的子孙的万世之业，于是除了农民应纳给国家的征实征借之外，又别出心裁，巧立剥削名目。名目的繁多实在难以一项一项地举出，大的项目。如：一、在以供地方基层机构开支的名目下，而又有了（1）乡公所的办公费，（2）保办公处办公费；二、在卫戍及警卫地方治安的名目下，而有了（1）警备班津贴，（2）驻军蔬菜费，（3）驻军马料费，（4）驻军营房材料费，（5）修理枪械费，（6）特种保卫费；三、在优待壮丁及抗属的动人名目下，而有了（1）壮丁出征费，（2）壮丁安家费；四、在地方公益事业的名目下，而有了（1）保国民学校办公费，（2）保校设备费，（3）保校师资薪

① 《中国农村》战时特刊，第十九期。

② 《中国农村》第六卷第2期，第70—71页。

津及伙食费，（4）消防队校阅用费，（5）消防队校阅伙食费，（6）积谷征募费；五、在救国爱国的名目下，而有了（1）航空捐，（2）飞机捐，（3）救国捐，（4）建国捐，（5）献金捐，等五项。以上所举的五条23项，不过是较大的项目，至于其他临时摊派的各种捐税，还多得很，多到令人不胜枚举，多到令人发气。"① 报载，"杂税之多。粤东也不落后，如自治捐、冬费、飞机捐、公债、储蓄等名目繁多，难以统计。"②

三、农民的地方性苛捐杂税负担程度举例

先看一个县的负担情况。如仪陇，据调查，该地区地硗土瘠，但赋税特重，附加尤多，"现年征正税两次，保安费一次，国难费九成，地方附加比照粮额又征百分之一百六十，保甲经费又随粮征百分之一，统计一年，悉达七征，计洋二十一万八千余元。契税、酒、营业、油捐，又数万元。其他临时摊派、团练费、防剿费、区署巡逻费、壮丁优待费、航空费、寒衣捐以及各种捐款，与夫催征员丁之需索，诛求无厌，即在军阀压迫极盛时代，亦未有如此重大之负担。"③

再看一个乡的情况。据对湖北省黄安县龙山乡1944年8月一个月中征收的捐税所作统计，计有："县自卫经费、县增筹自卫经费、县自卫队衣服工资费、联防中队费、联防中队衣服费、驻周家嘴部队津贴等、乡公所经费、公务会议开会费、乡公所食米费、联防中队食米费、保办公处食米费、县长补助费、军队菜金、公购米、飞机捐，以及临时征发的电线、麻、白布等，一个月中共达百余元。"④

据1944年报载，福建省地方摊派十分严重，"近年自治经费支出每一乡平均每年约十万元，如一县以二十镇计，则为数额四百万元，而额外加摊派的数目还要数倍于此。"⑤

那么一家农民一年被派的苛捐杂税有多少呢？虽然各地有所不同，

① 《面向农村》，见《新华日报》1945年2月20日。
② 《新华日报》1944年10月25日。
③ 《中国农村》第六卷，第二期，第72页。
④ 《湖北战地一带人民家无余粮户无丁》，载《新华日报》1945年4月13日。
⑤ 《新华日报》1944年10月17日。

这里不妨先算算四川剑川某农村一户中等农民家庭的负担情况。该农户交付了：(1) 乡保经费一百元；(2) 自卫补助捐十元；(3) 委员招待费七十元；(4) 新征兵旅费一百元；(5) 收粮员薪津七元；(6) 保学校建筑费一百元；(7) 户籍干事款三十元；(8) 先缴枪费二百元；(9) 献金款三十元。(10) 甲长薪津三十元；(11) 保长烧柴一挑，五十元；(12) 乡长吃米三升，一百八十元；(13) 工脚费一千四百四十元（因派出二名挑夫挑军粮，家里没有劳动力，故出钱请人）；共计二千四百四十元。这家农户年收入三万九千七百元，除上述派款支出外，还要购米二石四升，合计一万九千二百元，余一万七千零六十元；每年请工支出七千多元，亲戚应酬一年六七千元，他的小孩在城里上学需学费二万元，所余不够缴学费，只好休学回家做事。[①] 这是生活较好的一户农家尚且如此，一般农民的困苦之状就不难想象了。

如同其他捐税一样，经由乡保长摊派的苛捐杂税也是贫富严重不均的。当时报纸载文指出："最使农民头痛的，要算保甲长派给他们的各种捐税。这些捐税一经过保甲的手，就有些不同了。正当的是每月照缴的保甲经费，平均每月约二三百元（地主每户每月约三百元）。这当中有时还要被保甲长借名敲诈一番。其数目和程度是你我未经受的人万难想象的。此外还有许多地方上杂七杂八的名目不一的什么税，什么捐之类。这还不算，乡间的保甲大多是比较握有权势的地主操纵着，因此许多应该由地主出的钱，经他们一次会商，就给农民或是小地主了。"[②]

正因为保甲长很有贪污中饱的机会，所以地方上有钱势的人都想方设法去钻营。1945 年有人在报纸上揭露说："一个保长花上十几万元运动费，乡长花数十万元运动费，就可'当选'。等他们接事，无不想方设法捞回本钱，反正役、差、粮、禁、赌、娼样样都有，是找钱的门路。就是规规矩矩，当一年乡镇长，也可以收入几十万元。我们镇上当过乡镇长的几位绅粮，都成了几千石几百石的富翁。"[③] 1944

① 《新华日报》1944 年。

② 《看丰收中的农村》，载《新华日报》1944 年 10 月 15 日。

③ 《乡选》，载《新华日报》1945 年 9 月 14 日。

年 12 月，四川省参议会县政考察团考察了 13 个区，发现区区有贪污，其中有一个保长贪污达八位数（千万）。足见基层政权的胥吏的贪污是何等的广泛和严重！为此民间流传着这样的“发财经”：“当官不如从良（粮），从良不如当娼（仓），当娼不如当保长。”可知由乡村豪绅把持的保甲制度，是抗战时期农民负担加重的一个重要原因。

四、兵差

抗战时期农民的兵差负担是很沉重的。正规军所到之处，向当地农民要物、要粮、要钱、要夫役；地方组织的自卫团所需的弹药枪械、服装、伙食等，也向农民摊派。例如：

湖北宜昌地处前线，“本县战线长达一百华里以上，经常驻防御部队为数已超过万人，一切马乾副食的供应，军械军粮的运输，无分老幼，无问昼夜。全县二十八万民众，在作战需要上所负担的任务之重要，实不减于实际作战之士兵。”由于兵差负担太重，加上连年灾害，“即成十室九空之象”。①

在重庆郊区，驻军向农民征调的兵差，一般以马乾费的负担为最重。1945 年 4 月 28 日的《新华日报》载文指出：“在一般佃农的谈话中。最感负担重的是马乾费的供应，不论是木材、胡豆或谷草，要什么就征什么，当然没有实物的就折成现金。这种负担的数量和次数是看当地驻军的多寡和它的需要量而定，一月少则一次，多则四五次，每次出钱三百、五百甚至一千不等。”“隆昌是小县，人口仅三十万纵横不到一百里，而三年来为驻军垫付副食费、马乾、烧薪各费竟达九百多万元。”②

各地的酬军费用也是向农民摊派的。如四川南川西胜乡，到 1945 年 6 月，因历年大酬军，所有军需物品，除由县照各乡平均额按亩摊征外，又有驻军主管机关及各部队直接向乡公所和保甲长索借或征借，“超过额外十倍以上，因此一切应用品遭受毁坏损失，已行告罄，现

① 《新华日报》1944 年 11 月 28 日。
② 《新华日报》1945 年 4 月 28 日。

已借无可借，征无可征。”①

此外，军队过境，睡觉用的谷草，马吃的豆粮；留驻的保安队要草、要米、要油，借被、借床；派驻的警察所因警员待遇菲薄，要求伙食津贴，制服、棉大衣也要地方供给，结果负担多落在农民身上。

第五节　役政弊端与农民负担

抗日战争爆发之后，国民党政府广泛征兵、征工、征运，这些构成此期农民的主要的力役负担。应该指出，中国人民的抗日战争是一场伟大的民族解放战争，发动和组织广大民众以“有钱出钱，有力出力”的精神投身其中，是国民党政府应尽的职责；广大农民因此而加重的力役负担，在很大的程度上是日本帝国主义所强加予的，是不可避免的。但是，由于国民党政府所代表的“依然是城市买办阶级和乡村豪绅阶级的统治”，尽管大敌当前，吏治却仍然极端腐败，发国难财者比比皆是，使得其役政在实际执行中弊病丛生，大大挫伤了广大农民的爱国热情，并造成农民力役负担的严重不公平，增加了许多不必要的负担，使农民付出了大量无谓的人力物力以至生命的代价。

一、征兵制度与“拉壮丁”

“七七”事变爆发时，中日双方兵力对比，无论在数量上或是在质量上都极为悬殊。日本经过长期扩军备战已变成一个军事大国，其陆军总兵力达448.1万人；而中方国民革命军的陆军现役兵有170余万人，加上壮丁150万人，不过320余万人。② 因此，动员广大青年从军势在必行。及至抗战转为持久之战的局势已明之后，军队更须有源源不断的补充。

国民党政府在1933年公布了《兵役法》，而从1936年3月1日起开始执行。抗战时期的征兵制度基本上就是实行这个《兵役法》。按

① 《新华日报》1945年6月4日。

② 何应钦：《八年抗战》，台北，1982年出版。

规定，常备兵役的年龄是 20—40 岁，国民兵役是 18—45 岁。国民党政府军政部还规定了征兵的“三平原则”，即：第一，平等。办理兵役应不问阶级、不论贫富，凡届兵役年龄之男子均须服任兵役之义务；第二，平均。按征兵一定数目，依地方人口壮丁之比例，平均征集；第三，平允。凡届兵役年龄之男子，依兵役法施行细则应予免役缓役者，即免缓其兵役。其不当免役者，虽富贵子弟，亦不能除外，以平允办法处理。这三条原则又称“三平主义”，从字面上看是合情合理的。

但实际征兵时又怎样呢？每年征兵由师管区司令部根据常备师需要的征兵人数，分配于各团管区直至基层，经过身家调查和体格检查之后，举行抽签仪式，抽中的壮丁即整编入营。抽签以区乡镇联保为单位，由县政府派员监督执行。抽签法是征集壮丁的主要方法。可见决定役政好坏的关键不在于役政条文本身，而在于办兵役的军官和基层胥吏如何具体执行。恰恰就是在地方执行兵役法的过程中，出现了所谓“捉兵法”“买兵法”之类的严重弊病，使得国民党政府的征兵制度败坏为祸害农民的“拉壮丁”“抓壮丁”。

据国民党政府的统计，八年抗战期间，全国先后征集的壮丁共 14050521 人，其中在四川省征集的就有 2578810 人，占全国总数的五分之一强。① 因此，以下即以四川为主要对象，兼及其他地区，对征兵中的弊端给农民造成的不公平负担和无谓的牺牲等情况，作一概述。

（一）实际征兵的“三不平”现象

《兵役法》规定的“三平”原则，实际上“连一平也没有平到老百姓身上去”。② 第一，贫富贵贱并不平等。官绅富豪子弟多不服役，他们凭借钱势千方百计躲避兵役，如“伪造证明文件，当勤务兵特务队，勾串贿赂办理兵役人员、保甲长、检验体格的军医、补充部队的长官等”。③ 而贫者即使超过服役年龄也被强迫充役。据 1939 年组建的国民党政府川康建设视察团的调查，“有钱有势者，三个五个适龄的少爷公子在家闲着。有些乡镇保长便是兄弟几人，却是一人也未被

① 何应钦：《八年抗战之经过》，台北文海出版社 1974 年版。

② 《征兵——农村中待解决的问题之一》，载《新华日报》1945 年 3 月 4 日。

③ 《急待解决的兵役问题》，载《浙江潮》第 66 期。

征。”例如川东各县征送壮丁，竟“无一绅富子弟”。[①] 而 1945 年 3 月报载，成都外西一五十多岁的老人被拉壮丁，拉壮丁的人手枪走火，老人被打死。长寿县某乡一个五十七岁的农民被拉壮丁，保长提出如果放人必须出十万块钱另买一个壮丁换回来。[②] 一个办兵役的军管区的副司令官说：“我到后方招了两年新兵，还未遇到过穿袜子的壮丁。”[③] 如此普遍不公平的现象严重挫伤了大后方广大农民的应役热情，按国民党政府川康建设视察团的说法，以至“形成被征送服兵役为被压迫之错误观念”。[④] 其实这种观念并非全是错误的，如下所述，贫苦农民的被拉壮丁、卖壮丁之类，的确多是受乡镇保甲长压迫的结果。第二，征兵数额的分配并不平均。在后方各省中，四川省的征兵数最多，1937 年征 103837 人，1938 年征 174145 人，1939 年征 296341 人，1940 年征 266373 人，1941 年征 344610 人，1942 年征 366625 人，1943 年征 352681 人，1944 年征 391112 人，1945 年征 283086 人。[⑤] 当时四川人口总数不过 4000 多万人，而八年所征壮丁共 2578810 人，平均每 17 个人中就有 1 人去当兵。所以，四川的役政弊端也最为严重。第三，当免不免，并不平允。如兵役法规定担负家庭最低生活责任者得缓征，独子免役，但农民的独子则照样被抓去当兵。1945 年 5 月 21 日《新华日报》载文揭露，四川达县送的壮丁，十之八九是独子。

（二）虐待壮丁

壮丁被征集后，若按政府规定，“应力求食宿的优裕以解除壮丁征集前的痛苦”；在入伍途中，应“利用车船输送，并且在新兵输送线上设置食宿点，力求食宿卫生完备，以解除壮丁途中痛苦”。实际上壮丁入伍途中惨遭虐待的事件层出不穷。如壮丁赴役途中的伙食费按规定只给 20 元，而一般壮丁由保甲送抵补充部队“费时总要十天半月”，所以连一个县长也承认：“二十元只有喝西北风。”[⑥] 补充军队的

---

① 《国民参政会川康建设视察团报告书》。

② 《新华日报》1945 年 5 月 19 日。

③ 《征兵——农村中待解决的问题之一》，载《新华日报》1945 年 3 月 4 日。

④ 《国民参政会川康建设视察团报告书》。

⑤ 何应钦：《八年抗战之经过》，台北文海出版社 1974 年版。

⑥ 《新华日报》1945 年 3 月 4 日。

壮丁，“每人军粮二十五斤，多不够食”，且“军粮太坏，煮成之饭石砂谷稗太多，且有红米霉米掺杂其间”，“尤以不能食为苦”。[①] 加上接兵军官的克扣私买军粮，壮丁入伍途中的伙食待遇就更差了，以致每日仅食一餐者也有之。壮丁多数是自负行装行军赴役，生了病无人照管，甚至发生“重病兵被活活踢死，抛尸荒山，无人掩埋”[②] 的令人发指的事。1944 年，一个壮丁说：“我居住在江北一年又一月了（1943 年 6 月当兵），衣不遮体，食不充饥，住的是风霜雪月，行动是集体押着的人，由于面对的衣食住行的环境，再加上精神上的压迫，许多由壮而瘦，由瘦而死。去年十一月一天晚上，最多抬出了二十六个之多，直到现在（1944 年 11 月），每天总有抬到永平门外的，好的用盐包包裹，甚至有尸骨暴露，臭气冲天的。”[③] 为了防范壮丁逃亡，接兵军官对他们动辄打骂以示威，被拉的壮丁，沿途“用绳子捆着送到队上，受尽饥饿拷打，不消多时，壮丁变成了瘦丁，瘦丁变成了死丁”，[④] 从而造成入伍壮丁的大量死亡。据国民党军队内部的揭露，有支部队转输 3000 名壮丁，送到后，有“重病 458 名，轻病 184 名”，而“沿途疾病，死亡潜逃共损耗七百名”。[⑤] 另有支部队送壮丁 2900 余名，而途中壮丁“受饥成病，饿死者达 800 余名”。[⑥] 应征壮丁在到达他们的部队之前，其死亡的数量究竟有多少，恐怕是永远无法准确作出估计的了。有一种说法估计，“在 1943 年征集的 167 万人当中将近有一半（44%）在他们赶往所去部队的途中死去或逃走。在八年战争中，那些在到达所分配的部队之前就死去的新兵总数大约有 140 万——也就是说在征集的每 10 个人中就有一个”。[⑦] 壮丁的惨遭虐待和大量在非战事中死亡，无疑也大大加重了大后方农民对服兵役的畏

① 《新新新闻》1945 年 3 月 22 日。

② 《新华日报》1945 年 4 月 10 日。

③ 《新华日报》1944 年 7 月 9 日。

④ 《新华日报》1945 年 4 月 28 日。

⑤⑥　《中国现代政治史资料汇编》第三辑第二十六册。

⑦　参见 E. lioyd. E. Eastman：《Seeds of Destruction Nationalist China in War and Revolution. 1937—1949》，中译本名为《蒋介石和蒋经国（1937—1949）》，中国青年出版社 1989 年版，第 193 页。

惧心理，加剧了逃避兵役的现象。

（三）优待抗属的规定形同具文

1938 年 3 月国民党临时全国代表大会通过的“抗日救国纲领”第十一条，对优待出征壮丁家属作了明确规定。此后，军委会颁布了《慰问出征军人家属办法》、军政部颁布了《应征召入营士兵的家庭救济办法》、国民党政府颁布了《修正优待出征抗战军人家属办法十八条》等，各省市乃至县都纷纷制定各自的优待办法。然而，在实际执行中，多数规定形同具文。例如，按国民党政府规定：“征属发给食物，以每兵父母、配偶三人计，每年应给优待米七石二斗，并在重要季节馈赠食盐、猪肉、布匹、鸡、鸡蛋，以解除士兵家属痛苦。”[①] 但是，优待米多未能如数发给出征壮丁。据国民参政会川康建设视察团北路组和南路组的报告，乐山的苏稽、怀苏、沙嘴三镇，“应优待壮丁 121 名，已发才三人”。[②] 崇庆“出征壮丁 1700 人，一个也未发给”。[③] 本来，“一个壮丁出征时，发五百元安家费，每年拨给（两次）优待金四百元”。[④] 但四川省政府只允许在扣还善后公债及缓役金中拨给，而善款“为数甚微”，有“若干县份，并无善债”，[⑤] 因此不少县根本发不出优待金。有的地方发救济金，“四百多抗属中有两百以上没有来得及领就完了”；有的“因为抗属证被飞机炸掉了，或者抗属证弄坏了一点，就根本没有资格领救济金”。有的地方所谓优待抗属只是象征性地发“两个粽子和一个盐蛋，以后就一直无人问津”。[⑥]

更有甚者，抗属不仅没有受到优待，反而遭保甲长的欺压。例如，在重庆“歌乐山的××湾里，保长强购抗属的产业，值三十万元的地产，只给五万元。保长侵吞抗属米款上告政府的案件也屡见不鲜。”[⑦] “福建的地籍人员向出征军人家属索贿。”[⑧] 按规定，壮丁家属免除一

① 《新华日报》1944 年 5 月 9 日。

②③ 《国民参政会川康视察团报告书》。

④ 《新华日报》1945 年 3 月 4 日。

⑤ 《国民参政会川康视察团报告书》。

⑥ 《新华日报》1945 年 3 月 10 日。

⑦ 《新华日报》1945 年 4 月 6 日。

⑧ 《新华日报》1944 年 4 月 6 日。

切捐税，但有的地方征收壮丁费，“出丁之家，亦多派及”。有的保甲长“单向出丁之家，收取伙食费”。[①] 如此等等，使得出征壮丁大有后顾之忧，增加了对兵役的恐惧。

（四）“抓壮丁”对农民的迫害

如上所述，由于普遍的不公平征兵现象的存在，由于壮丁受到虐待而大批非战事死亡，由于出征军人家属得不到真正的优待，这些役政的弊端逐渐引起大后方农民对当兵应役的恐惧，加上政府对全民抗战宣传不力，使得逃避和抵制兵役的现象越来越严重。如当时报纸所描写的，“1944 年秋后不久，乡下又酝酿着抽丁，老百姓一听到这个字眼，他们往往联想到一串子敲门、抓人、捆绑、押送、饿饭，包袱同死亡的黑影，这些像暴风雨似地刺激着他们逃亡走散。”[②] 而随着抗日战争局势的发展，兵员的补充需求愈加迫切，于是，从抗战一开始就存在的军队拉壮丁之风便愈演愈烈，特别是保甲长浑水摸鱼、大发国难财，则极大地加重了抓壮丁的弊端，造成大后方农村的严重社会问题。兹列举其主要表现如下：

第一，拉壮丁。

拉丁不仅“军队拉，乡镇保长也在拉，滥兵流氓也在拉”。[③] 强拉的壮丁在国民党军队行军途中所补充兵源中占了很大的数量。例如，据国民参政会川康建设视察团东路组报告，八十八军新编二十一师，“沿途强拉壮丁充兵，过南川拉去千余人，过彭水拉去五六百人，过涪陵，过巷口镇，拉去约二百人。”保甲的拉壮丁很普遍，甚至“越保拉丁也累见不鲜，甲保拉乙保，甲乡拉乙乡，纷乱如麻，路断人稀”。[④] 据 1945 年 3 月 22 日的重庆《新新新闻》报道：“不仅遥远的乡镇有，就是在这市警林立的都市里，一到早晚，就有被拉壮丁的事件发生。稍为不慎，就有被一些滥兵拉夫的可能。”有时连现役军人也被拉充了壮丁。据国民党政府军政部兵役署的档案透露，重庆白市

① 《国民参政会川隶建设视察团报告书》。

② 《新华日报》1945 年 3 月 15 日。

③ 《新新新闻》1945 年 3 月 25 日。

④ 《国民参政会川康建设视察团报告书》，东路组报告。

驿第一独立监视哨的两名哨兵被白市驿四十五补训处强拉走，“亦转送壮丁”,[①] 足见当时拉壮丁之滥。拉壮丁过程中不时酿成死亡事件。如四川洪雅县三保乡第三保保长越保拉壮丁，壮丁不服，被开枪打死；[②] 同一县以有几个办兵役的人去拉壮丁，“壮丁逃避，被追到河边，逼下河，河水正在上涨，被活活淹死”。[③] 忠州发生过拦船拉丁，二人中弹落水身亡，十七人被抓去的惨剧。[④] 所以，1945 年 4 月 28 日《新华日报》说：“强拉壮丁的事件，现在是越闹越不成话了，不但拦路捉人，而且进门绑架；不但拉壮丁，而且拉老人；不但拉人，而且杀人。这种无法无天的现象，实在令人气愤，痛心。”

第二，借抽壮丁之机敲诈勒索。

保甲的征兵方式，按规定是采取中签法。实际上保甲长常借抽壮丁之机公报私仇及大发横财。以陕西为例，时人披露，“保甲长自己或亲戚的仇家，无帮手的独丁”，“对联保主任、保长等贪污行为稍有异言者，或者是农村救亡工作的积极分子”,[⑤] 常会被保甲长拉去当壮丁。当乡保甲长对农民恣行摊派时，常以“中签壮丁”相要挟。该省某参议员曾在临参会上揭露当地保长摊派和抽壮丁的横霸，指出：“摊派随人们对保长的恭顺程度而定，恭顺的摊派时让三千二千，你家里的子侄不愿当兵都可以；若是不恭顺，就要给你多派款，你们家里的子侄不该当兵也得去。”[⑥] 另有报载：“农民的负担尽管那样沉重，沉重到喘不过气来，但保甲长们却视若无睹，还是如狼似虎，一声摊派税捐令下，农民只有俯首应命，要稍有怨言，就用‘中签壮丁’的法宝，来降服口出怨言的小民，保长要抽你的丁，哪个还敢哼，只有服服帖帖任乡保甲长勒索。”[⑦] 1945 年 5 月 17 日，《新华日报》载文揭露四川新津县的役政之弊。其中说到仁和乡乡长王某办理紧急征兵，“不依抽签方式，完全采取拉肥制，稍有钱无势力者便佯称中签，通

① 《中国现代政治史资料汇编》第三辑，第二十六册。

②③ 《新华日报》1945 年 4 月 6 日。

④ 《新华日报》1945 年 3 月 28 日。

⑤ 方晟：《亟待改善的陕西兵役动员问题》，载《西北》第三十五期。

⑥ 《新华日报》1944 年 12 月 21 日。

⑦ 《新华日报》1945 年 2 月 20 日。

知入营，若乡民不愿出丁，就须纳米若干石或银若干万元。”经该乡保甲人员指出的有名有姓的受害者就有 10 名，共被勒索去米 33 石、钱 30 万元。“乡公所又关壮丁十几名，均皆出钱释放，各壮丁所出钱多少还不清楚。”

即使保甲长表面上采用抽签形式，同样可以作弊。如“把应征数目加多一倍，抽到应征签的人，有势力有面子的则不去，否则即去”。或者“把签完全写成‘应去’，先着联保长内定的人抽；或把签完全写成‘不去’，先着联保长不愿去的人抽”。①

第三，卖壮丁。

卖壮丁是保甲长利用征兵勒索农民钱财的主要手段之一，具体形式又有好多种。如多征壮丁而卖溢额。据 1943 年 12 月 21 日《新华日报》载文揭露，陕西临潼县“共二千七百甲，每年应出兵数，约与甲数等，每甲每年一兵。但实际上每年每甲要出三个壮丁”，“一甲多出两丁，全县二千七百甲，共多出五千四百丁，要卖一万零八百万元”。又如中签者若不去，可以出钱买人顶替。买壮丁的价格，抗战初是一兵 100 元，到 1944 年底四川峨眉县的壮丁价格已由一名 2 万元上涨为 4 万元。但还在 1943 年，保甲长向中签者“动辄索价十万元左右”。②更常见的形式是派壮丁费，即利用所辖区农民怕被抽壮丁的心理，借买壮丁充抵为名，大肆摊派壮丁费。如四川开县自 1943 年以来，“乡下抽丁的办法有些变通了”，就是把农家分成六个等级的“摊壮丁费”，然后出钱买，如 1945 年的价格是，头等二千五，二等一千五，三等一千，四等八百……③江津县某保 1944 年度被派出壮丁十二名，保长要农民交钱十七万二千元买壮丁顶替，可是，第二年上峰却又要该保追送 1944 年度的壮丁欠额以及 1945 年度应送名额十名，农民这才知道保长把钱私吞了。④ 其他省的情况也大同小异。如 1944 年报载，福建南靖县兵役股主任吴某利用职权勒索钱财，“在他们自订‘兵役

① 方晟：《亟待改善的陕西兵役动员问题》，载《西北》第三十五期。
② 《大后方的政治病态》，载《新华日报》1943 年 12 月 21 日。
③ 《新华日报》1945 年 3 月 15 日。
④ 《新华日报》1945 年 5 月 2 日。

法’下，只要有钱，就便可免役、缓役，最近又勒索属下的两个保长国币五万元或糖十担，因不遂所欲，将保长也拉了壮丁”。[①] 如此大鱼吃小鱼，贫苦农民之受勒索就更无法逃避了。

军队办兵役的军官同样也有卖壮丁的行为。1938 年 7 月 3 日的《新华日报》载，某师管区补充营张连长叫各壮丁每人出五十元，就可以免服役，然后晚上在街上拉些赌客、浪人、流浪者等以补缺额。

役政中的弊端十分严重。国民党政府兵役部从 1944 年 11 月成立到 1945 年 2 月的短短 3 个月中，就收到有关兵役的控案 600 多件，处理了 580 件，其中属舞弊的有 269 件，属卖放的有 59 件，属拉顶的有 74 件，属虐待的有 44 件，属包庇的有 24 件，属犯法的有 66 件，其他违法者 38 件。[②] 由于当时农民多数是文盲，因此未诉诸法律的役政案件就难以计数了。

役政的腐败造成恶劣的影响。首先，拉来的壮丁缺乏应役的自觉性，多思逃亡，逃兵问题在抗战时期国民党军队中普遍存在，大大降低了军队的素质和战斗力。其次，拉壮丁直接破坏了农村的社会秩序和生产活动。强拉过往行人当壮丁，搞得路断人稀，商贾裹足。特别是因为农民甚至“在农场工作的时候，也会冷不及防地被人包围或追捕”，[③] 他们终日惶惶然不敢抛头露面，以致“田野无法耕种，老者转乎沟壑，壮者散乎四方”。[④] “农村大感劳动力缺乏，土地荒芜起来。”[⑤]

二、征工

（一）筑路的工役

抗战开始时，由于日寇占领了沿海的重要城市和重要铁路线，中国关内 70% 的铁路线落入敌手，有 28000 公里的公路也为日寇所控

---

① 《新华日报》1944 年 5 月 8 日。

② 《新华日报》1945 年 2 月 27 日。

③ 《新华日报》1945 年 3 月 4 日。

④ 《民国参政会川康建设视察团报告书》，北路组报告。

⑤ 《新华日报》1945 年 3 月 4 日。

制。国民党政府迁都重庆，地处四川盆地内，交通十分落后，而大后方的西南、西北各省，又是战前交通最落后的地区。为了抗战的需要，国民党政府着手开发西南交通运输设施。从 1937 年 10 月到 1945 年 3 月间计划新筑的铁路工程计有：

湘桂铁路	衡阳镇南关段	干线 1027 公里
湘黔铁路	株州贵阳间	干线 1005 公里
滇缅铁路	昆明苏达间	干线 880 公里
叙昆铁路	昆明叙府间	干线 859 公里
黔桂铁路	柳州贵阳间	干线 625 公里
宝天铁路	宝鸡北道埠间	干线 154 公里
陇海铁路咸同支线	咸阳同官矿场	支线 138 公里
粤汉铁路	株州板塘铺间	干线 30 公里
	白杨支线	支线 14 公里
綦江铁路	江口之猫儿沱	
	至綦江之三溪间	85 公里
浙赣铁路复轨工程	上饶江山间	87 公里
成渝铁路	成都重庆间	532 公里

以上计划实际完成的地段总共有 1916 公里。①

同时，国民党政府还组织修筑了桂越公路、滇缅公路、中印公路等国际公路，并改善了许多国内公路（此期历年新建、改善公路情形如表 6－13② 所示），从而使陪都与外国以及西北、西南有了较为密切的联系，对支援抗日战争和满足大后方工交生产和人民物质文化生活的需要，发挥了重要作用。为此，大后方农民承担了沉重的力役负担，作出了巨大的贡献。以下仅略举数例。

①② 资料来源：《六全大会交通工作报告（1938 年 4 月至 1945 年 3 月底）》、交通部档案二 0/71，中国第二历史档案馆藏。转引自陆仰渊等：《民国社会经济史》第 613 页、第 620 页。

表 6-13　　抗战时期历年公路新筑、改善里程一览表　　单位：公里

年份	新筑里程	改善里程
1938	973	5584
1939	2583	9802
1940	949	9313
1941	2616	11883
1942	755	15347
1943	1571	16666.5
1944	2228	20306
总计	11675	88901.5

1938—1939 年广西省征发民工 60 多万人，修筑了中越铁路桂林至柳州段，使湖南和广西联系起来。

陇海铁路的延伸，西安至宝鸡及宝鸡至天水段，共 154 公里，其中隧道长 22 公里，几乎与全国铁路隧道总长相等，施工全靠手工，推进迟缓，前后费时 7 年，到 1945 年才通车。这是陕甘两省约 23 万民工流血流汗的成果。他们为沟通西南与新疆、苏联的联系，接受苏联的援助，以及发展陕甘经济，开发西北铁路作出不可磨灭的贡献。

修筑四川与外界联接的公路。以往四川与外界的联系，除长江水道外，有嘉陵江和其他河道使四川境内 90 多个县互相联系，内河航线达 13000 公里。1936 年修通了川黔、川陕、川湘公路，则使四川与陕西、贵州和湖南有了较密切的联系。但这远远不适应作为抗战首都所在地和大后方的需要，尤其日寇占领上海、广州后，中国与外国联系只有通过越南、缅甸、印度、苏联陆上公路加以沟通，而这些地区都是地理上最为险峻的地方，新筑的公路通过横断山脉和青藏高原以及沙漠地区，工程量之大，工程之艰巨，属世界少见。中国农民为此付出了巨大的代价。

滇缅公路下关至畹町段全长 548 公里，由中国修筑。国内动员了 20 万以上的人员苦战。修建时，在天时、地理、人力、物力方面都遇到极大的困难。该地区雨季长达 6 个月，特别是怒江两岸，雨季时期瘴气很厉害，每年清明节后，居民就不敢出门，民间有“要过怒江

坝，先把老婆嫁”之说，即出门生还者很少。这是天时之不利。公路穿越横断山脉，崇山峻岭，水流湍急，行船艰巨，架桥困难，这是地理之险峻。加之物资缺乏，只有石方就地能取，其他材料得通过翻山越岭的人工输送，劳力缺乏。这里本是地广人稀，如保山段男丁多调服军役，妇孺上阵，担任建筑工作，她们常常背负婴儿，从几里甚至十几里外的村镇前来建筑道路，自带干粮。中国农村妇女的伟大精神感动了美国的技术人员，称保山段公路为“妇孺公路”。①

开通滇缅公路，全凭人力，前后共动用 15 万民工和雇工。他们大多是从几十里外，自背十天半月的干粮来应役的农民，住的是简陋的窝棚，更谈不上医药。他们抛离妻儿老小，在半饥饿中夜以日继地赶工，不少民工和技术人员在施工中丧失生命。② 公路修通后，养护也费了无可数计的劳力。从 1938 年到 1942 年 5 月日本占领缅甸止，这 3 年中中国所购的物资和急需的外援物资即通过此路运往内地，出口物资亦由此出国。当时有“一滴汽油一滴血”之说，说明为开通和保养这条公路，中国农民洒出了多少热血，承受了多重的负担。

再就是乐西公路的建筑。乐西公路起乐山终西昌，是通往缅甸的另一条比较捷径的公路的一段。1930 年 5 月测量，并开始施工，到 1941 年全线打通。兴筑乐西公路最为艰苦，因该线经过海拔 2800 米的蓑衣岭、海拔 2500 米的菩萨岗等地，高冷以极，气候恶劣，人口稀少，是全路最艰巨的一段，全路跨三条大河。全路土方工程由各县征集民工修建，先后征集民工十四万人，完成土方 850 万立方米，石方 240 万立方米。③筑路农民因而牺牲者约 2000 人。

中印公路由中国派遣第十团士兵二千七百人参加修建。此外，甘新公路由于资料缺乏，参加人员无法计算，但是该公路经沙漠高原，其艰辛程度也是难以尽说的。1938 年修筑川康公路，有十二万民工星夜劳作在筑路线上。④

① 《新华日报》1944 年 8 月 14 日。

②③ 参见徐以枋：《抗日战争时期几条国际和国内公路的修建》，见《中国近代史研究资料》，上海科学院 1980 年版，第 41—43 页。

④ 《四川月报》第三卷，第六号，第 50 页。

抗战时期如果说拉壮丁“惨”，工程征发就应说是“苦”，而且不是一般人所能忍受的苦，如果说抗战时期四川农民受尽拉壮丁的苦，那么云南农民却受尽征工修路之苦，付出了巨大代价。据1943年2月8日《新华日报》报道：“抗战以来，云南人民所服工役达一万万二千万人次，平均每个农民每年出工七八十个工，即一年中有四分之一左右的时候出工役。”

（二）“义务劳动”

1944年7月，社会部劳动局发动人民义务劳动，规定每个壮丁每年要做二十天义务劳动。[①] 紧接着江西省某县义务劳动管理局，经第四行政区义务劳动管理处核定，义务劳动可以缴纳代役金额，每天一百元，[②] 这意味着每个壮丁的负担每年为2000元。“壮丁”没有城市和乡村之分，所以农民除出粮、出兵、出工外，还须承担义务劳动。义务劳动主要是开各县的公路。此外，开洞、平路、筑工房、造公林等，都可随县政府乡镇公所办公人员的意志，任意征发，而不遵从劳动局的每年每人20天的规定。

三、征运

农民除了上述的各种力役之外，还有随时由乡镇保长们派的“公差”，主要用于运输公粮，这种力役基本上是无偿的，故称“征运”。如滇西剑川县和附近一部分县的公粮三万余石，全部派夫运输，“每户每月最少要被派一二回，多则三回。有一位姓张的一夫一妻，一个女孩，种了五亩多田，照理应该过比较好的生活了，事实上他们的痛苦却很多。男的一月到乡公所应役五日，到保公所应征二日，妻子每月应‘运粮’夫两次，每次来回一个星期。在男的应役期间，是妻子看家、照管女孩及家畜；妻子应役的时候，就由男的料理家务……两口儿一月要花在公家三个星期的光阴，简直过不成日子”。[③] “征运”还带来不少额外负担。四川一群农民上告说：“我们每年都要给政府

① 《新华日报》1944年7月24日。
② 《新华日报》1944年7月13日。
③ 《新华日报》1945年5月17日。

挑运稻谷，自从头年（1944年）给了我们一石一元钱的挑运费之后，我们就再没得过一分钱。去年见着政府堂堂皇皇的布告，说是每华里每市斗有多少钱运力费，我们都没有得到……今年又奉令挑运粮，数目很多，每一家户口，就要担运粮谷两市石左右。……我们丢下活路挑运粮谷，连吃饭的钱都没有……乡公所规定上至乡长，下至保甲长，保丁及小公事人员一律不挑粮，还要我们代出保甲长挑粮费若干，我们实在不堪虐待。”[①] 这则报道说明保甲长不只不服役，将负担转嫁给农民，同时还将农民的运输费给吞没了；农民送粮出力后不但得不到报酬，反而还要代保甲长出代役金钱。这实在是太不公平了。广西桂北沿铁路各县催粮紧急，但有关部门却慢吞吞地验收，一万多农民挑了粮米跑到桂林，搁了两天还没有人收，最后付了“人情费”的才给收了，没有给钱的农民挑的谷子就不收。出力挑了粮，还要赔人情费。同样的，湖南农民去交粮，若不交“运动费”，交三次三次都不收。[②] 农民跑几次路，花几天工，白赔了许多工。利川白羊塘的农民除被派修公路之外，每冬还要挑公粮三四回。乡镇长办公室还常派农民公差。

第六节　高利贷资本对农民的剥削

一、“统一农贷”与“集团高利贷”

抗战期间，国民党政府根据战时农业政策，采取统一农业贷款发放业务和增加贷款数量等措施。所谓统一农贷，即将过去由多种金融机构如中国农民银行、农本局、中国银行、交通银行、中央信托局、邮政储金汇业局、华洋义赈会等经营的农业贷款业务，改由中国农民银行统一经营。这项调整农业金融机构的工作完成于1942年。到1943

① 《新华日报》1945年3月22日。
② 《新华日报》1944年9月7日。

年止，中国农民银行在后方17省共设立分支机构315处，合作金库344个；西南5省共建立合作社63100个，其中绝大部分是信用合作社。[①]

1937—1942年，后方各省的农贷金额不断增大，由1937年的3952.9万元，增加到1942年的62880.5万元，5年间共发放农贷152916余万元。[②]

由于基层农贷机构的发展以及农贷金额的增加，抗战期间农民的借款来源比战前有所变化，示如表6－14。[③] 表中"银行"一栏指的是农民直接向银行贷款，实际上经由合作社和合作金库发放的贷款也是来自银行的本金，据1943年中国农民银行统计，在"农贷统一"后的1942年，其"贷款余额共达六亿八千余万元，其中农业生产放款，系贷放资金给合作社转放给农民，供其购买种子、农具、肥料及各种生产工具之用，总数在三亿九千万元以上，约当农贷总额的57%"。[④] 所以，国民党政府经中国农民银行等向农村投放的贷款确实在增长。

表6－14　　1938—1945年农民借款来源的变动

年份	合计	银行	钱庄	典当	商店	合作社	合作金库	地主、富农和商人
1938	100	8	3	13	14	17	2	43
1939	100	8	2	11	13	23	2	41
1940	100	10	2	9	13	26	2	38
1941	100	17	2	9	11	30	4	27
1942	100	19	2	8	10	34	6	21
1943	100	22	2	7	8	32	5	24
1944	100	21	3	8	13	27	4	24
1945	100	22	4	9	18	19	3	25

但是，农贷活动并没有给贫苦农民带来多少实际好处，相反，在多数场合，农贷资金的投放却助长了乡村豪绅地主对农民的高利贷剥

① 《国民党政府年鉴》，1944年版，农业篇。

② 《财政年鉴》续编，表，1944年版。

③ 《中华民国统计年鉴》(1947)。兹表据严中平等编：《中国近代经济史统计资料选辑》，科学出版社1955年版，第346页改制。

④ 《中农月刊》第四卷第四期，顾翊群：《十年来之中国农民银行》(1943年4月出版)。

削。造成这一后果的关键因素在于豪绅地主控制了大部分的经转农贷资金的信用合作社。

据当时参加中国农民银行的基层农贷工作的人员介绍：

抗战初期和中期，农民银行的农贷主要是农业生产贷款，另外，还有运销、推广等贷款。

农业生产贷款是通过合作社发放的。当时，国统区的合作系统是，省设合作事业管理局和合作委员会，县设合作指导室。县合作指导室配备一个主任，几个指导员，是全县合作社的管理机关。合作社（绝大多数是信用社）是按保甲范围成立的，一保一社，或几保一社。一社有理、监事三至五人，都是义务职。保甲长是当然的理监事，就是那些地主、豪绅，所谓乡里的头面人物，完粮征税、抽壮丁、放贷款，都是他们管的。信用社既没有存款业务，平时也无款可放。成立信用社是为了向银行申请贷款，当时人们就把这些合作社称为“合借社”。

农业生产贷款是这样发放的：每年春耕之前，县里领到贷款数字之后，县合作指导室就要求各合作社提出借款申请。合作社通过联合社（1—3 个乡成立一个联合社）向县合作指导室申请借款时，还附有借款人的名单，由县指导室批准发放。当合作社发放给贷款人时，照例要通知银行农贷员到现场监放。发放贷款的这一天，合作社把借款人都叫来。在银行农贷员的监放下，合作理事按照借款人的花名册，逐个唱名、付款，由借款人在借据上打手印。这样，就算把贷款放出去了。合作社是银行的债务人，借款人是合作社的债务人。银行贷款给合作社，月息八厘到一分。合作社贷款给社员，有的社加二至三厘利息，有的社不加利息但收手续费。秋后收贷时，银行向合作社收贷，合作社向社员收贷。贷款到期合作社不能归回时，银行就通过县合作指导室施加行政压力来催收。

把“信用合作社”称为“合借社”，真是一针见血地刺中了它的要害。

当时还有人把“合作社”经贷的农贷称为“集团高利贷”，更是入木三分。他评论说：

“农贷的作用，并未能供给农民以低利资金。乡村中的地主豪绅，往往借信用合作社之名，向银行借得低利贷款，再用于转借于农民。一转手间，利息便提高。这种合作社非特无益于农民，反造成剥削农民的新式工具。有人称之曰：‘集团高利贷’，确是很适当的。

在没有信用合作社以前，高利贷者只能用他自己的资本来剥削农民。现在他们可以自己不费什么力，利用合作社向农贷机关借的钱，假公济私，赤手来剥削农民。而且以前以个人名义出借的款项，收回借款比较困难。现在利用合作社的名义，不但多一层保障，必要时还可凭借官厅的权力，加压于欠债的农民。这就是‘集团高利贷’的好处。”①

所以说，抗战时期中国农民银行的“农贷”活动，仍然起了助长农村高利贷对农民盘剥的作用。

二、私人高利贷剥削的特点

如表 6－14 所示，抗战时期农村私人高利贷仍是农民借款的重要来源。由于战争环境以及通货膨胀的影响，这个时期的私人高利贷对农民的剥削具有新的特点。

第一，高利贷利率空前增长。由于物价飞涨、法币贬值，高利贷者将放债生息与囤积居奇或贩运外货牟取得的暴利相比较，自然要大大提高放债利率。因此，这时无论是现金借贷或是实物借贷，利率都空前提高。如汉中一带，月息率在战前不超过 5%，到 1941 年已提高到 30%—50%。河南渑县一个高利贷主贷款给农民时，在契约上不写明所贷金额，而写成“所贷款额可购小麦若干斗，每月还利若干成”，以便随着麦价的上涨不断加息。豫西 1944 年竟有农民借款百元，日出利息四五元者，若以五元计，则该笔高利贷的年利率达 1800%。实物借贷竟有 2 月中旬借小麦 1 斗 5 升，到 5 月收麦后先还小麦 4 斗 5 升，秋后再付 1000 元的苛刻借贷。②

---

①　孙晓村，张锡昌：《民元以来我国之农村经济》，载上海银行公会编《银行周报》第三十一卷第二、三期。

②　《农村金融史》，第 175 页。

第二，高利贷的贷款期限明显趋短。因为放债周期缩短，高利贷资金周转快，加上短期债款的利息也在增加，高利贷者更有利可图。同时，在通货膨胀下，债期长了对放贷者不利。

以上两个特点，可从表 6 - 15A、B 的统计资料获得印证。①

表 6 - 15　　1938—1945 年农村借贷利率及借贷期限的变动

A　现金借贷

年份	放款期限（%）					放款利率（月利%）					
	1—3个月	4—6个月	7—9个月	10—12个月	13个月以上	信用	保证	抵押	会合	合作社	私人
1938	9	19	2	59	11	2.1	2.2	2.3	2.0	1.2	2.7
1939	10	19	2	58	11	2.0	2.3	2.3	2.0	1.2	2.9
1940	5	16	8	65	6	1.9	2.1	3.1	1.9	1.2	2.6
1941	11	23	1	59	6	1.8	2.1	2.2	2.0	1.2	2.8
1942	13	22	1	58	6	2.0	2.3	2.4	2.3	1.3	3.1
1943	19	20	1	55	5	2.6	3.0	3.3	2.9	1.5	4.6
1944	25	19	2	51	3	4.6	5.2	5.8	4.9	2.8	7.6
1945	43	19	1	36	1	7.5	8.3	9.1	8.1	3.9	10.6

B　粮食借贷

年份	借粮还粮利率（%）		6 个月借钱还粮利率（%）
	3 个月	6 个月	
1938	28	42	39
1939	27	42	44
1940	26	41	47
1941	25	41	50
1942	26	41	67
1943	31	51	104
1944	38	63	151
1945	35	59	192

① 《中华民国统计年鉴》（1947），兹转引自严中平等编：《中国近代经济史统计资料选辑》，科学出版社 1955 年版，第 349 页。

有些地方的短期借贷利率更高得惊人。如四川北部一些高利贷者专门放债给穷人，以场（一场三天）计利，每千元的一场利息为三百五十元，如借一月（九场），子金就超过本金三倍了。到期若还不起，则以房屋、土地抵债，以至有因还不起债而家破人亡的。① 又如福建有"放天债"，即以日计息的。在永春县，借债一百元，每日还一元，一月三十元，以一月为期。到期不还，将息加在本上计利。在福鼎地区，借钱一千元，每日还二十元，一月六百元，月利率60%。广东的情况也类似，参见表6－16。②

表6－16　广东、福建部分地区短期（1.5—3个月）利息（1944年）

地　区	借贷额（元）	利息（谷）	折款（元）	利率（%）
广东梅县石坑乡	100	3—4斗	600—800	500—700
广东平远	200	5斗	1000	400
福建东山	700	一石	2000	200
福建惠安	1	白豆四两	2.5	150
福建永安	500	十石	2000	300

此期除普遍的短期借贷之外，也有长期贷款，时间为三年、四年、五年不等。广东农民称之为"死期"，这当有两层含义，一指定期贷款，一指其令借贷者家破人亡的后果。短期借贷到期后，债户可以另借或续借，或变卖些家产偿还，吃亏的只有一个债期。死期贷款则不然。债主往往对最急于借钱而又有点家底的债户，订约时指明以家产作担保，时间三五年。在债期内债主不催债，即使债户有钱，也不要他还。但是，期限一到，债主马上讨债，债款包括其间没有偿还的利息，照每年最高谷价折算成现款，加到本钱上去起利息，即采取利滚利的剥削方法。如在1940年借一百元，到1943年或1944年还钱时，本息达几万元，农民还不起只好把家产抵偿了。在粤东、四川、云南等地盛行这种剥削方式。例如，广东大埔高坡镇一位姓李的贫农，1940年向镇上的高利贷主借了二百元，订明五年期，每年息谷旧石八

① 《新华日报》1945年3月23日。

② 楚公：《高利贷下的闽粤农民》，载《新华日报》1944年8月20日。

斗，当时每斗十五元，一年为 120 元，以此看来并不太高。到了 1943 年，谷价上涨到每石二千元，借的二百元要还上一万元的利息，李氏农民才知上了大当，要求提前完债，但债主却不准，并加以“没收田产”的恐吓。[①] 这种高利贷确实常将贫苦农民置于死地。

第三，由于通货膨胀、物价上涨，此期常见高利贷剥削采取借钱还物或借钱还钱出谷利的剥削形式，其利率同样很高。

以借钱还谷为例，春季借一千元，夏收还谷一石五斗，如夏收谷价为一石二千一百元，则一石五斗值三千一百五十元，利息在两倍以上。另有一种形式是春间借钱时折谷价借出，如市价谷一石为一千二百元，则债主按市价七折即八百四十元一石放债钱给农民，此时已获利三百六十元；夏收时则按实物还贷，因谷价上涨，利息仍在二倍以上。在广东梅县松源乡，有农民王焕章在 1934 年向地主借了十二元，规定每年还谷四斗，一直还了十年，共十石。以还清之年（1944 年）的谷价计算，十石值八千元。

四川流行借钱还钱出谷利，如青黄不接时债主借给农民一千元现金，借约规定到收获季节除还一千元本钱外，尚须付谷息一石（最低也要八斗）。而谷价因通货膨胀变化很大，春季为每石一千二百元，夏收时已上涨至每石二千一百元，结果，债主借一千元给农民，到期坐收利三千一百元。兹以广东、福建部分地区为例，将借钱还钱出谷利的高利贷年利率示如表 6－17。[②]

表 6－17　　广东、福建部分地区高利贷年利息表（1944 年）

地区	借贷额（元）	利息（谷）	折款（元）	利率（%）
广东梅县长滩乡	1000	夏秋各一石	4000	400
广东梅县庸文乡	1000	二至四石	4000—8000	400—800
广东平远	1000	三石	6000	600
福建东山	1	一升至二升	20—40	2000—4000
福建惠安	600	粟一百斤	1200	200
福建永春	1000	谷 150 斤	3000	300

① 《粤东农村高利贷》，载《新华日报》1944 年 12 月 12 日。

② 楚公：《高利贷下的闽粤农民》，载《新华日报》1944 年 8 月 20 日。

第四，借贷索保的情况越来越多，农民很少能凭个人信用取得贷款的。作为借贷担保的往往是田产、房产、猪、牛、羊等，到期还不起债，这些物产即为债主所有，农民债户则家破人亡。

此外，高价赊借生产资料和低价预购农产品仍是农村私人高利贷常用的剥削形式。例如，在粤东地区，农民在春天下肥料时，借日本造的肥田料一只（合一百六十斤），价四千元到四千二，至夏收时须还谷六石五斗到七斗，除以夏收时价计算还本外，还要付二倍的利息。若借白灰作肥料，春借十担，每担八十元，合八百元，夏收时还本息谷一石，值二千一百元，其利息也在一倍以上。卖青苗，又称卖空仓，是四川农村比较普遍的一种高利贷剥削形式，如 1944 年春苞谷（玉米）一石为九千元，而卖青苗只能作价五千元左右一石。[①]

第七节　物资统制、专卖与农民负担

国民党政府在抗战期间所实行的经济统制政策，包括对粮食、棉花纱布、工业器材、外销物资等的统制；其专卖品则包括盐、糖、烟、火柴等。这些战时经济政策的实行，对于保证军民基本生活物资的供给，稳定物价，增加财政收入，支持抗战，起了一定的作用。但是，这些政策在实行过程中也存在着许多弊病，在一定程度上加重了农民的负担。以下择要加以说明。

一、有关农产品的统制

（一）棉花统购与棉花生产的萎缩

抗战时期的重要民生物资，除粮食之外，就数衣着原料的棉花、棉纱、布匹了。因此，国民党政府在实行田赋征实和粮食征购、征借之后，也于 1943 年实行棉田田赋的征实和棉花征购。

---

① 《四川农村高利贷》，载《新华日报》1944 年 8 月 20 日。

棉花的征购价格，起初只低于成本 1—2 成或 1—3 成。随着通货膨胀的加剧，棉花收购价格相对于生产成本就显得越来越低了。如 1937 年上半年沙市棉花统购价格为每担 48 元，到 1941 年为每担 624 元；1944 年 12 月湖北棉花收购价为每担 8000 元，陕西为每担 11000 元。表面上看，棉花收购价格是在上涨，棉农应该有利可图。其实并不然。因为棉花价格上涨的同时，种子、肥料、人工、水费等成本也在上涨，结果棉农仍是入不敷出。例如，1944 年秋，湖北每担棉花统购价格，鄂北为 9000 元，鄂中为 8000 元，而当地每担棉花的成本高于 9000 元。陕西棉花收购价为每百斤 11000 元，其成本则为 20000 元左右。1945 年 4 月，关中地区棉花收购价定为每百斤 18000 元，成本约为 20000 元，棉农已是亏本，稍后市场棉价大涨为每百斤 30000 元，官价仍为 18000 元。棉农因售价太过不合理，不愿出售棉花，政府则以囤积居奇罪论处。①

收购新棉如此，收购旧棉也同样使棉农吃亏。如 1942 年农本局要求“福生庄”在陕西先收购旧棉，后收购新棉，所定价格旧棉比新棉低，并且规定：“如农民不肯售旧棉，可以适用行政命令，派人按户搜查，迫令农民交售。”由于“旧棉所含水分既远较新棉低，旧棉反而比新棉价低，农民在吃亏之外还要吃亏。”②

过于不合理的统购价格，严重破坏了棉农的生产积极性，棉花产量不断下降。如关中地区为重要产棉区，但是，其产量 1938 年为 101 万担，1940 年为 100 万担，1941 年为 78 万担，1943 年竟只有 20 万担。因此，这种棉花统购政策无异于杀鸡取卵。

（二）棉纱、棉布统制与农民家庭纺织业生产的衰落

前已指出，近代中国自然经济的解体程度在不同地区是颇有差异的，即使当近代纺织业大有发展之后，在边远的山区家庭纺织业仍然是农民的重要副业生产。抗战爆发以后，由于中国民族工业受到战争的严重破坏，农民的家庭纺织业一度有所发展。据国民党政府中央农业实验所 1941 年上半年的调查，后方十五省中，纺纱织布在农村中是

① 《新华日报》1945 年 4 月 2 日。

② 寿充一：《孔祥熙其人其事》，中国文史出版社 1987 年版，第 298 页。

仅次于饲养家畜的副业，在四川北部、贵州和云南中部，家庭纺织业尤有重要地位。但是，自1943年国民党政府实行棉花、棉纱、棉布统制以来，农民的家庭纺织业逐渐趋于衰落。

很明显的变化是，由于棉花的统购，以纺纱织布为副业的农民家庭因缺乏原料而无法继续进行独立的生产，只好转而为花纱布管制机关加工棉花，领取加工费，即农民的家庭纺织业也被纳入政府经济统制的范围。在这种情况下，农民从事纺纱工作所得报酬，在很大程度上就不取决于经济规律，而受制于政府有关部门的统制政策。以1945年川北的农村纺织业状况为例。按花纱布管制机关的规定，每户一次可贷棉十斤，纺纱十斤即可交送，按等级优劣领取工资。工资分甲乙丙丁四等，最高者为二百元，如按一日一斤计算，则一个纺手一个月最多只能领得六百元工资，其中还要扣除每斤一二十元的弹花费用，以及纺手团团长（由保长充任，是介于纺手与花纱布管制机关之间的经纪人）的定额手续费，实际上一月所得在五百元左右。而按当时的物价水平，一个纺手每月要有一千五百元，才能维持最低的生活水准。

造成纺手入不敷出状况的原因，在于花纱布管制机关把她们的工资压得过低了。以1942年12月的价格计算，一件纱为18万元，所需棉花约325斤值1.95万元，支付纺纱工费0.65万元，花纱布管制机关从中获利1.54万元，是纺手的23.6倍。显然，纺手的劳动价值被剥夺得过多了。

由于家庭纺织业的衰落，农民的穿衣不得不更加依赖市场。而实行花纱布管制之后的布价高得惊人，战前四元可买一匹布，1944年要8000元才能买到一匹布，贫苦农民无法购买。1943年渠河流域丰收，可是，“就渠县的农民来说，在一百个农民中，平时难得有一二人有一套整齐的粗布衣服，千缝百补，几人人如是”。[①] 1944年5月的调查反映，“滇西剑川的农村，一亩地的出产只能换三件布，一个村子六十五户，每年每户用布两件，就需要用四十三亩地的粮食去换取，连饥饿都无法解决的农民，这时能用宝贵的粮食去换布吗?”[②]

---

① 《丰收声中渠河流域的农村》，载《大公报》1943年11月11日。

② 《新华日报》1944年12月24日。

可见花纱布统制之后，农民从棉花生产、纺织副业生产，到用布消费，都受到很大的影响，表现为实际收入减少，消费支出必须增加，结果是衣不蔽体或补补缝缝、疤上重疤。

（三）出口农产品的低价统购

茶叶、桐油、猪鬃、生丝、羊毛等五种农副产品，是国民党政府以偿还外债为名而指定的外销统制物资，尤其在 1937—1941 年，这五种都属大宗出口货品。据统计，其出口值 1937 年为 23308600 元法币，1938 年为 140119000 元，1939 年为 255940000 元，1940 年为 279138000 元，1941 年为 523820000 元，分别占同年国民党政府出口贸易总值的 26.61%、18.37%、24.92%、14.17% 和 20.32%。[①] 从 1937 年到抗战胜利为止的八年之内，政府共收购了茶叶约 190 万市担，桐油 180 多万公担，猪鬃 8 万公担，丝茧 7 万多公担，羊毛（包括少数驼毛）44 万多公担。[②]

统制政策的实行加重了农民的负担。首先，这些物资的统购都采取低于成本的低价政策。如茶叶，1940 年度婺源的生产成本为 69.07 元，收购价为 60.84 元，低于成本 8.23 元；1941 元屯绿毛茶生产成本为 188.22 元，而收购价最高为 105 元，中心价为 85 元，最低为 68 元，以平均价 86 元，低于成本 102.22 元。在计算成本时由于未把农家的劳动消耗包括进去，实际上已是低估了，所以茶农所受的经济损失更大。[③] 如桐油，1942 年收购价低于市价 100 元，1943 年低了 1100 元，1944 年新桐籽上市，桐农的亏空比上年更大。如丝茧，1938 年的收购价比市场价格低 300 元，1939 年低 1580 元，1940 年低 2050 元，1942 年低 5000 元。如猪鬃，1944 年的收购价格低于成本 19000 元，收购价为成本的 38%。[④]可见，国民党政府从物资统制中所获得的大笔财政收入，是以加重农民负担为代价的。其次，有时统而不销，危及农民生计。属于统制的物资，产地农民不能自由出售，商人不能直接收购，只能由统制机关收购。然而，有时统制机关又不能全部收购，

① 参见《抗日战争时期国民党政府财政经济战略措施研究》，第 429—430 页。

②④ 杨荫溥：《民国财政史》，第 134 页。

③ 杨荫溥：《民国财政史》，第 135 页。

如猪鬃，国统区年产猪鬃七八万担，而统制机关只收购二万担，这势必给农民造成经济损失。

实行低价政策的特种农产品统制，对生产和农民生活都造成了破坏性的后果。如桐油，由于“承办收油者强以低价勒收”，“已卖者亏蚀成本，未卖者无法销售”，“桐农以桐油生产不及工本”，“不仅不欲再事栽植，即已成林之桐树亦任其荒芜，不加整理，甚至砍作柴薪，改种他种作物”。[①] 结果，桐油严重减产，统制前四川省年产 50 万担，统制后锐减到几等于零。同样地，川南为著名的产丝区，但生丝被统制后，由于价格太低，农民养蚕不足以维持最低限度的生活，纷纷砍桑改种其他作物，所剩不足 40%。[②] 相应地，川丝产量由统制前的年产 2 万担下降到 2000 多担。

二、专卖

国民党政府从 1942 年 2 月开始先后对糖、食盐、烟、火柴等四种消费品实行专卖，至 1944 年陆续停止。虽然实行专卖的时间只有 3 年，却取得了不小的财政效益。1942 年的专卖总收入为 1404162411 元，占国家税收的 19.46%；1943 年专卖总收入为 3149781264 元，占国家税收的 16.87%；1944 年专卖总收入为 4777079528 元，占国家税收的 11.75%。[③] 虽然专卖收入在国家税收中所占的比重逐年下降，但其绝对量却是逐年增长的。这种专卖收益的增长，同样是以农民负担的加重为代价的。同时，由于专卖机关的腐败，农民还承受了一些价格以外的负担。

（一）食盐专卖和食盐附加税

抗战时期国民党政府实行的食盐专卖是一种局部专卖法，即民制、官收；官运、商销。专卖利益主要来自政府的批发环节，即所谓的仓价，就是政府在向制盐人收购盐的价格的基础上，加上运费和其他费

---

① 国民党政府经济部档案，转引自张宪文主编：《中华民国史纲》，河南人民出版社 1985 年版，第 587—588 页。

② 陈真等：《中国近代工业史资料》第四辑，第 146 页。

③ 国民党政府财政部档案，转引自《抗日战争时期国民党政府财政经济战略措施研究》，第 161 页。

用，再加上专卖利益征收率而核定的批发价格。盐专卖利益的征收率前后有所变化，到 1943 年 6 月国民党政府财政部重新作了调整，各地有所不同，如川康区为每市担 100 元。从 1943 年 10 月 1 日起，由于战费激增，开征食盐战时附加税，其税率为每担 300 元，全国一律实行。1945 年 1 月食盐战时附加增至每担 1000 元，10 月增为 6000 元。另外，从 1944 年 3 月起开征食盐国军副食，每担 1000 元。食盐附加税主要取自盐的零售环节。

不管是取自盐的批发环节的专卖利益，或者是取自盐的零售环节的附加税，殊途同归，最终都落在以农民为主体的广大消费者身上。农民食盐负担的加重，除了体现在食盐附加的增长之外，还体现在盐价的不断上涨。1943 年桂林的食盐价格，五六月间尚为每斤 7.6 元，到八月上涨为 12 元，10 月为 15 元，11 月为 26 元，半年中涨价三倍。[①] 成都在 1944 年 8 月的盐价为每斤 78 元。1945 年湖南战区的食盐价格上涨到 900 元一斤。

食盐价格不断上涨又与经销人员的舞弊有密切的关系。盐的零售一般交给依法组织的合作社或承销商办理。这些合作社或承销商必须设一定的场所进行经营，统称为公卖店。为保证正当消费，防止囤积居奇和走私，政府采取计口授盐经销的办法。然而，一些食盐公卖店仍然与当地的保甲长勾结，将食盐投入黑市高价倒卖，从中牟利。这类事件在各地公卖店时有发生。如重庆北碚的公卖店，将盐套购在黑市倒卖，使农民拿买盐证来购买却空手而归。广东韶关地区保甲长和公卖店串通舞弊，他们的办法是，有些办公处实际发生的购盐证很少，把余下的冒填食户，私购公盐，或把余额交给盐店包销而索取贿金。有些公卖店常常推诿没有领到盐，实际上到把公盐拿去做生意。[②] 因此公卖店没有盐，黑市的高价盐却很多；官卖店没有盐，私盐店却有盐。官盐价每斤 40 元，私盐价 60 元，高出 50%。由于盐价高，不少农民被迫淡食，尤其是边远山区和少数民族地区的农民食盐更加困难。

---

① 《平准学刊》第五辑，光明日报社 1984 年版，第 689 页。

② 《新华日报》1944 年 4 月 9 日。

（二）糖的专卖、征实与蔗农负担

抗战时期四川、广东、福建、江西为主要产糖区，其中又以四川为最重要。四川有154个县，种植甘蔗的县达126个。战前川糖就占全国产量的52%，抗战爆发后其他产糖省相继沦陷，川糖产量便跃居后方十五省总产量的85%左右。所以抗战时期对糖统制重点是在川糖产区。1944年7月对糖实行征实，停止专卖。

糖先后实行专卖和征实，主要目的仍在于加征专卖利益，而不注意适当减轻蔗农负担，扶助生产，因而也有“杀鸡取卵”之弊。据1944年11月《内江通讯》报道，蔗农所完纳的田赋为产量的18%，政府又加征蔗30%，加征糖清30%，即等于征蔗60%，这样，蔗农的负担已达100%，再加征糖15%，则总的负担达123%。[①] 这样他们的生产显然是无法正常进行下去的。因此很多蔗农被迫砍蔗改种粮食，导致糖的生产量减少。

---

① 《新华日报》1944年11月5日。

第七章

1945—1949年国统区的农民负担

第一节　国统区的政治与经济

、蒋介石统治集团坚持反共、独裁、内战的政治方针

抗日战争胜利后，饱经战祸的中国人民渴望和平和休养生息。然而，蒋介石统治集团继续推行一党专政和个人独裁的方针，梦想重新确立它在全中国的统治地位。因此战争一结束，蒋介石统治集团便企图垄断抗战胜利果实，消灭共产党。

不过，在当时的形势下，蒋介石统治集团要立即发动内战也不得不有所顾忌。首先，经过八年艰苦抗战，全国人民普遍期望能够和平建设国家，发动内战是极不得人心的。其次，蒋介石的精锐部队在抗战期间大多退到西南和西北地区，要迅速开赴华北和华东，一时有不少困难。再者，中国共产党发出的“抗战一旦结束，内战危险立即严

重威胁全国人民”[①] 的明确警告，也使其不敢轻举妄动。他们还需要有一段准备的时间。

因此，蒋介石使用了反革命的两手策略，一方面电邀毛泽东飞赴重庆谈判，并于 1945 年 10 月 10 日与中共方面签订了“双十协定”；另一方面则调兵遣将，积极准备发动全面内战。“双十协定”的墨迹未干，蒋介石就下达进攻解放区的密令，要求国民党军队将领着重夺取华北战略要地和交通线，以分割和压缩解放区，并打开通道，然后出兵占领整个东北。

蒋介石统治集团曾多次标榜要在中国实现和平与民主，因此，为了欺骗全国人民和世界舆论，同时也为了完成大规模的军事部署，蒋介石不得不同意按照双十协定的规定，于 1946 年 1 月 10 日在重庆召开政治协商会议。在这次会议上，由于中国共产党、民主党派和民主人士的共同努力，曾经达成有利于冲破蒋介石的独裁统治，实行民主政治，有利于和平建国的协议。然而，蒋介石统治集团所代表的是大地主大资产阶级的利益，社会基础极其狭隘，这决定了它既不能容忍也经受不住任何的民主改革。蒋介石认为，不仅是民主主义，就是西方式的资产阶级民主主义，也是不能行之于中国的。后来担任美国国务卿的艾奇逊在回忆录中也谈到这一点。他承认，国民党“愈来愈流露出这样一种信念：追求统一和民主的中国，他们将丧失一切”。[②] 正因为如此，蒋介石统治集团从来就没有准备去履行政协协议。

所以，无论是政协协议还是和平协定，都丝毫不能改变国民党统治集团的通过战争来消灭人民革命力量的基本意图。果然，蒋介石统治集团在完成战争准备后，立刻翻过脸来，于 1946 年 6 月悍然向解放区发动全面进攻，挑起了中国历史上最大规模的内战，从而给广大农民增加了大量的负担。

蒋介石统治集团的反共、独裁政策，得到了美国的支持。第二次世界大战结束后，美国倚仗强大的经济和军事实力，积极对外扩张，企图建立自己在世界上的统治地位。独占中国，是美国全球战略的重

---

① 新华社评论：《蒋介石在挑动内战》，1945 年 8 月 13 日。

② 迪安·艾奇逊：《我在国务院的年代》，纽约诺顿公司 1969 年版，第 205 页。

要组成部分。正如后来美国国家安全委员会的一份报告所说的，他们当时在中国追求的长远目标，首先是“阻止共产党完全控制中国”。[①]因此，在中国抗战结束后，美国政府立即确定了扶蒋反共、助蒋内战的政策。

蒋介石统治集团一心想借助美国的支持打败中共，以左右中国的政治前途，因而不惜以国家利益为代价来换取美援。1945—1949 年期间，美蒋勾结签订了《中美友好通商航海条约》等一系列公开的或秘密的丧权辱国的条约或协定。在战后不到 4 年的时间内，国民政府接受美援总额达 50 亿美元。

因此，从国内外背景来看，此期中国农民所承受的沉重负担，既是由中国封建地主阶级和买办资产阶级强加予的，也是由美国帝国主义强加予的。

二、以四大家族为核心的官僚资本的空前膨胀

日本投降后，以四大家族为核心的官僚资本，通过接收日伪财产和对大后方、对收复区人民的掠夺，以及从美国的财政援助中的大量肥私，急剧膨胀起来。到 1947 年，它已集中了价值 100 亿—200 亿美元的财富，处于完全垄断和支配国民经济各部门的地位。

在金融方面，作为国家金融垄断资本的“四行二局”接收了日伪的所有金融机构，至 1946 年 12 月底，他们的分支机构共 852 处，存款额占全国银行存款总额的 97.7%。[②]

在工业方面，国民政府接收了占在华外国资本 76% 以上的日本和德国的在华资产。到 1948 年，官僚资本已占全国产业资本总额的 80% 以上，垄断了石油、有色金属生产的 100%，钢铁的 98%，发电量的 78%，机械的 72%，纱锭的 60%。此外，还控制了全部的铁路、公路、航空运输和 43% 的轮船吨位。[③]

---

① 美国国务院编：《美国外交文件集》1948 年，第八卷，华盛顿政府出版局 1974 年版，第 45 页。

② 《中国近代金融史》，中国金融出版社 1985 年版，第 291—292 页。

③ 《中共党史参考资料》，第 10 册，第 321 页。

在商业方面，国民政府不仅未因日本投降而改变“非常时期”所执行的垄断政策，反而变本加厉地继续加以推行，从低价收购和高价出卖各种商品的活动中，大量掠夺生产者和消费者的财富。

在农业方面，以四大家族为核心的国家垄断资本主义不仅接收了日本侵略者在东北和华北设置的所有农业机构，而且霸占了日本掠自中国农民的大量土地。此外，还继续以政府名义统制粮食和主要土特产品的购销，加强其在农业中的垄断地位。

作为官僚资本的核心的四大家族，除在国内大肆垄断、掠夺外，他们的财富还有很大一部分在国外。1949 年，美国“银行界人士向国会议员们提出关于宋家和孔家在曼哈顿实际上积蓄了 20 亿美元的指控”。[①] 在南美洲，孔家和宋家“各处都有各自的财产，包括大家都知道的在加拉加斯、布宜诺斯艾利斯和圣保罗银行的巨额存款。据说他们的财产还包括范围广泛的企业，如石油、矿产、海运和其他运输业中的股票，而投资重点在铁路和航空公司”。[②]

以四大家族为核心的官僚资本，是作为帝国主义垄断资本的附庸而存在的。不充当买办，为帝国主义侵略政策服务，他们就无法取得帝国主义的支持。因此，他们完全依附于外国垄断资本，没有任何独立性。以工业而言，官僚资本企业在资金上依靠帝国主义的贷款，技术上听命于帝国主义的摆布。抗战结束后，它同美国在所谓技术合作、合办、派遣专家顾问等名义下，差不多使所有工业企业和航空、铁路交通都有美国垄断资本的参预。这些企业实际上已经变成附属于美国的殖民地企业。在商业方面，四大家族通过与美国人合办贸易公司，或与美国垄断公司签订特约经销合同，充当了美国的总买办，使美国货充斥中国市场。

官僚资本同封建地主阶级也有密切的联系。以四大家族为核心的官僚资本的形成和畸形膨胀与封建生产关系密切相关。他们凭借政治特权和经济势力，在农村大量掠夺土地，进行残酷的封建地租剥削。他们还在农村建立金融机构，勾结封建势力，助长农村的高利贷活动。

① 《中共党史参考资料》，第 10 册，第 321 页。

② 上海《文汇报》1946 年 7 月 1 日。

正如有的论著所分析的："这个国家垄断资本和资本主义发达的国家中的国家垄断资本不同，它不是在资本主义工业高度发展的基础上，经过一般垄断，然后进入国家垄断阶段的；而是由于买办阶级依靠帝国主义，勾结封建势力，并与政权结合在一起，剥削与掠夺工农群众及其他小生产者以及压迫和打击民族资产阶级，才使买办资本进一步发展成为国家垄断资本的。"①

三、内战引起的财政经济的全面崩溃

内战爆发初期，蒋介石集团自恃在军事力量对比上有绝对优势，企图以速战速决的战术摧毁中共的军事力量。然而出其意料的是，他们的全面进攻只持续了 4 个月，就因受挫而转入重点进攻。随着人民解放军在东北发起反攻和在陕北、山东反击的胜利，战争主动权开始转入中共方面，及至 1947 年 7 月刘邓大军挺进大别山，国民党军队被迫由战略进攻转为战略防御，此后节节败退，溃势不可阻遏。与此同时，他们又面临着经济崩溃的威胁。庞大的内战军费开支造成巨额财政赤字，并且连年上升。1946 年的"国防费用"占了政府开支的 59.9%，1947 年仍占 54.8%，及至 1948 年上半年竟高达 68.5%。政府收支亏差，1946 年为法币 4697802 百万元，1947 年为 29329512 百万元，1948 年上半年已至天文数字，达 434565612 百万元（见表 7－1、表 7－2）。②

表 7－1　　1945—1948 年国民党政府财政情况表　　单位：百万元法币

年　份	支　出	收　入	赤　字	纸币发行量
1945	2348085	1241389	1106698	1031900
1946	7574790	2876988	4697802	3726100
1947	43393895	14064383	29329512	33188500
1948 年 1—6 月	655471087	220905475	434565612	374762200

① 黄逸峰等：《旧中国的买办阶级》，上海人民出版社 1982 年版，第 205 页。

② 王桧林：《中国现代史参考资料》，高等教育出版社 1988 年版；张嘉敖：《恶性通货膨胀，1939—1950 年的中国经济》，1958 年纽约出版，第 71 页。

表 7－2　　1946—1948 年国民党政府各类支出占总支出的百分比

支出项目	1946 年	1947 年	1948 年（1—7 月）
1. 国防支出	59.9	54.8	68.5
军费	53.6	48.4	64.1
粮食征集费	6.3	6.4	4.4
2. 债务费	0.6	1.2	2.6
3. 经济开发支出	11.0	14.3	5.2
4. 行政和一般开支	28.5	29.7	23.7
各部开支	13.2	17.8	13.7
对各省政府津贴	6.4	6.4	7.2
公务员津贴	—	—	—
善后复兴和救济	8.0	4.9	—
其他	0.9	0.6	2.8
总　计	100	100	100

为了应付财政困境，继续进行内战，国民党政府一方面加重对人民的剥夺，1947 年度盐、关、直、货四税收入为 106317 亿元，比预算收入增加了两倍以上[①]；另一方面大量印刷钞票，企图靠增发纸币来弥补亏空。国民党政府在 1948 年给美国政府的备忘录中承认："自 1945 年起，发行膨胀，速度比抗战时更快。"据统计，到 1945 年 8 月止，法币发行量为 1937 年 6 月的 394.84 倍，1948 年 8 月 21 日改行金圆券为止，竟达 47705.39 倍[②]，远远超过抗战时的水平。

为了平抑物价，国民党政府曾采取一些措施，如开放外汇市场，抛售黄金，但无济于事。外汇的自由买卖和黄金的大量抛售，非但没有缓和物价上涨趋势，反而助长了黄金和外汇的投机活动。1947 年 2 月上旬，金价从每条 300 万元被投机者哄抬到 700 万元，在 2 月 10 日这一天，竟涨到 960 万元，爆发了有名的"黄金风潮"。金价一动，

① 《国民党政府行政院 1947 年重大行政措施检讨报告——财政金融部分》（1948 年），中国第二历史档案馆藏。

② 吴岗：《旧中国的通货膨胀史料》，上海人民出版社 1958 年版，第 92—96 页。

牵动了百物一齐涨价。此外，国民党政府还颁布了“进出贸易暂行办法”，用减少进口税的办法，鼓励美货倾销，企图以此来改变国内市场物资匮乏的状况。但如此一来，美货泛滥，充斥市场，中国贸易入超逐月上升，外汇损失巨大，反过来又冲击外汇与法币的比价，使原有汇率无法维持。1946 年 8 月 17 日，国民党政府再次调高美汇价格，为1:3350，上升了 65%。汇率一变动，整个市场物价一起跟着上升。1947 年 7 月 5 日至 11 日这一周中，上海美钞 1 元从法币 360 万元涨到 600 万元，上涨了 75%，黄金每条从法币 16500 万元涨到 31000 万元，上涨了 87%；白米每担从 2000 万元涨到 2800 万元，上涨 40%。7 月份的涨势压倒了前六个月，一袋面粉价格从 1 月的 20 万元涨到 8 月中旬的 2000 万元，8 个月上涨了 100 倍。[①] 在疯狂的涨风中，国民党统治区的社会经济一片混乱，法币信誉扫地，完全失去了作为流通手段的职能。

为了欺骗人民和挽救危机，国民党政府于 1948 年 8 月 19 日宣布实行“币制改革”，发行金圆券。但是，金圆券的发行不过是法币恶性膨胀的继续和发展而已。至 1949 年 6 月，在不到一年的时间里，金圆券就发行到 130 余亿元的天文数字，为法币发行额（法币加上东北流通券折合金圆券共 2 亿元）的 65 万多倍。[②] 随之，物价如脱缰野马似地失去控制，到 1949 年 7 月，批发物价指数又上升 120 多万倍。国民党政府在无奈之际，曾于 6 月 25 日宣布以银圆券代替金圆券，但这时人民已拒绝使用。至此，国统区的经济全面崩溃了。在国统区财政经济崩溃的过程中，农民的有形与无形负担之重也达到空前的程度。

四、抗战胜利前后的农民境况与农村经济

如前所述，抗战八年，国统区的农民为了民族利益承担了沉重的战争负担，同时还遭受着国家垄断资本以及地主、富农、投机商人的重重剥削，处境十分艰难。在抗战胜利前夕，“普通一个自耕农除非

① 上海《观察周刊》1948 年 9 月 25 日。

② 杨培新：《旧中国的通货膨胀》，三联书店 1963 年版，第 100 页。

他同乡镇保长有特殊的人情关系，他所出的田赋和杂款已最少要相当于他耕地正产物十分之八以上，而普通一个佃农也得把他缴租所余少数农田收入的一半以上来支应杂款”。[①] 沉重的田赋、苛杂和兵差、力役负担，“已把他们的血汗流枯，生产破灭。不仅在战区各地，人口逃亡，田地荒芜，房屋被毁，没有粮食，没有耕畜，没有农具，没有种子，亟待救济，即在未经战事的各地，也壮丁被拉，粮食被征，生产萎缩，灾害遍地。”[②] 素有“天府之地”美称的四川省，在抗战胜利前夕，冬作物面积已从1942年的60000万亩减少至5700万亩；夏冬作物面积从1942年的7900万亩减至7600万亩。同时冬作“休闲田”面积从500万亩增加到600万亩。稻谷是四川的主要农作物，其平均亩产量在20世纪30年代末尚为352市斤，而到抗战胜利前夕已减为265市斤。经济作物中的皮棉亩产从16市斤减为9市斤，甘蔗从2222市斤降至1442市斤。[③] 足见农村生产萎缩程度的严重。

抗战结束了，广大农民迫切要求减轻负担，恢复生产，享受胜利果实。但是，国民党当局违背人民的意愿，悍然发动反革命内战，为此而对农民进行更加残酷的劫掠。他们“恢复了抗日时期极端恶劣的征兵、征粮制度，这将迫使广大的乡村人民首先是贫苦农民不能生活”。[④] 与此同时，农村中的封建地主、高利贷者和投机商人也在继续加紧对农民进行剥削。因此，农民的负担非但没有随着抗战的结束有所减轻，反而越加沉重了。如果翻开当时的国民党统治区的一些地方报纸，同情农民悲惨处境的报道触目皆是。例如：

“这些诚朴的农民，用他们的血和汗，换得了抗战胜利，而胜利却给他们带来了不知其所以然的苦难呵！”[⑤]

“……所有青黄不接时借贷之偿还，以及完田赋、纳租税，没有不惟秋收时之粮食及各种副产品是赖，现在则价格低落，不足应付一切，整个农村，类皆破产，自抗战胜利生活已益困难”。[⑥]

①② 重庆《商务日报》1945年7月5日，8月17日。

③ 重庆《商务日报》1945年8月17日。

④ 《毛泽东选集》，第1213—1214页。

⑤ 成都《新民报》1945年9月20日。

⑥ 《中国日报》1945年10月3日。

“农民是最现实的，胜利的桂冠，当不了谷租的缴纳，光荣的声誉，免不了冻馁与饿寒。他们不需要什么赞誉的空头话，他们所要的是免于饥寒、免于恐惧——有吃穿，平静安定的生活，是他们所要的胜利之果。现在虽然胜利了，他们并未得到这些，相反，是今年不如去年。”①

1947 年以后，随着战争形势的变化，国统区域越来越缩小，承担赋税兵役的农民也越来越少，但是，剥削总量不但没有减少反而继续增加。于是，繁重的赋税负担便全部落在相对狭小的江南数省的农民身上了，他们的负担之重是不言而喻的。

第二节　田赋、苛杂与兵差

国民党政府当局为进行内战而加予农民的赋税、兵役负担，在 1945—1949 年期间达到空前沉重的程度，进一步摧残了农业生产力，使亿万农民继续陷于饥饿和贫困之中，挣扎在死亡线上。旧中国的农业经济急剧衰落，濒临崩溃。

一、田赋“三征”的继续实行与加重

如前所述，国统区农民在抗战时期因田赋“三征”而承受了沉重的负担。抗战胜利了，他们理所当然地希望能减轻田赋负担。1945 年 9 月 3 日，国民党政府发布命令，豁免收复区“本年度田赋一年”，对后方各省“准俟明年度亦予豁免”。② 然而，这只是蒋介石统治集团的一个骗局。在收复区，“事实上各省仍在追缴军粮，有的地方豁免一年，而追补以前七年，有的地方索性把八年的旧赋一起索回。”③ 据载收复区农民，“名义上虽叨了豁免一年田赋的光，而事实上各县的强

① 《商务日报》1945 年 11 月 30 日。

② 《财政年鉴》第三编，第五篇，第 57 页。

③ 许涤新：《现代中国经济教程》，第 210 页。

迫献金献粮，许多要超过这一年豁免的田赋，并且是真不二价的摊派，捉人封产，闹得鸡飞狗上屋。”① 可见在收复区，豁免田赋是虚，照征或超征田赋是实。

在广东，1945 年“田赋停征后，各县级公粮立刻发生问题，各县有团队者困难更大，故多改换名目，实行借粮，亦即借征公粮。”“其办法，如三水县，起初县府怕单独负责，便由地方社团县党部等组织了一个‘县公教团警公粮筹给委员会’负责征粮的事，于是在‘民意’之下连‘借’的意思也免去了，后来……又改征代金，决定每地税一元征代金四百元。”②

第一，征购所支付的价格更低了。

据统计，抗战结束后的三个年度中，国民党政府通过田赋“三征”搜刮到的谷麦，共 9240 余万石，如表 7-3 所示。③

表 7-3　1945—1948 年国民党政府“三征”实收数　单位：百万石

年　度	征实	征借	征购	合计
1945—1946	15.5	14.6	—	30.1
1946—1947	27.0	15.0	—	42.0
1947—1948	6.0	—	14.3	20.3
共　计	48.5	29.6	14.3	92.4

不过，单看这些数字尚不能全面反映农民的“三征”负担的实际程度。因为其中“征购”所支付的价格更低了。1946 年 7 月 9 日，上海《文汇报》刊载一首《田赋征实病民歌》，歌中愤怒地问道：“市谷一担钱值万，如何官价只二千？”就是人民对国民党政府借征购为名掠夺粮食的抗议。据报载，在江苏昆山县，“今年（指 1946 年）市价每担逾五万元，粮食价（指征购价格）名义上提高到每担一万三千元，但实际上仍照每担五千元发给，故被征之农民所收还之代价，不

① 《文汇报》，1946 年 7 月 26 日。

② 重庆《商务日报》1946 年 1 月 11 日。

③ 杨荫溥：《民国财政史》，第 197 页。

过十分之一，无异全部捐输。”[①]

政府征购价格与市场价格本已相差甚远，在支付代价时又往往不用或少用现钱，而搭配一些转眼就不值钱的“流通券”“粮食券”或“征购代价券”之类的东西。如上海附近的泗泾地区采购军粮，“一面禁止米粮出口，一面压迫米乡人及米船依照官价售与指定采购米行，不仅价格低廉，且只能拿到现钞二成，其余十分之八则给以二月期之流通券。”[②]

第二，地方加征不断。

1945 年江苏嘉定县县府为筹措县经费，由县府及财务委员会贴出布告，“自十二月十六日起向各殷户借款，限一月内缴清。所谓殷户，系依田赋纳税单上凡满五亩以上者，每户纳法币三百元，各雇征员与各乡保长均着手催征”。[③]“向殷户借款”的结果，一是直接加重了自耕农的负担，二是由于地主、富农的转嫁间接地增加了佃农的负担。

地方上的田赋加征还有“带征公粮”“带征积谷”等名目。例如在湖北，1946 年要负担征实 302.9 万石，征借 139.8 万石，带征公粮 93.2 万石，带征积谷 34.9 万石，共计要征 580 余万石。[④] 在湖南，“虽经人民一再呼吁，请求核减，（1946 年）仍要负担七百六十六万四千石的粮。其中除征实、征借、公粮并带征积谷外，省府更借‘恐征收不能足额’的名义，加征了百分之二十五，计一百一十六万四千石。”[⑤]

在一些边远省份，农民受国民党中央政府和地方军阀的双重压迫，田赋负担更为沉重，以青海田赋“三征”情况为例，如表 7－4 所示。[⑥]

---

① 《新闻报》1946 年 6 月 25 日。
② 《新闻报》1945 年 12 月 25 日。
③ 上海《新闻报》1945 年 12 月 24 日。
④ 《文汇报》1946 年 10 月 24 日汉口通讯。
⑤ 《文汇报》1946 年 10 月 7 日长沙通讯。
⑥ 《财政年鉴》第二编。

表 7－4

年　份	征实额	征借额	征购额	合计（市担）
1945	35026		54565	89591
1946	35000	35000		70000
1947	21220	21220		42441
1948	71565	71565		143130

实际情况还远不止于此。当时该地方政府的田赋处有两套报表，一套按国民党中央政府的核定数额上报，一套按实征情况，从 20 世纪 40 年代初期开始，实征数便较上报数高出几倍。仅西宁、互助、乐都、大通、民和等地，每年征实都在 1 万石以上，加上征购征借，达 3 万石以上。如西宁县，1940 年为 21910 石，1947 年为 23470 石，1948 年为 26590 石；乐都县 1940 年为 13980 石，1947 年为 21449 石。青海地方军阀征收了大量粮食，很多却放在军粮库中任其积压霉烂。1949 年国民党政府粮食部督征员刘华在给粮食部的电报中说："历年军粮拨存数额……该省仓存甚多，经实地详细巡查结果，发觉该省三十四、三十五年度（1945 年、1946 年）拨存军粮尚有二万九千三百三十九石六斗五升三合七勺……任其逐渐霉烂。"①

第三，农民所受的暴力催缴和额外敲榨更多了。

由于蒋介石统治集团发动内战不久就节节失利，军粮的需求与征收区域的日渐缩小二者之间的矛盾不断扩大，为了征集粮食，蒋介石统治集团向农民施加越来越大的压力乃至暴力。

1947 年初召开了全国粮政会议，决定"加紧催缴产粮征实"，并组织"督征团"分赴各地农村督征，甚至曾下令"嗣后因征粮而扣押人民，不受法律限制"。② 1947—1948 年，国民党政府对湖南全省征实、征借公粮、征积谷、征筑路谷等实物搜刮共达 818 万石，"原来只限令三个月征足，可是，直到去年（1947 年）十二月十三日止，只征集得谷子三百三十四余万石，……因此，田粮处在军粮火急，催缴命

① 陈翰笙等：《解放前的中国农村》第三辑，中国展望出版社 1985 年版，第 741 页。

② 李新：《中国新民主主义时期通史》第四卷，第 167 页。

令连续颁下的情形下，席不暇暖地四处催缴了”。[①] 即使如此，该省到 1947 年底也只完成了 40% 左右。田赋的“额征数”越完不成，催缴就越急，农民所受的额外骚扰和敲榨就越多。

至于在田赋的实际征收过程中，“粮官”的舞弊、中饱、浮收、苛扰，大斗收进、小斗缴出，以及各种残酷的留难和挑剔，更属常见。

二、苛捐杂税

（一）层出不穷的苛捐杂税

国民党中央政府征收的田赋，还只是农民捐税负担的一部分，除此之外，还有省级以下地方政府的苛捐杂税，其名目之繁多，实不胜枚举。重庆曾作战时陪都 7 年，照理应比较干净，然而在重庆附近各县的非法摊派，尚有月捐 7 种，临时捐 23 种。其名称如下：

1. 月捐：专署卫队月捐，县警卫队月捐，区联防队月捐，指导员公差兵月捐，乡传达月捐，保夜巡队月捐。

2. 临时捐：胜利公债，公益储蓄公债，节约公债，县长及委员来乡招待费，烟叶捐，航空捐，保长受训费，驻军稻草费，乡公所会议零支，修理乡公所捐，中心校捐，保国民小学校费，教师补助食米费，中心校装置费，保办公费，夜巡查费，各队丁代务费，被条费，油亮费，公学费，乡干事受训费，服装费，草鞋费等。[②]

浙江的情况更为严重，仅浙江沿海渔民就有所谓“护航费、船牌费、公益捐、验船费、埠头捐、人民捐献、乡镇储蓄、胜利公债、乡镇公粮等项目，达数十种”。[③]

名目繁多的苛杂、摊派，往往要花掉农民一年收获量的大半。以四川新都县某乡为例。1948 年上半年，该乡每亩的税捐计有：巡查队食米 8 合，军服费 3.5 合，子弹费 7 合，训导费 4.5 合，学米 4.5 合，壮丁费 1.5 升，户籍米 3 合，供应米耗损 5 合，临时费 9 合，总计这

① 《经济周报》第六卷，第 4 期，第 87 页。

② 狄超白：《中国土地剥削关系底激化与农业生产力底衰退》，载《理论与现实》，香港新中出版社 1948 年版。

③ 《浙江省临时参议会为沿海各县渔业衰落请拨款救济案》，中国第二历史档案馆藏。

半年多，该乡每亩负担杂苛 5.95 升米。“若有地 10 亩，就要达到 5 斗 9 升 5 合，如果再加临时派工派款，负担就会超过这个数量了。就以 5 斗 9 升 5 合的米而言，合黄谷 1 石 4 斗 8 升（以一石米等于 2.5 石谷折算），而中等田产量只有 2.3 石，如此一算，苛杂就要吃去产量一大半了。”[①] 可见农民的苛杂负担不亚于正税负担。

（二）国民党军队勒索军需物资

国民党政府中央财政每年的军费开支固然不少，但是，一来这支军队的数量实在过于庞大，二来已拨付的军费又大量地被军阀、官僚所侵吞，因而仍然不敷使用。于是往往放任军队就地取财，以补充军费不足，甚至有时还故意不拨足军费，使军队更有勒索百姓的理由。表7－5豫北各县供应国民党军队物品及赔价表，以及表 7－6 豫北各县地方团队及游杂部队无价征发物品表，[②] 可以反映该地区农民受国民党正规军及地方杂牌军勒索军需物品而负担大增的情况。

表 7－5　　豫北各县供应部队物品及应付价表

（1945 年 8 月 20 日—1946 年 1 月 20 日）

地区	供应数量（市斤）			实发价（元）	应付价（元）
	食粮	麸料	柴草		
三区	103582259	1514323	25654033	247056732	584675000
四区	27007163	1619204	17428497	127258808	663480063
总计	130589422	3133527	43082530	374315544	1258155063

表 7－6　　豫北各县地方团队及游杂部队无价征发物品表

（1945 年 8 月 20 日—1946 年 1 月 20 日）　　单位：市斤

地区	粮食	麸料	柴草
三区	24485878	1769089	19421638
四区	8632004	324901	5760458
总计	33117882	2093990	25182096

① 许涤新：《中国国民经济的变革》，第 76—77 页。

② 史全生：《中华民国经济史》，第 574 页。

在广西河池县九墟乡，自1946年春，国民党军131师和188师相继过境，该乡被迫补交1944年度的田赋供应军队犹不足，征借75000斤粮食；仍不足，又征借105000斤粮食；还是不足，再令乡、村长代购，口头答应将按市价发给现金，但当农民向乡、村长索取现金时，则以"上峰"未发为词敷衍而过，实际还是征借。上海附近的南汇、川沙、松江、青浦等县，"被驻军队伍勒派的田赋达数万之巨，其勒派率为每亩六斗，甲队撤去，乙队又来。"[①]

三、苛虐的兵役与力役

国民党统治集团发动的全面内战，是一场中国历史上规模空前的战争。因此，这个时期农民的兵差力役负担大大超过旧中国的任何时候，其苛重、残暴也达到了空前的程度。为满足内战对兵员的需要，国民党政府当局将1946年的征兵额定为50万人，1947年为150万人，1948年在其统治行将覆灭之际，仍拟征集100万人以上。[②] 这还只是"额定数"，实际征发数远不止于此。例如在绥远省，青壮年劳动力约20万人，1946年6月前即被征兵3.5万人，同年10月国民党政府又决定在该地征兵10万人，[③] 合计13.5万人，占壮丁总数的67.5%。因此抗战期间的抓壮丁惨状又再重演。

那些没有被抓去当兵的人，必须出钱代役。"有钱的可以送保甲长三五百万元，甚至一两千万元，买出别人来顶替。没有钱的劳苦人家，没有法子避免，有的人用两个很快的针把他儿子的两眼扎瞎了。"[④] 在广东省，1947年每名壮丁的价格已涨到3000万元法币，到1948年初更突破1亿元。

当时，各地流行着一种专门贩卖壮丁的买卖。例如，在闽南有"人牛公司"，被雇壮丁叫"牛"，介绍人叫"牛贩子"。[⑤] 四川有一种"壮丁公司"，由一批地痞恶霸勾结国民党军队组织而成。"他们到处

① 上海《大公报》1945年11月5日。
② 《历史教学》1955年第12期，第25页。
③ 《解放日报》1947年2月8日。
④ 冯玉祥：《我所认识的蒋介石》，黑龙江人民出版社1980年版。
⑤ 《观察》3卷第5期。

抓捕壮丁，抓到之后就屯积起来，如果有需要送壮丁的乡镇，可以直接与公司负责人接洽购买，钱货当面交清。简直把壮丁当作一种商品了。”[①]

除兵役外，农民还要负担许多军事性的临时差役。例如，甘肃皋兰县1945年受灾面积达9/10，收获不及常年的3/10，待救济的灾民逾10万人。但是，为了赶修兰宁公路，国民党政府仍在该县征工4000余人，在农忙之际无偿劳役两个多月。[②] 国民党军队还动辄征调大批民夫、车辆去运军粮、行李和随军眷属。《大公报》1946年5月25日载文描述说：“两只牛拉一辆铁轮的大车，拉着军麦、木材、柴草、笨重的铁轨以及官老爷们的眷属小姐太太和他们的行李大笼小箱，不论春夏秋冬，不分黑夜白日，由南向北，由东向西，拼命地拉、拉。一帮车就是几十辆甚至一百辆以上，半个月以至一个月都不能回家一次。在这长期的役中，人畜的粮草差不多还要自备，可怜劳苦的农民又哪有大宗的钱来供长期的出差费用呢？因此，饥寒疾病，惨状百出，人畜死了，大车丢了……”河南南阳的农民“用牛把军粮送到洛阳，往往去的时候是牛拖车，回来时是车拖牛，甚至连人也死掉。”[③]

滥征兵役和力役是对农村劳动力的直接摧残。由于青壮年劳动力大都被抽丁、拉夫，其中许多人一去不再复返，当时的农村已经很少见到男人，尤其是青壮年男子。一位绥远省的参议员将此种情景形容为“土地荒芜，路断行人，家有饿妇，野无壮丁”。[④] 没有男人，就役及妇女，儿童，其状甚为凄惨。报载：“壮年人抽丁去了，剩下小脚女人和发育不足的孩子们来顶工。随便来一个芝麻大的官放一声屁，碌碌妇孺，如奉圣旨一样就拼命地挖，但如果一经检查，这样不需要挖，赶快就填，填了再挖，挖了又填，他们像神话中的二郎神一样，日夜做着翻山倒海的工作，为此生病死亡和孕妇小产的悲剧亦不知演了多少！”[⑤]

① 犹凤岐：《土地改革讲话》，第26页。

② 中国人民大学编：《中国近代经济史》，人民出版社1978年版，第192页。

③ 犹凤岐：《土地改革讲话》，第19页。

④ 《中国近代农业经济史》，中国人民大学出版社1980年版，第176页。

⑤ 《大公报》1946年5月25日。

四、盐税和牧业税

（一）盐税

抗战结束后，国民党政府依然将增加盐税视为重要财源之一。

抗战胜利后，由于中共的力量不断增强，国民党政府所能控制的盐区已大为减少。东北 6 个盐场，被国民党接收的只有 3 场。“山东原有七场，至三十五年（1946 年）底止仅接收胶澳一场，两淮原有四场，亦仅收复板浦、中正两场，其余及淮南整个产地，均以情形特殊，未能接收。”① 而且，即以劫夺到的有限盐场来说，其运销额都未能达到预定目标。1946 年，“截至十月底止，运额计为三千八百五十一万四千五百九十九担，实运三千一百九十六万一千一百七十七担，尚差六百五十五万三千四百二十二担。同期销额计为四千零三十六万二千四百九十九担，实销三千三百九十一万四千八百一十八担，尚差六百四十四万七千六百八十一担。”② 即运额和销额均只完成了预定数额的 80% 左右。因此，国民党政府的盐税收入已不像抗战期间那样高居中央税收的首位，而是跌到货物税、关税之后了，1946 年占 32%，1947 年占 15%，1948 年仅占 13.4%，呈持续下降的趋势。

尽管如此，盐税仍是国民党政府中央税收的“四大体系”之一。盐税在财政收入中地位下降，并不能说明国民党政府减轻了人民的负担，恰恰相反，这种负担大大加重了。仅在 1946 年 1—8 月初短短的 7 个月中，盐税税率就调整过 3 次，把原来的 12 级税率简化为 4 级税率。其中最低级的税率，从每担纳税 1000 元提高到 3000 元，提高了 2 倍。在税级合并的过程中，绝大部分地区的税率都升了级，税收负担的提高是以倍计的。③ 消费者所付的每一斤盐价中，包含的税额由 1928 年的 70% 上升到 90% 以上。④ 农民人口占我国总人口的 90% 以上，食盐是他们日常生活必需品，盐税步步叠增，受影响最大的自然

① 国民党政府行政院新闻局：《盐政》，1947 年版，第 14 页。

② 国民党政府行政院新闻局：《盐政》，1947 年版，第 23 页。

③ 杨荫溥：《民国财政史》，第 177 页。

④ 郑庆平：《中国近代农业经济史概论》，第 215 页。

是广大农民。特别是在恶性通货膨胀的形势下，农民因盐税增加所受的负担愈加沉重，被迫淡食在当时的农村中是普遍现象。

（二）牧业税

在偏远的少数民族地区，广大牧民承担的牧业税也是极为沉重的。在青海省，牧业税主要征收羊毛、牛皮和羔皮等实物。以 1947 年为例，当年征收羊毛 1500 万斤，牛皮 18500 张，羔皮 101000 张。当地军阀利用这些征来的物资，到天津、上海等地进行投机买卖，牟取厚利。当地牧业税的征收方法有三种：

1. 按盟、旗、族计征。蒙古族以盟、旗为计征单位，藏族以部落为计征单位。估计所属帐房和户口多少，进行摊派，其性质近似包税，由王公千百户催交。如蒙古族默勒扎萨旗（在永安、俄博一带）约 500 户，1936 年征税 500 两，1947 年即增至银洋 1200 元，一般折成实物交纳。藏族部落大小不一，如玉树拉秀部落人口约 1600 户，百户 1 人，百长 12 人；囊谦部落人口约 4000 户，百户 7 人，百长 24 人，可是他们所纳税额却是相等的。

2. 按股分类计征。将各部落牲畜分成若干股，以股为计税单位。如有的地方规定羊 40 只，或牛 4 头，或马 4 匹为一股，每 3 股折交羊羔皮一张。也有的地方以羊 50 只，或牛 3 头、马 2 匹为一股，每股折交羊毛 15 斤，等等。

3. 按例规计征。所有牲畜，分成若干“当司”或“塔里青”（蒙古语译音，当司即一股牲畜的合称，塔里青是对分散、无家可归的蒙民的称谓）。每一当司三年交一次税，征白银、银元，也可折羊毛、皮张。每塔里青一年交税一次，交现金或羊毛、皮张。

除以上正税外，青海牧区还有各种名目的勒派，如换发草山执照，动辄成千元收费，或不发执照，仍收照费，等等。①

五、农民的赋税负担沉重程度及其后果

国民党政府在大陆 22 年的统治中，农民的赋役负担始终是繁重

① 陈翰笙等：《解放前的中国农村》第三辑，中国展望出版社 1985 年版，第 741—742 页。

的，但又以 1945—1946 年为最重。这是因为国民党统治集团为了维护其专制、独裁的统治而发动了全面内战，把农民作为最大的兵源和税源的供应者，在农村变本加厉地征收田赋、抽丁拉夫，迫使农民缴纳多得数不清的苛捐杂税，花样之翻新、手段之恶劣，达到了半殖民地半封建旧中国的顶峰。再根据一些典型材料对当时各个阶层农民的赋税负担作较为具体的分析。

以下是 1947 年对广西宜山一家中农调查所得的材料，从中可以看出赋税负担在其年收获量中所占的比重。①

该农家 5 口人，耕田 25 亩，收获量为 6000 市斤谷子（此数与广西平均产量接近），其税捐支出如下：

1. 田赋军粮征借计谷	2100 市斤
2. 自治户捐计谷	61 市斤
3. 电讯器材捐摊计谷	50 市斤
4. 国中及卫生院设备捐计谷	33 市斤
5. 壮丁义务劳动捐计谷	20 市斤
6. 集训米 15 斤合谷	27 市斤
合　计	2360 市斤

其中第 4 项和第 7 项还只是 1—7 月的统计数字，8—12 月的临时捐摊尚未计算在内，此时该农户的赋税负担即已占其收获量的 39.33%，剩余劳动生产物几乎被全部剥夺。中农并不直接受地主剥削，其负担就如此之重，那么贫农、佃农、雇农的处境之惨便可想而知了。

再来看看江西的情况。永新县中农李明秀，全家 6 口人，全年收入 6200 斤，捐税负担如下：

1. 壮丁费	8 石
2. 电话费	2 桶（一桶 18 市斤）
3. 桥梁派工费	7 石 6 斗
4. 运粮费	2 石

① 陈翰笙：《解放前的中国农村》第二辑，中国展望出版社 1985 年版，第 691—692 页。

5. 招待费	2石
6. 草鞋香烟费	1石
7. 乡公所办公费	2石
8. 乡公所过节费、乡长到县开会及县长到乡开会之路费	4石
9. 子弹费	1桶
合　　计	27石1斗4升

以上只是该农户的捐税负担，再加上田赋正税——钱粮负担，总额为3708市斤，则该农户的捐税负担占其正产总收入的59.8%强，每人平均负担618市斤。

沉重的赋役剥削给农民带来灾难性的后果，使本来就已残破不堪的农村经济更迅速地走向破产。

首先，它使农民的再生产能力进一步削弱以至几乎丧失。在抗日战争以前，农民种一亩地所入，需用45%支付成本、利息等费，50%支付赋税，除此之外，尚有5%的剩余用来勉强维持生活和再生产。而在本时期，农民承担的各种捐税已达其收获量的60%—80%，再扣除成本、利息，不但不再有剩余，反而欠下一大笔债务，养家糊口都很困难，拿什么来维持生产？

其次，沉重的赋役剥削加剧了农民的贫困化，使大批农民失业、破产。农民既然已经失去了再生产能力。随之而来的必然是饥饿、贫困、失业和破产。例如在湖北，“一般农民每年要缺几个月粮食，有许多农民没有盐吃，冬天穿不上一条棉裤。”① 广东省陆丰县渔民“因受害过甚，经济宣告破产，捕鱼工具大半无法购置，呼寒啼饥情状悲切。”② 由于该地区渔民负担过重，加之自然灾害的侵袭，渔业生产遭受严重破坏。1946年比起抗战前，渔船减少了2/3，渔民死亡大半。而在幸存的一小半渔民中，又有半数以上处于失业状态。

再次，沉重的赋役是逼迫农民求助于高利贷的主要经济压力。因

① 《土地改革前的农村》，人民出版社1951年版，第58页。

② 《善后救济总署案》，转引自彭明：《中国现代史资料选辑》第6册，人民出版社1989年版，第451—452页。

为这种残酷的剥削“使得一些农民的生产物，非特剩余生产的一部完全被剥削去了，而且劳动力代价的生活资料部分，以及种子、肥料、生产工具的消耗部分，也不能完全收得回来。因此，大部分农户到了春耕期间，就已家无余粮，种子或被吃掉，或感不足，购肥料、雇工、添置工具等等费用更无着落，于是不得不向高利贷者并口低头，而这时高利贷者正把握着农民的要害，所以利息特高昂，春借秋还，不过是四个月上下的期间，百分之百的利息是最低的。”① 例如，本时期四川省屏山、马边一带的农户，“负有高利贷者约在百分之七十以上。”②

最后，沉重的赋役剥削逼得农民背井离乡、四处逃亡。在近代中国，农民因重税而逃亡的现象屡见不鲜，但尤以本时期最为严重。例如无锡的毛林，苏巷等 11 个村庄，1936 年和 1948 年劳动力外逃情况如下所示：③

	1936 年	1948 年	1948 年比 1936 年增加百分比
中农	72 人	178 人	247.2%
贫农	153 人	206 人	134.6%
合计	225 人	304 人	170.6%

这 11 个村庄 1948 年外逃劳动力比 1936 年增加了 159 人，比例上升 70.6%，其中除贫农继续外逃外，中农外逃现象也十分严重，增加了 106 人，比 1936 年上升了 147.2%。无锡农村是苏南的“膏腴”之地，劳动力外逃的情况如此严重，其他地区更可想而知了。

总之，苛重的赋税是造成此期农业生产力急剧衰退的重要原因之一。

① 狄超白：《中国土地剥削关系底激化与农业生产力底衰退》。

② 犹凤歧：《土地改革讲话》，第 26 页。

③ 陈翰笙：《解放前的中国农村》第三辑，中国展望出版社 1985 年版，第 310 页。

第三节　空前的通货膨胀对农民的洗劫

一、抗战结束后物价的波动及其对农民的影响

抗日战争期间，由于受通货膨胀和战争条件的影响，国民党统治区的物价指数始终是直线上升的。但是在1945年8月抗战结束后的一个短暂的期间内，却出现了物价急剧下跌的现象。重庆22种基本商品批发价的总指数（以1937年1—6月为100），1945年8月10日为176560，8月31日为143700，9月15日为120000，9月30日为105450，在这50天中跌价约40%。昆明的行市比重庆跌得更猛，一个月间棉纱跌价80%，布匹跌价70%—80%，百货跌价65%—75%，土杂跌价50%—75%，米粮跌价50%，其他城市，如昆明、西安、成都、兰州、贵阳等地的物价也大幅度下降。[①] 之所以出现这种异常现象，主要是因为一般民众，包括民族资产阶级和政府公教人员在听到抗战胜利消息后，普遍对经济的前途怀有乐观情绪。"大家都以为战争将要停止，法币流通区域将要扩大，发行数量将会减少，币值将会提高，交通将要恢复，外来物资将要流入，各地域间及各物品间的不合理价格的差异将会得到矫正，所以有货的尽量抛货，有钱的不愿买货，囤积者不敢再事囤积，消费者竭力延迟购买，再加以法币大量流入收复区，还乡者纷纷廉价卖货求现，债权者追逼还债，更使得物价大跌特跌。"[②]

这场物价下跌、商品滞销的经济危机虽然短暂，但给劳动人民的生产和生活带来恶劣的影响，其中农民受害最深。因为工业品物价再跌，农民因为仍然缺乏购买力，也就不能得到多少好处。同时，农民自己的产品也由于价格低落而难以销售，即使勉强抛售出去，出售所

① 许涤新：《现代中国经济教程》，上海光华书店1948年版。

② 陈真等：《中国近代工业史资料》第一辑，三联书店1957年版。

得在扣除生产耗费后也就所剩无几了，甚至还会亏本。1945 年 11 月 30 日重庆《商务日报》记述了成都一带农民在粮价下跌后的境遇："成都一带所打下来的泥谷子每石售值四千元，而请打谷的人工最高的每天要八百元，普通也要五百元一天，加上每天的酒饭钱就要合到一千余元。每亩地的谷子需要两个人工，收获一亩谷子，要用二千元的工钱。每亩地今年平均收到一石五六，折合国币六千元，那么一亩地的收获费用，就要占全部收获量的五分之二，其他如种子、肥料费用还不在内。这季收入就是全归己用，也还要贴本，况且还要缴租呢！"

同年 9 月 20 日《新民报》的"新都通讯"也写道："最上等老斗白米，每石一万一千；次等的，多在万元以下，但因劳动力缺乏，打谷的工价高到一千二百元一天，这样一大斗的米，不够一个工价。"9 月 7 日的成都《快报》上也说："日本投降后，物价骤跌，以致战前是佃农，贷物挪借之农家，值此物价低落之际，当完全破产，并维持今后生计亦不可能。"由此可见，因粮价低落，农民遭受的损失是相当大的。

但是，在收复区物价跌落只是暂时的现象。如上海物价在 8 月下旬就开始回涨，比中旬高 20%—30%。① 9 月下旬，国民党政府规定以 200∶1 的不合理比价强制收兑伪币。这种近乎没收的贬值兑换，使收复区人民蒙受了巨大的损失，并一时造成了收复区物价大大低于后方区域的畸形状态。于是，以四大家族为首的官僚买办资产阶级乘机在收复区抢购物资，从而促使收复区物价的迅速上涨。上海的批发物价指数，1945 年 11 月与 10 月相比，又上涨了近两倍。② 然而，物价虽然上涨，对农民仍毫无益处可言。据 1945 年 10 月 3 日《新中国日报》载："近因货物来源之上海，物价既已上涨，而交通亦未能完全通畅，故物价且几达战时最高水准，惟农业中一般产品，从粮食到丝麻，仍极为疲滞。丝每把由十二三万元跌到四五万元左右，近日回涨五六万元间，麻每斤由八百元跌至三百元，现回涨至四百元左右，粮价情形

① 许涤新：《现代中国经济教程》，第 189 页。
② 杨培新：《旧中国的通货膨胀》，三联书店 1963 年版，第 59 页。

复如此……”可见，谷价和其他经济作物的价格虽有所上涨，但远远赶不上其他商品的价格，农民在卖与买之中仍是吃了亏。何况，物价上涨是10—11月间，农民早已将他的产品用去缴租纳税或在市场上卖掉了，“甚至现在有的还要到街上买米吃”。[①] 因此，此时农产品价格上涨的好处，多半也不属于他们。

二、恶性通货膨胀对农民的洗劫

（一）恶性通货膨胀的发生

抗战结束后，国民党政府重新控制了全国（除解放区）的财政金融，又接收了日本百万侵略军的武器和大量的日伪工业资产。“此类工业资产的价值，尚无正确估计，但除了在满洲和台湾地区所获得的主要政府资产外，中国政府接收了日本在中国本部的纺纱厂，其总锭数达二百万锭，约为全国纺织工业之半数。”[②] 同时，国民党政府还接收大量美援，以及数以亿计的美国救济物资，举借了大笔外债。据1946年初估计，仅中央银行就存有黄金600万两，外汇9亿美元。此外还有8亿美元的美国剩余物资和2.3亿美元的联合国善后救济物资。在一段时间内，国民党政府拥有不下10亿美元的财富。[③] 因此，这个时期国民党政府的经济实力是比较雄厚的。如果战后蒋介石改弦易辙，放弃内战和发展官僚垄断资本的政策，实行和平建国的方针，把这些财富用来发展工农生产和改善人民生活，那么，抗战期间开始的恶性通货膨胀本来是可以制止的。但是，国民党统治集团的反动本质决定了它绝不会这样做，相反，他们一方面积极准备发动内战，另一方面继续实行掠夺人民的经济政策，把国家垄断资本主义的发展推到顶峰。由于打内战，实行国民经济军事化，财政连年出现巨额赤字，不得不依靠滥发纸币来弥补财政亏空和应付庞大的军费开支。仅中央银行对财政部的垫款，1945年12月即为66769亿元，1947年6月为126565亿元，1948年7月为2364160亿元。而中央银行则通过大量印刷钞票

---

① 重庆《商务日报》1945年11月30日。

② 《中美关系资料汇编》第一辑，世界知识出版社1961年版，第190页。

③ 《民国档案》1985年第2期，第148页。

来应付对财政部的垫款。所以，抗战结束以后法币的发行量便扶摇直上，连国民党政府当局也承认："大量依靠银行垫款的结果，是通货膨胀。"[①] 在此期间内，货币不断地贬值，物价不断上涨，两者都达到了闻所未闻的惊人程度。到 1948 年 8 月，根据上海的物价水平计算，全部流通中的法币的总购买力，只相当于 1937 年上半年法币的 1 亿元左右。[②]

法币崩溃后，国民党政府为了支撑危局，并进一步掠夺人民，于 1948 年 8 月 19 日发布了"财政经济紧急处分令"，宣布"由即日起，以金圆券为本位币"，"限期收兑发行之法币及东北流通券"，"限期收兑人民所有黄金、白银、银币及外国币券，逾期任何人不得持有"，在同日公布的"金圆券发行办法"中规定：金圆券采用十足准备制，其中 40% 为黄金、白银和外汇；每元法定含纯金 0.22217 克，合美元 2 角 5 分，但不能兑现；每元金圆券兑法币 300 万元，发行额以 20 亿元为限。[③]

这是国民党政府的又一次大骗局。既然规定金圆券不能兑现，则其所谓含金量和汇率也就毫无意义。而且，金圆券较之法币，其面值大大提高，一元等于 300 万元，100 元的面值即等于 3 亿元法币，相当于法币 500 万元大钞的 60 倍。因此，这次"币制改革"实质上是以政权暴力强制人民使用比法币面额增大几万倍的大钞，同时掠夺人民的金银外汇。这种没有任何准备的纸币当然不能维持长久，11 月份就宣告破产。国民党政府只好改变发行办法。以后金圆券的面额越发越大，1949 年 3 月发行 5000 元和 1 万元券，4 月份发行 5 万元和 10 万元券，5 月份又发行 50 万元和 100 万元券（即法币 3 万亿元券）。至于它的发行额，也早已突破 20 亿元的界限。金圆券的发行额统计见表 7 - 7。[④]

① 杨培新：《旧中国的通货膨胀》，三联书店 1963 年版，第 65 页。

② 《法币、金圆券与黄金风潮》，中国文史出版社 1985 年版，第 55 页。

③ 吴冈：《旧中国通货膨胀史料》，第 100—101 页。

④ 吴冈：《旧中国通货膨胀史料》，第 122 页。

表 7－7

日　期	金圆券（单位：亿元）	环比	指数（1948 年 8 月 31 日＝1）
1948 年 8 月 31 日	5.44	1.00	1.00
9 月	12.02	2.21	2.21
10 月	18.50	1.54	3.40
11 月	33.94	1.83	6.24
12 月	83.20	2.45	15.29
1949 年 1 月	208.22	2.50	38.28
2 月	596.44	2.87	109.68
3 月	1960.60	3.39	360.40
4 月	51612.40	26.32	9487.57

据 1949 年 7 月 16 日财政部长徐堪的《财政金融报告》，金圆券 6 月份发行额已达到 130 万余亿元，为原来发行额的 65 万多倍。①

随着金圆券的迅速膨胀，“这时的物价已不是几日一个涨风，而是一日数次大涨风，人们拿到金圆券不敢落袋，市场上或以黄金、美钞喊价，或以银元标价，农村物物交换盛行，邮局和铁路收费亦改以银元为准，公用事业中不但水电等费用以美金价格为基础而日常变动，就是人们每天乘坐的公共车辆票价也往往隔日有变而无从预计。”② 在那些罪恶的日子里，国民党统治集团及在中国大陆上的一切反动势力每时每刻都在吞噬着中国人民的膏血和生命。

（二）“剪刀差”因通货膨胀而愈加扩大

在恶性通货膨胀下，工业品与农产品交换价格的“剪刀差”更加扩大。在当时，这种差价通常保持在 3 倍左右，因而使农民的购买力大为降低，负担加重。

重庆市的趸售物价按加工程序分类的指数，如果以 1937 年上半年为 1，到 1945 年 7 月，原料价为 1639.50，半成品价为 2535.00，制成品为 7810.70，其剪刀差距已分别拉到 1.55 和 4.76。在这以后，虽然

① 杨培新：《旧中国的通货膨胀》，三联书店 1963 年版，第 100 页。

② 洪葭管：《旧中国的通货膨胀》，载《学术月刊》，1965 年第 12 期。

制成品对原料的差价距离有所缩小，为 2.21—3.91，但半成品对原料的差价依然很大，为 1.57—2.13（见表 7－8）。[①] 这里所说的原料品价格实际上就是农产品价格，因为旧中国的工业主要是轻工业，其原料主要是农产品。

表 7－8　　重庆市工农产品剪刀差价表

（1945 年 7 月—1949 年 5 月）

日　期	原料品	半制品	制成品	对原料品指数之比率	
				半制品	制成品
1937 年 6 月				1	1
1945 年 7 月	1639.50	2535.00	7810.70	1.55	4.76
8 月	1709.50	2787.40	7356.70	1.63	4.30
9 月	1122.86	1971.30	5309.00	1.76	4.73
10 月	1217.70	2076.80	5144.30	1.71	4.23
11 月	1203.03	2629.62	5649.62	2.19	4.69
12 月	1221.34	2605.50	4773.67	2.13	3.91
1946 年 1 月	1202.84	2544.82	4200.20	2.12	3.49
2 月	1279.82	2791.88	4886.22	2.18	3.82
3 月	1354.94	3108.70	5290.50	2.29	3.90
4 月	1654.40	3116.00	5582.00	1.88	3.37
5 月	1632.26	3293.00	5445.25	2.02	3.33
6 月	1532.18	3197.43	5598.75	2.09	3.65
7 月	1529.46	3377.69	6016.25	2.21	3.93
8 月	1707.65	3378.77	5955.71	2.00	3.49
9 月	1984.36	3559.83	6409.29	1.79	3.23
10 月	2200.25	4112.64	7351.83	1.87	3.34
11 月	2299.95	4360.90	8158.60	1.90	3.54
12 月	2829.00	4760.67	8845.80	1.68	3.13
1947 年 1 月	3574.40	5958.30	10425.90	1.67	2.92
2 月	5022.80	8513.80	15070.30	1.69	3.00

① 吴冈：《旧中国通货膨胀史料》，第 95—96 页、第 160—162 页。

续表

日　期	原料品	半制品	制成品	对原料品指数之比率	
				半制品	制成品
1947 年 3 月	4840.20	8787.60	18062.50	1.82	3.73
4 月	5667.80	10221.20	17912.90	1.80	3.16
5 月	7930.30	13283.10	24651.80	1.68	3.11
6 月	10397.60	16683.50	27922.00	1.61	2.68
7 月	15197.10	24497.20	37696.40	1.61	2.48
8 月	15863.00	28842.00	42263.00	1.84	2.69
9 月	19985.20	34808.30	46053.30	1.74	2.30
10 月	27504.00	48342.00	78013.00	1.76	2.84
11 月	32916.20	61660.00	100579.10	1.87	3.06
12 月	43832.00	83445.00	128226.50	1.90	2.93
1948 年 1 月	59811.00	116865.00	172012.00	1.95	2.88
2 月	74748.00	142077.00	193755.00	1.90	2.59
3 月	124549.00	230368.00	306286.00	1.85	2.46
4 月	151597.00	307664.00	429380.00	2.03	2.83
5 月	182292.00	422940.00	504778.00	2.32	2.77
6 月	342100.00	707329.00	909480.00	2.07	2.66
7 月	1101307.70	1872869.60	2287684.20	1.07	2.08
8 月①	1606370.70	3369846.20	3192642.90	2.10	1.99
9 月②	1.32	2.06	2.24	1.56	1.69
10 月	2.69	3.20	4.78	1.19	1.78
11 月	8.36	10.42	12.65	1.25	1.51
12 月	12.44	22.35	26.35	1.80	2.12
1949 年 1 月	28.85	57.17	75.06	1.98	2.60
第一周	16.93	38.70	44.68	2.29	2.64
第二周	26.78	56.00	73.01	2.09	2.73
第三周	37.16	72.01	100.20	1.94	2.70
第四周	41.11	68.45	97.10	1.67	2.36

① 金圆券发行前夕的统计。

② 金圆券发行后的统计。

续表

日　期	原料品	半制品	制成品	对原料品指数之比率	
				半制品	制成品
2 月	144.85	328.63	367.23	2.27	2.54
第一周	—	—	—	—	—
第二周	90.79	204.24	183.68	2.25	2.02
第三周	130.85	315.54	434.73	2.41	3.32
第四周	255.82	550.69	620.21	2.15	2.42
3 月					
第一周	265.82	706.43	685.63	2.66	2.58
第二周	456.94	1322.65	1211.92	2.89	2.65
第三周	650.34	1828.05	1764.54	2.81	2.71
第四周	1021.12	4019.40	2716.43	2.96	2.66
4 月	22437.32	35578.46	63420.00	1.59	2.83
5 日	6416.00	8631.00	12732.35	1.35	1.98
12 日	10103.95	16830.00	39427.27	1.67	3.90
19 日	34957.50	59415.71	96462.50	1.67	2.76
26 日	111835.90	185665.22	334061.54	1.66	2.99
5 月					
3 日	383900	502500	961000	1.31	2.50

再来观察安徽六安、陕西安康、广西百色、四川大竹等四个地区农村市场1945—1948 年的价格情况，也可以得出这个时期由于通货膨胀、物价飞涨而使工业产品与农产品交换价格的“剪刀差”空前扩大的结论（见表 7－9）。[①] 这 4 个地区农村市场的价格，1948 年与 1936 年相比，农产品价格提高了 6751780 倍，工业品价格提高了 11148159 倍，工农业产品交换比价发生了巨大的变化。工业品交换差价扩大了 65.11%，就是说用同等数量工业品可以换到比 1936 年多65.11% 的农产品；农产品交换差价缩小了 39.44%，也就是说用同样数量的农产品只能换到相当于 1936 年 60.56% 的工业品。

① 《农产品成本与价格论文集》，中国社会科学出版社 1983 年版，第 86 页。

表 7-9　安徽六安等地区 1945—1948 年工农业产品比价表

（1936 年 = 100）

年份	农产品收购价格指数	工业品零售价格指数	工农业品比价指数	
			工业品换农产品	农产品换工业品
1945	143761	314251	218.59	45.75
1946	406887	579664	146.89	68.08
1947	3551085	4477300	126.08	79.37
1948	675178000	1114816000	165.11	60.56

注：表内工业品零售价格指数，即供应农村工业品的零售价格指数，包括生活资料、生产资料。

上述安徽六安等地和重庆地区的材料具有一定的代表性，可大体反映出旧中国这个时期工农业产品剪刀差的情况。但是，它们毕竟只是地区性的统计资料，以之来概括整个国民党政府统治区，似乎还显得不够全面和准确。1950 年，新中国的各种统计机构与统计手段已经初步建立起来，全国性的工农业产品价格情况已可以得到较为准确的反映。下面再以 1950 年工农业产品价格与 1930—1936 年的工农业产品价格做一个比较。虽然 1950 年已是新中国成立后的第二个年头，国内大规模的战争已经结束，工农业产品价格比起战争时期已比较正常，但由于当时国家还没有来得及对工农业产品进行全面的调整，解放以前工农业产品交换比价不合理的状况仍然在相当程度上存在着，因此，1950 年的工农业产品价格情况仍然在一定程度上反映了 1945—1949 年剪刀差变化的趋势。

首先看全国工农业产品综合比价的变化情况。以 1930—1936 年的平均水平为基数 100，1950 年农产品收购价格指数达到 201.8，农村工业品零售价格指数达到 265.9，工业品价格的上升大大快于农产品价格的上升。由于工农产品价格指数的这种变化，必然使工农业产品综合比价也发生变化。以 1930—1936 年工农业产品综合比价为 100，1950 年工业品交换比价指数达到 1318，即工业品交换差价扩大了 31.8%，农民购买同样数量的工业品需要拿出比原来多 31.8% 的农产品；同期农产品交换比价指数下降到 75.9，即农产品交换差价缩小了

24.1%，农民用同等数量的农产品所换取的工业品数量要比原来减少 24.1%。[①]

再来看工农业产品单价比价的变化。每百斤小麦换取白布的数量有如下变化：1931—1936 年平均每百斤小麦换取 39 尺白布，到 1950 年只能换 27 尺。1930—1936 年为 1∶0.39；1950 年为 1∶0.27。也就是说，1950 年农民用同等数量的小麦只能换到相当于抗日战争爆发前 7 年的 69.32% 的白布。

总之，由于恶性通货膨胀，物价飞涨，虽然农产品的价格也在跟着上涨，但其幅度远远赶不上工业品价格的上涨。这样，农民因工农产品剪刀差日益扩大而实际收入大大减少，购买力日益萎缩，负担便相对地成倍加重，而国家垄断资本却从中牟取了惊人的巨额利润。越是到全面内战的后期，随着军队的溃败，国民党政府单纯依靠税收已远远不能满足军费开支的需要，他们就越来越依赖于滥发纸币弥补财政亏空，从而人为地扩大工农业产品的剪刀差。这是本时期工农业产品剪刀差日益扩大的根本原因。

（三）封建地租与高利贷剥削因通货膨胀而更加苛重

农产品价格虽有上涨，但受益者多是地主而不是农民。因为农业生产物大部分以地租或还债的形式为地主所攫取。农民不仅没有得益，反而由于地租和高利贷剥削日益加重而受到严重损害。

前已指出在旧中国地租剥削中的三种形式中，实物地租始终占据主导地位。抗战前，在商品经济相对发达和殖民地化比较典型的地区，货币地租曾有一定程度的发展，但在抗日战争期间特别是在抗战结束以后，由于通货膨胀、物价飞涨的原因，地主们又把货币地租恢复为实物地租，并提高折合率，从而加重了对农民的地租剥削。例如，1946 年前后，西川隆昌一带的地租率由 50% 提高到 70%，成都平原加至 90%；康、滇、陕、黔等省自 50% 加至 60% 不等。云南禄村的地租高达 83%—100%，而江西的佃农甚至“要缴十二成的租谷”。[②]

此期由于币值迅速跌落，地主更有提高押租租额的借口。据对四

① 李炳坤：《工农业产品价格剪刀差问题》，第 33 页。

② 上海《大公报》1946 年 8 月 9 日。

川璧山四个乡的调查，“农民租耕稻田一亩，在民国二十七年（1938年）付给地主押金是二十七元，到三十三年（1944年）便涨到二千三百六十元。在巴县，每亩押金增至一万元。惨胜（指抗战胜利）以后，增加押金之风更盛。川东一带，八亩田的一块地，押金十五万元，外加稻草二百斤，义务劳役二十天。”[①] 重庆近郊一个农民向地主租种了五亩田，1937年交付了押租60元，当时合稻谷18石，到了1947年，地主以法币贬值为理由，又强迫他重新交了约值5石稻谷的10万元法币为押金。1948年币值进一步下跌，地主看到法币愈来愈不值钱，就反过来“清理”这笔押租，交还10万元钱，这时农民拿到的10万元，只值一斤盐了。[②] 在一些地区，地主为转嫁通货膨胀带来的损失，还将押租预交金额的方式改为预交实物，只要东西不要钱，并且趁机提高租额。例如，1945年，湖南普庆垸地主李炳炎以政府禁用银元、物价上涨为借口，将佃户殷春生租地时预交的140元银洋折成了14石谷子（当时市价每石仅3元法币），又以“押金少”为借口，令殷春生再交11石谷子。[③] 在这一方面，表7－10和表7－11又提供了一些例证。[④] 在国民党统治区，类似的例子不胜枚举。

表7－10　　抗战胜利以后国民党统治区租田加押示例

地区	租地面积	原交押租额	增加押租额
四川巴县*	16石田，0.6石地	原交押租140元，可买谷20石（老石）	1947—1948年加押，可买谷30石（老石）（共50石）。
重庆市郊*	5石田	1937年交押租60元可买谷18石	1947年，地主以货币贬值，将原押租取消，另索金10万元，可买谷5石，（共23石）。
湖南滨湖各县		原交押租140元	1945年加押谷11石。
湖北浠水	20石田	原交押金24元	至1949年，多次加押折银元108元。

① 陈翰笙：《解放前的中国农村》第一辑，中国展望出版社1985年版，第688页。

② 洪葭管：《旧中国的通货膨胀》，载《学术月刊》1965年第12期。

③ 《人民日报》1950年8月18日。

④ 资料来源：有*者引自《新华日报》1950年9月23日、8月16日；无*者引自《新区土地改革前的农村》。

表 7－11　　抗战胜利以后国统区地主利用法币贬值剥夺佃农押金示例

地区	租地面积	原交及补交押租情形	地主剥夺佃农押金情形
四川巴县*	16 石田 0.5 石地	1937 年前原交押金 140 元，后加押谷 2 石，又加押币 21 万元（共可买谷 50 石）。	1948 年地主按法币折押谷 2 石。
重庆近郊*	5 石田	1937 年交押租 60 元，可买谷 18 石，1947 年将原押金取消，另交押法币 10 万元，可买谷 5 石。	1948 年地主以 10 万法币退佃，只值米 1 斤。
陕西竹豁		地主以法币贬值，年年加押。	法币作废，地主以法币退押。
湖南滨湖各县		原交押租 140 银元。	1945 年将押租折谷 14 石，值 42 银元。

在恶性通货膨胀期间，农村高利贷资本的活动也变本加厉。高利贷主为避免货币贬值的损失，在索本利时往往以实物计算，且利率极高。以素称富庶的江南吴江县为例。当地农民每借“卖青米”（高利贷之一种）2 万元，秋收就要还米一石。依当时市价每石米 5 万—6 万元计算，在五个半月内，2 万元就可变为 5 万—6 万元，利息高达 250%—300%。如果借米，则夏借一石，秋还 2 石，借的是坏米，还的却是好米。如果是借款，那就要同“卖青米”一样，也是三倍厚利。如果借面粉，夏借一袋，秋还米一石，市价每石面粉一般为 1.8 万元，利息比“卖青米”更高、更残酷。《新闻报》在报道这一情况时指出：“农人，尤其佃农，秋收的丰歉，姑置勿论，除了业主的租谷，每斤以十八两加四，超越法定度量衡制的特号秤以外，再加上他们的剥削，简直被他们肢解得体无完肤了。”①

（四）在恶性通货膨胀下，农民田赋负担更加沉重

国民党政府的田赋“三征”，本来就税率高、征额重。在恶性通货膨胀下，农民的这一负担变得更加沉重。因为田赋征实迫使农民收受一天天贬值的法币，但却不许农民用法币来缴税而必须缴纳实物。

① 《新闻报》1946 年 6 月 12 日。

粮食征购的价格与市场的实际价格相差甚远，在实际支付时又往往不给钱或少给钱，而搭配一些转眼就不值钱的“流通券”“粮食库券”或“征购代价券”。例如在江西宜兴，1945 年就两次征购军粮。名义上说是向“余粮户”“劝告”，而实际上是摊派。征购所应付的粮价，规定从 1945 年 10 月起到 1946 年 3 月分三次发清。但在恶性通货膨胀的情况下，米价直线上升，从 4000 元涨到 32000 元，同时在征粮价格中，还要扣去警察所、区公所的各种杂捐，真正发到农民手里时，每石 4400 元的代价就只剩下 3500 元，甚至不足一斗米的钱了。第二次征购约 10000 石，定价每石 30000 元，而市价已涨到 50000 元，分派与发清粮价的方法不变。这样，实际上无异于公开掠夺。①

（五）在恶性通货膨胀下，农民出卖产品所得货币购买力急剧消失

农民常年辛勤劳动收获的农产品，必须经过市场销售，取得货币，才能买到急需的生产和生活日用品，可是在货币贬值、物价飞涨的情况下，农民往往还未及购买所需用品，手中的货币即已贬值了。例如，1946—1947 年，浙江龙游农民孙小曼省吃俭用、辛辛苦苦养了一头猪，以约合 700 斤稻谷的价钱卖出去，钱在家里放了三天，就变得只能买到 400 斤稻谷了。如果再放几天，一头猪就等于白养了。② 又如无锡县邵苍村农民邵阿焕，“曾在 1948 年卖过一头牛，上午卖出所得的现钞，到了下午只够买一只牛脚，其余的三只牛脚就白白地被通货膨胀剥夺去了。”③

此外，农民因市场的消息不够灵通，盲目保持货币而遭受的损失也很大。当时流传着这样一件事：“一个老农手里握有三千元法币，在国民党军队退走时，把一千五百元去做杂货买卖，这买卖一直做到抗战胜利后。另外一千五百元，全是一元、拾元的新票，他包扎牢固埋入地下，以备日后不时之需。结果，抗战胜利后不久，法币已贬值得近乎一钱不值。1947 年 9 月 26 日，一个男人理发的价格，还要一万

① 郑庆平：《中国近代农业经济史概论》，第 235 页。

② 洪葭管：《旧中国的通货膨胀》，载《学术月刊》1965 年第 12 期。

③ 陈翰笙：《解放前的中国农村》第三辑，中国展望出版社 1985 年版，第 330 页。

七千元呢！这位老农收藏的一千五百元法币已成为废纸。因为面值一元或十元已无法用了，人们起码要用面值在万元以上的。"①

滥发纸币是国民党统治集团掠夺人民财富的一种极为恶劣的手段，"它使人民手中持有的货币一天天地打折扣，以至化为乌有"。② 这样做，实际上等于用一些废纸去掠夺人民财富，是比征收赋税、发行公债更为隐蔽的剥削。

据统计，1937—1949 年的 12 年中，以四大家族为核心的国家垄断资本仅从滥发纸币搞通货膨胀中掠夺到的财富，就在 150 亿银元以上。③

第四节　商业资本与高利贷资本对农民的盘剥

以四大家族为核心的官僚资本是半封建半殖民地社会的产物。在抗日战争期间，这种资本通过大发国难财，已经急剧膨胀。抗战结束后，它又接收了日本帝国主义在华的和伪满、汪伪及其他汉奸组织的工矿企业、交通运输业、房地产、金银外币及各种物资等，资本空前膨胀。在这个时期中，其商业投机活动的能力与规模也就超过了历史上的任何阶段。因此，抗战结束后商业资本对农民的盘剥，主要也是以四大家族为核心的国家垄断资本对农民的掠夺。

为了扩大商业投机活动，官僚资本的各个家族大力兴办各种贸易公司，将内外贸易全面垄断起来。日商在中国 80 亿日元的私人投资，投资方向主要是商业贸易方面，这些物资和投资，战后全部为国民党政府所接收。四大家族以此为基础，建立了各种名目的贸易公司。为了便于对农业的垄断和对农民的剥削，他们设立了很多农业公司，通过这些公司来剥削农民。在恶性通货膨胀、物价飞涨的情况下，他们

① 匡长福等：《权与钱——蒋宋孔陈聚财录》，清华大学出版社 1989 年版，第 44 页。
② 许涤新：《关于旧中国的国家垄断资本主义》，《红旗》，1961 年第 3 期。
③ 《人民日报》1955 年 2 月 22 日。

更是采用种种欺诈手段，以及不等价的交换方式剥削农民，牟取暴利。

一、以货币手段对收复区农民的劫掠

抗战刚刚结束，国民党政府便对收复区人民来了一次疯狂的洗劫，即借伪币兑换法币之机，人为地压低伪币联银券、中储券与法币的兑换比值。国民党政府在接收伪“中国联合准备银行”及伪“中央储备银行”时，曾经接管伪联银券的准备黄金500多万公斤，纯银7000多万公斤及杂银、银元若干；接管伪中储券的黄金准备50万两。[①] 按照这些准备及法币与伪币的实际购买力，本来可以把伪中储券与法币的比率定得高一些。但国民党政府财政部却在1945年9月和11月先后公布的“伪中央储备银行钞票兑换办法”和“伪中国联合准备银行钞票收换办法”中规定：伪中央储备银行的“中储券”200元兑换法币1元，伪中国联合准备银行发行的“联银券”5元兑换法币1元。这种比率远远脱离了法币对两种伪币在当时的实际购买力。

从表7－12[②] 可以看出，法币与伪币的收换率，仅及法币对伪币实际购买力的四分之一或十分之三。这就是说，广大沦陷区人民手中持有的购买力，无形中被削弱了70%以上，同时则大大地提高了蒋介石集团在收复区抢购物资的能力。在日本投降前夕，伪联银券的发行量在1400亿元以上，伪中储券的发行量估计至少在46000亿元以上，按它们的实际购买力约合法币1700亿—1800亿元，但按规定的兑换率只合法币500余亿元。故沦陷区人民因法币收换伪币造成的损失达法币1200亿—1300亿元。照当时美钞市价计算，约在2亿美元左右。[③] 这种近乎没收的贬值兑换，对于四大家族的商业掠夺和商业独占，简直有无限的利益。敌伪所发的伪币，无异于给四大家族在金融上发财准备了一种方便的新道路。对这种无形的掠夺，当时国民党统治区的一些报纸纷纷表示不平和愤慨。如《大公报》在1945年10月

① 杨培新：《旧中国的通货膨胀》，三联书店1963年版，第57页、第59页。

② 重庆和上海批发物价指数，摘自中国科学院上海经济研究所等编：《上海解放前后物价资料汇编》，上海人民出版社1958年版，第158和198页；华北批发物价指数摘自吴冈：《旧中国通货膨胀史料》，上海人民出版社1958年版，第232页。

③ 引自黄逸峰等：《旧中国的买办阶级》，上海人民出版社1982年版，第197—198页。

表 7－12　　1945 年抗战胜利前后收复区"中储券"和"联银券"与后方法币实际购买力比较

（1945 年 7—9 月）

日期	重庆批发物价指数（1937 年 1—6 月 = 100）	上海批发物价指数（1936 年 = 100）	华北批发物价指数（1936 年 7 月—1937 年 6 月 = 100）	比率	
				上海为重庆的倍数	华北为重庆的倍数
1945 年					
7 月	164500	4188600	214455	25.5	1.3
8 月	179500	8640000	305170	48.1	1.7
9 月	122600	6919800	?	56.4	—

24 日这一天，同时发表社论和署名文章，评论说：

"人民好苦啊，两百对一，使他们辛苦的积蓄化为乌有。"

"无数万的人民都曾为胜利狂欢过，如今却如水益深，如火益烈，大家不得聊生。他们痛苦极了，比未胜利时还痛苦……他们仍然过着胜利的日子，却有很多人发现破了产"。"这变化太大了，人人从日常生活中都切肤地感到这变化。这变化是什么呢？是随胜利而来的财富大转移。用封条作符号的财产转移，那是有形的，而且是有限的，而无形的无限的是用伪币的人的财富转移到用美金、法币的人的手里，购买力和享受欲都跑到美金、法币这一边来。""这群人，怀挟美金、法币的利器，才真实普遍而深刻地伤害了甚至是剥夺了京沪一带人的生活。""实际就是贬低了江浙人民的财产，因为是大大的贬低，几乎近于没收"。

二、实际商业垄断，贱买贵卖

抗战结束以后，以四大家族为核心的官僚资本不仅没有改变"非常时期"的商业垄断和商业掠夺政策，反而变本加厉，把在"大后方"推行的所有专卖政策统统搬到"收复区"来。例如在台湾省，"长官公署以雷霆万钧的努力，先后恢复了食糖、食盐、烟类的专卖局。这像一副牢固桎梏，紧缚住台湾民众的手和脚，使他们一点也动弹不得。所谓专卖的勾当，原来是将民间的糖、盐、烟贱价收买，然后运出省外，高价出卖牟利。这全是以政府的高压手段，来发展官僚资本和买办资本。……这简直是日本法西斯的统治的继续。”①

以四大家族为核心的官僚资本还依仗其占绝对优势的经济地位垄断市场，在工农业产品的交换中人为地扩大“剪刀差”，低价收购农产品，高价卖出工业品，通过进一步扩大的不等价交换，残酷地剥削广大农民。例如，在国外市场上，中国出口农产品向以生丝、茶叶、猪鬃和桐油为大宗。1946 年 5、6 两个月，上海茶叶价格每担约 20 万元，但国外市场上价格仅十二三万元。在这种情况下，即使出口税全免，也要遭受亏损。该年茶叶出口产品还不及 1936 年的 20%。1946 年和 1947 年的生丝出口数量只有 1936 年的 18% 左右。② 农产品出口如此不景气，官僚资本却还要从中牟取暴利。以“中国蚕丝公司”为例。该公司是陈果夫兄弟在抗战结束后接收华中、华东一带的日伪蚕丝厂的基础上建立的，是一个大规模的产供销一体化的企业。

“中国蚕丝公司”承办 1946 年春茧，得国家银行贷款 200 亿元。但该公司故意压低蚕茧收购价格，逼得大批农民倾家荡产，走投无路，因此引起社会舆论的强烈谴责。浙江蚕业联合会曾致函国民党政府，控诉该公司剥削农民，破坏蚕丝生产的罪行，其主要内容如下：

1. 杀低茧价，鱼肉乡民。本来蚕丝为江浙两省农村的主要副业产品，关系着千家万户农民的生计。该公司只顾牟取暴利，不管农民死活，拼命杀低茧价。1946 年春，生产一担蚕茧成本至少在 16 万元以上，而该公司规定茧价仅 11 万元，苏州、海宁一带连 10 万元都不到，蚕农不敷成本，亏损严重，竟酿成多起自杀事件。1946 年 6 月 11 日《大公报》、1946 年 5 月 30 日《文汇报》就报道了蚕农因亏本，倾家荡产，走投无路而自杀的事件。其实，该公司生产一担蚕丝售价可达 360 万元，给蚕农的茧价 10 万元，仅四十分之一，实在是太低了。

① 《文汇报》1946 年 7 月 4 日。

② 彭泽益：《中国近代手工业史资料》第四卷，三联书店 1957 年版，第 486 页、第 499 页。

2. 摧残茧行，独霸蚕业。抗战以前，江浙两省茧行林立，营业自由，蚕业比较发达。自从有了中蚕公司后，他们为了达到独霸蚕业的目的，对民间蚕行横加摧残，凡未与该公司勾结的茧行，都不能营业，蚕农出售茧，要走遥遥数百里，只能卖给该公司，有时甚至历经跋涉却卖不出去，以至有蚕农气愤地将蚕茧抛掷河中，然后跳河自杀。1946 年 6 月 5 日《申报》就报道过这样的惨案。

3. 凭借职权，营私舞弊。中蚕公司总经理、副总经理等人，均化名与奸商勾结，以中蚕公司名义购进蚕农的低价茧，然后运至他们私营的福华公司、鼎新丝厂等，中饱私囊。

4. 操纵贷款。政府举办的贷款，在该公司的操纵垄断下，弊端百出。他们用巨额款项，囤积居奇，或放高利贷，非但蚕农得不到一毫贷款，就是正当商人也别想得到一分。而只有那些和他们上下一气的投机奸商才可得到这种优惠待遇。

5. 粗制劣种，贻害蚕农。蚕农养蚕，需要到该公司买蚕种。该公司总经理私营的蚕种场，粗制滥造，以劣代优，以次充好，利用职权，将这些劣种高价售给中蚕公司，然后强迫蚕农购买。1947 年春秋两季，江浙两省的蚕农买回的蚕种有 10 多万份是不出蚕的死种。仅这一项，蚕农就蒙受了 10 亿元以上的损失。

6. 巧立名目，化名垄断。中蚕公司受到各方谴责之后，为了掩盖他们的操纵和垄断蚕业的行径，便巧立名目，组织蚕丝产销协会，从主任委员、董事，到委员全是清一色的该公司人士，可想而知，这个协会不过是中蚕公司的一个化身而已。

7. 舞弊渎职，迹近翻戏。1949 年春，中蚕公司既然已杀低了茧价，所以生产蚕丝的成本是很低的。这时，国际市场上丝价每磅售 9 美元，制丝出售利润很高。可是该公司不尽快生产蚕丝出口，而是大量囤蚕茧，不久，国际市场丝价下跌，中蚕公司囤茧过多，亏损相当厉害。这还不算，他们又让中央信托局收购蚕茧输出，以非常低的价格，卖给其他丝厂，他们则从这些厂商那里拿“回扣”。①

① 《权与钱》，第 274—276 页。

1947年春，浙江嘉兴的一些与“蚕丝产销协导会”（官方机构）有联系的茧行私自将12万—13万元的蚕茧官价降为10万元；秋季，蚕丝产销协导会又将13万元一担的官价降为10.8万元，以致茧价远远不敷成本，蚕农大亏，纷纷挖桑改种。

1948年，拥有悠久蚕桑生产历史的江苏无锡一带农村，蚕农也遭受了沉重的打击。当时茧价大跌，每担茧价合糙米300—400斤，仅相当于1929年的30%—40%，1936年的45%—60%。农民因养蚕亏本，纷纷砍伐桑木改种其他作物。全县的桑田面积急剧减少，到1949年解放时只有111341亩，是1929年251637亩的44.25%；产茧22300市担，是1929年187640市担的11.88%。①

三、利用金融机构囤积居奇，投机倒把

以四大家族为核心的官僚资本利用所掌握的银行机构购贮大量粮食、棉花等农产品，在市场上投机倒把，哄抬物价，一方面剥削农民，一方面剥削私营工商业及广大消费者。此时，中国农民银行在蒋介石的直接支持下，大量发行“粮食库券”，藉此掌握粮食，在苏州、无锡、芜湖、滨湖等地区建立谷仓，还拟于各分行所在地都设立现代化粮食仓库。到1947年各地爆发抢米风潮，他们所囤积的粮食更是一粒千金了。1948年，在中央银行抽紧银根之时，国民党政府仍决定拨款3000亿元给中国农民银行收购国棉。如此一来，该行一方面可以低价向棉农强制收购，一方面可以高价卖给厂商，两面加以盘剥，而且其收购资金还无须自己出，而由中央银行无代价地供给，堪称“无本万利”。这种利用政治特权经商搜括民脂民膏的行径，立即引起社会各界的强烈反对。上海市商会、上海棉花商业公会致电行政院、全国经委会等政府部门，指出：

“查民生问题，首重曰衣。我国衣被原料，向以棉花为主。……窃维国家银行不能兼营商业而非经营本业之商人不得购贮大量货物，均为法令所昭示。今政府指拨专款，委托农民银行收购原棉之举，显

① 陈翰笙：《解放前的中国农村》第三辑，中国展望出版社1985年版，第323页。

有与民争利之嫌，其后果将引起数百千万棉业从业人员之失业，及其原有资金不获正当出路，势将转趋于投机囤积之一途，自不待言。苏、豫、鄂、陕、鲁等省主要产区，破坏尤甚。即以陇海西段而说，我棉商在该线牺牲重大，实难数计。政府未加奖助，转以大量国家资本加入竞争，殊使棉业人员为之心灰意短。”①

四、高利贷资本对农民的榨取

（一）中国农民银行与农村高利贷活动

抗战结束后，以四大家族为核心的国家垄断资本主义凭借其空前膨胀的资本，将金融力量进一步向农村扩展，在农民借贷资金的来源中所占的比重迅速上升，以 1945 年和 1946 年的统计为例，其与 1938 年的比较结果示如表 7－13。②

表 7－13　　1938—1945 年农民借贷资金来源统计

年份	合计	银行	合作社	合作金库	钱庄	典当	商店	地主、富农、商人
1938	100	8	17	2	3	13	14	43
1945	100	22	19	3	4	9	18	25
1946	100	24	19	2	5	9	20	21

由此可见，由国家垄断资本控制的银行、合作社、合作金库所提供的贷款，在农民借贷资金中所占的比重，在 1938 年不过是 27%，到 1945 年和 1946 年已分别上升为 44% 和 45%，其中以中国农民银行及其下属的合作社为主要的农贷机构；而地主等私人高利贷资金则相应地降低为 25% 和 21%。

中国农民银行的业务，在抗战结束后发展很快，到 1947 年 6 月，其分行已有 280 处，包括县合作金库、农贷通讯处、农业仓库在内，

① 《中国豪门》，中外出版社 1949 年版，第 67—68 页。

② 《中华民国统计年鉴》（1947 年）。兹转据严中平等编：《中国近代经济史资料选辑》，科学出版社 1953 年版，第 346 页制表。

共有 750 个单位，从业员为 4680 余人。[①]

在这个时期，陈氏兄弟加紧同中国、交通两大银行的竞争，他们利用所掌握的国民党机构和部分行政机构，不断地向孔、宋施加政治压力，使农民银行取得了高于中国、交通两行的种种特权。陈果夫曾说："蒋主席在四联理事会上嘉奖农行，而且三中全会通过改革方案，特重农业金融，四联三四〇理事会更通过了巨额农贷。"[②] 因此，农民银行的农贷业务迅速扩大。1933 年其农贷金额不过 30.820 亿元（折成法币），到 1945 年为 51.256 亿元，1946 年为 495.283 亿元，到 1947 年 6 月已达 5142.986 亿元。[③]

1946 年 11 月，经蒋介石批准又设立了中央合作金库，由国库拨给 100 亿元资金，该机构设于南京，陈果夫任理事长。根据所谓的"合作五年计划"，准备下设 1666 个各级合作金库。因此，在当时一片紧缩信用声中，中央合作金库却到处开设分支库，到 1947 年 8 月 13 日为止，全国已有分支机构 30 余个，遍布华中、华南、华北，并继续向西南发展。中央合作金库存款达 2000 余亿元，"与国家银行比较毫无逊色"。各省合作贷款均交该库发放。

国民党政府将以中国农民银行和中央合作金库为主发放的农业贷款称为"资金归农"。从表面上看，其贷款利率确实不算高，然而，如同抗战之前一样，这些农贷资金却对农村的高利贷活动起了推波助澜的作用，而且由于放款总额的急剧扩大，其恶劣影响比以前有过之而无不及。表现在：

首先，此期银行和金库放款仍然必须有相当的资产作抵押或担保。其放款往往先贷给农业合作社，而这些合作社多数"为地主豪绅所利用操纵，……徒增高利贷猖獗气焰。"[④] 或是首先发给联保主任，联保主任再发给保甲长，并由这些人转贷给农民，以索取更高的利息。1948 年 6 月 28 日上海《大公报》载文揭露说："农贷到了基层政治人员手内，最可怕的现象，便是用作'青苗'或'放新'。'青苗'贷

① 《中国豪门》，中外出版社 1949 年版，第 59 页。

②③　《中国豪门》，中外出版社 1949 年版，第 60 页、第 62 页。

④ 《农业推广通讯》，二卷十期，第 28 页。

款流行于皖北，‘放新’贷款流行皖西，两种名称虽异，性质实同。‘青苗’贷款即是在青黄不接时，由基层人员或富户利用机会贷款于农民。如一担小麦价值六百万元，那么只需贷予六十万元，即可在新麦登场时还麦一担。农民借款时要有担保，而且要写一张字据，写明：‘凭条于×年×月兑付小麦一担，于执条人收受。’贷款数字则不写明。这样一来，被剥削的农民事后即使申诉，亦无法律根据。”[①] 对这种农贷方式，有评论说：“这种办法实行的结果，无疑能借得款的只是占有资产的农民，而且占资产愈多的则可能借款愈多，亦即是地主、富农可经过这种贷款方式来扩大他的高利贷资本。他们可以以一分息借来的款，再用五分息甚至十分息来贷给需款而没有资产或资产不够抵押的人。这不是就使高利贷资本更活跃了吗？这是一。其次，这种高利贷活跃的结果，无疑要加速农民的分化，使贫者愈贫，富者愈富，土地更迅速地集中起来，农村无产者更迅速地扩大，这不是加深农民的痛苦吗？”[②]

其次，其贷款期限大都在一年之内，即“春荒贷出，秋收收回”。对由此造成的影响，有人分析说：“这一年一度的贷款，名曰‘救济农村’，但结果往往使农民反而受到加重的剥削！为什么？因为春荒期间，谷物必然比较昂贵，农民纵能借到少数款项，而他利用此款所能购换的物品（购买力）因之也比较少。到了秋收以后，还款期近，而农民所能出售的农产品，却正值跌价之期。明白地说，一个忠实的农民，春天向金库借得五十元，假定只能购谷一石，到了秋冬，必须售谷一石或至二石，方能将金库的贷款如期还清。”[③] 可见农民即使能借得少数款项救济一时，却必须为之付出高昂代价。

总之，“这种农村放款，受到好处的绝不是农村中最贫苦的最需要资金的农民，而大半是有相当田产或较富有的农家，甚至有一部分资金变成农村高利贷的本钱。”

---

① 上海《大公报》1948 年 6 月 28 日。

② 《权与钱》，第 264 页。

③ 《中农月刊》，二卷八期，第 28 页。

（二）旧式高利贷资本依然活跃

表7－13已显示，在农民借贷来源中，地主、富农和商人等旧式高利贷资本超过钱庄和商店，分别占高利贷资本的25%和21%，如果再加上典当业，就分别占到36%和30%了。可见本时期旧式高利贷资本的活动依然十分猖獗。

本时期旧式高利贷活动的一个特点是剥削异常苛重，利息高得惊人。在广东龙门地区，1946年春借贷100斤谷，连本带利须还300斤以上。如借谷申银（即还钱），每百斤35000元，由银申谷1000元折10斤，利谷限两造交清，其银则在早谷登场时，照价折算交谷175.5斤，连本带利须还525.5斤。①

在广西灵川，农民借谷时须写两张借据。一张是以谷子折成时价法币的借据，由于物价飞涨需加上两成计算；另一张是将所借谷数加上一倍写成借据。这样春天借谷1石，到秋季就得还给3.2石，甚至还有"以欠利转本叠利重算者，有以写本包迫勒典按押者，种种手段，无不令人惊悚"。② 在桂北各县，高利贷剥削简直到了疯狂的程度，夏季借谷一担，秋收时必须还新谷5担。③

湖南是产粮之区，但是粮食借贷的利息同样极其苛重。1947年，长沙一带，春借一担粮，秋还四担；邵阳一带农村，春季借谷每担作价2.2万元，8月归还时，除照价还本外，另每万元付谷利2石。④

当时农村仍然流行着"卖青苗"的高利贷形式，实际上也就是预卖。如1947年四川郫县、新繁一带，大部分农家在青黄不接时便靠"卖高脚黄"过活。"卖高脚黄"就是卖青苗，田中禾未长大，即不得不卖给高利贷者，先估计谷物收获量的约数，照当时的谷价计算，卖家所得款是总额的1/3或1/4。⑤

少数民族地区的高利贷剥削也是沉重的。在维吾尔族、哈萨克族聚居的新疆伊宁地区，本来按照伊斯兰教教义的要求，是借一斛粮还

---

①② 史全生：《中华民国经济史》，第574—575页。

③④ 陈翰笙：《解放前的中国农村》第三辑，中国展望出版社1985年版，第692页。

⑤ 《文汇报》1946年9月16日。

一斛，借一万元还一万元，不能加利息。但是，当地地主仍是千方百计地进行高利贷剥削。据调查，该地区的高利贷形式在借粮方面就有以下三种：

第一，农民向地主借粮，地主只肯借给钱，但到秋天则要农民还麦子，从而取得高利。如 1949 年 5 月，农民雨赛英向地主阿克拜尔江借 9 万元，到 9 月须还 3 斛麦子，当时一斛麦子的价格是 7 万元，3 斛值 27 万元。就是说 4 个月的利息是 130%。

第二，春天借麦子，秋收还工。如 1948 年 5 月，农民玉苏浦向地主阿不都赛曼提借麦子，地主好歹不肯借，后来玉苏浦说，秋收我给你干活吧。地主这才答应借给 2 斛麦子，条件是秋天替他割 3 斛地皮子的麦子。1 斛地连割带捆需 4 个工，3 斛地共需 12 个工，当时一个工的工价是半斛麦子，则 12 个工值 6 斛麦子，地主的借贷利息是 200%。

第三，按借时一斛麦子的市价一半以下借给钱，秋天仍还一斛麦子，其利息也是成倍计算的。

除借粮外，还有借牛、借羊、借茶砖等，都是典型的高利贷剥削，利息都在 100% 以上。例如，哈是木于 1947 年借了托合的 1 只母羊，第二年便还了三斛苞米，等于当时一只母羊的价钱。可是，到 1950 年，托合的还向哈是木索取了 8 只羊。调查者曾问哈是木为什么要还这么多的羊，哈是木回答："托合的说母羊下羊羔。羊羔长大又下羊羔，下来下去就要还这么多。"当地还有一位姓邢的天津人，借了索诺尔巴依 9 块茶砖，每块市价 15 万元，9 块共 135 万元。他每月要给一块茶砖的利息即 15 万元，一年共计 180 万元，年利在 130% 以上。哈是木是维吾尔族人，是伊斯兰教徒，姓邢的是汉族人，是非伊斯兰教徒，但他们同样受到高利贷的苛重剥削，说明高利贷剥削是不分民族和宗教信仰的。①

① 《新疆日报》1950 年 4 月 29 日。

第五节　美帝国主义对中国农民的掠夺

一、美帝国主义在中国农村的经济侵略活动

第二次世界大战后，美国的经济实力大大超过了其他资本主义国家。1945 年，其工业产量占整个资本主义世界的 60%，对外贸易占 32.5%，黄金储备 200 多亿美元，占资本主义世界的 3/4。然而，战后不久，经济繁荣便迅速为经济萧条所取代，生产过剩的危机开始猛烈地袭击美国的垄断资本。当时，美国垄断企业年产值约为 200 亿美元的外销产品，只有 40% 能够找到销售市场，其余 60% 销不出去。[①] 为了摆脱危机、缓和社会矛盾，美国垄断资产阶级急于加强对外扩张，寻找新的商品市场。中国地大物博，人口众多，而经济实力却相对衰弱，自然成为美帝国主义在东方的主要猎夺对象。

而当时的国民党政府统治集团，正在积极布置和发动全面内战，要消灭中国共产党领导的人民革命力量。从争取美援的目的出发，蒋介石不惜以本国的经济、政治、军事权益相让，为美国对华的全面扩张提供方便。从 1945 年冬季起，南京和华盛顿之间相互勾结，达成了多方面的条约、协定和谅解，其内容涉及中方向美借款，继续租借物资，购买和承受军火及战时剩余物资，以及中美通商、航海、航空等。这类条约中最有代表性的，即为中国人民痛斥为“新二十一条”的《中美友好通商航海条约》。这个签订于 1946 年 11 月 4 日的条约，不仅把帝国主义从鸦片战争以来在中国攫取的种种特权，都以法律的形式固定下来，而且进一步给予美国前所未有的独家特权，以迎合美国的扩张意图。继“中美商约”之后，美蒋之间又签订了一系列协定，实际都是“中美商约”的扩大和具体化。例如，1947 年 10 月签订的

① 刘大年：《美国侵华史》，人民出版社 1951 年版，第 181 页。

“国际关税与贸易一般协定”，从美国进口的110项商品实行减税，有的减少1/2，有的竟减少了5/6。

“中美商约”等一系列条约协定的签订，为美帝国主义控制中国市场提供了极为有利的条件。在中国进口贸易价值中，美国所占比重不断上升，据海关统计，1936年占19.6%，到1947年已占50.1%。1945年进口商品总值达7.19亿美元，绝大多数是从美国输入的。1947年上半年，平均每月输入美货为3000余万美元，占全部进口额的一半以上。

美国货向中国的倾销，“举凡衣食住行民生四大需要的东西，都无所不包。衣着方面，不仅棉麻丝毛织物充斥市场，甚至雨衣、皮鞋、袜子、裤带等等也是遍地皆是。吃的方面，不仅大米、小麦，而且奶粉、罐头、蜜橘、卷烟、葡萄干等也都滚滚而来。住的方面，除……活动房屋以外还有大批水泥、钢筋等建筑材料。行的方面，吉普车、登陆艇、飞机等等陆海空交通工具无所不有。此外，大批大批的汽油、煤油、橡皮、橡皮制品、西药、颜料、白报纸、卷烟纸、化妆品，等等，更像波涛一般在中国市场上汹涌。”①

美国商品的泛滥给中国经济带来灾难性的影响。它使刚刚摆脱了日寇商品倾销和军事破坏的中国农产品市场又遭到了极大的冲击和压迫，严重地破坏了中国农村经济，亿万农民因此再次陷入苦难之中。

美帝国主义为了把中国变成它独占的殖民地，力图控制中国的商品市场和投资场所，便把控制中国广大农村作为他们的一个行动重点，以便找到过剩商品的倾销市场和工业原料的供应地。为此，他们借合作或救济的名义，进行了一些活动。

例如，组织了“中美农业技术合作团”。

所谓“中美农业技术合作团”，是在美国人赫尔利一手导演下，以国民党政府建议的名义，公开到中国来进行农业侵略活动的一个庞大的组织。1946年10月，国民党政府向美国政府提出农业技术合作的建议，由双方组成“中美农业技术合作团”，“借以设计中国农业改

① 杜行：《悲惨的1946年》，载《工商界》1957年第5期。

进缜密之计划”，同时设立各种相应的机构；“并同意令该团对于中国历年输出占重要地位之外销农产品，特加注意”。[①] 该合作团由美国政府选派各部门农业专家10人、国民党政府选派专家13人共同组成。

从1946年6月开始，该团正式开展活动，先“在京沪两地与政府要员、农业专家以及教育界、商界、银行界各方领袖商讨目前农业现况，及其与全国经济有关之问题”，然后分组到长春、北平、天津、西安、成都、重庆、桂林、杭州及台湾等地实地考察11周，[②] 考察活动的重点区域是桐油、茶叶、蚕丝、羊毛等产区。该团通过实地调查，搜集情报，最后提出一份数万言报告书，题为“改进中国农业之途径”。据该代表团说，这份计划是改进中国主要农产品和中国农业经济的“唯一途径”。

“报告书”闭口不谈中国的两种最主要的农产品——棉花和粮食的生产，却偏偏对桐油、蚕丝、茶叶和羊毛特别感兴趣，这是由美国垄断资产阶级的利益所决定的。因为：

第一，美国是棉花、小麦盛产国，垄断着国际市场。当这个合作团在中国各地调查的时候，也正是美国棉花、面粉等农产品向中国大规模倾销的时候，因此美国专家们当然不会提出发展中国棉、粮生产的建议。

第二，桐油、蚕丝等产品，是美国工业所短缺和急需的，自然要求中国优先发展。如《报告书》在第12篇《中国桐油事业现状及其发展途径》中，首先表示“桐油为制造作战器材重要原料，故美国政府于其国内存油逐渐减少时，加以严密之管制，须经核准之后，始可利用”，“在最近期间，美国能生产之桐油，仅足供其全部工业所需一小部分而已”。接着，作者不厌其烦地以全书1/6的篇幅来论证中国增加植桐和桐油生产量如何必要，并表示，尽管中国桐油生产取得贷款尚有困难，但可采取一些变通办法解决急需。

中美农业技术合作团的“专家”们还主张中国保持封建的土地所有制和阶级关系，“保持中国农村的低下的生活水平”，因为这也是美

①② 《中美农业技术合作团报告书》，第1页。

国垄断资产阶级的剥削和掠夺所需要的。《报告书》在第一章“农业建设计划概要”的“经济与社会方面”中是这样说的：“身无立锥之地之农人，为中国一大社会问题，犹如其他各国农人之不能率地而耕者，亦比比皆是也，但此一问题，每为缺乏根据之人士，夸大过甚。中国所有耕地者约有百分之三十为出佃者，……而纯粹佃农则占四分之一弱。中国多数公正地主，常能协助其佃农从事良好之耕作制度，并与佃农公允分摊其开支与收入”。[①] 在这里，“专家”们对中国农村长期以来极不合理的土地占有制度、苛重的封建剥削和日益尖锐的阶级矛盾避而不谈，反而为地主阶级歌功颂德，为残酷落后的封建租佃关系辩解开脱，其立场是显而易见的。

又如，组织“农村复兴联合委员会”。

1948 年，美国政府通过了一项“援蒋法案”，决定拨付国民党政府 1.25 亿美元的“军事援助”和 2.75 亿美元的“经济援助”。这个法案的成立，据当时美国国务卿马歇尔所说，是“为了中国形势正陷在极端严重之中”[②]；据美国驻华大使司徒雷登所说，是为了“美国政府愿见中国保有一个真正现代化和民主的政府”。[③] 其实是又一个助蒋内战、奴役中国人民的行动。国民党政府为了得到这份援助，于 1948 年 7 月 3 日与美国政府在南京签订了“中美双边协定”。根据美国的“援蒋法案”，所提供的 2.75 亿美元的经济援助，由美“在华经济合作分署”监督执行，其中包括三个主要“援助计划”：基本物资援助计划，工业复兴计划和农村复兴计划。其中农村复兴计划的蓝本，就是前述“中美农业技术合作团”的报告和建议。农村复兴计划依照援蒋法案第 407 款的规定，由美国总统委派美国人 2 名，国民党政府委派 3 人联合组成“中国农村复兴联合委员会”，从 2.75 亿美元的援助中提取 10% 作为活动经费即只有 2700 余万元。对此，香港《大公报》评论说：“现在农村确是不得了，集一切灾难之大成，……全国性的偌大复兴农村问题，只有二千七百余万美元，不能不说为数笺笺，而有杯水车薪之感。”然而，中国人民却为此付出了一系列涉及国家主权

① 《中美农业技术合作团报告书》，第 20 页。

②③ 《光明日报》1951 年 1 月 5 日。

的重大代价。例如，“中美双边协定”第6条规定：“中国政府对美利坚合众国因其本国资源中缺乏或可能缺乏而需要之中国所产物质转移于美利坚合众国，无论系为储备或其他目的，将予以便利”；第8条规定：国民党政府必须按时向美国供给有关这些物资“所必要之情报”。① 这两项权利的相让，就是要使中国的资源为美国垄断资产阶级服务，中国要无条件地供给美国所需原料，并将中国资源秘密完全向美国公开。

至于所谓农业复兴计划究竟给谁带来好处，也值得具体分析。香港《大公报》曾于1948年8月20日发表评论说：“就农业复兴部分来说，如果农民得不到利益，甚至他们增加了一些负担，就太可惜了。从美国来讲，我们切望不要把美国农村的经验统体地搬来，把一些大而无用的农业机械或者是一些不切实用的肥田料卖到中国，就算了事。从中国来说，我们切望主持农村复兴的人员真的以乡下老百姓为对象，切不要运用美国物资，而运到土豪劣绅的身上，使富农更富，贫农更贫。”“在乡下的老百姓中，只有富农和土劣才有现筹码，政府倘把一些农业机器和肥田料抛出来，势将转到富农的手上，一般农民受不了利益，而且，美国农业机器起码要二三百亩的幅田才能使用。姑不问现在的中国农村是否会获到经济上的最大效用，就算化零为整可以勉强利用了，结果必是压制了自耕农，而造成了土地集中的现象，这是与平均地权的原理背道而驰的。”

《大公报》的语气尚十分委婉，但问题已经揭示出来。美国商品大量输入中国农村，其目的在于将其生产过剩的危机转嫁到中国农民身上，而绝不是为了帮助中国“复兴农村”。因此，他们才不会去管那些化肥和农机具之类的东西是否适于中国农业生产的条件。至于那些购买大件农机具的地主富农，自然也会把多花的钱分摊、转嫁到自耕农、佃农身上。总之，美国倾销过剩商品的负担最终总是要由中国贫苦农民来承担的。

再如，以“联合国救济总署”等名义进行掠夺活动。

美帝国主义除了通过双边协定外，还以“联合国救济总署”“善

① 香港《大公报》1948年8月12日。

后事业委员会”等名义来直接控制中国农村、剥削中国农民。他们在国民党统治区各地设立“农垦机械修理厂”“农具工厂”“化肥厂”“农村小型工厂”等，同时还直接霸占农田，采用各种手段威逼、利诱我国农民种植他们需要的农作物。美帝国主义为了掠夺黄泛区的土地，建立了属于“联总”的“黄泛区复兴委员会”，下设“合作农场”，占地达 440 万亩；在天津郊区的茶淀农区和杨柳青农场占地达 12.5 万亩；在台湾省，这类农场占地达该省土地面积的 1/4。

1947 年 3 月 23 日，《解放日报》发表文章指出：“与蒋政府对人民土地掠夺同时，美国正通过‘联总’关系，积极展开对于中国农业之直接控制，所有中国农业之‘屯垦’‘合营’实际上系完全在美国资本与美国技术控制下进行的。所谓中国农业之‘机械化’，实即‘美国化’之谓。国民党‘联总’与农林部合组在美国资本控制之下‘农垦处机械装修厂’，与以‘联总’美国方面为主体会同国民党农林、粮食、交通、经济四部成立之‘黄（河）泛（滥）区复兴委员会’两机构，更直接支持中国农业之经营，‘农械厂’已在各省市设立分厂，且已将‘曳引机’数百架运往河南开封、江西吉安及湖北等地从事‘开垦’，该厂技师大多为美国人，该厂副主任柯白也系‘联总’派来者。‘黄泛区复委会’已在皖、苏、豫三省设立分会，各县则设‘工作队’，皖北方面已于阜阳、太和、颖上、五河、泗县等十三县设立庞大之‘合作农场’，该场强迫‘集中’之农田约为四百四十余万亩，经营资本及工具完全由美方统筹。‘农械处’与‘复委会’名义上为改进中国农业技术及救济中国农村，但实际上系为借以实行去年‘中美农业合作团’所拟定之‘农业中国，工业美国’计划。”

蒋管区农村之正常私营农业正在为美国金钱与美国机器所摧毁，广大农民正陷入严重失业和痛苦的深渊，这就是美国在蒋管区农村协助蒋政府实行所谓农业‘机械化’之真相。

可见，美帝国主义一手操办的这些农场，不管是以什么名义设立的，其目的都只为美国提供原料，同时也为美国过剩产品提供销路。所谓“中国农业机械化”，实际上是农业殖民地化。因为这些农场不仅生产上使用美国机械、器材、农药、化肥、种子、种畜等，而且在组织上大量配置美国技术人员，生产体制也完全是按照美国垄断资本家的需要而设置的。

二、美帝国主义在华倾销商品与掠夺原料的几组数字

美帝国主义一方面用从中国掠得的商业利润与中国人搞“技术合作”“联合复兴”，另一方面又以“援华物资”“特种物资”等名义向中国大量倾销其棉花、烟草、木材、面粉、杂粮和农业机械等剩余产品。1946—1948 年，也就是美帝国主义对中国一再表示“友谊”“合作”的那几年，这种倾销活动变得异常猖獗。

表 7 - 14 所列数字，[①] 仅指 3 项单纯的农产品而言，如棉花中不包括棉纱废花；烟叶中不包括烟丝卷烟；木材中不包括枕木、桅杆等。下面，再将 1946—1948 年进口美国货总值与全部进口货总值做一个比较（见表 7 - 15）。[②] 为了便于计算和对照，已将货品价值的“法币”和“金圆券”依据各该年的平均汇率，一律折成了美元。

表 7 - 14　1946—1948 年中国进口美国主要农产品统计表

农产品	1946 年	1947 年	1948 年
棉花（市担）	2158622	1230634	248518
烟叶（市斤）	23789230	36681844	18291254
木材（立方米）	112854	131889	82516

表 7 - 15　1946—1948 年中国进口美国货总值与全部进口货总值比较表

单位：美元

项目	1946 年	1947 年	1948 年
美国货进口总值	347297556	483588187	26115976
全部进口货总值	754838303	964310163	53934916
美国进口货占全部进口货总值的百分比	57. 16	50. 15	48. 42

①② 《1946—1948 年中国进出口贸易统计月报》，转引自《人民日报》1950 年 12 月 26 日。

关于表 7－15，需要说明以下几点：

1. 所列“全部进口货”中，包括与中国发生贸易关系的美国、英国、日本等 40 多个国家。

2. 10 年前，即抗战以前，美国产品在中国市场上地位并不突出。以历年进口美国棉花为例，1935 年为 551804 市担，1936 年为 188322 市担，1937 年为 49432 市担，三年平均值仅为 262919 市担。但在抗战结束以后，1946—1948 年三年的平均值却达到 2135182 市担，提高了 8 倍以上（按：1946—1948 年三年平均值中，除海关进口美棉外，另加以救济物资名义免税进口美棉，数字详下）。

3. 所引数字仅指缴纳了进口关税，有海关档案可查的而已，至于以其他名义漏税进口的，尚未统计在内。如棉花一项，1946 年以“救济物资”名义免税进口的即达 126 万市担，占当年海关正式进口数的 58%；1947 年达 1513874 市担，占 120% 以上（1948 年救济物资停止）。又如烟草一项 1948 年“援华物资”中所列达 7600 万市斤，竟超过海关进口数的 5 倍以上。

4. 从海关统计册上看，1948 年美货的进口数字略有下降，但实际上这一年美国对国民党政府的“经济援助”与“特种援助”，仅上述“双边协定”一项，就达 4 亿美元。

尽管如此，以上资料亦足以说明本时期美货对华倾销的猛烈和中国农民遭受剥削掠夺的沉重。“在目前汹涌来华的外货中，占第一位的不是工业机械、交通器材，而是农产品。”① 中国是棉花生产国，但当时美棉却成了大宗进口货。如纺织 16 支到 20 支粗纱，国棉尽可采用，可是国民党政府偏要进口大批美棉，以致棉花进口占到 1946 年进口总值的 22%。② 凡是经过那个时代的人都不会忘记，那时候印着花旗商标的棉花、香烟、苹果、桔子、奶粉等美国商品，充斥着中国城乡的大小市场。中国的农产品价格一再压低，以至到成本以下，还是卖不出去。同样一包细绒棉，苏北产的竟比美国运来的价格还贵。这种情况严重打击了中国农业生产，加剧了农民的破产。例如，1948 年

① 《解放日报》1947 年 2 月 6 日。

② 彭泽益：《中国近代手工业史资料》第四卷，三联书店 1957 年版，第 499 页。

国产烟叶尚有3.6亿市斤，由于美国烟叶大量倾销，中国烟价一压再压，到1949年，产量已猛跌到1亿市斤。[①]

这几年中，中国出口的产品80%以上是原料，其中绝大部分是农产原料，如桐油、生丝、茶叶、羊毛、大豆、猪等（见表7－16、表7－17）。[②] 这是纳尔逊计划中“将中国视为美国之工业边界”政策的具体实施。

表7－16　　1946—1948年中国主要出口农产品

商品名称	计量单位	1946年	1947年	1948年
生丝	千吨	0.9	0.5	0.4
羊毛	千吨	0.5	2.0	4.2
茶	千吨	6.8	16.4	17.5
蛋	百万个	19	159	385
蛋制品	千吨	0.06	3.6	16.0
花生（去皮）	千吨	0.09	0.04	0.02
桐油	千吨	1.4	10.3	15.4
猪	千吨	35.2	80.5	76.1
稻草制品	千吨	4.8	4.4	4.6
??	千吨	0.3	0.3	0.6

表7－17　　1946—1948年中国主要农产品的出口构成

商品名称	1946年		1947年		1948年	
	百万美元	占总额（%）	百万美元	占总额（%）	百万美元	占总额（%）
出口总额	178.7	100.0	227.8	100.0	156.4	100.0
其中生丝	14.5	8.1	7.2	3.2	1.7	1.1
茶叶	6.6	3.7	8.2	3.6	3.5	2.2
桐油	29.5	16.5	34.6	15.2	16.1	10.3
羊毛和人发	3.8	2.1	2.2	1.0	1.2	0.8
猪	29.2	16.3	20.1	8.8	12.4	7.9

① 《人民日报》1950年12月26日。

② 斯拉德夫斯基：《中国对外经济关系简史》，财政出版社1956年版，第266页、第274页。

第六节　封建地租剥削

一、各阶级土地占有情况

1945—1949 年，国民党统治区的土地大部分仍然集中于地主、富农手中。关于此期的土地占有情况，有以下三个统计资料（表 7－18、[①] 表 7－19、[②] 表 7－20[③]）可供参考。表 7－19 是按中华人民共和国国家统计局根据 1950 年的农业生产年报资料及各地区土改前各阶级比重所做的推算。

表 7－18

阶　层	占户数（%）	占人口（%）	占耕地（%）
贫雇农	57.44	52.37	14.28
中农	29.20	33.19	30.94
富农	3.08	4.66	13.66
地主	3.79	4.75	38.26
其他	6.49	5.09	2.86

表 7－19　　浙江、安徽、福建、苏南 235 县及 6 个市郊又 1722 乡的调查

阶　层	户数（%）	人口（%）	土地（%）
地主	3.06	4.00	26.16
半地主式富农	0.32	0.41	1.37
富农	1.93	2.75	5.84
中农	32.67	36.40	33.65

① 引自郭德宏：《旧中国土地占有状况及发展趋势》，《中国社会科学》1989 年第 4 期。

②③ 华东军政委员会土地改革委员会：《土地改革前华东农村土地情况》，第 3—5 页，1950 年印。

续表

阶　层	户数（%）	人口（%）	土地（%）
贫农	48.07	45.70	18.01
雇农	4.95	3.19	0.49
公田及其他	9.10	7.55	14.48

表 7－20　　浙江、苏南、皖南、福建 33 个县 43 个乡村的调查

阶　层	户数（%）	人口（%）	土地（%）
地主	2.87	3.38	36.07
富农	5.52	7.12	16.93
中农	29.25	31.68	26.53
贫农	44.14	42.82	14.87
雇农	7.08	5.29	0.41
公田及其他	11.14	9.71	5.19

有的地区土地集中的情况更为严重，如在湖南农村，“土地更加集中，使用却更加分散，封建剥削更加残酷，起来一批新兴的当权地主，加以天灾人祸，蒋匪无限劫掠，农村经济达到空前破产的程度。”① 在洞庭湖滨，土地集中到了惊人的程度。据在湘阴、汉寿、沅江 3 县 7 个村的调查，仅占人口 3% 的地主，即占有土地总额的 61%。这种情况还只能代表一般地区，更为严重的湘阴县，占户口 1.8% 的地主，即占土地总额的 71%，其中有个别地区，如锡安区康宁境，地主占有土地竟达 90% 以上。②

在土地肥沃的四川成都平原，抗战之前地主约占全部人口的 20%，占有土地 50%。抗战结束后，地主人口比重降为 8%，而占有土地却扩大到 80%。重庆地区农村的情况更为严重，地主人口占全部人口的比率由战前的 20% 降到抗战结束后的 2%，而其占有土地却由

① 《土地改革前的农村》，人民出版社 1951 年版，第 58 页。

② 《人民日报》1950 年 8 月 18 日。

原来的50%上升到95.6%。又据1945年对成渝铁路沿线10个县的统计，地主占全部人口的5%，占有土地为80%；富农占全部人口的5%，占地10%；农民占全部人口的80%，却仅仅占有土地10%。[①]

与此同时，蒋介石政权也倚仗政治、军事强权大肆兼并、掠夺农民的土地。对此，延安《解放日报》于1947年3月23日载专文进行了揭露，指出：

“蒋介石政权自去冬以来即在全国范围内对人民土地实行大规模军事性掠夺兼并，并企图在美式‘机械化’的步骤下，达到蒋记官僚资本与美国金融势力结合一起彻底控制中国农业之目的。”

“据悉，蒋政府掠夺人民土地之具体方法有二：一为利用‘屯垦’‘合营’名义公开侵夺和兼并农民土地，一为‘明令’‘接收’日寇在其占领期间残酷掠夺和强迫集中之大量中国农民的土地。国民党国防部联勤总部于今年一月间经蒋介石亲自‘核准’，决定在湖南、四川、福建、甘肃、陕西、贵州等省设置‘屯垦总队’，驱使残废军人及退役军人实行强制性‘屯垦’，一般农民土地横遭兼并，农民叫苦连天。云南也奉国民党行政院命令，实行同样办法，成立‘垦殖总局’在滇边、芒市、遮放、潞江等九地区设置所谓‘集体农场’。据传滇缅边地区之‘垦殖’与美蒋在中国西南之军事、交通计划也有关系。至于敌伪掠夺土地之‘接收’以东北、台湾规模最大，东北日人所谓‘开拓田’已有数百万亩为国民党国防部特设之‘东北屯垦局’所接收，该局系完全继日寇东北‘开拓总局’者。该局长部子举曾宣称，彼等在东北将继续实施日人之‘开拓’政策。台湾，据国民党地政署长汤惠荪一月间在台‘视察’结果，认为台湾全省土地约有四分之一算作敌伪遗留之‘公地’，准备设立所谓‘合作农场’从事‘机械化’‘耕作’，汤惠荪且公开赞扬日本在台湾农业方面‘过去五十年之经营甚为良好’云。”

二、地租剥削形态及其程度

本时期中，历史上封建地租剥削的三种形式交错地存在着，但实

① 《新中华》1950年第13卷，第12期。

物地租仍然占据着主导地位。战前在一些商品经济相对发达和殖民地化较为严重的地区，货币地租曾有一定程度的发展。此期由于恶性通货膨胀、商业投机发展等原因，那些本来已经采用货币地租形式的地区也纷纷恢复了实物地租。与此同时，力役地租仍是封建地主阶级剥削农民的主要手段之一，在某些边远、落后地区和少数民族聚居区中，甚至还作为主导的地租形式。

（一）实物地租的形式及其剥削率

本时期农村实物地租的种类极多，名称也不一致，但归纳起来，大体可分为“定额租”“活租”和“分租”三种。

1. 定额租。定额租有固定年限和固定的交租额，是农村中最为普遍的一种租佃制度。如在苏南农村，定额租一般有两种情况：一是“定租呆交”，即规定租额后，“丰年不增，荒年不减”，如上海、奉贤、青浦、松江、太仓等县的“板租”，川沙、江阴、宜兴、江宁等县的“包租”，松江、溧阳、丹阳等县的“官租”，金山的“实租”，无锡的“借田”，金坛的“死租”等，即属此类。另一种是“定租活交”，所谓“活交”即遇年成荒歉，产量降低或颗粒无收时，可少交或迟交些，实际上是地主欺骗农民的一种手段。

2. 活租。活租一般不事先确定租额，而是根据实际产量，按照一定交租比例，临时评产交租，但评产权完全操在地主手里。例如苏南江阴的“成色田”，丹阳、溧阳、奉贤等县的“活租”，青浦的“看租”，属于此类。活租制在湖北也比较普遍，“每年到秋收前，农民请地主去看田验稞，有的地方农民要抬着轿子去请地主，请来后，要办很好的酒席招待。如黄冈农民请地主看稞要办水晶圆子席（为当地名贵菜，用藕粉白糖做的）。如有招待不周，地主就把桌子推翻，加租甚至退租。”活租租额一般比定额租高，如在湖北，“一般为产量百分之五十，最高达百分之六十五。”①

3. 分租。分租在湖北称“分种田”“分谷田”，在苏南称“分场田”“全种田”等，“即据土地质量、种子、收成、耕牛之使用与关系

① 《长江日报》1950年7月26日。

而确定比例，无固定佃权，不要押金”。[①] 分成比例有对半分、四六分（佃四）、三七分（佃三）、二八分（佃二）、也有倒四六分的，即佃六地主四，但这种田多为质量极差的土地。

实物地租的剥削率，一般为正产物的 50% 以上，即如苏南吴县农民所说的：“六棵稻里有三棵是要交给地主”。如表 7－21 所示，[②] 不少地方实物地租额往往占到收获量的 60%—80%。甚至还有更高的。例如，在湖南洞庭湖滨农村，“地租租额一般为每亩一石五斗到两石，形式上约占每亩常年正产量（三石到四石）的百分之四十到五十，实际上是高到百分之六十或七十，因为地主按‘毛亩’索租。‘毛亩’是包括了不能耕作的房屋、路基、牛棚等地基，以及地主出租写佃约时，以少写多的虚数在内的，通常实耕田仅占‘毛亩’三分之二，或更少些，这便大大加重了租额。”[③] 福建省的地租剥削更为沉重，根据对福安东郊保第 17 甲 15 个佃户的调查，最高租额竟占常年产量的 148%，租额最低的也占常年产量的 55.5%。租额占常年产量的平均数 102%。[④]

表 7－21　土地改革前各省实物地租额及其所占产量的百分比

地　区	资料时期	物租种类及单位	每亩租额	每亩产量	租额占产量的（%）	备　注
江苏无锡	1950 年	米，石	1.1	2.2	50.5	
无锡	1948 年	谷，斤	190	250	76.0	
高淳	1950 年	谷，斤	180	266	67.8	
浙江丽水	1950 年	谷，斤	200	350	57.0	
福建沙县	1950 年	谷，石	1.5	2.66	56.3	
沙县	1950 年	谷，石	1.64	2.66	61.7	
沙县	1950 年	谷，石	0.538	0.77	96.0	外加牛租 2 斗
湖北麻城	1950 年	谷，石	1.0	3.0	33.3	

① 《长江日报》1950 年 7 月 26 日。

② 严中平等编：《中国近代经济史统计资料选辑》，科学出版社 1955 年版，第 306 页。

③ 《人民日报》1950 年 8 月 18 日。

④ 《福建日报》1950 年 12 月 13 日。

续表

地　区	资料时期	物租种类及单位	每亩租额	每亩产量	租额占产量的（%）	备　注
远安	1950 年	谷，石	1.0	1—2	50—58	
江西永新	1950 年	谷，石	1.8	3.5	52.0	
遂川	1950 年	谷，石	2.0	3	66.7	
万安	1950 年	谷，石	1.0	2.5	40.0	
临川	1950 年	谷，石	1—2.5	4	65.0	
赣县	1950 年	谷，石	1.5	2.4	62.5	
陕西竹溪	1949 年	谷，石	3.0	4	75.0	
甘肃皋兰	1950 年	麦，石	0.48	1.00	48.0	水田
皋兰	1950 年	麦，石	0.08	0.12	66.7	旱地

实物地租成为农民的沉重负担。他们辛劳耕作一年，往往一无所获。抗战结束后不久，《商务日报》载文记述成都郊区的佃农之苦。作者写道：

“10 月 12 日，作者到成都东郊去拜访一位相识的老农。他说，他一共租了三十四亩水田，每亩谷租一石八斗，今年共收了六十三石谷子，仅仅够交租的。据他粗粗的计算，从种谷子时候起，到收获止，除去人工及伙食零用外，净投在田上的投资，就白白地损去了。谷子虽收了，缴完了租子，落得没有饭吃。小春呢？虽然这一季度完全是他自己的，但种子、肥料、人工的钱向哪里去借呢？还有数月的春天怎么度过呢？那真太渺茫了。这问题真是太严重了。这问题严重从表面看是由于偶然的天灾，实际上不合理的租佃制度乃是促成这问题严重的主要原因。”①

在无锡的梅村强家桥，农民耕种一亩田，平均生产费用为大米七斗五升，生活费用为五斗六升，而全年正产物为二石二斗，两抵只剩余八斗九升。但是，地租是按收获量 50% 计算的，即农民要向地主交

① 重庆《商务日报》1945 年 11 月 30 日。

纳一石一斗粮食，在把全部剩余即八斗九升全部上交后，仍欠地主二斗一升。在这种情况下，农民除了把生活必需费用由五斗六升减少为三斗五升外，便再也没有其他办法了。这种地租剥削，不仅攫取了农民的全部剩余劳动，而且掠夺了其必要的劳动的 40%。[①]

（二）押租和预租

总体来看，有押租的租田在地主出租土地中所占比重很大，如苏南武进周乔乡占整个租田的 47.45%，上海县占 80%。[②] 押租的租额，一般与正租相等或高于正租，很少有低于正租的。例如苏南奉贤农民租一亩田，要先交五斗至一石五斗米给地主。金坛农民一亩地的押租是大米 80—100 斤。无锡更有租一亩地要先付出大米五石的现象，在那里，押租简直与地价差不多了。[③]

预租，有的地方也叫"押稞"，即地主为了高利盘剥农民，防止灾荒影响地租收入而采取的一种预先收租的剥削方法。例如湖北嘉鱼一亩田"要先一年交四斗粮，交不起请保，第二年加倍。天门有的每亩田先交粮食一石，银元 6 元。"[④] 在苏南南汇，佃农 1948 年就交了 1949 年的一部分地租，每亩至少要交稻子七斗五升，最高的交一石。如果今年交不上租，下年地主就收回土地。

农民为交押租和预租经常欠下大笔债务，而地主则增加了一笔放贷与投机买卖的资本，反过来又以商业资本和高利贷资本的形式，去剥削农民，至于通货膨胀引起的押租剥削的加重，已述在前。

（三）劳役地租

国统区的地方封建势力历来十分顽固，此期许多地方依然存在着劳役地租。一种是纯粹的劳役形态。例如，在四川的内江、资阳、宜宾一带农村，有一种"乾租"，即地主租给佃农面积大约相等的两块田，生产资料全部由佃农负担，其中一块田是地主的自营地，另一块是佃农的份地。地主的自营地土质好产量高，佃农的份地土质瘠薄，

① 潘光旦，全慰天：《苏南土地改革访问记》，三联书店 1952 年版，第 6 页。
② 陈翰笙：《解放前的中国农村》第三辑，中国展望出版社 1985 年版，第 334 页。
③ 潘光旦，全慰天：《苏南土地改革访问记》，三联书店 1952 年版，第 7 页。
④ 《长江日报》1950 年 7 月 26 日。

亩产量低。每年农忙季节，佃农必须首先种好地主的自营地，然后才能回到自己的份地上劳动。否则必须雇工代替自己，以解决农忙时期主佃双方争工的矛盾。每年地主自营地生产的粮食，全部属于地主。另一块地的农产品，归佃农所有。① 长江下游苏、浙、皖三省，也残存着劳役地租，江苏省宝山、松江、嘉定等县，一些地主出租田地不收粮租或钱租，而是令佃农在地主的自营地上劳动，地主称这种佃户为“脚色”，地主的出租田即称为“脚色田”。湖北省沔阳一带，有一部分佃农凡租一亩田不纳粮租、钱租，而是无偿给地主劳动 30—60 天。当农忙季节，佃农必须先到地主自营地上劳动。应城县有些佃家，也用劳动支付地租。②

劳役地租的另一形式，是作为实物地租的补充而存在。这种形式在各地十分流行。如四川省泸县石洞乡第六保佃农董玉山，租了地主 40 亩田，交正租 20 石，外加胡豆 1 斗，高粱 7 斗，豌豆 1 斗，草 300 捆。同时在佃约上注明：“至于食水、菜园、概由佃方代劳。”按 1949 年当地劳动力估计，给地主代种一亩菜园，每年需 20 天工，挑一年水，共需 60 天工，总计 80 天。③ 湖南省地主也征收劳役地租，或载于佃约或口头议定。据土改时期长沙专区调查，大约租一亩田，每年至少要给地主劳动六七天。④ 醴陵县盘石乡地主出租土地时，即与佃农议定，每交 20 石租粮，每月平均给地主劳动 3 天，全年 36 天。⑤ 在益阳县箴言乡，佃农对地主负有义务劳动之责，一般按租田面积计算，租一亩田每年给地主劳动 6—10 天。也有按租粮计算者，如某保佃农张良贵，平均每纳两石租粮要给地主出一个工。⑥

在少数民族地区，劳役地租的剥削更为严重。在新疆，70% 以上的土地有劳役地租，皮山县的阿沙村，佃农租种地主的土地，一般都是地主提供一切生产资料，产粮平分。佃户全家除了在租入的土地上劳动外，还要在地主的自营地上做无偿劳役六个月到一年。⑦ 叶城县

---

① 《新华日报》（渝版）1950 年 8 月 16 日。

② 《长江日报》1950 年 7 月 26 日。

③ 《川西日报》1950 年 7 月 26 日。

④⑤⑥　《湖南农村情况调查》，第 28 页、第 38 页、第 61 页。

⑦　中共中央新疆分局宣传部研究室：《皮山县阿沙村调查》。

托普克村的租种地，地主要分得正产物的 50%—75%，还要从佃户分得的正产物中扣除种子和 10% 的田赋粮。这样一来，佃户实际所得极少。新疆佃户不仅要交苛重的实物地租，还要为地主做大量无偿劳役。如佃农埃依，1949 年租种艾沙 15 亩田，他和妻子除了耕种自己租佃的土地之外，还在地主自营地上劳动 8 个月。[①] 关于无偿劳役的份量，当地农民说："租（种）一亩地，必须无偿劳动一个月。租种十亩地，要给地主无偿劳动一年；家里两个人的，一人得全年去给地主服无偿劳役，如果不想做无偿劳役，就不能租到土地。"[②]

劳役地租对农民负担的影响，可以江苏农村的"脚色田"加以说明。据宝山等县的调查，耕种脚色田的佃户，绝大多数是走投无路的贫苦农民，稍有办法可想的人是不会租种此田的。因为种脚色田的佃户，连雇工也不如。雇工还有相当的人身自由，种脚色田的佃户却没有。在农忙时，地主命令他去干活，就必须马上丢下自己的庄稼，去给地主耕作。如雨后托花（即锄草），必须先到地主家去做，眼看自己种的棉花被草淹没，庄稼受到损害，却无法照顾。到地主家干活，一般要佃户自带工具，工作多而且都是重活，如耕田、插秧、种麦、荡稻、拔草、托花、割稻、挑河泥等，同时地主监督很严，赶早带晚，忙碌不堪。[③]

租种脚色田的佃户服役工数，各地不一。宝山县一般为每亩出二十工左右，多者要出三四十工，个别地区每亩要出七八十工。定租约时，在确定每亩力役工数的同时，确定每个工的工资。一般年底结算一次。按规定，如果所服劳役超过了规定的天数，应由地主按规定工资补给佃户，反之则由佃户补给地主。但事实往往不是这样。当佃户所服劳役不足规定天数时，必须按规定工资补足给地主，而当佃户所服劳役超过了规定天数时，地主往往一拖再拖，不了了之。在脚色田上劳动的佃户，其工资一般较短工为低，兹根据嘉定县四个区的情况统计如表 7 - 22 所示。[④]

---

①② 中共中央新疆分局宣传部研究室：《叶城县托普克村调查》。

③④ 陈翰笙：《解放前的中国农村》第三辑，中国展望出版社 1985 年版，第 339 页、第 340 页。

表 7－22

区　　名	一般工资		脚色工资	
	米（斤）	钱（元）	米（斤）	钱（元）
马陆区	4	4500	4	4000
南翔区	4	4500	4	3000
徐行区	3	3300	1.5—2	—
娄塘区	3	3300	1.5—2	—

脚色田这种租佃形式对农民的剥削最为残酷。根据嘉定县各种农作物所需工作日计算，平均每亩田每年需人工 17 个。按照一般情况，每亩脚色田以 42 个人工计算，则每亩脚色田的工可耕二亩半田。也就是说，佃户租种一亩田，就要无偿替地主耕种二亩半田。如果折成实物地租，脚色田每亩出工 42 个，每工以 3 斤半米折算，合计 147 斤米，折稻二担，超过一般租额半倍到一倍。再以农业收入来计算，每亩田可收麦 150 斤，共收稻 450 斤，小麦收入与种子、肥料相抵，可得纯收入白米两石半。佃户租种一亩脚色田，加上给地主无偿耕种的二亩半，合计三亩半，可收入大米八石七斗五升；二亩半的收入六石二斗五升为地主所得，此即等于种地主三亩半田所交的地租。这样算来，每亩脚色田的租额合一石七斗八升多米，占其总收入的 75% 左右。嘉定一般定租额是每亩 6—8 斗，最多达一石米，则脚色田的租额相当于一般定额租的一倍到两倍。①

同时，脚色田中还有不少是“出头田”，即一亩半田实际上只有一亩二三分。最刻薄的地主有每年抽换土地一次的。他们在秋后将佃户当年种的稻田收回自种棉花，而把自种的棉田交给佃户种麦。这是因为那些抽回的稻田中有佃户投下的豆饼肥料，一季稻是吸收不完的，地主种棉花时就可以不再施肥了。

（四）额外的剥削和残酷的逼租

地主还往往通过许多地租以外的剥削手法来加重对佃农的榨取。

① 陈翰笙：《解放前的中国农村》第三辑，中国展望出版社 1985 年版，第 340 页。

例如，在湖北农村“农民要经常给地主作无偿劳动，当小工、推磨、抬轿工、跑腿等。妇女给地主家抱孩子、洗衣服、挑水、割草、做鞋子、挖野菜、喂猪等。过节时，佃户要拿上鸡、鱼、猪肉、鸭、糯米、粽子、糖等给地主送礼，还要送随年礼钱、随年稞、随年谷、纳庄牢、进门礼等。其他还有麦稞、油稞、鸡稞、柴稞、花生稞、棉花稞、红薯稞、渔塘稞等剥削。据佃户自己计算，除地租之外，每年向地主付出如上的额外负担要占全年收获量的百分之十五至二十左右。”①

在国民党政府统治大陆的最后几年里，“地主阶级看到自己统治的末日正将来临，于是一种自杀性的疯狂变得极端残酷无情，许多农民仅仅由于交不出田租，就被地主或他们的狗腿子活活打死。”② 在苏南句容县桥头镇地主华锦之的牢房里，五年中关押过400多个农民，有些人就被杀死在牢房内。昆山县的地主对欠租的农民采用游街、锁庭柱、栽田、站笼、人质、戴枷、滚笆斗、拷打、开差船、放水灯等24种方法逼租。很多地主备有手铐、脚镣、铁锤、棍棒等凶器，动辄扣押吊打农民。地主的逼租行径，得到国民党政府的地方政权的支持。例如，常熟县政府就于1946年公布“整顿租风实行办法”，规定区、镇、保甲必须“挨户劝导佃户迅速交租”，县长潘某对属下训话时宣称：“倘有歹徒鼓动抗租、妨碍征实及发生暴动等事情，即格杀勿论。”③ 在国民党政府地方官吏和封建地主相互勾结残酷欺压之下，无数农民被逼得妻离子散，家破人亡。据1950年对常熟县11个乡的统计，受地主逼害的农民有2716人，其中吃租米官司的有970人，被逼逃亡的有350人，坐牢致死的有47人，被逼死的有51人，被迫送掉婴儿和小孩的达1200多人。④

---

① 《长江日报》1950年7月26日。

② 陈翰笙：《解放前的中国农村》第三辑，中国展望出版社1985年版，第334页。

③④ 陈翰笙：《解放前的中国农村》第三辑，中国展望出版社1985年版，第355页。

第七节　国统区农村经济的总崩溃

在帝国主义、封建主义和官僚资本主义三座大山的沉重压迫和残酷剥削之下，农民负担空前沉重，农村经济受到严重的摧残，旧中国的农业经济在这个时期急剧衰落，成为此期国统区社会经济总崩溃的一个表现。由于落后反动的生产关系的严重束缚，此期中国农业生产力水平大大衰退，表现在以下几方面：

第一，农业劳动力和生产工具极为缺乏。因国民党政府的大肆抽丁拉夫，农村的青壮年劳力匮乏，留下来的老弱妇孺又不堪苛捐杂税的剥削以及无法度日而四处逃荒，使得农业劳动力严重短缺，直接破坏了农业生产力。同时，生产工具如耕畜、农具等不断减少，至 1948 年，各地牲畜总共减少了约 16%，主要农具减少了 30%。[①] 据对山东省 48 个村的调查，在抗日战争前的 1931—1936 年，农业劳动力占农业人口的 42.2%，到 1948 年下降为 39.5%；各种牲畜，牛为战前的 47%，马为 14%，驴为 60%，骡为 18%；各种农具，大车为战前的 64%，小车为 56%，犁为 63%，耙为 61%，铁锹为 80%，镢为 69%，锄为 80%；各种肥料中，圈肥为战前的 63%，肥田粉为 88%。[②]

第二，土地荒废十分严重。据 1946 年 8 月天津《益世报》报道，河南、湖南、广东三省的抛荒耕地已达 5800 万亩，分别占各该省耕地总数的 30%—40%。其他省份耕地荒芜的现象也很严重，如在赣西南 50—100 里，渺无人烟的土地触目皆是。在安徽广德县，原有农田 18 万亩，经历年抽调壮丁之后，留在农村的青壮年不到 5000 人，致使 13 万亩土地因缺乏劳动力而荒废了。[③]

① 《三年来新中国经济的成就》，人民出版社 1954 年版，第 128 页。

② 中央农业部计划司编：《两年来的中国农村经济调查汇编》，中华书局 1952 年版，第 224—2279 页。

③ 上海《大公报》1946 年 5 月 26 日。

第三，多数农作物产量比战前或战时下降。据 1948 年国民党政府全国经济委员会的统计，1946 年和 1947 年的主要农产品产量比战前下降的情况如表 7－23 所示。[①] 各种土特产产品和农副产品的产量也普遍下降。

表 7－23

单位：千市担

产品	战前平均产量	1946 年		1947 年	
		产量	占战前%	产量	占战前%
稻谷	1004243	973885	96.94	966886	96.28
糜子	33946	29716	87.52	30494	89.84
小麦	444241	431035	97.03	434584	97.83
大麦	159171	120804	75.89	125929	79.12
燕麦	17612	12907	73.29	14535	82.53
花生	54789	45272	82.63	45201	85.52
芝麻	13083	14468	84.70	13019	76.21

第四，抗灾能力进一步下降，受灾后果极其严重。由于农业生产力的急剧衰退，加上国民党政府发动大规模内战的影响，这一时期国统区严重的自然灾害频频发生，水灾、旱灾、风灾、蝗灾、雹灾，等等，给农民的生命和财产造成巨大损失，进一步加剧了农业经济的崩溃。例如，1945 年 8 月至 1946 年 1 月，豫北三、四两区各县即因各种灾害而荒芜土地 384 万亩、损毁房屋 156.9 万多间、各种农具 45617 万件。1946 年的灾害遍及 19 个省，灾民至少有 600 万人。1948 年又发生全国性的大水灾，仅湖南省洞庭湖周围 11 个县就被淹了土地 280 万亩，减少收成 1500 万石。1949 年全国受灾农田达 12156 万亩，灾民共约 4000 余万人。[②]

人祸天灾肆虐，国统区的农民被逼到了绝境，除了奋起反抗国民党政府的残暴统治之外，别无生路。从 1946 年下半年起，不少地方的农民就组织起来，反抗拉丁，拒交粮款，直至拿起武器展开武装斗争。

① 陆仰渊等：《民国社会经济史》，中国经济出版社 1991 年版，第 846 页。

② 史全生：《中华民国经济史》，第 576—577 页。

同年9月，反抗斗争波及四川、湖南、江苏、安徽等省，起义农民达20余万人。到1947年1月，农民反抗斗争更扩大到西康、浙江、陕西、广东、广西、云南、湖北、福建、绥远和江西的300多个县，参加者已达84余万人。①

1949年10月1日，在中国人民解放战争的最后胜利的隆隆炮声中，中华人民共和国诞生了，中国农民从此获得了新生。

① 宋春主编：《中国国民党史》，吉林文史出版社1990年版，第440页。

第八章

近代内蒙古地区和其他少数民族地区的农牧民负担

第一节　清代后期蒙古农牧民的负担

一、清政府的对蒙政策和牧业经济下蒙古族社会的阶级关系

清政府对蒙古诸部采取严格的隔离政策，禁止蒙古族人民与汉族人民交往，并限制蒙古族各部之间的联系。这种强制性的措施，集中体现为蒙古地区的盟旗制度。旗设札萨克，俗称王爷。札萨克领有一旗的土地和属民，享有较大的自主权，由有功于清室的蒙古封建主世袭担任。札萨克以下设东西协理各一人，管旗章京一人，东西梅林各一人，辅助札萨克处理旗务，对蒙古人民进行统治。

清政府对蒙古封建主采取怀柔政策，按其原来地位的高低、效忠程度和功劳大小，分别授予亲王、郡王、贝勒、贝子、镇国公、辅国公等爵位。对出自成吉思汗家族的众多贵族，授予一、二、三、四等台吉的世爵；土默特左翼旗和喀喇沁旗授塔布囊，同于台吉的世爵。他们就是一般所称的“王公贵族”，是蒙旗社会的统治者，也是清政

府在蒙古地区实施统治的主要支柱，其中担任札萨克、协理等现职的王公（台吉、塔布囊）称执政王公，不担任现职的称闲散王公。

清代以来，喇嘛教在蒙古地区更为盛行，上层喇嘛构成一个特殊的封建主阶层。众多的活佛垄断了寺院住持、札萨克达喇嘛、副札萨克达喇嘛、札萨达喇嘛、达喇嘛等宗教职位，并拥有庙丁沙比那尔。

清政府从法律上确认王公贵族和上层喇嘛的特殊身份及其对属民的不完全占有权。属民对领主具有严格的人身依附关系。札萨克是全旗土地的支配者，其他王公也保留了独立处理自己属下牧民和土地的权力，从而加强了牧民对封建主的依附关系。

王公贵族和上层喇嘛构成清代蒙古社会的剥削阶级，分隶于这些封建主的阿勒巴图（箭丁）、哈木济勒嘎（随丁）、沙比那尔（庙丁）三个阶层，以及少数在封建主家中世代服役的奴隶，则构成清以来蒙古社会的被压迫被剥削阶级。阿勒巴图是牧民中人数最多的基本阶层，是赋役的主要承担者。

蒙古族牧民对清朝的负担主要是交纳贡品，承担守卡、驿递站丁等劳役及服兵役，其中交纳贡品基本是象征性的。站丁主要来源于各旗的贫苦牧民、牧户，一旦成为站丁，就得世代奔波于驿道，为清政府传递公文，还得伺候过往的官员。因此，站丁的生活尤为困苦，大部分时间和生产成果为官府所剥夺。

蒙古牧民还向本旗王公、台吉纳赋供徭，主要由箭丁即阿勒巴图承担。封建王公还可按照不同的等级，占有额定的随丁、陵丁和陪嫁户，供其使役和剥削。如亲王可有随丁 66 名，郡王可有 50 名，贝勒 40 名，贝子 35 名，镇国公、三等台吉 8 名，四等台吉 4 名，固伦额附 40 名，和额附 30 名，多罗额附 20 名。康熙三年（1664 年），占丁制度又扩大到蒙古各级官吏。供王公贵族役使的箭丁是随人箭丁，主人固定，世代继承；供官员役使的是随丁箭丁，主人随着官吏的更替而转移。清政府还规定，辅国公以上的爵位，可领有不同数额的守陵户，负责陵墓的管理和祭祀。王公贵族之女出嫁，可随带陪嫁户供其役使，亲王之女陪嫁户为 5 户，郡王之女 4 户，贝勒之女 3 户，贝子之女 2 户，镇国公、辅国公之女各 1 户。

随丁实际是王公贵族的家奴，大部分由箭丁充任。随丁承担的义务，主要是供主人差遣或为之牧养牲畜，有的还要替主人偿还债务，或养活主人，其劳动成果完全由主人支配。他们的社会地位低下，而且有严格的人身依附性质。个别随丁因缴纳贡赋或服役有功，可恢复原来的箭丁身份。

庙丁是寺庙或上层喇嘛的世袭牧奴，其来源主要是世俗封建主捐送给寺庙的箭丁。他们在寺庙中从事放牧，加工畜产品，提供燃料、运输、修葺等繁重劳动。喇嘛封建主可以任意支配他们的劳动成果。富裕的庙丁可免服劳役。

清代蒙旗还有为数不多的奴隶，如家仆，其来源或是平民卖身，或是犯罪发配，或是战争被俘，也有旗下“逃人”沦为奴隶的。他们没有任何人身权利，完全隶属于主人。不仅王公贵族有家奴，富有的箭丁亦有之。

二、农业经济的兴起与阶级关系的新变化

清代以前，蒙古社会基本保持游牧状态，农业经济成分极其有限。清初曾经鼓励蒙古部落发展农业，但未能对整个蒙古的社会经济产生大的影响。真正使蒙地农业兴起并迅速发展的是内地汉族流民的出关务农。

清代原则上禁止汉人进入蒙地。但是，由于清初内地连年战乱，加之灾祸频仍，社会经济遭到严重破坏，致使许多农民在内地无法生存，而蒙古地区则保持相对稳定，同时，一望无际的原野使垦地谋生成为可能。因此，大量的内地破产农民不顾清政府的禁令，纷纷到蒙古地区垦荒。其垦殖地域刚开始主要是沿长城一带，以后随着流民的增加，垦地逐渐向蒙古地区腹地深入。

清政府对流民进入蒙地的现象屡禁不止，遂在一定程度上采取了放任的态度。加之雍正元年（1723 年）和二年，山东、直隶等地发生饥荒，清政府为疏散灾民，亦有“借地养民之举”，即鼓励灾民出关觅食，名义上是由清政府向蒙古王公“借地”以安置之，但声明“许其吃租”，即承认蒙古王公对农民剥削的合法性，从而把内地的封建剥削方式部分地移植到蒙旗。通过“借地养民”而进入蒙地的内地农

民数量相当可观。以后“借地养民”遂成定例，每当内地的饥馑之年，往往形成进入蒙地的流民高潮。

蒙古王公方面，由于从垦地的流民那里得到“典租之利”，所以也允许流民垦荒，进而发展到私招流民垦荒，以增加额外的经济收入。清代前、中期，蒙地农业在清政府对流民的时禁时弛中得到相对稳定的发展。到清末，清政府改变对蒙政策，实行开放蒙荒，更是极大地刺激了蒙地农业经济的发展。至此，整个蒙古地区除锡林郭勒盟外，其他各盟旗都已部分或全部被开垦，成为农区或半农半牧区。

农垦经济的发展，使许多牧场变为农田。在农业发达的地区，游牧生产方式难以为继，长期从事牧业生产的蒙古牧民，要么迁到更加偏僻荒瘠的地方去游牧，要么转营农业。在卓索图盟的喀喇沁旗地区，早在乾隆年间，箭丁就分到一块生计地，打破了清代以来土地（牧场）公有的界限，向土地的私有制转化。蒙旗土地分配给蒙民个人私有和向汉人出佃，使多数蒙古王公贵族和少数上层箭丁变成了地主，占地不多并弃牧从农的一小部分贵族和大部分牧民则变成了自耕农，还有部分因丧失土地而沦为佃农或雇农。一些从内地来的汉人，主要是汉族地主、商人、高利贷者，通过各种途径占有土地，跻身于大地主阶层，其余的大部分汉族农民则沦为蒙汉地主的佃农或雇农。因此，蒙旗形成了蒙汉地主和蒙汉农民两大对立阶级，封建地租剥削成为主要剥削方式。

在放地过程中，蒙古王公贵族，特别是札萨克王公利用职权，大面积出放公地并据为己有，成为封建大地主。但由于他们本身不谙农业，只好将土地包租给汉族地主、商人、高利贷者代为经营，自己则坐收地租，这样就产生了租佃关系的中间剥削现象，这部分承包人通常称为二地主。二地主或把土地转租出去，或招募榜青，自己直接经营，把剥削来的地租一部分上交蒙古大地主，一部分据为己有。这是蒙地封建剥削的一个特点。

三、蒙汉农民的负担情况

（一）地租负担

蒙汉地主阶级形成的过程，也是蒙古牧民和汉族佃农遭受掠夺，贫困破产的过程。特别是广大蒙古牧民，他们被赶离牧场，失去了赖以生存的基础，虽然清政府和蒙古王公贵族出于自身利益，不得不划给他们一小块耕地以维持生计，但他们中的许多人时隔不久便失去土地而迅速破产，有的沦为佃农，有的充当雇农，或者流落他乡。蒙古地区日益形成农民阶级中的几个不同阶层，主要有自耕农、佃农、榜青和雇农。

自耕农，主要由蒙古箭丁转化而来，他们也是汉族商人和高利贷盘剥的对象。许多自耕农在多重负担压榨下，不断破产，沦为佃农、榜青或雇农。

佃农，大部分是来自内地的汉族贫苦农民，也有少数破产的蒙古箭丁。他们基本上不占有土地，以租种地主的土地为生，是蒙汉地主阶级剥削的主要对象。他们主要负担是地租和押荒银。押荒银是取得土地租种权时的一次性支出，地租则是常年的负担。

实物地租是地租的基本形态。流民初到蒙地租种地亩时，交纳的基本上是实物地租，一般说来，其数额低于内地。如鄂尔多斯河套等地在流民初垦时，不论顷亩，以牛犋为单位，每一牛犋（地用二牛耕一年者为一犋）"年租钱 5 钱，糜 25 斗"。乾隆年间，喀喇沁右旗的租额分为正额与杂额两项。正额纳谷物，每顷地在 3 石到 5 石之间。杂额包括猪、草、马料、面、小差银等，一般每顷地收猪 1 口，草 60 斤左右，合钱 3000 文；马料 1 斗，细米 1 斗，草 1—100 个（束），小差银 500 文。这几项合计约折钱 4000—5000 文，折粮 2 石左右。正杂额加在一起，租额在 7 石左右。随着农业的进一步发展，蒙古贵族地主逐渐懂得了如何进行地租剥削，不断增租。嘉庆年间，地租的正额已达每顷 5—6 石，加上杂额，为 7—8 石。道、咸年间，每顷地租正额在 7 石左右，加上杂额达 8 石左右。同、光之后，实物地租多改征货币，每顷地 20 吊左右，折合成粮为 10 石左右。

货币地租的发生是蒙地商品货币经济发展的产物。随着蒙古和内地联系的加强，蒙古地主对货币的需求量大增，遂把一部分实物地租改为货币收取，以后又把租粮折算成租钱，并在这种折算中，抬高价码，增加租额。

榜青。榜青分内青与外青二种。内青相当于雇农，外青则居于佃农与雇农之间。通常所说榜青，多指外青。

外青的被剥削形式具有分成佃的性质，出现较早。他们不仅不占有土地，连起码的生产工具也不具备，土地、种子及农耕用具均由地主提供，收获物折半分成，也有六四分成（地主得六成，外青得四成）。如果地主提供肥料，秸秆、谷壳等也要折半分成。也有把收获物算成货币折半分成的。

雇农。是农民阶级的最下层，由于一无所有，只好纯粹依靠出卖劳动力为生。主要是内青。

内青多是孤身无依的单身汉，他们居住在地主家中，由地主供给吃住及土地、劳动工具进行农业劳动，收获按一定比例分成，一般只能分到收获物的二三成。内青在农忙以外，仍要受地主支配，为地主从事其他劳动，如饲养牧畜、培制肥料和其他家务劳动。他们终年劳累，却仅能维持自身的生活。

（二）清末放荒和设治后农民负担的加重

蒙地放垦后，押荒银以及地租的征取，都是由各蒙旗自行决定其数额与方式，清政府并不干预。直到光绪年间，清政府财政支绌，才开始与蒙旗劈分荒价地租，此例一开，遂不可遏止。

光绪二十七年（1901 年），清政府派钦差垦务大臣赴绥远，办理乌兰察布盟、伊克昭盟及察哈尔、土默特等地区的垦务。内蒙古东部的哲里木盟、卓索图盟、昭乌达盟及呼伦贝尔盟地区的垦务，也分别由东三省总督、热河都统负责办理。

清末放垦具有卖地的性质，领荒者由国家发给执照以示承认，即取得了土地的所有权。

蒙荒出放后，民人聚集，为了加强管理，清政府在前期设通判、同知、理事司员等的基础上，改设府厅州县。如哲里木盟开放地设洮南府、安达厅、法库厅、肇州县、突泉县、镇东县、德惠县、安广县、开通县等。这样，内蒙古地区在盟旗行政区划外，又被各府州厅县分割管辖，形成旗管蒙民，府州厅县管汉民的局面。

由于清朝办理蒙旗放荒并设地方官进行管理，垦地的农民由单纯向蒙古王公交纳赋税，变成受国家和蒙旗的双重剥削，佃农还要受二地主的中间剥削，他们的负担不可避免地加重了。

垦地的农民在得到土地的过程中，通常要交纳两种费用，一是荒价，一是岁租。荒价或称押荒银，在领得土地时一次付清，如卓昭两盟荒地以顷为单位，上地 70 两，随收办垦经费银 4 两；中地 50 两，随收 3 两；下地 30 两，随收 2 两。伊克昭盟各旗开放地，上地每顷收押荒银 30 两，中地 20 两，下地 10 两。哲里木盟荒地以垧为单位，上地每垧 6 两 6 钱，中地 4 两 4 钱，下地 2 两 2 钱，均随收“一五经费”，即额外征收荒价的 15% 作为办垦经费。

荒地出放后三年为试垦期，不收租息，三年后升科起租。其租率，卓、昭两盟为上地每顷 3 两，中地 2 两，下地 1 两 5 钱，下下地 1 两，均随收一成耗银。哲里木盟荒地受东三省放荒成例的影响，租额为每亩 660 文。乌伊两盟等处荒地岁租每亩在 1 分左右，如札萨克旗放垦后，上地每亩 1 分 6 厘，中地 1 分 2 厘，下地 1 分；乌盟旱地岁租每亩 8 厘。

所收荒价除提取二三成办垦经费银外，余则由国家和蒙旗对半分成。岁租的劈分率因地而异，如卓昭两盟岁租，国家分一半；哲里木盟的每亩 660 文岁租中，蒙旗得 440 文，国家分 220 文。乌、伊两盟的岁租全归蒙旗，但拖欠现象十分严重。

在放荒中，对划入放垦地段的一些开垦的熟地，垦民得再交一次荒价才能得到土地的所有权，并按限升科。领地后的农民除了每年向蒙旗和府州县交纳租银租粮外，还要向府州县交纳土地税、产口捐等，往往还伴随有其他苛捐杂税。许多农民为了逃避内地的沉重剥削而到蒙旗垦荒，但在垦种蒙荒时受到较内地更为严重的剥削。

在设治的蒙地，农民负担的苛捐杂税主要有两大类项：

一是每年有常数之各乡例规。每州县每一中乡（后皆以中乡例规计，大乡则加，小乡则减）每年春秋两卯，每卯卯规律钱（后皆以法钱计算）90 千文（乡约应卯赴城，充支旅费 30 千文上下，亦向乡户摊算）。每卯房规 10 千文，乡约充当年初上卯费 10 千文，年终退卯费 30 千文，摊派秋审费 28 千 500 文，兵米车差费 23 千 500 文，罪囚过境递解费（土称红差）100千文，岁科试费摊19千文（考试虽停，岁费如故，后同），摊修考棚费17千600文，续摊考棚费9250文，再增摊考棚费12千320文。送谕帖告示零星等费100千文以上，皆有常数之各乡例规。每年每一中乡在律钱四五百千文上下，大乡倍之，至1千余千文，小乡递减，州县分乡愈多，敛费愈重。每一州县约分乡四五十乡至五六十乡不等，全境每年例规视分乡若干及大乡多寡，自四五万千文至五六万千文不等。

二是每年无常数之各乡例规并杂项例规。州县下乡，凡验全命案，每起分馆等费四五百千文不等。凡验盗案，每起分馆等费一二百千文不等。每一州县摊派兵米约2000石上下，每石须赔贴20千文上下（此款专由商人赔贴，不以乡论）。此外若遇特别大差，或派夫，或派钱，临时从各乡摊派。

（三）清末蒙民负担的加重

放荒和设治，使大片牧场变为农田，许多牧民被迫随着垦地的推进而迁徙，有的则转营农业。清末大规模放垦蒙荒，严重破坏了游牧经济的基础。如哲里木盟放荒规定，台吉留地4方，壮丁2方，以后又降为台吉2方，壮丁1方。这种个体牧地的限量，既不符合游牧经济的特点，也不能满足牧养的实际需要。一些牧民开始转向半农半牧或弃牧务农。但由于牧民对农业生疏，加上生产条件和生产技术低下，农业收入基本没有保障。有些牧民由于不善经营而把仅有的一块生计地也租典出去，靠微薄的租息聊以糊口，如遇天灾人祸，牧民则陷入既无可耕之地，又无可牧之场的悲惨境地。

清末以来，虽然属民对领主的人身依附关系有所松弛，但蒙民仍须承担繁重的封建义务，甚至有增无减。由于商品经济的冲击，蒙古王公贵族日益腐化奢侈，需要大量的金钱供其挥霍，遂将债务、袭爵、争讼等的花费统统转嫁到普通蒙民身上，因此姚锡光写道："盖州县所苛敛于平民者既数倍于应纳之正贡，而王府所勒派于蒙人者更甚于官吏之于民户。蒙户所受之勒派则在王府，王府之需索蒙人则较州县之横敛汉民为尤酷。”①

蒙民的负担有：

1. 每年有常数之勒派。蒙古部属有箭丁、有奴才，凡班兵更番，箭丁任之；王府差使，奴才任之。其不值班兵，不充差使者，须出岁费。其岁费按户摊派，即如喀喇沁右翼，户分三等，上户十千，中户八千，下户六千或四千（以律钱计，后同），西土默特差费最轻，每户收车钱八千文（约合钱一两）。其余各旗以此类推。而蒙户除王储府差费之外，则蒙户数家又须贴值班兵一家经费；此外则旗主年班赴京之摊派，每次自银五六千两起，至银一二万两止，为数不等。其余每年例项三次之摊派：需用牛乳之摊派，官亿仓储备之摊派，名目种种不一。由管旗章京分派各佐领，各佐领派各蒙户。以上诸费皆缴纳王府，其一切应征召供使令诸役，则皆自行赍粮以从事，官无俸廉，役无工食。然此沿尚为有名之差费，其无名之差费不在此数。

2. 每年无常数之勒派。凡王府一切费用，无一不派诸蒙户，如府有大丧，则治丧之经费；府有婚嫁，则婚嫁之经费，无不随时摊派。以至猝遭大差过境及贵宾来临，与无本罕演剧、开筵及采办食物、用物、玩物诸价值，甚至府中讼事（如年爵年差等事）一切讼费，无非派诸蒙户。其法：王府责成管旗章京，管旗章京责成佐领，佐领勒派各户。其猝不能缴钱者，则驱其所牧牛羊而去，以抵现钱。若蒙人有讼事控至王府，则府员之私挥凌虐，颠倒涛张，非贿不成，尤较地方官为甚。因此，蒙人动辄弃产逃亡。

3. 蒙古王公的债务摊派，也是蒙民的又一沉重负担。如光绪三十年（1904 年），哲盟科右前旗札萨克郡王乌泰向俄国道胜银行借款 20 万卢布，三十二年（1906 年）又向俄国铁路公司借款 9 万卢布，光绪三十四年（1908 年），图会什业国亲王喜海顺向东三省官银号借银 2 万两，宣统元年（1909 年）镇国公旗借银 15000 两。这些债务大都是王公们为满足奢靡生活需求而欠下的债务。这些王公们欠下的债务有的以出放荒地所得银两来偿还，如四子王旗郡王在同治年间因“欠商

① 《筹蒙刍议》。

人货银甚巨，无力归回，于同治六年愿将伊旗忽尔图地一段归还商人，出租变价。”有的则向旗民摊派。有的债权者甚至持王公一纸之令，直接到蒙人帐幕中勒索。总之，是以不同方式转嫁到普通蒙古牧民身上。由此可知，近代蒙古牧民负担之重是超逾寻常的。当牧民们被逼到忍无可忍时，便铤而走险。这就不难理解鄂尔多斯地区为什么会连连爆发“独贵龙”运动，内蒙古东部蒙旗为什么会发生大规模的反抗封建王公的斗争了。

第二节　北洋军阀政府时期内蒙古地区的农牧民负担

一、北洋军阀政府的对蒙政策

北洋军阀政府对蒙古地区的政策，基本上沿袭清制，特别是继承了清末以来削弱蒙古王公的权力，由政府直接管理蒙旗事务。

1913 年，袁世凯政府在内蒙古地区分别设置了绥远、热河、察哈尔三个特别行政区，设都统管辖。特别区下设道县两级机构，“治理民政兼管事务”。都统独揽军政、民政、财政、司法等大权，使内蒙古王公的世袭领地，变成袁世凯政府直接管辖的区域。北洋军阀政府在内蒙古地区的政治统治稳固之后，又开始实施对蒙汉人民的大规模的经济掠夺。

1914 年 2 月，北洋军阀政府内务、农商、财政等部及蒙藏院联合制定了《禁止放荒通则》和《垦辟蒙荒奖励办法》，前者的目的在于限制蒙古王公私放蒙荒以得租谋利，后者则把放蒙荒的大权悉归政府掌管，以搜刮荒价银和升科租赋。

袁世凯以后，在军阀混战中，各路军阀争先恐后地通过放垦蒙荒来筹集巨款，以充军饷，或吞没肥己。其方法，有的是通过笼络蒙古王公，给王公以一定的好处诱使其放垦，有的则是通过武力胁迫，强制放垦。在放垦中，王公们尤其是札萨克王公被许诺分得荒价的一半，所以他们情愿或不情愿地成为军阀的合伙人，共同搜刮蒙汉人民。

放垦后的土地由国家发给大照，其所有权即由蒙古王公转入国家手中。除了放荒时一次性地分得部分荒价和每年分得一些岁租外，蒙古王公对出放的土地不再有支配权。

经过清末的大规模放垦，内蒙古地区的荒地已所剩无几，各军阀即把已经垦辟的熟地作为荒地丈放，重新征收一次荒价。即使有部分荒地，也多是蒙民的留界地、生计地、公共牧场。

通过放垦蒙荒和蒙地升科，各路军阀从内蒙古各族人民身上掠夺了大量财富，蒙古王公亦从中或多或少地分到一些好处。在土地放尽，无可搜刮的时候，军阀们还利用换发部照来进行搜刮，即把原先已经出放的土地重新换发北洋军阀政府财政部的执照，在换照中，除提高照费价格外，还要收注册费、挂号费、邮缮费、印花税等名目。广大蒙汉人民在沉重的剥削下日益陷入赤贫，许多蒙古人加入佃农、雇农的行列，和汉族人民一样受着地主和北洋军阀政府的双重剥削。军阀们往往人为地加重农民的负担，而地主则把一些负担转嫁到劳动人民身上，造成许多人弃田地、避赋税而流往他乡。

二、土地兼并的加剧与农牧民地租负担的加重

蒙旗土地由国家放垦后，多被大地主、大军阀领走。地主、军阀择肥美而交通便利之地，数十方、数百方地抢购。如察哈尔特别区，从 1915 年起，增设新县，盛行放荒，各处之富商、巨绅、官僚、政客争先承领，尽力包购，一人领数十顷至数百顷乃常事，领数千顷者亦复不少。再如巴林旗放荒时，大军阀吴佩孚的三弟凭借势力占地 1200 多顷，张作霖手下的一个旅长亦占了大量良田，以致现在该地仍保留着“司令地”“张团长地”“汤大虎地段”等名称。垦司放荒主要是为敛财，由于地主、军阀等报领多而又交现款，因此垦司亦乐于放地给他们。他们领地后分成小块出租，贫苦农民无地可领，不得不给大地主当佃户、雇农。当时直、鲁、豫、晋、陕等省人民在军阀的欺骗下，大量流入内蒙古，希图谋得一块土地而不可得，因而大都成为春

来秋去之苦工。他们绝大部分成为地主、军阀的雇工，只有少数成为自耕农。如临河土地被蒙人（主要是王公台吉）占去50%，被地主占去42%，自耕农所占土地仅有8%。又如察哈尔地区，在农户中，自耕农仅约6%，自耕农兼租种农仅约3%，出租兼自种农约12%，而租种农竟占79%。

河套地区的土地，也多被大地主承包，每包必三五百顷以上。大地主把土地转租给佃农，收取加倍的佃利。大地主虽多住于城镇，但在土地所在之处设“公中”代为经理。公中设“掌柜”管理一切事务，另有工头管理放地，有的工头权力甚至超过掌柜。地主及公中、掌柜多兼水利社经理或村长等，他们除以经济方式对农民进行各种剥削外，还利用武力及其他超经济方式进行额外掠取。

地主还利用高利贷剥削农民，普通每月月息3分、5分或6分，亦有所谓大1分者，月10元即取利1元。还有利用农民春耕时缺粮，贷以粮籽，普通为春一秋二，即春贷一斗，秋还二斗，亦有春一秋三者。这种贷粮还容易取得，若贷钱则极为困难，须有切实契保，到期不还，则利倍作本，否则就把抵押品作卖。地主往往兼营典当，常以农民的地契作押，到期不还，就攫取其土地所有权。

三、滥征捐税和摊派

军阀混战，此来彼去，所到之处争相搜刮。北洋军阀政府每年从呼和浩特征购草800万斤，豆料2300多石，车辆3万辆。名为征购，实际上出价极低，有些价款还到不了负担人手中。地方驻军也就地勒索军需。例如，绥远的武川县，因有土匪相扰，遂调来军队数营驻防，食用多由地方供给，所索草料亦无准则，人民因此大受其苦，约计每顷地须出粟10石，猪牛羊尚在其外。瘠地垦民不得不纷纷逃亡。

军阀还征收繁重的税捐。仅正式捐税即有所谓国家税、特别区税、县税三种。其他杂捐杂税与摊派随时加征，如田赋、印花、地庙附加、牲畜捐、田房学捐、戏院学捐、菜园学捐、驼捐、附加学捐、随粮代征学捐、公益捐、烟馆捐、禁烟特捐、烟亩罚款、庙捐。如此等等，不胜枚举。而实数所征，因中间人的剥削，又几倍于定额。据《塞北纪行》载：民国元年以后内蒙古西部地区和归化城等地，“凡蒙汉出入，一切日用物品皆须纳税，……至尺布斗粟，不容隐漏，漏则重罚焉，至有一身无余罚无可罚，桎梏图圄以死者”。因此，“绥远农民生活的困苦，比起内地各省不知道要超过多少倍”。

四、牧业经济中的雇工剥削

民国时期，牧业经济中的一些剥削方式，如苏鲁克制和雇用放牧制，已达到了成熟状态，破产的蒙古牧民有许多以苏鲁克或受雇佣的形式替人放牧。由于商品经济的发展，畜牧主或商人不仅以现物交换劳动，而且以支付货币形式雇牧。

苏鲁克或称预托放牧，主要有两种方式。一是在已开垦区域，有些汉商或畜主常联络就近各户，雇佣牧丁牧养其牲畜。对于牧丁的报酬是不一定的，有的准其自由挤取乳牛之乳汁及使用其挽车，若产生新犊就归送所有主，如遇畜死，即将死畜全部送交所有主，或只将其皮送去。有的除给予享受挤乳及挽车权利外，还给少许货币。二是在半开放地的行商及土著商人，将交易过程中得到的或购入的牲畜，概预托原来的所有主为之饲养。在这种情况下，相互间是不需要任何契约的关系，只依旧的习惯。乳牛的挤乳为被预托者，无论乘用或挽车，都听其自由使用。如遇畜死，即留取其皮还所有主。有的专代牧羊，被预托者俟其长大，以取得其毛绒之一半及皮的全部。不过，行商对预托者在初托或最后取还时，尚付少许商品或货币为酬劳的代价。

雇人放牧。蒙人或汉人为管理全家的牧畜，常雇牧丁，每一牧丁管理牛马三四头（匹）或五六十头（匹），羊约五六十只左右。报酬大部分为商品及货币。如马之放牧的报酬，年额为牛皮 1 张，布匹、衣服、靴、糜子及工银若干，月额为银一两五钱或四五元左右。羊之放牧的报酬，年额为衣服、靴及工银若干，月额为银一两或三元左右。其条件为放牧的牲畜超过普通额数（如五六十头）。

在纯游牧地方如锡林郭勒盟各旗，凡雇人放牧不受报酬多少的约束，如放牛者只随意挤取牛乳，放羊者只随意挤取羊乳或割食羊肉，换句话说，只有“食酬”而无“物酬”或工银酬。

第三节　国民党政府时期（1927—1949 年）内蒙古地区的农牧民负担

一、国民党政府的对蒙政策

国民党政府成立后，于 1928 年将热河、察哈尔、绥远三个特别区改为行省。

改省之后，各省政府为扩大县治区域和增加财政收入，积极招徕移民，增设县治，勒逼蒙旗放垦。热河省政府对境内各蒙旗采用蛮横的高压政策，积极推行移垦设治计划，急欲将境内各蒙旗加以吞并消化，其对土地掠夺和经济搜刮达到敲骨吸髓的地步。1929 年，热河办理蒙地升科，整顿租赋。活契地收地价税一等每亩大洋 9 角，二等 7 角 5 分，三等 6 角，四等 4 角 5 分，五等 3 角，六等 1 角 5 分；死契地收注册费，一等每亩大洋 6 角，二等 5 角 3 分，三等 4 角，四等 3 角，五等 2 角，六等 1 角；均附收 25%。领取地照，凡地 10 亩以下，每照一张大洋 5 角，50 亩以下 1 元，百亩以下 1 元 5 角，每段（200 亩）填发地照一张。

与此同时，国民党政府还以名目繁多的苛捐杂税和无休止的征粮征畜、拉夫派款等手段勒索伊盟人民。伊盟地区自 20 年代以来，连续干旱成灾，农业区粮食连年歉收，牧区牲畜大量死亡，人民生活处在极端贫困之中。当时一些官文报告曾写道："札旗南部三里界、二里半等地，野菜殆尽，饥民不得已，到处索食"，"无法维食之家，逃荒他处"。这是在国民党政府的残酷压榨下，伊盟蒙汉人民生活的真实写照。

二、田赋与苛捐杂税

国民党政府统治时期，田赋仍照军阀时代旧例征取。经过历年的开垦和“清理”，应征田赋地亩的数目大增，因此田赋亦随之增加。由于土地的性质和垦辟的先后不同，田赋又分为许多种类。如绥远省所征田赋就有米折、地租、岁租、官租、蒙租、短租、粮赋等六种名目。米折地是从清代的官粮地而来，各地人民承种，按库征米，后则由米折银，由银折米，屡经改易。地租地是指绥远城八旗牧场等地及清代蒙旗先后报垦，地租全数归公之地。岁租地则指清末放垦时，由蒙旗分成之地。官租地指 1915 年以后新垦升科之地，征有官租、岁租两种，官租归公，岁租归旗。蒙租地多属旗丁户口地，及各佐官滩等地，历由汉人向蒙户直接价买，或租典耕种。短租指汉人租垦蒙地未经正式丈放升科者，由县丈青征租。粮赋是指原属察哈省的丰镇、凉城、兴和、陶林、集宁五县向征米折地租等地，于 1922 年整理时，一律改称粮赋，以昭划一。以上都是田赋的正项。

据计，绥远省实地共 14 万 39 顷 65 亩 6 分 2 厘 4 毫，额征国币 521046 元 2 角 3 分 5 厘 5 毫 3 丝。其中米折地 15970 顷 43 亩 6 分 8 厘 3 毫，额征国币 55868 元 5 分 1 厘；地租地 10270 顷 21 亩 4 分 8 厘 7 毫，额征国币 40746 元 8 角 2 分 8 厘 2 毫；岁租地 190103 顷 21 亩 7 毫 8 丝，官租地 95316 顷 83 亩 3 分 6 厘 7 毫，额征国币 95572 元 3 角 7 分 1 毫 5 丝；粮赋地 97507 顷 27 亩 7 厘 7 毫，额征国币 288500 元 2 角 9 分 7 毫；短租地 1681 顷 68 亩 3 分 1 厘，额征国币 5870 元 3 角 6 分 3 厘 4 毫。

正项田赋之外，还有附征，有私租、另租、火耗、亩捐、征解费、警费、学款、党费、区团费、丈青费、建设费、租捐、鳏寡孤独地租等名目，绥远全省额外附征国币 685279 元 8 角 7 分 5 毫 5 丝。其中附加征亩捐国币 250847 元 3 角 3 厘 1 毫；附征公费国币 3926 元 4 角 6 分 7 厘 7 丝；附征加二租捐国币 65 元 1 角 2 分 1 厘；附征火耗国币 118 元 4 角 2 分 9 厘；附征警费国币 33964 元 1 角 5 分 3 厘 5 毫 8 丝；附征学捐国币 14681 元 6 角 2 分 4 厘 2 毫 9 丝；附征丈青费国币 1079 元 8 分 2 厘 6 毫 4 丝；附征征解费国币 2167 元 3 分 9 厘 1 毫；附征地亩摊款国币 50350 元 3 角；附征偿还欠款国币 42383 元 5 角 4 厘 9 毫 2 丝；附征第二师范学校建筑费国币 10481 元 9 角 6 分 3 厘 2 毫；附征自治费国币7373元2角7分4厘2毫4丝；附征区公费10042元2角4分6毫9丝；附征建设费国币8809元8角6分5厘7毫；附征另租国币36023元1角2分4毫8丝；附征鳏寡孤独租国币47元5角3分2厘；附征私租国币14671元2角7分9毫6丝；附征水草国币333元7角1分4厘2毫。

各县所征田赋正项及附征之火耗、公费、平余、租捐，绥西归绥、萨拉齐、托克托、和林格尔、清水河、五原六县之亩捐，绥东丰镇、集宁、凉城、陶林、兴和五县之另租，均解省作为党政及临时军费支销。各县附征警费、学捐、党费、保卫团费、丈青费、征解费、地亩摊款、省立第二师范建筑费、自治费、区分费、建设费、另租、鳏寡孤独租及丰、凉、陶、兴、集五县之亩捐、沃野设治司之青亩捐，均留县作为警费等，或解政补助费支销。各县附征私租、水草及包头、东胜之岁租分成，和林格尔之六成白旗地租，均归盟内各旗支销。

在这样的负担下，农民往往终岁胼手胝足，所得之粮粟，尽数出售，尚不足缴捐税。如河套塔布河渠灌域之农民，其收支比较如下：

支出方面：	以顷为单位
1. 水租	30元
2. 水利管理局经费	2元5角
3. 村费	12元
4. 财务局摊派	20元
5. 牲畜捐	6角5分
租牛及农具	1元3角2分
6. 长工工资	30元
7. 籽种牛料、食料7石	以3元5角算共31元5角
8. 粮银	4元6角
9. 草银	5元
10. 锄割地工资	10元
合计：	147元5角7分

收入方面：谷子50石，以1元2角计算，共合洋60元以上。

两相比较。须亏87元5角7分，即种地1顷之农人，每年须赔此数。此尚就耕农而言，若系佃农，则须加60—80元之地租，其赔累更不堪矣，故有许多因种地而卖牛者。

再如，绥远临河征收田赋，以丈青为标准，地方摊款及水利费，也按丈青征收。地方摊款分为两种，一是地方款。如行政费，差役费，由财政局征收；一是各乡镇自行摊派的村款，如村公所经费、差役等费。摊款每年不同，亦无确数，财政局上年按丈青每顷征收行政费18元，下年因水灾丈地减少，每顷征收增至30元。各乡镇村款数目不一，约在10元以上20元以下。水利管理局每顷征收12元，合计每顷丈青地征收50元以上。

三、盟旗衙门的财政收支状况及蒙民的特殊负担

国民党统治时期，地方财政的收入较之明清两代有了显著的增加。以鄂托克旗为例，盐池税每年收6千银元，食盐出境税5万，碱淖税1万元，甘草出场税1万元，商人营业税四五千元，草场税二三千元。其他旗的税收项也大同小异，稍有区别的是，在农业区，地租和种植大烟税的收入在整个赋税收入中所占比重较大。而在牧业区草场税或曰水草税的收入也比较可观，通常牛马骡等大畜，每头（匹）税率为2元，山羊、绵羊等小畜，每只税率为2角。

然而，盟旗衙门收入的增加并不能说明该地财政的富裕，反倒常有入不敷出的情形，究其原因：一是王公的生活极其奢靡且日趋现代化，花销处多，故开支浩大；二是各旗都养着一批军队，既需购买枪支弹药，又要按期关饷；三是随着国民党政权的日益腐化，他们对蒙古族人民的掠夺越来越疯狂；四是花钱买官日趋公开化。20年代，准格尔旗代理札萨克那森达赖为了取得盟长职位，一次运到北京24万银元。这个旗到40年代，札萨克一职出现空缺，前任札萨克的族亲赛成嘎为了让其子继承王位，打开银窖取出了3万块银元，贿赂南京要员。另外该旗既有警备师，又有保安师，装备也较各旗先进，两个司令部共有1个中将，14个少将，2个准将，除了国民党派来的3个少将外，14个蒙古将军多是花大钱买来的，少则几百两大烟，多则上万块银元。如此花钱买官，在盟旗比比皆是。除此而外，赛马、祭敖包、召

开旗务大会等项开支也不在少数。所有这些开销，大多出自盟旗衙门的财政收入，诚如史书所言，“来源既蹙，去路方宏”，入不敷出，势成必然。

盟旗王公为了扩大财源，不断加重蒙民的负担。他们凭借封建特权，根本不顾属民的死活。蒙民除交纳比丁银外，普遍要承担临时性的摊派项目，而后者往往高于前者数倍或数十倍。如准格尔旗黄河北岸党三窑子一带所摊派粮草的数据：1938 年，有保安队员 200 人，上等地每亩收税 1.4 升，中等地每亩收税 1.2 升，下等地每亩收税 0.8 升；1939 年，保安队员增加为 450 人，上等地每亩收税 2.4 升，中等地每亩收税 1.8 升，下等地每亩收税 1.5 升；1940 年，保安队员增加为 700 人，上等地每亩收税 4 升，中等地每亩收税 3 升，下等地每亩收税 2.5 升。从中反映出税收逐年增长的趋势。同时摊派的谕令随时下发，立刻就要。又如某旗署发往仁德村的谕令说明了这一问题，“该村应派征糜子 8 石 1 斗 6 升，玉茭谷料 6 石 7 斗 2 升，油肉面各 38 斤，山药 147 斤，食盐 1 斗 5 升，糜子草 4026 斤，大炭 2980 斤。仰遵照办理。”在如此繁重的负担之下，蒙民的生活陷入困境，出外逃生的人年多一年。1935 年国民党政府调查该镇人口时有蒙人 1.5 万，到 1948 年仅剩 9600 余人，逃亡的原因主要是不堪忍受沉重的赋税负担。

恣意勒索乃是蒙民的又一沉重负担。据土默特旗 1946 年 5 月在给省府的呈文中说：“兹查蒙汉差徭一案，虽经县府令饬各乡公所遵照七七事变以前办理，……而冠盖乡指导员复行强迫补还贷蒙民生生，以户口地十亩，于旬日起抵抗不过，已交于该冠盖乡公所谷子 1 石 2 斗，有收据为凭。还不满意，勒令交纳糜子 3 石，蒙民生生早已逃避，该指导员遂将生生之寡母，不知何世之冤仇，百般毒打，曾经死过数次，始行罢手，令人闻之莫不痛心。”达拉特旗札萨克康济敏 1946 年 3 月在给省府的一份代电中也反映了同样的情况，指出：“顷据本旗后套区蒙民报称：五原、安北、晏江、狼山等县乡保甲长与蒙民推派各项差徭，至为严重，蒙民无力负担，请转函停止。等情前来。查蒙民负担尚有蒙旗杂差，自不应再向县缴纳双重负担。”

综上所述，鸦片战争以前，蒙古社会因处于长期稳定和缓慢发展的阶段，故内蒙古牧民负担相对较轻，鸦片战争以后，随着清政府、北洋军阀政府和国民党政府对蒙政策的改变，内蒙古农牧民的负担亦随之越来越重。

第四节　近代西南彝族、壮族、苗族、哈尼族、拉祜族等少数民族地区的农民（农奴）负担

中国是一个统一的多民族国家，“在近代，我国各族人民共同遭受帝国主义、封建主义和官僚资本主义的压迫，把各族人民紧密地结合在一起。一百多年来中国民主革命的历史，就是一部各族人民共同反抗外国侵略者和国内反动统治者的斗争史。”①

一、西南地区的民族分布与发展概况

西南地区，主要指四川、云南、广西、贵州等省。由于历史上多次的民族迁徙、屯田、移民戍边，朝代更迭等原因而引起的人口变动，使这一地区成为我国少数民族的一个主要聚居区，各民族互相交错，主要有苗族、壮族、布依族、哈尼族、拉祜族、彝族、傣族等。

在整个近代，我国少数民族地区的社会经济结构是复杂的。许多少数民族的社会经济结构和汉族相同或大体相同，即封建地主经济占了统治地位，而有些少数民族的社会经济结构则和汉族地区大不相同，有的是封建农奴制，有的是奴隶制。这一特点在西南地区的少数民族中表现地尤为突出。

其中，壮族、苗族的社会经济结构与汉族大体相同。在这些地区，地主和农民是两个主要阶级。地主、头人、宗教上层人物和官僚豪绅占有大量土地、牲畜，对农民进行残酷剥削。傣族、哈尼族则主要是封建农奴制，领主和农奴是两个主要阶级。西双版纳的傣族领主，由

① 国家民委民族问题五种丛书编委会：《中国少数民族》，人民出版社1981年版，第12页。

各级土司及其家臣所组成，那里的土地、山林、河流都属于最高的领主——“召片领”所有。土地的一部分作为领主的“私庄”和分给属官的“薪俸田”，由农奴无偿代耕；其余作为农奴的“份地”，利用历史上残存下来的农村公社分配土地的成规，以村寨为单位，把土地和官租，劳役等沉重负担分配给农奴。保存着村社的躯壳，是傣族封建领主经济的特点。

彝族的大多数已进入封建地主经济，但是在四川和云南的大小凉山地区的彝族，新中国建立时还保存着奴隶制度。奴隶主和奴隶是两个主要阶级，社会内部等级森严，按父系血统分为诺（黑彝、贵族）、曲诺以及掠夺来的或世袭的阿加和呷西这样四个等级。奴隶主阶级基本上由占人口约7%的黑彝组成，占有70%以上的土地和大量牲畜，并不同程度地占有其他三个等级的人身。约占人口50%的曲诺，占有少量土地和其他生产资料，人身隶属于黑彝奴隶主，每年须服一定时间的无偿劳役，并受各种其他剥削；而阿加和呷西则没有人身自由，可买卖虐杀，大部时间为主人服无偿劳役，从事家内劳动和田间生产。

还有些民族，虽保存有浓厚的原始公社残余，但由于个体生产的发展，阶级的分化，已经开始有了生产资料私有制，出现了剥削因素，如傈僳族则已基本过渡到一家一户为生产单位的小农经济社会，阶级分化已普遍发生，有租佃和高利贷剥削现象。

与上述经济制度相适应，在整个近代西南少数民族地区的政治制度也较复杂，凉山彝族地区是以黑彝父系血缘为纽带的家支制度，无统一政权，各家支互不隶属，对奴隶实行野蛮专政，而在其他地区的各少数民族，则保存有不同范围的山官制度、千百户制度、头人制度、土司制度等。

西南地区的少数民族，同中央政府及地方政权保持着密切的关系，尤其经清代“改土归流”以后，已基本纳入中央政权的统辖之下，各族人民与汉族杂居相处，互相影响，少数民族的封建主同汉族地主阶级相勾结，对广大少数民族下层人民和汉族人民进行残酷统治、剥削。

近代以来，随着帝国主义入侵的加剧，尤其19世纪60—90年代，西南地区各族人民也日益陷入半殖民地半封建社会的深渊；反抗帝国主义、封建主义和官僚资本主义三座大山的压迫，成为各族人民共同的目标。

例如，白族地区封建地主经济占有绝对优势，90%以上的人口从事农业生产，在地主经济区，土地高度集中，占农村人口不到10%的地主、富农，占有60%—80%的土地，占人口90%以上的农民，只有20%—40%的土地。农民的70%以上为贫雇农，他们完全没有或只占有极少的土地，所受的压迫剥削最深。

地租、高利贷、雇工及各种无偿劳役摊派，是农民负担的主要形式。地租以实物租最普遍，在坝区和城郊，也出现了货币地租。地租率一般占收成的五六成，多者近七八成。“九月田里谷子黄，农民家中饿死娘”，反映了白族农民在旧社会的悲惨生活。高利贷年利率有的成倍甚至二三倍，低的也要“加五行息”。无数农民因债台高筑而倾家荡产。对雇工剥削很残酷，长工劳累一年最多只得十多元（半开）的收入，有些地方甚至只给糙米二三斗。对牧童、丫环、打杂等，连报酬都不给。

近代以来，白族地区的商业资本得到较大发展。先后出现了“福春恒”“兴盛和”“云丰祥”“洪盛祥”等大商行，分为鹤庆、喜洲、腾冲等商帮。这些商行老板多是官僚地主。他们由印度、缅甸、越南等地运进美、英、法等国的洋纱及各种洋货；从国内搜运黄金、白银、石磺、黄丝、猪鬃及其他农副产品。他们在为帝国主义推销商品和收购原料的活动中发展起来，带有浓厚的买办性。

除大商业资本外，中小商业也有一定的发展。他们在促进商品经济和城乡物资交流上，都起过一定作用，同时又以投机倒把、低买高卖等手段剥削广大劳动人民。

总之，白族商业资本是在地主经济基础上发展起来的。资本家在赚钱以后，又投资于土地经营，他们勾结官僚政客，甚至行贿买官，形成官僚、地主、大商人三位一体，共同对劳动人民进行残酷的压迫和剥削。

帝国主义侵略势力进一步深入白族地区后，垄断了白族地区进出口的主要物资，控制了市场和物价，不仅窒息了白族商业资本的发展，同时使许多中小商户纷纷倒闭，加重了白族人民的苦难。[①]

西南地区的其他少数民族，大都同白族一样，在政治、经济方面发生了较为显著的变化，进而在农民（农奴）负担的形式到内容方面也有不同于从前的改变。

下面，结合社会调查报告，对近代西南地区的几个主要少数民族的农民（农奴）负担问题，分别予以说明。

二、西南各少数民族地区农民（农奴）的负担[②]

（一）凉山彝族地区[③]（四川）

1. 地租形态。凉山彝族地区的社会形态虽为奴隶制，但在剥削关系上，出现了封建性租佃剥削，其中的租地户就是人身依附关系较弱，等级较高，且人口占一半左右的曲诺。这种租佃关系在当地比较普遍，故此处略述一斑。

在土地租佃经营中，租地户一般以主要农作物交纳地租。分别说来，在山区以交荞子、苞谷为主，少数平坝地区交纳稻谷。

租地户向出租户交纳地租有两种制度：一是活租制；另一是定租制。

活租制是就土地的优劣，以常年实际产量按一定比例交纳。这种交租形式一般多行之于租佃双方住地较近的水田、旱地，出租户便于亲自监督收租。

活租在多数地区一般以对分收获物为主，如出租户担负种子，交租二分之一。租地户担负种子，交租三分之一。

定租的交租数额，不因收成丰歉而有增减，必须照原定数额交纳。这种制度多行于租佃双方住地过远的水田、旱地，或土目地区曲诺、阿加领种的土地，或经主子允许开垦的荒地。

---

① 国家民委民族问题五种丛书编委会：《中国少数民族》，人民出版社1981年版，第326页。

② 文中所用资料有些是解放后调查的民主改革前的情况。

③ 以下调查资料来源见《四川省凉山彝族社会历史调查》（综合报告），四川省社会科学院出版社。

高山轮歇地多系定租，按种籽量为交租量的标准。定租，在坡地、水田一般是租地户担负种籽，租额大致是由七分之一、四分之一到三分之二。开垦荒地有的当年栽种后交租，有的在第三年后交租，租额一般是五分之一至十分之一。

在中心区黑彝统治各乡中，城南乡出租户采取活租者多，也有租佃双方住地较远才采用定租的，但仅占极小的比例。则洛乡定租多行于次等地，巴普乡定租较多。瓦吉木乡活租多，水田定租多，土目统治的滥坝乡定租占全乡总耕地面积十分之九，活租只占十分之一。

另在边缘地区黑彝统治各乡中，上田坝活租多，拉里沟乡定租多；上下土司地区斯补乡定租多，宜地乡活租多。

关于租佃制度除上述活租与定租之外，在斯补乡尚有包租制度，但因租额固定，不因时年好坏而有增减，实质上也是定租的一种形式。

在斯补乡高山地带土司有部分出租地与几个曲诺的家支公有地，分别由当地的曲诺家支或汉族包租。由于耕地面积较大，收成又不稳定，租额是估计决定，就采取包租耕种。

租佃双方由于彼此所处地位不同，对活租与定租的看法也有差异。出租户有的收定租，认为不论收成好坏，租额决定之后，能够保证一定的收入；其次因出租地距自己住地过远，不可能在收割时亲往监督收租，只能采行定租办法。出租户有的收活租，认为产量如有增加，收入也随之增加；其次住地较近者，不仅可以监视收租，并可分得稻草、苞谷杆归自己所有。就租地户说，有的认为定租后，如产量不断提高，多劳多得，对己有利。有的认为活租在遇自然灾害农作物歉收时，可以少交，如颗粒无收者可免交；其次，产量提高自己收入加多，如系定租因歉收而多交租粮，于己不利。

由上所述，两种制度就租佃双方来看，各有不同好处。据调查：主子出租土地时是活租还是定租，要看租地户耕种能力。他估计租地户可以不断增产时，常用活租。如他估计租地户能力不强，增产的数量不会很多，就常用定租。定租后如果歉收，可以拉租地户的牲畜作抵，所以他绝不会吃亏的。

在实际生活中如租地户经过加工经营，产量有所提高，无论活租定租总是可以得到些好处。但因出租户在增产情况下可以改定租为活租或提高定租比率，所以采用定租还是活租，租地户是没有多少选择余地的。

各乡租地户有因自己粮食不够食用，无法交出，在出租户允许下得以粮食现价折成银两、猪、鸡等交租的（瓦吉木乡、滥坝乡）。有因出租户需银使用，以应收粮食折合银两交租的。在彝区盛产鸦片时，由于运往汉区获利较高，出租户乐于以鸦片作租（巴普乡）。另在出租户需用盐巴的地区，因租地户距汉区近，买盐较为方便，有事先议定以粮食折合盐巴交纳（上田坝乡）的。

在边缘区上田坝乡、狮子村两地由于跟汉区较近，白银流通量较多。有在租佃双方订约时，事先说明交纳银两，这是边缘区中为数不多的现象。

至于地租形式除上述之外，还有“土地猪”“土地酒”“屋基租”，等等。畜牧副业中的牧地也有交租的。

瓦吉木乡有的租地不交实物，也不服劳役，但要在土地主人或他的子女娶嫁时，送猪、送酒，称为“土地猪”“土地酒”。

在彝族区租佃土地经营还有一定的规矩，并具有不同的剥削内容。

中心地区：黑彝统治各乡向黑彝租地一般在租地时无中间人说合，无文字上的契约，也无一定租期，可随时收回。租种之后，不得转租他人。租地手续订妥后，由租地户向主人送一只鸡或一坛酒。曲诺、阿加等级间租地也请吃酒，但非常规。黑彝彼此间租地有的租地户请出租户吃酒，但也可以不请。如系采取定租，主人住地较远，由租地户把粮食存储，待主子派人来取。有的因土地主人住地太远，由租地户亲自送去的。如果住地较近，又是采活租制者，则由主人亲自监督收租，一般要招待酒肉。黑彝主子派管事来收租，除在土司地区，凡领种土地的曲诺（不论原住该处或后迁来），先请指地人向土目说妥，到指地时领种人带一只羊或一坛酒送主子，并送指地人一两银子或一张羊皮作为“划地钱”。土目家收租有专门收租人（如看房跟班或呷西），收租时要请吃酒肉。如系土目或妻子亲来收租，则须加意招待，稍为怠慢，可能引起夺佃。如招待较好，有的在所收租额中分出粮食一二斗，赏赐租地户作为酒钱。在收清粮食后，一般由租地户背送主子家中，如租粮过多，主子派阿加、呷西背回。曲诺间租地由出租户本人或派人背回，但不一定以酒肉招待。

租地户如因收成不好或其他原因欠租，依等级不同有各种处理的办法。

租种黑彝、土司、土目土地欠租处理办法有：(1) 曲诺如交不上租，子女被主子拉去当呷西，等级下降；(2) 欠租照收债办法处理，年利率为百分之五十，如经久不能偿还，子女被拉去当呷西，等级下降；(3) 曲诺的阿加欠黑彝租粮，由曲诺交纳，否则黑彝拉曲诺的阿加子女当呷西；(4) 黑彝、土司、土目的阿加欠租，可以免交；(5) 曲诺欠租无力付清，主人可以夺佃另租他人。

巴普曲诺乌鲁育哈欠吴奇家租十五斗，拖延了三年就算利息，还不起，两个女儿一个做陪嫁丫头，一个出嫁吃身价银。一个儿子也给配了阿加的女儿，直到解放还是阿加。这事已有三四十年。

又，曲诺达兹尔楚欠租交不上，就把女儿以呷西作抵，后又被陪嫁出去。此事为达兹家所知，于是家支共同出银子赎了回来。

至于曲诺、阿加等级对欠租处理与黑彝稍有不同。曲诺之间欠租不能拉对方子女作呷西，但在租地户嫁女时可索取聘金。曲诺的阿加向另一曲诺佃耕欠租，无力偿清时，阿加的子女被拉作呷西。

此外，黑彝租地如果欠租，将自己占有的娃子交出租户作抵偿。曲诺、阿加出租土地时，如果租地户欠租，请自己的黑彝主子代收，在租地户无力交付时，黑彝拉其子女作呷西。如租地户的主子不允许，要为自己娃子代交欠租，才能避免拉作呷西。

综上所述，租地户的主子如果是黑彝、土司、土目等级，在无力偿付时，子女被拉作呷西，等级随之下降。其次，黑彝欠租，也要将自己的娃子交出作抵。再次，如果黑彝代收所属曲诺、阿加的租地户，欠租的租地户无力交付时，亦可拉租地户子女作呷西。最后，阿加向非自己主子的曲诺租地，因欠租无力偿付，子女亦被拉作呷西。这种因欠租而产生等级下降的情况，是彝族社会租佃关系中的一个特点。

2. 因租地而产生的额外负担。凉山地区由于黑彝对娃子有人身隶属关系，曲诺、阿加等级即使不租种主子土地，也必须担负劳役、摊派、送礼等剥削。这些负担与土地关系没有必然的联系。但在滥坝土目地区只要曲诺领种土目土地，就有地赋、劳役、摊派、送礼等负担；如不领种土地，就不必承担。领种后土地如被土目典当，也随着这种转变而换新主，并同样要对新主子承受上述负担。至于阿加等级则不论是否领种土地，必须为主子承受劳役、送礼等负担，这是不同于曲诺等级的。另外在个别土目占有地中，曲诺、阿加有因劳力缺乏不愿多领，部分人又因人口增多，土地不够耕种时，就向土目分租，租额高于地赋。但租地户除交租外，无其他的额外负担。

另在斯补、宜地两乡的土司占有地中，娃子耕作一部分，其余大部分出租，并征收与黑彝地区大致相同的地租，因而曲诺、阿加领得的耕食地也就不多。凡租种或领种土地除原有负担外，只在土司家娶媳时送一只猪。

黑彝统治地区的曲诺、阿加向自己主子租地时，除在租地与交租时有些负担外，一般无其他额外剥削。曲诺、阿加向非本人主子租地，当土地主人结婚或其子女娶嫁时，要送一只猪或一坛酒。作帛时，送一坛酒。过年时送坛酒。有的经营次等地，在应送礼时，只送一串辣椒。有的在农忙时，土地主人叫租地户去服几天无偿劳役。

在巴普乡，如系曲诺、阿加向黑彝租地，无论是自己主子或非本人主子，都有额外的负担，彝话叫“母则黑儿普”。“母”是土地，“则”是粮食，“黑儿普”是负担，全意是由租佃土地所产生的负担。这种额外负担计有三种：（1）“母则窝”，是因租种土地而送的猪；（2）“母则直”，是因租种土地而送的酒；（3）“伸直”是因租地在过年时送出租户的尝新酒。

瓦曲曲乡汗纳木吉村黑彝阿侯觉发占有地中部分由娃子耕种，部分出租。出租地有非阿侯觉发占有的阿加斯都索谋（自己主子是阿侯莫黑住石觉）向其租地，每年除交租外，要到阿侯觉发家做四五天田间劳动。

黑彝向曲诺租地耕种，除交租外，无其他负担。

雷波马颈子区八寨乡，黑彝阿着曲不之子阿着石独，因占有地不够耕种，向黑彝布兹足什所属曲诺阿约曲色租有三升种地自耕。系对分租，每年除交租外，无其他负担。

再就每个等级内部来看，无论黑彝、曲诺、阿加相互租地，还没有发现因租地而产生的额外负担。由此可见，这些额外负担只是黑彝向所属娃子由于租地而产生的强制性的剥削，其实质是以黑彝在等级关系上所拥有的特权为基础的。同时也可以看出土地关系反映等级关系上的一些特点。

上述因租地而引起的额外负担，就租地户说有的是向土地主人说定如无欠租，不能收回土地另租别人，希望取得永佃权。但事实上租地一般事先不说明租期，土地主人有随时收回的可能，也就没有所谓永佃权的保障了。

3. 地租的增长。有的地区因出租土地少，对土地的要求增加，地租随之增加（瓦吉木乡）。有的因生产水平提高，单位面积产量增加，出租户就乘机抬高租额（斯补乡、宜地乡、巴普乡）。有因种植鸦片烟后，租地户收入增加，地租就随之提高（阿尔乡）。至于加租总的趋势，一般是由原租 1/3、1/2，提高到 1/2、2/3。在边缘区狮子村由于两季稻种植较为普遍，租额一般提到 2/3；质量较好的地有高达大春收获量百分之百的，租地户仅得小春杂粮。

各地加租情况一般是个别进行，但不普遍。在边缘区土司统治的宜地乡，由于上述原因，凡租种土司的土地曾经普遍增加过一次租额。

巴普乡曲诺节节左帖的父亲曾向黑彝阿竹尔补租地一块，产量二石，交租一石。后由节节左帖租种，由于产量增加，出租户借口租地户的小孩和猪损坏自己粮食，将租额由一石改为一石二斗。

上田坝乡抓抓岩村曲诺苏支贴向黑彝吴奇色达租入五升种地，当时议定每升交租五两银子，继后由于苏支贴深耕细作收成较好，吴奇色达以夺佃威胁，租额遂由每年五两银子加为七两五钱。

据在宜地乡下土司家作过二三年长工的汉人周登科说，下土司最后一个看房李成安经手出租的田地，从过去 1/3 至 1/5 的租额，全部增加为 1/2 的租额。关于宜地乡近 50 年来地租增长情况列表 8－1 说明如下。

表 8－1　　　　宜地乡近 50 年来地租增长情况

时间	土地类别	每亩收获量（斤）	每亩收获量增长指数	每亩田的地租量（斤）	地租量增长的指数	地租量占收获量的%	地租率增长的指数
1917 年	上等田	480	100	240	100	50	100
	中等田	448	100	89.6	100	20	100
	下等田	336	100	56	100	16.6	100
1956 年前（民主改革前）	上等田	640	133	384	160	60	120
	中等田	512	114	256	285.7	50	250
	下等田	384	114	96	171.4	25	150.6

资料来源：根据该乡生产力调查与土地关系租额计算，制表日期：1958 年 4 月 19 日。

表 8－1 反映：近 50 年来该乡各种类型水田单位面积产量有很少的提高，上等田亩产量增长 33%，中等和下等田只增 14%。但地租量增加很大，上等田增加 60%，中等田增加 185.7%，下等田增加 71.4%。由于地租量的增长，地租率相应随之提高，上等田增长 20%，中等田增加 150%，下等田增长 56%。其中特别突出的是中等田每亩增产只有 14%。不到原产量的 1/7，加租几达原租额的两倍，地租率增长一倍半。据调查，中等田加租特别多的原因是因为中等田在该乡所占比例较大，人口增加后对土地的使用需求迫切。

同时，从表 8－1 看出，三种类型水田地租量增长的指数都大于每亩收获量增长的指数，特别是中等田，地租增长几乎达两倍。因此，租地户不但没有因增产得到好处，反而由此遭受了加租的剥削。

4. 高利贷剥削。据调查，在凉山彝族的许多地区，高利贷剥削是严重的，所谓严重是指利息高和牵涉的范围广。债务关系主要发生在土目与所属各类娃子之间，其次也发生在富有的曲诺与贫穷的曲诺、阿加及朔之间。也就是说，土目与富有的曲诺是主要的放债者，而贫穷的曲诺、阿加与朔是主要的借债者。借贷的对象主要是粮食，其次是牲口，再次是银子。

债务关系所牵涉的范围是广的，在其乡 23 户土目中，民主改革前家家都放过债。土目所放的债以粮食较多，银子较少，放债最多的银子有 30 锭，粮食在 100 石左右。

在整个曲诺等级全乡 500 余户中，放粮食及银子的只有 20 余户，而借粮食的却有 400 余户，借银子的有 300 余户。在全乡约 180 户阿加中，放粮食债的没有，放银子债的有 5 户，借粮食和银子的约有 120 户左右。在该乡约 100 户的朔中，借出粮食的有 10 户，借出银子的有 9 户，他们借出的数量甚微，而借入粮食和银子的占大多数。此外，牲畜借贷的事情几乎家家都有过，而常借出牲畜的在各类户中约有 200 余户。

借债的原因主要是由于贫困不能维持生活，借粮食当然是为了渡过眼前的饥荒。其中，除洋芋价贱不作为借贷对象外，荞子、燕麦等都是借贷的对象。借银子主要是为了买粮食来吃。此外，还有借银子作为买农具、办婚丧大事以及打冤家赔命价的需要。借牲口主要是为了治病赶鬼的需要，其次也有因办婚丧大事而借牲口的情况。

借贷的利息以粮食为最重，一般年利为 50%，即借 1 石还 1 石 5 斗。银子的利息如以银子计年利为 20%，即借 10 两银子年利 2 两，但如以粮食计息则仍为 50%，即借 10 两银子年利 5 斗。粮食借贷的利息较高而银较低，这是由于银子较多且不能投诸生产的结果。借牲口的利息不论山羊、绵羊或者牛马，年利均为小牲口 1 只，而借绵羊时还须另给 3 次羊毛利。利息的计算一般按年，过年即按复利计算。借债的手续一般没有中人，也没有字据，由借主直接找贷主借贷。除上述的利息计算外，还存在着土目家女儿因积蓄私房而以特殊方式放债及计息的方式。

正是由于借贷的利息重，而且采取复利计算的方式，因此贫穷的曲诺可能因无力偿还土目的债款下降为阿加，而阿加也可能因无力偿还别的土目的债而被送给新的主子。

应该注意借贷不还的两种情况：一是在土目以下被压迫的劳动人民之间，即在曲诺与曲诺，阿加与阿加，朔与朔，以至彼此相互之间，可能因为借债者无力偿还，打酒招待贷主后即免于归还。虽则这种情况是个别的，但它是属于劳动人民互相帮助的性质；另一种是主子强向娃子借贷并且故意赖债不还的情况，这主要是土目在生病时强借曲诺的牲口和缺粮时强借曲诺的粮食以至银子，借后不仅不给利息，并且连本也不归还。此外曲诺、阿加所占有的朔也存在着主子强借不还的情况，前述朔的放债一部分就是这种情形，这些都是主子以借方式强行掠所属娃子的性质。

（二）壮族地区[①]（广西）

1. 地租形态。据对环江县[②]龙水乡调查：

当地的地租形式，都采分租制，而分租的数额，不仅随时代的先后而有所不同，即是同一时期还因田地的肥瘠而不一致。大体说来，田租由清光绪年间至民国初年，一般多为“分五”（或称“五二”），即将全部产量分为五分，主占五分之三，佃占五分之二，离村近耕作费工较少而水利又好的上等田，也有“分三”（或称“三一”）的，即以全部产量分为三分，主占三分之二，佃占三分之一。离村远，而耕作又费工较多的缺水的望天田，则为“分二”，即主佃各占产量的一半。至民国十年至民国二十四年，“分五”渐占多数，“分二”次之，“分三”极少，民国二十五年以后改为“对半”。

地主将田出租时，第一年供给佃户种子。到第二年，种子由主佃各出一半，即是在第一年秋收时，先将该田所需的种子量扣除，然后才将其余的收成，按照议定的租额分配。

当地的畲地，虽然多数都辟在平地上，但因地上的农活难干，故地租都是“分二”的，而且历来都是如此。畲地几乎全部都种玉米，且可间种黄豆。地主既分玉米，也分黄豆。并限制佃户不得在地的四周间种饭豆和黑豆，因为这种少量的间种作物，地主是不得分占的。既然他得不到利益，故不许栽种。

无论租田租地，一般都不立契约，只是在收获时，地主须来监田分租，佃户照例要款待饭餐，顿数的多少，以收完租为限。这些饭餐，

---

① 以下调查资料参见：《广西壮族社会历史调查》第一册，广西民族出版社 1984 年版。

② 环江县所属含原宜北县。

照例须备办酒肉。不如此，触怒了地主，就往往招致夺佃的危险。此外，由于租佃田地，不立租约，地主便可以随时夺佃，农民佃耕的田地，既不愿精耕细作，也不愿多下肥料，一句话，农民对采取提高单位面积产量的措施是不感兴趣的。因为，租额既是按产量分的活租，佃户把田地壅肥之后，自己也得不到多大的好处，反而会招致地主加重租额，夺田佃与他人的危险。

2. 雇工剥削。龙水乡土地虽然不算高度集中，但是由于当地山多田少，农民无地少地的现象还是相当突出。地主富农一般多不出租而雇工经营。因此，当地的雇工代耕也极其普遍。雇工分长工、月工、零工三种，但长工计算工资的方法，仍按月而不按年，即长工虽以一年为期，而事实上往往不是从年头雇到年尾，一般多是十个月左右。这种做法，雇主对雇工的剥削就更为残酷，因为，照当地的习惯，正月是不做田工的，到了十月收获完毕以后，冬腊两月又是农闲时间，在这种情况下，如果雇主仅在二至十月雇工便是正当田工紧张之时，雇工必须起早摸黑，从事劳动强度较大的农活。其次，按月计算工资，除雇工生病一两天不算旷工外，如果因身体过于疲劳，或因送钱米回家，或因探望亲戚而耽搁一两天，都作旷工计算，而得不到工资，把一年内所谓旷工的日数积累起来，往往有一月半月。这样，雇工便要少得一些工资。

长工的工资，往往按雇工体力强弱及生产技术是否熟练而有所增减。一般十二三岁的少年，帮雇主放牛，雇主只供一日三餐饭食而不给工资。十七八岁的青年，虽体力较强而生产技术都不十分熟练，每月工资在银毫八毫至一元二毫之间。二十岁以上，每月可望增加二三毫，一般壮年人的工资，多在一元四毫至一元八毫之间。五十岁以上的雇工，工资又要减少二三毫。以上是清光绪末年至民国二十五年左右的情况。抗战以后，国民党政府货币贬值，而银币又日见减少，雇工工资，改为实物支付，一个壮年的雇工，每月可得白米一百二十升（每升合旧秤半斤），当时银币每毫可购白米五至七升，合银币二元左右。

该乡雇用零工也很普遍，而且男女都有，据才院、龙水两处的调查材料，全村贫农以下的劳动力，每年出卖零工总计二至四个月的约占半数；卖十天半月的几占全数。甚至有部分中农，有时也帮人做工。因为帮零工的都以缺粮户居多，故工资多用实物计给。帮零工的，不论男女，均须自带工具帮雇主干活，田工男女工资相同，在抗日战争前，每天都是白米四升；女工替人舂米，则仅得白米三升。抗战后，由于人工难雇，收获剪禾，每工增至白米五升，女工舂米每天四升。帮干田活，男女工资虽然相等，但雇工供给饭餐则有差别：男工日吃三餐，女工只日吃两餐（舂米同）。零工的工资变化虽然不大，但在剪禾和舂米两种工作上，地主们为了加强剥削，无论剪禾或舂米，都限定一个数量作为标准，即是限定雇工每天须剪禾或舂米四双，才算一工；不达到这个定额，次日照补或照扣工资。同时，地主还将每双禾把的重量加大，以加重雇工的负担。1875—1908 年，每双禾计重旧秤 20 斤，后来逐渐增至 30 斤，最后增至 40 多斤，这样一来，每日工资虽同，而所完成的工作量则增高一倍，实际上也就是工资降了一半。上述情况，是指平常年景而言，如遇歉收，工资便要减低。这是由于歉年卖工的人数增多，地主富农便趁火打劫，以加强其剥削。

3. 高利贷剥削。这里一般的借贷形式，可分借钱、借谷、卖新豆几种。借贷银钱，仍以银钱计息，通常以按月计息者居多，借银毫一元（十毫），月利须交五分（5%）；如按十二个月总计，则年利竟达 60%。如果本金是银元，利息则较高，每银元一元（折合银毫十四毫），月利须交一毫；如按一年的利息总计，合共十二毫，几乎是一本一利了。而且在议定的期限不能清偿时，便要“利上滚利”（复利），借银在十元以上的都要凭申请保订立借约，并须以田地或房屋作抵，如不能清偿，即以抵押品折算；例如龙水村雇农芦某，借翠山乡芦姓地主银毫十元，将田作抵，十多年不曾付息，利上滚利，无法偿还，结果只好把这田作价算了给他。另一次借莫某银毫十元，将自住的房屋作抵，九年不曾付清利息，债权人即将房屋收为己有，标价出卖，得银四十元。他就这样地失去了栖身之所。

借谷仍以谷计息，一般旧历五六月借债，十月偿还，利息计有：“加二”（20%），“加三”（30%），“加五”（50%）几种。几种利率同时并存的原因，往往以借贷双方的社会关系或借方需要缓急而有所不同：如果是家族、亲友，一般利息较轻，否则取重；如果借方需要紧迫，贷方往往要索较高利息，此外，丰年则较轻，歉年则较重。以时间论，民国以前，前两种居多；民国以后，后一种居多。这种稻谷的借贷，如果延迟到当年年底不能清偿，要到第二年收获时才结账的话，则按复利法计算，即第一年借谷一百斤，如议定是“加五”的利息，第二年清偿，即须以第一年的本息一百五十斤作本，再加上百分之五十的第二年利息七十五斤，合为二百二十五斤。只是这种实物的借贷关系，一般都发生在本村间，至多是邻村，贷方借方都是熟识人，借方是否可能拖欠赖债，贷方早就作了充分的估计，故不立约。

在近代，这里也有一些地主兼商业者利用预购新谷的方式，剥削农民。本乡出产黄豆较多，而邻区如驯乐、为才等地则出产较少。当地每年生产的黄豆，都有大部分作为商品外销到驯乐、为才，甚至远在百八十里的宜山怀远镇。当地地主兼营商业者，平日虽不经常做买卖，但到了夏荒季节，农民缺粮的时候，便进行“放豆花”的活动，所谓“放豆花”，即是放款给农民预购黄豆，到新豆收获后才交货。这种虽然也是一种商业行为，但实质上还是一种放高利贷剥削。因为，预期放款买豆的价格，往往仅为实际价格三分之二甚至是二分之一。放款与交货时间，相隔不过三四个月，放债者便可获致高额的利润。

4. 农民的税赋负担。民国五年清理田赋之后，粮赋额加重到一万四千五百六十九元五角九仙，较清末增加了一百三十三倍多。龙水乡属于当时的城厢乡，全乡共负担粮额二千五百元。到了国民党统治时期，正赋之外，还有所谓粮赋附加等多种苛杂，甚至税外加税、捐外加捐，在民国十九年至二十二年间，就有如下几种：(1) 省教育费附加三成；(2) 县教育费附加一成五；(3) 购团枪费附加五成；(4) 县警饷费附加一成五；(5) 农民借贷所及业仓设备费附加三成；总计附加达十四成半，即比原额增加将近一倍半。兹以“宜北县志”所载民国二十五年度的县款为例，示如表8-2，便可知道国民党统治时期农民负担之繁重了。

表 8－2

项　目	金额（元）	备　注
田赋附加	12525	
串票费	115	纳粮赋时的收据费
烟酒牌照地方附加	100	
烟酒公卖地方附加	190	
契税附加	15	
银行公股红息	561	国民党政府强迫人民购认广西银行股金，政府支用
锅厂捐	138	
水碾捐	92	
生牛马捐	335	
屠牛猪捐	724	
菜市捐	118	
木排捐	37	
特许散销戒烟药牌照费	28	“戒烟药”即鸦片的变相名
合　计	14978	

表 8－2 所列的征收数字，只是壮族农民受盘剥的一部分，实际上是绝不止此数的。因为，政府的多数税捐都是包给一些土豪劣绅们征收，土豪劣绅又往往再转包出去，这样地层层下包，即层层都要把数目加大，达到各人的剥削目的。因此，在农民缴纳这些税捐的时候，往往比政府所征的数目要大一两倍。除开上表所列的县级款项以外，还有其他种种由乡村公所直接向人民征收的税捐，民国二十年前后，各圩场都收地摊捐，就是卖草鞋也得交税，由此可见一斑。

在近代，宜北县仅有六个乡，但每年也同其他各县一样，要农民负担庞大的政务开支及军警的费用，广大农民的痛苦是可以设想的。光绪三十一年，全县养兵二营；民国二年设警备队一百名；民国七年成立地方警察所一所，设警兵二班，同时各区还设警察游击队一队，每队三十人；民国十六年设警备队三班；民国十九年九月后设警备队两班；民国二十二年设警察三班。政府历年供养军警的开支，概由各粮户负担，即是照赋数额，每户每月应捐银三毫六仙。这项供养军警的负担，要比粮赋大四倍以上。

据民国二十二年的统计：宜北全县共六乡五十八个村街，户口六千五百二十五户，人口三万二千四百八十三人，每年负担如上沉重的粮赋及其他苛捐，使广大农民的生活更加贫困。加之连年战乱，受害的多是广大的劳动人民，例如民国十年“自治军”窜来宜北，一次就强征每牌（十户）光洋一百四十元。此外，还有那些团总、乡村长等的贪污勒索，更不知凡几。由此可知，解放前宜北人民的处境是极其悲惨的。

此外，由于广西军阀的混战，以及日本侵略军的蹂躏，宜北遭受灾难深重，下面且举出一些较大的事件：

民国四年，李××等率领武装，进入宜北山区，拉生勒赎，出没无常。民国十年三月，刘××等率领武装，进入宜北，劫掠乡村，因此打了几次激烈的大仗，明伦一带，尸横遍野，居民被绑架勒索的很多，同年九月“自治军”来到宜北，缴了县里警察的枪，当时绿林、散军，各踞一方，你争我夺，居民的生命，朝不保夕。这样糜烂的局面一直延续了五年，直到民国十五年七月才算停息下来。据亲身经历者回忆，在这段时期，“自治军”收编的绿林散军达五六千人，韩××部也收编八千人。这么多的武装在宜北境内，都要当地捐谷派款来养活他们，这种沉重的负担压得人民已经喘不过气来，而遭受明抢暗劫、烧屋、杀人的祸害，其损失更无法估计。过此以后，社会秩序虽然好转，但匪盗仍然未曾绝迹。如民国十八、十九年文雅乡的卢××曾两度率队劫龙水乡文峒等村，抢去耕牛六七十头；民国二十年一个圩期，托洞又被劫一次；以后又劫龙水峒一次，拉去耕牛四十多头。据“宜北县志”记载，从民国十年至二十二年，全县户口由一万二千多户减至六千户左右，这是由于动乱中人口大量死亡和迁徙的结果。

民国三十三年旧历十月初一日，日本侵略军攻入宜北，当时稻谷虽已收获，但尚未全部晒干入仓，群众来不及搬走，致被践踏焚烧，家里的牲口几被抢光，而那些像野兽般的侵略军，见人就杀，连老弱妇孺也死的不少。经过三个月的蹂躏，至同年十二月退出后，几乎村村戴孝，处处啼哭，成为历史上又一次最严重的灾难。

国民党政府在大陆统治的最后几年，抓兵抓夫不断，对生产上的摧残十分严重，很多人父子均被抓去，45 岁以上的人有时也不能幸免，迫使不少的青壮年人东奔西逃，终年不能安心生产。

5. 广西壮族地区农民负担的个案研究。在隆村和乐乡，统治者的剥削也极为沉重。据调查：

团总制①结束后，实行乡村建制。（1929 年左右）政府向农民征收的各种税项繁多，农民要是卖点东西就得交纳一定数量的税款。到了 1942 年国民党政府在本地命令农民种植鸦片，以便从中勒取高额税款。有的农民因缴不起烟税而致卖田产填补的，如委内屯黄 × ×，种一块鸦片地年收二两烟泥，可是乡长硬迫他交五两，因一时缴不起被绑去，后拍卖东西筹得九元光洋方能赎回。自西隆县县长下令给农民种鸦片之后，这里便成鸦片的出产地，鸦片的买卖充塞这里的每个小市场，吸引大批汉族商人和大小官僚，组织一帮一帮的烟商来贩卖鸦片。这带地方的豪绅和乡、村长，便组织地方上的流氓土匪在路上埋伏抢劫，因而经常发生械斗，使这带农民遭受到很大的灾难，搬家移宅、丢荒田地的事时常发生。因为鸦片被抢走后，就诬赖是被抢劫地点的村庄，政府就迫使当地农民赔偿损失，东北屯就是因这些事情从平寨屯对面的坡地边搬移过去的。

当时这里的农民交纳的税款主要有下列几种：

（1）公粮折款费：每一元光洋的基金税，每年要征收五元。但只给农民一元的单据，其余没有单据。

（2）乡村米津费：每年征收两次，每甲每次征收大米一百二十斤，各户出的具体数字，由甲长根据贫富的具体情况分配负担。

（3）草鞋费：作为政府人员和民团穿着经费，每年征收两次，每次每甲征收光洋五元。

（4）寒衣费。作为军警人员冬季穿着，根据等级征收；

---

① 团总制为广西地方军阀割据时所采取的一种制度。

一等，（富裕户），每年每户征收光洋一元五角左右；

二等，（较富户），每年每户征收光洋七角；

三等，（贫困户），每年每户征收光洋四五角。

（5）伙食费：即乡村长的生活费，每年征收两次，每次每甲光洋四十元至五十元。

（6）宗教费：每年向所有道公、巫公、仙婆进行征收，每人每年征收二十元至二十五元。仙婆每人每年征收六七元。道公、巫公税由农民共同分担。仙婆则自己负责交。

除上述数种外，农民每年还要交各种名目繁多的税款，如猪税、酒税、烟税等。榨糖的农户每年还要交糖税十五元至二十元。由于农民每年收入不多，税款负担过重，在残酷的勒索压榨下，多数农民穷得生活都难解决。

同时每年春节，还向农民每甲征收年猪税的百分之十的税款（看每甲杀猪头数多少而征收）。其次，不论酿酒与否，每年每甲一定要缴纳酒税光洋十至十五元。其他像这种情况还有很多，如因运送粮食，政府征用民夫，又怕到中途跑掉，要派警察押送，于是，又向农民每甲征收大米五十斤作伕力捐为警察的伙食费用。

高利贷的剥削情况，有年利百分之五十的利息，限期偿还。特别是民国以来，以加五的为最多，商人放高利贷和经商起家的人虽不多，但个别还是有的，其发达也很迅速。如平寨乡地主韦某，民国十五年（1926 年）开始经营宰牛生意，至民国二十年（1931 年）起每年放债二百元，年利加五，还不了即利上加利，因此，他家原有二十斤谷种的地，到解放前已增到一百六十斤谷种的地了，还有牛只三十头，枪支二支，平寨屯三十六户人家就有七八家借他的债。其中借得最多的于民国二十六年（1937 年）四月借他中央票八百元，到年尾无钱还被迫写一张典契给他，以家里一块七斤谷种的田来作抵押。由他自耕自收，五年后才得赎回，赎金千二百元，民国二十八年（1939 年）黄 × × 借他五十块光洋，四年后利上加利被断卖给他六斤谷种的田一块，及大公牛一只。

在南丹县拉易乡：农民向山场占有者租佃山地开垦，种植棉花和杂粮，所缴纳的地租，亦以分租制的实物地租为主。其租佃的手续，大致与租佃水田无大差异。所不同的，如果采用分租方式的，其租额较水田为轻，一般都是产量三分之一或十分之三；只有在山脚下较平的畲地，可以用牛耕种而离村较近又易于施肥的，才是主佃平分产物。如果采用定租方式的，都须经过立约（俗称写“过贴”）地租交实物的，则以年供稻谷多少为准，而不以畲地的产品计算；有的则是货币地租；不过不如交实物的那样普遍而已。采用定额地租的山场，大都是面积较宽，土地较好，可以多年耕种的土地。由于地面宽阔，往往在一两年内不能完全开垦，故第一年仅交议定租额的一部分，第二年又略有增加，到第三年无论佃户是否将山场耕完，都须如额缴足，到土地肥力消退，不能再种的时候，佃户缴纳最后一年的地租时，必须还备办一些礼物，如蹄髈、鸡鸭之类，到地主家去“赎过贴”，声明以后不再耕种，即把原立的租约收回。

以上所述，是指租佃一般黄土山坡而言，如果租种石山，在峋嶙的石崖空隙间，砍开荆棘，藤萝和芒草，以刀耕火种的方式，撒种小米（黄粟）的，因为施工比较困难，而且仅能种植一年，第二年即须丢荒或另行掘土，则地租要较种黄土山坡为轻，一般只交产量十分之一，如第二年继续再租，则另行议租。不过这种情况是极少的。

另据调查这里的雇佣关系，长工、月工、零工三种形式都有。在清光绪二十几年至宣统年间，这段时间稍有不同，继入民国以后，一直没有多大的变更，包括雇工的工资及其一切待遇在内。此外，农民由于穷困，因借贷关系沦为地主们的卖身工和奴隶的事例，也还可以找到。为叙述方便，兹分长工、月工、零工等方面来说：

（1）长工。长工就是常年工，雇佣的期限以一年计，在光绪二十几年时工资是以货币计，每年约铜钱十吊，每斗米价格约三百文，一年工资可买米约三石，每石米合谷二百五十斤。到民国以后，才开始以稻谷计给，大致每年工资八百斤至一千五百斤，视雇工能力而定：其身强力壮、手勤脚快的，得最高数额，能力较差的依次递减，一般大都在一千斤至一千二百斤之间。工资支领时间，由双方事前议定，有的在上工之初即支几百斤稻谷作为安家费的，但一般都在收获后始能全数支领。此外，雇主每年还供土布新衣一套至两套，或新旧衣各一套，鞋、袜各一双，帽和手巾各一件，亦在事先议定。一般来说，衣多的工资则较少，衣少的工资则较多，雇主除支付雇工的工资外，并须供给一日三餐膳食。

在长工之中，也有并不帮工十二个月的，但最少都要帮九个月，即旧历二月上工，十月间解雇。这几个月都是耕种活路极忙的季节，从开始春耕到收割终了，差不多没一天不在紧张中度过的。有的也帮十个或十一个月，这由主雇双方事前议定，工资大致是做工的月数除全年的总数。这种情形也是雇主最划算的。不过雇工也有他自己的想法，即在不帮工的月份，可以灵活地安排自己家庭的生产活动，不像整年卖工那么受拘束。

有的帮做满年的长工，在一年之中，雇主也规定一定休息的日子，给雇工自由支配，如回家探亲，在亲戚家走往，趁圩赶场之类。在时间上是很短的，一年内也不会多得几次。雇工生病，如果仅三五天，雇主一般不扣工资，有极少的雇主还为他买药医治，如果超过议定的休息日数或生病在十天以上，一般要扣工资，或者在第二年补足做工日数。

（2）月工。雇用月工的，多半是无力雇请长工而家中劳动力又弱的富农和富裕中农，他们雇用月工，多在农事大忙的季节，即以春插秋收时为多。月工的工资，一般比长工每月的平均数多，就是因为田中活路太紧张的缘故；不过增加之数也并不太多。例如，长工每月平均工资为稻谷一百斤，月工只能增多十分之一；但有时反不如长工，而和零工一样，每月得米三斗，约稻谷七十五斤，即使工资稍增，因农忙时的劳动强度较大，实际上比对长工剩余劳动的剥削更为厉害。

（3）零工。零工只有日工，工资按日计算。雇主雇用零工，也多在农忙季节。贫苦的农民，因缺乏口粮，往往要帮村上或邻村人手不强的人打工，这种短工，不一定地主富农雇用，有时连中农也要请工帮忙。由于做这种短工的农民，多是缺粮的人家，故工资在清光绪二十几年时，就以白米计算，不过那时每个工仅值白米半筒（升、每升重旧秤一斤九两多），到了民国初年，雇工的人较多，日工工资才由半筒提高到一筒，一直延续到将近解放前止。这是一般的情况，但到阳春活路太忙，而帮工的人又少，也有每工工资一简半的，不过这样的工资，雇主在万不得已时仅能请一两天，多则不愿雇请的。

拉易乡的借贷剥削，由来已久。清末以来，一般农民的借贷，以稻谷为多；虽间有借钱的，其利息仍然有以稻谷计算的。兹将各种借贷方式分述如下：

（1）银钱的借贷。拉易乡境内各村银钱的借贷，计算利息的方式，共有两种：一种是以银钱计利的，月利一般是加二或加三（每一元利二角或三角），少数高至加四或加五；一种是利息以谷米计，借债和还债的时间长短没有一定，大致是荒月借债，收获后还债，在光绪末年（1908 年），借本一元（可买米二斗至三斗半），利息白米一斗至二斗，民国以后，本金十元（可买谷二百至三百斤），谷利一百至一百五十斤，如遇灾荒年景，利息往往比常年高出数倍以上。民国十四年南丹大灾荒时，白米每简价六毫。堆前村莫某之妻，放债银十元，不到一年，即收利息谷一千斤，农民为了活命，也只得忍受这种剥削。

（2）谷米的借贷。谷米的借贷，其利息亦以谷米计算，这是拉易乡主要的借贷方式。一般在缺粮的荒月借债，收获后还债，其时间不论长短（最长的半年，最短的一个多月），利息都不增减的。一般利息至少是加五加六（本谷一百斤，利谷五十或六十斤），有的则至借一还二，当地俗称这种高利贷为“一颗变两颗”。到民国以后，特别是抗日战争以后，这种借贷相当普遍。可见当地农民受高利贷的残酷剥削，而不能不走上贫困的道路。

（3）“放米花”。所谓“放米花”，如果就农民方面来说，便是“粜新谷”。贫苦的农民，到了青黄不接的荒月，家中缺粮，便将新谷预先出卖，其卖价仅能达到当时市价的十分之四五。这种借贷，往往时间仅历两三个月，而利息就达到本金的一倍以上。放米花的人，多数是小市镇的商人和农村中的富农。

（三）苗族地区[①]（四川）

1. 土地占有与地租剥削。据调查，在叙永县文化乡的兴复村，各

① 以下调查资料见《四川省苗族傈僳族傣族白族满族社会历史调查》，四川省社会科学院出版社 1986 年版。

阶层的土地占有情况示如表 8 - 3。

表 8 - 3　　兴复村各阶层土地占有情况统计表　　单位：石

项目 \ 阶级 / 民族 / 户数	地主		富农		中农		贫农		合计
	苗	汉	苗	汉	苗	汉	苗	汉	
		8		6	14	22	79	14	143
耕地数量		536.3		58.8	12.1	101.5	24.9	18.2	751.8
占耕地总面积的%		65.77		7.12	1.47	20.12	3.09	2.23	99.78

从这个表中我们可以清楚地看出，在兴复村绝大部分土地都被地主富农占去了。8 户汉族地主占去了全村土地总面积的 65.77%，汉族地主富农合起来也只 14 户，占全村总户数 143 户的 9.79%，而他们共占有的土地达 595.1 石，占全村土地总面积的 72.89%。而广大的中、贫农，特别是苗族中、贫农共93 户，占全村总户数的65.3%，占有的全部土地面积仅为 37 石，占全村土地总面积的 4.56%。如果以苗族贫农来看：全村苗族贫农共 79 户，占全村总户数的 55.24%，他们占有的土地仅 24.9 石，占全村土地总面积的 3.09%，是那样的少得可怜！

封建地主和富农阶级占去了全乡土地的大部分。他们自己不耕种而租给苗汉农民耕种，苗汉农民必须向他们交纳地租。因此，地租是他们向农民进行剥削的主要形式。

地租的多少是不统一的。一石谷子的田最低的交三斗租子，最高的要交六斗，一般的要交五斗。苗汉农民在向地主议佃时，必须交纳押金，俗称顶子。交纳押金的多少决定着每年交租的数额。押金多的，地租就少一些；押金交得少，地租就要高一些。押金的多少由土地的多少，以及佃户的负担能力决定。一石谷子的田最少的要交二两银子押金，最多的要十两银子，一般五两左右。

交纳地租，一般在秋收时，分别交黄谷和苞谷（田里交黄谷，土里交苞谷），交纳的多少是在议佃时议定了的，是定租制，一般为 50%，但加上押金，就远远超出了这个数字。平常一石田要交租五斗，交押金银子十两。这样，农民的负担就比多交两斗地租还要重。虽说农民交租后，不负担田赋，但是水旱天灾却是农民的一大灾难。因为地租是定死了的，减产，地主仍然要那样多的租子，而田产又往往评得很高，农民要想多得一点，是万万办不到的。

农民除了种田种地交纳规定的地租外，还要受其他种种的剥削。佃农每年都要为地主服无偿劳役，如抬滑竿、抬轿子等等。另外，还要为地主种地，或做其他杂活，一年中最少要做30个工，多则在半年以上，一般都要做50个工。做多做少，在议佃时就先议定，在佃约上写明要佃户每年帮地主做多少工。

逢年过节，佃户要为地主送礼，一次至少要20个鸡蛋，有的还规定每年必须送一个“租鸡”。逢地主家有红白喜事，还要送人情，同时要帮他做杂活。关于这种情况，我们可以从表8－4中清楚地看到。

表8－4　　文化乡兴复村租佃情况统计表

项目	类别 \ 阶级	贫农			中农			其他	合计
	民族	苗	汉	小计	苗	汉	小计		
	户数	69	12		14	12			
佃租数量	田石	217.9	43.45		114.12	112.4			
	土石	169.4	33.7		33.3	39.95			
	小计					152.35			
地租数量	田石	98.55	22.1		40.7	48.4			
	土石	76.3	13.2		15.8	14.35			
	小计					62.75			
无偿劳役数量	每年共计天数	2866	705		534	405			
	每户平均天数	41.54	8.75		3814	33.75			
押金数量	货币	银子535两	银子55两		银子280两	银子330两			
	粮食	28.5石	10石		32.7石	4石			
租鸡数		38	2		9	7			

续表

项目 \ 阶级 / 民族 / 户数 / 类别		贫农			中农			其他	合计
民族		苗	汉	小计	苗	汉	小计		
户数		69	12		14	12			
送礼量		人民币26.6元，米1斗，蛋305个，豆子5升，鸡5只，炭200斤	蛋60个人民币1.5元		人民币25元，豆子4升	人民币11.5元蛋140个谷5升米10斤			
土地所有者成分及户数	地主	52户（外地户）	6户（外地户）		11户（外地户）	13户（外地户）			
	富农	6户	3户		1户	3户			
	中农	2户	2户（外地2户）		1户				
备注	此表为民主改革以后的调查资料，其所反映的为该村近代的租佃情况，其中有些项目以人民币价计算。								

这个表反映了地主对佃户的残酷剥削情况。从69户苗族贫农来看，他们共佃种了60户人的土地，除两户中农外，全为地主富农。他们每年都要将收获的一半交给地主富农阶级，还要交给地富阶级535两银子的押金。地富阶级并不以此为满足，每年还要他们交纳38只租鸡和各种苛杂费。

2. 高利贷剥削。苗族农民除了受地租的剥削以外，高利贷也是他们惨重的灾难。在近代社会，这里流行着三种借贷形式：（1）实物借贷。这是最基本的，以谷子和苞谷为主，借一斗一季要还一斗五或两斗。（2）货币借贷。一般以银子计算，借一锭银子（十两）要一石二斗到一石四斗的谷子的利息，利息必须是粮食，这就给农民加重了负担。（3）工债。借主在借贷前先和债务人议定偿还的办法，决定以工来偿还，然后再借给粮食或钱。还工债的日工资还是按照一天一碗米来计算，由于借贷的利息很高，在债没有还清以前利息照算，利滚利。

在这种情况下，借了债的农民家遭受债主的剥削，年年去帮债主做工，但是始终还不清，这种借贷给农民带来的灾难，比上面的两种形式更大。

苗族农民是本乡的主要负债者，苗族农民在借贷时，主要是向汉族地主、富农或中农借。借贷期限一般都是以一季计算，一年为一季。六月间借，八月间还，也算一季。因此，往往在青黄不接之时，高利贷者，就利用这一时机大量借贷，以在短时间内达到其剥削农民的目的。关于借贷的情况，据调查可知："把钱借了之后，就必须立契约，如果当年还不起，就必须换过（重写借契）以当年的利息当作本钱，再利上加利"。经过几年，欠账的人就更还不起了。放债的人就这样以利滚利滚去了负债的人所有的东西。

"过去我们借债借得少，不写纸（借契），但是，借上半锭银子就要写纸了。写纸后，不仅要在纸上写上当事人的名字，还要写上他的孩子的名字，并按大手印。放债的这些人，心怕别人还不起，老的还不完，小的来还，使得我们祖祖辈辈都拖着欠债的尾巴。如果当季还不起，就要换纸，纸上除了写上借钱的多少外，还要写上借债人用来抵押的东西。抵押一般是用土地或耕牛。平常如果三年都还不起，土地或耕牛就被债主拿去了。有的补一部分钱，有的还说不够，没有钱的人只好听人家摆布。"①

高利贷像一根铁链一样套在苗汉农民的身上，根据调查的情况，如表 8－5 所示。

地主富农每年都把相当数量的钱和粮食投到高利贷上面来，苗汉农民在迫不得已的情况下，从他们那里借来钱或粮食。表 8－5 中仅苗族贫农借的粮食即达 46.5 石，但是在还的时候却变成了 71 石多，利率高达 50%。

高利贷是地主剥削农民的重要手段。另据调查，1948 年上下寨共有苗族 46 户，其中有贫农 39 户，中农 7 户。在贫农中有 31 户向汉族地主借了 37.6 石粮，这就是说有 82.4% 的苗族人户要受高利贷的剥

① 见《四川省苗族傈僳族傣族白族满族社会历史调查》，四川省社会科学院出版社，1986 年版。

表 8-5　　兴复村借贷关系情况调查表

项目	类别 \ 阶级 / 民族 / 户数	贫农		中农	
	民族	苗	汉	苗	汉
	户数	35 户	1 户	1 户	8 户
货币	数量	银子 50 两			银子 130 两
	利息	谷子 0.9 石			谷子 6.4 石
粮食	数量	46.5 石	0.7 石	1 石	10.4 石
	利息	23.65 石	0.35 石	0.5 石	5 石
债权人成分及户数	地主	30		1	4
	富农	4	1		3
	中农	1			1

削，平均每户每年要付出 1.21 石的利息。7 户中农之中有 2 户向汉族地主告贷 3.6 石，即有 28% 的人口要受汉族地主的高利贷剥削。总计上下寨共有 33 户和汉族地主发生了借贷关系，占寨有苗族户数的 71.83%。

地主放贷时，多用小斗小秤，说是一斗，实际只有九升；农民借的是陈粮，还时要还新的。

借贷的利息，一般是借一斗，到秋还二斗、二斗半，高的有三斗之多。换言之，高利贷的利率达 100%—200%。

总之，苗汉族贫雇中农在地主富农的地租、高利贷等的剥削下，过着吃不饱穿不暖的贫困生活，归根结底是封建的剥削制度造成了苗族劳动人民的贫困。

3. 雇农负担。地主另一种剥削形式就是雇工剥削，雇工有长工、月工和日工三种。地富阶级一般是雇用长工和月工，大多由于农忙，劳力不足而雇用之。据调查：在近代地富阶级的家庭差不多都雇用了长工，少的一个，多的二三个。他们雇用的长工，有的是因为借了地主的账还不起，有的是欠了租，无法交付而替地主做长工以还租还债。另外一种情况，有些人因家无田地，租地付不起押金，搞别的又乏门径，最后不得不出卖自己的劳力，替地主做长工，担负繁重的工作，换取那菲薄的工资以维持生活。因此长工的来源，都是本乡本地人，其中有苗族，也有汉族。

长工的工资，当时最低的有二十吊铜元一年的，劳动力强的最多也只能拿到四五十吊。伙食、工具由地主老板供给，过年休息三天，平常便是无休止的工作。每天由雇主安排、监督和检查，白天忙农活，黑夜忙杂务——割草、喂牲口、推磨等。农闲时，不是砍柴积肥，便是背炭走脚，起早熬夜，终年辛苦劳动。所得的这菲薄的三四十吊钱的工资，还买不到一石苞谷，养不活一个人，全部的劳动果实，都被地主老板所占有。家有要事或因为不能工作，耽误了三天五天，一律要补工，长工一年少不了三百六十二天的工作，月工不得少于三十天工作，无异于地主的家奴！

4. 农民的生活状况。沉重的负担，严重影响着苗族农民的生活。据调查，筠连县联合乡熊姓苗族佃中农，全家 6 口，4 个劳动力，佃田 3 石，土 10 石，农闲时还做木工，家庭经济情况如下：

收入：

（1）农业收入：黄谷 6 石　——值铜元 360 吊（每石价 60 吊）
苞谷 15 石　——值铜元 1500 吊（每石价 100 吊）
黄豆 1 石　——值 120 吊
合计收入粮食 22 石，价值 1980 吊铜元

（2）副业收入：养猪收入　100 吊
木工工资　50 吊
合计收入　铜元 150 吊

（3）总计全家全年收入
铜元　2130 吊

支出：

（1）地租：苞谷 10 石　——值 1000 吊
黄谷 3 石　——值 180 吊
合计粮食 13 石　共值 1180 吊

（2）高利贷（利息苞谷四石）——值 400 吊

（3）苛捐杂税负担　100 吊

合计支出　　　　　　1680 吊占全部支出的 63.93%

(4) 饮食　主食　苞谷 8 石——值 800 吊

　　　　　油　　12 斤——值 36 吊

　　　　　盐　　50 斤——值 60 吊

　　合计　　　　836 吊　占全部支出的 34.29%

(5) 买布 2 匹（头帕和绑腿用）30 吊 占全部支出 1.14%

(6) 杂项灯油 12 斤——12 吊

　　年节送礼——10 吊，主要送地主老板的礼，应为受剥削的负担

　　合计　　　22 吊，占全部支出的 0.84%

(7) 总计全年全家支出 2628 吊

由此可见，入不敷出，491 吊，只有负债度日。

从开支的分析，地租、高利贷及苛捐杂税负担占总开支的 63.93%，而全家吃饭开支占总开支的 34.09%，衣着占总开支的 1.14%，杂项开支占总开支的 0.84%，其中年节送地主老板的礼又占了将近一半。通过这个事例的分析，可以看出，在国民党统治时期，苗族劳动人民被压迫剥削的悲惨情况。

5. 苗族地区[①]（贵州）农民负担的个案研究。据调查，在贵州省雷山县掌批的苗族农民，各种负担的情况主要有：

租佃关系：地主都经营土地，雇工耕种。农民佃种土地，都是按照当年的实际收益对半交租。田赋由出租人（业主）负担，种子、肥料、农具等由佃户自理。相形之下，佃户所得是达不到一半的。这里地主的土地，并不完全出租，自己雇工经营一部分。如地主白××只有两口人，占有六百挑田，如果全部出租，每年可收谷三百挑，也够两口人的挥霍享受，但他并不以此为满足，自己还雇用一个长工以及一些零工种六十挑。雇工经营，由于付的工资少，收益比出租的强得多，所以所有地主都自己经营一部分。

雇佣关系：地主、富农的雇工劳动有长工、月工、日工三种。长

① 以下调查资料见《苗族社会历史调查》（二），贵州民族出版社 1987 年版。

工的期限是一年或三五年，也有时间更长的。每年的工资，一般是大洋十二元，另有两套衣服。月工和日工都是在农忙期间雇用。月工工资每月大洋二元或三元。日工工资，较早的年代每天大米约五斤（以升、合折算，下同），后来逐渐减少为四斤、三斤，到 1947 年更减为一斤。不论长工短工，都吃雇主的饭。本村地主、富农雇用的劳力，多半是本村的贫雇农，外村的只占少数。

雇工剥削，是一项很大的剥削。例如，一白姓农民，给地主当长工，从十二岁起，一直到四十六岁，共干了三十四年。这样漫长的岁月作牛马般的劳动，得到什么代价呢？除吃饭外，每年得两套衣服；最后被赶出来，地主给八挑田。这就是三十四年的劳动代价。

借贷关系（包括养分猪分牛）：借贷有现金、稻谷两种，养分猪分牛是变相的现金借贷。

现金借贷主要在本村范围进行，涉及外村的较少。借贷期限习惯为一年，也有半年的。利率都是 50%，届期不还，就要按复利计算；如提前还了，债权人仍按 50% 收息。借债人借钱买田土时，一般不以产业作抵押；借作临时急用如买米等的时候，数目在大洋五六元以上的就请人写借据，要二三挑田作抵押，说明期满还不起钱，就将田折价抵偿。但真正实行以田抵偿的还只是较少的债主，其中以汉族地主姚某最突出，每当遇到抽兵派款、农民急需用钱时，他不仅放债于村内，还托亲友放到村外。他放的债都要借债人以价值高于借债数目许多倍的田抵押。期满，债务人无钱偿还时，他就逼对方把抵押的田折价抵偿。

租谷借贷。贫苦农民在青黄不接、出雇又无人要的时候，只好向地主富农借稻谷来维持生活。同借现款一样，也是 50% 的利息；但借期不到一年，往往是秋收后就归还，一般只两三个月时间。

贷放稻谷除地富之外，中农贷放的也比较普遍，但数目较小，并且基本上是受礼的谷子。礼谷的来源有二：一种是结婚时女家亲友赠送的，为新娘个人所有；另一种是生小孩时亲友赠送的，归小孩个人所有。地主、富农和富裕的中农人家，对这些礼谷就保存起来，并用以放债，可为媳妇或小孩扩大私房，这是苗族经济的一个特点。贫苦农民收受的这种礼物，一方面数目有限，另方面在急需的情况下，就用来解决当前的生活去了，这种贷放习惯也就不能实现。礼谷放债，利率、期限都同上述一样。

在从江县加勉乡，存在有以下三种主要剥削形式：雇佣剥削、借贷剥削及租佃剥削。按剥削广泛性来说，借贷剥削是主要的剥削形式。从农业生产范围来看，雇佣关系是主要剥削形式，租佃关系居于次要地位。从调查中可以初步看出各种剥削关系发展最显著的年代是1939年以后；因那时此地苗族人民曾和国民党政府作战，被国民党将寨子烧光，物力遭到极大的损失；再加烧寨后疟疾流行达6—7年之久，几无一家幸免。人力困乏，甚至有的拄着拐杖去生产，因而生产上也遇到极大的困难。更重要的是，自烧寨后，国民党的苛捐杂税日益增多，又有所谓“催款制度”，使群众的负担日益加重，生活日益困难。于是雇佣关系、借贷关系急剧地发展起来。

雇工种类：从雇工从事的活路来看，基本上有两大类，一种是在农业生产范围中的雇佣关系，一种是靠搬运谋生的挑夫。在农业生产范围中的雇工分长工、短工（零工）两种。

关于长工，根据调查，加勉寨自1938年以来当过长工者前后共达31人次，其中出外寨作工者共28人次，在本寨者3人次，按从事的活路来分，有的是给别人种田，有的是给别人家放羊，后一种情况多数是未成年儿童。前一种占67.7%，后一种占32.3%。

待遇方面，因为年龄的不同，工作能力的差异，待遇也有所不同。地主、富农雇佣牧童，只供饭吃，不给工资；从事农业生产的长工，雇主供饭吃、给衣穿、给工资。但又因他们的具体情况不同，雇主给的报酬亦不一样。

在雇佣关系中，短工占的比重很大。地主、富农每年均雇用大量的零工，零工在地主、富农的生产中起着重要的作用。地主、富农所以愿多雇零工，因为雇零工只管饭吃，不给工资，剥削量比长工大。按一个长工种15石田计算，每石按九成年景计，每一雇工每年创造的价值为1350—1400斤，再加种植杂粮作物及家务活动（挑柴、挑水），每一雇工每年创造的价值为1500—1600斤左右。如伙食按每天二斤

（谷子）计，每年付工资100斤谷（连衣服在内）则剥削剩余劳动为680斤，剥削率为43%—45%左右。雇零工的剥削率为76.9%（按120个零工作一个长工计）。这是促使地主、富农雇零工比雇长工普遍的一个原因。

根据1952年土改时的统计，每户地主除有时雇用长工外，雇用的零工数量均约等于2.6个长工，每户富农雇零工平均数约等于1.5个长工。零工全是本寨人，但外出作零工者亦不少。根据调查，自1938—1949年作过零工者（指从事农业生产而言）共74人次，其中在本寨出雇者55人次，占零工数的74.3%，外出作零工者共19人次，占零工数的25.7%。按工作期限来分，这些零工多是日工。关于挑夫，完全是到外边去工作，或去榕江、或宰便、或去广西。主要工作是挑木炭或搬运货物，工资按重量及道路远近计算。

根据调查得知，该乡在民国初年，来了收税官，约住了半年（4—9月）的时间，把群众的银项圈、银手镯都给“征收”走了，引起了群众的愤怒，一状告到县府，由于他们内部的矛盾（未把搜刮的财物全部交给县府），税官被关进了牢狱，税捐减轻了。一直到1930年前后，税捐又加重了，捐税名目也多起来了。计有正月税、夏季税、冬季税、烟酒税、屠宰税、菜金款、自治经费、杂款、乡经费、自足自给款等，人民的负担日益加重。特别是自1934年开始征收所谓兵款，造成人民沉重的负担。在1934年第一次征兵时共派得出300毫，由全寨负担，在1938年时，全寨上等户平均每户约出兵款700毫，下等户更重，很多人都躲到高坡上睡觉去了。派兵款的负担，大大促进了该寨内部借贷关系的发展。

根据逐户调查的统计，1918—1949年全寨共有244个借贷户次，其中因为上缴派款（兵款及杂款）而借债者达221户次，占全部户次的90.5%；因为没吃的而借债者共14户次，占全部借债户次的5.7%；为其他原因（如打官司、缴被敲诈款……）借债者共9户次，占全部借贷户次的3.69%。可见国民党的派兵、派款是迫使本寨苗族人民负债的主要原因。

从调查中看出，所借之款只有两种：一种是银毫或银两，一种是实物——谷子。从140多户的调查中银毫或银两的借贷是主要的，借贷谷物的数量每次数均很少。从偿债的形式来看，有几种情况：一种是借银毫，本息皆还银毫；一种是借银毫，本还银，利还谷；一种是借谷子，本利皆用谷子偿还。有个别情况，借了银毫或谷子，本息用一条肥猪折价抵偿。

借贷的期限与利率：

绝大部分的借贷期限均在1年以上，甚至借期有达10年以上的。只有极少数的借贷户是以季度为单位。债款的利率全寨基本上是一致的。借银毫还利银，或借谷子还利谷的，按年利60%计算。借银毫还利谷的，按年利1毫1斤计算。但因借贷双方的社会关系，借贷的期限不同，也有1毫还利谷0.5斤的、1.5斤的、2斤的不等。但以1毫年利利谷1斤的情况最普遍。不管劳动者之间或劳动者与剥削者之间借贷，利率方面没有差别。

借两年以上的，则按复利计算。因为按本地习惯，债务人于每年九月即开始还利息，债权人收到利息即重新贷给别人。如债务人第一年未还利息，即将息折本，次年一并上利。

偿不起债时的处理办法：

到期不能偿还者，可以延几个月，不用付息。如越期一年，则需照样付息。

如实在还不起时，就要用田作抵押。至于押田多少？由借贷双方协商。典押期限由债务人提出，然后双方协商，一般典押均在两年以上。

另有一种情况，到期不能偿还时，“老板”（多是地主、富农）就要派人来催。来催的人每住一日，要工资4毫，由债务人偿付；同时要杀鸡杀鸭作招待，如来人有鸦片烟瘾，还须供应鸦片烟吸食。

租佃关系在该寨并未得到充分的发展，出租田土的数量不多。根据土改时的统计（经过查评）全寨130户，共有田产面积344412斤，全寨出租田数45200斤，占全寨总面积13.1%。出租田者共18户，占130户的15.6%：其中贫农4户、中农4户、富农3户、地主3户、小土地出租者4户。租人田的共38户，共佃种田18340斤（其中一部分是外寨的），其中贫农21户、雇农6户、中农10户、小手工业者1户。

据调查资料来看，租佃数量及户数是不多的，因为地主、富农出租田地不如雇工自营更为有利。出租的剥削率为50%，而雇零工自营剥削率在76.9%。这是该寨租佃关系未得充分发展的基本原因。

（四）哈尼族地区[①]（云南）

1. 纳更和搞吾卡土司[②]的剥削。在纳更和搞吾卡土司制度下，土地属土司所有，土地不准买卖，土司向人民征收定额官租和粮银杂派。1935年，土司“五房”，借国民党之手，通过“土地清丈”，把农民永业田地的所有权改为农民有“永佃权”，经过交官租、夫役、杂派、可以世代耕种。农民对占有永佃权的土地可以自由出租、抵押，由于土地典当、租佃和抵押的产生，农民开始丧失土地。

封建地租分劳役、实物和杂派三种。农民凡耕租祖业及开挖田要交官租。凡租种官田、官地农民，除交纳正式田租之外，每年还要交40—180斤的门户钱。门户钱包括门户田的粮银、火烟钱和地皮钱。每年一般交60斤当客谷。在种植棉花的矮山区，每年以户为单位交官花，种棉花每年交15斤，非种棉花户，每年交4—6斤。在种植鸦片的地区征收烟课，烟课占产量25%。

每年以户为单位，每年交里长谷60斤，交火头谷30斤。

如逢土司娶亲办丧，则以村为单位，向人民征收猪、牛、羊、鸡、鸭，名为红白事捐。租种官田农民，每月到土司司署执班，即服役一至两天。

搞吾卡土司龙××，在改土归流后仍继续向自己所属的农民征派劳役和实物地租。据元阳县有关部门调查统计，占有水田8000余亩，收租240多万斤，同时向占有封建份地的农民征收“官谷”（实物地租）60万斤。

封建劳役和实物贡物都以村寨为单位进行征派。曾划有负担抬轿

---

① 以下调查资料见《哈尼族社会历史调查》，云南民族出版社1982年版。

② 明代在临安府（今建水）辖地所委任的十个土司和十五个村寨中，纳更和搞吾卡等土司均为哈尼族，1930年，国民党宣布改土归流，建立保甲制，土司制度渐趋崩溃。

劳役的轿夫村，承担土司出行扛仪的仪仗村，负责土司司署烧柴的柴夫村。负责各种实物贡纳供土司贵族享受的村寨，有贡果村、养蜂村、竹蛆（一种繁殖竹虫的竹子）村和山珍村。

有些人因贩马、烧酒和做针线牟利，成为高利贷者（银主），进行兼并土地。在这种情况下，雇佣、借贷等剥削关系也随着发展起来，其剥削形式异常落后残酷。雇长工，除供吃外，每年发衣服两套，帽两顶。雇短工以粮食支付工资，田工 1 日米 4 斤，旱地工 1 日米 2 斤。对童工的剥削更为残酷，12 岁以下，年给谷 60—90 斤，年长 1 岁，加谷 1 斗（30 斤），到 15 岁后会犁田，年工资为 300 到 600 斤。借贷分粮食和货币两种形式。借谷收利谷，利率加 5，借钱收谷，借债 10 元则还谷 150 斤。亦有借谷还工现象，借谷 30 斤，还工 12 个，借钱 1 元，亦可还工 5 个。

2. 猛弄土司各级封建头目的特权剥削。师爷相当于土司的秘书，每月固定薪水为半开 100 元，师爷每写一份委任状得笔墨钱 3—5 元。管家负责管理土司衙门的财务收支。土司每年下达各里的地租捐税，都由管家具体布置到各里。一切收支都经过管家，如收地租，猛弄土司每年收田租谷，水稻谷达 7000 多石，每年收烟课 6000 多两，每两折半开 2 元。每寨每年交“新米猪”一口，大寨不得少于 144 斤，小寨不得少于 30 斤。土司办婚丧喜事，所需猪、牛、羊、鸡、鸭、蛋类，都由管家分派到各寨由农民负担。农民猎获马鹿，要将鹿茸贡给土司，打到老熊要进贡熊胆，这些都要经过管家才能送给土司。农民到衙门告状，首先要拜见管家，由管家领见土司。管家可以从中索取钱财。每年土司所下达的各项苛捐杂税，里长可加 20% 作为个人收入。招坝、里老有权加 5%。一般的民间案件纠纷，里长有权处理，但人命案、大的田地纠纷要由土司处理。每两年招坝要杀猪一口将猪头和一支前腿送给里长。过春节时招坝和里老要拿鸡酒到里长家拜年。当客由招坝指定，按本寨各户的产量摊派谷子，交给当客家，此外每户出鸡一只，专供衙门的差役和里长的来往人员伙食开支用。三伙头为招坝、里老的通讯人员，本寨内死的婴儿亦要由三伙头去埋。三伙头由本寨摊派谷子供其生活，黄草岭街捐每年土司以半开 800—1000

元包给头目们收，一年一任。多余的谁收谁得，其他小街子由管家收作为衙门的开支。

每年正月十三日由各里里长率其所辖招坝、里老带着鸡酒到土司司署开会。所谓正月十三会为猛弄土司年终结账的财务会议。由土司管家在会上宣布当年各里应承担的捐税数目。土司每年固定向百姓摊派钱粮款（农业税、租谷在外）、烟课（洋烟税）、棉花税等。土司司署利用正月十三开会机会，向所属农民征猪 100 口、鸡 1000 只。

此外，猛弄土司领地上的农民，每年还要承担国民党建水县府每年下达的征兵、募兵和公路款等。村寨头人催收公款时，如遇农民拿不出公款，便捕捉鸡鸭顶替。

1940 年土司废除农民原有的私人田契，换为永业田契。换契以钱购买，田契金额以产量计算，多者一张契价半开 20 元，少者一张契价半开 3 元。

3. 金平县马鹿塘哈尼族农民负担状况。封建土司基于土地所有权向农民征收地租。地租又叫租粮，租粮是一种实物地租和货币地租混合的地租形态。此外，还有从租粮派生出来而属于地租性质的杂课。

归土司直接管理的水田，这种田即前面介绍的官田。种官田有租无粮。租额约占产量的三分之一，但租额一直是增加不已，民国以后因田租不断增加，发展到边分制，与佃户对分产量。后来土司更利用夺佃方式增加租额。

各级封建地主瓜分地租的形式：粮归国家，先是清朝而后是国民党，粮折钱缴纳，当时（解放前夕）半开一元与七钱相等，农民交到勐喇土司，再由勐喇土司转交中央政府。租归土司，土司以下的各级封建头目，代表人如管寨、招坝等则免去租粮，并常利用招待各级封建主的名义，每年向农民征收客谷一斗，然后再彼此瓜分。

养鸡种杂粮则有租税，名叫鸡粮、粮豆、粮酒，而种花生还有花生粮。每年夏历七月十五日，每户向封建主送鸡一只、豆二三碗。每户按被土司划分的等级出半开二三角到四五角，集体购酒，这种酒叫粮酒。

此外，农民要交固定的户口税和各种杂派。全村根据经济情况划分六等，一至三等户，收户口费半开三四元至七八元，四、五、六等则收半开几角作户口费，无力缴纳货币可用劳役代替，为土司割马草。户口费一年收两次，分上期款和下期款。

随着国民党政府的日趋腐败，新添了许多苛捐杂税，如乡公费、保安费等。其中仅兵款就有三种，征兵款、募刀款和常备兵款；由农民负担的草鞋款，购买武器的枪款、飞机款，征收名目与数量繁多。此外农民每年还要自备饭食，轮流去为封建主修建房屋。

每当封建主来到村落催收地租，农民还要为封建主杀猪杀狗。到了辛亥革命后，国民党军阀与土司间争夺土地的斗争十分激烈，1922年国民党利用改土归流的名义，先夺走土司在政治上的权利，继而夺去土地权，实行丈量，将水田划成三等九级。1939年则正式取消了土司土地所有权。这一时期，当地土司为了榨取地租，则在已出租的官田内进行夺佃、抵押、出卖占有权等方式勒索田租。

高利贷是马鹿塘哈尼族债利关系的主要形式。高利贷有两种，一种是货币，一种是实物。地主富农利用农民贫病进行无情的盘剥，最通行的形式是放钱、放秋谷（卖青）的放米。利息条件极端苛刻，借谷1石，低者利息3至5斗，高到1石，借米1斗，还谷1石。放债按当时价折成谷物，用谷物还本息。剥削最重的莫过于买青苗，春天用半开4—5元购进青苗1石，因春天缺粮，每石谷价常高到半开10元到20元，债主从中获得利息高到一倍到三倍。1949年马鹿塘有54户中贫农，遭受高利贷的盘剥，借稻谷178. 8石，合半开2762元。每年二、三月间，农民忙于生产又缺粮，只好接受地富的买青盘剥。其次是“借钱还粮”，就是借钱的在付本息时也要粮食，因为当时国民党通货膨胀，货币经常贬值，谷子比货币可靠。此外债主为了保证债权不受损失，还规定以土地、牛、马和猪等作借债的抵押条件，一旦农民无力偿还则把抵押品变成自己所有。

土地既然已开始商品化，互相买卖、集中，没有土地的人，为了活命，只好将自己的劳动力当作商品出卖。当时的马鹿塘地区在140户中，有24户农民常年靠卖工为生。雇佣形式有三种，第一种，也是最普通的，是短工，即是日工。雇用日工流行在春耕秋收期间。春耕栽插和秋收时，地主富农农业生产忙，需要劳动力，短工虽然是作一天算一天，但具有一定的包工形式，规定一斗谷为主人劳动 2—3 天，如果在主人家吃饭则劳动 3 天，不吃饭则劳动 2 天。根据当时出卖劳动力者人数多寡的这个条件，主人在农忙季节劳动力缺时，多付些工资，农闲季节劳动力多，便降低工资。除去支付实物工资这种形式，还有货币工资的形式，日工资是半开 5—6 角。

在短工中盛行包工的形式。雇者广泛采取包工的形式，主要是为了提高劳动效率。有几种工种：包水田，1 亩水田一般估计为 50 个工，包价半开 30 元，雇工日供饭两餐；包犁水田，田主出耕牛，如需工 5—6 个，则包价半开 3—4 元，雇主负责供饭；包栽秧和拔秧，1 亩包价半开 5—6 元，如只包栽 1 亩田则给半开 1 元 5 角；包铲埂子，先看埂子多少，如 3 亩水田有埂 10 条，包价为半开 4 元。但包栽拔秧、铲埂，主人不供饭。

第二种是月工。雇月工则是中农以上的阶层才能做到的。月工工资也同日工一样，分实物和货币两种。货币工资半开 5—10 元，实物 1—1.5 石谷。工资多寡，主要是主人根据劳动力强弱为转移，无论哪一种工资，主人都负责供饭。

第三种是长工。一般只有地主富农才雇长工。长工以一年为限，与月工一样，主人根据被雇者的劳动力强弱条件给予工资，低者 3 石谷，高者 4 石谷，供给吃，有的还供给衣服 1—2 套。有的雇主利用出卖劳力者的贫困无着，只供衣便罢，他们的地位完全与奴隶类似。

为了进一步了解他们雇佣关系发展的实际水平，我们可以从民主改革前的 1949 年为例进行说明。这年有 13 户贫雇农 20 人做长工，其中有 5 户有 2 个人做长工，1 户有 3 人做长工，有 7 户 1 人出去做长工。出卖短工的最多，有 57 户贫雇农不同程度上仰赖做短工生活。出卖短工最多者 1 年超过 300 天。1 年出卖 24 天以下的有 7 户，出卖 25—49 天的有 8 户，50—99 天的有 2 户，100—149 天的有 8 户，150—199 天的有 4 户，200—249 天的有 3 户，250—299 天的有 22 户，300 天以上的有 3 户。

中农有 37 户出卖短工，卖 24 天以下的 16 户，25—49 天的 7 户，50—199 天的有 2 户，300 天以上的有 1 户。

贫、雇农、中农合计有 94 户出卖短工，但就出卖劳动力的情况加以分析，可以很清楚地看出两个不同阶层的不同经济特点，中农没有卖长工的，因为中农是占有生产资料比较完全的阶层。就是出卖短工也有各自的特点，贫雇农一年出卖 200 天以上的有 28 户，占该阶层卖短工总数的 47%，而中农却出卖日数少，说明他们并不靠卖工吃饭，还有自己的水田。

4. 红河县哈尼族地区农民负担状况。土司的特权剥削：

官租：凡在土司辖区内占有土地者，都要给土司交官租，它体现了土司对这些土地的最高所有权。官租为定额制。每块耕地，依其质量和数量在开荒满 3 年后，即课以一定数量的官租，并登记入司署的专册中。从此开垦者对这块土地就有世代占有、转让、租佃、出典之权；而土司则每年向其征收原定官租，不问土地的占有和使用权是否转移。官租一般占土地产物的 6%—20%。

劳役：当地称白工，服役者除由土司供两餐饭外，无任何报酬。各土司地官田（专为祭祖吃新用）全派农民白工耕作。土司家建屋，婚丧等红白喜事都派劳役。吃水烧柴，也由农民供应。一般是司署附近村寨的劳役重，较远的村寨就轻些。思陀坝密每年派白工 1000 多个，平均每户十几个工。

烟捐：近代以来，红河农民几乎家家种植大烟，这与土司强派烟捐有关。烟捐达产量的半数以上，是土司的一大收入。思陀土司年收烟捐值 6 万多元半开。

税收：在土司辖区内的街子（集市）上进行买卖者都要上税，如卖 1 背谷子交 5 分钱，卖 1 口猪交 1 斤肉等。由司署管家负责征收。

山场：在土司辖区的山林中猎得大的野兽须交司署一半，熊掌、鹿茸等山珍和名贵补品，须全部交给土司。

由于地主经济的发展，生产资料和生活资料占有的不平衡，由此而产生的一般封建剥削关系错综复杂地存在于各个阶级（阶层）之间和各个阶层内部：

租佃关系：租佃关系在这里已相当发展，除土司和一般地富阶级与农民之间存在外，在农民内部也有租佃关系。有直接租佃的，也有由典当关系转为租佃的。租额分为“定租制”与“分租制”两种。定租制即事先预定租额，不管实际收成的丰歉。租额一般为正常年景产量的50%左右，有高达70%的。土司的田多以这种形式出租。分租制也叫“分边”，即租佃双方各得土地产量的一半。在瓦渣土司辖区，有的还要先抽出土地产物的十分之一给田主，其余十分之九再两边平分。思陀土司辖区的有些村寨，要先抽出十分之三给田主，余下的再平分。先抽部分是作交官租之用。有的地区，佃户得给田主交押金，这又是一种额外剥削。

雇佣关系：雇佣关系主要发生于地富阶级和贫雇农之间。雇工分为长工和短工两种。当长工的多是父母双亡生活无依靠的贫苦农民或者欠了地富的债偿还不起者，以一年或数年劳动抵偿。长工除了回家娶妻之外，中途不能退出。在瓦渣和思陀两土司区，长工的报酬有所不同，有的劳动一年，除供伙食外，只给二三十元半开，劳动力强的可得五十元半开，一套或两套衣服（有的还给两顶帽子，鞋子一双）。女长工报酬更少，一年只得六块半开，一套衣服。长工的劳动是十分繁重的，一般是天不亮就下田，天黑了才归来。地富对长工十分苛刻，有的并不按照说好的工钱如数付给，有的干脆不给。地主阶级还利用招赘婿的风俗，给自己不中意的女儿或买来的丫头（当地称买囡）招婿，多在年幼时招进，需无偿地帮其劳动十来年才得另立门户。短工即按日出卖自己的劳动力。卖工的是贫下中农，雇工的是地富和一部分富裕中农（在广大农民中是采用换工的方式调剂劳动力）。工资视生产忙闲和所从事的劳动为转移。水田农活中的春耕、秋收，旱地农活中的收鸦片工资最高，由五角至一元半开一个工。其余农活则较低，一般二角五半开一个工，甚至有光管饭不给工资的。

典当关系：在红河，房屋和土地都可以典当。房屋也可以卖死。土地典当一般不规定年限，因而也有的把它混淆为买卖。实际上只是土地所有权的不定期当典，当出人一旦有了钱，随时都可以赎取，当地称之为“银到田归”。其所以如此，是由于农民只有土地占有权和使用权，所有权属土司，不能买卖所有权，就是占有权的买卖也要受土司的限制。根据红河大新寨的调查，土司不管土地占有使用权是否转移，每年仍向原主征收“官租”，即只承认原占有者；如果把占有关系卖断，即从此由买主向土司纳官租，卖主与土地完全断绝关系，不再保留赎取权，则必须双方到土司署正式备案，并向土司交纳相当数量的请求费。这些限制是土司为保持有领主制度所必需的。就农民来说，土地是他们的命根子，为了保持对土地的使用权和希望有一天能恢复占有权，他们也不愿把土地卖断。发生典当关系的双方，几乎无例外的又转化为租佃关系，即典出土地的一方保有土地使用权，但须向典入土地者纳交地租。这就使得典当关系和租佃关系交织在一起。典价各地不一。以坝密为例，一背谷的好田能典五六十元半开，中等田三四十元，坏田二三十元。坝密一村（共 90 户）就有二十几户贫苦农民典出土地，实际上他们很少有赎取的能力。

债务关系：地富普遍放债，贫苦农民多数借债，在农民之间也存在此种关系。借贷有实物（以稻谷、鸦片为主）和货币（半开）两种形式。借鸦片烟一两，一年利要还三四两，最高的本利要还五六两。货币借贷的利率也无一定，如借五六十元半开，一年的利息是三背谷子，或借一百元，年利十至二十元。一年还不清，就利变为本，第二年本利一起生利。这样滚上几年，贫苦农民一辈子也还不清。如老博新寨许阿四欠了本寨地主许万帮的二两烟账（相当四元半开），由于每年以烟价折钱，烟价每年上涨，三年滚到了三十八元。给地主许秀文当了四年长工除工资扣还外，所余债款又滚到一百元。再如坝密寨的李书周因还地主普卜根的六十块钱，卖掉牛一条，田四十背，儿子也卖了一个。

农民的赋役负担：

大粮：即耕地税。在清代，土司区占有土地的人户，只给土司交“官租”，土司从中抽出少部分作为“皇粮”上缴。民国以后（1932年），曾在全省进行土地丈量，旨在增加一笔田税。红河各土司区，除思陀区由土司出面把田税包下来外，其他各土司区都进行了不彻底的清丈。凡清丈过的土地，各占有者得了一纸执照，他们从此要向国民党政府交纳“大粮”，同时还要负担土司的官租，这样就加重了一层剥削。此外，还要交纳征兵役、养兵谷、修路款等等杂派，逢反动官吏来巡察，又要交一笔额外的招待费。

5. 墨江县龙坝区娘浦寨哈尼族地区农民负担状况。娘浦寨本身没有地主，但是，农民所生产出来的谷物，却几乎是大部被地主阶级剥削去了。外寨的汉族地主，通过高利贷的方式把这里农民的土地绝大部分都变作了抵押品，每年收获之时，农民便要以谷物作为利息交纳；另外，由于这里的水田少，不够耕种，部分农民也向外寨的地主租入水田耕种，受地租的剥削。

高利贷剥削也是残酷的。这里的农民全都是猛里地主张、马、严三家的债户，实质上也就是他们的佃户。这些地主向娘浦农民放高利贷的情况是这样的：

国民党政府的苛捐杂税派下来，这些地主都是保甲长，他们从中浮派很大数字，贫苦农民无法交纳，地主们便以代垫为名，使农民普遍欠他们的债；

农民在青黄不接或遭到天灾人祸时，只好向地主告贷；

高利贷的年息是200%，农民借了高利贷后，便把自己的土地作为抵押，在秋收时须按期以谷物作为利息交纳；全寨每年付高利贷利息的谷子数为中农5户，共付6200斤，贫农9户，共付800斤，雇农25户，共付1200斤。

另外，租佃剥削一般是收获物的50%，本寨农民租入地主3400斤产量的水田，每年交租1700斤。

农民在受到地主的高利贷和地租剥削之后，所剩余的谷物，不足以维持生活，所以，又沦为地主阶级的雇工。本寨雇农25户，其中有2人出卖长工，出卖短工则是非常普遍的现象：中农5户，全年出卖短工85个；贫农9户，全年出卖短工260个；雇农25户，全年出卖短工1325个。长工工资是每年40元，仅为长工劳动生产物价值七分之一，加上长工的口粮500斤、衣服一套等，合起来仍然只是长工劳动生产物价值的三分之一。短工工资是每日2角半开，仅值稻谷2斤，伙食费约需3斤，共合5斤，而当地的生产力水平是每劳动日可得10

斤以上（高低平均），短工工资不足劳动生产物价值的三分之一，可见地富阶级剥削的程度。

娘浦寨的农民除了受地主阶级的剥削外，还要交纳国民党政府的赋税，其种类和数量有下列几种：

（1）公款：中农5户，200元半开（合谷子2000斤）；贫农9户，200元半开；雇农25户，150元半开。

（2）公粮：中农5户，2500斤；贫农9户，1500斤；雇农25户，1000斤。

（3）租谷利：中农5户，1000斤；贫农9户，800斤；雇农25产，500斤。

（4）屠税：全寨共200斤。

通过上述地主阶级和国民党政府的剥削之后，娘浦寨农民的劳动收入和负担的比较如下：

（1）收入：

中农5户，自耕土地收入20000斤，出卖短工收入170斤，共收入20170斤。

贫农9户，自耕土地收入21200斤，佃耕土地收入1700斤，出卖短工收入520斤，共23420斤。

雇农25户，自耕土地收入7500斤，长、短工工资收入3450斤，共10950斤。

（2）支出：中农5户，共付出高利贷利息、苛派11770斤。

贫农9户，共付出高利贷利息、苛派5170斤。

雇农25户，共付出高利贷利息、苛派4270斤。

（3）收支两抵结余和按人口平均分配情况：

中农5户，余8400斤，29人，每人平均289斤。

贫农9户，余18350斤，50人，每人平均367斤。

雇农25户，余6680斤，82人，每人平均82斤。

从上列统计数字可以看出，农民每年仅用数十至三百多斤的粮食来维持生活，最多的仅能吃半年，少的只是两月，饭都吃不上，哪有余力来从事有效的生产，又哪有成本来改进和提高生产技术。

（五）拉祜族地区（云南）[①] 农民的主要负担示例

据调查，勐海县南朗河一带拉祜族阶级分化已明显，贫富现象也很显著，剥削关系突出且变动频繁，因剥削关系而产生的各种负担大致如下：

（1）债利。借一挑谷子必须偿还二挑或一挑半（由所借的时间长短而定，长者就是年初借的为二挑），当年五、六月借（当年还的为一挑半），还不清者，背利越重。借钱、借烟（即烟土，可作通货用）也都如此。

（2）雇工。当时帮工现象已很普遍，有帮长工的，帮短工的就更多了。帮三天的短工得一箩谷子（24 斤），帮一天的工得盐巴六两，农忙时如此，农闲时更少，有时少一半，如帮盐工，一天只得三两。这是当时雇工的比较固定的方法。

（3）工具租。每借锄头三天，必须还工一个；借刀五天，必须还工一个。

（4）分养。分养小母猪到大生小猪后，主人把大猪拿走，有时还把小猪也拿走一部分，所剩的小猪由分养一方所得，有的是分养小猪到大杀吃平分。

（5）山水费。当时的土地表面看谁砍谁种，实际上都要交纳山水费。当时种田的要交米一斗给间长，到靠勐阿坝一方开荒种地，也得交山水费三个半开、两个半开不等。

国民党统治时期，广大的贫苦农民向国民党政府承担的负担主要有：

（1）门户钱。一般年成，每年门户款收三次，一次三个半开，一年共九个半开，寡妇减半。

（2）烟课。每年的二至四月，凡种大烟的人家，要预报当年的收成好坏，以约十两抽三两的比例交烟课。

（3）募兵费。每家每年要交兵费，分为三等，一等六十五元，二等交十元，最低等五元。

---

① 以下调查资料来源见《云南少数民族社会历史调查资料汇编》（四），云南人民出版社 1987 年版。

（4）墨水费。每家一年交半开一个，作为保长的办公经费。

此外，本寨头人间长还利用种种特权进行剥削，主要有：

（1）派白工。每年间长均要向每户人家征派三个工为自己搞农业劳动不给报酬。当时龙竹篷共计 62 户人家，也就是说，间长每年要征派白工 183 个。遇到特殊年份还得加派。

（2）收肉。过年过节所杀猪的脖颈肉都得交间长。还有，凡打着野兽，外膂肉也得交间长一条。1947 年，间长共收脖颈和兽肉 10 斤，折谷 90 斤；1948 年收肉 9 斤，折谷 78 斤；1949 年共收肉 8 斤，折谷 71 斤。

（3）收八月礼。每年逢八月十五日，每家必须交半开三个，大米一筒，黄豆一筒，共折稻谷 47 斤。所收的八月礼除交保长一半外，间长吞一半，每年合 1410 斤。

（4）收年礼。每到过年，要给间长拜年，每家需要交一对粑粑，一挂肉，共折合稻谷 37 斤。

（5）收迁家费。凡是要迁入间长所管地盘者，须向间长交纳酒一瓶，半开一个，茶叶一包（约半斤），香一对。

（6）特权罚款。没有给头人让路的也要罚。

本寨还得向保长承担种种负担，1947 年每户出白工二天盖学校；1949 年每户出白工三天盖仓库等；1949 年每户出白工五天，为保长站岗放哨。百姓交的八月礼一半得交保长。每年过节由间长代表全寨去给保长拜年，要粑粑一对，合 15 斤米，肉三斤折谷 33 斤，共合 56 斤谷。打着野兽的外膂肉得交保长一条，1947 年共交了 13.5 斤，1948 年交了 16 斤，1949 年交了 11 斤。还有打着的马鹿茸，烧着的大黑蜂也统统得交保长。另外，每逢保长到间长家，每户必须交半开三个，米一筒，出不起者，就以割马草、砍柴、烧水、煮饭等充抵。

在澜沧拉祜族自治县南岭区第五村，据调查，当地拉祜族农民所承受的土司的剥削和国民党政府的赋役有：

（1）“土司官谷”。每户每年出 1 斗谷子。

（2）“土司官钱”。每户每年出半开 1 元。

（3）“供养款”。多者每户每年出半开 20 元或 30 元，少者出 10

元，供养土司及国民党官员。

（4）“兵款”。多者每户每年出半开100—200元，少者20多元。

（5）“门户钱”。每户每年半开5角。

（6）“伙食钱”。每户每年半开5角，谷子1斗，供下乡官员食用。

（7）“派白工”。里长要修路等，每户派白工1名。

（8）“盐换谷”。每年五六月间，里长、保长驮盐巴到各村寨，令闾长、甲长强迫分给老百姓，多者8斤，秋后还谷子一亢（合半开20元，而8斤盐巴仅合半开4元）；少者4斤，秋后还谷子半亢（合半开10元）。

附录一

伪"满洲国"统治下农民的负担

第一节　日伪统治下的政治经济与财政

一、东北政治经济的殖民地化

1931年日本侵略者发动"九一八"事变，武装入侵中国东北。由于国民党当局不顾广大东北军爱国官兵的强烈要求，下令不予抵抗，撤出东北，使日军在3个多月内，占领了东北全境，从而使整个东北沦为日本帝国主义统治下的殖民地。

1932年3月，日本扶植清废帝溥仪，建立伪"满洲国"（以下简称"伪满"），作为其统治东北的工具。

东北是当时中国工业、农业、交通运输和对外贸易最发达地区之一，各经济部门在全国所占比重分别是：煤为30%；铁为71%；石油为99%；电为23%；森林为37%；铁路为41%；外贸为33%。[①]

① 孙健：《中国经济史——近代部分》，中国人民大学出版社1989年版，第418页。

东北的沦丧，给中国的政治和经济带来了巨大损失和危害。日本帝国主义在策划建立伪满洲国后，便开始了公开的、有计划的、大规模地对我国东北三省的掠夺和控制活动。其总的方针是：确立和巩固对东北殖民地的统治秩序，系统地、大规模地掠夺东北的资源，变东北为发动和支持侵略战争的后方基地。为实现这一目的，他们采取了一系列反动措施。在军事上，以关东军控制各军事要地、铁路线和城镇；政治上，强化宪兵、督察、监狱等镇压机关职能，进行大规模"治安肃正"运动，推行保甲制度，实行连坐法及"归屯并户"的政策；文化上，推行奴化教育，摧残中国人民的民族意识，训化青年效忠天皇；经济上鼓吹"日满经济一体化"，组织建立大规模的掠夺性公司，对东北经济资源进行劫夺，利用伪满政权实行经济建设，产业统制，对东北经济进行控制。这一切旨在使东北沦为日本附庸。

伪满的经济表现着鲜明的殖民地经济下的战时经济特征。在所谓"日满经济一体化"的口号下，东北的经济被纳入日本积极向外侵略的战时经济体制之内，在工商、外贸、金融等方面进行严格的经济统制，对资源和重要的工农业生产进行野蛮的殖民掠夺。其目的是实现"工业日本、原料满洲"的殖民主义经济政策，并为其日益扩大的侵略战争提供军需保障，从而使东北的农业和矿业等部门为日本经济服务。

1933 年 3 月 1 日，伪满政府颁布《满洲国经济建设纲要》，作为伪满经济政策总纲领。1934 年 6 月发表《对于一般产业的声明》，划分统制产业和自由产业的界限。1937 年公布《重要产业统制法》，强化对重要产业的统制，1942 年 10 月发布《产业统制法》将统制范围扩充到一般产业。这些法令的颁布，完全随着日本帝国主义对外侵略战争的进程扩大而逐步加深。而且，这些法令在统制范围上将国防、军需和基础工业等重要产业限为由国营、公营或特殊会社经营，实行行政统治或在生产与消费方面进行限制。许可经营和自由经营的事业，也是在保证不与日本经济发生冲突和尽量提供日军和伪政权的经费基础上有限制地发展。在统制体制上，实行"一业一社"，即在一个行业内设立一个特殊会社或准特殊会社，进行排他性的垄断经营，实行各行业的集中统制。这类会社是日本垄断资本与伪政府合资建立的垄断组织，依靠政府立法，对企业的组织、计划经营活动及财务进行监督，亦被称作“国策会社”，体现着殖民地经济中国家垄断资本主义性质。其中“满铁”（即南满洲铁道株式会社）作为总特殊会社享有极大特权，是无所不包的殖民公司，操纵着东北的经济命脉。日伪在实行产业统制的同时，又于1932年实行金融统制。1937年后，又公布《主要粮谷统制法》《贸易统制法》《劳动统制法》等，在各个领域推行全面经济统制政策。

1937年底，日本建立“满业”（即满洲重工业开发会社），垄断了东北重工业，同“满铁”一起共同垄断东北工矿业，使日本在东北工业资本急剧增加，1937—1944年，日本在东北资本即增加了近3倍，达57.4亿多美元。[①] 仅工业资本，1940年就比1931年增加了72倍。[②] 日资占全部东北工业资本的80.8%。[③]

在日资独占和重点掠夺的工矿业中，以战争需要较多的重工业和战略资源为主，尤其煤铁业。当时在日本进口总量中抚顺煤占60%—70%，鞍山生铁占50%以上。[④] 1937年起，为更多地掠夺，日本推行所谓“产业五年开发计划”，从而加快了系统掠夺东北资源的过程。当时几种主要工业品产量示如附表1-1。[⑤]

附表1-1

年份	煤（万吨）	生铁（万吨）	钢（万吨）
1933	1088.8	43.3	2
1937	1438.7	81	52
1943	2539.8	170	87

从总的情况看，日本侵略者掠夺的资源数量极为庞大惊人，据统

① 吴承明：《中国资本主义与国内市场》，中国社会科学出版社1985年版，第29页。
② 中国人民大学政经系：《中国近代经济史》下册，人民出版社1978年版，第101页。
③ 陈真等：《中国近代工业史资料》第二辑，三联书店1961年版，第951页。
④ 解学诗：《日本帝国主义与东北煤铁工业》，见《社会科学战线》1983年第4期。
⑤ 严中平等编：《中国近代经济史统计资料选辑》，科学出版社1955年版，第146页。

计，1935—1944 年，仅钢一项即达 1308 万吨（不包括精钢）。[①]

殖民地性质的东北工业发展极不平衡，其中为战争服务的工矿交通业畸形膨胀，而与民生有关的工业日益萎缩，工业体系残缺不全，对日本依赖性很强。民族资本遭到毁灭性打击，1942 年，民营公司内中国私人资本仅占 3%。

伪满政府又将铁路、水运和新铁路修建全盘“委托”满铁经营，使之得以进行所谓集中统治，开发资源和军事运输。“九一八”事变后，日本查封了东北原有金融机构的资产，1932 年 6 月，在长春设满洲中央银行作为伪满政府国家银行，并由日本人操纵，发行纸币，强迫储蓄，包销公债，实行资金统制，垄断东北金融，掠夺广大人民。在对外贸易方面，接管东北海关，完全由日本人把持，通过修订税率，保护日本商品使之得以独占市场，并实行贸易统制，排斥与其他国家贸易。由于对资源强制掠夺和商品倾销，使东北由出超变为入超，1933—1941 年入超总额达 10.47 亿美元。

二、日伪统治下的东北农村

由于日本在东北实行殖民主义的农业政策，日伪统治下的东北农村经济呈衰落趋势，主要表现以下方面：

（一）“农业移民”，侵占土地

移民政策是日本一项重要国策，其目的是减轻国内压力，转移危机，并将东北变为其一部分。“九一八”事变后，日本拓务省及“满洲拓殖会社”“满洲移民开发会社”等，负责向东北大批移民。至 1943 年共建立 160 多个移民区，直接占地达 330 万亩。日本移民享有种种特权，并以各种手段直接掠夺和占有大量土地，再将土地出租给中国农民进行雇工剥削。使大批农民被逐出本土，有所反抗即遭屠杀，掠夺土地主要依靠 1936 年的“地籍整理”及廉价收买和“移屯并户”手段。前者以清丈土地为名，将相当数量的农村土地变为“日本籍”，后者则是通过强迫出卖和以维持治安为名将农民从土地上赶走。据推

① 徐友寿：《日本在沦陷区的经济掠夺与政治统治》，《河北师范大学学报》1985 年第 4 期。

算，日本以各种手段在东北掠夺的土地约3900多万顷。[①]

（二）统制农产品生产和贸易

强迫农民种植鸦片和棉花，指定鸦片种植区域、面积、实行鸦片专卖，危害农业生产和农民生活。对棉花生产、销售纳入统制范围，垄断收购。并对其他经济作物及畜产进行统制。至1940年全部农产品实行统制，在“统制贸易”政策下，对各种农产品实行压价收购。1941年各地普遍实行“粮食出荷”。[②]强迫农民以官定价格、按指定数量售粮，出荷量一般占收获量一半以上，遇到歉年，收获量不足出荷量则须购买补足。还有勒索性的“报恩出荷”等。日本收购大量粮食以满足军需和国内消费，农民如自行销售则以“经济犯”论处。

（三）建立合作社

1934年、1937年分别成立金融、农事合作社，前者负责借贷，后者负责收购。1940年，以兴农合作社代替二者业务并积极参与征兵、抓劳工、逼“出荷”活动。

这些殖民主义政策，使东北农业生产长期陷于停滞以至下降的困境。1931年后，东北农产品总量和单产一直没有恢复到1930年水平，如附表1－2所示。[③]

附表1－2

年份	耕地面积（万公顷）	产量（万吨）	每公顷收获量（公斤）
1930	1339	1887	1409
1931	1373	1846	1344
1937	1356	1659	1223
1944	1518	1743	1148

（四）利用剪刀差进行剥削

日伪除利用垄断价格统制农产品进行强制剥夺农民外，由于农产

① 孔经纬：《中国近百年经济史纲》，吉林人民出版社1980年版，第208页。

② 出荷为日语，即出售，粮食出荷则为粮食强迫出售。

③ 据《东北经济参考资料》（二）第14页；另见赵德馨：《中国近代国民经济史教程》，高教出版社1988年版，第362页。

品商品化，农民还要遭受工农产品剪刀差的剥削。“日本帝国主义者曾利用交通便利，工商业集中城市，与地主恶霸结合，残酷地剥削农民，利用城市统治农民。因此，在东北，特别是在北满，农村自然经济比较薄弱，贫雇农生活非常困难，农村中几乎没有手工业，许多东西非到城市买不可。”[①] 据材料各种农产品的商品率及出售量占产量的百分比如附表 1－3 所示。[②]

附表 1－3

年份	作物种类	大豆	高粱	谷子	苞米	小麦	稻子
1940	商品率	80—83	40—42	20—22	35—36		
1943	出售占产量百分比	74.2	38.2	17.1	39.1	36.2	69.9

在伪满后期，剪刀差更是不断扩大，如以 1936 年农民出卖品和购买品的价格指数各为 100，则 1937—1943 年的变化如附表 1－4 所示。[③]

附表 1－4

年份	1937	1938	1939	1940	1941	1942	1943
出卖品	111.6	110.3	154.0	189.6	190.1	201	235
购买品	119.0	146.5	170.5	215	247.8	267.1	291.4
平均	117	137	166.2	203.3	232.6	249.7	276.5

三、伪“满洲国”的财政

日本通过伪满洲国对东北进行直接的财政搜刮。实行“量出为入”，多支多收并总有浮余的搜刮政策。各年岁出岁入总额如附表 1－5 所示。[④]

---

① 《群众》第 20 期，1947 年 10 月 30 日。
② 孔经纬：《东北经济史》，四川人民出版社 1986 年版，第 547—548 页。
③ 东北财经委员会调查统计处：《伪满时期东北经济统计》，第 23 页。
④ 据孔经纬：《东北经济史》，四川人民出版社 1986 年版，第 394 页、第 493 页表制。

附表 1－5

单位：千元

年份	岁入	岁出
1931	—	19328
1932	179589	179589
1934	420011	409993
1937	974266	939371
1938	1717738	1676427
1940	3199705	3100833
1941	3135062	3040422
1942	2574136	2481168

表面上的收支余额并不反映财政的实际情况，事实上，其支出预算不断膨胀，收入全依支出而定。附表 1－6 是其预算膨胀指数。[①]

附表 1－6

年份	岁出预算	物价	“国防治安费”	经济建设费
1932	100	100	100	100
1934	144	91	138	111
1937	206	123	183	164
1938	252	147	256	241
1940	424	226	414	533
1941	—	—	506	744

伪满财政支出分为所谓“经常支出”与“临时支出”，其收入也有“经常”与“临时”之分。无非是把原支出预算之外的追加支出列为“临时支出”，将原收入预算之外的追加收入列为“临时收入”，实际是扩大开支，增加税收。这也正是他们财政能有“余额”的原因。附表 1－7[②] 充分反映了伪满财政的掠夺性。

① 孔经纬：《东北经济史》，四川人民出版社 1986 年版，第 394 页、第 494 页。
② 孔经纬：《东北经济史》，四川人民出版社 1986 年版，第 397 页、第 493 页。

附表 1－7　　单位：千元

年份	经常收入	经常支出	临时收入	临时支出	余额
1932	108431	88937	44492	39698	23288
1934	180440	113831	34460	73411	27658
1936	223719	130741	38891	90048	42820
1937	251805	111963	60950	155609	45183
1938	298333	137383	97677	189096	69531
1940	478820	233980	279439	442882	81397
1942	610152	358226	213248	465174	—

伪满财政收入主要来自三个方面：即经营性收入、税收和公债。其中税收为最大来源。税收种类繁多，数额巨大，如附表 1－8[①]所示。

附表 1－8　　单位：千元

年份	总额	中央税	地方税			
			合计	省税	市县旗税	街村税
1937	246936	180653	66283	4775	31106	30402
1940	520656	377783	142873	25421	58904	58548
1943	757325	683911	73414	72414	—	—

据《满洲帝国统计月报》资料，1937 年全东北有 3695 万人，平均每人税收负担为 6.86 元，1940 年人口为 4167 万人，人均税收负担 12.5 元，到 1943 年，人口为 4673 万人，人均负担增至 16.2 元，1943 年较 1937 年每人负担加重了 2.36 倍。[②]

在伪满的财政支出中，以其所谓“国防”和“治安费”及与之相关的所谓“经济建设费”最大。1945 年“国防”和“治安”费支出占总预算支出的 35% 左右，“经济建设费”占 25% 左右。[③] 日伪以搜刮来的中国人民的血汗钱来镇压、屠杀中国人民，并对中国的资源进行野蛮掠夺。此外，日伪还通过公债和强迫居民储蓄等手段进行财政

①② 《伪满洲国史》，第 416 页。

③ 陆仰渊等：《民国社会经济史》，中国经济出版社 1991 年版，第 665 页。

搜刮。1937 年伪满政府共发行公债 4.45 亿元，其中内债 1.98 亿元，外债 1.93 亿元，地方债 5352 万余元。到 1942 年则总额增加至 29 亿元，内债为 17.57 亿元，外债 9.53 亿元，地方债 1.88 亿元。1943 年仅内债和地方债结欠额达 21.23 亿余元，平均每人负担达 45.5 元。[①] 1940 年由伪“协和会”出面所搞的“国民储蓄运动”，将储蓄指标由上年的 5 亿元增至 8 亿元，1941 年又增至 11 亿元，1942 年、1943 年又分别增至 15 亿元、16 亿元。并以强制手段进行摊派、扣除（从工资、津贴中），其中 1945 年规定 60 亿元储蓄，分为由保甲摊派 3.5 亿元，居民购买商品附加储蓄 1.92 亿元，饮食店附征 1.5 亿元，自由职业者摊购 8000 万元，机关储蓄 8000 万元，农村储蓄 10 亿元，吸鸦片储蓄 1.48 亿元，不动产储蓄 5000 万元，彩票 4000 万元，有价证券 13 亿元，特殊措施 6 亿元，其他项目 18.2 亿元，[②] 其搜刮人民血汗已至无孔不入。

日伪统治下的财政搜刮，以“量出为入”为原则，具有典型的殖民地性，在搜刮手段上，对东北人民，无所不用其极。而日本人因拥有殖民者特权，纳税率很低，且积欠税捐情况严重，仅 1931—1933 年，哈尔滨一地日本人欠纳捐税总额就达 10.2 万元。[③]

第二节　日伪统治下农民遭受的封建剥削

一、土地占有关系的变化

“九一八”事变前，东北农村土地集中程度就高于其他地区，大部分土地集中于大小军阀和地主手中。日本占领东北后，土地集中程度进一步加剧。全东北耕地有 60%—70% 被日本殖民主义者、伪满官吏、地主、富农所占有。

---

① 《伪满时期东北经济统计》第 11 辑，第 6 页。

② 《民国社会经济史》，第 665—666 页，另见《东北经济小丛书》金融，第 178—181 页。

③ 孔经纬：《东北经济史》，四川人民出版社 1986 年版，第 400 页。

日本殖民主义者占有的土地叫“满拓地”“开拓地”或“私地”，据统计，1933年“拓殖地”面积为6440亩，1940年为110万亩，到1945年达到2210万亩，[①] 约占东北已耕地的10%，有些地区达到30%。[②] 这些土地并非由移民开拓，而是用强制征买手段以低廉代价从农民手中掠夺的。此外，则集中在官僚地主手中，据统计，大地主占有土地占总耕地面积的比例，北满为50%，南满为40.4%；中小地主及富农占地比例，北满为16.6%，南满为35.8%。

日本在统治东北的十几年中并未废除农村中的封建势力，而是扶助农村封建地主阶级，通过他们来统治农村。农村基层政权的职务多由地主担任，地主多数与伪吏、警察特务结合在一起，大多数汉奸警察特务就是地主。[③] “日本帝国主义使东北殖民地化，……不但未曾削弱地主阶级的存在，反而使地主阶级在与敌人的结合之下，在得到敌人的支持之下，在取得了警察特务等新的黑暗统治形式下，地主阶级从各方面，扩大了剥削范围与剥削深度，在方式上，也比任何时候更蛮横，更露骨。”[④] 广大农民遭受着双重的剥削压迫。

伪满统治下的东北，雇农是农村中主要阶层。这是由于东北至近代才放垦开发，大量关内移民缺乏土地与生产资料，只得出卖劳动力。据统计，1937—1943年，关内移民平均每年达80万人。[⑤] 而日本帝国主义的殖民统治大量掠夺土地并与伪满官吏、封建势力勾结，层层剥削，使大批农民贫困破产，沦为雇农。无地农户占农村总户数比例，南满为32.7%，中满为48.9%，北满为63.2%。[⑥]

二、封建剥削的形式与程度

（一）雇工剥削

在伪满统治下的东北农村，地主富农经营农业，主要的不是租佃

---

① 中共东北局宣传部：《东北农村调查》，东北书店印行。
② 《东北日报》1946年4月12日第一版，方青：《东北农村经济的过去与现在》。
③ 《东北农村的状况与特点》，据《群众》第3期1946年9月版。
④ 李尔重，高振声：《东北地主富农研究》。
⑤ 东北财经委员会：《东北经济参考资料》（二），1949年版。
⑥ 《东北农村调查》，另见《满洲农业要览》（康德七年十二月），第48—60页。

形式，而是雇佣劳动的形式。在地主阶级中，经营性地主的比例较大，据估计，经营地主只占农村总户数的4%，耕地却占总面积的40%以上，[①] 其中北满一般经营地主有土地500—1000亩，雇工人数（长工）在3—5人至30—40人。富农中也是同样情况。

雇工制经营的原因在于，无地农民大量增加，1934—1938年，北满农村包括拥有两垧地以下的自耕农和拥有四垧地以下的佃农在内的被雇农民及其所占农户比例如附表1-9所示。[②]

附表1-9 单位：户

	农户总数		被雇农民		所占比例（%）	
	1934年	1938年	1934年	1938年	1934年	1938年
呼兰县孟家屯	51	53	28	32	54.9	60.9
绥化县蔡家窝堡	45	53	20	31	44.4	58.5
安达县正四家子屯	24	31	14	18	58.3	58.1
青冈县董家店屯	30	40	15	24	50	60
拜泉县王殿元屯	33	30	15	14	45.5	46.7
富裕县李地房子屯	13	54	5	33	33.3	61.1
富裕县七家户屯	19	25	8	18	42.1	72
合计	215	286	105	107	48.8	59.4

雇工制（当地称榜青制）较之租佃制，可使地主富农得到更多纯收入。东北农村租佃率一般为25%—40%，最高为50%。而雇工制下，一个雇工可耕种40亩，工资及一切消耗只占20亩地收成，雇主可凭地权得50%利润，而雇工实际从事耕种仅4个月，其他8个月则给雇工干别的杂活，即雇工实际工资，只相当于他在4个月内创造的价值（40亩地收入）的1/6，雇主实际得到5/6的收入。[③] 此外，日本侵略者采取扶植大农经营的办法（如“出荷”粮食的种地人，包括佃户，可得配给布，配给布可转手高价出售），以及农产品商品化的发展，都促使地主富农为弥补损失，获取利润而采用雇工经营。

① 《群众》第3期，1946年9月。

② 孔经纬：《东北经济史》，四川人民出版社1986年版，第545页。

③ 方青：《农村雇工的剥削关系》，见《东北日报》1946年10月19日。

在日伪统治下，农村封建势力依然存在，并有汉奸地主与日本统治相结合，广大农民一方面受殖民者压迫，一方面继续承受封建地主阶级的剥削，封建经济关系仍在发展。东北各地自耕面积（地主自营土地和雇工经营土地）与佃耕面积（佃农耕种和富农、商人租地）的比例在1934—1936年所占比例（%）如附表1－10所示。[①]

附表1－10

	自耕面积（%）	佃耕面积（%）
北满17屯	50.7	49.3
中满10屯	31.1	68.9
南满10屯	71.3	28.7
合计	51.0	49.0

（二）地租剥削

在租佃剥削中，除农村中地主富农出租土地外，还有一部分是在日本“满拓”属下的土地，在日本移民尚未到来之时，日本利用汉奸地主势力以“土地经营人”和“二地主”的身份进行出租，实行地租剥削。如宝清县地主李某，过去有100多垧地，伪满时期土地归“满拓”后，掌握了5个村子地权，约2000垧，自种200多垧，其余出租。鸡宁县地主郭某，管地800余垧，其中有400余垧出租。日本移民到来后，也多将土地出租，汉奸地主接手后将坏地转租穷户，坏地产量一垧不过2.5石，租额达1.2—1.5石，并要将余下的一半“出荷”，且要服劳役。即使在日本人的军用地也可由他们代管，鸡宁县这类“地把头”在外出租土地以8亩顶一垧，每垧交日本人7斗，实收1.5石。[②] 这些“土地经理人”吃黑租、种好地、瞒黑地，欺人勒索，克扣老百姓的配给品，残酷剥削广大农民。东北租佃的显著特征是租佃率很高，一般都在收获量的40%—50%。当然因租佃形式不同而有差异，在对分制下，大体上，北满为主四佃六，中南满为五比五，实物地租，北满每垧是三石至六石，中满六石，南满在五至十石间。

① 孔经纬：《东北经济史》，四川人民出版社1986年版，第443页。

② 李尔玺：《东安一带地主阶级研究》。

现金地租，北满每垧最低十元、最高二十元，中满二十至四十元，南满三十至五十元。[①] 为满足日益增长的剥削需要，地租剥削不断加重，附表 1－11 所示为 1934—1938 年度北满各地地租率增长情况。[②]

附表 1－11

	1934 年地租率（%）	1938 年地租率（%）	增加（%）
富裕县李地房子屯	13	29.3	16.3
富裕县七家户屯	32	46.1	14.1
呼兰县孟家屯	38	44.6	6.6
绥化县薛家窝堡	36	45.3	9.3
青冈县董家店屯	25	45.1	20.1
拜泉县王殿元屯	35	36.6	1.6
安达县正四家子屯	25	33.8	8.8
平均	29.1	40.1	11

（三）佃雇农负担状况

在租佃与雇工剥削下，农民生活极端困苦，据调查，1945 年粮食每石约 400 元，花旗布每尺 40 余元，而宝清县雇工最高工资，带地 3 垧可得粮 9 石，值 3600 元，加上以钱支付的工资 2000 元，共 5600 元，可买布 14 丈，但除掉主副食费用，至多余 2500 元，仅够买 6 丈布。在佃农中，即使人手多又有耕畜的租种户地也往往经营亏损，极端困难，据 1934 年 10 月调查：泰来县农民陈某，有 18 口人，骡马各 2 匹，3 人从事农业生产，租种 32 垧地，以年利四分贷款 100 元，年收入 543 元，支出 572.22 元，亏 92.22 元。扎赉特旗农民鲍某，有 11 口人，1 匹马，7 头牛，2 头驴，2 人从事农业生产，租种 29.5 垧地，以年利五分贷款 30 元，年收入 271 元，支出 445.72 元，亏 174.72 元。[③]

① 《伪满洲国史》，第 363—364 页。

② 满铁调查部：《满洲经济研究年报》1941 年版，第 62 页。

③ 满铁经济调查会：《满洲农业资源调查报告》，第 72—78 页。

第三节　农民的田赋与苛杂负担

伪满建立后，即设置了集权化的税收机构，并对国民党和东北地方政府所执行的税制予以调整和改变，逐步建立了适应日本军国主义需要的赋税体制。伪满赋税分为“关税”、吨税和“国内税”三种。“国内税”又划分为“国税”和地方税。“国税”有盐税、地税（即田赋）、统税、烟酒税、房产税等 20 余种。地方税有地捐、“国税”附加税、杂捐等 5 大项。其中在农村征收的“国税”主要有田赋、家园基租（又称家屋税）、契税等数种。地方税则名目繁多，据宁安县志载，1936 年“国税”、地方税共 30 余种。另据调查，太平洋战争爆发后，关东农村的苛捐杂税达 69 种。[①]

田赋（即地税），1935 年以前，伪满田赋征收基本沿袭北洋军阀时期的办法。当时伪满治下的田赋，各省各县不尽相同。有些省征田赋、经征费，有些省则另有三费（勘验、缉捕、招解，作为行政司法补助税）、中学费等项。其办法是以屯为单位，课税面积以清丈设立的土地昆连册（即土地台账）上所载为准，于每年 12 月 1 日至次年 6 月 30 日为开征期。伪满在 1935 年的田赋税率是：“在旧奉天省，农耕地上等地每垧一元四角，中等一元，下等六角，沙碱地三角；经征费为正税额的百分之一。在旧吉林省，农耕地正税额是六角一分五厘。旧黑龙江省，正税额为上、中等地均为三角五分七厘，下等为二角一分四厘；三费征额，上地二分一厘、中地一分四厘、下地七厘；经征费为正税额及三费额的百分之三。在旧热河省，旧民地税额，上地每垧九角，中地四角五分，下地二角二分五厘；旧旗地税额，上地二角一分，中地一角五厘，下地五分二厘；田赋加征为正税额的十分之一至十分之三；经征费为正税额的百分之四至百分之十五。”[②]

---

① 中共旅大地委调研室：《关东农村若干问题的调查》，1948 年出版。

② 孔经纬：《东北经济史》，四川人民出版社 1986 年版，第 397 页。

1936年，伪满公布“地税法”，整顿了原来的田赋及垧捐。伪满的田赋征收额1932年为182.8万元，1934年为958万元，到1936年达1144.2万元。1942年7月，伪满重新颁布“地税税法”，征收办法是：按1941年5月制定的“土地等级设定法”将土地分为100个等级，以户为单位进行土地登记，以屯为单位设土地台账。田赋税率为：宅地及矿泉地，按地价征千分之一；旱田、水田及其他地，按收入价格征千分之十（伪满规定地价和收入价一般10年不变）。田赋附加捐，属于市者征田赋的百分之六百以内，属于旗、县及街村的，征田赋的百分之三百之内。而这些税率不过是法定公开的东西，实际执行则大大超过，据调查，绥化县1941年田赋附加占田赋的419%，大大超过正税。另据材料，“关东州”1934—1937年度田赋及苛杂的征收额如附表1-12所示。[1]

附表1-12 单位：万元

年份	1934	1935	1936	1937
田赋	21.7	21.66	21.67	21.68
苛杂	93.57	103.97	114.77	123.49

伪满的捐税是逐步加重的，其中田赋征收额1933—1934年为772万元，1936年为1144万元，增加48.2%；同期“国税”征收额1933—1934年为3734万元，1936年为5308万元，增加42.2%，[2]可见田赋增涨程度。1937年伪满国地两税总额为2.46亿元，1943年增至7.57亿元，六年间增加两倍。从1944年1月起，又实行了三次所谓“战时增税”，有些税目增征一倍以上，增征税额总计达2.45亿元，其中很大部分落在农民头上。

至于地方摊派，情形更是严重。例如在1939年，伪铁岭县副县长为给日本移民“开拓团”建宿舍，向全县征集建筑用材，其中9个村屯按土地摊派，居民中没有木材者共用2187元购买1495根，另需的3000余根，则由村民伐择自家树木上缴，建房用的50万块砖也用同

① 孔经纬：《东北经济史》，四川人民出版社1986年版，第398—399页。
② 琼斯：《1931年以后的东北》。

样手段征集。另外为给移民修路、建农业仓库，下令新台子村出民夫2783人、汤牛堡村出马车75辆、西佛寺村出195辆。[①]

第四节　日伪“统制”政策下农民遭受的剥夺与奴役

一、“粮谷出荷”

伪满初期，日本获取农产品主要是通过一般的商业贸易手段进行的。“七七”事变后，则对农产品的购销采取垄断政策，即实行“统制”。1937年春，关东军促令伪满政府成立“满洲农业政策委员会”，决定对稻米、小麦、大豆、棉花等开始实行“统制”；1938年11月，公布《米谷管理法》及《满洲粮谷股份公司法》，从而以稻米为首的粮食购销、加工等均由伪满政府控制，并统由满洲粮谷公司进行。随着侵略战争的持久和扩大，日寇为加强粮食掠夺，满足庞大战争需要，将粮食购销由严格“统制”变为强制购销，即推行所谓“粮谷出荷”政策，强迫农民售粮。具体办法是：先规定土地等级及各级土地官产定量，再将每户产粮按规定除去人畜消耗，剩余部分依官价收买。最初辅以欺骗手段，如推行“奖金制度”和“先钱制度”（即预支价款）。前者实行于1940年，不过是将已压得很低的价格略加提高；后者实行于1941年，通过预付很少的价款——每百公斤一元，与农民签订“出荷”契约，规定最高出荷量，秋季不管收成如何，强迫如数交粮。太平洋战争爆发后，更实行所谓“决战搜荷方策”，即一方面继续实行“先钱制度”（从1943年起，改为特配棉布棉纱）；一方面加强强制摊派和督促。以“决战下绝对需要之数量”为基础，由伪满中央摊派给各地方，各地方摊派给农民，不管有无，一律强制交纳，并

① 《伪满洲国史》，第351页。

加强以武力强迫。自 1942 年起到日本战败投降，每年入秋之后，东北各地大刮“出荷”妖风，广大农民饱受苦难。据对关东农村调查，①二级地每天②（约 6 市亩）实际产量一石，官定产量为一石五斗，高估 50%；三级地每天实际产量为一石五斗，官定二石，高 1/3；四级地高估 25%；五级地高估 20%。消耗扣除为，成年（19—59 岁）每人每年一石二斗；老人、小孩每人每年八斗，标准很低。而“出荷”官价更低，以苞米为例，1941—1942 年每斗市价 3.96 元，官价 2.96 元，低 25%，有些地方更是低得出奇，如金县登沙河区北关家村的情况如附表 1－13 所示。

附表 1－13　　单位：元/斤

物价种类		官价	市价	差率
大豆		0.78	4.50	82.7
花生	一等	7.00	50.00	86.0
	二等	5.70	50.00	88.6
	三等	4.60	50.00	90.8
地瓜		0.06	0.20	70.0
地豆		0.08	0.30	73.4
苹果		0.20	2.50	92.0

为刮尽农民手中粮食，日伪反动势力倾巢出动，全力以赴，实行所谓“总力集结体制”，建立各种机构如“搜荷督励本部”“搜荷工作班”“取缔班”“情报班”等，对粮谷实行严格管制。

自实施粮谷“出荷”以来，粮谷“统制”变本加厉。如有私人粮食，一经警探查知，不但没收粮谷，还要严加惩处。有的地方，特别指定“出荷”运输道路，凡在此外通行，即认为是不正当的粮谷运输，甚至指定“出荷”农民住处以便监督，严厉取缔从农村向城里私运粮食。据伪满《康德十年五月经济情报》载：1943 年 8 月，各伪省署均制定取缔走私计划，于秋收后设卡 1770 处，游动检举班 2491 个，

① 《关东农村若干问题的调查》。

② “天”为东北民间土地面积计量单位，意指一头牛力每日耕种亩数，一天约合六市亩。

共动员人数25748人，自10月初至月底，查举达19188件，法办9322件，没收粮食1196吨。[①] 这仅仅是1个月的情况，及至搜刮猖獗的1944年，其残暴程度可知。

日伪当局所规定的“出荷”指标已是很高，日伪汉奸还要竭力超过。1942年，伪吉林省“出荷”分配量为134吨，但由于“加强管制的结果”，搜刮了137万吨。[②] 1943年本已确定了极高出荷量，后竟以“报恩出荷”的名义，强迫人民多出荷30万吨。从下面统计资料可见（见附表1－14），1943年和1944年，实际出荷量都超过了计划出荷量。[③]

附表1－14　　1940—1944年粮食产量及出荷量　　单位：吨

年份	生产量	计划出荷量	出荷量
1940	18626551		4920497
1941	18667053		5486042
1942	17659150		6438350
1943	19413969	7320000	7671820
1944	19287316	8030100	8791700

伪满时期出荷比率是很大的。1937—1945年平均为39.5%，最高的1944年为48.2%。按农业人口计算，每人平均出荷量1943年达276公斤，最高的黑龙江省为559公斤。[④] 如1943年，伪吉林、龙江、北安、滨江、四平、通化、三江、东安、间岛、新京等省市出荷都在40%以上。其中伪北安省占53.5%。再如舒兰县，1943年粮食产量157090吨，出荷量达78166吨，占总产量的50%。同一年出荷量超过十万吨者有26个县，其中榆树县达204000吨。[⑤] 1937—1945年，日本侵略者用出荷方式在东北强征粮食计16053万吨，[⑥] 如按官价低于市价50%计算，则通过强迫价格差夺取农民粮食为8026万吨。

①② 伪满档案285号。

③ 《伪满洲国史》，第376页。

④ 东北粮食总局：《伪满时期粮产出荷——粮食工作参考资料之一》，1949年。

⑤ 《东北经济小丛书》农产，第17—18页。

⑥ 东北粮食总局：《伪满各年度各种作物面积产量及农民负担统计》，1947年。

日伪当局从农民手中掠夺庞大数量的粮食，给农民带来了无穷灾难。农民出产的粮食几乎一半被强迫出荷，剩下的还要用于种子、饲料和交租，真正能作为口粮的为数甚微。一般情况尚如此，遇有灾害，更加悲惨。由于出荷量是预订的，所以在强制压力下，农民被迫要借贷以期完成出荷。据载：1943 年 6 月，伪龙江省拜泉县各地遇雹灾水害，农产物减少三成，仍按摊派数量 149680 吨强逼出荷，农民不得已将口粮、饲料和种子都交出去。[①] 至于如何维持生计，日伪当局从不关心，而是尽力搜刮，为强迫出荷殴打农民，焚烧民房的暴行，到处皆有。1942 年 10 月至次年 3 月底，全东北光是因“检举出荷”而没收农民的粮食就达 6360 吨。[②] 许多善良百姓惨遭迫害，有的被逼自尽。其中“北安省望奎县因食粮奇缺，全县人民都笼罩着灰暗的悲观情绪，……该县山头村从五月十日至二十日仅在五户人家中便有三十多人自杀。”[③]

二、奴役劳动

劳动政策是日本帝国主义统治伪满期间的一项重要政策，它既是关乎资源掠夺的经济问题，又是涉及法西斯统治的政治问题，因此，这一政策的实施，给广大人民造成了深重灾难。

1941 年起，日本殖民当局在东北实施“国民皆劳”政策，即为支持长期侵略战争，驱使全体人民负担各种艰苦劳役。为此，日伪统治者采取了一切办法和手段，进行劳动“统制”。

服劳役的具体形式：一是“勤劳奉公队”。日伪《国民勤劳奉公法》规定，凡 20—30 岁不被征为“国兵”者，均有义务参加，服役时间为三年，每期 4 个月，从而最低可掌握 60 万人的劳动力队伍。[④] 二是普通劳工。其中又分“紧急就劳”“行政供出”“军需供出”三种。“紧急就劳”是用抓捕方式征集劳动力，1942 年，关东军用这种方法征集劳力 21 万人。“行政供出”是服务于伪满政府的劳役。“军需供出”是为日伪军事工程服务的劳役。这些均属无偿劳动，条件极其

①②③　《伪满洲国史》，第 377 页。

④　《伪满洲国史》，第 392 页。

艰苦，备受虐待。特别是“军需供出”劳工常被敌军为灭口而惨遭杀害。日本殖民者征用劳动力数量极大，如 1941 年日伪当局征用一般劳工 192 万人，特种劳工 3.3 万人，1944 年劳动力动员计划达 331 万人。[①]

这样广泛的人力征集主要来源于农村，从而对农村劳力造成巨大破坏，加重了农民负担。在摊派劳工时，有人出人，无人则出钱。日伪当局亦承认“随同供出而引起了摊派问题，由于数额增高，农民之负担加重”。[②] 这种负担落在直接劳动者头上，据日伪《满洲评论》杂志调查，1942 年伪锦州省彰武县赏屯共摊派劳工 135 名，分配情况是：雇农 91 名，占 67%；佃农 21 名，占 16%；自耕农兼佃农 6 名，占 5%；自耕农 17 名，占 12%。[③] 大部分都摊派在贫苦雇农和佃农身上。又据承德宪兵队长调查：1942 年喀喇沁中旗内 33 个村中有 26 个村，1—6 月被征集劳工 1—3 次，共 2500 名，村甲长向村民摊派，每一劳工最高 260 元，最低 30 元，总计 50 万元，全由农牧民负担。[④]

伪满政策从 1939 年起推行所谓“紧急农地造成计划”，不仅造成大量农村土地被霸占，人民流离失所，而且大批奴役中国人民，为其效力卖命，其中尤以吉林第二松花江和东辽河地区的紧急造成计划为最。据载，1943 年修建第二松花江左泉七家子提水站时，将与之相联的干线水渠作为重点。第一年每天使用劳工达 48000 人，次年为每天 68000 人，第三年每天用劳工达 8 万人。1943 年在东辽河上游为修筑二龙山附近水库工程，最多每天使用劳工达 34000 人，工程所在伪四平省，倾城强征劳工，伪满梨树县苏家屯共 300 户，即出劳工 60 多名，孤家子村 260 户，出劳工 50 余人，劳工生活艰难，每天只限 1 斤粮，又经层层克扣，在饥饿催逼下从事艰苦繁重劳动。[⑤] 被征集的劳力不仅劳动条件极其恶劣，且劳动时间很长，一般为 10 小时，甚至 13—14 小时。再加之苛薄的生活待遇，使劳工大量死亡。1942 年 1—

① 沈元翰：《简明中国近代农业经济史》，西南财大出版社 1987 年版，第 154 页。
② 《伪满洲国史》，第 396 页。
③ 日伪《满洲评论》第 22 卷 14 号。
④ 劳工档案 263 号，第 220 页。
⑤ 《伪满洲国史》，第 369—370 页。

6月，东边道开发公司有3000名工人死亡。1945年上半年全东北被征调劳力达300万人，病死和虐待至死的平均竟达20%。[①] 由于被征集的劳动力主要来自农村，劳动力的大量死亡对农村经济的影响更为直接和严重。东北农村人口在总人口中的比例，1937年为76.48%，1940年为73.36%，1943年为72.23%，[②] 日趋减少的农业人口，严重阻碍了农村经济的发展。

① 许涤新：《现代中国经济教程》，第136页。

② 沈元翰：《简明中国近代农业经济史》，西南财大出版社1987年版，第155页。

附录二

汪精卫伪政权统治区的农民负担史料节编

第一节　汪伪政权的建立及其管辖区域

一、汪伪政权的建立

日本在侵华战争中一贯采取利用汉奸，扶植傀儡政权，以华制华的策略。1931 年九一八事变后，日本在东北建立了傀儡政权伪满洲国。1937 年七七事变后，日本于同年 12 月 15 日在北平成立傀儡政权伪中华民国临时政府。9 月成立伪察南自治政府。10 月成立伪晋北自治政府和伪蒙古联盟自治政府。1939 年 9 月，伪察南、晋北、蒙古自治政府联合成立伪蒙古联合自治政府，又称伪蒙疆联合自治政府。日本占领武汉后，知道单用武力不能屈服中国，乃着手政治进攻和经济引诱。所谓政治进攻，就是在抗日阵线中诱惑动摇分子，分裂统一战线，破坏国共合作。所谓经济引诱，就是所谓“合办实业”。在华中、华南，日本允许中国资本家投资 51%，日资占 49%，在华北，日本允许中国资本家投资 49%，日资占 51%，同时还允许将中国资本家原有产业，发还他们，折合计算，充作资本。第一次国内革命战争后期，任武汉国民党政府要职的汪精卫，背叛国民革命宗旨，与南京蒋介石政府合流，共同反共。抗战期间，汪又随蒋一同躲到重庆，但已开始与日本勾勾搭搭。1939 年 5 月汪到日本东京与日内阁首相和各大臣秘密会见。日方同意汪以国民党、三民主义、青天白日旗作号召，以国民党政府“还都”南京的形式组织政府，然后搞对日“和谈”。汪从日本返回中国后，于 1939 年 8 月 28 日在上海召开所谓“国民党第六次全国代表大会”，汪任“国民党”中央执行委员会主席。

1939 年底，汪精卫集团与日本特务影佐在上海签订了卖国密约《日支新关系调整纲要》，其主要内容如下：（一）东北割让给日本，将蒙疆（指当时的绥远、察哈尔两省和山西北部）、华北、长江下游和华南岛屿，定为“日支强度结合地带”，由日军长期占领。（二）伪政权自中央政府至地方政府，都由日本顾问或职员监督。（三）伪军和伪警察，由日籍教官训练，武器亦由日本供给。（四）伪政府的财政经济政策，工业、农业和交通事业，都由日本控制；一切资源，由日本任意开发利用。（五）禁止一切抗日活动。[①]

1940 年 3 月在日本的操纵保护下，于南京召开所谓中央政治会议，会议推选汪为第一届伪中央政府委员会主席兼伪国民党政府代主席，授权其组织“政治委员会”，成立伪国民党政府，“还都”南京。“中央政治委员会”是汪伪的一个最高决策机关，该会常设秘书厅，承“主席”之命，办理日常事务。

汪伪政权是日本侵略军的傀儡。它的军事、政治、财经大权都掌握在日本人手中。军事顾问不仅掌握汪伪军事计划、方案、法令规章的拟定，甚至连汪伪部队一排乃至一班的驻防也在日本顾问的掌握之中。经济顾问部向汪伪财经各部及各省市政府均派遣经济顾问，严密控制汪伪统治区的金融、财政、生产、物资、商业等，掠夺中国的人力物力，以实现其以战养战的野心。

① 参见《克服投降危险，力争时局好转》注释，载《毛泽东选集》第二卷，人民出版社 1991 年版，第 714 页。

二、汪伪政权的统治区域及其人口

汪伪政权的统治区域，据民国卅三年度（1944 年）《申报年鉴》记载，包括江苏省、浙江省（北部）、安徽省（大部）、江西省（北部）、湖北省（一部）、广东省（一部）、福建省厦门、河北省、山东省、山西省、河南省（大部）、察哈尔省、绥远省（大部）共计 14 省；南京、上海、厦门、青岛、天津、北平共计 6 市，另外还有威海卫行政区。[①] 汪伪统治区分为汪伪政府直接统治区域、“华北政务委员会”统治区域和“蒙疆联合自治政府”统治区域三部分。

汪伪“中央”政府的辖区表面上不小，包括华中、华北和华南的所有沦陷区。但实际上，汪伪所管辖的仅是其直接统治区域，“华北政委会”和“蒙疆政府”名义上归汪伪管辖，但实际上并不听命于汪伪指挥。如“华北政委会”的军队就不归汪伪指挥，在华北沦陷区流通的货币仍然是联银券，而不是汪伪中央银行发行的中储券，等等。

汪伪直接统治区（5 省 3 市）的人口，如附表 2－1 所示。[②]

据 1941 年 12 月 25 日汪伪盐务署编：《盐政调查录》记载：苏浙皖三省人口，据各区局呈报辖区内各县政府调查户口数共计 3630 余万人。”[③] 另据 1942 年 3 月 9 日汪伪财政部给淮南、两浙、松江三区盐务管理局及南京、皖岸、蚌埠三盐务管理处密令称，日本特务机关当时调查苏、浙、皖三省汪伪统治区的人口数为 26116056 人。[④] 1942 年 4 月 11 日汪伪财政部次长陈之硕致日本驻华大使馆石黑书证官函称，苏浙皖三省盐税总局呈报，三省中汪伪统治区人口总数为 22616056 人。[⑤]

---

① 《申报年鉴》1944 年，第 362 页。

② 《申报年鉴》1944 年，第 383 页。

③ 中国科学院历史研究所藏档案：第 571 号，（一）（二）。

④⑤ 中国科学院历史研究所藏档案：（三），19154。

附表 2－1　　汪伪统治区“五省三市”人口统计表

(1941 年 6 月)

地　　域	户　　数	人　口　数
江苏省	1866044	7922535
浙江省	202728	809106
安徽省	599693	3320207
湖北省	1201984	7193998
广东省	150346	690964
上海特别市	332542	1479726
南京特别市	140439	619406
汉口特别市	176376	899375
总　计	4670172	22935317

上述资料来源不同，时期不同，数字互异。这反映了汪伪统治区的不巩固，其中以 1941 年底汪伪统治区的人口数最多，但大体说来，苏浙皖三省（汪伪主要统治区）仅有二三千万人，只占三省人口的一小部分，据资料记载，抗战前的 1936 年，三省人口总数约为 9121 万人，汪伪统治区人口约占三分之一。

第二节　汪伪统治区的田赋与农民负担

田赋是汪伪统治区财政收入的重要来源。在汪伪统治区，农民田赋负担之沉重，主要表现在：1941—1942 年田赋普遍增加一倍；1944—1945 年田赋改征实物；繁重的田赋附加税捐。现分述如下。

一、1941—1942 年的田赋倍增

汪伪政权成立后，田赋之征收大体沿用民国旧制，个别田赋征册散失的地方，则另拟赋率，临时征收。故于叙述汪伪时期的田赋之前，将江、浙、皖等地沦陷前田赋征收简况，作一概述。

江苏省管理田赋征收之机关为省财政厅、县财政科。其征收方法

是于开征前，以各种方式通知业户。完纳田赋的手续各县不完全相同，或业户直接到政府所设粮柜交纳，或官吏到各地向业户征收，业户完纳田赋后，由政府给以收据。江苏田赋原分地丁、糟粮、租课三种税率。1931 年，取消以上各种名目，改为省正税、县正税、省专款、县附税等。江苏省自 1933 年举办土地陈报后，田赋预算逐渐增加，抗战后，又趋减少。具体情况：1935 年田赋预算为 1267000 元，1936 年为 1274234 元，1940 年为 1045734 元。[①] 江苏田赋附加，1928 年以后日趋繁重，且往往超出正税 10 余倍以至 20 倍以下，全省平均，附税为正税 310% 强。[②] 附税分为省附加与县附加两种。1931 年以后，省附加改为省专税，县附加改称县附税。省专税分为教育、水利、农行基金、治运筑路等专款。县附税分为地方行政补助、教育、自治、防务、农业改良、慈善、清丈、保安团经费和积谷、警察队、市乡行政捐等。

浙江省的田赋征收机关亦是财政厅。各县设征收处、分处具体办理田赋征收事宜。其征收办法为，在开征前一个月先出布告，于开征后设咨询处，各征收处在业户交田赋时，先令其持通知单核对无误，将应纳正附税填具收款凭单，交由业户持赴收款部交款。浙江田赋税率，田地山荡各不相同。浙江田赋预算，1931 年最高，1936 年次之，1938 年最低，1939 年次低，其他各年皆在 800 余万元左右。浙江田赋附加，1928—1930 年变动无常，1931 年改两为元，取消田赋特捐附捐等款，改为正、附税和征解费三种。至各县农村实际负担田赋正税与附加税之比例，因各地情况不同而异。

安徽省各县田赋之征收，是在各县城设柜、镇设分柜办理，各柜设主任一人，办事员若干，从事收款、核算等工作。各县于每年二月以前，根据户亩推收底册，造具户亩总征册，另制日记簿及总簿，并制三联，以备应用。安徽原有田赋税目，内容非常复杂。其征收标准，有按田地山塘征收者，有将山地并入田亩科征者，有按收获量多寡征收者，琐碎支离，难以备举。1928 年改订税率后，其税率仍多。安徽田赋附加日增，超过正税。1934 年调整税率时规定，凡各种附加税合

---

①② 《财政年鉴续编》第五编，第二章，第 7—8 页。

计在正税 100% 以内者，准预照数编制，在 100% 以上者则分别情形，略予减免。[①]

1941 年下半年，各省市伪政权纷纷向汪伪中央请求提高田赋率，增加田赋额，以解决其财政困难。伪江苏省政府咨文中说："际兹省市财政万分竭蹶之秋，既不能开源，又无法节流，舍在田赋方面酌予增加，实无其他途径。"[②] 伪江苏省政府将赋率提高一倍。伪浙江省政府在咨文中首先回顾了抗战前田赋征收的情况，然后提出增加田赋率 90% 的请求："查浙江省田赋本科银米随时按照市价折征银元。每银一两折合银元一元八角，每米一担折合银元三元三角。迨民国二十年（1931 年）国地两税划分后，始于三十一年（1942 年）废除银米名目，即按当初所定每银一两折征银元一元八角，每米一石折征银元三元三角计算，按亩改征银元，因其时物价低廉，以此赋率应付一切政费，绰有余裕。乃年来物价步涨不已，生活程度日高，所有一切政费逐渐扩大，若再按照从前所定银米价格折征田赋，委实收不敷支，应付为难。况现实银价米价较诸往昔不啻倍蓰，如以原来银米赋率，按现在银米价格折征，则每亩须征国币十余元之谱。只祗以农村经济受通货膨胀影响亦同感困难，自应于调整赋率之中，……除武康县原有底册散佚又处军事前线，暂就附郭田亩每亩征收田赋一元五角不再增加外，其余各县按照现征田赋正附赋率，暂加九成弱，如现征附税超过正税者，仅加四成，并不超过原率一倍以上。"[③] 其他省市的伪政权亦有同样的请求，于是，主管田赋征收的汪伪财政部向汪伪行政院请示如何办理。

汪伪行政院在接到伪财政部的呈请后发出指令说："呈悉。应如所拟。依照监督地方财政暂行法第三条之程序办理，仰即遵照，并分咨各该省市政府遵照。再访问各省市田赋，附加税较正额，多至数倍，农民负担，本属非轻；该部并即分咨各省市政府，详开每亩

① 浙江、安徽省资料，均引自《财政年鉴续编》，第 8—9 页。

② 中国第二历史档案馆档案：全宗号 2063，卷号 0852。

③ 中国第二历史档案馆档案：全宗号 2063，卷号 0852，汪伪财政部：调查现行征收田赋每亩赋税确数。

正附赋税确数，送部审核，毋稍隐饰为要，合并饬遵”。[①] 伪行政院、伪财政部虽承认农民负担沉重，但还是批准各省市提高赋率一倍的请求。

下面分别列述各省市原来的赋率及提高后的赋率。

（一）江苏省：见附表2－2。[②]

附表2－2　　江苏省各县新旧赋率表　　单位：元

县别	旧率		新率		备注
	最高则	最低则	最高则	最低则	
吴县	1.230	0.120	2.460	0.240	
常熟	1.276	0.393	2.534	0.786	
昆山	1.220	0.250	2.440	0.500	
吴江	1.240	0.160	2.480	0.320	
太仓	1.090	0.217	2.180	0.434	
松江	1.148	0.219	2.296	0.438	
金山	1.228	0.466	2.456	0.932	
青浦	1.240	0.110	2.480	0.220	
无锡	0.970		1.940		
武进	0.870		1.740		
镇江	0.940	0.047	1.880	0.094	
江阴	1.010	0.507	2.019	1.013	
丹阳	0.870	0.030	1.740	0.060	
金坛	1.003	0.177	2.006	0.354	
江宁	0.850	0.030	1.700	0.060	
句容	0.814	0.006	1.628	0.012	
六合	0.800	0.020	1.600	0.040	

① 中国第二历史档案馆档案：全宗号2063，卷号0852，汪伪财政部：调查现行征收田赋每亩赋税确数。

② 《申报年鉴》1944年，第622—623页。

续表

县　别	旧　率		新　率		备　注
	最高则	最低则	最高则	最低则	
江　浦	0.800（田）		1.600（田）		
	0.640（地）		1.280（地）		
仪　征	1.011	0.208	2.022	0.416	
江　都	0.900	0.100	2.800	0.200	
宜　兴	0.890	0.140	1.780	0.280	
南　通	1.100	0.200	0.220	0.400	
如　皋	0.420	0.130	0.840	0.260	
高　邮	0.530	0.420	1.060	0.840	
泰　县	0.662	0.112	1.324	0.224	
泰　兴	1.125		2.250		
靖　江	0.825（田）		1.650（田）		
	0.654（芦）		1.308（芦）		
海　门	0.500	0.430	0.860	0.860	折平田
溧　水	0.556（田）		1.113（田）		征册散
	0.183（地）		0.360（地）		失

注：本表所列太仓县旧率，最高为1.090元，最低为0.217元，有误，据二档馆档案，最高为1.06元，最低为0.22元，（见江苏省各县改订等则后每亩赋额表）。

从附表2－2可以看出，新赋率比旧赋率提高了一倍。表上所说最高则与最低则，是一种简化的说法，实际上当时江苏征收田赋是将田地分为四等，每等又分成上中下三级，分别制订不同的赋率的。所列最高则，均为一上田赋率，最低则多为三下赋率，少数系四下赋率。附表2－3江苏省各等级田赋率，以供参考。

附表 2－3　　江苏省各县改订等则后每亩赋额表

单位：元

等级	一上	一中	一下	二上	二中	二下	三上	三中	三下	四上	四中	四下
吴县	1. 220	1. 090	0. 980	0. 890	0. 770	0. 680	0. 550	0. 420	0. 300	0. 250	0. 200	0. 170
常熟	1. 267	1. 216	1. 166	1. 113	1. 065	0. 969	0. 769	0. 594	0. 393			
莀山	1. 220	1. 100	0. 980	0. 860	0. 740	0. 610	0. 490	0. 370	0. 250			
吴江	1. 240	1. 150	1. 050	0. 900	0. 700	0. 500	0. 360	0. 260	0. 160			
松江	1. 148	1. 092	1. 042	0. 929	0. 755	0. 715	0. 665	0. 336	0. 219			
金山	1. 228	1. 198	1. 169	0. 713	0. 661	0. 601	0. 574	0. 466				
青浦	1. 240	1. 150	1. 120	1. 090	1. 080	1. 010	0. 940	0. 500	0. 110			
太仓	1. 060	1. 030	1. 010	0. 830	0. 680	0. 640	0. 500	0. 410	0.　220			
无锡	0. 970											
武进	0. 870											
江阴	1. 010	0. 580	0. 557	0. 507	0. 095							
宜兴	0. 890	0. 760	0. 630	0. 440	0. 390	0. 310	0. 260	0. 220	0. 140			
镇江	0. 940	0. 894	0. 844	0. 777	0. 672	0. 447	0. 298	0. 196	0. 117	0. 090	0. 068	0. 047
丹阳	0. 870	0. 790	0. 750	0. 740	0. 670	0. 580	0. 430	0. 220	0. 170	0. 090	0. 080	0. 030
金坛	1. 003	0. 836	0. 831	0. 699	0. 663	0. 587	0. 442	0. 265	0. 117			
江宁	0. 850	0. 840	0. 820	0. 740	0. 700	0. 620	0. 350	0. 150	0. 030			
句容	0. 814	0. 370	0. 294	0. 250	0. 218	0. 106	0. 057	0. 032	0. 006			
六合	0. 800	0. 760	0. 730	0. 690	0. 670	0. 650	0. 600	0. 550	0. 500	0. 430	0. 070	0. 020
江浦	0. 800（田）	0. 640（地）										
溧水	0. 550（田）	0. 183（地）										

（二）浙江省：见附表2－4。①

附表2－4　浙江省现征田赋每亩正附税确数及调整赋率表　单位：元

县别	地别	税别	每亩现征数额			每亩调整赋率		
			上期	下期	合计	上期	下期	合计
杭县	仁字征田	正税	0.253	0.258		0.480	0.490	
		附税	0.182	0.135		0.340	0.260	
		小计	0.435	0.393	0.828	0.820	0.750	1.570
	仁字患田	正税	0.240	0.255		0.450	0.480	
		附税	0.166	0.133		0.320	0.250	
		小计	0.406	0.388	0.794	0.770	0.730	1.500
	仁字折田	正税	0.326			0.610		
		附税	0.234			0.440		
		小计	0.560		0.560	1.050		1.050
	钱字征田	正税	0.254	0.199		0.480	0.370	
		附税	0.190	0.103		0.360	0.190	
		小计	0.444	0.302	0.746	0.840	0.560	1.400
	仁字征地	正税	0.168	0.187		0.310	0.350	
		附税	0.121	0.097		0.220	0.180	
		小计	0.289	0.284	0.573	0.530	0.530	1.060
	仁字患地	正税	0.259	0.185		0.300	0.340	
		附税	0.109	0.097		0.200	0.180	
		小计	0.368	0.282	0.650	0.500	0.520	1.020
	折地	正税	0.221			0.410		
		附税	0.159			0.300		
		小计	0.380		0.380	0.710		1.710
	仁字基地	正税	0.303	0.261		0.570	0.490	
		附税	0.218	0.137		0.390	0.260	
		小计	0.521	0.398	0.919	0.960	0.750	1.710
	钱字征地	正税	0.153	0.116		0.290	0.220	
		附税	0.115	0.062		0.220	0.110	

① 中国第二历史档案馆档案：全宗号2063，卷0852。

续表

县别	地别	税别	每亩现征数额			每亩调整赋率		
			上期	下期	合计	上期	下期	合计
		小计	0.268	0.178	0.446	0.510	0.330	0.840
	仁字征山	正税	0.032	0.027		0.060	0.050	
		附税	0.024	0.014		0.040	0.030	
		小计	0.056	0.041	0.097	0.100	0.080	0.180
	仁字患山	正税	0.030	0.027		0.050	0.050	
		附税	0.021	0.014		0.040	0.030	
		小计	0.051	0.041	0.092	0.090	0.080	0.170
	钱字土山	正税	0.030	0.014		0.050	0.020	
		附税	0.023	0.007		0.040	0.010	
		小计	0.053	0.021	0.074	0.090	0.030	0.121
	钱字石山	正税	0.016	0.008		0.030	0.010	
		附税	0.012	0.004		0.020	0.010	
		小计	0.028	0.012	0.040	0.050	0.020	0.070
	仁字征荡	正税	0.136	0.170		0.250	0.320	
		附税	0.098	0.090		0.180	0.170	
		小计	0.234	0.260	0.494	0.430	0.490	0.920
	仁字患荡	正税	0.128	0.177		0.240	0.330	
		附税	0.088	0.093		0.170	0.180	
		小计	0.216	0.270	0.486	0.410	0.510	0.920
	钱字征荡	正税	0.122	0.095		0.230	0.180	
		附税	0.091	0.051		0.170	0.090	
		小计	0.213	0.146	0.359	0.400	0.270	0.670
海宁	深村田	正税	0.210	0.204		0.390	0.380	
		附税	0.179	0.135		0.340	0.250	
		小计	0.389	0.339	0.728	0.730	0.630	1.360
	深村地	正税	0.201	0.204		0.380	0.380	
		附税	0.172	0.135		0.320	0.250	
		小计	0.373	0.339	0.712	0.700	0.630	1.330
	南塘地	正税	0.166	0.148		0.310	0.280	
		附税	0.141	0.097		0.260	0.180	

续表

县别	地别	税别	每亩现征数额			每亩调整赋率		
			上期	下期	合计	上期	下期	合计
		小计	0.307	0.245	0.552	0.570	0.460	1.030
	忠臣地	正税	0.208	0.012		0.200	0.020	
		附税	0.093	0.008		0.170	0.010	
		小计	0.201	0.020	0.221	0.370	0.030	0.400
	原山	正税	0.075			0.140		
		附税	0.064			0.120		
		小计	0.139		0.139	0.260		0.260
	鱼荡	正税	0.155	0.202		0.290	0.380	
		附税	0.132	0.131		0.250	0.240	
		小计	0.287	0.333	0.620	0.540	0.620	1.160
	草荡	正税	0.104	0.063		0.190	0.110	
		附税	0.090	0.043		0.170	0.080	
		小计	0.194	0.106	0.300	0.360	0.190	0.550
	水溇	正税	0.070			0.130		
		附税	0.060			0.110		
		小计	0.130		0.130	0.240		0.240
余杭	七田	正税	0.234	0.166		0.440	0.310	
		附税	0.250	0.061		0.380	0.110	
		小计	0.439	0.227	0.666	0.820	0.420	1.240
	止田	正税	0.178	0.123		0.330	0.230	
		附税	0.157	0.046		0.290	0.080	
		小计	0.335	0.169	0.504	0.620	0.310	0.930
	儒学田	正税	0.106			0.200		
		附税	0.094			0.170		
		小计	0.200		0.200	0.370		0.370
	地	正税	0.065	0.017		0.120	0.030	
		附税	0.057	0.008		0.100	0.010	
		小计	0.122	0.025	0.147	0.220	0.040	0.260
	山	正税	0.025	0.002		0.040	0.003	
		附税	0.023			0.040		

续表

县别	地别	税别	每亩现征数额			每亩调整赋率		
			上期	下期	合计	上期	下期	合计
		小计	0.048	0.002	0.050	0.080	0.003	0.083
	荡	正税	0.035	0.005		0.060	0.009	
		附税	0.031	0.001		0.050	0.001	
		小计	0.066	0.006	0.072	0.110	0.010	0.120
嘉兴	嘉字田	正税	0.239	0.330		0.450	0.620	
		附税	0.193	0.129		0.360	0.240	
		小计	0.432	0.459	0.891	0.810	0.860	1.670
	秀字田	正税	0.282	0.290		0.530	0.550	
		附税	0.224	0.114		0.420	0.210	
		小计	0.506	0.404	0.910	0.950	0.760	1.710
	嘉字地	正税	0.237	0.330		0.450	0.620	
		附税	0.191	0.129		0.360	0.240	
		小计	0.428	0.459	0.887	0.810	0.860	1.670
	秀字地	正税	0.275	0.297		0.520	0.560	
		附税	0.221	0.116		0.410	0.220	
		小计	0.496	0.413	0.909	0.930	0.780	1.710
	嘉字滩	正税	0.023	0.143		0.040	0.270	
		附税	0.019	0.056		0.030	0.100	
		小计	0.042	0.199	0.241	0.070	0.370	0.440
	秀字滩	正税	0.025	0.140		0.040	0.260	
		附税	0.020	0.056		0.030	0.100	
		小计	0.045	0.196	0.241	0.070	0.360	0.430
	嘉字山	正税	0.022	0.143		0.040	0.270	
		附税	0.019	0.056		0.030	0.100	
		小计	0.041	0.199	0.241	0.070	0.370	0.440
	嘉字荡	正税	0.053	0.278		0.100	0.520	
		附税	0.042	0.108		0.070	0.200	
		小计	0.095	0.386	0.481	0.170	0.720	0.890
海盐	田	正税	0.205	0.285		0.380	0.540	
		附税	0.204	0.225		0.380	0.420	

续表

县别	地别	税别	每亩现征数额			每亩调整赋率		
			上期	下期	合计	上期	下期	合计
		小计	0.409	0.510	0.919	0.760	0.960	1.720
	地	正税	0.205	0.285		0.380	0.540	
		附税	0.204	0.225		0.380	0.420	
		小计	0.409	0.510	0.919	0.760	0.960	1.720
	山	正税	0.028	0.152		0.050	0.280	
		附税	0.028	0.121		0.050	0.220	
		小计	0.056	0.273	0.329	0.100	0.500	0.600
	荡	正税	0.026	0.152		0.040	0.280	
		附税	0.025	0.121		0.040	0.220	
		小计	0.051	0.273	0.324	0.080	0.500	0.580
崇德	田	正税	0.230	0.297		0.430	0.560	
		附税	0.170	0.134		0.320	0.250	
		小计	0.400	0.431	0.831	0.750	0.810	1.560
	芜田	正税	0.477			0.900		
		附税	0.355			0.670		
		小计	0.832		0.832	1.570		1.570
	地	正税	0.226	0.297		0.420	0.560	
		附税	0.168	0.134		0.310	0.250	
		小计	0.394	0.431	0.825	0.730	0.810	1.540
	麦地	正税	0.365			0.690		
		附税	0.270			0.510		
		小计	0.635		0.635	1.200		1.200
	荡	正税	0.055	0.157		0.100	0.290	
		附税	0.042	0.072		0.070	0.130	
		小计	0.097	0.229	0.326	0.170	0.420	0.590
	陛荡	正税	0.031	0.159		0.050	0.030	
		附税	0.024	0.073		0.040	0.130	
		小计	0.055	0.232	0.287	0.090	0.430	0.520
嘉善	田	正税	0.297	0.274		0.560	0.520	
		附税	0.367	0.237		0.510	0.450	

续表

县别	地别	税别	每亩现征数额			每亩调整赋率		
			上期	下期	合计	上期	下期	合计
		小计	0.664	0.511	1.175	1.070	0.970	2.040
	荡	正税	0.028	0.152		0.050	0.280	
		附税	0.035	0.131		0.040	0.240	
		小计	0.063	0.283	0.346	0.090	0.520	0.610
平湖	田	正税	0.253	0.314		0.480	0.590	
		附税	0.170	0.083		0.320	0.150	
		小计	0.423	0.397	0.820	0.800	0.740	1.540
	陆景贤田	正税	0.112	0.252		0.210	0.470	
		附税	0.074	0.065		0.140	0.120	
		小计	0.186	0.317	0.503	0.350	0.590	0.940
	东地	正税	0.125	0.203		0.230	0.380	
		附税	0.083	0.052		0.150	0.090	
		小计	0.208	0.255	0.463	0.380	0.470	0.850
	西地	正税	0.163	0.258		0.300	0.490	
		附税	0.111	0.068		0.210	0.120	
		小计	0.274	0.326	0.600	0.510	0.610	1.120
	山地	正税	0.043	0.087		0.080	0.160	
		附税	0.029	0.022		0.050	0.040	
		小计	0.072	0.109	0.181	0.130	0.200	0.330
	加荡	正税	0.064	0.131		0.120	0.240	
		附税	0.043	0.034		0.080	0.060	
		小计	0.107	0.165	0.272	0.200	0.300	0.500
桐乡	田	正税	0.210	0.291		0.390	0.550	
		附税	0.185	0.101		0.350	0.190	
		小计	0.395	0.392	0.787	0.740	0.740	1.480
	地	正税	0.210	0.291		0.390	0.550	
		附税	0.185	0.101		0.350	0.190	
		小计	0.395	0.392	0.787	0.740	0.740	1.480
	山	正税	0.029	0.172		0.050	0.320	
		附税	0.025	0.060		0.040	0.110	

续表

县别	地别	税别	每亩现征数额			每亩调整赋率		
			上期	下期	合计	上期	下期	合计
		小计	0.054	0.232	0.286	0.090	0.430	0.520
	荡	正税	0.027	0.173		0.050	0.320	
		附税	0.023	0.062		0.040	0.110	
		小计	0.050	0.235	0.285	0.090	0.430	0.520
吴兴	苕区田	正税	0.265	0.307		0.500	0.580	
		附税	0.177	0.076		0.330	0.140	
		小计	0.442	0.383	0.825	0.830	0.720	1.550
	霅区田	正税	0.261	0.307		0.490	0.580	
		附税	0.175	0.076		0.330	0.140	
		小计	0.436	0.383	0.819	0.820	0.720	1.540
	砂田	正税	0.280	0.192		0.530	0.360	
		附税	0.187	0.047		0.350	0.080	
		小计	0.467	0.239	0.706	0.880	0.440	1.330
	碑田	正税	0.261	0.065		0.490	0.120	
		附税	0.175	0.016		0.330	0.030	
		小计	0.436	0.081	0.517	0.820	0.150	0.970
	苕区地	正税	0.072	0.054		0.130	0.100	
		附税	0.049	0.014		0.090	0.020	
		小计	0.121	0.068	0.189	0.220	0.120	0.340
	霅区地	正税	0.089	0.053		0.160	0.100	
		附税	0.059	0.014		0.110	0.020	
		小计	0.148	0.067	0.215	0.270	0.120	0.390
	砂地	正税	0.068	0.023		0.120	0.040	
		附税	0.044	0.006		0.080	0.010	
		小计	0.112	0.029	0.140	0.200	0.050	0.250
	苕区山	正税	0.013	0.014		0.020	0.020	
		附税	0.008	0.004		0.010	0.007	
		小计	0.021	0.018	0.039	0.030	0.027	0.057
	霅区山	正税	0.027	0.018		0.050	0.030	
		附税	0.017	0.006		0.030	0.010	

续表

县别	地别	税别	每亩现征数额			每亩调整赋率		
			上期	下期	合计	上期	下期	合计
		小计	0.044	0.024	0.068	0.080	0.040	0.120
	苕区荡	正税	0.024	0.015		0.040	0.020	
		附税	0.016	0.004		0.030	0.007	
		小计	0.040	0.019	0.059	0.070	0.027	0.097
	霅区荡	正税	0.033	0.026		0.060	0.040	
		附税	0.023	0.006		0.040	0.010	
		小计	0.056	0.032	0.088	0.100	0.050	0.150
长兴	平田	正税	0.189	0.247		0.360	0.460	
		附税	0.184	0.123		0.340	0.240	
		小计	0.373	0.370	0.743	0.700	0.700	1.400
	高田	正税	0.160	0.054		0.300	0.100	
		附税	0.154	0.027		0.290	0.050	
		小计	0.314	0.081	0.395	0.590	0.150	0.740
	地	正税	0.035	0.002		0.060	0.003	
		附税	0.035			0.060		
		小计	0.070	0.002	0.072	0.120	0.003	0.123
	山	正税	0.014			0.020		
		附税	0.012			0.020		
		小计	0.026		0.026	0.040		0.040
	荡	正税	0.012	0.002		0.020	0.003	
		附税	0.012			0.020		
		小计	0.024	0.002	0.026	0.040	0.003	0.043
德清	圩田	正税	0.234	0.330		0.440	0.620	
		附税	0.217	0.152		0.410	0.280	
		小计	0.451	0.482	0.933	0.850	0.900	1.750
	地田	正税	0.131	0.197		0.240	0.370	
		附税	0.122	0.091		0.330	0.170	
		小计	0.253	0.288	0.541	0.470	0.540	1.010
	荡田	正税	0.131	0.197		0.240	0.370	
		附税	0.122	0.091		0.230	0.170	

续表

县别	地别	税别	每亩现征数额			每亩调整赋率		
			上期	下期	合计	上期	下期	合计
		小计	0.253	0.288	0.541	0.470	0.540	1.010
	山田	正税	0.088	0.149		0.160	0.280	
		附税	0.081	0.070		0.150	0.130	
		小计	0.169	0.219	0.388	0.310	0.410	0.720
	税地	正税	0.091	0.022		0.170	0.040	
		附税	0.085	0.011		0.160	0.020	
		小计	0.176	0.033	0.209	0.330	0.060	0.390
	山地	正税	0.062	0.012		0.110	0.020	
		附税	0.058	0.006		0.110	0.010	
		小计	0.120	0.018	0.138	0.220	0.030	0.250
	山	正税	0.027	0.015		0.050	0.020	
		附税	0.025	0.007		0.040	0.010	
		小计	0.052	0.022	0.074	0.090	0.030	0.120
	荡	正税	0.031	0.013		0.050	0.020	
		附税	0.030	0.007		0.050	0.010	
		小计	0.061	0.020	0.081	0.100	0.030	0.130
武康	田	正附税			1.500			1.500

附表 2-4 所列各县附税，计分建设捐、自治捐、教育捐、县税特捐、保户捐，征收公费、水利经费、救济经费等名目随正带征，合并说明。

从附表 2-4 可知，每亩调整赋率比原赋率约高 90% 弱。如杭县仁字征田原征正附税率合计为每亩 0.828 元，仁字征地每亩赋率为 0.746 元。仁字征山每亩赋率为 0.097 元，仁字征荡每亩赋率为 0.494 元，调整赋率分别为 1.57 元、1.06 元、0.18 元、0.92 元。分别比原赋率提高 89.6%、84.9%、85.56%、86.2%，其他各县调整赋率亦比原赋率约增加不到 90%。对于这种情况，在原表的“备考中均已指出：调整赋率比较现征赋率增十分之九弱。”这比江苏等省将赋率提高一倍，略微轻了一点。表中所列正税，约占 60%—62%，附税约占正赋税总额的 38%—40%。如杭县仁字征田现征赋率为每亩 0.828 元，其中正税占62%，附税占38%，调整赋率为每亩1.57元，其中正税占62%，附税占38%。仁字征地原赋率每亩0.537元，其中正税占60%，附税占40%；调整赋率每亩1.06元，其中正税占61%，附税占39%。仁字征山赋率每亩0.097元，其中正税占61%，附税占39%；调整赋率每亩0.18元，其中正税占61%，附税占39%。仁字征荡原赋率每亩0.494元，其中正税占62%，附税占38%；调整赋率每亩0.92元，其中正税占62%，附税占38%。浙江各县田赋附税名目繁多，如所谓自治捐、建设捐、教育捐、县税特捐、保卫户捐、征收公费、水利经费、救济经费、区公所经费等。浙江田地等级很多，如杭县田之等级有十余种，删繁就简以后，合并成4种列入表内。与此相适应田赋率也极多。浙江田赋分两次征收，每期大约各征收50%，多数情况下，上期征收较多，如杭县仁字征田，上期征全年田赋的52%，下期征48%，仁字征地，上下期各征全年赋额的50%。仁字征山，赋率调整前，上期征57%，下期征43%，调整后，上期征55%，下期征45%，仁字征荡，调整前后，上期征44%，下期征56%。据档案资料记载，1943年浙东9县田、地、山、荡共征收赋额90769191元，详见附表2－5。①

附表2－5　汪伪统治的浙东地区各县1943年度田赋统计总表　　单位：元

县别	应征赋额				合计
	田	地	山	荡	
鄞县	16631984.71	937747.36	303590.35	13364.67	17886687.69
慈溪县	9069125.72	778939.80	627642.20	479.20	10476186.92
镇海县	7807307.88	82856.78	132095.22	34825.40	8786094.28
奉化县	7497591.24	1450707.90	1284404.40	32485.35	10265188.89
象山县	3880605.06	571381.95	20324.41	59772.60	4032084.02
余姚县	12213793.52	1369186.35	380714.45	1713.21	1 3965407.53
上虞县	8557842.73	159069.57	989944.67	7034.53	9713891.50
新昌县	3618291.76	880802.40	107391.64	无	4606485.80
嵊县	8509791.29	9204437.96	4113758.15	163660.60	90769191.06

① 中国第二历史档案馆档案：全宗号2063，卷号868田赋税契杂案。

（三）广东省

关于广东省及广州市田赋征收及增加一倍的情况，伪广东省政府在咨文中曾有如下叙述："查本省田亩以前征纳钱粮，自民国二十四年起即废除钱粮制度，改征临时地税。至事变以后，对于本市区域范围内市郊各乡村每亩临时地税之征收，系由二十九年份起恢复办理，并规定民田每亩年征税款公用分上下两期征收。至由三十年下芒起授照省令呈奉核定办理将田亩临时地税照原定税率加倍征收，即每亩年征一元六角，仍分两期征收。"广东省政府咨文中并附有广东省汪伪统治各县征收田亩临时地税税率一份，摘录如下，见附表2－6。①

附表2－6　　　　广东省各县征收田亩临时地税税率表

县别	原核定每亩年征税率	现照原额加倍每亩年征税率
南海	每亩捌角	每亩壹元陆角
番禺	甲等每亩捌角，乙等每亩柒角，丙等每亩陆角	甲等每亩壹元陆角，乙等每亩一元肆角，丙等每亩壹元贰角
东莞	甲等每亩捌角，乙等每亩陆角，丙等每亩伍角	甲等每亩壹元陆角，乙等每亩一元贰角，丙等每亩壹元
增城	甲等每亩柒角，乙等每亩陆角，丙等每亩伍角伍分，丁等每亩肆角	甲等每亩壹元肆角，乙等每亩一元贰角，丙等每亩壹元壹角，丁等每亩捌角
中山	甲等每亩贰元，乙等每亩一元捌角，丙等每亩一元五角，丁等每亩一元贰角，戊等每亩一元，己等每亩捌角，庚等每亩五角，辛等每亩三角	甲等每亩四元，乙等每亩三元陆角，丙等每亩三元，丁等每亩二元肆角，戊等每亩二元，己等每亩一元陆角，庚等每亩一元，辛等每亩六角
	查该县田亩肥沃，收益亦多，故规定税率较诸别县稍高	
新会	每亩一元	每亩二元
顺德	每亩八角	每亩一元六角
花县	甲等每亩六角，乙等每亩五角，丙等每亩四角	甲等每亩一元二角，乙等每亩一元，丙等每亩八角

① 中国第二历史档案馆档案：全宗号2063，卷号852。

续表

县别	原核定每亩年征税率	现照原额加倍每亩年征税率
从化	甲等每亩六角，乙等每亩五角，丙等每亩四角	甲等每亩一元二角，乙等每亩一元，丙等每亩八角
三水	每亩八角	每亩一元六角
博罗	每亩七角	每亩一元四角
宝安	甲等每亩八角，乙等每亩七角，丙等每亩六角	甲等每亩一元六角，乙等每亩一元四角，丙等每亩一元二角
潮阳	每亩八角	每亩一元六角
潮安	每亩一元	每亩二元
澄海	每亩八角	每亩一元六角
惠阳	惠阳县地税（一）因县政府恢复未久，（二）因地方有特别情形，现尚未开征，故税率亦未据呈拟核定合注明	

据附表2－6，自1941年下半年起，广东省汪伪统治的16县中，除惠阳外，赋率均提高一倍。

关于广州市郊区田赋征收及倍征情况，仅列东郊七乡，以为说明，见附表2－7。①

附表2－7　广州市东郊冼猎杨堡等七乡田亩实行倍征临时地税后比较增收税款数目清表

单位：元

乡　别	原有田亩数（亩）	规定每亩年征税额	核定全年征收税额	实行倍征后全年征收税额
冼村	2541.76	0.8	2033.41	4066.82
猎德	3165.64	0.8	2532.51	5065.02
杨箕	2433.72	0.8	1946.18	3892.36
员材	762.29	0.8	609.83	1219.66
天河	108.52	0.8	86.82	173.64
程界	843.12	0.8	674.50	1349.00
寺右	313.71	0.8	250.97	501.94
合计	10167.76		3134.22	16268.44

① 中国第二历史档案馆档案：全宗号2063，卷号852。

上列核定全年征收临时地税额一栏，系就各乡原有田亩数以每亩年征 8 角计算所得之数字，至各乡被日军收用田亩，据统计洗村 318.53 亩，杨箕 861.15 亩，天河 11.09 亩，合计 1190.77 亩。除被收用亩数外，所余田亩合计为 8976.99 亩，照原定税额每亩年征 8 角计算，年征税款 7181.59 元，实行倍征后，全年征收税额增至 14363.18 元。

（四）南京

南京是汪伪的“首都”，是所谓特别市。南京的田赋只列有正税，在 1941 年底和 1942 年初的田赋调整（即提高田赋）中，正税增加了 1 倍。具体情况如附表 2－8 所示。①

附表 2－8　　南京特别市财政局现时征收田赋正附税确数及调整办法表

等	则	原征每亩税率	现拟调整税率
		正　税	正　税
一等	上则	6 角	1 元 2 角
	中则	5 角 7 分	1 元 1 角 4 分
	下则	5 角 6 分	1 元 1 角 2 分
二等	上则	5 角 3 分	1 元零 6 分
	中则	4 角 8 分	9 角 6 分
	下则	4 角 1 分	8 角 2 分
三等	上则	2 角 4 分	4 角 8 分
	中则	1 角 3 分	2 角 6 分
	下则	3 分	6 分

总之，1941—1942 年汪伪统治区田赋倍增，农民负担更加沉重了。

① 中国第二历史档案馆档案：全宗号 2063，卷号 852。

二、1944—1945 年的田赋改征实物

这次田赋改征实物的办法是由安徽省伪政府首先提出，并经汪伪中央政府批准后实行的。在此前后，汪伪统治的其他区亦拟具办法，并付诸实施。

1944 年，安徽省伪政府拟订了《安徽省各县区田赋征收实物暂行办法》，其主要内容有：

1. 本省田赋收征实物，其赋额按田地全年生产量百分之十征收，即每亩农产品百斤征收十斤，其有业佃关系者，由业主佃农各半负担。

2. 各县区田赋应征之实物，除照本省所定赋额征收外，每年仍照佃例，分上下两期征收，上期四成，征收小麦，下期六成，征收食米。生产油菜籽或其他杂食之田地，应比照当地小麦或食米价格，折算交纳。

3. 各县区田赋应依照三十二年（1943 年）公布之安徽省各县调查田赋地价格办法，第二、第三两条之规定标准，划分为上中下三则，分别估定：即上则田地全年生产量每亩以四百八十市斤估定，中则田地全年生产量每亩以三百二十斤估定，下则田地全年生产量每亩以一百六十斤估定。

4. 各县区田赋征收之实物，概须储存于指定之仓库，由省政府统收统支，各该县区需要动支时，需先将数量用途，呈请省政府核准后方可开仓发放仓存实物，如因公务之需要或推陈换新，必须变卖时，各县区应将当地当时市价及付出粮数、收入款数，分别列表，专案呈请财政厅核准备查。

5. 各县区除积谷外，原收之乐输捐，警米积谷，及随田赋带征之各种附加捐或亩捐，于本办法施行后概行停止。

6. 田赋征起之实物仍应分别省款县款，以省县或特区各半分配为原则，并根据县区地方预算樽节动支，倘有余额仍应如数解省。

7. 各县应需一切之费用，如仓储、册串运输及仓库经征人员之薪给等，仍准适用提成制，在征起实物项下提支百分之五以资抵充，概不得另行请款。

8. 各县经征田赋实物于限满截数时，其能照额征数超过八成以上者，准予依照1943年限定之提奖办法提支奖金。应提成数，统按征起实物计算，以示鼓励。[①]

此外，在田赋改征实物暂行办法拟订后，还附有说明。从安徽田赋改征实物暂行办法及说明中，不难看出，自改征实物后，其有业佃关系者由业主佃农各半负担，大大加重了无地少地、租种地主土地的佃农的负担。

江苏、安徽是第一批改征实物的省份。江苏省伪政权田赋改征实物办法，除法令另有规定者外，仍规定由业主纳田赋，佃户和使用者负责代交。而安徽省伪政府于1945年5月却打着拟减年赋率为十分之七的幌子，搞了一个"田赋整理纲要"。伪安徽省政府此次整理田赋，名义上是减轻人民负担，实际上是加重人民负担。本来田赋改征实物，即是把物价上涨所造成的恶果推给人民。1944年的实物折价远低于1945年的粮食市场价格，但由于物价不断上涨，为了把折价提高，必须找个借口，而整理田赋，减低赋额，即是这种借口。若按1944年征数而论，则上年征收为二斗一半折收现金（按每市石九百元合）为九十元，而本年减征后，改为一斗四升，所征收实物，仍为一斗，而以四升折收现金（按每市石八千元合）为三百二十元。况在实物征收方面未见减少，而在折现方面反而增加，致与恤民原旨未尽符合。[②] 1944—1945年汪伪统治区田赋改征实物，将涨价造成的损失转嫁到农民身上，从而进一步加重了农民的负担。

三、繁重的田赋附加税捐

关于浙江的田赋附加税，前已述及。现再简述安徽、湖北和上海的田赋附加税和正税，详见附表2－9、附表2－10、附表2－11。

1. 安徽省（见附表2－9）。[③]

---

①③　中国第二历史档案馆档案：全宗号2063，汪伪财政部，卷号857，安徽省田赋改征实物案。

②　中国第二历史档案馆档案：全宗号2063，汪伪财政部，卷号857，江苏省改征实物案。

附表 2-9　　安徽省各县伪政权田赋正附税科则表

县名	每亩原科则	每亩附税	备　考
凤阳	九分	同左	
怀远	一角九分一厘四	〃 〃	
当涂	二角四分	〃 〃	
嘉山		〃 〃	查该县系盱、来、滁、定四县划成，就原有各县各科则征收
巢县	九分九厘七	〃 〃	
合肥	六分九厘八	〃 〃	
怀宁	三角八分六厘	〃 〃	
大通特别区		〃 〃	甫行设治
滁县	一角三分	〃 〃	
五河	二角五分零八	〃 〃	
和县	二角三分二厘五	〃 〃	
寿县	五分一厘八	〃 〃	
凤台	一角六分三厘四	〃 〃	
定远	六分八厘一	〃 〃	
全椒	四角零五厘九	〃 〃	
来安	三角七分五厘	〃 〃	
含山	二角七分	〃 〃	
盱眙	五角九分五厘五	〃 〃	
无为	一角三分二厘二毫八	〃 〃	

根据附表 2-9 可知，该省的正税与附加税相同。

2. 湖北的附税与正税相差较多，详见附表 2-10。①

附表 2-10　　湖北省田赋现已开征县份正附赋税率一览表

县　别	等　则	正赋率	附税率	备考
武昌	上则	一角六分	四分	
	中则	一角四分	三分	

① 引汪伪财政部档案：卷号 859，湖北省田赋改征实物。

续表

县　别	等　则	正赋率	附税率	备考
	下则	一角二分	三分	
汉阳	上则	一角二分	五分	
	中则	一角	四分	
	下则	八分	四分	
	特下则	三分	三分	
孝感	上则	一角二分	五分	
	中则	一角	四分	
	下则	八分	三分	
云梦	上则	一角六分	九分	
	中则	一角	六分	
	下则	八分	三分	
黄冈	上则	二角四分	一角	
黄陂	上则	一角四分	七分	
	中则	一角	四分	
应城	中则	一角二分	六分	
广济	中则	二角二分	一角二分	
京山	中则	一角	六分	
大冶	上则	一角八分	六分	
	中则	一角六分	三分	
	下则	一角	二分	

根据附表2－10所列数字，湖北的附税远少于正税，有些县份附税较多，与正税约为六与十之比（如京山），有的县份附税较少，与正税约为一与五或六之比（如大冶）。

3. 上海亦系汪伪政府统治下的特别市，其田赋正、附税率概况见附表 2 - 11。①

附表 2 - 11　　汪伪上海市财政局各区田赋税率表　　单位：元

区　别	年　份	正　税	附　税	合　计
沪北区	1939	0. 4264	0. 5100	0. 9364
市中心区	1939	0. 4264	0. 5100	0. 9264
沪西区	1938	0. 7200	0. 5100	1. 2300
	1939	0. 7200	0. 5100	1. 2300
浦北区	1938	0. 7200	0. 5100	1. 2300
	1939	0. 7200	1. 1100	1. 8300
	1940	0. 7200	0. 5100	1. 2300
浦南区	1939	0. 7200	0. 7100	1. 4300
南市区	1938	0. 7000	0. 9400	1. 6400
宝山区	1940	0. 5000	0. 8400	1. 4000
	1941	0. 5000	0. 9700	1. 4700
北桥区	1939	0. 3600	0. 3100	0. 6700
	1940	0. 7200	0. 6100	1. 3300
	1941	0. 9200	0. 9100	1. 8300
川沙区	1938	0. 5170	0. 5630	1. 0800
	1939	0. 5170	0. 5630	1. 0800
	1940	0. 5170	0. 5630	1. 1340
奉贤区	1940	1. 2000	1. 2000	2. 4000
	1941	1. 2000	1. 7800	2. 9800
南汇区	1938	0. 7200	0. 5100	1. 2300
	1939	0. 7200	0. 5100	1. 2300
	1940	1. 4400	1. 0200	2. 4600

① 根据汪伪财政部档案资料计算编制。原表将各项附税一一列举，本表则将其合并在一起。

续表

区　别	年　份	正　税	附　税	合　计
嘉定区	1939	0.3827	0.4719	0.8546
	1940	0.3827	0.5779	0.9606
	1941	0.7654	1.1558	1.9212
崇明区	1938	1.7500	3.2130	（每两）4.9630
				（每亩）0.2500
	1939	1.7500	3.2130	（每两）4.9630
				（每亩）0.2500
	1940	1.7500	3.2130	（每两）4.9630
				（每亩）0.2500
	1941	1.7500	3.2130	（每两）4.9630
				（每亩）1.0000

附表2－11所列13区，附税大于正税的有9个区，约占70%，附税小于正税的仅4个区，约占30%。原表中列出的附税有26种之多，诸如自治费、自卫团费、教育费、建设费、手续费、宣传费、积谷费、催征警费、公益费、水利费、警卫费、地政费、公安费、水利费、筑路费、户籍费、农业改良费、地方捐税、准备费、治安费、施疗费、征收费、军事费、孔庙费、慈善费等。

未列出的田赋附加税捐还有多种，如1943—1945年伪上海政府推行随田赋带征军警米，即为显著的事例，现简述如下：

1943年9月29日汉奸赵尊岳致陈公博（伪上海市长）电："本日下午召集各区公署长会议，每亩带征军警米事，歛以每亩一升系按预算亩数，恐难收足，故改定每亩一升五合，俾足实用。惟行政院最近令禁附加，又新颁布扬子江下游禁运米粮条例，米粮统制会最近接购粮食于此不无影响；而日本方面对于粮食统制亦极注意。本案既经议决推行，亦请钧座在京即面呈主席，并与财政部、粮食部、日方有关机关分别一提……中央方面应先请备案，俾可布告各区，克日实行也。"

1943年9月29日伪上海市长陈公博致各区伪公署等代电中，督促迅速实行随田赋带征等警米："查各区田亩带征军警米一案，业经本府于九月二十七日召集有关各局、处、署开会讨论，并经决议：(1）不论产米区及非产米区，一律以征米每亩一升五合为原则，如实有困难时，得折合面粉征收之。（2）于本年征收田赋期间征收之。(3）征米由赋管处在粮串是为戳代征，指定交区公署负责收存。(4)征收办法由各区公署会同赋税管理处或市区田赋征收处尽十月五日前拟订方案……合亟电饬遵照，迅即办理。"①

1943 年 10 月 9 日伪上海市财政局局长袁原之呈陈公博电中反映，各区赋税管理处官吏们大多认为于田赋之外，按亩带征军警米毫无道理，因此征收困难。其主要原因是：1943 年上海遭灾，"农村经济枯竭"，征收田赋已感困难，与田赋同时并征军警米，民力实有不胜负之苦。且有的区不产米，或产米很少，当地居民吃米尚须到外地购买，根本无米可交，若强令交军警米，只有到外地去购买，当时米粮系统制物资，不易购到，只能高价购买，再加上运输不便等，带征军米给农民增加负担。征收军警米手续复杂，运输储存等诸多不便，征收军警米还将影响田赋征供，故多不愿办理此事，但伪市政府仍决定推行并作出原则规定。伪上海市财政局局长袁厚之担心征军警米影响田赋征收，于 1944 年 6 月 22 日致书伪市长陈公博要求停止，在这个签呈中披露了征军警米的黑幕："现查各区军警米仍在继续征收，实际本市并非产米之区，各军警米办事处因无米可收，大都改按黑市米价折征现款。更以邻省产米县份，因各方同往采办，米粮已告缺乏，现时民食大感恐慌，米价扶摇直上，虽经主管机关尽力抑制，徒以种种因素，收效甚鲜，关于军警米折价，按目前黑市计算，每亩征米一升五合，约合一百五六十元，比较 1943 年度田赋税率（每亩三十六元）超过四倍。故人民对于军警米，无不力竭声嘶，不胜负担。况各区军警米办事处经费规定为提成制（一成、一成五、二成）而办理田赋提成不过三四厘，征收员吏唯利是图，相率努力催征军警米，不顾征收田赋。益以米价暴涨，早晚市价不同，员吏狡之诘者，复得乘机舞弊，

① 《日伪上海市政府》，《上海档案史料丛编》，档案出版社 1986 年版，第 868 页。

遂其中饱，人民既多痛苦，田赋大受影响。”[①] 陈接到袁的签呈后，承认“所陈各节，经核尚属实情，”[②] 于 1944 年 6 月 28 日令伪财政局与粮食局和经济局研究停征军警米，军警米如何供应的问题。研究结果，并不是停止征收，而是拟谋补救办法，即将各县署征之赋税项下拨借一部分采办大量食米以充军粮，该款将由征收军警米价款偿还，同时规定军警米征收由各县征收机关负责。1945 年照每亩原征额一升五合调整改为每亩征收二升，籍资挹注。经调查本市各区、县田亩总计四百二十七万一千二百六十一亩强。每亩征收军警米额二升，若能全数征起，全年统计可征军警米八万五千四百二十五石强。依照成例，每亩月给食米三斗计算，可供军警人数二万三千七百余人一年食粮[③]。1945 年 1 月 9 日伪上海市府批准了市保安司令部的办法。

总之，从上列各省市田赋表可以看出，汪伪时期的田赋附加税捐有两个特点：第一，田赋附加税捐名目繁多；第二，绝大多数省市田赋附加税在整个田赋中均占相当比重，有的省市附加税等于或超过正税。连汪伪行政院也说“再访问各省市田赋附加税较正额多至数倍，农民负担本属非轻。”[④] 但汪伪政府田赋表上所列出的只是田赋附加税的一部分，而远非全部。实际的田赋附加税捐五花八门，数额巨大，民不堪命。

现仅举江苏、浙江省一些县的例子，加以说明。1942 年江苏省常熟县第九区居民控诉说：“窃常熟县第九区住民黄佐良，黄云芳等所种属县备荒公产案课租田，但相沿迄今，均照章按额交纳国税，未尝稍变。本年度租税秋收后驻常税管理处已在乡收纳，计每亩交中储法币九十五元正。惟收据上开每亩五十元正这数，声称半数系我等手续等语，已浮收每亩四十五元，民等忍痛一并交纳，驻乡分征所当给据存照。不料未满一月，忽有本区区长率令爪牙将本区备荒公产租税重行叠征，每亩一百元，又称一半归公，一半归私，意带军警挨户勒索，

① 《日伪上海市政府》，《上海档案史料丛编》，第 674 页。
② 《日伪上海市政府》，《上海档案史料丛编》，第 675 页。
③ 《日伪上海市政府》，《上海档案史料丛编》，第 676—678 页。
④ 《日伪上海市政府》，《上海档案史料丛编》，第 886 页。

刻不容缓。民众各个闻之，莫不惊骇惶恐万状。查中华约法，寡廉鲜耻，浮收数千户之血汗金钱外，再重行勒索每亩一百元，上负国家威信，下视民等为鱼肉，不思本年秋收风雨成灾，棉豆大改收成、本为灾荒，已于九月二十三日呈报在县有案可稽，本区区长声称，奉县长命令，将公产肆千余亩浮收十八万元，尚不知足，复行勒索，命忍痛难受，不堪压迫，但苦于懦弱，徒呼负负，岂知该分征所竟以民等忠厚可欺，得陇望蜀，心犹未甘，竟不顾民命，蔑视法纪，伏思芦课租税岂有一熟两征之理，故不得不呈请令制止。”① 汪伪官员在灾荒之年，重行叠征田赋，且手续费竟等于田赋，村民惊恐万状，不堪压迫。

1944 年 8 月 3 日，浙江省萧山县公民代表向汪伪中央政府控诉萧山县征收田地生产捐，苛扰累民，积弊严重：“（1）捐率擅自妄增。萧山之收此项捐款创始于民国二十九年（1940 年），其时仅收盐或麦每亩二升，折征老币二角五分（即储币一角二分五厘），去年春季，每亩收四十五元，秋季每亩加至一百八十元，今年又加到三百六十元一亩，四百多元一亩不等，较之以前，计增加三千多倍。如此妄自增加究竟有何依据？（2）不顾生产情形。本年田地春季歉收，或二三斗，或四五斗，全部生产价值每亩至多不过五六百元。今征捐三百六十元一亩……所剩无多，使农民衣食种作用款，分文无有，造成田荒地白，生产减少之局面。征捐如许，实属不顾生产情形，竭泽而渔，已甚明显。（3）不顾实际支出。本县实际收捐亩数……有十七万余亩，如均照三百六十元一亩计算，则全县春季生产捐共收六千一百二十万元，半年县政府经费以及各乡所事业经费，无论如何决不至需要如此之巨，今征捐如许，实属不顾实际支出，迹近聚敛。（4）不合田地科则。萧山之征收是项款，其性质原系过渡时期之一种变相田赋。惟萧山土地，沙地居多，战前民田一亩收田赋七八角，沙地一亩仅收税银六七分，税率根本不同，生产亦田多地少。今强令田地一律征捐，不分等则，实属不明田地情形，不合以前科则，征捐不均。（5）重征

① 《日伪上海市政府》，《上海档案史料丛编》，第 688—699 页。

烟田捐。萧山地土烟为大宗，是皆农民以增加劳资本之结果，故增加耕地之生产力，系属农地改良物之一种，按照土地法之规定，不得征税，况人民已于春秋两期交纳生产捐，如再巧立名目，另征烟田亩捐，实属苛扰重征，且嵊县新昌均产烟叶，均无此捐，萧山又岂能独有。”“其他积弊还有许多，如田亩隐瞒太多，……企图中饱……捐率参差不齐……任意浮动，上下相蒙，巧取豪夺”，“收捐并不给收据……有意诿卸罪责。”[①] 萧山县创设生产捐，巧立名目，苛扰重征，其赋额比以前增加3000多倍，实属竭泽而渔，巧取豪夺。

1940—1945年汪伪统治时期，一县的田赋名称竟有多达“百数十种者”（江苏阜宁），附加数额有超过战前200倍（阜宁），乃到3000倍以上者（浙江萧山），真是骇人听闻，农民不堪其命。

第三节　日伪对粮棉盐的掠夺垄断以及农民深受不等价交换剥削

一、实行经济统制政策，低价强征粮棉

日本侵略军在华中掠夺的重点物资是粮食和棉花。日本侵略军需要军粮，且要以此换取其他战略物资。日本国内棉纺织工业发达，但由于缺乏原棉，开工不足。日本在华开办的棉纺织厂很多，亦需要大量的棉花。日本侵略军在开始是采取直接掠夺的方式，即在日本刺刀掩护下，由日商到产米区直接抢购强征。这给农民造成严重的损失，引起农民的强烈不满，许多地区，在中国共产党的领导下，实行坚壁清野，使日本难以掠夺到所需米粮和棉花。同时，日本侵略军的直接掠夺亦造成了汪伪统治区米荒，迫使日本侵略军改变掠夺方式，这就是日伪所实行的经济统制政策。

---

① 中国第二历史档案馆档案：全宗号2063，卷号871。

日伪统制米棉等物资设有重要机构。伪物资统制审议委员会，1943年上半年成立。伪物资调查委员会，同年6月19日，在上海成立，7月开始工作。伪全国商业统制总会（伪商统会），1943年3月15日成立。伪商统会上受伪行政院领导，下辖伪实业部主管的棉花、棉制品，丝绸业、毛纺织业、化学工业、酒精业、皂烛业、玻璃业、药业等16个同业联合会各地分会及其基层单位同业公会，粮食部主管的各地区杂粮、面粉、畜产、糖、食用油、茶叶等7个同业公会联合会和各地分会及其基层单位同业分会。伪商统会的主要工作是：（1）统制物资的收买配给；（2）国内物资交流之管运事项；（3）输出物资之供给；（4）输入物资之配给；（5）政府委托军需物资之采办，等等。伪商统会与以上二者是日伪统制汪伪统治区物资的三大机关。其中商统会具体实行物资统制。伪商统会下设米粮统制委员会（粮统会）和棉花统制委员会（棉统会）两个专业机构。粮统会负责米粮的收买、运售、储存、配给、价格的规定等，其主要任务是负责收购和供给日军用粮，以及各地城市居民的商品粮。棉统会是统制棉花的最高机关，负责华中沦陷区所产棉花之收买、配给、中日军用棉和输出棉花的供给，一般消费用棉（主要是日伪纱厂）之配给，棉花价格之规定等等。

日伪制订和颁布了一系列统制物资（包括粮棉等产品在内）的法令。如1943年3月公布的《战时物资移动取缔暂行条例》，1943年8月公布的《长江上游地域物资收买及移动统制暂行规程》等。伪商统会及其专业机构粮统会和棉统会依据日伪当局颁布的各种统制物资的法令，对粮棉的收购、运输、储存、销售、配给、价格等实行统制。如《棉花统买统配暂行办法草案》规定，伪商统会及所属机构为汪伪统治区棉花的收买和配给的统制者："（1）苏浙皖三省南京上海两特别市所产棉花包括籽花及花衣之统一收买及配给，概依本办法规定。（2）商统会秉承行政院之命统制棉花之收买配给，……。（3）商统会棉花统制委员会应组织棉花收买同业协会（以下简称协会），以中日纺织业者为会员，办理棉花之收买，配给业务。前项同业协会会员，得委托各地棉花商收买棉花。"[①] "棉花之收买价格，由商统会棉花统制委员会……核定"；"中日军需棉之种类数量及价格等，由行政院决定，命令商统会棉花统制委员会办理之"；"输出棉花之种类数量及价格等由商统会棉花统制委员会遵照行政院命令，与中华日本贸易联合协会拟订"。[②] 依照日伪的法令，汪伪统治区的棉花只能由棉统会收购，其他人不得插足，且棉花的收购价格或由棉统会规定，或由汪伪政府决定，或由日伪共同商定（实际是日寇决定）。日伪棉统会利用特权尽量压低棉花收购价格。如当时江苏等地棉花统购价格很低，"当时市场价格远在是种价格之上。"[③] 汪伪地方官吏也压价强购农民的棉花，如安徽省东流县县长"派警察所所长，强买民间皮花（市价二万八千元一担），以一万七千元最低价值征集五十担，转卖于日商洋行。"[④]

粮食的收购价格亦很低，且系强购抢购。下面是芜湖米商对委托商、特约商低价抢购稻米的控告："事变以前，我芜湖每年出口约计数百万担，不特我皖各县所产之米，在芜湖积聚，即湘鄂赣等省，亦有多数米粮运芜，报关输出，故芜湖为我国四大米市之一，良有以也。迨至事变以后，多处交通不便，仅邻近数十里范围以内，尚须用种种方法，沿途用钱，方克搬运来芜，故芜湖米市与往昔相较，大有天壤之别。如本年春夏之交，本埠米荒，亦颇严重，幸蒙粮管会运来洋米接济。内有少数奸商竟将洋米调换，售以霉烂之米，从中渔利，该办事处不闻不问，殊令贫民寒心。及至一年秋，又有所谓特约商、期货商、委托商、承办商等名称，揆其用意，无非欲将本埠所存民食之米，运至京沪一带，善价而沽，冀获重利，并限价强购，稻每百市斤二十三元五角，机米每担六十元。米商等于新货登场之际（农历七月）所购籼稻，每担成本约在三十元左右，再加晒蚀鼠耗人工使费利息，以及数月来店内开支，每担根本已逾三十五元六角。现在若照期限交货，米商等亏蚀血本，每担达七八元之巨，而该特约商等，竟于六七月间，

---

①② 《申报年鉴》，1944年，第779页。

③ 《申报年鉴》，1944年，第748页。

④ 中国第二历史档案馆档案：全宗号2063，卷号871。

与粮管会订立承办契约，有领收款项有百万元之多。伊等当时目睹其他货物猛涨，较之稻米，利益优厚，并不购存稻米，今见米价稍昂，忽然异想天开，规定限价，强购米商等所储之稻米，以补伊等之空额，米商等于亏血本……且风闻特约商承购稻价每百市斤三十一元五角，并有加价之税。今对米商等竟以二十二元五角强购，每担获利已有八元。米商等以偌大资本，负担水火盗贼之危险，其结果亏蚀血本，伊等仅凭长袖善舞之手腕，获得重利……顿成巨富。"①

二、日本侵略者大肆掠夺中国的原料盐，农民饱尝食盐"配给制"之苦

日本侵略者对中国沦陷区农村日用工业必需品尤其是盐，亦实行掠夺和统制。

日军攻占上海后，日本海军经理部实行物资管制。凡运出上海的工业品必须向日海军经理部申请"物资搬出许可证"，而能申请到许可证的，基本上是日商。中国商人只有通过日商才能领到许可证。日军又在上海四周交通要口设置检查站，普通小商小贩携带日用工业品超过一定数量，往往要被没收。在日军的严密控制下，沦陷区人民生活必需的日用工业品的供应，完全被日本商人所垄断。当时，日本商人利用沦陷区广大农村人民生活必需的"五洋"（即洋油、洋火、洋烛、肥皂、香烟），来"交换"中国的农产品。因此"五洋"就成为日军严加控制的物资。这样，整个沦陷区城乡物资交流的渠道完全控制在日军的手中，日本商人在日军刺刀掩护下，采取高价出售工业品，低价抢购农产品的方法，实行殖民主义的经济掠夺。②

日本侵略者对中国盐实行了严格的统制和大肆掠夺。日本化学工业发达，对盐的需求量很大，但日本国内盐产量较少，供求矛盾很大，需要大量进口盐。关于日本盐的产量和消费量，见附表 2－12。③

---

① 中国第二历史档案馆档案：全宗号 2063，卷号 868。

② 黄美真：《伪庭幽影录——对汪伪政权的回忆纪实》，中国文史出版社 1991 年版，第 160—161 页。

③ 《日本经济统计》，1949 年 1 月号。

附表 2－12　　日本产盐及消费盐统计　　单位：吨

年　份	日本本国盐产量	日本本国盐的消费量
1937	535644	2303962
1938	483600	2447316
1939	636336	2438161
1940	573576	2418060
1941	389436	1936836
1942	475416	1811484
1943	414612	1811484
1944	353148	1517184
1945	184296	657468

从附表 2－12 可见日本需进口大量的盐以弥补盐的供销缺口。

日本对中国沦陷区的盐业资源实行了大规模掠夺。据统计，1937—1945 年，中国沦陷区盐产量为 18879284 吨，从中国输日输朝盐达 10771298 吨，占沦陷区盐产量的 57.1%。[①]

1938—1941 年，侵华日军在华北华中沦陷区征用的军用盐为 511288 吨。

这些盐或免税，或减税，价格极低。据不完全统计，1937—1945 年，日本侵略者从中国输日的盐减税、侵华日军用盐的免税和盐价中，共掠夺约 22 亿元，由于日本侵略者大量掠夺，中国国内盐供不应求，造成食盐荒。由于输日输朝盐的减税，日军用盐免税以及极低的盐价，使汪伪傀儡政府财政损失极大，为增加财政收入，汪伪政府多次大幅度提高其统治区的盐税与盐价。日本侵略者统治华中沦陷区 8 年中，日伪曾于 1938 年 11 月、1941 年 11 月、1944 年 1 月、1944 年 8 月、1945 年 1 月和 6 月 6 次提高盐税与盐价。盐税率和盐价增加数十倍。日伪实行食盐配给制，并不是为了保证人民的食盐供给，而是为了掠夺。盐价虽多次提高，但农民仍不能买到伪政府配给的官定价格的盐，

① 沦陷区盐产量，据中国社会科学院历史所藏财政部盐政总局档案：266（2）237 号；输日盐数字据上引盟军总部资料；输朝盐数字，据山东档案馆所藏档案，全宗号临 12，目录号 12，卷 952，因当时朝鲜已为日本殖民地，故合并计算。

不得不购买黑市上价格更高的盐，农民不堪其苦，纷纷控告汪伪盐务机关的奸商勾结，垄断居奇，抬高盐价，投机倒把，牟取暴利的罪行。现举若干例子如下。

1943 年 7 月 15 日句容县冯科瑞等呈伪财政部，控告福民盐栈垄断句容盐务、抬高盐价、私售食盐、罔顾民生的昭章劣迹："窃查句容盐务，原按全县人口 30 万之数目配给每人 1 斤，每月共有食盐 3 千担左右。自本年 6 月份起由福民盐栈经办，如则借口修理房屋，继则借口换发盐证，为时一月有半，使城乡各区人民淡食月余，造成空前未有的混乱。似此垄断民食，罔顾民生……理合胪列事实，分述如下：

1. 5 月份句容全县人口之食盐 3 千担左右，共计 6 千担左右，为数甚多，而直以 7 月 5 日止，福民盐栈运来句容食盐仅有六七百担（约合十分之一）……似此……推翻配给方策，陷句容全县 30 万民众生活于不顾，任性垄断居奇，以偿奸商私欲，不得不联合呈报者一。

2. 福民盐栈在本年 6 月 18 日开始零售城区食盐，凭过去中国合作社句容支社所发社员物品配给证每人购买 1 斤，到 6 月 10 日变为每人半斤，于 6 月 23 日改为每户 1 斤，至 6 月 25 日停止营出。朝三暮四，不知是何居心。在 6 月 24 日开始发给乡区食盐，规定每乡 5 担（不问人口多寡），又不在意义若何，且城区盐价每斤 1 元 8 角 8 分，而乡区盐价涨为 2 元。况领有食盐者，仅有新塘、大卓、润西等少数乡份，其他多数乡份并未发给，更不知已领乡份具有何种特殊资格。且乡区领去食盐之后转售农民，高至 5 元、6 元、8 元 1 斤者不等，……似此抬高盐价、剥削人民、胆敢抛弃全县生命，罪大恶极，不得不联合呈报者二也。

3. ……最近如西乡自卫团长徐茂隆及特务队长夏清海，均系军人，负责维持治安、骤蒙福民盐栈爱护，给以大量食盐代为私售；而城区方面，如愿出以高价，亦有食盐可购。似此暗盘黑市，全系福民盐栈造成，以图肥私，而害全县30万人民之生命……不得不联合呈报者三也。”①

1944年1月安徽凤阳县、嘉山县、五河县和蚌埠下塘集临淮关大通特别区等地区各界民众代表呈伪财政部，控告蚌埠盐务处与裕华公司互相勾结、共同舞弊、盗卖食盐、违法走私、造成黑市，抬高盐价，从此分肥的罪行：“窃查皖北盐务由日本通源合公司发给搬运证，按日配给各县……乃自交与盐务处及裕华公司接办后，周孳田等视为奇可居，违背盐法，共同舞弊，……任意操纵，造成黑市，增加盐价数十倍，直欲牺牲皖北数十县之民，以饱私囊，集其弊端，不胜枚举，兹检同各项确证，胪陈于后：

1. 抬价暗售，造成黑市。查食盐来源向甚充沛，配给各县，皆有定数。乃该处及该公司对于各该县配购食盐，动日运盐未到，仓储无存，无法配售。查其实际，则在食盐未到之前，则暗行预为订售，以致食盐恐慌，各县无从领购。从前盐价每斤不过数元，今则日增月涨，每包已超过30元以上，尚且无盐可购，各县人民皆有淡食之忧。……

2. 违法走私，扰害民食。查各县每月配给食盐，均系一次照数发给，乃该公司接办后，所运食盐均指不配给，反以无盐为搪塞。及经调查，则系该公司私行售出。计12月份私卖之盐约在一万余包，本年一月份私卖数千包，均有铁证。至皖北各县应配之盐，九、十两月尚未配给。而风台各县即四、五、六三月之盐亦未配给。其私售之盐除走私外，俱以黑市价格非法牟利。……

3. 贪污渎职，朋比分赃。查盐务管理处……串同裕华公司，勾结奸商私行买卖，甚至食盐日间运到，夜间即行售罄，以致县代表来领食盐者往往经旬累月，颗粒无得……各县人民之膏血，咸被吸吮以尽……”。②

汪伪地方官吏还巧立名目，强征盐捐，克扣食盐，舞弊中饱，下

①② 录自中国社科院历史所藏档案：（三）20021，转引自南开大学经济研究所经济史研究室编：《中国近代盐务史资料选辑》第三卷，南开大学出版社1991年版，第303—305页、第305—306页。

面是 1944 年 11 月 25 日安徽省东流县绅商代表对该县县长李明志的控告："本县既贫且小，原订补助县政府若干经费，计无可出。至民国三十二年度（1943 年），委曲无法，遂于盐斤项下，每名口附加二角五分六厘，作为津贴，名为手续费。李明志到任后，当九月间，发给本年一月份食盐时，（1）即妄自强迫增加全县盐斤附加捐，每名口五角三分九厘。而第二区在五角三分九厘已经附加之外，同时再另外特别加重每名口五角，重叠若征，往返剥削，只顾肥己，不顾民命。……本县食盐，每次配给惯例，向由区公所将盐包拆开，推集一室，届时城乡保甲，各按户口名册，并拾筐箩布袋，到区公署照额实足秤发。今李明志丧尽天良，不顾廉耻，到任第一次配给食盐，即以原包秤发乡保，而装盐蒲包亦随盐上秤，连皮算入不除。（2）盐包连皮过秤时，又以保为配给单位，作一秤秤发，过秤时暗中称三十斤、五十斤不等。（3）装盐蒲包每个重量，约老秤五斤以上，以全县计，每月七百余包，占盐四千斤上下，连同苛扣，每月合吞没人民食盐七千二百五十余斤，以现时盐价折合，计一百八十余万元。此种搜刮，不论大人小孩、残废孤独，一律不免。……本县食盐缺乏已有半载之久，家家淡食，望眼欲穿。县长李明志知悉盐市最旺，盐价最高，苦于无盐可贩，倘能设法输运，是利息之厚者莫如此，如果各处申言，向外活动，一俟到达，开始接济，地方信以为真，人民均皆称庆，又过旬日，而县政府通知下矣，又旬日而盐到矣，咸集区公署问讯，据云稍迟再说，尚须有待，为数颇少，不足分配。比见第二批食盐又到，再持配给通知书前往区公署询问，谁料居然拿配给过期、通知作废等以语拒绝。但该盐是陆续运来，而配给则无形消灭，后经多方探听，详细调查，始悉来盐计千余担之多，实际皆重价运卖内地，获利颇丰，腰缠万贯，地方照旧盐荒。"[①]

① 中国第二历史档案馆档案：全宗号 2063，卷号 871。

第四节　农民的劳役与其他负担

一、“清乡”与农民负担

汪伪政权建立后，由于统治地盘狭小，伪华北政务委员会并不听从汪伪调遣，又由于共产党领导的新四军等抗日武装的活动，使得汪伪在华中沦陷区的统治局限于大中城市和铁路公路沿线与据点，不能占领和稳固统治广大农村，因而就无法征收大量的田赋，以维持其反动统治，更不能为其主子日本侵略者效劳以扩大其侵略范围。因此，1941 年初，汪伪傀儡政权的最高军事顾问影佐祯昭，向汪伪提出清乡的恶毒计划，汉奸头子汪精卫言听计从，于是，“清乡”的筹备工作开始了。

1941 年 5 月公布《清乡委员会临时组织大纲》，在南京成立伪清乡委员会，并由日伪共商“清乡”事宜。清乡的方针是所谓七分政治、三分军事，反革命两手双管齐下。日本侵略军负责军事作战和封锁，汪伪担任政治工作，汪伪的军警和保安队等武装统归日本调遣指挥。实际上，所有的“清乡”计划均是日本侵略军拟定，以日文原件颁发的，汪伪只不过是遵照执行。“清乡”活动经费由双方负担。

从 1941 年 5 月到 1945 年日本投降，日伪在其统治区先后搞了多次“清乡”，历时两年。

第一阶段“清乡”于 1941 年 7 月首先从苏州地区开始。第二阶段“清乡”从 1942 年 7 月太湖东南地区开始。上海亦于此时设立“清乡委员会上海分会”，进行“清乡”。第三阶段为镇江和苏北地区“清乡”，于 1943 年 3 月开始。浙江省的“清乡”筹备工作开始于 1942 年 8 月。安徽省的“清乡”工作开始于 1943 年 3 月。广东省的“清乡”筹备工作始于 1943 年 4 月。

由于日伪内部，尤其是“清乡”机构与行政机构矛盾重重，伪中央不再直接办理“清乡”而将其推给地方。而各省市之所以热衷“清乡”，一是为了向日本侵略者献媚取宠，二是借机搜刮，以解救日益严重的财政危机。“清乡”的经费要由汪伪中央补助，这是一笔很大的开支。汪伪中央对此深感头痛，以至于伪行政院清乡事务局局长竟提出一个将“清乡”渗入到省县一般行政工作中，取消“清乡”名义的建议。这个建议虽得到汉奸头目周佛海、陈公博的支持，但遭到侵华日军的反对。“清乡”仍在继续，但这已是“清乡”的末台戏，不久，随着日本侵略军的失败而告终。

日伪搞“清乡”的目的就是要把他们的反动统治扩展到农村，在农村建立起所谓秩序。因此，在“清乡”地区的农民民主自由被剥夺得一干二净，人身受侮辱，生命无保证。关于“清乡”中日伪对广大农民和革命者的迫害，此处不予评述。日伪搞“清乡”的最终目的，是要加强对农村和农民的经济掠夺和剥削，因而在经济上给农民增加了负担：

第一，强迫农民出钱服役修建“清乡封锁线”。日伪“清乡”的主要企图是打击新四军等抗日武装，并在其侵占的地区建立封锁线，如上所述，“清乡”是在苏浙皖大片沦陷区进行的，其封锁线自然很长。东南沦陷时期，要是你跨进清乡地区，首先就会看到一望无际、逶迤数十里的竹篱笆。这是当地人民被迫输钱，服役而筑起的，因之每一根竹竿或竹片，都沾满了他们血泪与汗水。所以，在汪伪时期一提到封锁线，当地的人民便感到无限的伤心与愤怒。[①] 建立封锁线的程序是这样的：先由日军对划为“清乡”的地区进行残酷的军事扫荡，并在其武力保护下，开入政工团，先作一番确立治安，改善民生的骗人宣传，然后强迫当地居民按户摊派封锁费（用以购买毛竹、铁丝，并借此敲诈勒索），再要他们按指定的地区服义务劳役，建筑篱笆，于是便建立所谓封锁线。政工团随后建立伪乡镇机构，进行户口调查，编组保甲，实行联保切结，强迫人民建立瞭望台与瞭望哨，以加强封锁的效果。[②]

第二，“清乡”部队以清查坏人为名，下乡骚扰，抢劫农民的东

① 《伪廷幽影录》，第 288 页。

② 《伪廷幽影录》，第 288—289 页、第 290 页。

西。“所谓清乡部队（清乡警察与当地保安队）平时在日军指挥下，常借搜查坏人为名，下乡骚扰，翻箱倒筐，为所欲为，抢劫老百姓的东西。所以当时清乡区人民把‘清乡’叫作清箱。可见其行径比强盗还凶。”①

第三，沿封锁线建立大大小小的检问所，束缚人民，破坏农业生产，敲诈勒索，阻碍商品流通。封锁线、检问所本身要占用大片的农田道路，挤了农用土她。“有时一条交通要道，或是田亩依靠它来做灌溉的一条河流，他们也会借口军事上的需要而将它堵塞。有些农户仅有一块一二亩的田地，被封锁线隔成了两半，一半在封锁线内，一半在封锁线外，如种了封锁线里的，还得绕一大圈，通过检问所，再去种在封锁线外的那一半，要是偶然不慎，碰坏封锁线，就会给你带来无可预测的灾难。有的农民怕招惹是非，碰到这样的情况，干脆把封锁线外的那块田地荒芜，以求省事。可是田可以不种，赋税还是要照纳的。即此一端，也是见‘清乡地区’的人民是生既不可，死又不能，诚属生死皆非呵。”② 检问所的检问员对于新四军游击队并不敢检问，可是“对普通老百姓，不仅盘查细问，而且多方留难，非遂其敲诈勒索之愿是不会放过关的。于是一些经常出门者，为了减少麻烦，不管自己是否带有违章的东西，都主动塞上几块钱，免得受辱受气。这种贿赂，不惟成了公开的秘密，且也无异成为人头税了”；③ 检问所还勒索过往的客商、跑单帮者，让其带买物品而不付钱。

第四，1941 年江苏“清乡地区”仍流通旧法币，开始 1 元旧法币换 1 元中储券，尔后 2 元法币才能换 1 元中储券。当时苏州清乡地区流行的旧法币有 400 万元之多。“清乡委员会”从汪伪中央储备银行那里以 1 元中储券换 1 元法币，而在清乡地区则以 1 元中储券换 2 元旧法币，对清乡地区的农民大肆掠夺。

第五，“清乡地区”的赋税成倍增加。以江苏省为例，“田赋为江苏省最大税源，战后开支较诸以往既有巨额之增加，对于原有之最大税源自应首先注意，积极整理，因将清乡区各县财政局撤销，改设赋

①②③　《伪廷幽影录》，第 288—289 页、第 290 页。

税管理处，复经财政厅将各县赋税管理处经费，分别核定，一面另订奖惩办法，以资激劝，经查三十年（1941年）一到五月份清乡区吴县、昆山、太仓、常熟、无锡、江阴、武进七县，共收田赋五十八万二百九十六元三角四分，三十一年（1942年）一至五月，二百三十二万三千四百四十七元九角一分，较上年收数增加四倍之多。倘以二十九年份（1940年）一至五月全省共收五十三万八千八百六十元二角六分相较，不啻七县之收入，较全省之收入增加四倍。"①

第六，"清乡"本身耗费大量钱财。日伪颁布了多如牛毛的"清乡法规"，成立了各种名目的清乡机构，搞了五光十色的清乡训练班，这些机构和人员耗费了大量的经费。"为什么要办那么多的训练班呢？……除了植党营私、扩充自己的势力外，主要是红眼那200万元的清乡经费。因为这在当时汪伪政府的支出中，是一个很大的数目，于是大家见钱眼开，无不想在这些钱中捞上几文，而办训练班就是一个最好的借口。什么开办费、经常费、办公费、津贴费、结束费等等。那时的'清乡费'与特务费一样是不受审计的，只要列得出名目，总有油水可捞。"② 这大批的"清乡"费归根到底要由农民负担，"清乡"地区倍增的田赋就是明证。

二、苛捐杂税与敲诈勒索示例

农民还要受到汪伪地方官吏的各种苛捐杂税、敲诈勒索的剥削，负担各种劳役。这些均无明文规定，只能举例说明。

如安徽东流县政府强迫征集农民为县长建筑花园。"欲扩充私人公馆，强占校地，建筑花园，以供游乐，马区长立即下令征夫，保安队立即派队督促，一声号令，百里震惊，上下督催，片时齐集，……征夫于农事百忙之中，挑砖于数十里路之外，烈日当空，视民命如草芥……劳民伤财，毫无顾惜，迨土砖挑来之后，不问不闻，听其废置，日久雨冲水洗，化成泥浆，转为秽土，任人便溺。"③

---

① 《申报年鉴》，1944年，第1070—1071页。

② 《伪廷幽影录》，第287页。

③ 中国第二历史档案馆档案：全宗号2063，卷号871。

东流县伪县长借为日人募夫之名，敲诈勒索。“日铁公司募夫，每保三名，后又附加二名，共计五名。继又口称不需要夫，改收现款，各保概以钱折抵，每名三千六百元为最低额，有五千元，有六千五百元，以二区计，约一百数十万元，以全县计，约三百万元上下。”①

其他苛敛。东流县“烟苗早经铲除，李县长又强征烟苗罚金。二区一地，计三十余万元之多。……”② “李县长……假手于保安队，每保勒索白棉纱木机土布十一丈，皮花四斤十四两，棉被一条。以二区计算，四十四保，共布四百八十四丈，皮花二百十四斤，棉被四十四条。以全县计算，白土布一千零五十丈，皮花四百六十八斤。……折成现金……统共合二百数十万元。……上季六月……又向乡保勒索保安队夏季制服费，每保三千六百五十元，以全县计，三十余万元，稍有缓慢，一打二押，保安队下乡，耗费更多……。”③ 李县长“不问疾苦，不知轻重，不顾生死，到县未久，即借题创办公共汽车，既无公款，又无外援……李明志在敲榨、迫不及待，立逼一百万元，完全出于地方耕种劳作苦力商贩之身，分为民股七十五万元，官股二十五万元，后官股仍然出在百姓身上，……现时官股民股，早经交足，而官股名为附借，均皆辗转，一律流入其私囊，盘剥生利，以肥一己。”④ 东流县“保安队日日追随县长而护卫之，平时出门，八人至十二名不等，前后护卫，寸步不离，荷枪实弹，防范严密。保安队身穿武装，手提钱袋，持枪勒索，当街拦阻，不论山姑村妇，……手提鸡蛋数枚，肩挑草柴几捆，亦必掏腰拿钱，买路而去，稍有违抗，即以枪柄击之，再有词色，更以皮鞋底踢之，拳以殴之，掌以掴之，必出气泄忿满意如愿得胜而后止。”⑤

总之，汪伪政权统治下的江浙皖三省和沪宁二市是近代中国经济最发达的地区，但在日伪的双重压迫和掠夺下，农村经济凋敝，农民负担沉重，生活困苦，流离失所，惨不忍睹，诸如种种纳税捐款摊派，以及征工征物，诛求无尽。农民每逢春耕之时，多数贫民须借钱购买种子肥料以及租牛、凿井等等，由于开支过大，致使他们往往因欠债

---

①②③④⑤　中国第二历史档案馆档案：全宗号2063，卷号871。

而弃乡逃亡。

需要指出，本附录所说的农民负担，仅系日敌和汪伪政权所加在农民身上的负担，尚不包括地租等剥削，若将后者计算在内，农民负担之沉重，生活之悲惨，就更难以言状了。

附录三

统计资料附表

一、关于选录统计资料附表的几点说明

1. 近代中国农民的负担状况，不仅与旧中国的农业生产发展直接相关，而且还与影响、制约农业生产力的政治、经济、财政等因素有重要联系。因此，为便于广大读者全面了解近代中国国情和农民的负担状况，我们在选录统计资料时，注意到各有关方面资料的搜集，因而本卷统计资料附表所涉及的方面比较广泛。

2. 本卷选录的统计资料附表分为：近代农业、近代工业、近代财政收支、近代金融、物价及其通货膨胀和近代对外贸易五大类，而每个门类当中又分若干小门类。由于本卷以近代中国农民负担状况为研究对象，因而各门类所选录的统计资料有详、略之分。

3. 有关近代中国历史的资料虽十分丰富，但与农民负担有关的资料却比较少，即或有之，也往往因无人搜集整理而显得十分凌乱和不系统。有鉴于此，本卷所选录的统计资料，其来源则相对集中，如凡有关近代农业、近代工业、近代对外贸易方面的统计资料，均选自科学出版社 1955 年 8 月出版的由严中平等人编著的《中国近代经济史统计资料选辑》一书，而有关近代财政收支、近代金融、物价及其通货

膨胀方面的统计资料，则主要选自中国财政经济出版社 1985 年 8 月出版的由杨荫溥编著的《民国财政史》一书；因此，我们在选录统计资料附表时，一律不再注明资料来源及出处，但为了便于读者核查、分析或使用，凡原著资料所有的注释，我们则一律保留。

4. 由于时间仓促，资料缺乏，加上我们编辑水平有限，错漏之处，在所难免，现附于书后，仅供大家参考。

二、统计资料附表索引

（一）近代农业

1. 农村的阶级构成。

附表 3－1　1937 年以前各地农村阶级构成

附表 3－2　1936 年佃农户数占农业总户数百分比

附表 3－3　1933 年雇农人数占农村总人口百分比

2. 土地占有状况。

附表 3－4　1937 年以前农村各阶级所有土地的对比

附表 3－5　1937 年以前农村无地户占总户数百分比

附表 3－6　1937 年以前官公田私有化的趋向

附表 3－7　1912—1947 年全国 22 个省农民无地化趋势

3. 农业耕地及农业产量。

附表 3－8　抗战前（1929—1933 年）各省的耕地面积

附表 3－9　1931—1947 年主要农产物总产量的变动

附表 3－10　1931—1947 年主要农产物单位面积产量的变动

4. 地租剥削及租佃情况的变动。

附表 3－11　抗战前各省定额实物地租租额及其所占产量的百分比

附表 3－12　1934 年各省实物地租及货币地租剥削程度比较

附表 3－13　抗战前的各省劳役地租示例

附表 3－14　1924—1934 年各省实物地租及货币地租比重的变动

附表 3－15　抗日战争时期国民党统治区货币地租向实物地租的逆转（1941 年）

附表 3－16　抗日战争期间国民党统治区实物地租租额增加表

附表 3－17　抗战以后国民党统治区租田加押示例

附表 3－18　抗战以后国民党统治区地主利用货币贬值剥夺佃农押金示例

5. 农村经济商品化与商业资本对农民的掠夺。

附表 3－19　1921—1925 年各地农家经济商品化程度

附表 3－20　各地农产价格中农民所得价格的比率

附表 3－21　1936 年各地乡镇农产品价格季节差

附表 3－22　商业资本对农民的榨取形式示例

6. 高利贷资本对农民的剥削。

附表 3－23　1933—1934 年各地农村一般借贷的利率

附表 3－24　1934 年各地农村借款来源百分比

附表 3－25　1934 年各地农村借贷期限与借贷方式

附表 3－26　1934—1935 年各类农户借款用途百分比

附表 3－27　1934—1935 年各地农村各类农户中负债户比重

附表 3－28　1938—1946 年农村借贷利率及借贷期限的变动

附表 3－29　高利贷的剥削形式示例

（二）近代工业

1. 中国工业中的外国资本。

附表 3－30　帝国主义在中国煤矿中的投资（1906 年、1913 年、1919 年）

附表 3－31　1890—1932 年帝国主义在中国棉纺业里的投资

附表 3－32　1896—1937 年全国历年钢铁产量及人口量的比较

附表 3－33　1894—1948 年帝国主义对中国铁路的控制

2. 中国工业中的官僚资本。

附表 3－34　1912—1927 年中国煤矿生产中官僚资本的垄断势力——机械开采

附表 3－35　1938—1946 年国民党资源委员会所经营的重工业

（三）近代财政状况

1. 财政收支状况。

附表 3－36　1927—1936 年国民党政府财政实收数及其与收入总

额的比

附表 3－37　1927—1936 年国民党政府财政收支亏短数及其与实支总额的比

附表 3－38　1927—1936 年国民党政府财政实支增长趋势和物价指数的对比

附表 3－39　1937—1945 年国民党政府财政实支亏短数及其占总岁出的比重

附表 3－40　1937—1945 年国民党政府军务费实支数及其占总岁出的比重

附表 3－41　1946—1948 年 6 月国民党政府实际财政收支及赤字

附表 3－42　1946—1948 年 6 月底国民党政府财政支出预算数和实支数的比较

附表 3－43　1946—1948 年 7 月国民党政府军事费占岁出比重的估计

2. 田赋。

附表 3－44　民国五、六、七年各省区田赋收入表

附表 3－45　1934 年 8 月底止四川田赋预征情况

附表 3－46　1941—1945 年国民党政府田赋征实、征购、征借所得实物数量

附表 3－47　1941—1945 年国民党政府田赋征实、征购、征借所得实物折合法币数

附表 3－48　1941 年 7 月至 1945 年 6 月各年度税项收入与田赋征实等所得实物折合法币约数的比较

附表 3－49　1945—1947 年国民党政府田赋征实、征借的额征数与实收数的比较

附表 3－50　1945—1948 年国民党政府田赋征实、征借、征购的实收数

3. 各项捐税收入情况。

附表 3－51　1927—1936 年国民党政府税项收入和其他收入数额及其各占岁入实收数的比重

附表 3 – 52　1927—1936 年国民党政府关税、盐税、统税实收数及其占税项收入的比重

附表 3 – 53　1935 年度江苏等十二省田赋、营业税、契税收入预算数及其占税收预算数的比重

附表 3 – 54　1942—1945 年国民党政府食盐专卖及食盐战时附加税收入数额及其在税收中所占比重

附表 3 – 55　1937—1945 年国民党政府税项收入数额及其占总岁入和实际收入的比重

附表 3 – 56　1946—1948 年 6 月底国民党政府四项主要税收的预算数及其所占比重

附表 3 – 57　1946—1947 年国民党政府四项主要税收的实收数及其所占比重

4. 内、外债情况。

附表 3 – 58　袁世凯统治时期北洋军阀政府所借主要外债的数额及其用途

附表 3 – 59　皖、直、奉统治时期北洋军阀政府承借主要外债的数额及其用途

附表 3 – 60　帝国主义对旧中国的借款投资各年度结欠额

附表 3 – 61　帝国主义对旧中国的借款

附表 3 – 62　1935 年底各省省政府主要公债发行数额及尚负本金数

（四）近代金融、物价及通货膨胀

附表 3 – 63　1913—1936 年天津、上海棉花、棉布、面粉、小麦价格统计

附表 3 – 64　上海解放前历年（1921—1949 年 5 月）批发物价指数涨落趋势

附表 3 – 65　法币发行量增加倍数和物价指数及米、黄金、美汇价上涨倍数表

附表 3 – 66　1937 年 6 月—1949 年 5 月法币及金圆券全国发行数量及其指数

附表 3 – 67　1941—1944 年重庆白糖、香烟、火柴市价上涨情况

及其与重庆物价总指数上涨情况的比较

附表 3－68　1937 年 6 月—1949 年 5 月国民党政府通货膨胀三个阶段的纸币发行指数和购买力的比较

附表 3－69　1937 年 6 月—1949 年 5 月国民党政府纸币的发行总指数和购买力总指数

附表 3－70　1948 年 9 月—1949 年 5 月根据上海物价指数所算出的金圆券购买力指数

附表 3－71　1948 年 8 月 21 日—1949 年 5 月国民党政府金圆券发行额及其指数

（五）对外贸易

附表 3－72　1840—1850 年白银外流下的中国银钱比价

附表 3－73　1871—1947 年进口贸易价值中各国所占的比重

附表 3－74　1871—1947 年出口贸易价值中各国所占的比重

三、统计资料附表

附表 3－1　　1937 年以前各地农村阶级构成　　总户数＝100

地　区	资料时期	地主	富农	中农	贫雇农	其他
吉林黑龙江 52 县(1)	1925	14.3		42.8	42.9	
晋察冀北岳区 45 村(2)	1937	2.4	8.5	35.4	47.5	6.2
陕西绥德 4 村(3)	1933	1.5	3.3	11.4	79.8	4.0
河南辉县 4 村(4)	1933	4.4	8.1	24.7	58.0	4.8
河北保定 10 村(1)	1930	3.7	8.0	23.1	65.2	
江苏启东 8 村(5)	1933	0.5	7.2	31.4	57.8	3.1
常熟 7 村(5)	1933	1.3	1.9	25.3	65.6	5.9
无锡 20 村(1)	1929	5.7	5.6	19.8	68.9	
浙江龙游 8 村(5)	1933	7.2	6.0	17.9	56.9	12.0
崇德 9 村(5)	1933	2.3	0.8	24.6	67.9	4.5
永嘉 6 村(6)	1933	1.4	1.0	6.1	76.4	15.1
江西兴国(8)	1930	1.0	5.0	20.0	61.0	12.0
湖南长沙(7)	1927	10.0		20.0	70.0	
广东番禺 10 村(9)	1933	2.9	8.8	16.0	51.6	20.7
广西桂林等 6 县 14 村(10)	1934	4.9	7.9	29.6	57.6	
云南昆明 6 村(11)	1933	1.7	11.4	18.7	68.2	
四川长寿(12)	1935	15.7		27.4	56.9	

资料来源：

（1）陈翰笙：《现代中国的土地问题》，转见冯和法：《中国农村经济论》，221页、209页、211页。

（2）许涤新：《现代中国经济教程》，1947，175页。

（3）国民党政府农村复兴委员会编：《陕西省农村调查》，88页。

（4）国民党政府农村复兴委员会编：《河南省农村调查》，6—8页。

（5）国民党政府农村复兴委员会编：《江苏省农村调查》，8页。

（6）国民党政府农村复兴委员会编：《浙江省农村调查》，17页、19页、126—128页、176—177页。

（7）毛泽东：《农村调查》，24—25页。

（8）《毛泽东选集》第一卷，22页。

（9）陈翰笙：《广东农村生产关系与生产力》，83页。

（10）广西省立师范专科学校：《广西农村经济调查报告》，附表5。

（11）国民党政府农村复兴委员会编：《云南省农村调查》，76页、82—83页。

（12）《农村经济》，2卷8期，83页。

注：本表是由一些零星调查的数字编成的。各个调查对于各类户口的定义不尽一致，因而本表只能反映各地农村阶级构成的大概情况。有些地区，地主户数不及总户数1%，这只是反映在村地主比较少，并不意味着该地区的土地多半属于农民所有。

吉林黑龙江52县系就经营地主及自耕农70万户计算，另有30万户佃农未列入。晋察冀北岳区45村之其他户，是由总户数减去地主、富农、中农和贫雇农推算出来的。

陕西绥德4村、江苏启东8村、常熟7村、广西桂林等6县14村及四川长寿的贫雇农栏，原记载只是贫农。

云南昆明各栏数字是就原载地主、自耕农、半自耕农、佃农和雇农的数字加以改算得来的。改算法是：将佃农一律算作贫农，自耕农和半自耕农所有田亩在平均数左右者列为中农，以下者列为贫农，以上者列为富农。

附表3-2　1936年佃农户数占农业总户数百分比　农业总户数=100

地　区	报告县数	佃农	半佃农	自耕农
总平均	1 120	30	24	46
内蒙古和西北				
平　均	36	27	22	51
察哈尔	10	31	26	43
绥　远	13	31	17	52
宁　夏	5	20	14	66
青　海	8	22	26	50
华　北				
平　均	483	14	19	67

续表

地　区	报告县数	佃农	半佃农	自耕农
甘　肃	29	18	18	64
陕　西	49	18	20	62
山　西	90	16	23	61
河　北	126	10	18	72
山　东	100	10	15	75
河　南	89	20	21	59
华中和华南				
平　均	601	43	27	30
江　苏	56	30	25	45
安　徽	41	42	23	35
浙　江	62	47	33	20
福　建	42	44	31	25
广　东	55	46	33	21
江　西	57	40	33	27
湖　北	48	41	26	33
湖　南	41	50	28	22
广　西	50	38	23	39
四　川	87	51	20	29
云　南	39	36	25	39
贵　州	23	45	28	27

资料来源：《农情报告》，5卷12期，330页。

注：这里的农户分类是国民党政府及其御用学者的农村户口分类统计的特色。这种分类，既没有考虑雇佣关系，也没有考虑田产的多寡。佃农和半佃农，可能是贫农或中农，也可能是富农。自耕农则是不但包括贫农、中农和富农，而且包括经营地主。因此这种分类，只能表示租佃关系的发达程度，而不能反映农村的阶级构成。

附表3-3　　1933年雇农人数占农村总人口百分比

地　区	调查处数	雇农占农村人口%
总　计	354	10.29
长江流域各省共计	112	9.27
浙　江	22	9.27
江　苏	20	8.78
安　徽	21	8.24
江　西	13	10.87

续表

地　区	调查处数	雇农占农村人口%
湖　南	12	11.09
四　川	10	10.61
湖　北	14	6.04
珠江流域各省共计	50	8.13
福　建	5	5.83
广　西	12	12.08
广　东	14	11.36
贵　州	7	6.02
云　南	12	8.50
黄河流域各省共计	192	11.41
陕　西	14	19.75
山　西	43	10.39
河　北	62	11.62
山　东	28	10.24
河　南	1	9.41
宁甘青	6	12.46
绥　察	8	15.07

资料来源：陈正谟：《各省农工雇佣习惯及需供状况》，58 页。

注：本表显示出中国农村雇农人数比较少。而这里所谓雇农包括长工和短工，换言之，包括了一部分贫农，纯粹雇农百分率自然比这还要低。这是农业资本主义经营没有得到发展的一个标志。

附表 3－4　　1937 年以前农村各阶级所有土地的对比　　总田亩＝100

地　区	年　份	地　主	富　农	中农和贫雇农
西北：				
绥远临河(1)	1933	90.0	?	?
五原(1)	1933	60.0	?	?
华北：				
陕西绥德 4 村(2)	1933	55.7	12.2	32.1
河南辉县 4 村(3)	1933	39.0	17.3	43.6
华中及华南：				

续表

地　区	年　份	地　主	富　农	中农和贫雇农
江苏启东8村(4)	1933	65.0	22.5	12.4
无锡3村(5)	1933	53.5	24.1	22.5
常熟7村(5)	1933	81.7	8.0	10.2
浙江龙游8村(6)	1933	65.1	12.5	22.2
崇德9村(6)	1933	34.5	3.9	61.0
永嘉6村(6)	1933	59.3	6.2	34.4
江西遂川等5县(7)	1928	60—80	?	?
湖南茶陵酃县(7)	1928	70.0	?	?
四川重庆等30县(8)	1935	77.6	?	?
广东番禺10村(9)	1933	68.2	15.0	15.3
广西桂林等6县(10)	1934	43.4	20.1	36.4
云南昆明6村(11)	1933	50.8	18.2	31.0

资料来源：

(1)《绥远省政府调查》，转见叶民：《察绥蒙古社会关系的分析》，《中国农村动态》，179页。

(2)《陕西农村调查》，88页、100页。

(3)《河南农村调查》，6—8页、12—13页。

(4)《江苏农村调查》，8页、10页、52页。

(5)《中国农村》，1卷9号，51页、55页。

(6)《浙江农村调查》，17页、19页、34页、126—128页、143—144页、176—177页、188页。

(7)《毛泽东选集》第一卷，73页。

(8) 吕平登：《四川农村经济》，177—181页。

(9) 陈翰笙：《广东农村生产关系与生产力》，10页、81页、83页。

(10)《广西农村经济调查报告》，附表3-5。

(11)《云南农村调查》，79页、82页、83页。

注：本表地主所有地，包括在村和不在村地主的私人土地和所谓公田。这里公田，实际上是为地主所掌握的。表中除绥远、江西、湖南和四川各县数字系录自原记载外，其余各地数字是就各地耕地面积减去富农、中农、贫雇农及其他户所有面积，推算出地主所占面积，然后再分别计算出地主及农民地权的比重。据马扎亚尔的估计，在华南各省，地主约占土地60%—70%，在华中各省约占50%—60%，在河南与陕西约50%，山东约30%—40%，湖北约10%—30%，在东北和内蒙古约占50%—70%（《中国经济大纲》，中译本，11页）。从本表的数字看来，这个估计可以说是比较接近实际的。

附表 3-5　　1937 年以前农村无地户占总户数百分比

地　区	年　份	无地户数占总户数的%	备　考
东北：			
吉林、黑龙江 52 县(1)	1925	30.0	
辽宁 2 县(1)	1925	55.9	辽阳、沈阳
绥远 1 县(2)	1934	75.2	临河
华北：			
陕西 3 县(3)	1933	19.2	渭南、凤翔、绥德
山西 1 县(4)	1934	16.0	平顺
河南 5 县(5)	1932—1935	12.9	南阳、杞县、许昌、辉县、镇平
河北 15 县(6)	1930—1936	28.4	定县、苏县、平谷、丰润、遵化、昌黎、滦县、香河、玉田、乐亭、密云、抚宁、宁河、临榆、清苑
山东 1 县(7)	1922	9.1	霑化
江苏 2 县(8)	1932	27.8	铜山、萧县
安徽 1 县(7)	1922	18.0	宿县
华中和华南：			
江苏 3 县(8)	1933	54.0	常熟、启东、盐城
浙江 7 县(10)	1933—1934	32.4	吴兴、崇德、东阳、龙游、永嘉、余姚、兰溪
广东 1 县(11)	1933	52.0	番禺
广西 21 县(12)	1934	26.7	容县、藤县、桂平、信都、武宣、宾阳、武鸣、永淳、桂林、蒙山、贺县、钟山、阳朔、永福、柳州、思恩、融县、象县、百色、奉议、靖西

资料来源：

(1)《中国农村经济资料续编》，372 页。

(2) 戴林：《后套临河农村实况》，转见《中国农村经济论文集》，599 页。

(3) 国民党政府农村复兴委员会：《陕西农村调查》，17 页、55 页、91 页。

(4) 赵梅生：《平顺农村经济概况》，转见天野原之助：《支那农业经济论》，153 页。

（5）天野原之助：《支那农业经济论》，151 页；农村复兴委员会：《河南农村调查》，27—29 页。

（6）天野原之助：《支那农业经济论》，147—148 页；张培刚：《清苑农家经济》，12 页。

（7）戴乐仁编，李锡周译：《中周农村经济实况》，92 页。

（8）《八里屯农村调查报告》，《教育新路》，12 卷，转见《中国农村经济资料续编》，12 页、16 页。

（9）国民党政府农村复兴委员会：《江苏农村调查》，32 页。

（10）国民党政府农村复兴委员会：《浙江农村调查》，22 页、75 页、129 页、180 页；中国经济统计研究所，吴兴农村经济，90 页。

（11）陈翰笙：《广东农村生产关系与生产力》，76 页。

（12）广西师专：《广西农村经济调查报告》，附表 3－4。

注：各省数字是各县调查数字的简单算术平均数。

附表 3－6　　1937 年以前官公田私有化的趋向　　单位：%

时　期	总　计	官　公　地				私有地
		合　计	屯　田	各种官田	庙田族田及其他公田	
16 世纪末[1]	100	50.0	9.2	27.2	13.6	50.0
1887[2]	100	18.8	7.8	11.0	*	81.2
1929—1933[3]	100	6.7	2.3	1.0	3.4	93.3

资料来源：

（1）陈翰笙：《现代中国土地问题》，转见冯和法编：《中国经济论》，219 页。

（2）《光绪会典》，卷 71，3—4 页。

（3）卜凯：《中国土地利用》（中译本），234 页。

注：* 不及 0.05。

16 世纪末的私有地数字原来是和庙田、族田数字混在一起，计占总地亩 63.57%。据此，陈翰笙估计私田约占 50%。1887 年的私有地数字，包括民田、更名田和退圈地，而民田包括着绝大部分庙田和族田，个别省份的民田，还夹有学田和屯田（例如河北、陕西、湖北、广西和四川）。至于庙田、族田和其他公田一项，则只是义田、义学田和一些免税的寺庙产及“先圣”“先贤”祭田，而不是全部数字。因此，私有地数字偏高，而官公地数字偏低（我们可以粗略地推定私有地占 75%，官公地占 25%）。

1929—1933 年数字，系前金陵大学农业经济系根据 20 省 111 县调查推算出来的数字。由于对公有地比较多的省份或者根本没有放在调查之列（例如广东），或者所调查的偏于一些公地比较少的省份（例如广西和湖南），所以总的官公地百分数可能有些偏低，虽则这已是比国民党政府内政部所发表的数字高得多。（根据其他一些零星资料看来，可能达到 10%）。勿论这些数字的精确程度怎样，它们可以大致反映出近代中国地权形态的一个转变过程即各种公有地逐渐转到私人地主手中。

附表3－7　　1912—1947年22个省农民无地化的趋势　　单位:%

年　份	合　计	自耕农	半佃农	佃　农
1912	100	49	23	28
1931	100	46	23	31
1936	100	46	24	30
1947	100	42	25	33

资料来源：1912—1936年的数字，见国民党政府中央农业实验所：《农情报告》，5卷12期，330页。1947年的数字，见《中华年鉴》，下册，1240—1241页。

注：22省系：江苏、浙江、江西、安徽、河南、湖北、湖南、四川、云南、贵州、福建、广东、广西、陕西、河北、山东、山西、甘肃、绥远、宁夏、察哈尔和青海。1931年缺宁夏。

附表3－8　　抗战前（1929—1933年）各省的耕地面积

省　别		耕地面积（市顷）	省　别		耕地面积（市顷）	省　别		耕地面积（市顷）
共　计		14169563	关内	浙　江	416580	关内	宁　夏	18465
关内	合　计	11664885		福　建	210945		新　疆	149130
	河　北	1091325		湖　北	645000		绥　远	170865
	山　东	1004505		湖　南	502065		察哈尔	155265
	山　西	728790		广　东	409890	东北	合　计	2382509
	河　南	984990		广　西	274935		热　河	256500
	陕　西	456270		云　南	262155		辽　宁	731834
	甘　肃	261675		贵　州	231735		吉　林	782790
	江　苏	852960		四　川	1554480		黑龙江	611385
	安　徽	731280		西　康	40110	台　湾		122169
	江　西	433395		青　海	78075			

资料来源：除西康、台湾外，悉见国民党政府主计处统计局编：《中国土地问题之统计分析》一书（9—10页）。惟所载东北各省耕地未包括当时在日寇直接控制下的所谓“关东区”和“南满铁道区”的数字，兹据1935年英文《日满年鉴》（714—715页）所记载的数字补充填入辽宁的数字中。西康数字见1945年国民党政府主计处统计局编《中华民国统计提要》（5页）；台湾数字是1932年的数字，见1935年英文《日满年鉴》（521页）。

注：本表基本上是1929—1933年的数字。清代官书所载田亩数字，精确程度颇成问题。北洋军阀时期和国民党时期，官方和中外私人所发表的耕地面积的调查估计数字不下10余种，有低至1000万市顷的（见克尔的估计），亦有高至1700万市顷以上的（马黎元的估计）。本书选用了国民党政府主计处统计局所公布的数字，并就所欠缺的个别省区的数字，加以补充。这项数

字的来源是国民党政府立法院统计处根据通讯调查所收到的各县政府及各地邮政局和各地农会填报的材料加以整理后由“主计处统计局”作了一次修正，嗣后金陵大学农业经济系作中国土地利用调查时又曾详细加以校正，最后复由“统计局”加以补充订正。因此，本书相信这个数字的可靠程度比其他的数字要大一些。

1 市顷 = 100 市亩。

附表 3－9　　1931—1947 年主要农产物总产量的变动　　单位：千市担

作物	1931 年	1932 年	1933 年	1934 年	1935 年	1936 年	1946 年	1947 年
稻	930353	1055923	1034275	833977	1032210	1034125	956926	942794
小麦	464238	477524	468109	462261	446639	480897	430955	430570
高粱	221531	222828	222969	204966	212454	233201	228411	203027
小米	188183	184825	198594	179452	195961	196544	234782	198602
玉米	167734	175873	158224	149243	178781	170455	230261	215440
大豆	220224	221154	238805	186239	178182	203086	168000	159178
油菜籽	*43515	*46965	*42185	*51477	*49802	*49625	64569	74505
芝麻			*19328	*17017	*15317	*17360	14428	12979
花生			*60931	*54207	*46290	53940	44832	44761
棉花	7488	*9484	11826	13661	9781	17357	7430	10738
烟叶			12745	12204	12827	12865	12992	13435

资料来源：

（1）《农情报告》，4 卷 9 期，223 页，及 4 卷 12 期，323 页。

（2）国民党政府东北物资调节委员会：《东北经济小业书》（3），农产（生产篇），第二章各页。

（3）国民党政府广西统计局：《中华民国统计年鉴》1948，75—78 页。

（4）国民党政府农林部统计室：《民国三十七年农林统计手册》，9 页、13 页、22 页。

注：

（1）本表数字不包括台湾。

（2）有*号者东北各省数字不详。

（3）稻：包括籼稻、粳稻、糯稻和陆稻。

（4）1936 年以前各年东北棉花数字原载是籽棉，兹按 1/3 的比率折成皮棉。

附表 3－10　　1931—1947 年主要农产物单位面积产量的变动　单位：每市亩市斤

作物	1931 年	1932 年	1933 年	1934 年	1935 年	1936 年	1946 年	1947 年
籼粳稻	336	383	351	281	347	355	339	247
小麦	146	146	154	153	137	151	140	138
高粱	165	187	180	170	190	209	183	168

续表

作物	1931 年	1932 年	1933 年	1934 年	1935 年	1936 年	1946 年	1947 年
小米	164	167	161	168	172	176	166	139
玉米	186	194	178	176	194	176	179	171
大豆	145	163	183	144	130	161	148	150
油菜籽	82	87	80	90	88	84	75	85
芝麻			83	79	76	82	75	69
花生			258	243	224	250	225	227
棉花	28	29	30	28	27	34	30	28
烟叶			159	153	154	154	147	—

资料来源：

（1）《农情报告》，4 卷 9 期，225 页，及 4 卷 12 期，325 页。

（2）《农报》，12 卷 2 期，55 页，及 12 卷 5 期，56 页。

（3）国民党政府农林部统计室：《民国三十七年农林部统计手册》，7—9 页、13 页。

注：1931—1934 年，包括察、绥、宁、甘、陕、晋、冀、鲁、苏、皖、豫、鄂、川、滇、黔、湘、赣、浙、闽、粤 20 省，1935—1936 年，增加青海共为 21 省，1946 年又增广西共为 22 省。1947 年包括全国各省区，仅台湾除外。

附表 3-11　抗战前各省定额实物地租租额及其所占产量的百分比

地　区	年份	物租类别及单位	每亩租额	每亩产量	租额占产量的%	备　注
四川重庆[(1)]	1934	石	0.85	1.50	56.70	除所交租额外，另交附产值 0.8—2 元。
新繁[(1)]	1935	石	1.7—1.9	2—2.2	85.70	按 1.8 与 2.1 计算成百分比。
涪陵[(3)]	1938	石	0.50	1.00	50.00	
云南昆明[(4)]	1932	米，斤	50.00	70.00	88.00	
昆明 3 村[(5)]	1934	谷，斤	163.70	52.00	107.70	
禄丰 6 村[(5)]	1934	谷，斤	211.30	300.00	70.40	
马龙 10 村[(5)]	1934	米，斤	54.17	181.60	29.80	
开远 2 村[(5)]	1934		162.50	412.50	39.40	
浙江龙游 8 村[(6)]	1933	谷，斤	166.30	301.30	55.20	有永佃权的田租，租额占产量 24.2%。
汤溪[(6)]	1933	谷，斤	160.00	300.00	53.30	

续表

地　区	年份	物租类别及单位	每亩租额	每亩产量	租额占产量的%	备　注
衢县(6)	1933	谷，斤	166.7 *	320.00	52.10	
寿昌(6)	1933	谷，斤	180 *	350.00	51.40	
遂昌(6)	1933	谷，斤	200 *	400.00	50.00	
常山(6)	1933	谷，斤	160 *	360.00	44.40	
江山(6)	1933	谷，斤	186.7 *	350.00	53.30	
崇德 7 村(6)	1933	米，石	0.72 *	1.87	38.50	
海宁 1 乡(6)	1933	米，石	0.58 *	2.00	29.00	
杭县 1 乡(6)	1933	米，石	0.9 *	1.70	52.90	
吴兴 3 村(6)	1933	米，石	0.53 *	1.57	33.80	
东阳 8 村(6)	1933	谷，斤	130.6 *	308.80	42.30	
义乌(7)		谷，斤	300	247.50	121.20	
江苏常熟 5 村(7)	1934	石	0.950	2.50	38.00	
昆山 14 村(7)	1929	石	0.80	1.57	51.00	
湖南衡阳(8)	1927	石	1.80	3.50	51.40	
衡山(8)	1927	石	1.30	1.50	86.70	
株萍路(8)	1927	石	2.00	3.50	57.10	
临湘(8)	1927	石	2.63	4.13	63.60	原系石田租额，此处按每石田 4 亩折成每亩租额。
永明(8)	1927	石	1.20	1.50	80.00	
湘中(7)	1929	谷，石	1.80	3.30	54.50	原系石田租额，此处按每石田 6.3 亩折成每亩租额。

资料来源：

(1)《四川农村经济》，207 页。

(2)《四川经济参考资料》，M.1。

(3)《昆明县市经济调查报告》，87 页。

(4) 农村复兴委员会：《云南省农村调查》。

(5)《浙江省农村调查》，15—20 页。

(6)《中国经济年鉴 1934》，第七章，32 页。

注：租额数字有 * 记号者为上中下田平均租额。

附表 3-12　1934 年各省实物地租及货币地租剥削程度比较

省别	每亩普通租额（元）			普通田地之平均价格（元）	租额占地价的%			购买年		
	分租	谷租	钱租		分租	谷租	钱租	分租	谷租	钱租
总计	4.6	4.2	3.6 *	32.6	14.1	12.9	11.0	7.09	7.76	9.06
察哈尔	1.9	1.2	0.8	27.4	6.9	4.4	2.9	14.42	22.83	34.25
绥远	1.5	1.8	0.8	12.5	12.0	14.4	6.4	8.33	6.94	15.63
甘肃	2.4	2.1	2.0	17.5	13.7	12.0	11.4	7.29	8.33	8.75
陕西	3.0	3.1	2.4	23.8	12.6	13.0	10.1	7.93	7.68	9.92
山西	1.8	1.7	1.8	29.0	6.2	5.9	6.2	16.11	17.06	16.11
河北	3.3	3.7	3.0	40.8	8.1	7.6	7.3	12.36	13.16	13.60
山东	6.1	5.5	4.7	29.3	20.8	18.8	16.0	4.80	5.33	6.23
江苏	5.6	3.4	3.8	43.7	12.8	7.8	8.7	7.80	12.85	11.50
安徽	5.4	3.1	3.1	33.0	16.4	9.4	9.4	6.11	10.65	10.65
浙江	5.9	4.6	4.3	44.7	13.2	10.3	9.6	7.58	9.72	10.40
福建	6.0	5.7	5.1	28.6	21.0	19.9	17.8	4.77	5.02	5.61
广东	6.1	7.5	6.7	39.5	15.4	19.0	17.0	6.48	5.27	5.90
江西	6.7	3.3	3.5	18.2	36.8	18.1	19.2	2.72	5.51	5.20
湖北	5.6	2.8	3.4	41.2	13.6	6.8	8.3	7.36	14.71	12.12
湖南	7.2	4.4	4.4	25.3	28.5	17.4	17.4	3.51	5.75	5.75
四川	8.3	7.1	5.6	49.1	16.9	14.5	11.4	5.92	6.92	8.77
云南	7.6	7.5	6.3	45.3	16.8	16.6	13.9	5.96	6.04	7.19
贵州	4.5	5.0	2.3	37.2	12.1	13.4	6.2	8.27	7.44	16.17

资料来源：国民党政府主计处：《中国租佃制度之统计分析》，79—80 页。

注：由上表分析，谷租高过钱租；但也有的地方钱租高过谷租。如番禺、新会、南海、顺德、中山等县农产商品化程度较高的一些村庄，钱租租额约比谷租高 10%（陈翰笙：《广东农村生产关系与生产力》，33 页）。

购买年系由分租、谷租、钱租除田地价格而得。用实物地租来计算购买年原是不合理的，此处为了同货币地租的购买年作比较，而保存原表形式，以供读者参考。

* 钱租多系预租，提前一年缴付；农民为缴付预租，多由高利借贷而来。如按月利 3 分加息计算，3.6 元应为 4.9 元，较分租、谷租为高。

附表 3－13　　抗战前的各省劳役地租示例

地　　区	租地面积	劳役日数	备　　注
江苏宝山	1 亩	30—60	全以劳役抵租，称脚田制。
安徽桐城		工作日无定	称带庄田。此种租佃制，佃户须以全家劳动力为地主耕种。
贵池		工作日无定	称带庄田。此种租佃制，佃户须以全家劳动力为地主耕种。
湖北汉川	1 斗田	4	以上数例，虽有租地面积及劳役日数，似非纯劳役地租，大概是实物或货币地租以外为地主劳役日数，可视为全部地租的一部分。
江西星子	20 亩	10 +	
河北涞源	1 亩	1	
山东诸城	1 亩	2	
山西寿阳		30	
应县		10—15	
甘肃天水、武都		10—20	以上数例，只有劳役日数，缺租地面积，似非纯劳役地租。
福建邵武		2—4	
贵州定番		10—20	
辽宁瞻榆		15	
黑龙江哈拉、和硕、兰西		20—30	

资料来源：《中国经济年鉴 1934》，第七章，11 页。

附表 3－14　1924—1934 年各省实物地租及货币地租比重的变动　　单位：%

省别	调查县数	总计		实物地租						货币地租					
				合计		分租		谷租		合计		折租		钱租	
		1924年	1934年	1924年	1934年	1924年	1934年	1924年	1934年	1924年	1934年	1924年	1934年	1924年	1934年
总计	153	100	100	74	73	32	32	42	41	25	27	8	9	17	18
江苏	13	100	100	61	59	15	14	46	45	39	41	15	17	24	24
浙江	7	100	100	73	72	2	2	71	70	27	28	14	14	13	14
安徽	2	100	100	75	75	60	60	15	15	25	25	15	15	10	10
江西	15	100	100	85	85	14	14	71	71	15	15	7	7	8	8
山东	62	100	100	63	61	28	27	35	34	37	39	10	10	27	29
山西	2	100	100	100	100	70	70	30	30	0	0	0	0	0	0
河南	24	100	100	77	75	33	31	44	44	23	25	6	7	17	18
甘肃	3	100	100	95	95	50	50	45	45	5	5	0	0	5	5

续表

省别	调查县数	总计		实物地租						货币地租					
				合计		分租		谷租		合计		折租		钱租	
		1924年	1934年	1924年	1934年	1924年	1934年	1924年	1934年	1924年	1934年	1924年	1934年	1924年	1934年
河北	15	100	100	47	44	23	21	24	23	53	56	10	10	43	46
绥远	7	100	100	57	51	19	21	38	30	43	49	10	11	33	38
青海	3	100	100	87	87	40	40	47	47	13	13	3	3	10	10

资料来源：《中国经济年鉴1935》，第七章，51—57页；《中国经济年鉴1936》，第七章，51—53页。

注：原表原分谷租、分租、钱租、折租、帮工佃种分租、预租六项。此表将帮工佃种与分租合并，将预租与钱租合并。折租虽系钱租，因系由实物地租向货币地租的过渡形式，仍予保存。

关于折租的发展，据《中国经济年鉴1934》，第七章，41—43页；江苏无锡县折租田占全部租田的30%，昆山县更高到71.8%，靖江县的折租亦有增加倾向；又江西省从前折租只行于山田区，后来一般地主多改为折租。有些地区，契约虽定为谷租，而多按市价折交钱租。

附表3－15　　抗日战争时期国民党统治区货币地租向实物地租的逆转（1941年）

单位：%

省别	总计	钱租改为分租	钱租改为额租	仍保留钱租者
平均	100	19.1	17.9	63.0
四川	100	15.9	45.5	38.6
西康	100	50.0	—	50.0
浙江	100	25.0	50.0	25.0
湖北	100	50.0	—	50.0
湖南	100	8.7	13.0	78.3
云南	100	33.3	—	66.7
广西	100	8.7	13.0	78.3
广东	100	8.3	16.7	75.0
甘肃	100	5.2	21.1	73.7
河南	100	19.2	23.1	57.7
陕西	100	4.7	14.3	81.0
贵州	100	—	18.2	81.8

资料来源：《农产促进委员会研究专刊》第二号，《抗战以来各省地权变动概况》，24页。

注：在抗日战争时期，在敌伪统治区，地租有向劳役地租逆转趋势。如嘉定县，在抗战前劳役地租并不普遍，在敌伪统治时期大量发展，占到全部租田的70%，有的地方全部改为劳役地租（见《苏南土改访问记》）。在同一时期，无锡、丹阳各县，均出现劳役地租（见《土改前的苏南农村》）。

附表 3-16　抗日战争期间国民党统治区实物地租租额增加表

省别	租别	单位	水田			平原旱地			山坡旱地		
			1937 年	1941 年	增减（%）	1937 年	1941 年	增减（%）	1937 年	1941 年	增减（%）
四川	分租	%	56	61	+8.9	49	52	+6.1	44	45	+2.3
	谷租	市石	2.22	2.38	7.2	1.54	1.57	+1.9	0.97	1.03	+6.2
西康	分租	%	53	50	-5.7	50	55	+10.0	50	53	+6.0
	谷租	市石	1.06	1.43	+34.9	0.55	0.81	+47.3	0.32	0.37	+15.6
浙江	分租	%	59	59	0	49	52	+6.1	47	49	+4.3
	谷租	市石	1.81	1.81	0	0.79	0.83	+5.1	0.37	0.40	+8.1
湖北	分租	%	50	45	-10.0	45	40	-11.1	35	33	-5.7
	谷租	市石	0.63	0.60	-5.0	0.65	0.60	-7.7	0.35	0.30	-14.3
湖南	分租	%	51	51	0	48	50	+4.2	43	45	+4.7
	谷租	市石	2.04	2.04	0	1.56	1.49	-4.5	1.65	1.65	0
云南	分租	%	54	54	0	50	49	-2.0	42	39	-7.1
	谷租	市石	0.89	0.86	-3.4	0.57	0.56	-1.8	0.40	0.34	-15.0
广西	分租	%	46	48	+4.3	41	41	0	37	39	+5.4
	谷租	市石	1.21	1.46	+20.7	0.77	1.03	+33.8	0.65	0.74	+13.8
广东	分租	%	51	51	0	51	52	+2.0	44	44	0
	谷租	市石	1.48	1.73	+16.9	1.09	1.18	+8.3	0.49	0.57	+16.3
甘肃	分租	%	35	39	+11.4	39	42	+7.7	29	32	+10.3
	谷租	市石	0.76	0.72	-5.3	0.36	0.40	+11.1	0.22	0.23	+4.5
河南	分租	%	50	49	-2.0	50	49	-2.0	43	43	0
	谷租	市石	1.05	0.94	-10.5	0.71	0.66	-7.0	0.40	0.39	-2.5
陕西	分租	%	47	49	-4.3	45	48	+6.7	37	39	+5.4
	谷租	市石	0.98	0.99	+1.0	0.45	0.44	-2.2	0.20	0.21	+5.0
贵州	分租	%	50	49	-2.0	52	49	-5.8	48	43	-10.4
	谷租	市石	1.53	1.51	-1.2	0.50	0.50	0	0.26	0.16	-38.5

资料来源：《抗战以来各省地权变动概况》，26—27 页。

注：

（1）由上表，在短短的 4 年中反映出了地租增加趋势。虽然有的省份或因战事波及、或因地权稍为分散关系地租略减，那只是个别现象。

（2）由上表，旱地比水田地租增加得更快，即土地越坏地租增加的越快些；也就是说，越是租种劣地的穷苦农民所受地租剥削越重。

（3）另据《中国经济年鉴 1948》："近年来加租在川东已很普遍，把三十年前和最近（1947）比较一番：分租，地主所得已增加百分之十到百分之二十；议租和宕租的租额也随这个比例增高。"与上表可互相印证。

附表 3－17　　抗战以后国民党统治区租田加押示例

地　区	租地面积	原交押租额	增加押租额
四川江北[(1)]	27.8 石地	1937 年原交押租 350 元，可买谷 28 石。	加押法币 19650 元，可买谷 12 石（共 40 石）
巴县[(1)]	16 石田，0.6 石地	原交押租 140 元，可买谷 20 石（老石）。	1937—1948 年六次加押，可买谷 30 石（老石），（共 50 石）。
重庆市郊[(1)]	5 石田	1937 年交押租 60 元，可买谷 18 石。	1947 年，地主以货币贬值，将原押租取消，另索押金 10 万元，可买谷 5 石（共 23 石）。
北碚[(1)]	12 石田	原交押租银 220 两。	1938 年加押谷 1 石；1940 年，加押 5 千元，可买谷 13.6 石；1944 年，加押 6 千元，又苞谷 1 斗。
湖南滨湖各县[(2)]		原交押租 140 元。	1945 年，加押谷 11 石。
湖北浠水[(2)]	20 石田	原交押金 24 元	至 1949 年，历次加押折银元 108 元。

资料来源：

（1）《重庆新华日报》，1950 年 9 月 23 日。

（2）《新区土地改革前的农村》。

附表 3－18　抗战以后国民党统治区地主利用货币贬值剥夺佃农押金示例

地　区	租地面积	原交及补交押租情形	地主剥夺佃农押金情形
四川江北[(1)]	35 石田	1942 年交押 22000 元，可买谷 33 石，后又加押 2000 元。	地主以货币贬值，将押金折谷 2 石。
滤县[(1)]	140 石田	1937 年交押租 1400 元，可买谷 146 石。	1943 年按伪法币折谷 14 石。
北碚[(1)]	17.5 石田	原交押银 180 两。	后加押共折伪法币 1000 元。
巴县[(1)]	16 石田 0.5 石地	1937 年前原交押金 140 元，后加押谷 2 石，又加押伪币 21 万元（共可买谷 50 石）。	1948 年地主按伪法币折押谷 2 石。

续表

地　区	租地面积	原交及补交押租情形	地主剥夺佃农押金情形
重庆近郊(1)	5 石田	1937 年交押租 60 元，可买谷 18 石；1947 年，将原押金取消，另交押伪法币 10 万元，可买谷 5 石。	1948 年，地主以 10 万伪币退佃，只能买盐 1 斤。
陕西府谷(2)		地主以伪币贬值，年年加押。	伪币作废，地主以伪币退押。
湖南滨湖各县(2)		原交押租 140 银元。	1945 年，将押租折谷 14 石，实值 42 银元。

资料来源：

（1）《重庆新华日报》，1950 年 8 月 16 日、9 月 23 日。

（2）《新区土地改革前的农村》。

附表 3－19　　1921—1925 年各地农家经济商品化程度　　单位：%

地　区	农产物自用和出售部分		农家生活资料中自给和购买部分	
	自　用	出　售	自　给	购　买
17 处或 13 处平均	47.4	52.6	65.9	34.1
中国北部				
平　均	56.5	43.5	73.3	26.7
安徽怀远	64.8	35.2	67.3	32.7
宿县	59.7	40.3	59.9	40.1
河北平乡	45.1	54.9	79.3	20.7
盐山（1922 年）	44.4	55.6	69.7	30.3
盐山（1923 年）	69.4	30.6	65.1	34.9
河南新镇	62.4	37.6	77.5	22.5
开封	67.2	32.8	87.0	13.0
山西武乡	50.2	49.8	72.0	28.0
五台	45.1	54.9	—	—
中国中东部				
平　均	37.2	62.8	58.1	41.9
安徽来安（1921 年）	45.1	54.9	—	—
来安（1922 年）	43.2	56.8	73.8	26.2

续表

地　区	农产物自用和出售部分		农家生活资料中自给和购买部分	
	自　用	出　售	自　给	购　买
芜湖	44.3	55.7	—	—
浙江镇海	16.2	83.8	—	—
福建连江	35.5	64.5	59.6	40.4
江苏江宁（淳化镇）	26.3	73.7	46.2	53.8
江宁（太平门）	33.6	66.4	42.1	57.9
武进	53.7	46.3	72.0	28.0

资料来源：卜凯：《中国农家经济》（中译本），275 页、525 页。

注：农家经济商品化程度，也就是农民生活对市场的依存程度。从本表的数字看来，第一次世界大战后市场势力和货币权力对农民已经有了统治作用了。这其中当然包括世界市场对中国农业生产的影响和帝国主义商品之侵入中国农村。据调查，江苏武进农家购买的物品中约有三分之一系由国外输入（张履鸾：《江苏武进物价之研究》，9 页）。

附表 3－20　　各地农产价格中农民所得价格的比率

货品	产地	终点市场	农民所得价格占销地价格（%）	资料日期	资料来源
棉	东鹿	天津	64.7	1926 年	曲直生：《河北棉花之出产及贩运》，191 页。
烟叶	商城	上海	69.7	1933 年	陈翰笙：《产业资本与中国农民》，51 页。
米	临川	上海	49.6	1935 年	《中国农村》，1 卷 12 期，64 页。
乾网	嘉兴	上海	72.0	1935 年 6 月	杜修昌：《京沪沪杭沿线米谷丝麻棉花贩卖费之调查》，19 页。
米	长兴	杭州	74.4	1934—1936 年	张培刚、张之毅：《浙江省食粮之运销》，184 页。
米	武义	宁波	68.5	1932—1936 年	张培刚、张之毅：《浙江省食粮之运销》，184 页。
米	邵武	福州	53.6	1935 年 6—10 月	巫宝三、张之毅：《福建省食粮之运销》，88—89 页。

注：本表的数字，无疑是偏高的，因为所谓农民所得价格，多半是原始市场价格，这里包括由农场搬至产地市场的运销费，还可能包括一些中间商人的利润。而且由商人玩弄各种欺骗手段，农民所得到的实际价格与名义价格有很大的悬殊，有时相差一倍以上（参看陈翰笙：《产业资本与中国农民》）。即使如此，还可以从这里大致看出农民在实现产品的价值上所受中间剥削的严重程度。

附表 3－21　　1936 年各地乡镇农产品价格季节差　　最低＝100

地　区	米		小　麦		高　粱		黄　豆	
	最低	最高	最低	最高	最低	最高	最低	最高
山西静乐	—	—	100	219.2	100	151.8	100	146.4
河北正定（傅家村）	100	125.8	100	177.2	100	144.3	100	142.1
安徽宿县	100	122.3	100	171.4	100	143.8	100	137.1
江苏武进（礼家桥）	100	110.8	100	147.2	—	—	100	152.9
南京中华门	—	—	100	167.8	—	—	100	168.5
湖北黄陂（张家店）	100	178.4	100	244.9	—	—	100	157.6
湖北远安（南关）	—	—	100	177.6	100	141.3	100	220.5
江西泰和（沼溪渡）	100	178.4	100	266.3	—	—	100	144.1
广西富川（羊岩）	100	167.7	—	—	—	—	100	—

资料来源：《经济统计》（Economic Facts），1937 年，5 期，224 页，及 6 期，262—268 页。

注：农产品价格的巨大季节差，是商业资本活动的结果。农产价格季节变动的规律是收获时期特别低，青黄不接时期特别高。农民为经济所迫，往往在收获后按低的价格卖出去（据金陵大学农业经济系调查 151 地区，农民于收获后立即出售其产品者占 55%，见卜凯：《中国土地利用》，479 页），而在青黄不接的时候，又按高的价格买进来。商业资本正是利用农民的弱点，操纵农产价格的季节变动，以进行剥削的。

附表 3－22　　商业资本对农民的榨取形式示例

形式	内容示例	资料年份
收购产品	［河北安国］(1) 药市“明三暗五”，如秤得 100 斤，报秤者只报 97 斤，而登账者只登 92 斤。一家内常预备大小不同的两杆秤，入货用大秤，出货用小秤。	1934
	［浙西诸县］(1) 米行家常另备大小两斛，农民来销售时用大斛量入，农民来买时则以小斛量出。大斛比标准斛每石大 2 升或 1 升，小斛每石小至 1 升。用秤亦有类似的情况。	1934
	［安徽祁门］(1) 茶号收买水毛茶用大秤，普通 22 两折合 16 两，侵占 38%，折合 13.6 两之新制秤，则侵占 62%，至于茶市坚俏时或用 21 两，否则 23 两，甚至 24 两。 “扣样”，茶农售茶给茶号，须把很多茶叶无偿的奉送给茶商。	1934

续表

形式	内容示例	资料年份
收购产品	[江苏无锡][1]卖桑叶，经过行主明手秤了定价，拿钱要打折扣，值1000文到手只有850文；有的地方900文，但极少数。 麻行垄断市价，麻市热闹时，放空气以杀减市价，故意延迟开秤时间。如果卖到角子小洋，吃亏不小。还有什么水龙捐、杂费等要卖户负担。	1935
	[河北濮阳某村][2]近来花生价格已由每斤大洋9分降至6.5分，而中小贫农所提出的价格更在3—4分左右。	1934
	[广西][4]糖房老板的秤至少是有两种。称出时用“九八秤”，秤入时用“包二秤”，即100斤等于实际重量102斤，沙糖上市照例价钱很低，而且最易受糖房操纵。	1934
	[四川万县][5]桐籽贩当农民出售桐籽时，常将价格故意压低，故所收之预货桐籽，其利润常在5分左右。桐籽贩向乡间农户或榨房零星收油，常利用乡间不知万县油价之心理，每担约照万县真实行市隐瞒2—3元，4—5元不等。	1937
	[山东、河南、安徽产烟区][2]帝国主义烟商玩弄各种各样的欺骗手段，如低估品等，杀秤索取佣金，支付贬值辅币，转嫁税捐负担等等，使烟农所得实际价格远低于名义价格。在潍县，农民实收价格只及名义价格的70%左右；在商城和凤阳，只达50%左右。	1934
商业资本与高利贷资本的结合	[浙江长兴][1]“卖夏米”，预卖的米价按夏米期间市价的一半估值。	1934
	[江苏无锡][1]“卖青桑”，旧历年底预卖明年的桑叶，仅合市价的60%左右。	1935
	[山东][6]烟农需要肥料或煤炭而无钱购买时，只要有可靠的担保，便能向豆饼行或肥田粉商和煤炭行赊取，赊价与现买价之间，有惊人的差异。例如豆饼一片，现买只须5.5角，赊价须7角，煤炭每百斤现买只须8角，赊价须1元。赊欠的时期，先后不过6个月。有的烟农向高利贷借钱去买饼、买煤，利息也高至2—3分。	1934
	[广东][1]蔗栏并不完全出借现款，大部分是实物，春季出借蔗种，一、二月后出借肥料，五月底出借现款（农民缴租用），秋季出借竹竿木撑等（农民搭竹架用），都折算成现款，折算往往高于市价一成。平均4个月借期要做8个月计算，名义上 月利1.5分，而实际至少必须加倍。卖蔗时农民还要受佣金、杂费和低估品等之类的损失，合计起来，蔗农实际付给蔗栏的利息比月利6分还要多。	1934

续表

形式	内容示例	资料年份
商业资本与高利贷资本的结合	[甘肃武威][7]番民多有以布疋为借贷者，其利息綦重，每借布1疋，先照市价多算三分之一，如布1疋价银2两，则作为3两计算，按月3分行息，言定田熟时还麦量若干石，并不论还时麦价之高低	1934
	[浙江平湖][1]卖“寒叶”年底预卖明春的桑叶，平时每担可卖3.5—4元，而“寒叶”定价只有2元。	1934
	[江苏南通][3]帝国主义者将未成熟的棉花用“期买”的形式先期购买，其所估计的价格不及十分之三、四，这种高利的榨取，若按利率计算，不在500%以下。	1934
	[广西][4]糖房以白糖借给蔗农，作价照例较市价略高，例如那时市价每斤40枚，作价便算44枚，糖的秤出，最低也得用“九八秤”，250斤糖，最多只能有245斤。利息最低每月3分，间有高至6—7分者。以沙糖抵偿，而沙糖上市，照例价格很低，且最易受糖商操纵，调查时，每斤只14枚，秤入时则用“包二秤”，故去年所借的245斤白糖，今年至少要用1272斤沙糖才能偿清。	1934
	[安徽][8]乡镇的“陆陈行”谷贱时尽量收买谷物，等到谷价高涨，便将其吐出或运输出境。万一谷价一时无上腾希望，便于青黄不接时贷给农民，然后照数加四归还，或候至量涨至最高时，折成货币数额归还。	1934
	[广东茂名、乐昌、阳山][10]“放谷花”，谷价由地富商人估定，通常合市价的三分之一。茂名借1元，4个月后还4斗谷，超过2元；乐昌、阳山，多三月贷款，六月收款，3元债收款1担，约合5元。	1934
	[四川万县][5]于桐花初开或桐宾初生时，即行预售，价格约为上年普通市价之六折（例如上年桐籽普通市价每石为25元，可售15元）。	1937
	[四川内江][5]“押青山”，以来年甘蔗预押与糖农（糖房）分期取款，普通较时价约低五分之一至四分之一，若毫无收成，至少按年利3—4分付息，而顺延至下年交蔗。	1937
	[四川隆昌][5]“卖青山”，甘蔗未成熟时或未下种时，蔗农估计蔗量，向糖房预卖，议定蔗价，并可预用卖蔗额三分之二，倘收获量不及所用之款，下余之数以4分利息计算，到付足所卖甘蔗为止。	1937

续表

形式	内容示例	资料年份
商业资本与高利贷资本的结合	[浙江宁波、绍兴、台、平湖、丽水等茶区][9]每当秋冬之间，茶山无所生产而茶农急需用款时，茶商使人到山里放款，借约上写明明年新茶出产时，用多少数量的茶叶抵还。大概总是数倍于借款，名为“放茶票”。	1942
用商品偿付	[四川泸县、富顺][5]蔗农有以与糖房换糖者，每100斤蔗仅能换糖3斤。	1937
	[江苏东台][11]棉花收摘无人收买时，棉农为生活所逼，今天拿十斤花到米行换几斤米，明天拿五斤花到油行换几斤油，折价是籽花每担5元，而去年的籽花是每担20元左右。	1939
用生产者所必需的原材料进行支付	[苏北][3]帝国主义资本及商业资本最普遍的方法是一边将肥料用高利贷给农民，一边则以低价购买其农产品为条件，其出价常不及市价的二分之一。	1934
	[江苏南通][13]布商以棉纱向织户换取土布，每包十二支纱在换布时的作价较现金购买时高出0.2—0.3元；十八支纱则高出0.3—0.5元。而每疋大布在换纱时的作价，又较南通县城卖现时，要压低0.1—0.2元。	1937
	[广西郁林][3]以布向纱商换纱。如2斤一疋的布，可换纱2斤2两，假定浆重3两，则工价只是5两纱，不到大洋1.5角，若布质较劣，只能等重交换。	1934
	[福建上杭][12]上杭特产葡萄干，种时需肥，腌时需盐，贫农无资，乃向肥料商盐商购借，除付利息外，制成品必须售予债权人，故抑值及克扣情事，数见不鲜。	1940
直接分配原材料	[河北高阳][3]织户中无钱及原料的，托人介绍到布线庄领纱织布换取微薄的工资。例如织8.5斤白布的成本，单人工一项每疋为9角7分；而线庄所给工资，最多也只有9角，平均为8角，还不够人工的开销。	1934
	[河北宝坻][13]一架织机要每月产布28疋，非有三人同时工作不可，而散纱的布商所给予的工资，每月每张布机仅合食量2斗。	1930
	[浙江硖石][3]织户通常都不备原料，纱由布庄发给，织完一小包，得工资5角。	1934

资料来源：

（1）冯和法：《中国农村经济资料续编》，914页、920页、946页、947页、825—826页、

995 页。

（2）陈翰笙：《产业资本与中国农民》（Chen Han－Sheng：Industrial Capital and Chinese Peasants），51—52 页。

（3）千家驹：《中国农村经济论文集》，133—136 页、502—513 页、618 页；吴知：《乡村织布工业的一个研究》，186 页。

（4）《天津益世报》，《农村周刊》，1934 年 2 月 27 日。

（5）张肖梅：《四川经济参考资料》，二十章一节，T1—4 页；十三章六节，M34 页；十四章三节，N22 页。

（6）中国农村经济研究会：《中国农村描写》，3—6 页。

（7）《中国农村经济年鉴 1934》，五章八节，E207 页。

（8）《新中华》，2 卷 17 期，1934。

（9）《中国农村战时特刊》，8 卷 7 期，40 页。

（10）陈翰笙：《广东农村生产关系与生产力》。

（11）《抗战中的中国农村动态》，218 页。

（12）《福建省农村经济参考资料汇编》，239 页。

（13）严中平：《中国棉业之发展》，241 页、251 页。

注：商业资本对小商品生产者的统治形式，按其性质来分，不外本表所列五种。第一个最简单的形式，就是商人从农民手里购买农产品或副业产品。商人利用各种欺诈手段，取得价格上、数量上乃至币值上的便宜。第二种形式就是商业资本与高利贷的结合。商人利用农民的弱点用奴役的条件贷给现金、原料、日用品或生产工具，使农民以农产品或副产品抵偿债务。在这种情形下，农民出售产品总是按照人为抑低了的价格进行。这种形式极其广泛地流行着。第三种形式是以商品偿付农民出售的产品。商人收购农副产品不是支付货币而是支付索价昂贵得多并且一般是品质极其低劣的商品。“这种形式是商品经济与资本主义所有一般未发展的阶段所特有的，”在近代中国是大量存在的。第四种形式是用农民在生产上所必需的肥料、原料或材料进行支付。这种形式的统治对象多半是从事副业的农户。在这里，商人进一步使商品生产者同原料市场的联系断绝，而使商品生产者彻底服从于自己。这种形式存在于农村手工业比较发展的地区。最后，商业资本的最高形式是用直接分配原料的办法，使商品生产者为一定的报酬而工作。这种形式的统治对象是家庭手工业者。在这里家庭手工业者变成了在自己家中为资本家工作的雇佣工人。这种形式出现于一些农村手工业发达的地区，但从全国范围来说，还不是大量存在的。

附表 3－23　　1933—1934 年各地农村一般借贷的利率

地区	粮食借贷月利（%）	现金借贷各种利率（月利）所占之%					
		合计	10%—20%	20%—30%	30%—40%	40%—50%	50%以上
平均	7.1	100	9.4	36.2	30.3	11.2	12.9
察哈尔	8.3	100	12.5	62.5	12.5	—	12.5
绥远	7.7	100	18.7	12.5	6.2	43.9	18.7

续表

地区	粮食借贷月利（%）	现金借贷各种利率（月利）所占之%					
		合计	10%—20%	20%—30%	30%—40%	40%—50%	50%以上
宁夏	11.7	100	—	—	28.5	14.2	57.3
青海	5.1	100	—	42.9	19.0	14.2	23.9
甘肃	7.3	100	2.7	22.3	19.4	27.8	27.8
陕西	14.9	100	0.9	6.6	29.3	12.2	51.0
山西	6.0	100	2.6	17.0	40.6	27.6	12.2
河北	3.3	100	6.6	46.7	43.8	2.5	0.4
山东	3.5	100	5.4	35.7	37.0	20.0	1.9
河南	7.3	100	1.2	10.8	52.8	19.2	16.0
江苏	7.6	100	14.3	48.7	25.2	5.9	5.9
安徽	10.0	100	1.2	32.1	38.3	11.1	17.3
浙江	4.0	100	41.2	57.7	1.1	—	—
福建	4.7	100	31.9	63.9	4.2	—	—
广东	5.8	100	18.8	48.2	30.4	0.9	1.7
江西	4.4	100	16.3	73.5	10.2	—	—
湖北	6.9	100	7.5	50.0	27.5	7.5	7.5
湖南	6.8	100	1.1	44.9	43.6	4.7	5.7
广西	10.9	100	1.0	34.0	55.0	6.0	4.0
四川	5.7	100	15.6	32.7	40.9	6.1	4.7
云南	7.2	100	8.3	39.6	37.6	4.1	10.4
贵州	7.4	100	—	15.2	65.5	12.9	6.4

资料来源：《农情报告》，第二年，4期，30页和11期，109页。

注：据原记载称：本表根据调查中之普通利率计算得来的。也就是说对真正的高利贷利率未加计算。因此，这里的数字并不能正确地反映农村高利贷水平。但尽管如此，我们还可以从这里得到关于农村借贷利率的一个粗略的印象，而且可以看到实物借贷利率，任何地方都比货币借贷利率高。实物借贷利率之所以比较高，是因为借实物的债户多半是贫农。

附表3－24　　1934年各地农村借款来源百分比　　单位：%

地区	合计	银行	合作社	典当	钱庄	商店	地主	富农	商人
平均	100	2.4	2.6	8.8	5.5	13.1	24.2	18.4	25.0
察哈尔	100	—	—	—	12.5	18.7	25.0	12.5	31.3

续表

地区	合计	银行	合作社	典当	钱庄	商店	地主	富农	商人
绥远	100	2.9	5.8	2.9	8.8	5.8	20.7	17.7	35.4
宁夏	100	—	—	—	—	21.8	14.3	28.6	35.3
青海	100	—	—	6.3	—	14.9	23.5	17.0	38.3
甘肃	100	—	1.3	2.6	—	16.0	21.3	22.7	36.1
陕西	100	4.1	2.0	9.0	5.0	20.5	15.4	14.4	29.6
山西	100	4.9	1.3	18.9	13.1	11.4	14.4	13.4	22.6
河北	100	3.3	11.9	5.1	10.7	13.8	13.2	19.8	22.2
山东	100	6.1	3.4	3.5	16.3	15.4	15.5	19.6	20.2
河南	100	1.7	1.3	6.3	6.5	15.7	28.8	16.6	23.1
江苏	100	8.8	5.6	18.5	6.2	7.2	23.5	14.2	16.0
安徽	100	—	8.6	6.9	0.5	13.1	30.4	16.9	23.6
浙江	100	3.7	4.5	16.2	10.1	12.0	21.9	15.8	15.8
福建	100	0.9	—	3.6	7.2	16.3	20.0	22.8	29.2
广东	100	3.2	0.3	18.4	5.5	13.2	26.9	12.4	20.1
江西	100	1.6	3.2	5.6	4.0	11.2	33.6	22.4	18.4
湖北	100	2.9	4.9	10.9	3.9	13.8	25.4	21.6	16.6
湖南	100	—	1.6	5.6	2.2	13.6	34.5	22.7	19.8
广西	100	3.7	—	22.3	0.8	8.9	31.8	13.4	19.1
四川	100	2.6	0.9	18.3	6.8	8.8	26.6	14.5	21.5
云南	100	2.6	0.8	5.2	—	6.1	33.4	21.1	30.8
贵州	100	—	—	7.4	—	10.4	32.9	23.9	25.4

资料来源：《农情报告》，第二年，11 期，108 页。

附表 3－25　　1934 年各地农村的借贷期限与借贷方式　　单位：%

地区	借贷期限					借贷方式			
	合计	1 年以下	1—3 年	3 年以上	不定期	合计	个人信用	保证信用	抵押信用
平均	100	77.3	9.3	2.1	11.3	100	19.8	33.9	46.3
察哈尔	100	75.0	12.5	—	12.5	100	14.3	42.9	42.8
绥远	100	86.8	6.6	—	6.6	100	12.0	36.0	52.0
宁夏	100	71.5	—	—	28.5	100	35.7	42.9	21.4
青海	100	71.4	9.6	9.5	9.5	100	10.2	39.5	50.3

续表

地区	借贷期限					借贷方式			
	合计	1年以下	1—3年	3年以上	不定期	合计	个人信用	保证信用	抵押信用
甘肃	100	64.0	27.8	2.7	5.5	100	22.5	40.4	37.1
陕西	100	90.0	4.0	1.0	5.0	100	10.6	37.9	51.5
山西	100	90.6	6.8	—	2.6	100	12.0	35.7	52.3
河北	100	95.0	2.6	0.4	2.0	100	21.1	35.2	43.7
山东	100	92.8	4.0	—	3.2	100	14.0	46.9	39.1
河南	100	86.1	6.0	0.6	7.3	100	10.3	46.0	43.7
江苏	100	81.8	10.9	0.6	6.7	100	22.6	32.6	44.8
安徽	100	72.5	11.8	5.2	10.5	100	23.8	35.5	40.7
浙江	100	90.2	3.7	1.2	4.9	100	26.3	26.8	46.9
福建	100	64.4	14.2	2.3	19.1	100	27.5	27.5	45.0
广东	100	68.7	7.3	8.3	15.7	100	27.3	21.6	51.1
江西	100	71.2	7.8	5.2	15.8	100	32.7	24.5	42.8
湖北	100	80.0	2.5	—	17.5	100	25.0	31.2	43.8
湖南	100	70.6	6.3	2.5	20.6	100	24.9	28.6	46.5
广西	100	66.7	25.0	1.0	7.3	100	17.8	24.4	57.8
四川	100	80.2	5.6	2.8	11.2	100	20.4	35.1	44.5
云南	100	57.5	16.9	2.1	23.5	100	6.8	31.5	61.7
贵州	100	75.1	12.4	—	12.5	100	18.3	22.5	59.2

资料来源：《农情报告》，第二年，11期，108—109页。

附表3-26　　1934—1935年各类农户借款用途百分比　　单位：%

用途	平均	自耕农	半佃农	佃农
合计	100.0	100.0	100.0	100.0
生产用	8.4	7.4	11.6	5.8
非生产用	91.6	92.6	88.4	94.2
伙食	42.1	25.6	43.9	60.3
婚丧	18.1	21.5	12.7	20.3
其他	31.4	45.5	31.8	13.6

资料来源；《经济统计》，1937年2月，4期，193页。

注：本表系金陵大学农业经济系的调查数字，调查范围包括河南、湖北、安徽、江西4省14区852户。

附表 3－27　　1934—1935 年各地农村各类农户中负债户比重　　单位：%

户　别	平　均	河　南	湖　北	安　徽	江　西
平　均	71	66	74	80	57
自耕农	63	62	65	76	42
半佃农	72	66	77	82	58
佃　农	78	71	82	82	72

资料来源：《经济统计》，1937 年 2 月，4 期，190 页。

注：这是金陵大学农业经济系的调查数字，包括 14 地区，852 户。

附表 3－28　　1938—1946 年农村借贷利率及借贷期限的变动

年份	现金借贷											粮食借贷		
	放款期限（%）					放款利率（月利%）						借粮还粮利率（%）		七个月借钱还粮利率（%）
	1—3个月	4—6个月	7—9个月	10—12个月	13个月以上	信用	保证	抵押	合会	合作社	私人	3个月	6个月	
1938	9	19	2	59	11	2.1	2.2	2.3	2.0	1.2	2.7	28	42	39
1939	10	19	2	58	11	2.0	2.3	2.3	2.0	1.2	2.9	27	42	44
1940	5	16	8	65	6	1.9	2.1	3.1	1.9	1.2	2.6	26	41	47
1941	11	23	1	59	6	1.8	2.1	2.2	2.0	1.2	2.8	25	41	50
1942	13	22	1	58	6	2.0	2.3	2.4	2.3	1.3	3.1	26	41	67
1943	19	20	1	55	5	2.6	3.0	3.3	2.9	1.5	4.6	31	51	104
1944	25	19	2	51	3	4.6	5.2	5.8	4.9	2.8	7.6	38	63	151
1945	43	19	1	36	1	7.5	8.3	9.1	8.1	3.9	10.6	35	59	192
1946	41	19	1	36	3	7.7	8.5	9.4	8.1	4.1	11.0	39	63	192

资料来源：《中华民国统计年鉴 1947》，93—94 页。

注：这是国民党中央农业实验所的调查数字，包括浙江、江西、湖北、湖南、四川、河南、陕西、甘肃、青海、福建、广东、广西、云南、贵州、宁夏等 15 省。参看本章表 10 的注。

附表 3－29　　高利贷的剥削形式示例

形式	年份	内　容　示　例
单纯高利贷	1927	湖南郴县的“水谷”(3)。借钱还钱，以谷付利，借洋 1 元，每年缴谷 3 斗作为利息。
一实物借贷	1927	湖南衡阳的“标谷利”(2)。四、五月间借谷 1 石，按最高价折成现钱并按月息 6%—7% 计利，七、八月间再按最低价折谷偿还，3 个月间即增加 3 倍以上。

续表

形式	年份	内　容　示　例
一实物借贷	1932	山东鱼台的“青麦”[1]。青麦未黄时借粮，六月初一以前偿还，借一还四。
	1934	山西方山的“放土债”[1]。青季借麦1斗，债主在账簿上记麦1斗，价1000，加五行息，麦收归还。归还时，麦贵则按1斗麦计算；麦贱则按1000文计算。
	1932	江苏江北的“放小麦账”[1]。冬季或春季借铜元100枚，麦收须偿麦1斗，约合铜元300枚。
	1933	广州市郊的“借谷银”[1]，借洋1元，利息逐月递增，如满月1元，3个月3.5元，收成时折成稻谷偿还。
	1950	广东北江的“箩克箩”。[3]借1箩还2箩，春荒三、四月借入，六月收成时偿还。重的有借1箩还5箩、6箩的，也有必须经过折价计算，而实际结果须还6箩才清的。
	1950	江苏川沙的“翻杆子”和太仓的“利加利”[4][12]。借米还米，除了加几成计算之外，春季麦贱时须折成麦，秋季米贱时又折成米，折来折去，秋季偿还时便增至3倍以上，拖到第二年偿还可以增至10倍以上。
单纯高利贷	1927	湖南桃源的“孤老钱”[2]。每月一对本，如借洋1元，则满月还2元，两个月还4元，以此类推。
一货币借贷	1933	广西瑶崖的“五钱市”[1]。借洋100元，月利75元。
	1935	河北临城的“六顶十”，“七顶十”[5]。借洋6元或7元，作为10元，另加利息。
	1933	广东惠阳、河源等地的“九出十三归”[1]。借洋1元，实得9角，1个月后本利共还1.3元。
	1935	四川宜宾的“金斗翻”[6]。借1洋元，每日须付利息1角，直到还清本金时为止。
	1935	河北肥乡、邯郸的“印子钱”[5]。借洋1元，每天出息铜元4枚，合月利2角以上。

资料来源：

（1）《中国经济年鉴1934》，E211页、203页、195页、172页、194页、193页、208页、188页。

（2）《中国农村经济资料》，1125页、688页、1124页、541页、550页、1031页。

（3）《中南各省农村情况调查》，64页。

（4）《新区土地改革前的农村》，125页。

（5）《四川月报》，7卷1期。

（6）《广西省农村调查》，223页、225页、227页。

以上均为原著资料来源。

附表3-30　　帝国主义在中国煤矿中的投资

（1906年、1913年、1919年）

国别	项别	1906年		1913年		1919年	
		投资额	占全国投资总额的%	投资额	占全国投资总额的%	投资额	占全国投资总额的%
全国总投资额		27963379	100.0	107103426	100.0	126599653	100.0
共计	合计	23682225	84.8	85373919	79.6	76753210	60.6
	外资	11118723	39.8	58823773	54.9	59227718	46.7
	中外合资	12563502	45.0	26550146	24.7	17525492	13.9
日本	合计	2420853	8.7	37187070	34.7	45002609	35.5
	外资	2420853	8.7	35000670	32.7	40740863	32.1
	中外合资	—	—	2186400	2.0	4261746	3.4
英国	合计	10864930	38.9	33905616	31.6	23805616	18.8
	外资	—	—	12465616	11.6	12465616	9.8
	中外合资	10864930	38.9	21440000	20.0	11340000	9.0
其他	合计	10396442	37.2	14281233	13.3	7943985	6.3
	外资	8697870	31.1	11357487	10.6	6020239	4.8
	中外合资	1698572	6.1	2923746	2.7	1923746	1.5

资料来源：根据第一次至第七次中国矿业纪要，各省矿产志，各项煤矿调查报告，各种年鉴，及有关专著、杂志，并使用本所藏档案（另有细表存所）。

注：帝国主义控制各矿：1906，包括开平、临城、门头沟、井陉、鲁大、抚顺、烟台，各矿当时资本及萍乡所借德日债款。1919，包括1913年各矿（内井陉退出），另增缸窑、杨家坨……蚂蚁等，及中兴借款，他项名义投资两项。

全国总投资额：1906，包括20单位。1913，包括44单位。1919，包括90单位。

注：

（1）各矿历年资本，均尽量依本表所列关键年代调查数字，无法找到者，亦依上下年数字。各矿投资额，系指额定资本，如有实际投资材料，则用实际投资额，但不引用实际资产额。中外合资一项；内约包括一半华资，因中外合资各矿实际资本运用及管理权，全受外人控制，故未将华资抽出，同时实际材料不够。如大新大兴煤矿，名义中日合资，实际华资乃日人贷款。外资一项系完全为外人投资者，并包括对华资各矿各种贷款。

（2）单位，在 1926 前指银元。

（3）不包括东北沦陷区。

（4）包括东北沦陷区，全部计算在日本项下。

附表 3－31　1890—1932 年帝国主义在中国棉纺业里的投资

投资机构	时期	被投资的中国纱厂	投资方式	投资额	投资的结果
英国汇丰银行	1890 年	武昌湖北织布局	借款	160000 两(1)	1911 年前曾一度租与汇丰某买办所组织之应昌公司承办
日本大仓组	1912 年	南通大生纱厂	?	200000 两(3)	
日本中日实业	1917 年	上海申新纱厂	借款	400000 元(2)	1936 年由钟渊收买
日本中日实业	1917 年	天津华新纱厂	借款	500000 日元(2)	
日本中日实业	1919 年	济南鲁丰纱厂	借款	600000 日元(3)	
英国沙逊洋行，安利洋行	1920 年以后	汉口第一纱厂	借款	3000000 元(1)	1929 年被沙逊接管
美国慎昌洋行	1920 年以后	郑州豫丰纱厂	借款	2000000 元(1)	因无力偿债务被接管
日本大仓组	1921 年	天津裕元纱厂	借款	2900000 日元(3)	1936 年卖与钟渊
日本东洋拓殖	1921 年	天津裕大纱厂	借款	3947778 日元(3)	1925 年被东拓接收经营
日本东亚兴业	1921 年	上海宝成一、二厂	借款	5000000 日元(3)	1925 年被拍卖
英国庚兴洋行	1921 年	上海崇信	合办	500000 两(1)	
日本东亚兴业	1922 年	上海申新纱厂	借款	3500000 日元(3)	
日本东亚兴业	1922 年	上海华丰纱厂	借款	1000000 日元(3)	1926 年为日华收买
日本东亚兴业	1922 年	上海大中华纱厂	借款	1500000 两(3)	
英国汇丰银行	1922 年	崇明大生纱厂	借款	1800000 两(3)	大生二厂 1935 年被拍卖
美国慎昌洋行	1922 年	天津宝成第三纱厂	借款	3000000 元(1)	因无力偿还机价被接管
英国庚兴洋行	1927 年	上海统益一、二	委托经营无限制垫款	不详(1)	

续表

投资机构	时期	被投资的中国纱厂	投资方式	投资额	投资的结果
英国汇丰银行	1929 年	上海申新七厂	借款	2000000 元[4]	1935 年被拍卖，未成功
日本裕丰纺织会社	1932 年	唐山华新纱厂	合办	3000000 元[1]	1936 年由日厂接办

资料来源：

（1）严中平：《中国棉业之发展》，79 页、162—163 页、198 页；中国纱厂沿革表，1890—1937 年，其中汉口第一纱厂，天津宝成三厂，豫丰纱厂，以资本额代投资额。

（2）《中日宝业株式会社三十年史》。

（3）中国科学院经济研究所所藏档案，其中大生纱厂 1912 年借款系该年结余额，大中华纱厂借款一说并未成立。

（4）荣德生：《乐农自订行年纪事》。

附表 3－32　1896—1937 年全国历年钢铁产量及人口量的比较

年　份	产　　量（吨）			人口[1]	人口量相当产量的倍数
	合　计	生　产	钢		
1896	?	?	—	123006	?
1897	?	?	—	66317	?
1898	?	?	—	108812	?
1899	?	?	—	87004	?
1900	25890	25890	—	64360	2.5
1901	28805	28805	—	77908	2.7
1902	15800	15800	—	82185	5.2
1903	38875	38875	—	119769	3.1
1904	38771	38771	—	127824	3.3
1905	32314	32314	—	174830	5.4
1906	50622	50622		181120	3.6
1907	70686	62148	8538	154537	2.2
1908	89036	66410	22626	142665	1.6
1909	113405	74405	39000	256173	2.3
1910	169509	119396	50113	259064	1.5
1911	121977	83337	38640	219092	1.8
1912	180510	177989	2521	151276	0.8

续表

年　份	产　量（吨）			人口(1)	人口量相当产量的倍数
	合　计	生　产	钢		
1913	310150	267513	42637	244739	0.8
1914	355850	300000	55850	230551	0.6
1915	385016	336649	48367	125658	0.3
1916	414858	369815	45043	145847	0.4
1917	400966	358315	42651	123268	0.3
1918	385794	328798	56996	149117	0.4
1919	442594	407743	34851	325158	0.7
1920	497808	429548	68260	366622	0.7
1921	476213	399413	76800	272782	0.6
1922	431844	401844	30000	364875	0.8
1923	371487	341487	30000	309817	0.8
1924	390804	360804	30000	493624	1.3
1925	393836	363836	30000	405266	1.0
1926	437222	407222	30000	433582	1.0
1927	466815	436815	30000	389061	0.8
1928	506989	476989	50000	624898	1.2
1929	456043	436043	20000	634192	1.4
1930	513306	498306	15000	527128	1.0
1931	485879	470879	15000	557628	1.1
1932	568391	548391	20000	431000	0.8
1933	639272	609272	30000	528567	0.8
1934	705727	655727	50000	622408	0.9
1935	1043626	787061	256565(2)	632670	0.6
1936	1224311	809996	414315	649219	0.5
1937	1515030	958683	556347	644077	0.4

资料来源：钢：第二次至第五次，及第七次中国矿业纪要；东北经济统计，钢铁。生铁：见表7。人口量：历年海关报告。

注：

（1）海关关册人口量，铁及钢系合并记载。

（2）1935年以后钢产突增系日本在东北新设钢厂开工。

附表 3－33　　**1894—1948 年帝国主义对中国铁路的控制**　　单位：公里

类别		1894 年		1911 年		1927 年		1931 年		1937 年		1948[1]年	
		里程	%	里程	%	里程	%	里程	%	里程	%	里程	%
总计		364.27	100.0	9618.10	100.0	13040.48	100.0	14238.86	100.0	21036.14	100.0	24945.52	100.0
自主铁路		77.00	21.1	665.62	6.9	1043.94	8.0	2240.32	15.7	1963.77	9.3	16407.40[3]	65.6
帝国主义控制下铁路	直接经营	—	—	3759.70	39.1	4330.25	33.2	4330.25	30.4	9797.14[2]	46.6	2185.20	8.8
	控制经营	287.27	78.9	5192.78	54.0	7666.29	58.8	7666.29	53.9	9275.23	44.1	6352.92	25.6

资料来源：《交通史路政篇》；《铁道年鉴》，第 1—3 卷；《铁路借款合同汇编》；《中华年鉴》，民国卅七年；张嘉璈：《中国铁道建设》；马慕瑞：《中外条约汇编》；东亚研究所：《列强的对华投资》（东亚研究所，列国の对支投资）；《英文日满年鉴》，1937 年；南满洲铁道株式会社编：《满洲铁道建设志》。

注：

（1）该栏只是名义上里程。事实上一由於日本帝国主义投降前夕的破坏，再由於抗日战争胜利后，反动派蒋政权的拆毁，结果能真正通车里程，是很有限的（确数待查）。

（2）其中包括 1931 年，日本帝国主义侵占我国东北领土后，所侵占的计 2098.42 公里，和敌伪擅自在占领区建筑的，计 3368.47 公里在内。

（3）其中包括从日本帝国主义手中收复的原系在日本帝国主义控制下的 3599.96 公里，敌伪在其占领区擅自建筑的 4937.49 公里，德帝国主义控制下的 1103.78 公里及在台湾的 905.02 公里在内。

附表 3－34　　1912—1927 年中国煤矿生产中官僚资本的垄断势力

——机械开采

单位：吨

年份	全国机械开采产量	官僚资本控制下				
		名义上为官办	名义上为官商合办	名义上为商办	合　计	在全国机械开采产量中所占的%
1912	416568	72270	20000	250000	342270	82.2
1913	541025	70556	22000	250000	342556	63.3
1914	826006	378977	18000	248424	645401	78.1
1915	875739	415383	30000	174825	620208	70.8
1916	1876008	584454	448627	455371	1488452	79.3
1917	2156005	545003	354385	641550	1540938	71.5
1918	2522023	694807	454635	760179	1909621	75.7
1919	3122237	684174	893126	861507	2438807	78.1
1920	3279757	437834	751314	1047717	2236865	68.2
1921	3221007	585970	584557	1016886	2187413	67.9
1922	3059859	7716	675278	1115804	1798798	58.8
1923	3583550	138403	874064	1232677	2245144	62.7
1924	4450298	68298	1205761	1470882	2744941	61.7
1925	4457844	84140	1041122	1488992	2614254	58.6
1926	3381444	161904	501434	1084515	1747853	51.7
1927	4183793	126786	1083294	523185	1733265	41.4

资料来源：全国历年煤矿各矿所有权性质沿革表（存中国科学院经济研究所）。

注：

（1）全国机械开采产量不包括帝国主义控制下各矿产量。

（2）官僚资本控制下，“名义上为商办”一栏系当时掌握政权的大官僚，以私人名义投资创办，它享有若干特权，如中兴煤矿在运费上、税率上的优待等。本栏包括 1912—1927 年，北洋军阀官僚统治时期，大官僚掌握的中兴、正丰、长城、华宝、烈山、贾汪六大矿。

附表 3－35　　1938—1946 年国民党资源委员会所经营的重工业

年份	煤（千吨）	电（千度）	铁砂（吨）	生铁（吨）	钢（吨）	汽油（加仑）	煤油（加仑）	柴油（加仑）	天然气（立方公尺）	钨砂（吨）	锑（吨）	锡（吨）	汞（吨）
1938	504	4056	?	?	?	?	?	?	?	12556	9463	?	?
1939	192	9609	35255	?	?	4160	4101	7393	?	11509	12017	1840	169
1940	306	11117	42050	2494	?	73463	32335	61535	?	9543	8469	16497	91
1941	517	17517	26868	4437	116	209321	112590	141125	26720	12392	7989	6994	120
1942	746	24618	55142	13468	1506	1895724	596935	53090	233112	11897	3510	8037	163
1943	758	35208	50931	20853	4646	3036594	558458	28468	266988	8701	428	3767	122
1944	753	52115	35253	12523	7603	4048000	2158000	155000	273000	3225	204	5102	121
1945	625	70568	42594	22556	10206	4305000	1654000	270000	237000	?	?	2704	63
1946	2197	2146352	15114	1326	7536	5058000	2304000	381000	61098000	2260	426	1960	28

资料来源：

（1）《资源委员会季刊》，6 卷 1、2 期合刊，41 页、63 页、104 页。

（2）《统计月报》，92 号，13 页；115、116 号合刊，30 页；123 页、124 号合刊，44—47 页。

附表 3－36　　1927—1936 年国民党政府财政实收数及其与收入总额的比

年份	收入总额（＊）（百万元）	债款收入除外的实收数		实收数指数	
		数额（百万元）	占收入总额的比重（%）	以 1927 年为 100	以 1928 年为 100
1927	150.8	77.3	51.30	100	
1928	429.2	332.5	77.40	430	100
1929	533.7	438.1	82.10	567	132
1930	723.4	497.8	68.80	644	150
1931	681.7	553.0	81.10	715	166
1932	673.3	559.3	83.10	724	168
1933	801.6	621.6	77.50	804	187
1934	1207.0	638.2	52.90	826	192
1935	1328.5	513.1	38.60	664	154
1936	1972.6	1293.3	65.60	1673	389

（＊）包括债款收入在内的收入总额。

附表 3－37　　1927—1936 年国民党政府财政收支亏短数及其与实支总额的比

年份	实支总额（百万元）	债款收入除外的实收数（百万元）	亏短数	
			数额（百万元）	占实支总额的比重（%）
1927	150.8	77.3	73.5	48.7
1928	412.6	332.5	80.1	19.4
1929	539.0	438.1	100.9	18.7
1930	714.4	497.8	216.6	30.3
1931	683.0	553.0	130.0	19.0
1932	644.8	559.3	85.5	13.3
1933	769.1	621.7	147.4	19.2
1934	1203.6	638.2	565.4	46.9
1935	1336.9	513.2	823.7	61.6
1936	1894.0	1293.3	600.7	31.7

附表 3－38　　1927—1936 年国民党政府财政实支增长趋势和物价指数的对比

年份（＊1）	实支总额（＊2）（百万元）	以 1927 年为基数的指数	以 1928 年为基数的指数	上海物价指数（1926 年＝100）
1927	150.8	100	37	104.4
1928	412.6	274	100	101.7
1929	539.0	357	130	104.5
1930	714.4	473	173	104.8
1931	683.0	452	166	126.7
1932	644.8	422	156	112.4
1933	769.1	509	186	103.8
1934	1203.6	797	292	97.1
1935	1336.9	885	324	96.4
1936	1894.0	1254	459	108.5

（＊1）本期内适用的财政年度为自本年 7 月 1 日起至次年 6 月 30 日止：例如 1927 年度，即从 1927 年 7 月 1 日起至 1928 年 6 月 30 日止的一个年度。

（＊2）现金结存除外的实际总支出。1927—1933 年度为普通岁出实支；1934—1936 年度包括其他岁出。

注：此页往后的资料均源于《民国财政史》，除个别有注外，原著均无出处。

附表 3－39　　1937—1945 年国民党政府财政实支亏短数及其占总岁出的比重

年份	总岁出（＊1）（百万元）	实际收入（＊2）（百万元）	亏短数	
			数额（百万元）	占实支总额的比重（%）
1937	2091	559	1532	73.3
1938	（＊3）1169	297	872	74.6
1939	2797	715	2082	74.4
1940	5288	1317	3971	75.1
1941	10003	1184	8819	88.2
1942	24511	5269	19242	78.5
1943	58816	16517	42299	71.9
1944	171689	36216	135473	78.9
1945	1215089	150065	1065024	87.7

（＊1）现金结存除外的实际总岁出。

（＊2）债款和银行垫款收入除外的实际总收入。

（＊3）1938 年度，只包括 1938 年 7 至 12 月半年数字，因从 1939 年度起，会计年度改为“历年制”；即以各年 1 至 12 月为会计年度。

附表 3－40　　1937—1945 年国民党政府军务费实支数及其占总岁出的比重

年　份	总岁出（百万元）	军务费（百万元）	占总岁出的比重（%）
1937	2091	（＊1）1388	66.4
1938	1169	698	59.7
1939	2797	（＊2）1611	57.6
1940	5288	3912	73.9
1941	10003	（＊3）6617	66.2
1942	24511	15216	62.1
1943	58816	（＊4）42943	73.0
1944	171689	131081	76.3
1945	1215089	（＊5）1060196	87.3

（＊1）1937 年度起，包括军务费、“国防建设费”和非常军费。

（＊2）1939 年度起，加紧急命令拨付款。

（＊3）1941 年度起，包括国防支出、“国防建设费”、战务费、粮食费、军事运输费和紧急命令拨付款。

（＊4）1943 年度起，不列军事运输费。

（＊5）1945 年度包括军政部支出、军政部建设支出和紧急命令支出。

附表 3－41　　1946—1948 年 6 月国民党政府实际财政收支及赤字

年　份	岁出（法币亿元）	岁入（法币亿元）	短亏数	
			数　额（法币亿元）	赤字占岁出的比重（%）
1946	71969	21519	50450	70.2
1947	409100	120100	289000	70.7
1948（上半年）	3400000	800000	2600000	76.5

附表 3－42　　1946—1948 年 6 月底国民党政府财政支出预算数和实支数的比较

年　份	预算数（法币亿元）	实支数（法币亿元）	实支为预算的倍数
1946	25249	71969	2.8
1947	93704	409100	4.4
1948（上半年）	962766	3400000	3.5

附表3－43　1946—1948年度7月国民党政府军事费占岁出比重的估计

年　份	军事费占岁出的比重（%）
1946	59.9
1947	54.8
1948（1—7月）	68.5

附表3－44　民国五、六、七年各省区田赋收入表　单位：元

省别	民国五年（1916年）	民国六年（1917年）	民国七年（1918年）	备　注
京兆	463330	488156	5018500	
直隶	5567708	6428194	4416865	
奉天	2541959	3167016	3722707	
吉林	925055	1553637	1331414	
黑龙江	614998	724720	1372128	
山东	9422822	7898087	7967857	
山西	6316187	6141250	7078167	
河南	3697985	6319794	4791710.194	
湖南	2282315			
湖北	3824122	3276044	2574388	
江苏	9978309	9322681	9651490	
浙江	7403338	7001523	6912825.715	
福建	2584328	3002601		
安徽	5166207	5041359		
广西	1248000			民国五年数据该年度岁入预算分表核定数列入
云南	944213			
贵州	631754	655551		
陕西	3122679	4327138	2399299	
甘肃	1647731	1911243	2035832	
新疆	705551	691569		民国五年数中房地亩捐地价在内
川边	56404			

续表

省别	民国五年（1916年）	民国六年（1917年）	民国七年（1918年）	备　注
察哈尔	144389	172829	182826	
绥远	86599			民国五年数据该年岁入预算分表核定数列入
热河	120587	105881	53963	
四川	6866911			民国五年数据该岁入预算分表核定
江西	4371694	4454906	4374327.96	
广东	1201866			

注：

（1）民国五年各省区实收数统计81937041元。

（2）民国六年除湖南、四川、广东、广西、云南、绥远、川边各省未报部外共计72594178元。

（3）民国七年度除安徽、湖南、福建、新疆、广东、广西、云南、贵州、四川、绥远、川边各省区尚未报外，共计59374299.869元。

（4）以上各年所列数目均系根据各省金库收入报告合并声明。

（5）此表根据中国第二历史档案馆藏北洋军阀政府财政部档案编制，全宗号1027（243卷①）。

附表3-45　　1934年8月底止四川田赋预征情况

征收者	预征年数（年）	年征次数（次）
二十军	50	6
二十一军	28	4
二十四军	25	2
二十八军	74	14
二十九军	66	12
新六师	58	10
川南边防司令	33	3
二十三师	60	3

附表 3-46　1941—1945 年国民党政府田赋征实、征购、征借所得实物数量

单位：百万石

年份	征实		征购		征借		谷麦分计		合计
	谷	麦	谷	麦	谷	麦	谷	麦	
1941—1942	25.6	—	30.6	—	—	—	56.2	—	56.2
1942—1943	27.0	7.7	26.5	4.4	—	—	53.5	12.1	65.6
1943—1944	28.8	7.2	11.0	2.0	13.8	2.5	53.6	11.7	65.3
1944—1945	23.2	6.2	—	—	24.4	4.0	47.6	10.2	57.8
共计	104.6	21.1	68.1	6.4	38.2	6.5	210.9	34.0	244.9

附表 3-47　1941—1945 年国民党政府田赋征实、征购、征借所得实物折合法币数

年份	谷、麦（百万石）	每石约价（法币元）	折合法币数（百万元）
1941—1942	56.2	91	5114
1942—1943	65.6	216	14169
1943—1944	65.3	760	49628
1944—1945	57.8	1920	100976

附表 3-48　1941 年 7 月至 1945 年 6 月各年度税项收入与田赋征实等所得实物折合法币约数的比较

年份	调整后的税项收入（*）（百万元）	田赋征实等折合法币约数（百万元）	征实等合税收的比重（%）
1941—1942	1160	5114	441
1942—1943	5928	14169	239
1943—1944	18396	49628	269
1944—1945	35894	100976	281

（*）1941—1942 年的调整税项收入是这样得出的，以上年度收入的$\frac{2}{3}$，与下年度收入的$\frac{1}{3}$相加，即 667 百万元 $\times\frac{2}{3}+2807$ 百万元 $\times\frac{1}{3}=1160$（百万元）。以后各年度计算相同。在急剧通货膨胀下，以年度后半期作$\frac{2}{3}$计算，对估计膨胀因素，还是不足的，但比较各自折半计算，已要接近事实一些。

附表 3-49　1945—1947 年国民党政府田赋征实、征借的额征数与实收数的比较

单位：谷麦、百万石

年度	征实		征借		合计		
	额征数	实收数	额征数	实收数	额征数	实收数	收讫百分数（%）
1945—1946	18.0	15.5	17.2	14.6	35.2	30.1	85.7
1946—1947	36.0	27.0	19.0	15.0	55.0	42.0	76.4

附表 3-50　1945—1948 年国民党政府田赋征实、征借、征购的实收数

单位：谷麦、百万石

年度	征实	征借	征购	合计
1945—1946	15.5	14.6	—	30.1
1946—1947	27.0	15.0	—	42.0
1947—1948	6.0	—	14.3	20.3
共计	48.5	29.6	14.3	92.4

附表 3-51　1927—1936 年国民党政府税项收入和其他收入数额及其各占岁入实收数的比重

年份	债款收入除外的实收数（百万元）	税项收入		其他收入	
		数额（百万元）	占实收数的白分数（%）	数额（百万元）	占实收数的比重（%）
1927	77.3	46.5	60.2	30.8	39.8
1928	332.5	259.6	78.1	72.9	21.9
1929	438.1	416.2	95.0	21.9	5.0
1930	497.8	(*) 471.9	94.8	25.9	5.2
1931	553.0	(*) 535.6	96.9	17.4	3.1
1932	559.3	(*) 531.6	95.0	27.7	5.0
1933	621.6	(*) 591.5	95.2	30.1	4.8
1934	638.2	417.6	65.4	220.6	34.6
1935	513.1	385.3	75.1	127.8	24.9
1936	1293.3	1057.3	81.8	236.0	18.2

(*) 坐拨征收费及退税除外。

附表 3－52 1927—1936 年国民党政府关税、盐税、统税实收数及其占税项收入的比重

年份	税项收入（百万元）	关税 数额（百万元）	关税 占税收比重（%）	盐税 数额（百万元）	盐税 占税收比重（%）	统税 数额（百万元）	统税 占税收比重（%）	三税合占税收比重（%）
1927	46.5	12.5	27.0	20.8	44.7	6.0	12.9	84.6
1928	259.3	179.1	69.1	29.5	11.4	29.7	11.4	91.9
1929	461.7	275.5	59.7	122.1	26.4	40.5	8.8	94.9
1930	（＊1）535.0	313.0	58.5	150.5	28.1	53.3	9.9	96.5
1931	（＊1）615.2	369.7	60.1	144.2	23.4	88.7	14.4	97.9
1932	（＊1）583.0	325.5	55.8	158.1	27.1	79.6	13.7	96.6
1933	（＊1）659.4	352.4	53.4	177.4	26.9	105.0	15.9	96.2
1934	417.6	71.2	17.1	206.7	49.5	115.3	27.6	94.2
	（＊2）（748.3）	（382.9）	（51.2）					
1935	385.3	24.2	6.2	184.7	47.9	152.4	39.6	93.7
	（＊2）（704.9）	（341.4）	（48.3）					
1936	1057.3	635.9	60.1	247.4	23.4	131.3	12.4	95.9

（＊1）坐拨征收费及退税未除去。

（＊2）括弧内系各该年度预算数字。

附表 3－53 1935 年江苏等十二省田赋、营业税、契税收入预算数及其占税收预算数的比重

省别	税收预算数（百万元）	田赋、营业税、契税预算数及其占税收比重				
		田赋（百万元）	营业税（百万元）	契税（百万元）	合计（百万元）	占税收的比重（%）
江苏	18.0	11.9	4.9	1.2	18.0	100.0
浙江	16.2	8.8	6.1	1.1	16.0	98.8
安徽	6.8	4.0	1.6	0.7	6.3	92.7
江西	9.1	6.9	1.7	0.4	9.0	98.9
四川	（＊）22.9	15.8	5.8	1.2	22.8	99.6
山东	24.7	18.0	3.1	3.3	24.4	98.8

续表

省别	税收预算数（百万元）	田赋、营业税、契税预算数及其占税收比重				
		田赋（百万元）	营业税（百万元）	契税（百万元）	合计（百万元）	占税收的比重（%）
山西	11.9	6.6	3.9	1.2	11.7	98.3
河南	12.3	7.9	2.0	2.4	12.3	100.0
宁夏	3.2	2.3	0.8	0.01	3.1	97.0
福建	8.9	2.7	4.8	0.7	8.2	92.1
河北	13.4	5.3	5.4	2.4	13.1	97.7
绥远	1.4	0.4	0.8	0.1	1.3	93.0
合计	148.8	90.6	40.9	14.7	146.2	98.3

（*）四川省预算，1935—1937年均缺，本表所列为1938年数字。

附表3-54　1942—1945年国民党政府食盐专卖及食盐战时附加税收入数额及其在税收中所占比重

年份	税项收入（百万元）	食盐专卖、盐税及食盐战时附加税收入数额				占税收的比重（%）	专卖收入除外后所占税收的比重（%）
		专卖收入（百万元）	盐税收入（百万元）	战时附加税收入（百万元）	合计（百万元）		
1942	2807	1180	—		1180	42.0	—
1943	12169	1825	—	（*1）1202	3025	24.8	9.9
1944	30849	1089	—	（*2）13439	14528	47.1	43.6
1945	99984	1781	（*3）2800	48925	53506	53.5	51.7
合计	145809	5873	2800	63566	72239	49.5	—

（*1）食盐战时附加税开始于1943年10月，本数字只包括三个月的收数。

（*2）1944年3月起，加征“国军副食费”。

（*3）1945年度2月起，取消专卖，恢复征税。

附表 3－55　1937—1945 年国民党政府税项收入数额及其占总岁入和实际收入的比重

年份	总岁入（＊1）（百万元）	实际收入（＊2）（百万元）	税项收入（百万元）	税收占总岁入的比重（%）	税收占实际收入的比重（%）
1937	2010	559	451	22.4	80.6
1938	1169	297	212	18.1	71.3
1939	3051	715	484	15.8	67.6
1940	5159	1317	267	5.2	20.3
1941	10755	1184	667	6.2	56.4
1942	25713	5269	2807	10.9	53.5
1943	61261	16517	12169	19.8	73.7
1944	178296	36216	30849	17.3	85.2
1945	1256140	150065	99984	7.9	66.6
合计	1543554	212139	147890	9.6	69.7

（＊1）连债款和银行垫款收入计算在内的总岁入。

（＊2）债款和银行垫款收入除外的实际总收入。

附表 3－56　1946—1948 年 6 月底国民党政府四项主要税收的预算数及其所占比重

项目	1946 年		1947 年		1948 年上半年	
	数　额（法币亿元）	比重（%）	数　额（法币亿元）	比重（%）	数　额（法币亿元）	百分数（%）
总数	6255	100.0	33470	100.0	300275	100.0
货物税	2025	32.3	12476	37.3	97880	32.6
直接税	1230	19.7	9430	28.2	96420	32.0
关税	1000	16.0	6214	18.6	65975	22.0
盐税	2000	32.0	5350	15.9	40000	13.4

附表 3－57　　1946—1947 年国民党政府四项主要税收的实收数及其所占比重

项　目	1946 年			1947 年		
	数　额（法币亿元）	比重（%）	实收为预算的倍数	数　额（法币亿元）	比重（%）	实收为预算的倍数
总数	11323	100.0	1.81	104030	100.0	3.11
货物税	3975	35.1	1.96	46910	45.1	3.76
关税	3166	28.0	3.17	23370	22.4	3.76
盐税	2323	20.5	1.16	17830	17.1	3.33
直接税	1859	16.4	1.51	15920	15.4	1.69

附表 3－58　袁世凯统治时期北洋军阀政府所借主要外债的数额及其用途

时期		借款国及借款名称		原借款数额（千单位）		折合银元数额（百万元）	用　途
年	月						
1912	1	德	瑞记第一、二次借款	镑	750	7.4	订购军火及作军政费用
	3，4	英比俄	华比第一、二次垫款	镑	1250	12.3	政费
	3，5，6	美法德英	善后大借款四次垫款	规银	10100	13.5	军政费用
	8	央	克利斯浦借款	镑	5000	49.1	军政费用及偿还外债
1913	3	德	瑞记第三次借款	镑	300	3.0	军政费用及订购军火
	4	奥	奥国第一、二次借款	镑	3200	31.8	订购军舰
	4	英法德俄日	善后大借款	镑	25000	248.3	军政费用及偿还外债
	7	法比	同成铁路借款垫款	镑	1000	9.9	行政费用
	10	法	中法实业借款	法郎	100000	39.4	行政费用等
	12	比	比证券银行借款	镑	625	6.2	行政费用
1914	1	法	钦渝铁路借款垫款	法郎	32116	14.0	复辟帝制费用
	4	奥	奥国第三次借款	镑	500	5.5	海军经费及军火
	8	比	比证券银行借款	镑	400	4.4	行政费用
1916	4	美	李·希金逊借款	美元	1000	2	军政费用
共　计						446.8	

附表 3－59　皖、直、奉系统治时期北洋军阀政府承借主要外债的数额及其用途

时间		借款国及借款名称		原借款数额（百万单位）		折合银元数额（百万元）	用途
年	月						
1916	5	日	华宁公司库券	日金	1.0	1.0	归还中国银行垫借政费
	9	日	兴亚实业借款	日金	5.0	4.9	行政费用
	11	日	汉口造纸厂借款	日金	2.0	1.9	实际拨付军政各费
	11	美	芝加哥大陆银行借款	美金	5.0	9.5	拨作中、交两行准备金及其他
1917	1	日	交通银行借款	日金	*5.0	3.8	恢复交行兑现准备金
	7	日	直隶财厅三菱借款	日金	1.0	0.8	段祺瑞讨张勋复辟军费
	8	日	善后续借款第一次垫款	日金	*10.0	7.6	军政各费
	9	法	中法实业息款垫款	法郎	7.9	2.0	还中法实业借款息
	12	日	第一次购械借款	日金	*18.1	13.7	参战军械价款等
1918	1	日	善后续借款第二次垫款	日金	*10.0	6.3	归还中国银行垫借政费
	2	英、日、法、荷	北洋保商库券	行化银	3.2	4.7	归还银行借款等
	2	日	第二次购械借款	日金	*23.6	14.9	参战军械价款
	4	日	电信借款	日金	*20.0	12.7	偿还内外债本息等
	6	日	吉会铁道借款垫款	日金	*10.0	6.3	军费及归还中、交两行垫款
	7	日	善后续借款第三次垫款	日金	*10.0	6.3	归还中国银行军政垫款
	8	日	吉黑林矿借款	日金	*30.0	19.0	军政费及外债本息等
	9	日	参战借款	日金	*20.0	12.7	段祺瑞编练军队费用等
	9	日	满蒙四铁道借款	日金	*20.0	12.7	军政费及偿还内外债
	9	日	济顺高徐铁路借款	日金	*20.0	12.7	军政费及偿还内外债
	10	日	电话扩充借款	日金	10.0	6.3	行政费及扣还外债本息等
	11	日	海军部三菱借款	日金	1.5	0.9	购买军火价款
	12	美	参战处天津慎昌借款	银元	2.0	2.0	购买军火价款
1919	1	日	第三次参战购械借款	日金	3.5	1.9	购买军火价款
	4	日	东亚兴业借款	日金	3.0	1.7	财政费用

续表

时间		借款国及借款名称		原借款数额（百万单位）		折合银元数额（百万元）	用　途
年	月						
1919	9	日	边防军借款	日金	1.6	0.9	边防军费
	9	日	四洮铁路垫款	日金	5.0	2.8	财政部提用
	10	英	费克斯飞机借款	镑	1.8	8.5	订购飞机及军火
	11	美	烟酒借款	美金	5.5	5.9	发放军饷
1920	1	日	海军部川崎借款	日金	5.0	3.2	订购军械
	2	美	边防军中美实业公司借款	美金	2.0	2.4	军费
	2	日	应急借款	日金	9.0	5.7	军政费用
1923	9	比	交、财部华比借款	银元	1.7	1.7	行政费及拨还银行借款
1924	6	比	交、财部华比借款	银元	0.7	0.7	财政部拨借
1925	6	比	财部华比借款	银元	2.4	2.4	行政费用
	9	日	购械及参战借款息垫	日金	26.7	19.7	还外债息
	10	比	财部华比借款	银元	1.5	1.5	行政费用
1926	7	日	九大公债日金息款	银元	1.1	1.1	还外债息
共　计						222.8	

注：凡日本借款前有*者，均属于所谓“西原借款”范围。

附表 3－60　帝国主义对旧中国的借款投资各年度结欠额　单位：百万美元

国别＼年份	1902	1914	1930	1936	1941	1948
英国	109.4	195.7	162.9	150.1	314.4	318.2
美国	4.5	7.3	50.8	64.4	223.9	1008.3
法国	61.0	119.9	102.7	90.9	81.1	71.1
德国	78.3	127.1	93.6	89.4	93.0	—
日本	—	37.4	373.3	258.2	—	—
意大利	—	—	51.5	69.7	—	—
帝俄	26.1	45.1	—	—	—	—
比利时	4.4	18.1	42.3	54.6	113.6	113.6
荷兰	—	—	19.1	35.1	17.8	17.8

续表

国别＼年份	1902	1914	1930	1936	1941	1948
丹麦	0.6	1.6	0.9	1.7	—	—
其他国家	—	23.8	—	—	29.1	82.8
合　计	284.3	576.0	897.1	814.1	872.9	1611.8

注：不包括庚子赔款，“九一八”以后日本对伪满的借款和未转作借款的美国对蒋介石的“援助”。

附表 3－61　　帝国主义对旧中国的借款*　　单位：百万美元

年度	军事财政借款		铁路借款	
	借款总额	平均每年借款额	借款总额	平均每年借款额
1865—1902	286.4	7.5	48.3	1.3
1903—1914	238.3	19.9	205.2	17.1
1915—1930	304.1	19.0	161.5	10.1
1931—1936	35.8	6.0	51.2	8.5
1937—1941	635.9	127.2	18.8	3.8
1942—1948	999.8	142.8	34.2	4.9
合 计	2500.3	29.8	519.2	6.2

注：不包括庚子赔款，“九一八”以后日本对伪满的借款和未转作借款的美国对蒋介石的“援助”。

附表 3－62　　1935 年底各省省政府主要公债发行数额及尚负本金数

省别	发行实数（百万元）	尚负本金（百万元）
山 东	0.4	0.4
江 西	11.0	3.8
江 苏	33.7	24.9
安 徽	1.3	1.2
河 北	16.9	14.7
河 南	3.0	1.2
浙 江	55.5	44.5
湖 北	18.4	15.8
湖 南	13.0	12.9

续表

省别	发行实数（百万元）	尚负本金（百万元）
福 建	20.7	20.0
广 西	4.1	3.8
广 东	44.3	41.5
四 川	120.0	120.0
合 计	342.3	304.2

附表 3－63　1913—1936 年天津、上海棉布、棉花、面粉、小麦价格统计

单位：元

年份	天津布价 14 磅粗布每匹	天津棉价西河花每担	上海面粉价绿兵船粉每袋	上海小麦价汉口货每担
1913	7.32	25.76	2.09	3.80
1914	7.56	19.91	2.08	4.18
1915	7.93	20.34	2.52	4.59
1916	7.68	21.04	2.37	3.46
1917	8.56	30.54	2.43	3.88
1918	11.72	35.17	2.45	3.84
1919	12.52	33.70	2.20	3.19
1920	12.37	36.04	2.75	3.50
1921	10.76	35.54	2.95	3.98
1922	10.27	36.20	2.81	4.24
1923	10.74	49.36	2.93	4.37
1924	10.6	57.26	2.58	3.90
1925	10.78	50.18	3.17	4.77
1926	9.66	43.35	3.24	5.11
1927	9.47	45.99	3.22	5.04
1928	10.16	45.05	3.06	4.69
1929	10.60	48.09	3.15	4.85
1930	10.34	46.70	3.43	5.33
1931	11.26	48.03	2.96	4.28
1932			2.77	4.03
1933			2.40	3.38

续表

年份	天津布价 14 磅 粗布每匹	天津棉价 西河花每担	上海面粉价 绿兵船粉每袋	上海小麦价 汉口货每担
1934			2.24	3.27
1935			2.55	3.82
1936			3.37	4.97

资料来源：方显庭：《中国之棉纺织业》，1934 年版，上海经济研究所：《荣家企业史料》上册，1962 年版。

附表 3－64　　上海解放前历年（1921—1949 年 5 月）
批发物价指数涨落趋势*

1937 年 1—6 月＝100

年份	物价指数	年份	物价指数
1921 年	91.0	1937 年	124.1
1922 年	88.7	1938 年	114.6
1923 年	91.4	1939 年	807.5
1924 年	86.4	1940 年	652.8
1925 年	87.0	1941 年	1597.8
1926 年	94.0	1942 年	4929.0
1927 年	90.6	1943 年	17602.0
1928 年	90.5	1944 年	250970.6
1929 年	94.0	1945 年 8 月	8640000.0
1930 年	101.3	1945 年 12 月	88544.2
1931 年	108.6	1946 年	681600.0
1932 年	95.8	1947 年	10063000.0
1933 年	87.7	1948 年 8 月	564570000.0
1934 年	88.2	1948 年 12 月	3979.4
1935 年	92.1	1949 年 5 月	1212200000.0
1936 年	105.9		

资料来源：《上海解放前后物价资料汇编》，上海人民出版社 1959 年版。

注＊：本表指数均为各年 12 月份之指数。

附表 3－65　　法币发行量增加倍数和物价指数及米、黄金、美汇价上涨倍数表

时期＼项目	法币发行量增加倍数	每月平均增涨百分率	物价指数上涨倍数	每月平均增涨百分率	米价上涨倍数	每月平均增涨百分率	黄金价上涨倍数	每月平均增涨百分率	美汇价上涨倍数	每月平均增涨百分率
1937 年 6 月至 1945 年底	730.8	+6.7	895.2	+6.9	689.0	+6.6	640.0	+6.5	(a) 405.4	+6.0
1945 年底至 1946 年底	2.6	+11.3	5.5	+16.9	7.2	+19.2	3.3	+12.9	(b) 4.5	+15.3
1946 年底至 1947 年底	7.9	+19.9	13.7	+25.1	14.1	+25.4	25.8	+31.5	(c) 25.5	+31.4
1947 年底至 1948 年 8 月	19.0	+45.4	55.1	+65.4	61.2	+67.6	58.8	+66.7	70.5	+70.5
1937 年 6 月至 1948 年 8 月	470704.4	+10.3	5714270.3	+12.3	5279033.7	+12.3	4452233.9	+12.1	3128654.0	+11.8
1948 年 8 月至 1949 年 5 月①	307124.3	+307.0	6441361.5	+471.0	9017141.9	+492.7	5719357.3	+463.3	6527101.8	+471.8
1937 年 6 月至 1949 年 5 月①	144565531913.9	+19.7	36807692307691.3	+24.5	476018 亿	+24.7	254639 亿	+24.1	204211 亿	+23.9

注：

（1）此表中①为 1949 年 5 月的数字原系以金圆券为单位，此处一律折合为法币计算。

（2）此表中之 a、b、c 为：

（a）1945 年底市价缺，故与 1946 年 1 月市价相比。

（b）是采用 1946 年 1 月市价与同年 12 月市价比。

（c）是采用 1947 年 1 月与 1948 年 1 月平均市价比。

附表 3－66　1937 年 6 月—1949 年 5 月法币及金圆券全国发行数量及其指数表*

时间	发行额（单位亿元）	指数（1937 年 6 月＝100）	时间	发行额（单位亿元）	指数（1937 年 6 月＝100）
1937 年 6 月	14.1	100	1947 年 10 月	207 912	1474553
1938 年 6 月	17.3	123	1947 年 11 月	268789	1906304
1938 年底	23.1	164	1947 年 12 月	331885	2359304
1939 年底	42.9	304	1948 年 1 月	409409	2903609
1940 年底	78.7	558	1948 年 2 月	539287	3824730
1941 年底	151	1071	1948 年 3 月	696829	4941992
1942 年底	344	2440	1948 年 4 月	977989	6936092
1943 年底	754	5346	1948 年 5 月	1374188	9746014
1944 年底	1895	13436	1948 年 6 月	1965203	13937609
1945 年 6 月	3978	28204	1948 年 7 月	3747622	26578879
1945 年底	10319	73162	1948 年 8 月		
1946 年 6 月	21125	149776	21 日	6636946	47070639
1946 年底	37261	264180	1948 年 8 月		
1947 年 1 月	45095	319724	19 日至 9 月		
1947 年 2 月	48378	343000	底（金元		
1947 年 3 月	57441	407257	券，下同）	9.57	203617021
1947 年 4 月	69011	489288	1948 年 10 月	18.50	393617021
1947 年 5 月	83813	594234	1948 年 12 月	8320	1770212766
1947 年 6 月	99351	709653	1949 年 1 月	20822	4430212766
1947 年 7 月	116641	845580	1949 年 5 月	679458	14456553191489
1947 年 8 月	136973	971439			
1947 年 9 月	169481	1201992			

注＊：金圆券的指数是乘 300 万倍而得。

附表 3－67　　1941—1944 年重庆白糖、香烟、火柴市价上涨情况及其与重庆物价总指数上涨情况的比较

时　期	白　糖		香　烟		火　柴		趸售物价指数	
	市担价（法币元）	比值（以 1941 年 12 月为 1）	箱价（法币元）	比值（以 1941 年 12 月为 1）	箱价（法币元）	比值（以 1941 年 12 月为 1）	指数（1937 年上半年 = 100）	比值（以 1941 年 12 月为 1）
1941 年 12 月	353	1.0	24986	1.0	1693	1.0	3043	1.0
1942 年 12 月	1466	4.2	142650	5.7	7171	4.2	8062	2.7
1943 年 12 月	4733	13.4	409450	16.4	28800	17.0	23452	7.7
1944 年 12 月	14820	42.0	850000	34.0	557600	33.9	71922	23.5

附表 3－68　　1937 年 6 月—1949 年 5 月国民党政府通货膨胀三个阶段的纸币发行指数和购买力的比较

时期	抗战时期的法币发行指数和购买力指数		胜利后前期的法币发行指数和购买力指数		崩溃时期的金圆券发行指数和购买力指数	
	发行指数（1937 年 6 月 = 1）	购买力指数（1937 年上半年 = 1）	发行指数（1945 年 8 月 = 1）	购买力指数（1945 年 9 月 = 1）	发行指数（1948 年 8 月 21 日 = 1）	购买力指数（1948 年 9 月 = 1）
1937 年 6 月	1	1.0000				
1945 年 8 月	395	0.0005	1	1.00000		
1948 年 8 月 21 日			1192	0. 00007	1	1.0000000
1949 年 5 月					308845	0.0000002

附表 3－69　　1937 年 6 月—1949 年 5 月国民党政府纸币的发行总指数和购买力总指数

日期	发行总指数（1937 年 6 月 = 1）	购买力总指数（1937 年上半年 = 1）
1937 年 6 月	1	1.0
1945 年 8 月	395	0.0005
1948 年 8 月 21 日	470705	0.000000035
1949 年 5 月	144565531915	0.00000000000007

附表 3－70　　1948 年 9 月—1949 年 5 月根据上海物价指数所算出的金圆券购买力指数

日期	上海批发价指数（1937 年上半年＝1）	金圆券购买力指数（1948 年 9 月＝1）
1948 年 9 月	2.4	1.0000000
10 月	3.6	0.6666666
11 月	27.9	0.0860000
12 月	39.8	0.0603000
1949 年 1 月	154.8	0.0155000
2 月	1193.4	0.0020000
3 月	5128.7	0.0004680
4 月	142100.0	0.0000169
5 月	12122000.0	0.0000002

附表 3－71　　1948 年 8 月 21 日—1949 年 5 月国民党政府金圆券发行额及其指数

日期	金圆券发行额（亿元）	折合法币数（亿元）	指数（1937 年 6 月＝1）	指数（1948 年 8 月 21 日＝1）
1937 年 6 月		14	1	
1948 年 8 月 21 日	（＊1）2.2	6636946	470705	1.0
9 月	9.6	（＊2）28710000	2036170	4.4
10 月	18.5	55500000	3936170	8.4
12 月	83.2	249600000	17702188	37.8
1949 年 1 月	208.2	616660000	44302128	94.6
5 月	679458.0	2038374000000	144565531915	308844.5

（＊1）系以法币三百万元＝金圆券一圆，折合算出。

（＊2）以下各月折合法币数，均以金圆券一圆＝法币三百万元，折合算出。

附表 3－72　　1840—1850 年白银外流下的中国银钱比价

年份	银一两合铜钱数	指数 1821＝100
1840	1643.8	129.8
1841	1546.6	122.1
1842	1572.2	124.1

续表

年份	银一两合铜钱数	指数 1821 = 100
1843	1656.2	130.8
1844	1724.1	136.1
1845	2024.7	159.9
1846	2208.4	174.4
1847	2167.4	171.1
1848	2299.3	181.5
1849	2355.0	185.9
1850	2230.3	176.1

资料来源：河北宁津县大柳镇统泰升记商店出入银两流水账、买货总账。原账册北京图书馆藏，本所亦藏有一部分。

注：计算方法，按天录用银钱兑换资料，以算术平均法结算为年平均比价。凡因借贷或其他关系致兑换率过高过低，与当时一般情况显然不一致者，皆剔除不用。所用账册为按日记载一切银钱出入的“出入银两流水账”，此账有残缺时，以同一商店的“买货总账”资料加以补充。

附表 3 - 73　1871—1947 年进口贸易价值中各国（地区）所占的比重

各期各国（地区）总计 = 100

年份	中国香港	日本	美国	英国	德国	法国	俄国及苏联	其他
1871—1873	32.5	3.7	0.5	34.7	—	—	0.2	28.4
1881—1883	36.2	4.9	3.7	23.8	—	—	0.2	31.2
1891—1893	51.2	4.7	4.5	20.4	—	—	0.6	18.6
1901—1903	41.6	12.5	8.5	15.9	—	—	0.8	20.7
1909—1911	33.9	15.5	7.1	16.5	4.2	0.6	3.5	18.7
1919—1921	22.4	29.2	17.6	14.0	0.7	0.7	1.4	14.0
1929—1931	16.1	23.4	19.2	8.6	5.4	1.4	1.5	24.4
1933	3.6	9.9	21.9	11.3	7.9	1.8	1.6	42.0
1934	2.9	12.5	26.2	12.0	9.0	2.2	0.8	34.4
1935	2.2	15.6	18.9	10.6	11.2	1.4	0.8	39.3
1936	1.9	16.6	19.6	11.7	15.9	1.9	0.1	32.3
1947	1.8	1.7	50.1	6.9	*	1.2	0.3	38.0

资料来源：历年海关报。

注：* 不及 0.05。

（1）1895 年后，中国台湾出入口贸易包括于日本以内，1947 年台湾归还我国后，日本对华贸易又不包括台湾。1905年以前德国法国对华贸易统包括于欧洲项下，并非是年以前无对德法等国贸易。

（2）中国香港为一转口港，它对中国内地的出口，大部非本地所产，它从中国内地输入的货物，也大部不在本地消费，由于它对中国内地贸易货值很大，故仍列出，以便了解它在中国对外贸易上的地位。

（3）再者，表中所列英国，是指英本国而言，不包括它的自治领土和殖民地；1932年后日本对华贸易货值，不包括它对我国东北数省的货值，如若计入，各国在中国对外贸易中的地位，当有差异。

附表3－74　1871—1947年出口贸易价值中各国（地区）所占的比重

各期各国（地区）总计＝100

年份	中国香港	日本	美国	英国	德国	法国	俄国及苏联	其他
1871—1873	14.7	1.7	14.1	52.9	—	—	3.3	13.3
1881—1883	25.4	2.4	12.4	33.3	—	—	7.3	19.2
1891—1893	39.3	7.2	9.8	11.3	—	—	8.6	23.8
1901—1903	40.8	12.5	10.2	4.8	—	—	5.5	26.2
1909—1911	28.2	15.9	9.0	5.1	3.1	10.7	12.5	15.5
1919—1921	23.8	28.6	14.4	7.6	0.5	4.4	3.3	17.4
1929—1931	17.0	26.2	13.8	7.1	2.4	4.7	5.9	22.9
1933	19.8	16.2	18.5	8.0	3.4	5.3	1.0	27.8
1934	18.9	15.8	17.6	9.3	3.6	3.9	1.1	29.8
1935	16.5	14.8	23.7	8.6	5.0	5.1	0.7	25.6
1936	15.1	15.2	26.4	9.2	5.5	4.3	0.6	23.7
1947	34.2	1.9	23.3	6.6	0.1	1.8	1.5	30.6

资料来源：历年海关报告。

编后话

本书第二卷前后历时两年编撰而成。1991 年 3 月，财政部农税局、农财司、科研所联合组织召开了本卷书稿大纲讨论会，根据与会专家、学者、实际工作者的共同研讨，确定了本卷书稿的编写纲目和各章撰稿人。1991 年 8 月，各章撰稿人再次就全书的总体框架结构、各章编写具体纲目进行广泛深入的讨论。1992 年 10 月，财政部农税局、科研所又共同组织召开了本卷书稿初稿讨论会。会上，与会专家、学者对初稿提出了许多宝贵意见。会后，各章撰稿人对原稿做进一步修改。1993 年 4 月，为了确保本卷书稿的质量，成立了本卷书稿总纂小组。总纂小组成员在广泛吸收近年来的有关科研成果的基础上，对各章原稿作了不同程度的修改，同时增补了一部分新资料。经过三个多月的努力，本卷书稿基本完成。1993 年 8 月，召开本卷书稿审查定稿会议，会上根据同志们提出的意见，再次作了修改，并经财政部副部长、《中国农民负担史》编委会主任项怀诚同志审阅正式定稿。

本卷书稿在整个撰写、修改及总纂工作过程中，各地财政部门和许多高等院校、科研单位等，给了我们很大的支持与帮助。他们分别是：财政部财政科学研究所、厦门大学历史研究所和台湾研究所、上海财政科学研究所、中南财经大学财金系、天津财经学院财政系、西南财经大学财政系、天津南开大学经济研究所、内蒙古自治区历史档案馆、中国财政经济出版社、辽宁省财政厅、锦州市财政局、兴城财税干部培训中心、北京市财政局、昌平县财政局、昌平南口农场、福建省财政厅及厦门市、南平市、武夷山市财政局、武夷山财政干部培训中心、青海省财政厅、西宁市财政局等。对此，我们一并致以衷心的感谢！

此外，财政部农税局的王淑花、鲍坤、夏志勇同志，财政部财政科学研究所的冯田夫、吴才麟同志，财政部农财司的李文彬同志亦参加了有关本卷书稿内容的会议并做了大量的具体工作。

本卷是根据历史文献资料和有关方面的研究成果撰写而成的。对于前人的研究成果，我们是尊重的，但对其中某些史实或统计数字，也顺便做了一些补订、考据工作。农民负担史属于涉及经济学、历史学等多学科的边缘交叉学科，而有关农民负担问题又牵涉面很广，因搜集和掌握资料不全，加之撰写者水平有限，不妥之处在所难免，恳切希望研究中国近代问题的历史学家、经济学家、财政学家以及从事近代史教学工作的同志和广大读者批评指正，多提宝贵意见。

编者

1993 年 10 月